AS NOVAS RELAÇÕES TRABALHISTAS E O FUTURO DO DIREITO DO TRABALHO

AS NOVIDADES PROVENIENTES DOS AVANÇOS TECNOLÓGICOS

COLEÇÃO FÓRUM
AS NOVAS RELAÇÕES TRABALHISTAS E O FUTURO DO DIREITO DO TRABALHO

COLEÇÃO FÓRUM
AS NOVAS RELAÇÕES TRABALHISTAS
E O FUTURO DO DIREITO DO TRABALHO

CAROLINA TUPINAMBÁ
Coordenadora

Maria Cristina Irigoyen Peduzzi
Prefácio

AS NOVAS RELAÇÕES TRABALHISTAS E O FUTURO DO DIREITO DO TRABALHO

AS NOVIDADES PROVENIENTES DOS AVANÇOS TECNOLÓGICOS

3

Belo Horizonte
FÓRUM
CONHECIMENTO JURÍDICO
2021

COLEÇÃO FÓRUM
AS NOVAS RELAÇÕES TRABALHISTAS E O FUTURO DO DIREITO DO TRABALHO

FÓRUM
CONHECIMENTO JURÍDICO

Luís Cláudio Rodrigues Ferreira
Presidente e Editor

Coordenação editorial: Leonardo Eustáquio Siqueira Araújo
Aline Sobreira de Oliveira

Av. Afonso Pena, 2770 – 15º andar – Savassi – CEP 30130-012
Belo Horizonte – Minas Gerais – Tel.: (31) 2121.4900 / 2121.4949
www.editoraforum.com.br – editoraforum@editoraforum.com.br

Técnica. Empenho. Zelo. Esses foram alguns dos cuidados aplicados na edição desta obra. No entanto, podem ocorrer erros de impressão, digitação ou mesmo restar alguma dúvida conceitual. Caso se constate algo assim, solicitamos a gentileza de nos comunicar através do *e-mail* editorial@editoraforum.com.br para que possamos esclarecer, no que couber. A sua contribuição é muito importante para mantermos a excelência editorial. A Editora Fórum agradece a sua contribuição.

Dados Internacionais de Catalogação na Publicação (CIP) de acordo com a AACR2

N936 As novas relações trabalhistas e o futuro do Direito do Trabalho: as novidades provenientes dos avanços tecnológicos / Carolina Tupinambá (Coord.).– Belo Horizonte : Fórum, 2021.

514p.

Coleção Fórum As novas relações trabalhistas e o futuro do direito do trabalho. Tomo III.

ISBN da coleção: 978-65-5518-116-6
ISBN: 978-65-5518-131-9

1. Direito Processual Trabalhista. 2. Direito do Trabalho. I. Tupinambá, Carolina. II. Título.

CDD 342.68
CDU 349.2

Elaborado por Daniela Lopes Duarte - CRB-6/3500

Informação bibliográfica deste livro, conforme a NBR 6023:2018 da Associação Brasileira de Normas Técnicas (ABNT):

TUPINAMBÁ, Carolina (Coord.). *As novas relações trabalhistas e o futuro do Direito do Trabalho*: as novidades provenientes dos avanços tecnológicos. Belo Horizonte: Fórum, 2021. (Coleção Fórum As novas relações trabalhistas e o futuro do Direito do trabalho. Tomo III). 514p. ISBN 978-65-5518-131-9.

Para Rafael, com amor.

AGRADECIMENTOS

Em todos os trabalhos que faço, adoro escrever esta parte.

Sempre faz pensar o quanto a vida é boa e o quanto somos felizes por estarmos cercados de bons amigos, parceiros de todas as horas.

Este livro é sobre o futuro, tempo que, invariavelmente, remete-me a Rafael, meu filho amado. É ele a causa de minha preocupação, assim como de meu entusiasmo com todas as próximas e infinitas auroras seguidas dos entardeceres ao redor do globo terrestre. Mal me lembro das coisas que me faziam alegre ou triste antes do Rafa. Ele personifica o "daqui pra frente" de minha existência, sendo, para mim, sinônimo de fé na vida e de esperança no porvir. Sou grata por nossa convivência transformadora que inspira e enfeita tudo o que faço de bom.

Para pensar sobre o futuro, todos nós partimos de uma história de vida. A minha sempre foi ao lado de minha mãe, Sonia. Sinto gratidão por tudo o que ela fez e faz por mim diuturnamente. Toda a vida, o presente e o futuro ganham sentido ao lado dela.

Rafael e sua avó me estimulam a trabalhar, a escrever e a estudar. Agradeço por eles compreenderem as minhas eventuais ausências para dar conta de tentar um futuro melhor.

Sou sócia de um escritório de advocacia por onde passam todos os tipos de conflitos reais e potenciais entre capital e trabalho. Tensões que se transformam ao longo do tempo. Apesar de todos os nossos desafios, duas advogadas de uma equipe de guerreiros me ajudam em projetos acadêmicos.

Marina Novellino Valverde, mestranda da Universidade do Estado do Rio de Janeiro, sonhou junto comigo vários pedacinhos desta obra, tendo ajudado muitíssimo com as pesquisas de textos, a organização temática e a revisão de diversos trabalhos.

Bianca Lubianco, fiel escudeira, tornou muito mais fácil e efetiva a arregimentação de tantos autores e conteúdos, responsabilizando-se por boa parte da complexa logística e da agenda envolvida nesta obra em que 95 nomes do Direito assinam artigos acadêmicos inovadores.

Agradeço, por fim, a todos os competentes professores e autores participantes desta coletânea, pela confiança e deferência, mas, principalmente, por suas corajosas e inovadoras ideias, em boa hora compartilhadas com a comunidade jurídica em prol da construção de um novo direito e processo do trabalho.

Obrigada!

SUMÁRIO

FIRST INSIGHTS ON THE INDUSTRIAL REVOLUTION 4.0 AND ITS EFFECTS ON THE LABOR LAW

EL TRABAJO EN LA ERA DIGITAL

INTELIGÊNCIA ARTIFICIAL: UMA NOVA REVOLUÇÃO TECNOLÓGICA? PLANOS GOVERNAMENTAIS PARA OS IMPACTOS DA IA SOBRE O MERCADO DE TRABALHO

APRESENTAÇÃO DA COLEÇÃO

A presente obra coletiva surge a partir de estudos desenvolvidos ao longo dos anos de 2018 e 2019, nos cursos de pós-graduação em que leciono.

A ideia central deste trabalho é diagnosticar influxos do terceiro milênio nas relações de trabalho, a partir de pesquisas e incursões acadêmicas, tanto no campo do direito nacional, quanto no comparado.

O trabalho desempenha, ao menos, três papéis fundamentais nas relações humanas: social, psicológico e financeiro. Consciente de sua vocação, o Direito do Trabalho na sociedade pós-industrial deve girar em torno do eixo do equilíbrio entre forças e respeito ao núcleo duro das garantias fundamentais dos trabalhadores, como agentes que produzem em benefício da sociedade.

Os desafios não são poucos.

Os inegáveis avanços da tecnologia e da globalização têm, em curto espaço de tempo, acusado a necessidade de alterações legislativas e transformado modelos de solução de conflitos entre capital e trabalho. A coleção completa analisará justamente esse marco referencial que condensa conceitos e elementos extraídos do que se convencionou chamar "direito do trabalho 4.0".

O mundo do trabalho efetivamente mudou e a mudança nem veio para ficar, pois a verdade é que, a cada dia, a paisagem se transforma.

Profissionais contemporâneos que habitam os grandes centros, em geral, costumam ser independentes, menos chefes, mais tutores, realizadores. Querem menos competitividade e mais colaboração; menos *curriculum*, mais valores intrínsecos. Em uma época em que a vida e o trabalho se fundem, instruções cedem lugar para objetivos acordados, dissolvendo a rigidez das hierarquias. As recompensas serão baseadas no desempenho. É comum de se ver trabalhadores tornando-se verdadeiros empreendedores dentro das empresas, o que significa verdadeira reconfiguração dos protagonistas clássicos da relação laboral, empregado e empregador. Nesse novo ambiente que se apresenta ao Direito do Trabalho, portanto, a liberdade de escolha e a responsabilidade individual ocupam lugar de destaque.

Neste contexto, os textos a seguir são corajosos, por natureza. Ora, mudar sempre causa insegurança. Nada se compara ao conforto proporcionado pelo *status quo*.

Mas, o futuro, que já começou e não tem data para terminar, não se contendo por princípios e regras tradicionais que os bancos universitários ainda insistem em anunciar como se fossem informadores de um direito e processo do trabalho esculpidos nas pedras sagradas.

A questão é que, ao que parece, o ensino de ambas as disciplinas parou no tempo, como se congelado numa era de "tudo ou nada".

Ou se tem o vínculo de emprego reconhecido, para se desfrutar do fantástico mundo da CLT, com a mais ampla proteção do Estado, ou se está fora da jogada. Quem não é empregado, praticamente, não será nada para a grande maioria das obras jurídicas que se encontram nas prateleiras dedicadas ao Direito e Processo do Trabalho. Será, talvez, se tiver alguma sorte de ser lembrado, uma mera "tentativa de fraude", ou coisa que o valha, ainda que trabalhe dia e noite sem parar.

Em geral, quem se assusta diante da triste realidade, ao invés de tentar novos caminhos de regulamentação e proteção desses trabalhadores do futuro, não necessariamente empregados como antigamente – pasmem-se – prefere "forçar a barra", tentando enquadrar, a todo custo, qualquer prestador de serviços para baixo do grande e velho guarda-chuva chamado vínculo de emprego. Muitos insistem nessa linha de raciocínio, repetindo obcessivamente o discurso de que o autônomo, o motorista de Uber, o trabalhador pejotizado etc. sejam, todos eles, em-pre-ga-dos! E não se fala mais nisso! Não se apresentam reflexões ou argumentos aprofundados e amadurecidos nos textos mais apaixonados. Outros estudiosos, de fato, acreditam piamente que esses novos perfis contratuais ostentam as características do vínculo empregatício, como subordinação, habitualidade, eventualidade, onerosidade e pessoalidade.

Via de regra, o enterrar a cabeça na terra parece proteger de um temor justificável, ou, pelo menos, que faz um certo sentido na mentalidade dos neofóbicos. É que, ao se admitir a existência de outras espécies de vínculos de trabalho, com proteção do Estado mais arrefecida ou até inexistente, o que será feito da figura do velho e bom empregado? Será definitivamente extinta do planeta, ou, ao menos, do Brasil? Qual poder de barganha ou sedução restará ao contrato de emprego? Quem há de querer contratar pela modalidade vetusta e engessada de vínculo empregatício? Depois que surgiu o FGTS, quem optou pelo regime da estabilidade decenal?

A coletânea tratará desses tipos de questões, dentre muitas e tantas outras, sem a pretensão de respondê-las. Formulá-las – acreditem – já é um grande passo para a evolução dos direitos envolvidos, sejam eles ostentados pelo capital ou pela mão de obra.

Além da audácia e da criatividade necessárias para se pensar "fora da caixa", outro traço marcante da coleção é a interdisciplinaridade percebida em muitas das contribuições, que incitam o diálogo com áreas como o Direito Empresarial, o Direito e a Tecnologia, o Direito Processual e Constitucional.

Em suma, o futuro do mundo do trabalho é um problema central que não dispensa a incansável dedicação dos estudiosos.

É duro e, de certa forma, até incômodo, admitir que, hoje, trabalhamos, em média, mais do que nunca. Ora, se acoplarmos a utilidade do trabalho humano ao seu respectivo propósito, essa realidade não faz o menor sentido. Sim, porque, historicamente, a finalidade do emprego é nada mais do que produzir aquilo que precisamos para viver, como alimentos, roupas, casas etc.

Com a evolução do estágio civilizatório e dos meios de produção, é inegável que a produtividade no globo aumentou exponencialmente. É dizer: menos esforço é demandado para a produção de um mesmo resultado de tempos atrás. Hoje se trabalha bem menos para se produzir o mesmo que antes, graças, principalmente, ao avanço das tecnologias. Logicamente, nosso padrão de vida tem melhorado e se tornado mais requintado, o que demanda aumento de trabalho para a produção de um nível tal de riqueza... Mas, o fato é que, proporcionalmente, a otimização da produção é muito mais significativa do que o aumento de demanda.

É como se o propósito da evolução fosse liberar o nosso tempo para que pudéssemos não trabalhar.

Só que não. Em vez disso, ter um trabalho digno é objetivo comum de muitos cidadãos.

É impressionante e verdadeiramente encantador toda a complexidade, a sensibilidade e a magia que se apresentam àqueles que procuram entender o mundo do trabalho, de onde veio e para onde irá.

Certamente, aprendi muito com os colaboradores desta coleção. Compartilho, com entusiasmo e otimismo, o resultado de nosso empenho, torcendo para que a troca de ideias ganhe adeptos e seja ainda mais incrementada, ao ponto de colaborar com a edificação de um futuro em que as relações de trabalho sejam inseridas como um todo na realidade de um estado democrático de direito e das dinâmicas que lhe são próprias. Parafraseando o grande compositor Ivan Lins, no Novo Tempo, apesar dos perigos, a gente se encontra para nos socorrer.

PREFÁCIO

A mutação das relações de trabalho tradicionalmente compreendidas é uma realidade que há anos se incrementa, dia após dia.

A partir da Quarta Revolução Industrial, vivenciamos o surgimento constante de novidades absolutamente disruptivas, como as novas tecnologias as formas plurais de solução de conflitos, os perfis contratuais diversos da clássica relação de emprego etc... Muitas são as mudanças do mundo do trabalho que desafiam a interpretação dos tribunais, a modernização das leis e a construção de uma doutrina arejada e inovadora.

Esta obra se compromete, justamente, com a missão reflexiva demandada pelo novo Direito do Trabalho. Dividido em cinco volumes, a coleção busca abordar as mais recentes legislações que impactaram o mundo do trabalho, os efeitos das novas tecnologias no universo laboral, as novidades observáveis no cenário mundial, envolvendo, sobretudo, a globalização e o futuro do direito do trabalho e, os novos módulos de interações humanas trabalhistas, bem como de superação de conflitos entre capital e trabalho. Neste volume, o marco das reflexões é o avanço das tecnologias no mundo do trabalho.

Outro aspecto que chama a atenção nesta interessante publicação, que tem o seu terceiro volume apresentado à comunidade jurídica, é que, acompanhando a tendência mundial de arrefecimento de fronteiras entre os países, foram colacionados trabalhos inéditos de diversos autores internacionais, o que distingue muito positivamente o presente livro. Conhecer o Direito do Trabalho de alhures, a partir da visão de seus nacionais, traduz experiência ímpar e engrandecedora proporcionada pela leitura dos textos que chegam além mar.

Os temas percorridos pelos autores-colaboradores nos volumes que integram a festejada coletânea são inusitados, relevantes e atuais. Os artigos foram selecionados com maestria pela coordenadora da obra, professora e doutora Carolina Tupinambá, que contagia por sua paixão pelo Direito e Processo do Trabalho.

Tive a honra de ser convidada para escrever o prefácio desta rica coletânea e posso afirmar que o trabalho da professora arregimenta publicações densas, críticas e provocantes, organizadas de forma admirável e inteligente.

Parabenizo a Editora Fórum que, na vanguarda da literatura jurídica, lança a coleção de suma importância para acadêmicos e profissionais do direito, a expressar diálogo inovador entre múltiplas visões selecionadas pela talentosa Carolina.

Para aqueles que imaginam que o direito do trabalho poderá desaparecer no futuro, a leitura dos artigos desta obra, provavelmente, os fará mudar de ideia. São muitas as novas possibilidades e perspectivas que se colocam decorrentes, sobretudo, de fenômenos como o avanço de novas tecnologias e o sedimentar da globalização.

Os novos modos de produção, próprios da Quarta Revolução Industrial, criaram um tipo de trabalhador denominado "nômade", inserido no contexto de um novo modelo econômico, sob a demanda e a oferta de serviços via internet pelos mais diversos trabalhadores sem vínculo de emprego, diretamente ao consumidor, por meio de plataforma virtual.

Cabe ao estudioso do Direito analisar as novas formas de produção, reconhecer seus avanços e retrocessos para a organização do trabalho e sugerir meios para regular cada peculiaridade das inovações que surgem a cada novo momento.

A propósito, em seu consagrado livro *21 lições para o século 21*, o historiador Yuval Noah Harari reconhece que "os temores de que a automação causará desemprego massivo remontam ao século XIX, e até agora nunca se materializaram".

Convido você, leitor, a refletir conosco sobre esse mundo de inovações que impacta o futuro do Direito do Trabalho e de seus sensíveis protagonistas, trabalhadores e empreendedores.

Maria Cristina Irigoyen Peduzzi
Ministra Presidente do Tribunal Superior do Trabalho.

AVANÇOS TECNOLÓGICOS E O FIM DOS POSTOS DE TRABALHO: LIBERDADE OU APRISIONAMENTO?

MIRIAM OLIVIA KNOPIK FERRAZ

MARCO ANTÔNIO CÉSAR VILLATORE

1 Introdução

O presente artigo tem por objetivo fazer reflexões estruturais no Direito Laboral e, assim, estudar a relação entre escolhas e consequências, e como o direito se comporta diante de uma liberdade real e outra não.

Os novos paradigmas da sociedade tecnológica vêm sendo estudados de forma profunda por diversos pesquisadores, e os seus reflexos destacam-se na ceara laboral como sendo os responsáveis pela desestruturação de sólidas bases que não possuem mais conformidade com os tempos atuais e futuros.

Portanto, busca-se estabelecer e estudar a relação entre os avanços tecnológicos e o fim dos postos de trabalho, com o objetivo de refletir sobre o aumento da liberdade dos indivíduos ou o seu aprisionamento.

Para o desenvolvimento do presente estudo, aborda-se a 4ª Revolução Industrial e os reflexos no trabalho, para compreender o patamar atual do tema, os seus desafios e oportunidades. Em um segundo momento, verticaliza-se o estudo para abordar os avanços tecnológicos e a problemática do fim dos postos de emprego. Abstraindo-se de falsas notícias alarmantes, busca-se adentrar em um estudo sério e comprometido sobre o tema e a possibilidade, principalmente, da automação das profissões: a substituição do homem pela máquina.

Por fim, adentra-se nas reflexões sobre a capacitação dos trabalhadores e a quem interessa e sobre quem recai essa responsabilidade. Conclui-se apontando que enquanto o indivíduo tomar decisões, em prol de formas flexíveis e atuais de trabalho, de forma a sobreviver, sua liberdade será limitada. Haverá um aprisionamento, uma vez que o indivíduo não realizará a tomada de decisão sob a égide de uma plena liberdade, e sim, sob a possibilidade da privação.

2 Quarta Revolução Tecnológica e os reflexos no trabalho

O paradigma da 4ª Revolução Tecnológica traz diversas transformações para o contexto social, como o aumento do armazenamento e o processamento das informações, que representarão a mudança na forma como a sociedade se organiza e como ela é entendida.[1] Em relação aos negócios, é possível se observar que o seu próprio desenvolvimento encontra-se em um processo de transição, modificando-se padrões de consumo e o que se consome, os modos de produção e as formas de trabalho. Neste mesmo cenário outros processos de produção, de produtos e de trabalhos são descontinuados.[2]

Para se vislumbrar a situação, elenca-se como exemplo de alternativas de trabalho completamente novas os aplicativos de motoristas particulares (Uber, Cabify, dentre outros) que inclusive são objeto de discussões, trazendo a questão se esses trabalhadores são autônomos ou dependentes da empresa gestora. O direito já encontra um obstáculo de adaptação a essa nova demanda.[3]

---

1 SCHWAB, Klaus. *A quarta Revolução Industrial*. (Trad. Daniel Moreira Miranda). São Paulo: Edipro, 2016. p. 18.

2 SCHWAB, Klaus. *A quarta Revolução Industrial*. (Trad. Daniel Moreira Miranda). São Paulo: Edipro, 2016. p. 18.

3 OLENIKE, Jessica Gilbert; FERRAZ, Miriam Olivia Knopik; VILLATORE, Marco Antônio César. A análise da possibilidade do vínculo empregatício entre os motoristas cadastrados e a empresa UBER. *RJLB*, a. 4, n. 5, p. 927-979, 2018.

Os avanços tecnológicos podem ser abordados sobre duas perspectivas: a de valorização da inovação e a que os compreende como mais uma forma de opressão. Na primeira corrente, é possível apontar Klaus Schwab, que aborda o potencial dessa revolução, afirmando que a tecnologia é controlável e o conhecimento pode ser compartilhado. O autor indica que este seria o caminho para o desenvolvimento de novas alternativas que visassem o bem comum.[4]

No mesmo sentido Volkmar Koch, Simon Kuge, Reinhard Geissbauer e Stefan Schrauf afirmam que a revolução irá garantir que as empresas alcancem um processo de produção eficiente.[5] Essa perspectiva otimista foi construída como resultado da análise que eles realizaram em 235 empresas, no qual há expectativas de que elas alcancem benefícios nas aplicações da Indústria 4.0 nos próximos cinco anos. Segundo os autores, haverá uma média de 18% no aumento da eficiência e uma média de 14% na redução de custos das indústrias.[6]

A segunda corrente realiza uma digressão histórica, demonstrando que em cada momento histórico, as tecnologias tiveram dois papeis: o de aprimorar as vivências e o de representar um mecanismo de dominação dos povos mais fracos e de classes sociais.[7] Nesse sentido, para Gilberto Dupas, o novo paradigma tecnológico se estabelece e se constrói por meio da renovação de "estratégias e mecanismos de supremacia, liderança e hierarquia".[8] Com a inserção de novas tecnologias é possível dar uma sobrevida às "máquinas obsoletas", ou seja, transferindo-as para países subdesenvolvidos e fortalecendo a dependência tecnológica.[9]

Dessa forma, dialoga-se com Antonio Enrique Pérez Luño, quando este ressalta que o uso das tecnologias possui como resultado a ampliação do desenvolvimento e, consequentemente, a melhoria das

---

4 SCHWAB, Klaus. *A quarta Revolução Industrial*. (Trad. Daniel Moreira Miranda). São Paulo: Edipro, 2016. p. 25.

5 GEISSBAUER, Reinhard *et al. Industrie 4.0 – Chancen und erausforderungen der vierten industriellen Revolution*. Price Waterhouse Coopers Aktiengesellschaft, 2014.

6 GEISSBAUER, Reinhard *et al. Industrie 4.0 – Chancen und erausforderungen der vierten industriellen Revolution*. Price Waterhouse Coopers Aktiengesellschaft, 2014.

7 PINTO, Álvaro Vieira. *O conceito de tecnologia*. Rio de Janeiro: Contraponto, 2005. v. 1, p. 231-232.

8 DUPAS, Gilberto. Ética e poder na sociedade da informação: de como a autonomia das novas tecnologias obriga a rever o mito do progresso. 3. ed. São Paulo: Unesp, 2011. p. 37.

9 PINTO, Álvaro Vieira. *O conceito de tecnologia*. Rio de Janeiro: Contraponto, 2005. v. 1, p. 133-257.

condições humanas de vida, mas também, uma ameaça às liberdades, posto que traz conflitos a direitos já consagrados.[10]

Os primeiros beneficiários desse cenário são, segundo Manuel Castells, as empresas de alta tecnologia e as sociedades financeiras. Estas possuem alcance global e essa perspectiva tecnológica amplia a integração com os mercados, aumentando a rentabilidade de seu capital.[11]

Mário Hermann, Tobias Pentek e Boris Otto elencam os "princípios" da indústria 4.0,[12] focada na 4ª Revolução Industrial: *i)* Interoperabilidade: que se refere à comunicação por meio de dispositivos eletrônicos, o que se denomina de internet das coisas; *ii)* Transparência de informações: diz respeito à interação dos aparelhos com o mundo real e o compartilhamento com os dispositivos da rede; *iii)* Assistência técnica: nesta os dispositivos podem auxiliar na resolução dos problemas humanos, fornecendo informações e instruções; *iv)* Decisões descentralizadas: esta permite o automatismo no processo decisório, com interferência e ajuda da inteligência artificial, sendo possível o acesso em qualquer lugar e em tempo real.[13]

Nesse sentido, a tecnologia é posta no processo produtivo como mediadora, com o objetivo de aperfeiçoar o processo, sendo sempre substituída por uma melhor,[14] como se observa das tecnologias de informática, telecomunicações, microeletrônica e robôs, que trazem transformações para as atividades empresariais.[15]

Abordando o enfoque principal das relações de trabalho, Alfredo J. Ruprech elenca cinco modificações que as novas tecnologias ocasionam: *i)* a diminuição das tarefas manuais; *ii)* o trabalho se torna mais

---

[10] LUÑO, Antonio Enrique Pérez. *Los derechos humanos en la sociedad tecnológica*. Madrid: Universitas, 2012. p. 20.

[11] CASTELLS, Manuel. *La era de la información*: economía, sociedad y cultura. (Trad. Carmen Martinez Gomeno). 7. ed. México: Sigilo XXI, 2008. v. I, p. 108-109.

[12] O termo surgiu na Alemanha, sobre o tema, consulte: HERMANN, Mário; PENTEK, Tobias; OTTO, Boris. Design principles for Industrie 4.0 scenarios: a literature review. *49th Hawaii International Conference on System Sciences*, Kauai, US, p. 3928-3937, 5 a 8 jan. 2016. Disponível em: https://www.researchgate.net/publication/307864150_Design_Principles_for_Industrie_40_Scenarios_A_Literature_Review. Acesso em 18 mar. 2018.

[13] HERMANN, Mario; PENTEK, Tobias; OTTO, Boris. Design principles for Industrie 4.0 scenarios: a literature review. *49th Hawaii International Conference on System Sciences*, Kauai, US, p. 3928-3937, 5 a 8 jan. 2016. Disponível em: https://www.researchgate.net/publication/307864150_Design_Principles_for_Industrie_40_Scenarios_A_Literature_Review. Acesso em 18 mar. 2018.

[14] PINTO, Álvaro Vieira. *O conceito de tecnologia*. Rio de Janeiro: Contraponto, 2005. v. 1, p. 209-308.

[15] SÜSSEKIND, Arnaldo. *Direito constitucional do trabalho*. Rio de Janeiro: Renovar, 1999. p. 277-278.

complexo e científico; *iii)* as relações entre os trabalhadores se tornam mais dependentes, controladas e modificadas periodicamente; *iv)* há transformação na noção de responsabilidade; *v)* a especialização começa a desaparecer, o homem se torna apenas engrenagem da máquina.[16] Dessa forma, é possível observar o quanto essas tecnologias impactam nas vivências humanas.

Não é possível analisar a relação capital-trabalho somente sobre o viés da empresa ou do trabalhador, há a necessidade de se entender todo o conjunto das relações sociais e seus vínculos:[17] o cidadão anteriormente autônomo, passa a ser solitário. Diversas formas que vêm se alterando, como a ampliação do acesso e a qualidade da tecnologia, formas de trabalho, tais quais o teletrabalho, a terceirização etc. "distanciam os trabalhadores de algum vínculo pessoal com a empresa, reconstrói-se o entendimento da relação empregado-empregador, que passa a ser predominantemente impessoal".[18]

Klaus Schwab elenca os possíveis impactos da 4ª Revolução Industrial no mercado de trabalho, em uma perspectiva a curto prazo, como a substituição de seres humanos por máquinas/robôs/algoritmos, a "simplificação do trabalho" e a "flexibilização",[19] ou seja, novas formas de trabalho que se distanciam das extensas proteções legislativas.

A UK Commission for Employment and Skills analisou as mudanças realizadas no trabalho e as subdividiram em cinco grandes grupos: *i)* Sociedade e Indivíduo; *ii)* Tecnologia e Inovação; *iii)* Economia e Negócios; *iv)* Recursos e Meio Ambiente e *v)* Legislação e Políticas Públicas. Como se observa na Figura 1:

---

16 RUPRECH, Alfredo J. *Relações coletivas de trabalho.* (Trad. Edilson Alkimin Cunha). São Paulo: LTr, 1995. p. 253.

17 ENRIQUEZ, Eugène. O homem do século XXI: sujeito autônomo ou indivíduo descartável. *RAE-eletrônica*, Editorial Escola de Administração de Empresas de São Paulo, v. 5, n. 1, p. 20, 2006.

18 FERRAZ, Miriam Olivia Knopik. *A condição de agente livre e o bloco de constitucionalidade como critério de defesa dos direitos sociais dos trabalhadores diante da sociedade tecnológica.* Monografia de especialização. Orientador: Flávio Pansieri. Academia Brasileira de Direito Constitucional, 2018.

19 SCHWAB, Klaus. *A Quarta Revolução Industrial.* Tradução Daniel Moreira Miranda – São Paulo: Edipro, 2016.

FIGURA 1

Tendências Globais que Moldam o Futuro dos Empregos e das Habilidades do Trabalhador

Fonte: UK Commission for Employment and Skills, 2014.[20]

Ressalta-se que a elaboração desse gráfico se deu, em um primeiro momento, sob a análise de tendências observadas no Reino Unido e, em um segundo momento, mundialmente, no que tange a mudanças sociais que afetam os perfis de empregos e as habilidades requeridas dos trabalhadores.

Neste cenário, destacam-se algumas mudanças: *i)* as mudanças demográficas e os fluxos migratórios estão alterando o perfil dos trabalhadores; *ii)* as estruturas de organização dos negócios estão cada vez mais flexíveis e dependentes da internet; *iii)* as economias emergentes estão adquirindo representatividade; *iv)* a dissolução das fronteiras está ocorrendo e, assim, os padrões tradicionais de trabalho vêm sendo alterados.

[20] Cf. The future of work: jobs and skills in 2030. *UK Commission for Employment and Skills*, London: Evidence Report 84, february 2014. p. 16.

José Paulo Zeetano Chahad, em análise ímpar sobre o tema e acerca deste gráfico, pontuou que há um claro direcionamento dos acontecimentos: as mudanças são gerais, estruturais e significativas no trabalho.[21]

Por fim, demonstra-se que há várias desigualdades que se aprofundam e se iniciam com a 4ª Revolução Tecnológica. A primeira e clássica é a distinção por renda, que dificulta os acessos a novas tecnologias. Contudo, também é possível elencar a distinção entre os incluídos (que dominam as novas tecnologias) e os excluídos que não acompanharam o processo de expansão tecnológica. No mesmo sentido, haverá os que poderão usufruir de todos os benefícios e dos avanços, bem como os que serão privados destes.

Em uma análise aprofundada sobre a renda e a população, Thomas Piketti afirma que quando a taxa de remuneração do capital ultrapassa a taxa de crescimento da produção e renda[22] (como ocorreu no século XIX e provavelmente ocorrerá no século XIX), o capitalismo produz de forma automática as desigualdades.[23]

Nesse sentido, há a necessidade de se aprofundar os estudos em relação à influência dos avanços tecnológicos nos postos de trabalho, principalmente no que tange ao enfoque deste artigo: a grande discussão a respeito do fim dos postos de trabalho.

3 Avanços tecnológicos e fim dos postos de trabalho

Compreendidos os avanços e novos paradigmas que estamos vivenciando, aprofunda-se então na temática do "fim dos postos de trabalho", assunto recorrente quando se pesquisa o tema trabalho e tecnologia.

Para este estudo, além de projeções irrealísticas ou desconexas com a realidade, apresenta-se um dos estudos mais relevantes sobre a temática, realizado por Carl Benedikt Frey e Michael A. Osborne, da Universidade de Oxford, que traçaram qual a probabilidade de automação dos setores atuais de trabalho, no qual destaca-se o gráfico da Figura 02:

---

21 CHAHAD, José Paulo Zeetano. Tendências globais no cenário internacional e o futuro do trabalho: o impacto sobre o perfil dos empregos. *Boletim Informações Fipe – Temas de economia aplicada*, Edição 441, jun. 2017.

22 PIKETTI, Tomas. *O capital no século XXI*. (Trad. Mônica Baumgarten do Bolle). Rio de Janeiro: Intrínseca, 2014.

23 ZAMBAM, Neuro José Zambam; KUJAWA, Henrique Aniceto. As políticas públicas em Amartya Sen: condição de agente e liberdade social. *Revista Brasileira de Direito*, Passo Fundo, v. 13, n. 1, p. 60-85, jan./abr. 2017.

FIGURA 2

Probabilidade de automação de trabalhos.[24]

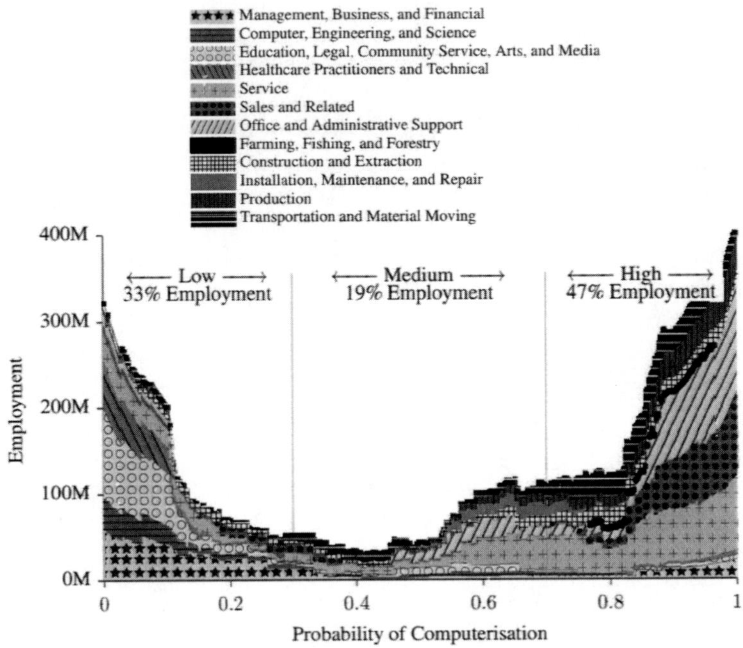

Fonte: Carl Benedikt Frey. and Michael A. Osborne. 2013.[25]

Segundo os autores, no futuro, 47% dos trabalhos serão automatizados. Essa é a parcela da pesquisa que é recorrentemente citada. Entretanto, a análise realizada pelos autores não se limita a esse percentual. No gráfico apresentado é possível observar duas perspectivas diversas:

1. Observa-se a curva de estampas: elas representam os empregos. Quando se alcança os pontos 0.2 a 0.4 elas realizam uma queda expressiva nos percentuais. Nesse sentido, em um primeiro momento de automação

---

[24] Tradução da legenda, em ordem: gestão, *business* e financeiro; computação, engenharia e ciência; educação, leis, serviços à comunidade, artes e mídias; profissionais de saúde e técnicos; serviços; vendas e relacionados; escritório e suporte administrativo; agricultura, pesca e silvicultura; construção e extração; instalação, manutenção e reparação; produção; transporte de pessoas e produtos.

[25] FREY, Carl Benedikt; OSBORNE, Michael A. *The future of employment*: how susceptible are jobs to computerisation? Oxford: University Programme on the Impacts of Future Technology, 2013.

(0.2 e 0.4) haverá, segundo os autores, a queda nos empregos e na necessidade de participação humana nos processos. Mas, a reflexão não se esgota nesse momento, quando alcançar o nível de automação maior, a partir de 0.6 até 1.0 (que é a automação máxima), novos empregos surgirão, em alguns setores diversos aos anteriores. Haverá, assim, a renovação dos postos de trabalho.

Nesse sentido, na faixa com pouca automação ("Low Employment") há a presença de mais empregos em setores como "Transporte de pessoas e produtos" (estampa com listras brancas na horizontal), "produção" (estampa com listras pretas na vertical), "escritório e suporte administrativo" (estampa com listras pretas na diagonal). Além disso, há uma faixa de variação maior em empregos como "educação, direito, serviços à comunidade, artes e mídias" (estampa com círculos) e "gestão, *business* e financeiro" (estampa estrelada), como se observa por eles serem faixas maiores no gráfico. Ou seja, eles variam entre quantidades de empregos: como o de gestão que em certas situações podem ter menos alcançando até "zero", e em outras podem alcançar mais, até 50 mil aproximadamente. Denota-se a diferença entre os empregos na linha de cima (estampas com listras brancas na horizontal, estampa com listras pretas na vertical, estampa com listras pretas na diagonal) que possuem uma faixa bem estreita, demonstrando a pouca variação, apesar das diferentes situações.[26]

Por outro lado, na faixa de alta automação ("High Employment") observa-se que o gráfico apresenta uma modificação. Os empregos de setores como "Transporte de pessoas e produtos" (estampas com listras brancas na horizontal) e "produção" (estampa com listras pretas na vertical) permanecem acima do gráfico, e assim, essa faixa de emprego permanecerá com grandes demandas. Entretanto, ressalta-se que a largura das linhas aumentou um pouco, e assim, dependendo da situação, eles poderão variar quantitativamente.

Os autores apontam que apesar desses empregos permanecerem com uma maior demanda, o modo como eles irão se desenvolver e exercer suas atividades irá se transformar completamente: haverá a necessidade de novas capacidades, mecanismos e formas de desenvolvimento.[27]

Prosseguindo a interpretação do gráfico, os setores como "escritório e suporte administrativo" (estampa com listras pretas na diagonal), "vendas e similares" (estampa com esferas pretas), "serviços" (estampa com cruzes), estão com faixas muito alargadas se comparado à perspectiva de pouca automação. Essa representação indica que quando há uma grande automação, esses empregos irão variar bastante dentro de um patamar mínimo e máximo elencado no gráfico (onde começa e termina a largura da linha). Denota-se, ainda, que setores como "educação,

---

26 Para uma análise mais aprofundada, consulte: FERRAZ, Miriam Olivia Knopik. *A condição de agente livre e o bloco de constitucionalidade como critério de defesa dos direitos sociais dos trabalhadores diante da sociedade tecnológica*. Monografia de especialização. Orientador: Flávio Pansieri. Academia Brasileira de Direito Constitucional, 2018.

27 FREY, Carl Benedikt; OSBORNE, Michael A. *The future of employment*: how susceptible are jobs to computerisation? Oxford: University Programme on the Impacts of Future Technology, 2013.

direito, serviços à comunidade, artes e mídias" (estampa com círculos) e "gestão, *business* e financeiro" (estampa estrelada) encontram uma queda significativa quando há grande automação, e assim, serão setores com altas dificuldades de permanência e adaptação, diferentemente dos demais setores citados anteriormente (estampa com listras pretas na diagonal, estampa com listras brancas na horizontal, estampa com listras pretas na vertical).

2. A segunda perspectiva traz uma visão completa do mesmo gráfico: "a linha da automação como uma linha temporal aproximada".[28] Nesse sentido, os empregos provavelmente iriam se automatizar com o decorrer do tempo, mas, como denota-se do gráfico, essa automatização não seria linear.

Nessa análise é possível observar uma curva de diminuição dos empregos que se acentua significativamente do ponto 0.2 a 0.4 de automação. Após esse declínio, os empregos voltam a crescer, porém, sob um novo paradigma: novos setores, novas demandas e novos profissionais (estampa com listras brancas na horizontal, estampa com listras pretas na diagonal e estampa com listras pretas na vertical), e o fim de outros setores (estampa com círculos e estampa estrelada).

Ressalta-se, ainda, que a transição proposta pelos autores ocorrerá em um marco temporal de 20 anos, segundo os pesquisadores,[29] ou seja, "não haverá a transição de uma geração inteira para ocupar as novas formas de trabalho, e sim, a mesma geração terá que se adaptar às novas perspectivas".[30]

Nesse sentido, vislumbra-se duas vertentes de atuação: a primeira diz respeito ao planejamento para treinamento e capacitação das pessoas que já estão inseridas no mercado de trabalho; a segunda propõe a remodelação das grades curriculares com o objetivo de formar uma geração já inserida nessa perspectiva.

Ressalta-se a grande dificuldade e o desafio que se tem em relação aos trabalhadores já inseridos em postos de emprego, pautados, principalmente, na dificuldade de inserção e adaptação dos que já estão em processo de envelhecimento.

---

[28] FREY, Carl Benedikt; OSBORNE, Michael A. *The future of employment*: how susceptible are jobs to computerisation? Oxford: University Programme on the Impacts of Future Technology, 2013.

[29] FREY, Carl Benedikt; OSBORNE, Michael A. *The future of employment*: how susceptible are jobs to computerisation? Oxford: University Programme on the Impacts of Future Technology, 2013.

[30] Para uma análise mais aprofundada consulte: FERRAZ, Miriam Olivia Knopik. *A condição de agente livre e o bloco de constitucionalidade como critério de defesa dos direitos sociais dos trabalhadores diante da sociedade tecnológica*. Monografia de especialização. Orientador: Flávio Pansieri. Academia Brasileira de Direito Constitucional, 2018.

Segundo Peter M. Senge,[31] há a necessidade do fomento da aprendizagem contínua no meio empresarial, novamente pautada na humanização das relações, ainda mais considerando que a vantagem competitiva está na "velocidade e capacidade de aprendizagem das pessoas".[32] Na perspectiva da sociedade tecnológica, somente terão sucesso organizacional as empresas que melhor gerirem os seus conhecimentos,[33] e isso inclui os trabalhadores.

Nesse sentido defende Peter M. Senge, que vai mais além, ao afirmar que o sucesso empresarial está ligado à responsabilidade das empresas em desenvolverem competências individuais e institucionais, o que propulsionará a possibilidade de trabalhadores que aprendem e aplicam os novos conhecimentos no dia a dia, construindo e fortalecendo melhorias e inovações, alcançando-se, assim, a "desejada vantagem competitiva sustentável".[34]

Cresce a necessidade da formação de um sistema de educação coorporativa, como fator essencial para a construção de valores distintos dentro de uma competitividade,[35] uma mudança de paradigma para as tendências atuais.

Sob esse receio e risco das perdas de postos de emprego, diversas pessoas vêm migrando para atividades mais flexíveis, tais como o teletrabalho, em que não há um vínculo físico, trabalhos por produção e entrega, ou o próprio empreendedorismo (por necessidade ou não) etc. Cabe a análise se essas modalidades, que surgem como alternativas diante da sociedade tecnológica, permitem um aperfeiçoamento das vivências humanas, ou seriam um aprisionamento.

4 Avanços tecnológicos e o fim dos postos de trabalho: liberdade ou aprisionamento?

Como afirma Klaus Schwab, é lógico entender que o profissional da indústria 4.0 é diferente do da indústria 3.0, e assim, novas exigências

---

31 SENGE, Peter M. *A quinta disciplina*: arte e prática da organização que aprende. 28. ed. São Paulo: Editora Best Seller, 2012.

32 DAVENPORT, Thomas H.; PRUSAK, Laurence. *Conhecimento empresarial*: como as organizações gerenciam o seu capital intelectual. Rio de Janeiro: Campus, 1988.

33 TEIXEIRA FILHO, Jayme. *Gerenciando conhecimento*: como a empresa pode usar a memória organizacional e a inteligência competitiva no desenvolvimento de negócios. Rio de Janeiro: SENAC, 2000.

34 SENGE, Peter M. *A quinta disciplina*: arte e prática da organização que aprende. 28. ed. São Paulo: Editora Best Seller, 2012. p. 23.

35 AIRES, Regina Wundrack do Amaral; FREIRE, Patrícia de Sá; SOUZA, João Artur de Souza. Educação corporativa como ferramenta para estimular a inovação nas organizações: uma revisão de literatura. *KM Brasil 2016, 13º Congresso Brasileiro de Gestão do Conhecimento*, São Paulo, 2016.

são impostas para que ele se adeque ao mercado,[36] principalmente em relação aos conhecimentos e habilidades para lidar com as novas tecnologias.[37] Observa-se, na Figura 03 a seguir, as transições dos ideais de educação coorporativa transpostos entre as Revoluções:

FIGURA 3
Características do Sistema de Educação Corporativa das Revoluções Industriais

Revolução Industrial	Período	Características Tecnológica	Características Da Educação Corporativa
Primeira Revolução Industrial	Iniciou na segunda metade do século XVIII. Ocorreu entre 1760 a 1840.	Máquina a Vapor Substituição da produção artesanal pela produção fabril. Sistema de produção taylorista-fordista – divisão do trabalho manual e intelectual.	Preocupação com a universalização do ensino. Divisão social da educação, a elite recebia educação superior para gerenciar as empresas e a massa recebia educação técnica para realizar operações repetitivas.
Segunda Revolução Industrial	Iniciou no século XIX e avançou a primeira metade do século XX.	Energia Elétrica Automação e produção em massa. Sistema de produção taylorista-fordista – divisão do trabalho manual e intelectual.	Educação fundamentada no raciocínio, valores éticos e acumulação do conhecimento de forma organizada.
Terceira Revolução Industrial	Iniciou na década de 1960 (segunda metade do século XX) e avançou até a década de 1990.	Surgimento da informática e avanço das comunicações. Surge a sociedade do conhecimento. Sistema de produção flexível.	Estabelece um caráter social excludente e a educação passa a ser um pré-requisito para o cidadão sob três dimensões: produção, consumo e vida social. Desenvolvimento de pessoas (trabalhadores) com autonomia, iniciativa e dinamismo. Valorização do autodesenvolvimento e aprendizado contínuo.
Quarta Revolução Industrial	Iniciou na primeira década do século XXI, na década de 2000.	Internet mais ubíqua e móvel, sensores menores e mais poderosos e inteligência artificial. Fusão das tecnologias e a interação entre domínios físicos, digitais e biológicos. Sistemas e máquinas inteligentes conectados possibilitando um sistema de produção de personalização em massa.	Surgem as redes de aprendizagem para aprendizagem em rede. Exigência de conhecimentos de nível superior, além de técnicos e tecnológicos mais sofisticados. Desenvolvimento de programas de desenvolvimento humano para a inovação – geração de ideias, colaboração, compartilhamento, co-produção. Avanço da gestão do conhecimento e do capital intelectual. Surge a necessidades de desenvolvimento de novas competências nos trabalhadores. Surgimento de novas profissões.

Fonte: Aires; Moreira; Freira; 2017,[38] com base em Aires; Freire; Souza; 2016;[39] Freire *et al.* 2016.[40]

---

[36] SCHWAB, Klaus. *A quarta Revolução Industrial*. (Trad. Daniel Moreira Miranda). São Paulo: Edipro, 2016. p. 58.

[37] TEIXEIRA FILHO, Jayme. *Gerenciando conhecimento*: como a empresa pode usar a memória organizacional e a inteligência competitiva no desenvolvimento de negócios. Rio de Janeiro: SENAC, 2000.

[38] AIRES, Regina Wundrack do Amaral; MOREIRA, Fernanda Kempner; FREIRE, Patrícia de Sá. Indústria 4.0: competências requeridas aos profissionais da quarta revolução industrial. *VII Congresso Internacional de Conhecimento e Inovação*, Foz do Iguaçu, 11 e 12 set. 2017.

Da tabela apresentada é possível observar a transição entre a universalização do estudo e as dificuldades enfrentadas na Primeira Revolução Industrial, para a Segunda Revolução, marcada pela acumulação do conhecimento. Além disso, na Terceira Revolução Industrial observa-se a formação do cidadão sob três pilares: produção, consumo e vida social, e há a valorização de trabalhadores voltados à autonomia, por meio de autodesenvolvimento e aprendizado contínuo.

Na Quarta Revolução Industrial há o aumento das redes de aprendizado, a exigência de nível superior e de técnicos e tecnólogos mais especializados, a valorização de programas voltados à inovação e o desenvolvimento da gestão do conhecimento e capital intelectual, iniciando-se, assim, a transição para novas capacidades e profissões.

O novo profissional deverá possuir as capacidades necessárias para a sua adaptação à Quarta Revolução. Tais capacidades foram estudadas por Regina Wundrack do Amaral Aires, Fernanda Kempner Moreira e Patrícia de Sá Freire, que elencaram as 9 (nove) competências a serem desenvolvidas para o profissional da Quarta Revolução Industrial,[41] quais sejam:

1. Habilidades cognitivas, nas quais será valorizada a flexibilidade cognitiva, o raciocínio lógico, a sensibilidade para lidar com problemas, o raciocínio matemático, a visualização, a criatividade,[42] a reprodução de conhecimentos simples,[43] o empreendedorismo[44] e a inovação.[45]

---

39 AIRES, Regina Wundrack do Amaral; FREIRE, Patrícia de Sá; SOUZA, João Artur de Souza. Educação corporativa como ferramenta para estimular a inovação nas organizações: uma revisão de literatura. *KM Brasil 2016, 13º Congresso Brasileiro de Gestão do Conhecimento*, São Paulo, 2016.

40 FREIRE, Patrícia de Sá *et al.* Universidade Corporativa em Rede: considerações iniciais para um novo modelo de Educação Corporativa. *Revista Espacios*, v. 37, n. 05, p. 20-32, 2016.

41 AIRES, Regina Wundrack do Amaral; MOREIRA, Fernanda Kempner; FREIRE, Patrícia de Sá. Indústria 4.0: competências requeridas aos profissionais da quarta revolução industrial. *VII Congresso Internacional de Conhecimento e Inovação*, Foz do Iguaçu, 11 e 12 set. 2017.

42 Cf. The future of Jobs: employment, skills and workforce strategy for the fourth revolution. *World Economic Forum*, Global Challenge Insight Report, 2016; SORKO, Sabrina Romina; IRSA, Wolfram. Engineering education – Status quo in Austria in comparison with the academic field of business education. *Turkish Online Journal of Educational Technology*, p. 890-894, 2016; VORONINA, Marianna V.; MOROZ, Olga N. Substantiation of foresight research of development strategy of descriptive geometry, engineering geometry and computer graphics departments on the basis of industrial 4.0 ideology. *Man In India*, n. 97, v. 3, p. 375-389, 2017.

43 SORKO, Sabrina Romina; IRSA, Wolfram. Engineering education – Status quo in Austria in comparison with the academic field of business education. *Turkish Online Journal of Educational Technology*, p. 890-894, 2016.

2. Habilidades físicas, nas quais será valorizada a força física, a destreza manual[46] e a precisão e o físico saudável.[47]

3. Competências de conteúdo, nas quais será valorizada a aprendizagem ativa, a expressão oral, a compreensão de leitura, a expressão escrita, a alfabetização em tecnologia de informação e comunicação (ou alfabetização digital),[48] a interação com outras áreas do conhecimento (multidisciplinariedade),[49] a aprendizagem[50] e a comunicação.[51]

4. Competência de processo que diz respeito à escuta ativa, pensamento crítico e monitoramento próprio e de outros.[52]

5. Competências sociais, nas quais será valorizada a coordenação de equipe, a inteligência emocional, a negociação, a persuasão, a

---

[44] CHEN, Guojin; CHANG, Jianhui. Study on training system and continuous improving mechanism for mechanical engineering. *The Open Mechanical Engineering Journal*, n. 9, p. 7-14, 2015.

[45] SORKO, Sabrina Romina; IRSA, Wolfram. Engineering education – Status quo in Austria in comparison with the academic field of business education. *Turkish Online Journal of Educational Technology*, p. 890-894, 2016; CHEN, Guojin; CHANG, Jianhui. Study on training system and continuous improving mechanism for mechanical engineering. *The Open Mechanical Engineering Journal*, n. 9, p. 7-14, 2015.

[46] Cf. The future of Jobs: employment, skills and workforce strategy for the fourth revolution. *World Economic Forum*, Global Challenge Insight Report, 2016.

[47] CHEN, Guojin; CHANG, Jianhui. Study on training system and continuous improving mechanism for mechanical engineering. *The Open Mechanical Engineering Journal*, n. 9, p. 7-14, 2015.

[48] Cf. The future of Jobs: employment, skills and workforce strategy for the fourth revolution. *World Economic Forum*, Global Challenge Insight Report, 2016.

[49] Cf. Desafios para a indústria 4.0 no Brasil. *Confederação Nacional da Indústria (CNI)*, Distrito Federal: Brasília, 2016.

[50] CHEN, Guojin; CHANG, Jianhui. Study on training system and continuous improving mechanism for mechanical engineering. *The Open Mechanical Engineering Journal*, n. 9, p. 7-14, 2015.

[51] VORONINA, Marianna V.; MOROZ, Olga N. Substantiation of foresight research of development strategy of descriptive geometry, engineering geometry and computer graphics departments on the basis of industrial 4.0 ideology. *Man In India*, n. 97, v. 3, p. 375-389, 2017; CHEN, Guojin; CHANG, Jianhui. Study on training system and continuous improving mechanism for mechanical engineering. *The Open Mechanical Engineering Journal*, n. 9, p. 7-14, 2015.

[52] Cf. The future of Jobs: employment, skills and workforce strategy for the fourth revolution. *World Economic Forum*, Global Challenge Insight Report, 2016.

orientação de serviço e o treinamento de pessoas,[53] o trabalho em equipe multidisciplinar,[54] a responsabilidade social e moral e a independência.[55]

6. Competências sistêmicas que tratam do julgamento e tomada de decisão e da análise sistêmica.

7. Competência para solucionar problemas complexos.[56]

8. Competências de gestão de recursos, entendidos como financeiros e materiais, gestão de pessoas e tempo;[57] e desenvolvimento sustentável e sustentabilidade.[58]

9. Competências técnicas que dizem respeito ao reparo, à manutenção, ao controle e à operação de equipamentos, programação, controle de qualidade e conhecimentos técnicos.[59]

Neste diapasão, é possível elencar a predominância e a valorização principalmente de competências ligadas à criatividade, inovação, comunicação, solução de problemas e conhecimentos técnicos.

---

53 Cf. The future of Jobs: employment, skills and workforce strategy for the fourth revolution. *World Economic Forum*, Global Challenge Insight Report, 2016.

54 Cf. Desafios para a indústria 4.0 no Brasil. *Confederação Nacional da Indústria (CNI)*, Distrito Federal: Brasília, 2016.

55 CHEN, Guojin; CHANG, Jianhui. Study on training system and continuous improving mechanism for mechanical engineering. *The Open Mechanical Engineering Journal*, n. 9, p. 7-14, 2015.

56 CHEN, Guojin; CHANG, Jianhui. Study on training system and continuous improving mechanism for mechanical engineering. *The Open Mechanical Engineering Journal*, n. 9, p. 7-14, 2015; Cf. The future of Jobs: employment, skills and workforce strategy for the fourth revolution. *World Economic Forum*, Global Challenge Insight Report, 2016.

57 CHEN, Guojin; CHANG, Jianhui. Study on training system and continuous improving mechanism for mechanical engineering. *The Open Mechanical Engineering Journal*, n. 9, p. 7-14, 2015.

58 GARBIE, I. H. Incorporating Sustainability/Sustainable Development Concepts in Teaching in the Factory of the Future. *International Journal of Computer Integrated Manufactoring*, n. 30, v. 1, p. 182-190, 2017.

59 VORONINA, Marianna V.; MOROZ, Olga N. Substantiation of foresight research of development strategy of descriptive geometry, engineering geometry and computer graphics departments on the basis of industrial 4.0 ideology. *Man In India*, n. 97, v. 3, p. 375-389, 2017; CHEN, Guojin; CHANG, Jianhui. Study on training system and continuous improving mechanism for mechanical engineering. *The Open Mechanical Engineering Journal*, n. 9, p. 7-14, 2015; Cf. Desafios para a indústria 4.0 no Brasil. *Confederação Nacional da Indústria (CNI)*, Distrito Federal: Brasília, 2016; Cf. Educação corporativa no Brasil: habilidades para uma nova era do conhecimento. *Deloitte Brasil*, 2016. Disponível em: https://www2.deloitte.com/content/dam/Deloitte/br/Documents/deloitte-educacao/educa%C3%A7%C3%A3o_corporativa.pdf. Acesso em 20 jun. 2018.

Como elencado pela Confederação Nacional da Indústria e por alguns doutrinadores, como Jayme Teixeira Filho, Thomas H. Davenport e Laurence Prusak, há a necessidade da "formação de recursos humanos",[60] ou seja, é necessário um novo perfil de trabalhadores, principalmente no que tange aos seus conhecimentos e habilidades para trabalharem com as novas tecnologias.[61] Ressalta-se, ainda, a necessidade de revisão das matrizes curriculares dos cursos, voltados às novas capacidades e formação de trabalhadores para a Indústria 4.0.[62]

Dessa forma, questiona-se se as novas demandas e exigências irão resultar em maior liberdade para os indivíduos, permitindo jornadas flexíveis, *home office*, novos regimes de contratação; ou se somente causará o seu aprisionamento, nos casos de imposições de formas contratuais não protetivas, deslocamento da mão de obra não qualificada, ausência da possibilidade de capacitação a todo momento.

Em um primeiro momento, já se observou que boa parte da iniciativa que se vislumbra para a capacitação e, consequentemente, sobrevivência no mercado de trabalho, consiste em *tomar a iniciativa de se capacitar.*

Há poucas propostas que trazem projetos de formação de recursos humanos nesse sentido, ou que impõem alguma responsabilidade empresarial ou Estatal; e como demonstrado, uma geração inteira encontra dificuldades severas em se adaptar.

Segundo dados do Instituto Brasileiro de Geografia e Estatística (IBGE), no Brasil, as transformações no padrão demográfico começaram a surgir na década de 1940 e aumentaram após os anos 1960, ocorrendo, assim, uma das transições mais rápidas do mundo. Apesar disso, até o final da década de 1970, a estrutura etária da população brasileira era predominantemente jovem. A instituição afirma que houve a

---

60 Cf. Desafios para a indústria 4.0 no Brasil. *Confederação Nacional da Indústria (CNI)*, Distrito Federal: Brasília, 2016. p. 24.

61 TEIXEIRA FILHO, Jayme. *Gerenciando conhecimento*: como a empresa pode usar a memória organizacional e a inteligência competitiva no desenvolvimento de negócios. Rio de Janeiro: SENAC, 2000.

62 CHEN, Guojin; CHANG, Jianhui. Study on training system and continuous improving mechanism for mechanical engineering. *The Open Mechanical Engineering Journal*, n. 9, p. 7-14, 2015; Cf. Desafios para a Indústria 4.0 no Brasil. *Confederação Nacional da Indústria (CNI)*, Distrito Federal: Brasília, 2016. p. 29; GARBIE, I. H. Incorporating Sustainability/ Sustainable Development Concepts in Teaching in the Factory of the Future. *International Journal of Computer Integrated Manufactoring*, n. 30, v. 1, p. 182-190, 2017; MUÑOZ, M. M. Unconventional cognitive enhacement options addressing structural unemployment in the technological context of the fourth industrial revolution. *Gazeta da Antropologia*, n. 32, v. 2, 2016.

transformação do quadro demográfico brasileiro nos últimos anos, aumentando de forma significativa o contingente de idosos.[63]

Segundo projeções estatísticas, no período de 2000 a 2020, o grupo etário de 60 anos ou mais duplicará, passando de 13,9 para 28,3 milhões. Ainda, a cada 100 pessoas em idade ativa, o número de idosos passará de 13,1, em 2000, para 52,1, em 2050. O Banco Internacional para Reconstrução e Desenvolvimento (BIRD) afirma uma diferença de paradigma: a taxa de crescimento do número de idosos nos países desenvolvidos ocorreu de forma gradativa, no momento em que esses países já tinham se tornado "desenvolvidos";[64] já no Brasil e em países de economia similar, o crescimento do número de idosos está acontecendo muito mais rapidamente. A partir de 2025, o crescimento populacional do Brasil será demarcado pelo aumento do número de idosos e pelo declínio da população em idade ativa (entre 15 e 59 anos). Para o BIRD, esse envelhecimento "deverá despertar soluções na sociedade brasileira, pois irá "afetar" as políticas de seguridade, especialmente a saúde, atingindo também o planejamento urbano e o mercado de trabalho".[65]

Em estudos realizados sobre a velhice no Brasil, Solange Maria Teixeira afirma a necessidade de respostas do Estado e da sociedade. Para a autora, "o trabalhador velho", dentro da sociedade capitalista, atinge um potencial de desumanização, uma vez que se torna "supérfluo para o capital e um peso morto no exército industrial de reserva".[66]

Cabe, neste momento, compreender qual posicionamento de liberdade este trabalho adota, para a compreensão se há a real liberdade dos indivíduos ou, ao contrário, o seu aprisionamento.

Amartya Sen elenca, em sua obra "A Ideia da Justiça", duas razões para a liberdade ser um fator essencial para o desenvolvimento de um Estado: *i)* o aumento das liberdades proporciona maiores oportunidades para se alcançar os objetivos pessoais de cada um e da sociedade como um todo; *ii)* com a expansão das liberdades, os cidadãos não serão obrigados a aceitar um determinado caminho ou escolha, e sim,

---

[63] Cf. Indicadores sociodemográficos e de saúde no Brasil. *Instituto Brasileiro de Geografia e Estatística (IBGE)*, 2009. Disponível em: http://www.ibge.gov.br/home/estatistica/populacao/indic_sociosaude/2009/default.shtm. Acesso em 20 jun. 2018.

[64] Cf. 'Envelhecimento' do Brasil pode barrar desenvolvimento, diz Bird. *G1*, 06 abr. 2011. Disponível em: http://g1.globo.com/economia/noticia/2011/04/envelhecimento-do-brasil-pode-barrar-desenvolvimento-diz-bird.html. Acesso em 20 jun. 2018.

[65] Cf. 'Envelhecimento' do Brasil pode barrar desenvolvimento, diz Bird. *G1*, 06 abr. 2011. Disponível em: http://g1.globo.com/economia/noticia/2011/04/envelhecimento-do-brasil-pode-barrar-desenvolvimento-diz-bird.html. Acesso em 20 jun. 2018.

[66] TEIXEIRA, Solange Maria. *Envelhecimento e trabalho no tempo do capital*: implicações para a proteção social no Brasil. São Paulo: Cortez, 2008. p. 31.

poderão deliberar e escolher a melhor opção para atingir a finalidade que se objetiva.[67]

As perspectivas elencadas são nomeadas de "o aspecto de oportunidade" (relacionado à conveniência para fazer algo) e "o aspecto de processo" (a decisão sobre o que fazer e em que momento fazer).[68]

Na relação de trabalho, com o fim dos postos de emprego e a ampliação das formas flexíveis de trabalho, é possível realizar uma grande diferenciação, com base na teoria do autor. A ampliação das liberdades dos indivíduos se dará na medida em que os empecilhos de real efetivação dessas liberdades forem reduzidos.[69]

Nesse sentido, "um trabalhador só poderá tomar uma efetiva decisão, se esta for tomada com base em suas próprias convicções e sob o seu próprio julgamento, e não em decorrência de amarras às suas liberdades, como as econômicas".[70] Diante de todo o exposto neste trabalho, é possível questionar se será realmente por sua livre e espontânea escolha que o trabalhador escolherá se capacitar, migrar de área ou optar por formas flexíveis de trabalho. É *uma questão de sobrevivência.*

Dessa forma, somente será possível afirmar que os indivíduos realizaram escolhas em prol da sua liberdade, se estas forem pautadas em reais oportunidade de escolha laboral, no ambiente laboral e de negociação (aspecto de oportunidade), se eles puderem optar em participar, ou não, e quando e como participar (aspecto de processo).

A ideia de "condição de agente" é o que une o aspecto de oportunidade e o aspecto de processo, sendo estes dois, meios para alcançar o fim, que é o desenvolvimento, entendido como um processo de ampliação das liberdades.

A forma como o Direito do Trabalho se posiciona em relação a isso é crucial, deve permitir escolhas adaptativas, desde que haja

---

[67] SEN, Amartya. *A ideia de justiça*. São Paulo: Companhia das Letras, 2011. p. 267-268.

[68] SEN, Amartya. *A ideia de justiça*. São Paulo: Companhia das Letras, 2011. p. 267-268.

[69] FERRAZ, Miriam Olivia Knopik. *A condição de agente livre e o bloco de constitucionalidade como critério de defesa dos direitos sociais dos trabalhadores diante da sociedade tecnológica*. Monografia de especialização. Orientador: Flávio Pansieri. Academia Brasileira de Direito Constitucional, 2018. p. 20.

[70] FERRAZ, Miriam Olivia Knopik. *A condição de agente livre e o bloco de constitucionalidade como critério de defesa dos direitos sociais dos trabalhadores diante da sociedade tecnológica*. Monografia de especialização. Orientador: Flávio Pansieri. Academia Brasileira de Direito Constitucional, 2018. p. 30.

reais condições para a livre tomada de decisão e, assim, "permitir aos indivíduos tomarem posse de sua condição de agente".[71]

Sob essas premissas é possível afirmar que somente será uma escolha livre, quando o trabalhador optar pela forma flexível e inovadora de trabalho, de modo consciente, sem possuir quaisquer amarras à sua liberdade, sejam estas econômicas, sociais ou culturais. Nos demais casos, em que tais medidas são impostas em diversos graus, haverá o aprisionamento do indivíduo em uma falta de "liberdade" que o isola e priva de direitos.

5 Considerações finais

Os reflexos avassaladores da 4ª Revolução Industrial são inegáveis e a necessidade da adaptação dos seres humanos também caminha nesse sentido. O presente artigo buscou fazer reflexões sobre a relação entre escolhas e consequências, e como o direito se comporta diante de uma liberdade real e outra não.

Para o seu desenvolvimento, subdividiu-se a análise em três tópicos: o estudo dos avanços tecnológicos e as relações de trabalho; os avanços tecnológicos e o fim dos postos de emprego; e, por fim, as reflexões sobre a liberdade e o aprisionamento.

Apontou-se a necessidade real da formação de um sistema de educação coorporativa, como fator essencial para a construção de valores distintos dentro de uma competitividade. Questionou-se se a capacitação do trabalhador deverá ficar somente a seu encargo, ou se ela poderá ser composta e construída em sociedade.

Ao vislumbrar a realidade da dissolução dos postos de emprego, constatou-se que diversas pessoas vêm migrando para atividades mais flexíveis, tais como o teletrabalho, trabalhos por produção e entrega, ou o próprio empreendedorismo (por necessidade ou não) etc. Entretanto, coube o questionamento sobre a vontade real dos indivíduos de tomar essas decisões.

Conclui-se apontando que enquanto o indivíduo tomar essas decisões sob a sombra da necessidade de sobrevivência (amarras às suas liberdades) sua liberdade estará limitada. Haverá um aprisionamento,

---

[71] PANSIERI, Flávio. Liberdade como desenvolvimento em Amartya Sen. *Constituição, Economia e Desenvolvimento – Revista da Academia Brasileira de Direito Constitucional*, Curitiba, v. 8, n. 15, p. 460, jul./dez. 2016.

uma vez que o indivíduo não realizará, livre e conscientemente, a tomada de decisão da vida que ele próprio julga ser a melhor a ser vivida.

Sobre essas premissas, é possível afirmar que somente será uma escolha livre, quando o trabalhador optar pela forma flexível e inovadora de trabalho, porque esta é a vida que ele julga ser a melhor, mediante suas concepções e objetivos, sem quaisquer influências e amarras à sua liberdade, sejam estas econômicas, sociais ou culturais.

Essas reflexões sobre a liberdade e o aprisionamento do indivíduo trabalhador buscam retirar o "véu da ignorância" e, nesse sentido, demonstrar a necessidade de se vislumbrar a tomada de decisão, sob os paradigmas elencados, da forma como ela realmente se dá: como uma expansão da liberdade dos indivíduos ou como uma manifestação de seu aprisionamento.

Somente após esse reconhecimento é que se poderá tomar atitudes em relação a isso, tais como as apontadas neste estudo: entender as diferentes gerações de indivíduos; promover a capacitação continuada; estruturar políticas públicas e empresariais em prol da adequação e do desenvolvimento humano.

Referências

AIRES, Regina Wundrack do Amaral; FREIRE, Patrícia de Sá; SOUZA, João Artur de Souza. Educação corporativa como ferramenta para estimular a inovação nas organizações: uma revisão de literatura. *KM Brasil 2016, 13º Congresso Brasileiro de Gestão do Conhecimento*, São Paulo, 2016.

AIRES, Regina Wundrack do Amaral; MOREIRA, Fernanda Kempner; FREIRE, Patrícia de Sá. Indústria 4.0: competências requeridas aos profissionais da quarta revolução Industrial. *VII Congresso Internacional de Conhecimento e Inovação*, Foz do Iguaçu, 11 e 12 set. 2017.

CASTELLS, Manuel. *La era de la información*: economía, sociedad y cultura. (Trad. Carmen Martinez Gomeno). 7. ed. México: Sigilo XXI, 2008. v. I.

CHAHAD, José Paulo Zeetano. Tendências globais no cenário internacional e o futuro do trabalho: o impacto sobre o perfil dos empregos. *Boletim Informações Fipe – Temas de economia aplicada*, Edição 441, jun. 2017.

CHEN, Guojin; CHANG, Jianhui. Study on training system and continuous improving mechanism for mechanical engineering. *The Open Mechanical Engineering Journal*, n. 9, p. 7-14, 2015.

CONFEDERAÇÃO NACIONAL DA INDÚSTRIA (CNI). *Desafios para a indústria 4.0 no Brasil*. Distrito Federal: Brasília, 2016.

DAVENPORT, Thomas H.; PRUSAK, Laurence. *Conhecimento empresarial*: como as organizações gerenciam o seu capital intelectual. Rio de Janeiro: Campus, 1988.

DELOITTE BRASIL. *Educação corporativa no Brasil*: habilidades para uma nova era do conhecimento. 2016. Disponível em: https://www2.deloitte.com/content/dam/Deloitte/br/Documents/deloitte-educacao/educa%C3%A7 %C3%A3o_corporativa.pdf. Acesso em 20 jun. 2018.

DUPAS, Gilberto. Ética *e poder na sociedade da informação*: de como a autonomia das novas tecnologias obriga a rever o mito do progresso. 3. ed. São Paulo: Unesp, 2011.

ENRIQUEZ, Eugène. O homem do século XXI: sujeito autônomo ou indivíduo descartável. *RAE-eletrônica*, Editorial Escola de Administração de Empresas de São Paulo, v. 5, n. 1, p. 20, 2006.

FERRAZ, Miriam Olivia Knopik. *A condição de agente livre e o bloco de constitucionalidade como critério de defesa dos direitos sociais dos trabalhadores diante da sociedade tecnológica.* Monografia de especialização. Orientador: Flávio Pansieri. Academia Brasileira de Direito Constitucional, 2018.

FREIRE, Patrícia de Sá *et al.* Universidade Corporativa em Rede: considerações iniciais para um novo modelo de Educação Corporativa. *Revista Espacios*, v. 37, n. 05, p. 20-32, 2016.

FREY, Carl Benedikt; OSBORNE, Michael A. *The future of employment*: how susceptible are jobs to computerisation? Oxford: University Programme on the Impacts of Future Technology, 2013.

G1. *'Envelhecimento' do Brasil pode barrar desenvolvimento, diz Bird.* 06 abr. 2011. Disponível em: http://g1.globo.com/economia/noticia/2011/04/envelhecimento-do-brasil-pode-barrar-desenvolvimento-diz-bird.html. Acesso em 20 jun. 2018.

GARBIE, I. H. Incorporating Sustainability/Sustainable Development Concepts in Teaching in the Factory of the Future. *International Journal of Computer Integrated Manufactoring*, n. 30, v. 1, p. 182-190, 2017.

GEISSBAUER, Reinhard *et al. Industrie 4.0 – Chancen und erausforderungen der vierten industriellen Revolution.* Price Waterhouse Coopers Aktiengesellschaft, 2014.

HERMANN, Mario; PENTEK, Tobias; OTTO, Boris. Design principles for Industrie 4.0 scenarios: a literature review. *49th Hawaii International Conference on System Sciences*, Kauai, US, p. 3928-3937, 5 a 8 jan. 2016. Disponível em: https://www.researchgate.net/publication/307864150_Design_Principles_for_Industrie_40_Scenarios_A_Literature_Review. Acesso em 18 mar. 2018.

INSTITUTO BRASILEIRO DE GEOGRAFIA E ESTATÍSTICA (IBGE). *Indicadores sociodemográficos e de saúde no Brasil.* 2009. Disponível em: http://www.ibge.gov.br/home/estatistica/populacao/indic_sociosaude/2009/default.shtm. Acesso em 20 jun. 2018.

LUÑO, Antonio Enrique Pérez. *Los derechos humanos en la sociedad tecnológica.* Madrid: Universitas, 2012.

MUÑOZ, M. M. Unconventional cognitive enhacement options addressing structural unemployment in the technological context of the fourth Indústrial revolution. *Gazeta da Antropologia*, n. 32, v. 2, 2016.

OLENIKE, Jessica Gilbert; FERRAZ, Miriam Olivia Knopik; VILLATORE, Marco Antônio César. A análise da possibilidade do vínculo empregatício entre os motoristas cadastrados e a empresa UBER. *RJLB*, a. 4, n. 5, p. 927-979, 2018.

PANSIERI, Flávio. Liberdade como desenvolvimento em Amartya Sen. *Constituição, Economia e Desenvolvimento – Revista da Academia Brasileira de Direito Constitucional*, Curitiba, v. 8, n. 15, p. 460, jul./dez. 2016.

PIKETTI, Tomas. *O capital no* século *XXI*. (Trad. Mônica Baumgarten do Bolle). Rio de Janeiro: Intrínseca, 2014.

PINTO, Álvaro Vieira. *O conceito de tecnologia*. Rio de Janeiro: Contraponto, 2005. v. 1.

RUPRECH, Alfredo J. *Relações coletivas de trabalho*. (Trad. Edilson Alkimin Cunha). São Paulo: LTr, 1995.

SCHWAB, Klaus. *A quarta Revolução Industrial*. (Trad. Daniel Moreira Miranda). São Paulo: Edipro, 2016.

SEN, Amartya. *A ideia de justiça*. São Paulo: Companhia das Letras, 2011.

SENGE, Peter M. *A quinta disciplina*: arte e prática da organização que aprende. 28. ed. São Paulo: Editora Best Seller, 2012.

SORKO, Sabrina Romina; IRSA, Wolfram. Engineering education – Status quo in Austria in comparison with the academic field of business education. *Turkish Online Journal of Educational Technology*, p. 890-894, 2016.

SÜSSEKIND, Arnaldo. *Direito constitucional do trabalho*. Rio de Janeiro: Renovar, 1999.

TEIXEIRA FILHO, Jayme. *Gerenciando conhecimento*: como a empresa pode usar a memória organizacional e a inteligência competitiva no desenvolvimento de negócios. Rio de Janeiro: SENAC, 2000.

TEIXEIRA, Solange Maria. *Envelhecimento e trabalho no tempo do capital*: implicações para a proteção social no Brasil. São Paulo: Cortez, 2008.

UK COMMISSION FOR EMPLOYMENT AND SKILLS. *The future of work*: jobs and skills in 2030. London: Evidence Report 84, february 2014.

VORONINA, Marianna V.; MOROZ, Olga N. Substantiation of foresight research of development strategy of descriptive geometry, engineering geometry and computer graphics departments on the basis of Indústrial 4.0 ideology. *Man In India*, n. 97, v. 3, p. 375-389, 2017.

WORLD ECONOMIC FORUM. *The future of Jobs*: employment, skills and workforce strategy for the fourth revolution. Global Challenge Insight Report, 2016.

ZAMBAM, Neuro José Zambam; KUJAWA, Henrique Aniceto. As políticas públicas em Amartya Sen: condição de agente e liberdade social. *Revista Brasileira de Direito*, Passo Fundo, v. 13, n. 1, p. 60-85, jan./abr. 2017.

Informação bibliográfica deste texto, conforme a NBR 6023:2018 da Associação Brasileira de Normas Técnicas (ABNT):

FERRAZ, Miriam Olivia Knopik; VILLATORE, Marco Antônio César. Avanços tecnológicos e o fim dos postos de trabalho: liberdade ou aprisionamento? *In*: TUPINAMBÁ, Carolina (Coord.). *As novas relações trabalhistas e o futuro do Direito do Trabalho*: as novidades provenientes dos avanços tecnológicos. Belo Horizonte: Fórum, 2021. (Coleção Fórum as novas relações trabalhistas e o futuro do Direito do Trabalho. Tomo III.). p. 23-44. ISBN 978-65-5518-131-9.

COOPERATIVAS DIGITAIS NO PARADIGMA COLABORATIVO: UMA REDEFINIÇÃO

LUCIANE CARDOSO BARZOTTO

LUCAS PASQUALI VIEIRA

1 Introdução

Como disse Durkheim: "... o ideal de fraternidade humana só se pode realizar na medida em que a divisão social do trabalho progride".

A frase deste clássico nos remete à premissa de que há uma divisão social do trabalho muito particular na ideia de cooperativismo.

Nos últimos 30 anos, o movimento de luta por melhores salários e condições de trabalho se organizou por intermédio de processos sociopolíticos os quais se manifestaram de forma disruptiva e ora conjuntiva em relação ao modelo econômico hegemônico (capitalismo).

Desde o final do século XVIII, devido à Revolução Industrial, as primeiras corporações operárias adotavam a agremiação em sindicatos como o principal instrumento para a realização de processos reivindicatórios agressivos e de paralisação do trabalho. Buscavam a solução negociada, como a carga horária superavitária ao empregador e a contraprestação salarial deficitária ao trabalhador. De outro lado, ainda no século XIX, na Inglaterra e França, surgiram, como alternativa conciliatória ao modelo capitalista industrial, organizações coletivas de pessoas para geração de benefícios a seus membros cooperados, assegurando a propriedade dos meios de produção, a participação nos resultados do empreendimento, baseada no sentimento de solidariedade e fraternidade, angariando recursos para assistir seus associados em caso de desemprego, doença, invalidez e velhice.

Hoje, o cooperativismo se recria e se torna uma forma de renovação de oportunidades de trabalho no interior do capitalismo. Pode significar um retorno dos valores verdadeiros do cooperativismo, um resgate dos princípios de liberdade e igualdade entre os trabalhadores, superando-se as tendências das falsas cooperativas de serviço. Isso se pretende demonstrar neste artigo.

No nosso trabalho são analisados os pressupostos da liberdade, da igualdade e da fraternidade na constituição das cooperativas. Por fim, detecta-se um novo tipo de cooperativa surgido a partir de bases que permitem as novas tecnologias.

2 Origens do cooperativismo e conceito de Cooperativas

As origens do cooperativismo organizado remontam a Cooperativa de *Rochdale*, que, em 1844, organizou-se nos arredores de *Manchester*, na Inglaterra, para a formação de um armazém corporativo financiado por 28 artesãos do ramo têxtil. Por meio da cooperativa, possuíam acesso à farinha, ao açúcar, à manteiga e à aveia. A partir dessa primeira experiência, surgiram os princípios de adesão livre, gestão democrática, distribuição das sobras líquidas aos associados e juros módicos ao capital, conforme citado por Mauad.[1] Estes princípios bem podem ser resumidos em ideais de liberdade, igualdade e fraternidade dos trabalhadores cooperativados, como expressam os reformadores sociais *Robert Owen* e *Charles Fourier*, na Inglaterra e França, respectivamente, voltando-se para o cooperativismo de produção. Porém, *Phillipe Joseph Benjamin Buchez* e *Pierre Proudhon* foram precursores na organização das cooperativas de trabalho, formulando o seu alicerce principiológico calcado em: liberdade de trabalho, democracia, crédito, solidariedade, distribuição dos excedentes proporcionalmente aos trabalhos, inalienabilidade do

---

1 MAUAD, Marcelo José Ladeira. *Cooperativas de trabalho*: sua relação com o direito do trabalho. 2. ed. rev. e atual. São Paulo: LTR, 2001. p. 26-28.

capital social e inexistência de trabalhadores assalariados por conta alheia. Ou seja, desde o início, o cooperativismo foi marcado pela ideia de duplo proveito, o trabalhador tem retorno do seu trabalho e o fornece ao grupo com igual ganho.

A conceituação do termo cooperativas é uma tarefa interdisciplinar, pois abrange uma relação eminentemente civil travada no âmbito interno da sociedade cooperativada, bem assim uma relação de trabalho formada entre os trabalhadores e a cooperativa pessoa jurídica.

Para a economia, o cooperativismo atrela-se à economia solidária, modo de produção cujos princípios básicos são a propriedade coletiva e o direito à liberdade individual, ao contrário do capitalismo, fundamentado no direito de propriedade individual aplicado ao capital.[2]

No âmbito do direito civil e empresarial, pode-se enquadrá-la como uma entidade civil associativa, com personalidade jurídica de direito privado. Materializa-se na forma societária de sociedade simples por expressa determinação legal (art. 982, par. ún, CC), porquanto a relação de parceria entre os profissionais prestadores de serviços coincide com a própria atividade principal da sociedade civil e, por consequência, para que a sociedade exista (atividade nuclear). No mesmo sentido é o conceito legal do art. 3° da Lei n° 5.764/71.[3] No Brasil, o atual panorama legislativo é composto pela Lei n° 5.764/1971, que estabelece exaustivamente os requisitos e características para o enquadramento na Política Nacional de Cooperativismo; pela Lei n° 12.690/2012, que dispõe sobre a organização e o funcionamento das Cooperativas de Trabalho; e pelo Código Civil, que institui o regime civil-institucional das cooperativas enquanto sociedades civis simples (art. 1093 a 1096). Desta maneira, os atos constitutivos, de formação, de registro, de existência, de validade e de dissolução da personalidade jurídica subsomem-se à regência normativa circunscrita às normas jurídicas do Código Civil e leis esparsas específicas. Porém, no âmbito do direito do trabalho e previdenciário, a dinâmica dos fatos sociais estabelece a noção de convolação de um trabalho subordinado ou de um não trabalho para um trabalho autônomo/por conta própria, associado a outros trabalhadores em idêntica condição e comunhão de interesses.

---

2 SINGER, Paul. *Introdução à economia solidária*. São Paulo: Editora Fundação Perseu Abramo, 2002. p. 10.

3 Art. 3° Celebram contrato de sociedade cooperativa as pessoas que reciprocamente se obrigam a contribuir com bens ou serviços para o exercício de uma atividade econômica, de proveito comum, sem objetivo de lucro.

Tais elementos do fenômeno sociológico foram captados pelo art. 2º da Lei nº 12.690/2012, e, mais especificamente, sobre a cooperativa de trabalho, a define como sendo "a sociedade constituída por trabalhadores para o exercício de suas atividades laborativas ou profissionais com proveito comum, autonomia e autogestão para obterem melhor qualificação, renda, situação socioeconômica e condições gerais de trabalho".

A síntese conceitual, no entanto, é resultado do intercâmbio crescente entre a ordem jurídica interna e o direito internacional do trabalho. Dispõe a Recomendação nº 193 da OIT, sobre a Promoção de Cooperativas, que o "termo "cooperativa" significa associação autônoma de pessoas que se unem voluntariamente para atender às suas necessidades e aspirações comuns, econômicas, sociais e culturais, por meio de empreendimento de propriedade comum e de gestão democrática". (Item I, par. 2).[4]

Da conjugação de definições extrai-se o eixo estruturante do termo cooperativas, resumido em: a) associação de pessoas de maneira livre, espontânea e com pretensão de permanência; b) participação decorrente de um ato de vontade de se submeter a um regulamento escrito comum a todos os membros; c) organizada para a finalidade de melhoria de renda, situação socioeconômica e condições gerais de trabalho.

Dentre as cooperativas mais comuns no mundo se encontram as financeiras, de consumo, habitacionais, de saúde, sociais, industriais, cooperativas agrícolas de produção e transformação, cooperativas rurais de abastecimento e cooperativas agrícolas de venda de produtos, de pescadores, de serviços, de artesãos, de poupança de crédito mútuo, entre outras.

Nos Estados Unidos, 900 mil pessoas são empregadas por cooperativas.[5] Ainda, a França é o país com maior número de cooperados (membros e clientes), mas a Nova Zelândia é o país com maior geração de empregos cooperativos. Na Europa, há o maior percentual de cooperados em relação à população total, contando com 45,5% de população cooperada.[6]

---

4 Cf. R193 – Sobre a promoção de Cooperativas. *OIT*, 2002. Disponível em: https://www.ilo.org/brasilia/convencoes/WCMS_242764/lang--pt/index.htm. Acesso em 18 dez. 2018.

5 RIFKIN, Jeremy. *Sociedade com custo marginal zero*. São Paulo: M. Books do Brasil Editora, 2016. p. 247.

6 Cf. Um panorama do cooperativismo mundial. *O seu dinheiro vale mais*, 24 fev. 2017. Disponível em: https://www.oseudinheirovalemais.com.br/um-panorama-do-cooperativismo-mundial/. Acesso em 13 dez. 2018.

Na França estão três das maiores cooperativas mundiais: a maior cooperativa financeira do mundo, a maior de consumo e a maior de viagens e turismo. A maior cooperativa industrial é espanhola, chamada Mondragon. Já a maior cooperativa de seguros global é norte-americana. Enquanto a República da Coréia tem a maior cooperativa agrícola do mundo. E o Brasil também se destaca no ranking, com a maior cooperativa social (de saúde) do planeta, a Confederação Nacional das Cooperativas Médicas Unimed do Brasil.[7] São exemplo as cooperativas de médicos, dentistas, taxistas, transporte, nas quais o trabalho é prestado: a) sem os requisitos da relação de emprego para com a cooperativa ou com o tomador de serviços (numa mera intermediação de mão de obra); b) com autonomia e independência, subordinando-se, exclusivamente, às decisões da assembleia; c) relação *de affectio societatis*, de forma horizontalizada com os demais cooperados; d) em situação de igualdade na participação democrática do futuro da cooperativa.

No Brasil, conforme dados da Organização das Cooperativas Brasileiras, no ano de 2017, existiam 6.655 cooperativas, nos mais diferentes setores da economia, com 13.230.960 cooperados e 350 mil empregados. Ademais, o cooperativismo é responsável por quase 11% do Produto Interno Bruto (PIB) agropecuário brasileiro e, conforme o Censo Agropecuário do IBGE, 48% da produção desse setor passa, de alguma forma, por uma cooperativa.[8]

A par da noção generalizada de utilização de cooperativas para fraudar a legislação trabalhista e previdenciária, é certo que atualmente o ordenamento jurídico contempla as cooperativas de trabalho, divididas em cooperativas de produção e de serviços.[9] Interessa-nos a cooperativa de serviços, gestada para a prestação de serviços para terceiros e para seus próprios associados (dupla identidade), eliminando-se a figura do intermediador de mão de obra ou empregador e maximizando seus lucros (retribuição diferenciada).

---

[7] Cf. Um panorama do cooperativismo mundial. *O seu dinheiro vale mais*, 24 fev. 2017. Disponível em: https://www.oseudinheirovalemais.com.br/um-panorama-do-cooperativismo-mundial/. Acesso em 13 dez. 2018.

[8] Cf. Cooperativismo tem números que impressionam, afirma presidente da OBC. *Sociedade Nacional de Agricultura*, 04 fev. 2016. Disponível em: https://www.sna.agr.br/cooperativismo-tem-numeros-que-impressionam-afirma-presidente-da-ocb/. Acesso em 27 dez. 2018.

[9] Art. 4º A Cooperativa de Trabalho pode ser:
I – de produção, quando constituída por sócios que contribuem com trabalho para a produção em comum de bens e a cooperativa detém, a qualquer título, os meios de produção; e
II – de serviço, quando constituída por sócios para a prestação de serviços especializados a terceiros, sem a presença dos pressupostos da relação de emprego.

É possível perceber que os mecanismos democráticos e de participação no gerenciamento da cooperativa induzem à relação direta com a liberdade de associação e suas características. Não por outra razão, os princípios e atributos reitores da relação associativa aplicam-se integralmente às cooperativas, motivo pelo qual a disciplina jurídica internacional a respeito da liberdade de associação e do direito de constituir cooperativas merece análise.

2.1 A liberdade cooperativa no direito internacional dos direitos humanos, constituições estrangeiras e os textos constitucionais brasileiros

Para Guy Ryder, diretor-geral da Organização Internacional do Trabalho (OIT), "as cooperativas não são uma ideia nova, mas são mais relevantes do que nunca, se olharmos para os desafios de desenvolvimento e para as oportunidades que o mundo enfrentará nas próximas décadas".[10]

No âmbito da proteção internacional dos direitos humanos, a liberdade de associação está assegurada no art. XXII da Declaração Americana dos Direitos e Deveres do Homem (1948), no art. XX da Declaração Universal de Direitos Humanos (1948), nos arts. 21 e 22 do Pacto Internacional de Direitos Civis e Políticos (1966), no art. 8º do Pacto Internacional de Direitos Econômicos, Sociais e Culturais (1966), nos arts. 15 e 16 da Convenção Americana sobre Direitos Humanos (1969), no art. 12 da Carta dos Direitos Fundamentais da União Europeia, atualmente integrada ao Tratado de Lisboa, e na Convenção Americana sobre Direitos Humanos (Pacto de São José da Costa Rica).

A Constituição Querétaro, de 1917, prevê, em seu art. 25,[11] que a lei deve estabelecer critérios que facilitem a organização e a

---

[10] Cf. ONU destaca importância das cooperativas para criação de empregos no mundo. *Nações Unidas Brasil*, 06 jul. 2016. Disponível em: https://nacoesunidas.org/onu-destaca-importancia-das-cooperativas-para-a-criacao-de-empregos-no-mundo/. Acesso em 14 dez. 2018.

[11] Art. 25. (...) Bajo criterios de equidad social, productividad y sustentabilidad se apoyará e impulsará a las empresas de los sectores social y privado de la economía, sujetándolos a las modalidades que dicte el interés público y al uso, em beneficio general, de los recursos productivos, cuidando su conservación y el medio ambiente.
La ley establecerá los mecanismos que faciliten la organización y la expansión de la actividad económica del sector social: de los ejidos, organizaciones de trabajadores, cooperativas, comunidades, empresas que pertenezcan mayoritaria o exclusivamente a los trabajadores

expansão das atividades econômicas de setores sociais, como, por exemplo, organizações de trabalhadores, cooperativas e empresas que pertençam majoritariamente aos trabalhadores, em conformidade com uma organização social baseada em equidade social e sustentabilidade.

A Constituição da República Italiana, de 27.12.1947, garante liberdade geral de associação, no seu art. 18,[12] e, no art. 45,[13] consagra a função social da cooperação. Na mesma senda, todos os alemães têm o direito de constituir associações e sociedades, garantido a todas as pessoas e profissões o direito de constituir associações destinadas a defender e a melhorar as condições econômicas e de trabalho. Consideram-se nulos os ajustes tendentes a restringir ou a impedir esse direito, bem como ilegais as medidas com esse fim (art. 9°, da Lei Fundamental da República Federal Alemã de 1949).

Na Constituição da Espanha, de 1978, reconhece-se o direito de associação, devendo ser registradas somente para fins de publicidade (art. 22). Segundo o art. 129, "os poderes públicos promoverão eficazmente as diversas formas de participação na empresa e fomentarão, mediante uma legislação adequada, as sociedades cooperativas. Também estabelecerão os meios que facilitem o acesso dos trabalhadores à propriedade dos meios de produção".[14]

A Constituição da República Portuguesa (1976), além de garantir a liberdade de associação (art. 46) e o direito à livre constituição de

---

y, en general, de todas las formas de organización social para la producción, distribución y consumo de bienes y servicios socialmente necesarios. (...).

12 Art. 18 – Os cidadãos têm direito de se associarem livremente, sem autorização, para fins que não são proibidos, a pessoas individuais pela lei penal. São proibidas as associações secretas e as que perseguem, mesmo indiretamente, escopos políticos mediante organizações de caráter militar. Versão em Língua Portuguesa, disponível em: (ITÁLIA. *Constituição da República Italiana*. Edição em língua portuguesa. Disponível em: https://www.senato.it/application/xmanager/projects/leg18/file/repository/relazioni/libreria/novita/XVII/COST_PORTOGHESE.pdf. Acesso em 17 dez. 2018).

13 Art. 45 – A República reconhece a função social da cooperação em regime de reciprocidade e sem fins de exploração privada. A lei promove e estimula a incrementação da mesma com os meios mais apropriados, assegurando, com adequados controles, o caráter e as finalidades. Versão em Língua Portuguesa, disponível em: (ITÁLIA. *Constituição da República Italiana*. Edição em língua portuguesa. Disponível em: https://www.senato.it/application/xmanager/projects/leg18/file/repository/relazioni/libreria/novita/XVII/COST_PORTOGHESE.pdf. Acesso em 17 dez. 2018).

14 ESPANHA. *Constituição Espanhola*. Versão Castelhano e Português. Disponível em: https://www.tribunalconstitucional.es/es/tribunal/normativa/Normativa/CEportugu%C3%A9s.pdf. Acesso em 17 dez. 2018.

cooperativas, ainda assegura agrupamento em federações, confederações e o direito de autogestão organizacional (art. 61).[15]

Por seu turno, a atual Constituição Brasileira eleva a liberdade de associação em cooperativas à categoria de direito fundamental decorrente da liberdade de associação. *É livre a criação de associações e, na forma da lei, a de cooperativas independem de autorização, sendo vedada a interferência estatal em seu funcionamento* (art. 5, XVIII, CR). Ainda que não houve previsão constitucional específica, o direito de filiar-se e desfiliar-se decorreria da eficácia normativa do primado da liberdade e de propriedade consagrado no caput do art. 5º da CRFB.

A ordem jurídica brasileira reconhece que o trabalho em cooperativa é modelo futuro de organização da produção e do trabalho estabelecida com pilares não conflituosos, que pode contribuir definitivamente para a construção de uma sociedade mais humanitária e democrática.

Assim, é competência administrativa da União, dos Estados, dos Municípios e do Distrito Federal apoiar e estimular o cooperativismo e outras formas de associativismo (art. 174, §2º), com tratamento tributário adequado para os atos cooperativos praticados pelas sociedades cooperativas (art. 146, c), a ser disciplinado por lei complementar.

Há, ainda, obrigação de fomento do desenvolvimento das atividades garimpeiras na forma de cooperativas, com o objetivo de promoção socioeconômica dos garimpeiros, inclusive atribuindo-lhes prioridade de tratamento na autorização ou concessão para pesquisa e lavra dos recursos e jazidas de minerais garimpáveis, bem como evitar que o exercício de suas atividades extrativas venha a degradar o meio ambiente (art. 174, §§3º e 4º).

No âmbito da política agrícola, é dever constitucional a observância do cooperativismo, estabelecendo-se medidas de planejamento e execução (art. 187, VI), além de a Constituição da República destacar a importância das cooperativas de crédito no sistema financeiro nacional, como instrumento de facilitação de empréstimos a juros menos escorchantes (art. 192).

---

[15] Artigo 61. (Iniciativa privada, cooperativa e autogestionária) 1. A iniciativa económica privada exerce-se livremente nos quadros definidos pela Constituição e pela lei e tendo em conta o interesse geral. 2. A todos é reconhecido o direito à livre constituição de cooperativas, desde que observados os princípios cooperativos. 3. As cooperativas desenvolvem livremente as suas actividades no quadro da lei e podem agrupar-se em uniões, federações e confederações e em outras formas de organização legalmente previstas. 4. A lei estabelece as especificidades organizativas das cooperativas com participação pública. 5. É reconhecido o direito de autogestão, nos termos da lei.

Cite, por exemplo, que o próprio Supremo Tribunal Federal[16] admitiu a incidência direta dos direitos fundamentais sobre relações entre particulares, na hipótese em que, um indivíduo expulso de uma cooperativa obteve da Suprema Corte a anulação desse ato, por não lhe ter sido assegurada a garantia da ampla defesa e do contraditório.

Por fim, o Marco Civil do uso da Internet no Brasil também elege como princípio a liberdade dos modelos de negócios promovidos na internet (art. 3°, VIII, Lei n° 12.965/2014), princípio que calha ao cooperativismo digital.

Como decorrência, o mandamento constitucional insculpido no art. 5°, inc. XVIII da CR vinculou a legislação infraconstitucional (eficácia irradiante dos direitos fundamentais), porque a autonomia da cooperativa não se manifesta individualmente na pessoa dos diretores e administradores. Deve ser exercida de forma coletiva e coordenada, mediante a fixação, em Assembleia Geral, das regras de funcionamento e da forma de execução dos trabalhos (art. 2°, §1°, Lei n° 12.690/2012).

A fim de fugir de padrões engessados de gestão empresarial, especialmente com concentração unilateral das decisões, nas sociedades cooperativas utiliza-se a autogestão, assim entendida como o processo democrático no qual a Assembleia Geral define as diretrizes para o funcionamento e as operações da cooperativa, e os sócios decidem sobre a forma de execução dos trabalhos (art. 2°, §2°, Lei n° 12.690/2012).

Em arremate, pontue-se que o conteúdo do direito de participar de cooperativas possui o mesmo núcleo das faculdades legais decorrentes da liberdade de associação e da liberdade de associação sindical, quais sejam: (a) livre constituição de associações; (b) livre ingresso e abandono, sem justificativa prévia, e (c) auto-organização, autodeterminação e desenvolvimento de atividades associativas.

2.2 Identidade cooperativa e paradigma colaborativo: diferenças entre o sistema de empresas capitalistas e o modelo cooperativo – a igualdade

Uma cooperativa é uma associação autônoma de pessoas unidas voluntariamente para satisfazer suas necessidades e aspirações econômicas, sociais e culturais comuns por meio de uma empresa de propriedade conjunta e democraticamente controlada. Tais propósitos

---

[16] STF. RE n° 158.215-4/RS, DJ de 7.6.1996, Min. Marco Aurélio.

dependem do sucesso do modelo colaborativo, assim entendido como o desenvolvimento socioeconômico em bases mais justas, calcado no sentimento de solidariedade, honestidade e equidade, bem assim nos princípios cooperativistas de democracia, igualdade, transparência e responsabilidade social.

A Organização Internacional do Trabalho, por meio da Recomendação nº 193, reconhece a importância das cooperativas na criação de emprego decente e sustentável e na geração de renda e investimentos. Entretanto, é imperioso desenvolver seu potencial comercial, inclusive suas capacidades empresariais e gerenciais, fortalecer sua competitividade e também lhes propiciar acesso a mercados e instituições financeiras, com o fim último de melhorar o bem-estar social e econômico, levando em consideração a necessidade de eliminar todas as formas de discriminação.

Acrescente-se que, em 1995, a Aliança Cooperativa Internacional, organização mais importante do movimento cooperativo internacional, adotou uma Declaração sobre a Identidade Cooperativa, que inclui, além dos listados anteriormente, os princípios de associação voluntária e aberta, participação econômica dos sócios, autonomia e independência, educação, formação e informação e colaboração entre as cooperativas.[17]

O modelo solidário de exploração do trabalho apresenta vantagens se comparado ao sistema tradicional. Enquanto o modelo de assalariamento no sistema capitalista é marcado por salários desiguais, determinado pela oferta e demanda no mercado de trabalho, comprimindo valores, no sistema de cooperativas os sócios recebem por retirada, coletivamente decididas em assembleia, o que diminui o efeito deletério da mais-valia (diferença entre o valor do trabalho e o que é pago ao trabalhador).

No que tange à distribuição do excedente, nas empresas comuns/capitalistas, a repartição do excedente anual se reserva a um pequeno número de acionistas e investidores, transferindo pequena proporção aos trabalhadores, fruto de negociação coletiva sindical. Por outro lado, nas cooperativas, as sobras têm sua destinação decidida pela assembleia de sócios. Uma parte delas é colocada num fundo de educação (dos próprios sócios ou de pessoas que podem vir a formar cooperativas), outra é posta em fundos de investimentos, que podem ser divisíveis ou indivisíveis, e o que resta é distribuído em dinheiro aos sócios por

[17] Cf. Cooperative identity, values & principles. *Coop*. Disponível em: https://www.ica.coop/en/cooperatives/cooperative-identity. Acesso em 19 dez. 2018.

algum critério aprovado pela maioria: por igual, pelo tamanho da retirada, pela contribuição dada à cooperativa, etc.

(...) Quando um sócio se retira da cooperativa, ele tem o direito de receber sua cota do fundo indivisível acrescido de juros a ele acreditados. (...) O fundo indivisível não pertence aos sócios que o acumularam, mas à cooperativa como um todo. É um legado que os mais antigos deixam a seus sucessores,[18] a indicar que a cooperativa está a serviço de seus cooperados, clientes e a toda a sociedade.

Por fim, a diferença mais significativa reside no modo como ambas as empresas são administradas (heterogestão x autogestão). Em empresas comuns, os trabalhadores de níveis hierárquicos mais baixos pouco ou nada conhecem sobre as decisões, restringindo-se às informações minimamente necessárias à realização de suas tarefas rotineiras. É um modelo de administração hierarquizada em que as informações passam por um processo de tratamento e imposição ascendente.

De outro lado, no sistema de autogestão reinante em cooperativas, promove-se a liderança de todos os trabalhadores, a autonomia, a igualdade e a anulação de cadeias hierárquicas. Aproxima-se os níveis mais altos dos mais baixos, que são por estes últimos escolhidos por intermédio de uma participação democrática dos trabalhadores, a resultar no maior engajamento, motivação, valorização e responsabilidade pessoal do cooperativado.

3 Mudanças demográficas e ambientais como desafios das cooperativas: a fraternidade cooperativa

Ao tempo em que as sociedades cooperativas se submetem aos mesmos princípios relativos às associações (liberdade de constituição, desfiliação e auto-organização), também se subordinam à economia de mercado e à livre concorrência com empresas capitalistas que atuam no mercado econômico. Por isso, a globalização criou novas e diferentes exigências, problemas, desafios e oportunidades para as cooperativas, equações que precisam ser solucionadas para a promoção e o fortalecimento de sua identidade. Como se verificou anteriormente, esta identidade é dada pelos princípios de liberdade, mas também pelo princípio da igualdade.

---

18 SINGER, Paul. *Introdução à economia solidária*. São Paulo: Editora Fundação Perseu Abramo, 2002. p. 14-15.

Entende-se que a identidade da cooperativa é dada ainda pela ideia de fraternidade. Comemora-se 100 anos da OIT, 30 anos da Constituição Federal e 70 anos da Declaração dos Direitos Humanos. O que há de comum nestas comemorações? Revelam que o ser humano é um ser comunitário e que deve agir para com os outros em espírito de fraternidade.[19]

Neste sentido, as cooperativas são instituições dotadas, na sua identidade de espírito fraternal, posto que se abrem sobre as realidades e necessidades da comunidade. No dizer de Alain Supiot, a ideia de inclusão social e justiça social é trazida pela fraternidade, definida por um conjunto de direitos e deveres de ajuda e assistência entre os que são unidos pelo direito.[20]

A aplicação fraternal dos princípios cooperativos se verifica, por exemplo, além da própria estrutura da cooperativa, na sua atuação específica em problemas pontuais da humanidade como forma de oportunidades aos trabalhadores excluídos do sistema capitalista, como é o caso dos trabalhadores sêniores, aposentados e migrantes, por exemplo. O envelhecimento da população mundial, o movimento de refugiados e exilados e o ingresso de jovens no mercado de trabalho são fatores demográficos importantes, uma vez que demandam respostas do modelo de trabalho cooperativado para dar vazão à crescente demanda por proteções sociais à população idosa e por geração de emprego para a população recém-chegada. Na Guatemala, Uruguai, Canadá, Japão e Reino Unido, existem cooperativas voltadas à economia dos cuidados com idosos, deficientes e doentes crônicos.

Para os trabalhadores migrantes, as cooperativas estão surgindo como um modelo viável para entrada nos mercados de trabalho formal e empreendedorismo nos países de acolhimento, além de as cooperativas financeiras fornecerem infraestrutura de serviços para reduzir os custos de transação de remessas de ganhos para seus países de origem.[21]

No que toca às mudanças ambientais, cresce a necessidade de adaptação das cooperativas às mudanças climáticas, de modo que

---

19 Neste sentido, o art. 1º, que define que "todos os homens nascem livres e iguais em dignidade e direitos. São dotados de razão e consciência e devem agir uns aos outros com espírito de fraternidade". No art. 29, item 1, outra importante disposição: "toda pessoa tem deveres para com a comunidade, em que o livre e pleno desenvolvimento de sua personalidade é possível".

20 SUPIOT, Alain. *Crítica do Direito do Trabalho*. Lisboa: Fundação Calouste Gulbenkian, 2016. p. 168.

21 Cf. Cooperation in a changing world of work: towards a cooperative future. *Ilo*. p. 5. Disponível em: https://www.ilo.org/wcmsp5/groups/public/---dgreports/---cabinet/documents/publication/wcms_547459.pdf. Acesso em 10 out. 2018. (Tradução livre).

surgem cooperativas agrícolas que apoiam a diversificação de culturas ou melhoram a gestão de bacias hidrográficas, bem como cooperativas de energia renovável, silvicultura e cooperativas agroflorestais. Nas áreas urbanas, existem cooperativas em sistemas de gestão de resíduos, particularmente na forma de cooperativas de catadores, em países como Índia, Brasil, Colômbia e na África do Sul. Essas cooperativas não apenas fornecem serviços necessários para melhorar o desperdício e a gestão de reciclagem, mas também apoiam seus os membros a formalizarem e a melhorarem o seu acesso à segurança e saúde no trabalho, treinamento e serviços financeiros.

Estes dois exemplos mostram que as atividades cooperativas superam as próprias fronteiras e abrem-se sobre a comunidade. Manifestam sua identidade fraternal.

Ademais, as cooperativas poderiam desempenhar um papel importante na consecução do objetivo de fornecer energia elétrica para o maior número de pessoas, uma vez que 1,3 bilhão de pessoas nos países em desenvolvimento não possuem acesso à energia renovável e limpa. Em Bangladesh, existem programas de eletrificação rural cooperativa que conectam 50.000 aldeias à rede elétrica, gerando inúmeros empregos no processo. Há potencial para mais, pois o foco está agora em sistemas de eletrificação de casas solares, usando o comércio de eletricidade *peer-to-peer* para melhorar o acesso e garantir que o excesso de eletricidade possa ser negociado com vizinhos ou revendido para concessionárias de energia elétrica.

Embora o trabalho em cooperativas apresente alto nível de produtividade, aumento da capacidade de inclusão social, proteja o meio ambiente e contribua para o crescimento do número de empregos, ainda há pouco investimento nesse setor.

Para tanto, é imprescindível que se proporcione linhas de crédito e financiamento para empresas de propriedade dos trabalhadores, as quais, conforme relatório britânico de especialistas, "tendem a sofrer de falta de acesso a financiamento de longo prazo nas economias capitalistas, pois as instituições financeiras convencionais são improváveis de emprestar a firmas sobre as quais elas não têm controle. Sem apoio, isso leva a uma tendência à underinvest, bem como a degenerar quando sob estresse financeiro, e/ou tornar-se suscetível à aquisição por firmas capitalistas com melhor acesso a financiar".[22]

---

[22] Cf. Alternative models of ownership. *Labour*, 2016. Disponível em: http://labour.org.uk/wp-content/uploads/2017/10/Alternative-Models-of-Ownership.pdf. Acesso em 26 dez. 2018. (Tradução livre).

O subinvestimento e a falta de financiamento a longo prazo comprometem o crescimento de cooperativas. Entretanto, o próprio cooperativismo apresenta a solução e dispõe de novos esquemas de financiamento embasados em auto-organização coletiva e na cooperação, incluindo bancos éticos, cooperativas financeiras, bancos de desenvolvimento comunitário, solidariedade de microcrédito, esquemas de poupança baseados na comunidade e criptomoeda.

4 Mudanças tecnológicas e econômicas como desafios das cooperativas: a fraternidade cooperativa

Diante da crise de desemprego, da flexibilização de direitos, da economia mundial de compartilhamento, do capitalismo de compartilhamento e da economia dos bicos surge um novo desafio de adaptação das cooperativas: organizar o trabalho cooperativo nos ditames da liberdade e igualdade, tornando mais coeso e solidário o mundo do trabalho.

O capitalismo é o sistema econômico baseado na legitimidade da propriedade privada individual e na irrestrita liberdade de comércio e indústria, com o principal objetivo de adquirir lucro. Constitui o nosso cotidiano. Se por um lado o sistema de livre concorrência e competitividade proporciona escolhas convenientes ao menor preço de mercado, também impõe que os ganhadores acumulem vantagens e os perdedores acumulem desvantagens nas competições futuras, produzindo um ciclo de desigualdades sociais e econômicas.[23]

Até a década de 70 do século passado, quando vigoravam políticas de pleno emprego por países desenvolvidos e subdesenvolvidos, a apropriação da mão de obra em troca de salário gestou uma classe trabalhadora acostumada com o gozo de direitos sociais e acomodada no assalariamento. A partir da segunda metade dos anos 70, a produção industrial foi descentralizada para países historicamente sem direitos sociais e trabalhistas fortalecidos, culminando na desindustrialização e no alto desemprego nos países ocidentais e em países subdesenvolvidos, a exemplo do Brasil.

Par e passo, mundialmente no setor de transporte e no setor imobiliário, cresceu uma demanda interessada mais em economizar, reutilizar e partilhar recursos do que em adquirir bens. Embora no Brasil e no mundo a noção de propriedade particular tenha sido gestada sob

---

[23] SINGER, Paul. *Introdução à economia solidária*. São Paulo: Editora Fundação Perseu Abramo, 2002. p. 8.

a perspectiva liberal no século XIX (direitos reais individuais), com pouca elaboração teórica sobre copropriedade ou gestão coletiva de recursos, atualmente se alterou a forma de percepção sobre coisas e pessoas ociosas.

Os bens móveis e imóveis que possuem alto custo associado à manutenção e baixa utilização, bem como a aversão ao consumo excessivo provocaram uma mudança de comportamento dos consumidores, o que, sob os auspícios de grandes corporações internacionais, reconfigurou o conceito de posse e propriedade de bens.

A economia de compartilhamento representa uma transferência de modelo de propriedade para o modelo de posse compartilhada e de acesso facilitado por meio de plataformas digitais. Repare, por exemplo, que além de *Uber, Airbnb*, existem plataformas que usamos cotidianamente para o compartilhamento de filmes (*Netflix*), livros (*Kindle*), músicas (*Spotify, Deezer*), entregas (*ubereats, Rappi*), agronegócio (*Agrishare*). A economia compartilhada movimentará US$335 bilhões em 2025 – 20 vezes mais do que se apurou em 2014, quando o setor movimentou US$15 bilhões.[24] Denota-se que a mudança tecnológica é um dos principais fatores impulsionadores do crescimento e desenvolvimento econômico, resultante do fenômeno natural de destruição e criação de empregos, bem como da transformação de trabalhos existentes. Impulsionado pelas facilidades da ciência da computação, da inteligência artificial e da *internet*, esse novo modelo de consumo globalizado atraiu milhares de trabalhadores desempregados ávidos pela necessidade de renda e ocupação.

Entretanto, com a promessa inicial de horários flexíveis e autonomia individual (trabalho sem submissão à chefia), surgiram novas formas de exploração do trabalho humano, como o processo de uberização das relações de trabalho, rompendo com o padrão tradicional de contrato de trabalho. Por meio dele, ocorre a aproximação entre trabalhadores que almejam prestar um serviço qualquer e os possíveis consumidores; porém, as empresas proprietárias da plataforma digital se apropriam de, em média, 25% a 30% do valor do serviço prestado (economia de intermediação). Enquanto alguns veem a economia de plataforma como uma oportunidade econômica, também há evidências crescentes que cria mercados não regulamentados com formas de

[24] Cf. Economia do compartilhamento deverá ser responsável por 30% do PIB de serviços. *Agência O Globo*, 30 out. 2017. Disponível em: https://revistapegn.globo.com/Tecnologia/noticia/2017/10/economia-do-compartilhamento-devera-ser-responsavel-por-30-do-pib-de-servicos.html. Acesso em 22 dez. 2018.

emprego não normalizados, corroendo o emprego, aumentando o autoemprego, resultando em insegurança do trabalhador, deterioração das condições de trabalho e supressão de direitos de proteção social.[25]

Como adverte Scholz, os benefícios do capitalismo de plataforma para os consumidores, proprietários e investidores são aparentes, mas o valor agregado para os trabalhadores vulneráveis e o valor de longo prazo para os consumidores são incertos, pois o peso das circunstâncias mais arriscadas da vida – desemprego, doença e envelhecimento – foi colocado nos ombros dos trabalhadores.[26]

Cite-se, por exemplo, que a *Amazon*, empresa mais valiosa do mundo,[27] também comunga da economia de compartilhamento por meio das empresas *Flex*, serviço de entregas baseado na multidão que usa pessoas comuns, e não entregadores treinados, para entregar caixas e pacotes.[28] E, na mesma direção, o parceiro-estafeta do *Uber Eats* em Portugal.[29] No Brasil, segundo os microdados da Pesquisa Nacional por Amostra de Domicílio (Pnad) Contínua, do IBGE, no terceiro trimestre de 2018, parte dos trabalhadores mais escolarizados aceitou desempenhar funções abaixo das suas qualificações[30] e aumentou a proporção desses trabalhadores que agora atuam por conta própria e também de empregadores.[31] Tais dados estatísticos se acoplam às características da economia de compartilhamento "que progressivamente provê acesso a trabalhadores de baixa formação para uma classe média

---

[25] Cf. A challenging future for the employment relationship: time for affirmation or alternatives? The Future of Work Centenary. *Ilo, International Labor Office*, Issue note series n. 3, 2016.

[26] SCHOLZ, Trebor. *Cooperativismo de plataforma*: contestando a economia do compartilhamento corporativa. (Trad. e comentários: Rafael A. F. Zanatta). São Paulo: Fundação Rosa Luxemburgo, Editora Elefante; Autonomia Literária, 2016. p. 29-33.

[27] D'AVILA, Mariana. Amazon desbanca Google e é empresa mais valiosa do mundo. *Infomaney*, São Paulo, Infostocks, 08 fev. 2018. Disponível em: https://www.infomoney.com.br/negocios/como-vender-mais/noticia/7257631/amazon-desbanca-google-empresa-mais-valiosa-mundo-veja-ranking. Acesso em 22 dez. 2018.

[28] Cf. Seatttle-WA. *Amazon*, 2018. Disponível em: https://flex.amazon.es/. Acesso em 22 dez. 2018, onde se lê: "Ganhe até 26 euros por um bloco de 2 horas. Ganhe renda adicional, seja seu próprio patrão e defina e planeje sua programação. Colabore distribuindo com o Amazon Flex!".

[29] Cf. Comece a fazer entregas com o Uber Eats. *Uber Eats*, São Paulo, 2017. Disponível em: https://get.uber.com/p/ubereats-portugal-estafetas/. Acesso em 22 dez.2018.

[30] NUNES, Fernanda. Quase metade dos jovens brasileiros com diploma está fora da área de formação. *O Estado de S. Paulo*, São Paulo, 12 dez. 2018. Disponível em: https://economia.estadao.com.br/noticias/geral,mercado-de-trabalho-frustra-em-2018-e-graduados-ganham-menos-que-poderiam-diz-ipea,70002643181. Acesso em 22 dez. 2018.

[31] CONCEIÇÃO, Ana. Ipea: 38% dos mais graduados estão em empregos de baixa qualificação. *Valor econômico*, São Paulo, Editora Globo, 12 dez. 2018. Disponível em: https://www.valor.com.br/brasil/6023271/ipea-38-dos-mais-graduados-estao-em-empregos-de-baixa-qualificacao. Acesso em 24 dez. 2018.

educada, que pode agora dirigir táxis e montar móveis nas casas das pessoas, enquanto simultaneamente substitui trabalhadores de baixa renda dessas ocupações".[32]

Percebe-se que o sentimento inicial de liberdade logo vem acompanhado de ansiedade, autoexploração e depressão,[33] seguido de uma conclusão: a propriedade das instituições de que dependemos para viver, comer e trabalhar está progressivamente concentrada nas mãos de poucas empresas.

Diante de tais dados, questiona-se: é preciso transferir todos os lucros do trabalho humano mundial para uma pequena parcela de detentores das plataformas digitais e seus acionistas? O capitalismo não deveria servir ao bem comum? É esse o futuro do trabalho?

Não, o capitalismo de compartilhamento pode ser desafiado e aprimorado para benefício daqueles que, de fato, estão prestando o serviço, por meio da implantação de um paradigma colaborativo inspirado em modelos cooperativos de propriedade da internet.

Uma potencial resposta à relação de emprego em erosão na economia de plataforma é o desenvolvimento de cooperativas, o que fortalece a voz e a representação dos trabalhadores. A cooperativa de plataforma "é uma plataforma digital – um site ou aplicativo móvel projetado para fornecer um serviço ou vender um produto – que pertence coletivamente e é governado pelas pessoas que dependem e participam dele".[34]

Com tantas mudanças tecnológicas, sociais, econômicas, demográficas, ascensão da economia do conhecimento e compartilhamento, globalização, desindustrialização, clamor por melhores condições de trabalho, redução das desigualdades sociais e aumento da proteção social, nunca foi maior a oportunidade de criação e de desenvolvimento de cooperativas.

---

32 SCHOLZ, Trebor. *Cooperativismo de plataforma*: contestando a economia do compartilhamento corporativa. (Trad. e comentários: Rafael A. F. Zanatta). São Paulo: Fundação Rosa Luxemburgo, Editora Elefante; Autonomia Literária, 2016. p. 35.

33 SCHOLZ, Trebor. *Cooperativismo de plataforma*: contestando a economia do compartilhamento corporativa. (Trad. e comentários: Rafael A. F. Zanatta). São Paulo: Fundação Rosa Luxemburgo, Editora Elefante; Autonomia Literária, 2016. p. 23.

34 SUTTON, Maira; JOHNSON, Cat; GORENFLO, Neal. Shareable explainer: what is a platform co-op? *Shareable*, Mountain View-CA, 16 ago. 2016. Disponível em: s://www.shareable.net/blog/a-shareable-explainer-what-is-a-platform-co-op Acesso em 17 dez. 2018.

5 Cooperativas Digitais ou Cooperativas de Plataforma

Conforme Sutton,[35] o conceito de cooperativismo de plataforma surge de uma crítica à nova noção de economia de compartilhamento, capitaneada na conferência Share, em São Francisco-EUA, em 2014, quando Janelle Orsi, diretora executiva e cofundadora do *Sustainable Economies Law Center,*[36] desafiou empresas de compartilhamento corporativo a compartilhar sua propriedade e riqueza com os usuários. Mais tarde, naquele ano, Trebor Scholz, professor associado de cultura e mídia no *Eugene Lang College, da New School for Liberal Arts*, questionou a premissa de alguns proprietários e investidores serem os principais beneficiados da economia de compartilhamento, incentivando cooperativas de propriedade dos trabalhadores a projetarem suas próprias plataformas baseadas em aplicativos.

Ainda em 2014, Nathan Schneider, estudioso dos estudos de mídia da Universidade do Colorado, em Boulder, escreveu uma peça para o Shareable[37] sobre a tendência do cooperativismo de plataforma e estabeleceu o cooperativismo da plataforma como um movimento com muitos exemplos concretos.

O último Censo Global do Cooperativismo, realizado pela ONU, em 2014, indica a existência de mais de 2,6 milhões de cooperativas em todo o mundo, somando mais de 1 bilhão de membros e clientes e 12,6 milhões de postos de trabalho gerados por empreendimentos cooperativos.[38] No Reino Unido, atualmente 200 mil laboram em cooperativas de trabalho.

Ao contrário do que se imagina, cooperativas empregam mais pessoas do que todas as multinacionais juntas, razão pela qual é imprescindível aplicar-se as lições bicentenárias desse modelo de produção e de exploração digno e decente do trabalho humano.

---

[35] SUTTON, Maira; JOHNSON, Cat; GORENFLO, Neal. Shareable explainer: what is a platform co-op? *Shareable*, Mountain View-CA, 16 ago. 2016. Disponível em: s://www.shareable.net/blog/a-shareable-explainer-what-is-a-platform-co-op Acesso em 17 dez. 2018.

[36] SUSTAINABLE ECONOMIES LAW CENTER. Disponível em: https://www.theselc.org/. Acesso em 12 dez. 2018.

[37] SCHNEIDER, Nathan. Owning is the new sharing. *Shareable*, Mountain View-CA, 21 dez. 2014. Disponível em: https://www.shareable.net/blog/owning-is-the-new-sharing. Acesso em 27 dez. 2018.

[38] Cf. Department of Economic and Social Affairs. Measuring the size and scope of the cooperative economy: results of the 2014 global census on co-operatives. *United Nation's Secretariat (ONU)*. Madison, Estados Unidos: United Nation's Secretariat, 2014. Disponível em: https://www.un.org/esa/socdev/documents/2014/coopsegm/grace.pdf. Acesso em 23 dez. 2018.

Nesse sentido, o ponto central do cooperativismo de plataforma é promover um empoderamento dos prestadores de serviços, resultante da propriedade coletiva dos dispositivos tecnológicos, retirando-os do modelo extrativo tradicional e incluindo-os num ciclo de empregos estáveis e de proteções sociais. Matematicamente, enquanto as empresas multinacionais extraem 25 a 30% dos lucros, a cooperativa digital poderia reduzir essa margem a 5% ou 10%, maximizando os resultados obtidos pelos trabalhadores. O cooperativismo de plataforma não ignora as alterações tecnológicas e econômicas no comportamento do consumo e da irreversibilidade da internet das coisas. Busca, assim, introduzir conceitos de associativismo, solidariedade, propriedade coletiva e governança democrática como forma de construção de novas formas de organização social e econômica.

Em síntese, o conceito de cooperativismo de plataforma tem três partes.

Primeiro, ele baseia-se na clonagem do coração tecnológico de Uber, TaskRabbit, Airbnb ou UpWork. Ele recepciona a tecnologia, mas quer colocar o trabalho em um modelo proprietário distinto, aderindo a valores democráticos, para desestabilizar o sistema quebrado da economia do compartilhamento/economia sob demanda, que beneficia somente poucos. É nesse sentido que o cooperativismo de plataforma envolve mudança estrutural, uma mudança de propriedade.

Segundo, o cooperativismo de plataforma trata de solidariedade, que faz muita falta nessa economia baseada em força de trabalho distribuída e muitas vezes anônima. Plataformas podem ser possuídas e operadas por sindicatos inovadores, cidades e várias outras formas de cooperativas, tudo desde cooperativas multissetoriais (multi-stakeholder co-op), cooperativas de propriedade dos trabalhadores[39] (worker-owned co-op) ou plataformas cooperativas de propriedade (produser-owned platform cooperatives).

Terceiro, o cooperativismo de plataforma é construído na ressignificação de conceitos como inovação e eficiência, tendo em vista o benefício de todos, e não a sucção de lucros para poucos.[40]

---

39 O autor decidiu evitar o masculino genérico para alcançar uma inclusão linguística maior de outras identidades de gênero, substituindo-se o determinante pelo "x".

40 SCHOLZ, Trebor. *Cooperativismo de plataforma*: contestando a economia do compartilhamento corporativa. (Trad. e comentários: Rafael A. F. Zanatta). São Paulo: Fundação Rosa Luxemburgo, Editora Elefante; Autonomia Literária, 2016. p. 61-62, 71.

Por exemplo, no Canadá, a *Stocksy*[41] é uma cooperativa de artistas para a formação de bancos de fotografias, que acredita no compartilhamento justo de lucros e na copropriedade. Artistas podem se candidatar para se tornarem membros e, quando aceitos, licenciam imagens e recebem 50% da comissão de vendas, bem como uma divisão dos lucros no final do ano. Em 2014, as receitas chegaram a US$3,7 milhões de dólares, e, desde a fundação da cooperativa, foram pagos milhões de dólares em lucro para os artistas. No ano de 2015, em Newark, Nova Jersey (EUA), taxistas e sindicatos trabalharam juntos, construíram aplicativos e organizaram o setor de taxi, fundando a *Trans Union Car*. De forma colegiada, decidem sobre o salário, horas de trabalho e condições de trabalho. Além de plataforma digital para acessar e pagar pelos serviços, os 300 membros possuem proteções sindicais, cooperativa de crédito, assistência jurídica acessível para tribunal de trânsito, apoio à imigração, assistência médica, seguro de vida e benefícios de pensão.[42] Como os motoristas são os donos da empresa, eles dividem parte do lucro no final de cada ano. Na mesma direção, em Denver existe a *Green Taxi Cooperative*, com mais de 800 membros, também com aplicativo digital e dona de sua plataforma. No âmbito do trabalho doméstico, a *Up and Go*, em Nova Iorque, é de propriedade coletiva de limpadores domésticos profissionais, oferecendo preço do serviço sem intermediários. Enquanto outros aplicativos digitais de propriedade privada retiram até de 50% do valor contratado, *a Up and Go* garante 95% do valor da diária para o cooperativado.[43] Um exemplo de relevo é a *Associated Press*. Desde 1847 é uma cooperativa de notícias independente, sem fins lucrativos, com sede em Nova York, com equipes em mais de 100 países e com 52 prêmios *Pulitzer*.[44] No que tange às compras coletivas, a *FairMondo*, cooperativa alemã, é uma alternativa às gigantes *Amazon e Ebay*. Por meio dela, é possível comprar e vender qualquer tipo de artigo (livros, músicas, vestuários, etc.), sem taxas de intermediação, sem custo adicional e sem comissões pagas ao site.[45]

---

41 Cf. Authentic stock photography and footage with no filler. *Stocksy*, Victoria BC-Canada, 2018. Disponível em: https://www.stocksy.com/service/about/. Acesso em 17 dez. 2018.

42 Cf. Transunion Car Service. *Communit-Weltth.Org*, Newark-NJ, 2019. Disponível em: https://community-wealth.org/content/transunion-car-service. Acesso em 17 dez. 2018.

43 Cf. Refreshed home, reliable people, renewed you. *UP & GO*, New York-NY, 2018. Disponível em: https://www.upandgo.coop/pages/about. Acesso em 17 dez. 2018.

44 Cf. About Us. *The Associated Press (AP)*, New York-NY, 2018. Disponível em: https://www.ap.org/about/. Acesso em 17 dez. 2018.

45 Cf. Unser Marktplatz. *Fairmondo*, Berlin, 2018. Disponível em: https://www.fairmondo.de/marktplatz. Acesso em 23 dez. 2019.

No ramo literário, desde 1976, a *Zed* é o maior coletivo editorial do mundo, composto por escritores, jornalistas e acadêmicos, detida e gerida por seus trabalhadores, com remuneração igual.[46] Na Argentina, a cooperativa de software livre G-COOP criou o *EssApp*, que é um aplicativo que é baixado para telefones celulares e fornece informações sobre todas as cooperativas do país.[47]

Por fim, a *Loconomics*[48] é uma cooperativa americana que capacita os seus membros em tecnologia e conceitos de propriedade compartilhada, para a prestação de serviços variados, como, por exemplo, cuidar de crianças, cuidar de idosos, serviços mecânicos e de contadores. Fornece as ferramentas e o marketing para que seus associados prosperem como profissionais e os lucros gerados pela *Loconomics* são devolvidos aos proprietários, proporcionalmente à sua participação na geração de lucros.

Scholz não se afasta dos valores fundamentais das cooperativas, mas propõe uma releitura desses princípios para se adequar à realidade social das cooperativas de plataforma, marcadamente inserido num contexto de ciência da computação, internet das coisas, neoliberalismo e exploração predatória do trabalho humano. São eles: 1 – propriedade; 2 – pagamentos decentes e garantia de renda; 3 – transparência e portabilidade de dados; 4 – apreciação e conhecimento; 5 – trabalho codeterminado; 6 – moldura jurídica protetora; 7 – proteções trabalhistas portáveis e benefícios; 8 – proteção contra o comportamento arbitrário; 9 – rejeição de vigilância do ambiente de trabalho e 10 – direito a se desconectar.

Busca-se repensar o modelo de internet e de consumo, bem assim incorporar a ideia de mutualismo, economia solidária, propriedade compartilhada, posse instantânea e de cooperação no imaginário dos indivíduos.

A partir dos exemplos listados, verifica-se que os trabalhadores possuem a oportunidade de copropriedade dos sites e aplicativos por meio dos quais distribuem trabalho e auferem proteções sociais. Sabe-se, no entanto, que o caminho para a criação de novas cooperativas digitais ainda necessita ser pavimentado com muito trabalho permanente.

---

46 Cf. *The Zed Collective*, London, 2019. Disponível em: https://www.zedbooks.net/about/the-zed-collective/. Acesso em 28 dez. 2018.

47 Cf. The Future of Work. *Cicopa Coop*, mar. 2018. Disponível em: http://www.cicopa.coop/wp-content/uploads/2018/03/The-Future-of-Work.pdf. Acesso em 26 dez. 2018.

48 LOCONOMICS. Disponível em: https://loconomics.com/#!about/us. Acesso em 21 dez. 2018.

Gorenflo, ao desenvolver sobre o tema, adverte que será necessário um esforço, com bons recursos para resolver os desafios jurídicos, financeiros e organizacionais inter-relacionados à sua formação. Além disso, deve-se oferecer um serviço a um preço competitivo e melhor do que já é oferecido, elevando a cooperação ao máximo possível para explorar uma vantagem competitiva sobre as demais concorrentes, já consolidadas.[49]

As cooperativas de plataformas precisam de um ecossistema similarmente poderoso para competir, mas que distribui a riqueza em vez de concentrá-la. Essa é uma tarefa difícil, mas as cooperativas de plataforma podem ter aliados naturais na criação desse ecossistema, incluindo governos municipais, sindicatos, organizações sem fins lucrativos, universidades, movimento de software livre e de código aberto e investidores sociais como cooperativas de crédito, fundos de risco social e fundações.[50] Por fim, é imprescindível mudar a ênfase dos argumentos morais para as cooperativas de plataforma, a fim de convencer as pessoas comuns de que a visão é viável, canalizando um sentimento negativo para as demais plataformas de compartilhamento que exploram o trabalho humano.

6 Conclusão

O emprego cooperativo verdadeiro, que supera o negativismo que cerca as realidades vivenciadas com o nome de falsas cooperativas tende a ser mais sustentável com o tempo, sofre menos desigualdade de renda, tende a ser caracterizado por uma melhor distribuição entre áreas rurais e urbanas e desfruta de um nível mais alto de satisfação e autoidentidade do que a média. As cooperativas também são um grande laboratório que experimenta formas inovadoras e sustentáveis de trabalho e relações de trabalho com criatividade e inovação contínuas.

O objetivo maior de cooperativas digitais globais é promover a economia solidária, tanto para dar trabalho, renda e ocupação a quem se interessa, quanto para propagar mundialmente um modo democrático

[49] GORENFLO, Neal. How platform coops can beat death stars like Uber to create a real sharing economy. *Shareable*, Mountain View-CA, 3 nov. 2015. Disponível em: http://www.shareable.net/blog/how-platform-coops-can-beat-death-stars-like-uber-to-create-a-real-sharing-economy. Acesso em 10 dez. 2018.

[50] GORENFLO, Neal. How platform coops can beat death stars like Uber to create a real sharing economy. *Shareable*, Mountain View-CA, 3 nov. 2015. Disponível em: http://www.shareable.net/blog/how-platform-coops-can-beat-death-stars-like-uber-to-create-a-real-sharing-economy. Acesso em 10 dez. 2018.

e mais igualitário de organização da atividade econômica, resgatando os princípios de liberdade, igualdade e fraternidade que identificam as cooperativas.

Referências

AGÊNCIA O GLOBO. *Economia do compartilhamento deverá ser responsável por 30% do PIB de serviços*. 30 out. 2017. Disponível em: https://revistapegn.globo.com/Tecnologia/noticia/2017/10/economia-do-compartilhamento-devera-ser-responsavel-por-30-do-pib-de-servicos.html. Acesso em 22 dez. 2018.

AGUIAR, Antônio Carlos; POLINESIO, André Villac. Legalidade. Cidadania e democracia postas em xeque por notificação recomendatória do Ministério Público, acidentes de trânsito e cooperativas de trabalho. *LTr Suplemento Trabalhista*, São Paulo, v. 51, n. 101, p. 511-513, set. 2015.

AMAZON. *Seatttle-WA*. 2018. Disponível em: https://flex.amazon.es/. Acesso em 22 dez. 2018.

ASSUMPÇÃO, Luiz Felipe Monsores de. A terceirização precarizante e a (in) capacidade emancipatória das cooperativas de trabalho. *Revista do Tribunal Superior do Trabalho*, Brasília, v. 81, n. 03, p. 165-191, jul./set. 2015.

BRASIL. Decreto nº 22.239, de 19 de dezembro de 1932. Reforma as disposições do decreto legislativo nº 1.637, de 5 de janeiro de 1907, na parte referente ás sociedades cooperativas. *Diário Oficial da União*, Rio de Janeiro, 23 dez. 1932. Disponível em: http://www2.camara.leg.br/legin/fed/decret/1930-1939/decreto-22239-19-dezembro-1932-501764-publicacaooriginal-1-pe.html. Acesso em 03 fev. 2018.

BRASIL. Decreto nº 4.287, de 23 de dezembro de 1901. Concede autorização à sociedade anonyma denominada – Cooperativa Operaria Carioca – para funcionar. *Diário Oficial da União*, Brasília, 31 dez. 1901. Disponível em: http://legis.senado.gov.br/legislacao/ListaTextoSigen.action?norma=404179&id=14440571&idBinario=15626589&mime=application/rtf. Acesso em 03 fev. 2018.

BRASIL. Decreto nº 796, de 2 de outubro de 1890. Concede autorização ao capitão-tenente Carlos Vidal de Oliveira Freitas e outros para organizarem uma sociedade anonyma sob a denominação de Sociedade Cooperativa Militar do Brazil. *Coleção de Leis do Brasil*, 02 out. 1890. Disponível em: http://www2.camara.leg.br/legin/fed/decret/1824-1899/decreto-796-2-outubro-1890-504016-publicacaooriginal-1-pe.html. Acesso em 03 fev. 2018.

BRASIL. Decreto-Lei nº 59, de 21 de novembro de 1966. Define a política nacional de cooperativismo, cria o Conselho Nacional do Cooperativismo e dá outras Providências. *Diário Oficial da União*, Brasília, 22 nov. 1966, retificado em 06 dez. 1966 e 19 jan. 1967. Disponível em: https://www.planalto.gov.br/ccivil_03/decreto-lei/1965-1988/del0059.htm. Acesso em 03 fev. 2018.

BRASIL. Lei nº 10.406, de 10 de janeiro de 2002. Institui o Código Civil. *Diário Oficial da União*, Brasília, 11 jan. 2002. Disponível em: http://www.planalto.gov.br/ccivil_03/leis/2002/L10406compilada.htm. Acesso em 03 fev. 2018.

BRASIL. Lei nº 12.690, de 19 de julho de 2012. Dispõe sobre a organização e o funcionamento das Cooperativas de Trabalho; institui o Programa Nacional de Fomento às Cooperativas de Trabalho – PRONACOOP; e revoga o parágrafo único do art. 442 da Consolidação das Leis do Trabalho – CLT, aprovada pelo Decreto-Lei nº 5.452, de 1º de maio de 1943. *Diário Oficial da União*, Brasília, 20 jul. 2012. Disponível em: http://www.planalto.gov.br/ccivil_03/_ato2011-2014/2012/lei/l12690.htm. Acesso em 03 fev. 2018.

BRASIL. Lei nº 5.764, de 16 de dezembro de 1971. Define a Política Nacional de Cooperativismo, institui o regime jurídico das sociedades cooperativas, e dá outras providências. *Diário Oficial da União*, Brasília, 16 dez. 1971. Disponível em: http://www.planalto.gov.br/ccivil_03/LEIS/L5764.htm. Acesso em 03 fev. 2018.

CASTRO, Antônio Escosteguy; SKREBSKI, Manoel. Vínculo de emprego e deveres contratuais. *In*: SEVERO, Valdete Souto (Coord.). *Comentários à Lei nº 13.467/17*: contribuições para um enfrentamento crítico. Porto Alegre: HS, 2017.

CICOPA COOP. *The Future of Work*. mar. 2018. Disponível em http://www.cicopa.coop/wp-content/uploads/2018/03/The-Future-of-Work.pdf. Acesso em 26 dez. 2018.

COMMUNIT-WELTTH.ORG. *Transunion Car Service*. Newark-NJ, 2019. Disponível em: https://community-wealth.org/content/transunion-car-service. Acesso em 17 dez. 2018.

CONCEIÇÃO, Ana. Ipea: 38% dos mais graduados estão em empregos de baixa qualificação. *Valor econômico*, São Paulo, Editora Globo, 12 dez. 2018. Disponível em: https://www.valor.com.br/brasil/6023271/ipea-38-dos-mais-graduados-estao-em-empregos-de-baixa-qualificacao. Acesso em 24 dez. 2018.

COOP. *Cooperative identity, values & principles*. Disponível em: https://www.ica.coop/en/cooperatives/cooperative-identity. Acesso em 19 dez. 2018.

D'AVILA, Mariana. Amazon desbanca Google e é empresa mais valiosa do mundo. *Infomaney*, São Paulo, Infostocks, 08 fev. 2018. Disponível em: https://www.infomoney.com.br/negocios/como-vender-mais/noticia/7257631/amazon-desbanca-google-empresa-mais-valiosa-mundo-veja-ranking. Acesso em 22 dez. 2018.

ESPANHA. *Constituição Espanhola*. Versão Castellano e Português. Disponível em: https://www.tribunalconstitucional.es/es/tribunal/normativa/Normativa/CEportugu%C3%A9s.pdf. Acesso em 17 dez. 2018.

FÁBIO, André Cabette. Este estudo afirma que o Uber só é barato porque os motoristas ganham mal. *Nexo*, São Paulo, 19 mar. 2018. Disponível em: https://www.nexojornal.com.br/expresso/2018/03/19/Este-estudo-afirma-que-o-Uber-s%C3%B3-%C3%A9-barato-porque-os-motoristas-ganham-mal. Acesso em 10 dez. 2018.

FAIRMONDO. *Unser Marktplatz*. Berlin, 2018. Disponível em: https://www.fairmondo.de/marktplatz. Acesso em 23 dez. 2019.

GORENFLO, Neal. How platform coops can beat death stars like Uber to create a real sharing economy. *Shareable*, Mountain View-CA, 3 nov. 2015. Disponível em: http://www.shareable.net/blog/how-platform-coops-can-beat-death-stars-like-uber-to-create-a-real-sharing-economy. Acesso em 10 dez. 2018.

GREENTAXICO-OP.COM. Englewood, 2015. Disponível em: http://greentaxico-op.com/. Acesso em 3 fev. 2019.

INTERNATIONAL LABOR OFFICE – (ILO). *A challenging future for the employment relationship*: time for affirmation or alternatives? The Future of Work Centenary. Issue note series n. 3, 2016.

INTERNATIONAL LABOR OFFICE – (ILO). *Cooperation in a changing world of work*: towards a cooperative future. Disponível em: https://www.ilo.org/wcmsp5/groups/public/---dgreports/---cabinet/documents/publication/wcms_547459.pdf. Acesso em 10 out. 2018. (Tradução livre).

ITÁLIA. *Constituição da República Italiana*. Edição em língua portuguesa. Disponível em: https://www.senato.it/application/xmanager/projects/leg18/file/repository/relazioni/libreria/novita/XVII/COST_PORTOGHESE.pdf. Acesso em 17 dez. 2018.

LABOUR. *Alternative models of ownership*. 2016. Disponível em: http://labour.org.uk/wp-content/uploads/2017/10/Alternative-Models-of-Ownership.pdf. Acesso em 26 dez. 2018. (Tradução livre).

MAUAD, Marcelo José Ladeira. *Cooperativas de trabalho*: sua relação com o direito do trabalho. 2. ed. rev. e atual. São Paulo: LTR, 2001.

MELLO, Roberta Dantas de (Coord.). *Tópicos contemporâneos de direito do trabalho*: reflexões e críticas. São Paulo: LTr, 2015.

MIGALHAS. *Uber deve recadastrar motorista excluído por apuração de suposta violência doméstica: decisão é da 1ª turma Recursal do TJ/DF*. Araraquara, 26 set. 2018. Disponível em: https://www.migalhas.com.br/Quentes/17,MI288139,31047-Uber+deve+recadastrar+motorista+excluido+por+apuracao+de+suposta. Acesso em 01 fev. 2019.

MOGROVEJO, Rodrigo; MORA, Alberto; VANHUYNEGEM, Philippe (Eds.). *El cooperativismo en América Latina. Una diversidad de contribuciones al desarrollo sostenible*. La Paz: OIT, Oficina de La OIT para los Países Andinos, 2012. Disponível em: https://www.ilo.org/americas/publicaciones/WCMS_188087/lang--es/index.htm. Acesso em 01 fev. 2019.

NAÇÕES UNIDAS BRASIL. *ONU destaca importâncias das cooperativas para criação de empregos no mundo*. 06 jul. 2016. Disponível em: https://nacoesunidas.org/onu-destaca-importancia-das-cooperativas-para-a-criacao-de-empregos-no-mundo/. Acesso em 14 dez. 2018.

NAHAS, Thereza Christina. Breves linhas sobre a competência da Justiça do Trabalho para apreciar as fraudes cometidas por cooperativas de trabalho: uma visão compatível com a nova ordem processual. *Revista de Direito do Trabalho*, São Paulo, v. 42, n. 169, p. 73-82, mai./jun. 2016.

NELSON, Rocco Antônio Rangel Rosso. Da regulação da figura das cooperativas de trabalho por meio da Lei nº 12.690/2012. *Revista Síntese – trabalhista e previdenciária*, São Paulo, v. 28, n. 335, p. 19-37, mai. 2017.

NUNES, Fernanda. Quase metade dos jovens brasileiros com diploma está fora da área de formação. *O Estado de S. Paulo*, São Paulo, 12 dez. 2018. Disponível em: https://economia.estadao.com.br/noticias/geral,mercado-de-trabalho-frustra-em-2018-e-graduados-ganham-menos-que-poderiam-diz-ipea,70002643181. Acesso em 22 dez. 2018.

O SEU DINHEIRO VALE MAIS. *Um panorama do cooperativismo mundial*. 24 fev. 2017. Disponível em: https://www.oseudinheirovalemais.com.br/um-panorama-do-cooperativismo-mundial/. Acesso em 13 dez. 2018.

OIT. *R193 – Sobre a promoção de Cooperativas*. 2002. Disponível em: https://www.ilo.org/brasilia/convencoes/WCMS_242764/lang--pt/index.htm. Acesso em 18 dez. 2018.

PAMPLONA FILHO, Rodolfo. Cooperativismo e direito do trabalho. *In*: PEREIRA, Armand; FREIRE, Lucienne; LAGANA, Lizzie. *Cooperativas*: mudanças, oportunidade e desafios. Brasília: OIT, 2001. Disponível em: https://www.ilo.org/brasilia/publicacoes/WCMS_224480/lang--pt/index.htm. Acesso em 01 fev. 2019.

PEREIRA, Armand; FREIRE, Lucienne; LAGANA, Lizzie. *Cooperativas*: mudanças, oportunidade e desafios. Brasília: OIT, 2001. Disponível em: https://www.ilo.org/brasilia/publicacoes/WCMS_224480/lang--pt/index.htm. Acesso em 01 fev. 2019.

RIFKIN, Jeremy. *Sociedade com custo marginal zero*. São Paulo: M. Books do Brasil Editora, 2016.

SARAIVA, Alessandra. Indicador da FGV aponta melhora no emprego a partir de 2019. *Valor Econômico*, São Paulo, Editora Globo, 06 dez. 2018. Brasil. Disponível em: https://www.valor.com.br/brasil/6015309/indicador-da-fgv-aponta-melhora-no-emprego-partir-de-2019. Acesso em 10 dez. 2018.

SCHNEIDER, Nathan. Owning is the new sharing. *Shareable*, Mountain View-CA, 21 dez. 2014. Disponível em: https://www.shareable.net/blog/owning-is-the-new-sharing. Acesso em 27 dez. 2018.

SCHOLZ, Trebor. *Cooperativismo de plataforma*: contestando a economia do compartilhamento corporativa. (Trad. e comentários: Rafael A. F. Zanatta). São Paulo: Fundação Rosa Luxemburgo, Editora Elefante; Autonomia Literária, 2016.

SILVA, Paulo Renato Fernandes da. *Cooperativas de trabalho, terceirização de serviços e direito do trabalho*. 4. ed. São Paulo: LTr, 2017.

SINGER, Paul. *Introdução à economia solidária*. São Paulo: Editora Fundação Perseu Abramo, 2002.

SIQUEIRA, Marli Aparecida da Silva; SIQUEIRA, Danielle Karoline Weiler de. Cooperativa de trabalho: Lei nº 12690/12 e seus aspectos. *Revista Síntese – trabalhista e previdenciária*, São Paulo, v. 25, n. 312, p. 84-93, jun. 2015.

SOCIEDADE NACIONAL DE AGRICULTURA. *Cooperativismo tem números que impressionam, afirma presidente da OBC*. 04 fev. 2016. Disponível em: https://www.sna.agr.br/cooperativismo-tem-numeros-que-impressionam-afirma-presidente-da-ocb/. Acesso em 27 dez. 2018.

STOCKSY. *Authentic stock photography and footage with no filler*. Victoria BC-Canada, 2018. Disponível em: https://www.stocksy.com/service/about/. Acesso em 17 dez. 2018.

SUPIOT, Alain. *Crítica do Direito do Trabalho*. Lisboa: Fundação Calouste Gulbenkian, 2016.

SUSTAINABLE ECONOMIES LAW CENTER. Oakland-CA, 2018. Disponível em: https://www.theselc.org. Acesso em 18 dez. 2018.

SUTTON, Maira; JOHNSON, Cat; GORENFLO, Neal. Shareable explainer: what is a platform co-op? *Shareable*, Mountain View-CA, 16 ago. 2016. Disponível em: s://www.shareable.net/blog/a-shareable-explainer-what-is-a-platform-co-op Acesso em 17 dez. 2018.

THE ASSOCIATED PRESS (AP). *About Us*. New York-NY, 2018. Disponível em: https://www.ap.org/about/. Acesso em 17 dez. 2018.

THE ZED COLLECTIVE. London, 2019. Disponível em: https://www.zedbooks.net/about/the-zed-collective/. Acesso em 28 dez. 2018.

UBER EATS. *Comece a fazer entregas com o Uber Eats*. São Paulo, 2017. Disponível em: https://get.uber.com/p/ubereats-portugal-estafetas/. Acesso em 22 dez.2018.

UNITED NATION'S SECRETARIAT (ONU). *Department of Economic and Social Affairs. Measuring the size and scope of the cooperative economy*: results of the 2014 global census on co-operatives. Madison, Estados Unidos: United Nation's Secretariat, 2014. Disponível em: https://www.un.org/esa/socdev/documents/2014/coopsegm/grace.pdf. Acesso em 23 dez. 2018.

UP & GO. *Refreshed home, reliable people, renewed you*. New York-NY, 2018. Disponível em: https://www.upandgo.coop/pages/about. Acesso em 17 dez. 2018.

Informação bibliográfica deste texto, conforme a NBR 6023:2018 da Associação Brasileira de Normas Técnicas (ABNT):

BARZOTTO, Luciane Cardoso; VIEIRA, Lucas Pasquali. Cooperativas digitais no paradigma colaborativo: uma redefinição. *In*: TUPINAMBÁ, Carolina (Coord.). *As novas relações trabalhistas e o futuro do Direito do Trabalho*: as novidades provenientes dos avanços tecnológicos. Belo Horizonte: Fórum, 2021. (Coleção Fórum as novas relações trabalhistas e o futuro do Direito do Trabalho. Tomo III.). p. 45-71. ISBN 978-65-5518-131-9.

DIREITO DO TRABALHO, TECNOLOGIA E REVOLUÇÃO INDUSTRIAL – NOVOS TEMPOS

ELTON DUARTE BATALHA

1 Introdução

O desenvolvimento tecnológico tem causado, historicamente, diversos efeitos em variados campos da sociedade. A economia, o meio ambiente, a saúde e o mercado de trabalho são áreas que não passam incólumes pelas transformações propiciadas pela aplicação prática dos avanços no campo científico. As consequências do progresso tecnológico, portanto, demandam estudo acurado, especialmente pelo fato de que os últimos passos dados em searas como a inteligência artificial (IA) demonstram que a revolução tecnológica atual tem aspectos que a distingue dos estágios anteriores.

A vida humana, ao que parece, será submetida a consequências não imaginadas há pouco tempo, graças às habilidades que as máquinas vêm apresentando, com impacto evidente no trabalho e, também, em outras áreas sociais. Mais do que uma mudança estrutural quanto à organização produtiva, deve-se analisar se o que o futuro reserva não é uma nova forma de existência. Dado que o trabalho é fundamental na construção da identidade de uma pessoa, a relevância do estudo do desenvolvimento tecnológico é evidente.

Diante de tal panorama, alguns problemas devem ser investigados. Há quem prenuncie o fim da maioria dos empregos diante da mecanização de grande número de atividades, com evidente impacto social e econômico. Seria a referida hipótese verdadeira? Em caso positivo, a forma de lidar com a diminuição de postos de trabalho é tópico relevante a ser tratado no curso do estudo, pois as possibilidades são diversas e há uma gama de agentes envolvidos nesse processo. É cabível uma postura meramente reativa e de obstrução diante dos avanços tecnológicos ou seria mais adequada a adoção de política proativa na busca de adequação da mão de obra a um movimento que, segundo determinada visão, parece ser global e irresistível? Esses são pontos fulcrais que devem fazer parte da cogitação atual e futura da sociedade.

Outro aspecto a ser considerado diz respeito à relação entre economia e direito. Dado o fato de o Brasil estar inserido no modelo capitalista de produção, no qual a inovação representa um elemento inexorável, qual o papel a ser desempenhado pelo campo jurídico? O estabelecimento de barreiras legais e convencionais com o intento de proteger empregos tem chance de obter êxito em um mundo no qual as fronteiras são cada vez mais frágeis em virtude da globalização? Seria mais útil utilizar o regramento, portanto, para resistência às inovações ou seria mais adequado à sociedade utilizar o direito como forma de adaptar-se às mudanças econômicas com o objetivo de resguardar a dignidade humana? São questões fundamentais cujas respostas delinearão a forma como as relações sociais serão desenvolvidas futuramente.

Os pontos ressaltados merecem análise à luz da legislação atual, de modo a raciocinar acerca dos melhores mecanismos para vivenciar as oportunidades e os desafios vindouros. Apenas a proposição franca das questões colocadas pela realidade e o oferecimento de possíveis respostas jurídicas têm o condão de auxiliar a sociedade a lidar com as múltiplas facetas apresentadas pelo avanço científico, com aplicação prática, e os respectivos reflexos no mercado de trabalho.

2 Evolução das Revoluções Industriais e Direito

O progresso da tecnologia produz consequências profundas em diversos âmbitos da vida. Nesse sentido, a saúde humana foi beneficiada pelo desenvolvimento de inúmeros medicamentos que salvam vidas anteriormente ceifadas com facilidade. A produção de alimentos, por sua vez, foi extraordinariamente aumentada, fornecendo nutrientes a um número cada vez maior de pessoas, graças ao aprimoramento de técnicas de cultivo. Há, enfim, uma miríade de áreas que foram transformadas em decorrência de alterações científicas.

Como ciência que tem por finalidade regular o convívio humano em sociedade, o direito também foi profundamente atingido pelo avanço da tecnologia no decurso do tempo.[1] A forma como homem e objeto relacionam-se sofreu transformações e, consequentemente, demandou que as relações interpessoais fossem reequacionadas, causando a necessidade de adequação do regramento respectivo. Em maior ou menor grau, o sistema jurídico é modificado algum tempo após as mudanças práticas, com a finalidade de reorganizar o convívio comunitário eventualmente desorganizado, após as alterações observadas concretamente. O período de crise experimentado após alguma transformação estrutural é a força motriz para que uma nova normatização seja forjada de modo a atender às necessidades da comunidade no novo panorama.

Depois de um período dominado pela manufatura, em que não havia excedente suficiente para o desenvolvimento de um mercado capitalista pujante, ocorreu o desenvolvimento, no século XVIII, de tecnologias que permitiram o florescimento de um ambiente propício para o crescimento da produção de bens e serviços para a comunidade. Enquanto na época da manufatura as corporações de ofício ditavam as regras, com alto custo de produção, baixa escala e utilização de mão de obra qualificada de produtos não padronizados, a primeira revolução industrial, com o desenvolvimento do tear e da máquina a vapor, permitiu que o mercado de trabalho fosse profundamente modificado.

Os avanços científicos observados no fim do século XVIII e decurso do século XIX permitiram que os cidadãos rumassem para os centros urbanos em busca de trabalho, dada a nova forma de organização produtiva. A aglomeração de trabalhadores, com efeitos sensíveis quanto ao processo de urbanização, ensejou o surgimento e o fortalecimento de sindicatos, os quais foram extremamente relevantes

---

1 Sobre os vários ciclos de revolução industrial propiciados em decorrência do avanço científico, cf. FERRY, Luc. *A revolução transumanista*. (Trad. Éric Heneault). Barueri: Manole, 2018. p. 81-124; SCHWAB, Klaus. *A quarta Revolução Industrial*. (Trad. Daniel Moreira Miranda). São Paulo: Edipro, 2016. p. 15-22; STEVAN JÚNIOR, Sérgio Luiz *et al*. *Indústria 4.0*: fundamentos, perspectivas e aplicações. São Paulo: Érica, 2018. p. 17-38; SACOMANO, José Benedito *et al*. (Org.). *Indústria 4.0*: conceitos e fundamentos. São Paulo: Blucher, 2018. p. 17-24.

na busca de melhores condições de labor, em especial na primeira fase da revolução industrial. Nesse momento, houve uma mudança na relação homem-máquina, pois a força física humana, fundamental até então, passou a ser substituída pela energia da máquina, fazendo com que as atividades de caráter mais repetitivo sofressem um baque, diante de sua substituição pelo maquinário, mais eficiente no cumprimento de tais tarefas.

Durante o século XIX, a produção de aço, o uso da energia elétrica e a melhora de escoamento da produção propiciada pelo uso de estradas de ferro permitiram outro salto tecnológico, conhecido como segunda revolução, a qual aprofundou os efeitos do progresso científico nas condições materiais da vida humana, com evidente reflexo nas relações de trabalho. Houve estímulo à produção em massa, o que demandou readequação da organização produtiva empresarial, com marcado destaque para a racionalização do trabalho, criada por Frederick Taylor, que instituiu o desenvolvimento do labor em múltiplas etapas, e Henry Ford, que colocou em prática tal visão na indústria automobilística.[2]

Ford apostou em uma produção caracterizada pelo trabalho repetitivo, forte supervisão e hierarquia rígida em uma estrutura verticalizada, tendo por objetivo a padronização de bens e a redução de custos. O filme "Tempos modernos", de Charles Chaplin, denota exatamente esse momento histórico, em que o ser humano passa a ser uma peça na engrenagem produtiva, demandando-se do trabalhador, sobretudo, o cumprimento de tarefas do modo mais rápido possível, pois a tarefa tendia a ser especificada para cada obreiro, o qual perdia a noção do processo integral de criação do bem.

As péssimas condições de trabalho, caracterizadas por jornadas exaustivas e ambientes insalubres, criaram o ambiente social adequado para o desenvolvimento do Direito do Trabalho. Os sindicatos passaram a exigir que a situação laboral dos empregados fosse melhorada e, com isso, após lutas em diversas áreas e sob a influência de teorias como a desenvolvida por Karl Marx,[3] várias regras de proteção à mão de obra foram elaboradas. Há que se notar que a limitação imposta à vontade do empregador, por meio da lei, apresentava caráter quantitativo diante da

---

2 Quanto ao papel cumprido por Taylor e Ford, ver: STEVAN JÚNIOR, Sérgio Luiz *et al. Indústria 4.0*: fundamentos, perspectivas e aplicações. São Paulo: Érica, 2018. p. 18; SACOMANO, José Benedito *et al.* (Org.). *Indústria 4.0*: conceitos e fundamentos. São Paulo: Blucher, 2018. p. 20.

3 No que atine ao pensamento de Marx, ver: BARBAGELATA, Héctor-Hugo. *Curso sobre la evolución del pensamento juslaboralista*. Montevidéu: Fundación de Cultura Universitaria, 2009. p. 67-71.

inovação tecnológica, não propriamente qualitativo. O trabalhador teria sua dignidade respeitada com a restrição a determinados serviços, mas não se impossibilitava a implementação de modificação da estrutura produtiva por meio de criação científica.[4]

A terceira revolução industrial, por sua vez, observada a partir do fim da Segunda Guerra Mundial, foi pautada pela automação industrial, com a preocupação de redução de custos, aumento da qualidade e produção conforme a demanda dos clientes. O Sistema Toyota de Produção é exemplo clássico dessa fase produtiva, com base no trabalho dos engenheiros Eiji Toyoda e Taiichi Ohno.[5] Assim, a preocupação com a padronização dos bens, típica da segunda fase da revolução industrial, deu lugar ao setor produtivo mais enxuto, com redução de estoques, situação que se aprofundou a partir dos anos 1960, dado o maior desenvolvimento da tecnologia da informação (TI) e dos controles lógicos programáveis (CLP).[6] Tais avanços permitiram maior controle do processo industrial, como é o caso do uso do *Material Requirements Planning* (MRP), que fornece informações sobre a necessidade de alguma matéria-prima ou determinado componente industrial.[7]

Percebe-se a diferença desse passo evolutivo: em vez de substituir a força física humana, como ocorreu na passagem para a segunda revolução, o foco maior é utilizar a máquina para tarefas intelectuais de complexidade relativa, situação verificada na aferição de determinados problemas, como a falta de elementos produtivos. Não há nessa etapa, ainda, a capacidade das máquinas para a elaboração de procedimentos intelectuais mais complexos. Assim, a mão de obra humana perde mais uma parcela de seu espaço no setor produtivo, mas a nova configuração ainda demanda o esforço cerebral para a realização de determinadas atividades. O efeito prático, além da eliminação de postos de trabalho

---

[4] Quanto à evolução histórica do direito do trabalho, cf. MORAES FILHO, Evaristo de; MORAES, Antônio Carlos Flores de. *Introdução ao direito do trabalho*. 10. ed. São Paulo: LTr, 2010. p. 79-94; NASCIMENTO, Amauri Mascaro. *Curso de direito do trabalho*: história e teoria geral do direito do trabalho: relações individuais e coletivas do trabalho. 22. ed. rev. e atual. São Paulo: Saraiva, 2007. p. 3-60; SÜSSEKIND, Arnaldo. *Curso de direito do trabalho*. 3. ed. rev. e atual. Rio de Janeiro: Renovar, 2010. p. 3-12; PINTO, José Augusto Rodrigues. *Tratado de direito material do trabalho*. São Paulo: LTr, 2007. p. 31-44; BARROS, Alice Monteiro de. *Curso de direito do trabalho*. 9. ed. São Paulo: LTr, 2013. p. 47-54.

[5] Quanto ao Sistema Toyota de Produção, ver: SACOMANO, José Benedito *et al.* (Org.). *Indústria 4.0*: conceitos e fundamentos. São Paulo: Blucher, 2018. p. 20-21.

[6] Sobre CLP, ver: STEVAN JÚNIOR, Sérgio Luiz *et al.* *Indústria 4.0*: fundamentos, perspectivas e aplicações. São Paulo: Érica, 2018. p. 35.

[7] Sobre MRP, ver: SACOMANO, José Benedito *et al.* (Org.). *Indústria 4.0*: conceitos e fundamentos. São Paulo: Blucher, 2018. p. 21.

e de certos setores profissionais, é a exigência de maior qualificação profissional do trabalhador.

A quarta fase da revolução industrial é marcada pelo desenvolvimento da internet, ocorrida ainda no século XX, que facilitou o surgimento de uma rede de informações, e a criação da inteligência artificial, permitindo às máquinas maior complexidade operacional e capacidade de aprendizado de acordo com as próprias informações disponibilizadas no sistema.[8] Destarte, mais do que só trabalhar com os dados fornecidos pelos humanos, as máquinas têm condições de criar informações por si sós com base em elementos preexistentes, aprimorando-se autonomamente e repassando tais evoluções a outras máquinas por meio da rede. Diante de tal panorama, a vantagem comparativa do ser humano quanto à elaboração de raciocínios mais complexos pode estar sob ameaça, com evidente impacto no mercado de trabalho e, consequentemente, nos âmbitos social e econômico.

Mais do que mera visão catastrofista, basta observar os últimos desenvolvimentos ocorridos globalmente. A economia colaborativa, disruptiva por natureza, deu origem a empresas como Uber e Airbnb, que provocaram efeitos sensíveis nos setores de transporte e hotelaria, respectivamente, com possibilidade de fechamento de número expressivo de postos de trabalho em tais áreas. As vagas eliminadas são ou não criadas em campos mais inovadores da economia? Ainda que isso ocorra, seguramente exigirá dos trabalhadores vitimados pela evolução tecnológica maior qualificação para as novas oportunidades profissionais. Como seria feito o reposicionamento dessas pessoas? O Estado e as empresas são agentes que, possivelmente, tenham que tomar parte nesse processo, como será analisado oportunamente.

3 Inovação destruidora e capitalismo

Antes de aprofundar a reflexão a respeito dos efeitos da tecnologia no mercado de trabalho e as respectivas consequências no campo jurídico, urge analisar o contexto econômico em que o Brasil está inserido. Dessa forma, o raciocínio acerca de possíveis caminhos a seguir será baseado na realidade produtiva, não em utopias que, por definição, são irrealizáveis.

---

8 Sobre os avanços da inteligência artificial e os respectivos impactos na vida humana, especialmente no mercado de trabalho, conferir: HARARI, Yuval Noah. *21 lições para o século 21.* (Trad. Paulo Geiger). São Paulo: Companhia das Letras, 2018. p. 40-68.

O país adota o sistema capitalista de produção, protegendo o regime de livre iniciativa, conforme observa-se na Constituição da República (artigo 1°, inciso IV). Busca-se, portanto, o lucro, o qual é atingido pelo aumento da produtividade e redução de custos. É evidente, assim, que as inovações tecnológicas são elementos de fundamental relevância para que o capitalismo continue a vicejar.

É importante salientar, outrossim, que foi no bojo de sociedades que adotam o mencionado tipo de relações econômicas que a liberdade dos indivíduos atingiu o paroxismo. A desvinculação a padrões já estabelecidos é pressuposto para o desenvolvimento da economia, dado que a inovação é justamente o produto da liberdade de manifestação de pensamento e de ação.

O fato é que, como dito, o rompimento com tradições é requisito para que haja a mudança de paradigma em qualquer área da sociedade. A força motriz do capitalismo, portanto, é o fenômeno que Schumpeter chamava de destruição criadora e, atualmente, Luc Ferry nomeia como inovação destruidora.[9] Optou-se, no curso deste trabalho, pelo posicionamento do último autor mencionado, tendo em vista que a destruição do antigo padrão é mera consequência do pensamento inovador, e não o contrário, como pode sugerir a nomenclatura schumpeteriana.

Note-se que a necessidade de substituir paradigmas continuamente é da natureza do regime capitalista, uma vez que tal fato está intrinsecamente ligado à criação da vontade de consumir. Sem consumo, não há estímulo ao crescimento da produção e à obtenção de lucro. A obsolescência do antigo é essencial para que o novo lhe assuma o lugar. Assim ocorre na moda, por exemplo, área em que a lógica capitalista se manifesta com todo vigor.[10]

A ideia de inovação tecnológica, aumento de lucro e ampliação da produção, portanto, estão vinculadas, fazendo com que o mercado de trabalho se adapte a tal lógica do ponto de vista econômico. É evidente, porém, que o direito aborda a questão sob outro prisma, objetivando a manutenção de um convívio social adequado. O direito do trabalho, por sua vez, tem por foco a manutenção da dignidade do trabalhador, independentemente do momento experimentado pela economia.[11]

---

9 FERRY, Luc. *A inovação destruidora*: ensaio sobre a lógica das sociedades modernas. (Trad. Vera Lúcia dos Reis). Rio de Janeiro: Objetiva, 2015. p. 15-27.

10 Quanto à lógica capitalista mencionada, ver: FERRY, Luc. *A inovação destruidora*: ensaio sobre a lógica das sociedades modernas. (Trad. Vera Lúcia dos Reis). Rio de Janeiro: Objetiva, 2015. p. 29-34.

11 No que tange à dignidade, ver: ROMITA, Arion Sayão. *Direitos fundamentais nas relações de trabalho*. 4. ed. rev. e aum. São Paulo: LTr, 2012. p. 277-279.

Deve-se observar que a relação entre economia e direito não é tão óbvia quanto poderia parecer em um primeiro momento. Ainda que caiba à ciência econômica estudar a melhor maneira de alocação de recursos escassos, a dignidade de uma pessoa, protegida no âmbito jurídico, em nenhuma hipótese pode ser colocada em segundo plano. A questão que se impõe atine à forma com que deve ser tratada a inserção da tecnologia no meio produtivo, sem que o trabalhador seja considerado mero fator de produção.

O desenvolvimento tecnológico, conforme demonstram os diversos campos da vida humana, parece irrefreável: organismos geneticamente modificados são permanentemente aprimorados na agricultura, permitindo maior produção, com impacto social e econômico relevante; a economia compartilhada é cada vez mais presente na vida da população, sendo o Uber um grande exemplo nesse sentido; a utilização de computação e internet substitui paulatinamente a mão de obra em diversas atividades, como no setor bancário, etc. Colocar-se contrário à implantação da tecnologia é tarefa quixotesca que, embora possa produzir uma bela imagem poética de resistência, não tem o condão de alterar a realidade.[12]

Outro aspecto que merece ser realçado, em contraponto aos outros ciclos de revolução industrial, diz respeito à globalização. Anteriormente, era factível o fechamento do mercado para eventuais implementos tecnológicos, impedindo que concorrentes estrangeiros tivessem acesso ao mercado e não deixando aos produtores nacionais outra opção que não fosse a adaptação à legislação. Os tempos, porém, mudaram. Eventual criação de óbice à introdução de nova tecnologia no mercado nacional, em época de globalização, redundaria em perda de competitividade e, possivelmente, redução de mercado potencial com a consequente diminuição de lucro e crise econômica do empreendimento. Tal fato, evidentemente, é fruto de realidade muito mais ampla que a anterior, na qual o mercado nacional era a linha de fronteira para a esmagadora maioria dos empreendedores. Com a internet, entretanto, a amplitude territorial para realização de negócios foi bastante alargada, especialmente em se tratando de comércio eletrônico (*e-commerce*). O concorrente, agora, pode estar a quinze mil quilômetros de distância.

Parece, portanto, mais racional e pragmático, que a sociedade tome contato com os possíveis efeitos decorrentes do natural avanço

---

[12] Sobre a relação entre a norma jurídica e a realidade, conferir: GARMENDIA ARIGÓN, Mario. *Eficacia práctica de las normas laborales*. Montevidéu: Fundación de Cultura Universitaria, 2005. p. 29-35.

tecnológico e adote medidas aptas a, ao menos, reduzir o impacto negativo da extinção de postos de emprego em determinados setores, criando condições para que os indivíduos que sofram tais perdas possam, com dignidade, adaptar-se a outras atividades que, porventura, surjam na mesma área ou em outro campo produtivo. As empresas, o Estado e o sindicato, entre outros agentes, podem cumprir papel relevante na construção de ambiente propício ao desenvolvimento adequado da personalidade humana em uma economia em que a relação dos obreiros com a prestação de serviços seja marcadamente diferente da realidade atual.

4 Da proteção do emprego à proteção do cidadão

A tecnologia, como ressaltado alhures, atinge a vida humana em diversos campos. Conforme a revolução industrial foi se desenvolvendo, mais profundamente o cotidiano social foi modificado. A quarta revolução, com a conexão dos computadores em rede e o desenvolvimento da inteligência artificial, tende a alterar o modo de viver de modo mais sensível, dada a possibilidade de evolução das máquinas para uma etapa em que sejam elaboradas tarefas mais complexas a partir da capacidade de aprendizado com as informações disponíveis e a distribuição em rede dos novos conhecimentos.

Assim, parece mais razoável que o foco protetivo da sociedade não considere o ser humano apenas na condição de trabalhador, mas, sob uma ótica mais abrangente, busque assegurar a dignidade do indivíduo como cidadão.[13] Mais que mero jogo de palavras, tal visão remete aos impactos positivos e negativos que essa última fase de desenvolvimento tecnológico terá nos variados âmbitos da existência humana. Abordar apenas os efeitos no campo trabalhista ao tratar do assunto em estudo significaria tentar tratar de solução parcial de uma questão complexa.

Com efeito, a evolução tecnológica atinge a vida de todos na condição de consumidor, de cidadão e de trabalhador, entre outras possibilidades. No momento de consumir, há uma miríade de efeitos positivos: facilidade de compra pela internet; diminuição de custos (devido à redução de despesas com lojas físicas); maior diversidade de

---

13 Sobre o trabalhador como cidadão, analisar: OJEDA AVILÉS, Antonio. *La deconstrucción del derecho del trabajo*. Madri: La Ley, 2010. p. 96-103; ABRANTES, José João. *Contrato de trabalho e direitos fundamentais*. Coimbra: Coimbra Editora, 2005. p. 50-63; GAMONAL, Sérgio C. *Cidadania na empresa e eficácia diagonal dos direitos fundamentais*. (Trad. Jorge Alberto Araújo). São Paulo: LTr, 2011. p. 19-20.

fornecedores (pois o acesso ao produto disponível é feito pela internet, tornando a distância física entre consumidor e fornecedor algo de menor importância), etc. Importante observar que o *e-commerce*, em certos setores, aproveita-se do custo marginal zero,[14] conceito econômico segundo o qual, a partir de certo ponto, há apenas lucro para o vendedor, sem nenhum acréscimo de custo na produção do bem disponibilizado. Nesse sentido, compare-se a venda de livros: enquanto o livro físico sempre demandará uma despesa para sua produção, o livro digital (*e-book*), a partir do momento em que seu custo é pago com a venda de determinada quantidade de exemplares, produz apenas lucro ao vendedor, dada a desnecessidade de desembolsar qualquer valor para a produção e a distribuição do bem.

Como cidadão, as consequências são extremamente relevantes. A possibilidade de participação política por meios de comunicação desenvolvidos com a avanço da tecnologia produz efeitos ao redor do mundo há algum tempo. A Primavera Árabe, o movimento Occupy Wall Street e as manifestações de 2013, no Brasil, demonstraram o impacto que as redes sociais, como o Facebook, e aplicativos, como o WhatsApp, podem acarretar em eleições e na visão que as pessoas desenvolvem acerca de sua comunidade.

A horizontalidade da informação e das relações como fruto do desenvolvimento tecnológico é algo inexorável e, obviamente, atinge profundamente as relações de trabalho. Pensar no trabalhador apenas na condição de empregado, olvidando-se dessa mudança de paradigma nas relações humanas, significa considerar a parte em detrimento do todo. O prestador de serviços com subordinação, prejudicado em muitas atividades pela substituição da mão de obra pela máquina, devido à lógica inescapável da redução de custos e ganho de eficiência, é beneficiado na condição de consumidor e de cidadão.

É evidente que o trabalho cumpre papel fundamental no desenvolvimento do ser humano, como manifestação de sua personalidade, contribuindo para a manutenção da dignidade, além da questão financeira. Representa, em grande parte, elemento de identidade do indivíduo no meio social em que está inserido e, portanto, tem fulcral impacto existencial. O efeito de desestruturação da sociedade em decorrência do desemprego tecnológico é deveras preocupante. É com

---

[14] Quanto à noção de custo marginal zero, ver: FERRY, Luc. *A revolução transumanista*. (Trad. Éric Heneault). Barueri: Manole, 2018. p. 81; SCHWAB, Klaus. *A quarta Revolução Industrial*. (Trad. Daniel Moreira Miranda). São Paulo: Edipro, 2016. p. 18.

base nesse panorama que o assunto deve ser observado, dado que refrear o desenvolvimento da tecnologia nada mais é do que mera utopia.[15]

Em um momento em que carros autônomos (ou seja, sem necessidade de motoristas) são desenvolvidos ao redor do globo, drones são utilizados para o exercício das mais diferentes tarefas (inclusive para atividades militares), é mandatório refletir sobre o papel que a humanidade cumprirá em tal contexto. A abordagem, ao que parece, não deve ser de confronto com as máquinas, em uma perspectiva ludista contemporânea, mas de adaptação para existência com as máquinas. A visão cooperativa, portanto, parece ser mais útil e pragmática que uma posição de resistência que, provavelmente, seria apenas uma manifestação pueril de dificuldade de aceitação da realidade.[16]

A modificação estrutural no âmbito produtivo demandará alteração da postura dos agentes sociais. Em países que se assumem democráticos, como é o caso brasileiro, o Estado, os empresários, os sindicatos e os trabalhadores deverão reconfigurar seus papéis nesse novo panorama. Em vez de proteger o emprego, seria mais proveitoso pensar em formas mais abrangentes de garantir os direitos do cidadão. Exigir que os empregos (e, consequentemente, os custos) sejam mantidos, parece contradizer os próprios fundamentos de uma sociedade capitalista. Os agentes sociais devem pensar em formas de manter a dignidade do trabalhador, fornecendo-lhe condições para que desenvolva sua personalidade e tenha condições financeiras de suprir as respectivas necessidades.

5 Tecnologia e mercado de trabalho – aspectos jurídicos

O desenvolvimento tecnológico produz efeitos marcantes no mercado de trabalho, como sempre se observou durante as etapas anteriores da revolução industrial. O fato é que, anteriormente, houve apenas a substituição da força física das pessoas pelas máquinas ou a utilização de instrumentos não humanos para a realização de tarefas

---

15 Sobre a reconstrução do direito do trabalho diante das circunstâncias atuais, ver: NASCIMENTO, Amauri Mascaro. *Direito contemporâneo do trabalho*. São Paulo: Saraiva, 2011. p. 467-509; BARBAGELATA, Héctor-Hugo. *Curso sobre la evolución del pensamento juslaboralista*. Montevidéu: Fundación de Cultura Universitaria, 2009. p. 223-251.

16 Com visão similar quanto à questão adaptativa, ver: HARARI, Yuval Noah. *21 lições para o século 21*. (Trad. Paulo Geiger). São Paulo: Companhia das Letras, 2018. p. 51-58; BRYNJOLFSSON, Erik; MCAFEE, Andrew. *Novas tecnologias versus empregabilidade – como a revolução digital acelera a inovação, desenvolve produtividade e transforma de modo irreversível os empregos e a economia*. São Paulo: M. Books, 2014. p. 67-80.

com relativa complexidade, a partir de dados previamente fornecidos. No momento atual, porém, a introdução de inteligência artificial em um ambiente produtivo, no qual há a internet para a transmissão de dados, faz com que as figuras robóticas adquiram certo grau de autonomia e tenham a capacidade de exercer um número bem maior de tarefas, com maior eficiência que a mão de obra humana. Evidentemente, o regramento jurídico deverá adaptar-se à realidade presente e vindoura, buscando minorar os efeitos deletérios que o progresso científico aplicado no ambiente produtivo trará aos trabalhadores.

A Constituição da República Federativa do Brasil (CF) de 1988 determina o seguinte, em seu artigo 7º, inciso XXVII: "São direitos dos trabalhadores urbanos e rurais, além de outros que visem à melhoria de sua condição social: (...) XXVII – proteção em face da automação, na forma da lei". Tal dispositivo está inserido no capítulo II ("Dos direitos sociais") do Título II ("Dos direitos e garantias fundamentais"), sendo-lhe aplicável, portanto, o que consta no parágrafo 1º do artigo 5º do Texto Maior: "As normas definidoras dos direitos e garantias fundamentais têm aplicação imediata".

O texto constitucional, destarte, determina a proteção dos trabalhadores em face da automação. Perceba-se que proteger o trabalhador não necessariamente significa proteger o emprego, uma vez que este está sujeito a forças econômicas estranhas ao direito. Considerando-se a globalização, o efeito que o regramento jurídico pode produzir na tentativa de criar óbice ao fechamento de vagas é mínimo, dada a facilidade de transferência de setor produtivo para um ambiente de menor custo. A proteção pode ser concretizada por meio de requalificação profissional ou concessão de algum período de transição para outra atividade profissional, por exemplo.

Outro ponto a ser observado diz respeito à aplicação imediata da regra prevista no artigo 7º da CF, pelo fato de estar no rol de direitos fundamentais, como explicitado. Não há sentido em interpretar o referido dispositivo, de modo a impedir o fechamento de vagas no empregador, em virtude da implementação de nova tecnologia no ambiente de trabalho. Como exaustivamente explanado, insistir nessa saída quixotesca de luta contra a concretude dos fatos em nada contribui para a construção de uma solução realista para a modificação imposta pelo desenvolvimento tecnológico que assola o ambiente produtivo. A mencionada aplicação imediata, por exemplo, pode ser utilizada como argumento para evitar o fechamento abrupto de postos de trabalho, fundamentando a necessidade de negociação entre as partes, com a presença do sindicato, na tentativa de encontrar algum meio de amortecer o impacto para os trabalhadores. Tal visão coaduna-se com a necessária função social a ser cumprida pela empresa, bem como com o respeito à livre iniciativa do empregador. A dispensa coletiva, portanto, é terreno fértil para o uso da interpretação ora exposta.

Perceba-se que, em uma sociedade que se quer democrática, como é o caso da brasileira, não basta o exercício do direito ao voto para que a comunidade nacional mereça tal qualificativo. A democracia, além das eleições (aspecto formal), demanda o respeito aos direitos fundamentais dos cidadãos (aspecto material). Nesse sentido, além do campo político, práticas democráticas devem plasmar os mais diversos campos da vida social, no âmbito institucional inclusive. Desse modo, sem desprezar a hierarquia, que apresenta fundamental papel funcional no bojo da sociedade, é natural que haja democratização em ambientes como a família e a empresa.[17] O raciocínio faz mais sentido ao se constatar a horizontalização das relações humanas propiciada pelos valores pós-modernos, marcados pela constante quebra de referência, panorama ético coerente com as necessidades do capitalismo. É a eterna inovação destruidora de Luc Ferry ou destruição criadora de Schumpeter.

A democratização das relações no ambiente de trabalho, portanto, não significa a retirada do poder de direção do empregador, mas a maior necessidade de informação aos trabalhadores, com eventual necessidade de consulta para a tomada de decisões em certos assuntos. A autoridade do empregador justifica-se pela funcionalidade cumprida no ambiente produtivo, na busca da melhor organização possível dos fatores de produção, de forma a viabilizar a busca pelo lucro. Juntamente com o corpo de trabalhadores, o empregador integra uma entidade (a sociedade empresária) que gera riqueza para todos os envolvidos, seja na forma de lucro (empregador), salário (empregado), tributos (Estado) ou consumo (sociedade em geral).

Em 2017, houve a reforma trabalhista no Brasil, com a edição da Lei nº 13.467.[18] A despeito dos vários problemas contidos na inovação legislativa, alguns pontos podem ser importantes no processo adaptativo do mercado de trabalho às alterações provocadas pela inovação

---

[17] Sobre direitos fundamentais e a respectiva eficácia nas relações privadas, conferir: ABRANTES, José João. *Contrato de trabalho e direitos fundamentais*. Coimbra: Coimbra Editora, 2005. p. 131-134; ROMITA, Arion Sayão. *Direitos fundamentais nas relações de trabalho*. 4. ed. rev. e aum. São Paulo: LTr, 2012. p. 49-55 e 212-223; GAMONAL, Sérgio C. *Cidadania na empresa e eficácia diagonal dos direitos fundamentais*. (Trad. Jorge Alberto Araújo). São Paulo: LTr, 2011. p. 20-31.

[18] Quanto à reforma trabalhista, ver comentários em: DELGADO, Mauricio Godinho. *Curso de direito do trabalho*. 17. ed. rev. atual. e ampl. São Paulo: LTr, 2018. p. 75-77, 120-123 e 155-158.

tecnológica. Nesse sentido, devem ser ressaltados dois tópicos: a representação dos empregados na empresa[19] e a utilização de pactos coletivos pelos sindicatos.

Com base no artigo 11 da CF,[20] houve a inclusão, pela reforma trabalhista de 2017, do Título IV-A na CLT, referente à representação dos empregados no interior da empresa (artigos 510-A a 510-D). A finalidade do referido órgão é promover o entendimento direto dos trabalhadores com o empregador (artigo 510-A).

As atribuições da representação dos empregados estão arroladas no artigo 510-B da CLT:

> A comissão de representantes dos empregados terá as seguintes atribuições:
> I – representar os empregados perante a administração da empresa;
> II – aprimorar o relacionamento entre a empresa e seus empregados com base nos princípios da boa-fé e do respeito mútuo;
> III – promover o diálogo e o entendimento no ambiente de trabalho com o fim de prevenir conflitos;
> IV – buscar soluções para os conflitos decorrentes da relação de trabalho, de forma rápida e eficaz, visando à efetiva aplicação das normas legais e contratuais;
> V – assegurar tratamento justo e imparcial aos empregados, impedindo qualquer forma de discriminação por motivo de sexo, idade, religião, opinião política ou atuação sindical;
> VI – encaminhar reivindicações específicas dos empregados de seu âmbito de representação;
> VII – acompanhar o cumprimento das leis trabalhistas, previdenciárias e das convenções coletivas e acordos coletivos de trabalho.

O tratamento de questões relativas aos efeitos da tecnologia no ambiente de trabalho poderia ser feito com base no dispositivo transcrito. Assim, poderia ser aberto um diálogo com a gestão empresarial (incisos I

---

19 Sobre representação dos empregados na empresa, cf. GOMES, Orlando; GOTTSCHALK, Elson. *Curso de direito do trabalho*. 19. ed. Rio de Janeiro: Forense, 2012. p. 76-78; NASCIMENTO, Amauri Mascaro. *Compêndio de direito sindical*. 6. ed. São Paulo: LTr, 2009. p. 674-681; SÜSSEKIND, Arnaldo. *Curso de direito do trabalho*. 3. ed. rev. e atual. Rio de Janeiro: Renovar, 2010. p. 589-598; PINTO, José Augusto Rodrigues. *Tratado de direito material do trabalho*. São Paulo: LTr, 2007. p. 905-919; DELGADO, Mauricio Godinho. *Curso de direito do trabalho*. 17. ed. rev. atual. e ampl. São Paulo: LTr, 2018. p. 1626-1628; MARTINS, Sérgio Pinto. *Direito do trabalho*. 28. ed. São Paulo: Atlas, 2012. p. 800-812.

20 *Verbis*: "nas empresas de mais de duzentos empregados, é assegurada a eleição de um representante destes, com a finalidade exclusiva de promover-lhes o entendimento direto com os empregadores".

e III), fazendo com que a tomada de qualquer decisão que afete de forma mais sensível o cotidiano do trabalhador seja fruto de informação e, eventualmente, consulta (devido à boa-fé e ao respeito mútuo, aspectos previstos no inciso II). Caso os empregados sintam-se prejudicados por alguma atitude do empregador, por exemplo, poderiam utilizar a previsão contida no inciso IV. O órgão, enfim, materializa a noção de democratização da relação produtiva.

O sindicato, por sua vez, pode ter relevante participação na adaptação dos trabalhadores às transformações implementadas no ambiente de trabalho pela introdução de inovações tecnológicas. Para isso, é fundamental o uso adequado dos pactos resultantes da negociação coletiva[21] (Convenção Coletiva de Trabalho – CCT e Acordo Coletivo de Trabalho – ACT), especialmente tendo em vista a ampliação dos tópicos que podem ser abordados pelas entidades coletivas após a edição da reforma trabalhista, tendo por base o artigo 611-A da CLT e respeitadas as limitações discriminadas no artigo 611-B do mesmo diploma legal.[22]

Em situação de crise temporariamente criada pela reestruturação produtiva por introdução tecnológica, é importante que o ente sindical utilize o disposto no parágrafo 3º do artigo 611-A.[23] A garantia de emprego enquanto houver redução de salário ou jornada em período de transição é instrumento importante para amortecer os efeitos deletérios que podem ser provocados pela aplicação prática do progresso científico na empresa. Destarte, o ente empresarial aumenta sua eficiência sem olvidar-se da função social que deve cumprir no seio da comunidade.

6 Inovação tecnológica e mercado de trabalho – propostas de atuação

O desenvolvimento tecnológico, como explicitado no decorrer deste estudo, atinge profundamente o mercado de trabalho, ampliando a eficiência produtiva e reduzindo-lhe os custos, trazendo, como

---

[21] Quanto à relevância da negociação coletiva para lidar com os efeitos do desenvolvimento tecnológico no ambiente produtivo, conferir: CAVALCANTE, Jouberto de Quadros Pessoa. *Sociedade, tecnologia e a luta pelo emprego*. São Paulo: LTr, 2018. p. 108-113.

[22] Sobre a relação entre desenvolvimento tecnológico e o papel do sindicato, ver: PINTO, José Augusto Rodrigues. *Tratado de direito material do trabalho*. São Paulo: LTr, 2007. p. 615-643; NASCIMENTO, Amauri Mascaro. *Compêndio de direito sindical*. 6. ed. São Paulo: LTr, 2009. p. 99-112.

[23] *Verbis*: "Se for pactuada cláusula que reduza o salário ou a jornada, a convenção coletiva ou o acordo coletivo de trabalho deverão prever a proteção dos empregados contra dispensa imotivada durante o prazo de vigência do instrumento coletivo".

consequência óbvia, a eliminação e a diminuição de postos de emprego em variados setores da economia. Outras possibilidades de prestação de serviços podem surgir, como efeito da criação de novas atividades, mas uma profunda reestruturação é inevitável.

É evidente, diante de tal panorama, que o trabalhador sofrerá mudanças sensíveis em sua carreira profissional. Haverá uma modificação na forma como o indivíduo relaciona-se com o trabalho, uma vez que, possivelmente, deverá readaptar-se, ao longo da vida, a outra atividade, conforme a profissão anterior sofra os efeitos do avanço da tecnologia, algo que ocorre atualmente de modo exponencial. Para isso, a requalificação do trabalhador deverá ser feita com bastante frequência, com todo o custo psicológico e social que isso acarreta.

Nesse sentido, os agentes sociais deverão, de algum modo, fornecer apoio para o trabalhador adaptar-se a outra carreira após alguma modificação estrutural no mercado. O sindicato poderá negociar períodos de transição com os empregadores para que o trabalhador possa cumprir o período de passagem para a nova atividade. Nesse sentido, seria interessante algum curso de qualificação, o qual permitiria, inclusive, que a mão de obra fosse utilizada em tarefa que demandasse mais qualificação na mesma empresa ou no mesmo setor econômico. Evidentemente que o custo de tal situação, provavelmente, teria que ser assumido pelo Estado por meio de alguma isenção fiscal ou outro tipo de favor tributário ao empresário. Em última análise, a despesa assumida pelo ente estatal será custeada, é claro, pela sociedade, pois é interesse de todos que os elementos integrantes da comunidade tenham sua dignidade respeitada. Com a adoção de tal medida, a empresa também cumpriria sua função social, a qual jamais deve ser olvidada em favor da mera criação de riqueza. O lucro é fundamental para a manutenção do funcionamento adequado do capitalismo, mas não se pode perder de vista a finalidade existencial de valorização da vida humana.[24]

É importante observar, outrossim, que o comportamento do sindicato deve ser examinado cuidadosamente, pois a adoção de postura combativa, sem considerar a consequência de tal conduta, pode produzir efeito contrário ao desejado, devido à configuração atual da economia mundial. Diferentemente de períodos anteriores, em que o empresário não tinha como escapar de determinado mercado, devido ao maior

---

24 Sobre o papel cumprido pela empresa em relação ao empregado e à sociedade em geral, ver: BARBAGELATA, Héctor-Hugo. *Curso sobre la evolución del pensamiento juslaboralista*. Montevidéu: Fundación de Cultura Universitaria, 2009. p. 177-199.

protecionismo comercial e à dificuldade de meios de comunicação e de transporte, com efeito sobre o escoamento da produção, atualmente tais óbices ocorrem com menor frequência. Com a globalização, caso haja excesso de burocracia ou dificuldade para produzir algo em determinado território, o setor empresarial encontra muito mais facilidade para transferir o setor produtivo, reduzindo automaticamente os custos e aumentado a possibilidade de lucro, com efetivo prejuízo aos trabalhadores e à sociedade como um todo, devido ao fechamento de postos de trabalho e à redução da produção e circulação de riquezas, com menor consumo e pagamento de tributos naquela região.

A empresa, se continuar a ser considerada como parte do problema e não como parte da solução, quanto à geração de trabalho, pouco fará no novo contexto produtivo que se afigura. Como centro gerador de riqueza e com grande função social, como já explicado, a figura do empresário deve ser incluída, seja por meio de negociação com o sindicato ou por meio de normatização estatal, nas medidas adotadas para evitar ou diminuir o natural impacto excludente que a tecnologia produzirá em certos setores econômicos. O Estado, assumindo os custos, pode utilizar o conhecimento empresarial em um processo de parceria para a requalificação e transição do trabalhador atingido pela transformação estrutural ou desemprego tecnológico.[25] Os tributos, suportados por pessoas físicas e jurídicas, seriam a fonte utilizada para o pagamento das despesas mencionadas, o que demandaria gestão responsável dos recursos públicos, evidentemente.[26]

7 Conclusão

A tecnologia produz consequências notáveis nas mais variadas searas da vida humana. A medicina, os transportes e as comunicações, por exemplo, foram profundamente alterados com a aplicação prática do desenvolvimento científico. O mercado de trabalho, por sua vez, não passou incólume por tais modificações, sendo necessário observar

---

25 Sobre o desemprego tecnológico, ver: BRYNJOLFSSON, Erik; MCAFEE, Andrew. *Novas tecnologias versus empregabilidade – como a revolução digital acelera a inovação, desenvolve produtividade e transforma de modo irreversível os empregos e a economia.* São Paulo: M. Books, 2014. p. 38-66.

26 Possibilidade de atuação mais ampla do Estado consistiria na concessão de renda básica universal, tema que foge aos objetivos deste estudo e parece ser de difícil implantação em um contexto de imenso déficit nas contas públicas como é o caso brasileiro. Para mais informações, ver: HARARI, Yuval Noah. *21 lições para o século 21.* (Trad. Paulo Geiger). São Paulo: Companhia das Letras, 2018. p. 62-63.

os respectivos efeitos positivos e negativos no âmbito produtivo, bem como a melhor forma de lidar com tal situação.

Eventual tentativa de refrear o desenvolvimento tecnológico em nada contribui para a melhor qualidade da vida em sociedade, dados os efeitos da tecnologia no cotidiano. A facilidade de comunicação, de transportes e de várias outras atividades não existiria caso a tecnologia fosse encarada como inimiga da humanidade. A melhor forma de tratar a questão parece ser a adaptação do ser humano às transformações estruturais presentes e futuras advindas do progresso científico, especialmente no que tange à quarta revolução industrial, na qual a riqueza de dados e a conectividade são somadas à inteligência artificial, permitindo que as máquinas possam substituir os humanos em um número maior de tarefas, devido à capacidade de criar informações por si só, a partir dos dados disponíveis, transmitindo os novos conhecimentos para as demais máquinas por meio da rede de comunicação propiciada pela internet.

Nesse sentido, o indivíduo, mais do que simplesmente trabalhador, deve ser considerado em sua condição de cidadão, na tentativa de buscar solução para o problema criado pela reestruturação do mercado de trabalho. Ainda que haja um ganho geral de produtividade para a sociedade, alguns indivíduos sairão perdedores, ao menos temporariamente, no curso dessas transformações estruturais. É com esses concidadãos que o corpo social deve se preocupar, propiciando que tais pessoas adaptem-se a novas atividades e possam externar sua personalidade por meio do cumprimento de outras tarefas, resguardando-lhes a identidade social e a dignidade de que todos os humanos são titulares.

O Estado, os empresários, os sindicatos e os trabalhadores deverão envidar esforços conjuntos no sentido de buscar meios de adequação às novas condições impostas pelo desenvolvimento tecnológico, sem perder de vista que a legítima preocupação econômica de busca de eficiência e redução de custos deve ser sempre observada como meio na busca de um fim, e não um fim em si mesmo. Como não é razoável supor que todo indivíduo tenha essa consciência, caberá ao ente estatal estabelecer, com base no poder que lhe é conferido pelo povo, os parâmetros de atuação dos agentes sociais na edificação de uma realidade que tenha a vida digna do ser humano como meta a ser atingida. Uma sociedade em que tal visão não seja autenticamente colocada em prática demonstra que está eticamente corroída. É necessário que a empresa seja vista e respeitada como uma comunidade humana, geradora de riquezas (lucro para o empreendedor, salário para o trabalhador, tributos para o Estado e consumo para as pessoas em geral), com função social a cumprir.

Referências

ABRANTES, José João. *Contrato de trabalho e direitos fundamentais*. Coimbra: Coimbra Editora, 2005.

BARBAGELATA, Héctor-Hugo. *Curso sobre la evolución del pensamento juslaboralista*. Montevidéu: Fundación de Cultura Universitaria, 2009.

BARROS, Alice Monteiro de. *Curso de direito do trabalho*. 9. ed. São Paulo: LTr, 2013.

BRYNJOLFSSON, Erik; MCAFEE, Andrew. *Novas tecnologias versus empregabilidade – como a revolução digital acelera a inovação, desenvolve produtividade e transforma de modo irreversível os empregos e a economia*. São Paulo: M. Books, 2014.

CAVALCANTE, Jouberto de Quadros Pessoa. *Sociedade, tecnologia e a luta pelo emprego*. São Paulo: LTr, 2018.

DELGADO, Mauricio Godinho. *Curso de direito do trabalho*. 17. ed. rev. atual. e ampl. São Paulo: LTr, 2018.

FERRY, Luc. *A revolução transumanista*. (Trad. Éric Heneault). Barueri: Manole, 2018.

FERRY, Luc. *A inovação destruidora*: ensaio sobre a lógica das sociedades modernas. (Trad. Vera Lúcia dos Reis). Rio de Janeiro: Objetiva, 2015.

GAMONAL, Sergio C. *Cidadania na empresa e eficácia diagonal dos direitos fundamentais*. (Trad. Jorge Alberto Araújo). São Paulo: LTr, 2011.

GARMENDIA ARIGÓN, Mario. *Eficacia práctica de las normas laborales*. Montevidéu: Fundación de Cultura Universitaria, 2005.

GOMES, Orlando; GOTTSCHALK, Elson. *Curso de direito do trabalho*. 19. ed. Rio de Janeiro: Forense, 2012.

HARARI, Yuval Noah. *21 lições para o século 21*. (Trad. Paulo Geiger). São Paulo: Companhia das Letras, 2018.

MARTINS, Sergio Pinto. *Direito do trabalho*. 28. ed. São Paulo: Atlas, 2012.

MORAES FILHO, Evaristo de; MORAES, Antônio Carlos Flores de. *Introdução ao direito do trabalho*. 10. ed. São Paulo: LTr, 2010.

NASCIMENTO, Amauri Mascaro. *Direito contemporâneo do trabalho*. São Paulo: Saraiva, 2011.

NASCIMENTO, Amauri Mascaro. *Compêndio de direito sindical*. 6. ed. São Paulo: LTr, 2009.

NASCIMENTO, Amauri Mascaro. *Curso de direito do trabalho*: história e teoria geral do direito do trabalho: relações individuais e coletivas do trabalho. 22. ed. rev. e atual. São Paulo: Saraiva, 2007.

OJEDA AVILÉS, Antonio. *La deconstrucción del derecho del trabajo*. Madri: La Ley, 2010.

PINTO, José Augusto Rodrigues. *Tratado de direito material do trabalho*. São Paulo: LTr, 2007.

ROMITA, Arion Sayão. *Direitos fundamentais nas relações de trabalho*. 4. ed. rev. e aum. São Paulo: LTr, 2012.

SACOMANO, José Benedito *et al.* (Org.). *Indústria 4.0*: conceitos e fundamentos. São Paulo: Blucher, 2018.

SCHWAB, Klaus. *A quarta Revolução Industrial*. (Trad. Daniel Moreira Miranda). São Paulo: Edipro, 2016.

STEVAN JÚNIOR, Sergio Luiz *et al. Indústria 4.0*: fundamentos, perspectivas e aplicações. São Paulo: Érica, 2018.

SÜSSEKIND, Arnaldo. *Curso de direito do trabalho*. 3. ed. rev. e atual. Rio de Janeiro: Renovar, 2010.

Informação bibliográfica deste texto, conforme a NBR 6023:2018 da Associação Brasileira de Normas Técnicas (ABNT):

BATALHA, Elton Duarte. Direito do trabalho, Tecnologia e Revolução Industrial – Novos tempos. *In*: TUPINAMBÁ, Carolina (Coord.). *As novas relações trabalhistas e o futuro do Direito do Trabalho*: as novidades provenientes dos avanços tecnológicos. Belo Horizonte: Fórum, 2021. (Coleção Fórum as novas relações trabalhistas e o futuro do Direito do Trabalho. Tomo III.). p. 73-92. ISBN 978-65-5518-131-9.

O IMPACTO DOS AVANÇOS TECNOLÓGICOS NO MEIO AMBIENTE DO TRABALHO

LETÍCIA GOUVÊA CYRO DE CASTRO

1 Introdução

A tecnologia está cada vez mais presente em nosso cotidiano, conquistando espaço em diversos ramos da vida em sociedade. Muito se tem discutido sobre o surgimento de novas tecnologias e o impacto destas nas relações de trabalho.

Tarefas poderão ser realizadas de forma cada vez mais rápida e eficiente. Cite-se, como exemplos, softwares que automatizam e otimizam processos e provocam a redução do desperdício e da improdutividade.

Ronaldo Lemos afirmou em uma entrevista publicada na 21ª Edição da Revista Finep:

> A tecnologia muda tudo. Ela mudará todos os campos sociais e todas as atividades econômicas, sem exceção. Já vimos o que aconteceu com a indústria da música, dos táxis, do transporte urbano, dos jornais e assim por diante. Nenhuma indústria está fora desse processo. Veremos

mudanças no agronegócio, nos hospitais, na indústria automobilística e assim por diante. (...).[1]

O Ministro Maurício Godinho Delgado afirma que a revolução tecnológica não tem apontado somente para o sentido negativo dentro do mundo do trabalho (por exemplo, extinção de profissões, funções e inúmeros postos de emprego e trabalho), mas também tem criado novas necessidades humanas, novas perspectivas e expectativas de vida para o ser humano, novas dinâmicas laborais, novos mercados, novas dimensões para o mundo do trabalho.[2]

A substituição do homem pela máquina, em decorrência do processo de automação já visto no século XX, com o desenvolvimento da cibernética, aumentou a produtividade dos detentores do capital e melhorou o controle de qualidade. Outro impacto trazido pela tecnologia foi o aumento do controle e monitoramento da realização do trabalho – dos computadores, câmeras, GPS, redes sociais etc.

Há anos, é notória a utilização de robôs na linha de montagem nas indústrias manufatureiras, com o objetivo de remover o elemento humano em casos de existência de situações perigosas e risco de lesões ergonômicas ou fadiga. Contudo, não se pode descartar a existência de riscos na utilização de máquinas pelas empresas. Cite-se o caso de um robô estacionário que matou um trabalhador em uma das fábricas da Volkswagen, na Alemanha, em 2015. No processo de montagem do robô, este agarrou-o e esmagou-o contra uma placa de metal. Apesar de as conclusões iniciais terem apontado no sentido de que o incidente teria ocorrido em razão de erro humano e não de um problema com a máquina propriamente dita, é essencial que as empresas sejam cautelosas e adotem procedimentos de segurança adequados, considerando que tais tecnologias ainda são novidade nas relações de trabalho.

O desenvolvimento da computação cognitiva, que vai além da simples automação, vem afetando sobremaneira as relações de trabalho. Relevante destacar que as novas tecnologias não mais se limitam a substituir a mão de obra humana em atividades rotineiras, mas se

---

1 LEMOS, Ronaldo. Entrevista. *Revista Finep*, n. 21, p. 6-11, jan. 2017. Disponível em: http://www.finep.gov.br/images/revista/revista21/index.html#p=11. Acesso em 10 jan. 2019.

2 DELGADO, Mauricio Godinho. Apresentação. *In*: LEME, Ana Carolina Reis Paes; RODRIGUES, Bruno Alves; CHAVES JÚNIOR, José Eduardo de Resende (Coords.). *Tecnologias disruptivas e a exploração do trabalho humano*. São Paulo: LTr, 2017. p. 9.

tornam cada vez mais aptas a executar tarefas previsíveis, podendo vir a sacrificar também ocupantes de mão de obra mais qualificada.[3]

Sistemas de aprendizado de máquina existem desde a década de 1950. No entanto, devido ao aumento substancial da disponibilidade de dados na internet, ao desenvolvimento dos algoritmos e ao desenvolvimento de hardwares mais poderosos, atualmente vivenciamos avanços em diversas áreas.[4]

Victor Cabral Fonseca afirma que, apesar de a tecnologia não ser inédita, está em evidência agora devido à velocidade. Nas palavras do autor, "o efeito rede, a globalização, a conectividade e outras condições favoráveis ao desenvolvimento ágil de novas ideias faz com que a evolução tecnológica hoje seja exponencial, e não linear".[5] Ainda sobre o tema, importante frisar:

> (...) a *interação* de seres humanos com a tecnologia, sim, representa uma causa plausível para essa nova era. Mas essa é apenas a ponta do iceberg. Olhando com profundidade, percebemos que a questão é muito mais cultural do que qualquer outra coisa. E é por isso que essas transformações são tão impactantes e difíceis de entender. Tecnologia é ferramenta e, como qualquer outra, é só aprender a usar; mas mudar cultura é mexer na essência individual de cada um, e essa passa longe de ser uma tarefa trivial.[6]

O desenvolvimento tecnológico afeta diversos campos da vida humana e nos dias atuais vê-se um aumento do investimento em tecnologias para garantir segurança e saúde no ambiente de trabalho, elementos imprescindíveis para uma vida digna, saudável e de qualidade.

O número de acidentes de trabalho ocorridos no Brasil é alarmante. Segundo relatório do Programa das Nações Unidas para o

---

3 VASCONCELOS, Antônio Gomes de; VALENTINI, Rômulo Soares; NUNES, Talita Camila Gonçalves. Tecnologia da Informação e seus impactos nas relações capital-trabalho. *In*: LEME, Ana Carolina Reis Paes; RODRIGUES, Bruno Alves; CHAVES JÚNIOR, José Eduardo de Resende (Coords.). *Tecnologias disruptivas e a exploração do trabalho humano*. São Paulo: LTr, 2017. p. 89.

4 BRYNJOLFSSON, Erik; MCAFEE, Andrew. What's driving the machine learning explosion? *Harvard Business Review*, 2017. Disponível em: https://hbr.org/2017/07/whats-driving-the-machine-learning-explosion. Acesso em 11 jan. 2019.

5 FONSECA, Victor Cabral. O futuro do direito: de que mudança estamos falando? *Lex Machinae*, 2018. Disponível em: https://www.lexmachinae.com/2018/12/27/o-futuro-do-direito-mudanca-estamos-falando/. Acesso em 12 jan. 2019.

6 FONSECA, Victor Cabral. O futuro do direito: de que mudança estamos falando? *Lex Machinae*, 2018. Disponível em: https://www.lexmachinae.com/2018/12/27/o-futuro-do-direito-mudanca-estamos-falando/. Acesso em 12 jan. 2019.

Desenvolvimento (PNUD), divulgado no final do ano de 2015, o Brasil é o terceiro país do mundo com mais registros de mortes por acidentes de trabalho.[7]

Ainda, de acordo com dados do Observatório Digital de Saúde e Segurança do Trabalho,[8] desenvolvido e mantido pelo Ministério Público do Trabalho em cooperação com a Organização Internacional do Trabalho (OIT), foram registrados 3.879.755 acidentes, com Comunicação de Acidente de Trabalho e sem Comunicação de Acidente de Trabalho, no período de 2012-2017. Ainda, neste mesmo período, R$66.534.254.002 foram gastos com benefícios acidentários ativos. Este cenário demonstra a urgência em se pensar novas formas de prevenção de acidentes e eliminação ou neutralização de riscos no ambiente de trabalho. Além de preservar vidas, a implementação de uma cultura de segurança dentro das empresas é imprescindível para a eficiência da organização. A segurança é fator de motivação dos empregados que, ao se sentirem seguros, se tornam mais produtivos.

Ressalte-se, ainda, que as condições de saúde e segurança gravosas muitas vezes são mantidas em razão de muitos empregadores quererem, a qualquer preço, reduzir custos. No entanto, a concorrência empresarial é violada quando um empregador opera sem preservar a integridade física dos trabalhadores. A questão não deve ser vista sob o prisma dos custos apenas, mas sim, da promoção da dignidade humana.

Este artigo objetiva analisar o impacto, no meio ambiente do trabalho, de novas tecnologias, difundidas de forma mais abrangente no século XXI, como a internet das coisas e a inteligência artificial, que protagonizam o que se chama de 4ª Revolução Industrial,[9] destacando, ainda, como tais tecnologias disruptivas podem contribuir para promover, de forma eficiente, a saúde e a segurança do trabalho.

---

7 Cf. *Relatório de Desenvolvimento Humano 2015. Programa das Nações Unidas para o Desenvolvimento (PNUD)*, 2015. Disponível em: http://www.br.undp.org/content/brazil/pt/home/library/idh/relatorios-de-desenvolvimento-humano/relatorio-do-desenvolvimento-humano-200014.html. Acesso em 13 jan. 2019.

8 MINISTÉRIO PÚBLICO DO TRABALHO. *Observatório Digital de Saúde e Segurança do Trabalho*. Disponível em: https://observatoriosst.mpt.mp.br/. Acesso em 14 jan. 2019.

9 Sobre o tema, Eduardo Magrani afirma que: "A chamada quarta revolução industrial, por sua vez, teria começado na virada deste século e tem se construído a partir da revolução digital. Ela se caracteriza essencialmente por uma internet ubíqua e móvel, por sensores e dispositivos cada vez mais baratos e menores e pelo desenvolvimento da inteligência artificial". (MAGRANI, Eduardo. *A internet das coisas*. Rio de Janeiro: FGV Editora, 2018. p. 79).

2 Meio ambiente do trabalho

O Direito Ambiental do Trabalho é um ramo do Direito do Trabalho que possui princípios, regras e institutos jurídicos próprios, alcançando autonomia em relação ao Direito do Trabalho. Há um conjunto de leis que fundamentam o Direito Ambiental do Trabalho e existe uma didática própria separável do Direito do Trabalho.[10]

Tal ramo do Direito orienta-se, fundamentalmente, pelos princípios da prevenção e da precaução. Sobre o tema, assevera Norma Sueli Padilha:

> A prevenção engloba a precaução, aplicando-se a impactos ambientais já conhecidos para evitar o dano ambiental, enquanto a precaução refere-se a reflexos ao ambiente ainda não conhecidos cientificamente, no intuito de evitar riscos ambientais irreversíveis à saúde humana ou ao ambiente. Neste contexto, tais princípios exigem que as empresas adotem políticas sérias e previdentes de gestão ambiental, não apenas para controle de fontes de poluição ou degradação ambiental já existentes, mas também com ações preventivas que concretizem o princípio da precaução.[11]

Importante citar, ainda, o princípio da melhoria contínua, segundo o qual, nas palavras de Guilherme Guimarães Feliciano e Olívia de Quintana Figueiredo Pasqualeto:

> (...) a melhoria do meio ambiente, inclusive do meio ambiente do trabalho, deve ser buscada frequentemente, procurando sempre estar no mesmo compasso do mais avançado estado da técnica. Assim, não basta fornecer equipamentos de proteção aos trabalhadores; mais do que isso, é necessário atentar-se constantemente a novas tecnologias que eliminam o risco do meio labor-ambiental ou, se isso ainda não for possível, fornecer equipamentos de proteção mais protetivos; trocá-los quando do lançamento de outros mais modernos e seguros.[12]

---

10 MINARDI, Fabio Freitas. Direito Ambiental do Trabalho: Fundamentos e Princípios. *Revista Eletrônica do Tribunal Regional do Trabalho do Paraná*, v. 2, n. 23, p. 175-194, out. 2013. Disponível em: https://ead.trt9.jus.br/moodle/pluginfile.php/24241/mod_resource/content/1/Revista%20Eletr%C3%B4nica%20%28OUT%202013%20-%20n%C2%BA%2023%20-%20Meio%20Ambiente%20de%20Trabalho%29.pdf. Acesso em 5 jan. 2019.

11 PADILHA, Norma Sueli. O equilíbrio do meio ambiente do trabalho: direito fundamental do trabalhador e de espaço interdisciplinar entre o direito do trabalho e o direito ambiental. *Rev. TST*, Brasília, v. 77, n. 4, p. 243-248, out./dez. 2011. p. 248.

12 FELICIANO, Guilherme Guimarães; PASQUALETO, Olívia de Quintana Figueiredo. Amianto, meio ambiente do trabalho e responsabilidade civil do empregador. *In*: FELICIANO, Guilherme Guimarães; EBERT, Paulo Roberto Lemgruber (Coords.). *Direito ambiental do trabalho*: apontamentos para uma teoria geral. São Paulo: LTr, 2018. v. 4, p. 200.

Além disso, outro princípio relevante é o da informação-participação, segundo o qual todos os envolvidos, inclusive os trabalhadores, devem colaborar para a manutenção do equilíbrio do meio ambiente de trabalho. Para que a participação seja possível, é essencial que os trabalhadores tenham acesso às informações sobre as questões labor-ambientais.[13] Neste sentido, o disposto no item 1.7 da NR nº 1 do Ministério do Trabalho e Emprego.[14]

Por fim, caso ocorra o dano ambiental, pelo princípio do poluidor-pagador, aquele que polui o meio ambiente tem a obrigação de repará-lo. Logo, na medida em que o empregador assume os riscos da atividade, deve ele arcar com os custos em caso de eventual dano.

A vida digna equipara-se à vida saudável, pois o completo bem-estar físico, mental e social densifica o princípio da dignidade da pessoa humana, tendo em vista que é impossível admitir a existência de uma vida digna na medida em que existem condições de vida insalubres/inadequadas.[15]

Frise-se que o conceito de meio ambiente do trabalho não se limita ao empregado subordinado, abrangendo todos os que participam de uma organização empresarial, independentemente da natureza jurídica da relação.[16]

A Declaração de Estocolmo sobre o ambiente humano, de 1972, aprovada na Conferência das Nações Unidas sobre o Meio Ambiente, surgiu da necessidade de existir um critério e princípios comuns aos povos que ofereçam inspiração e guia para preservar e melhorar o meio ambiente humano. O Princípio 1 estabelece que o homem tem o direito fundamental à liberdade, à igualdade e ao desfrute de condições

---

13 FELICIANO, Guilherme Guimarães; PASQUALETO, Olívia de Quintana Figueiredo. Amianto, meio ambiente do trabalho e responsabilidade civil do empregador. *In*: FELICIANO, Guilherme Guimarães; EBERT, Paulo Roberto Lemgruber (Coords.). *Direito ambiental do trabalho*: apontamentos para uma teoria geral. São Paulo: LTr, 2018. v. 4.

14 "1.7 Cabe ao empregador: a) cumprir e fazer cumprir as disposições legais e regulamentares sobre segurança e medicina do trabalho; b) elaborar ordens de serviços sobre segurança e saúde no trabalho, dando ciência aos empregados por comunicados, cartazes ou meios eletrônicos; c) informar aos trabalhadores: I – os riscos profissionais que possam originar-se nos locais de trabalho; II – os meios para prevenir e limitar tais riscos e as medidas adotadas pela empresa; III – os resultados dos exames médicos e de exames complementares de diagnóstico aos quais os próprios trabalhadores forem submetidos; IV – os resultados das avaliações ambientais realizadas nos locais de trabalho. (...)".

15 AMORIM JÚNIOR, Cléber Nilson. *Segurança e saúde no trabalho*: princípios norteadores. 2. ed. São Paulo: LTr, 2017. p. 30.

16 SANTOS, Ronaldo Lima dos. Evolução histórico-normativa da tutela jurídica do meio ambiente do trabalho e instrumentos de proteção. *In*: JARDIM, Philipe Gomes; LIRA, Ronaldo José de (Coords.). *Meio ambiente do trabalho equilibrado*: homenagem aos dez anos de CODEMAT. São Paulo: LTr, 2013. p. 224.

de vida adequadas em um meio ambiente de qualidade tal que lhe permita levar uma vida digna e gozar de bem-estar, tendo a solene obrigação de proteger e melhorar o meio ambiente para as gerações presentes e futuras.

O artigo 3°, I, da Lei n° 6.938/81 dispõe que meio ambiente é o conjunto de condições, leis, influências e interações de ordem física, química e biológica, que permite, abriga e rege a vida em todas as suas formas.

Raimundo Simão de Melo afirma que o legislador optou por trazer conceito jurídico aberto, a fim de criar um espaço positivo de incidência da norma legal, que se harmoniza com o artigo 225, "caput", da Constituição Federal de 1988, que tutela todos os aspectos do meio ambiente (natural, artificial, cultural e do trabalho).[17] Entende o autor que, "no Direito do Trabalho, o bem ambiental envolve a vida do trabalhador como pessoa e integrante da sociedade, devendo ser preservado por meio da implementação de condições adequadas nos ambientes laborais, higiene e medicina do trabalho".

Sobre o tema, Guilherme Guimarães Feliciano entende que seria mais adequado entender o meio ambiente humano como um sistema e não como um conjunto, como diz a lei, tendo em vista que a retirada de uma parte prejudica o conhecimento do todo.[18]

O artigo 225 da Constituição Federal de 1988 elevou a proteção do meio ambiente a direito fundamental. Frise-se que se trata de direito difuso, ou seja, não é possível identificar precisamente os destinatários deste direito. O artigo 1° traz como fundamentos do Estado Democrático de Direito, entre outros, a dignidade da pessoa humana e o valor social do trabalho. Ainda, o artigo 170, VI, dispõe que a ordem econômica, fundada na valorização do trabalho humano e na livre iniciativa, tem por fim assegurar a todos existência digna, conforme os ditames da justiça social, observado, entre outros, o princípio da defesa do meio ambiente.

O meio ambiente do trabalho seguro e adequado é direito fundamental do trabalhador, com base nos artigos 1°, 7°, XXII, 196, 200, incisos II e VIII, e 225, da Constituição Federal de 1988. Como assevera Anderson Chirmici, o ambiente de trabalho seguro é direito fundamental dos trabalhadores e as normas a ele aplicáveis são dotadas de cogência

---

17 MELO, Raimundo Simão de. *No Direito do Trabalho, bem ambiental envolve a vida do trabalhador*. 2017. Disponível em: https://www.conjur.com.br/2017-out-20/reflexoes-trabalhistas-direito-trabalho-bem-ambiental-envolve-vida-trabalhador. Acesso em 10 dez. 2018.

18 FELICIANO, Guilherme Guimarães. *Tópicos avançados de direito material do trabalho*. São Paulo: Damásio de Jesus, 2006. v. 1, p. 13.

absoluta, assegurando aos trabalhadores direitos indisponíveis ante o caráter social de que se revestem e o interesse público que os inspira. A presença de interesse público na matéria ultrapassa o interesse meramente individual de cada trabalhador, ainda que ele seja o destinatário imediato da norma.[19]

Norma Sueli Padilha entende que a valorização do meio ambiente do trabalho implica na consideração de que o homem está à frente dos meios de produção, por isso, o meio ambiente do trabalho deve garantir o exercício da atividade produtiva do indivíduo considerado como ser humano, ao qual são asseguradas bases dignas para manutenção de uma sadia qualidade de vida.[20]

Nas palavras de José Cairo Jr., diversos fatores contribuem para o não cumprimento das determinações legais acerca da prevenção e manutenção de um meio ambiente de trabalho saudável: "(...) o custo para implantação de medidas de segurança, mormente de caráter coletivo; a deficiência da fiscalização pelo órgão competente; o valor ínfimo das multas administrativas aplicadas; e o excesso de normas regulamentadoras".[21] No entanto, pelo artigo 2º da CLT, o empregador assume os riscos da atividade. Nisso está incluído o dever de proteger o meio ambiente laboral, e o Estado e a sociedade precisam lutar pela incolumidade desse bem. Pelo dever geral de cautela do empregador, também chamado de obrigação de custódia, dever de segurança ou cláusula de incolumidade, deve o empregador proporcionar segurança, higiene e saúde para os seus trabalhadores. O empregador, assim como o tomador de serviços, deve investir na prevenção dos danos, preservando a integridade física, psicológica e moral de seus empregados.

3 Segurança e medicina do trabalho

A Revolução Industrial e o surgimento de novos processos industriais no século XVIII ocasionou o surgimento de doenças e acidentes decorrentes do trabalho. A partir de então, surgiu a necessidade

---

19 CHIRMICI, Anderson. *Introdução à segurança e saúde no trabalho*. 1. ed. Rio de Janeiro: Guanabara Koogan, 2016. p. 41.

20 PADILHA, Norma Sueli. O equilíbrio do meio ambiente do trabalho: direito fundamental do trabalhador e de espaço interdisciplinar entre o direito do trabalho e o direito ambiental. *Rev. TST*, Brasília, v. 77, n. 4, p. 243-248, out./dez. 2011. p. 243.

21 CAIRO JR., José. *O acidente de trabalho e a responsabilidade civil do empregador*. 8. ed. São Paulo: LTr, 2015. p. 102-103.

de elaboração de normas com o objetivo de garantir condições mínimas de saúde e segurança aos trabalhadores em seus ambientes de trabalho.

A segurança e a medicina do trabalho, de acordo com Sérgio Pinto Martins, são o segmento do Direito do Trabalho incumbido de oferecer condições de proteção à saúde do trabalhador no local de trabalho, e de sua recuperação quando não estiver em condições de prestar serviços ao empregador.[22]

Existem princípios específicos do direito tutelar da saúde e segurança do trabalhador, como o da indisponibilidade da saúde do trabalhador, o do risco mínimo regressivo, o do direito de recusa do obreiro, o da instrução do trabalhador, o do não improviso, o da retenção do risco na fonte e o da adaptação do trabalho ao trabalhador, que foram consagrados na Política Nacional de Segurança e Saúde no Trabalho, formalizada pelo Decreto nº 7.602/2011.[23]

Cabe ressaltar que não é verdadeira a impressão de que a segurança do trabalho somente se faz necessária em ambientes industriais, com máquinas e equipamentos pesados. Na verdade, é muito comum a ocorrência de acidentes no setor de comércio e no de serviços, por exemplo, sejam acidentes típicos, sejam doenças ocupacionais, em razão do esforço repetitivo, falta de postura, entre outros fatores.

A OIT vem se preocupando com este tema, atuando ativamente em prol da saúde e segurança dos trabalhadores. Destaque-se a Convenção nº 155, de 1981, aprovada pelo Decreto Legislativo nº 2, de 17.03.1992, e promulgada pelo Decreto nº 1.254, de 29.09.1994, que em seu artigo 4º, item 2, afirma que a política nacional do meio ambiente terá por objetivo prevenir os acidentes e os danos para a saúde que sejam consequência do trabalho, guardem relação com atividade laboral ou sobrevenham durante o trabalho, reduzindo ao mínimo, na medida em que seja razoável e possível, as causas dos riscos inerentes ao meio ambiente do trabalho.

Ainda, a organização inclui a saúde e a segurança no trabalho na noção de trabalho digno e decente:

> A Agenda da OIT para o Trabalho Digno constitui uma resposta concreta aos desafios atuais. Entende-se por trabalho digno o direito a um trabalho produtivo em condições de liberdade, equidade, segurança

---

22 MARTINS, Sérgio Pinto. *Direito do trabalho*. 34. ed. São Paulo: Saraiva Educação, 2018. p. 987.

23 AMORIM JUNIOR, Cléber Nilson. *Segurança e saúde no trabalho*: princípios norteadores. 2. ed. São Paulo: LTr, 2017. p. 19-20.

> e dignidade humana. O trabalho digno é indispensável em tempos de crise. O trabalho só pode ser digno se for seguro e saudável. Um trabalhador bem remunerado, mas desenvolvido em condições pouco seguras, não é digno. Um trabalho exercido livremente, mas que expõe trabalhadores a perigos para a saúde, não é digno. Um contrato de trabalho equitativo que preveja a realização de tarefas prejudiciais ao bem-estar do trabalhador não é um trabalho digno. O trabalho digno é necessariamente um trabalho seguro.[24]

A Diretiva nº 89/391/CEE, de 12 de junho de 1989,[25] prevê princípios gerais de prevenção (de obrigação patronal) no artigo 6º, dispostos em ordem de prioridade: evitar riscos; avaliar os riscos que não podem ser evitados; combater os riscos na origem; adaptar o trabalho ao homem, especialmente no que se refere à concepção dos postos de trabalho, bem como à escolha dos equipamentos de trabalho e dos métodos de trabalho e de produção, tendo em vista, nomeadamente, atenuar o trabalho monótono e o trabalho cadenciado, e reduzir os efeitos destes sobre a saúde; ter em conta o estágio de evolução da técnica; substituir o que é perigoso pelo que é isento de perigo ou menos perigoso; planificar a prevenção como um sistema coerente, que integre a técnica, a organização do trabalho, as condições de trabalho, as relações sociais e a influência dos fatores ambientais no trabalho; dar prioridade às medidas de proteção coletiva, em relação às medidas de proteção individual; dar instruções adequadas aos trabalhadores.

Ainda, estabelece a diretiva que a entidade patronal deve, de acordo com a natureza das atividades da empresa e/ou estabelecimento: avaliar os riscos para a segurança e a saúde dos trabalhadores, inclusive na escolha dos equipamentos de trabalho e das substâncias ou preparados químicos e na concepção dos locais de trabalho; sempre que confiar tarefas a um trabalhador, tomar em consideração as suas capacidades em matéria de segurança e de saúde; proceder de forma que a planificação e a introdução de novas tecnologias sejam objeto de consulta aos trabalhadores e/ou aos seus representantes, no que diz respeito às consequências sobre a segurança e a saúde dos trabalhadores, em matéria de escolha dos equipamentos, de organização das condições

---

24 ORGANIZAÇÃO INTERNACIONAL DO TRABALHO (OIT). *Saúde e vida no trabalho*: um direito humano fundamental. 2009. Disponível em: http://www.ilo.org/public/english/protection/safework/worldday/products09/booklet_09-pt.pdf. Acesso em 10 jan. 2019.

25 CONSELHO DAS COMUNIDADES EUROPEIAS (CCE). *Diretiva nº 89/391/CEE do Conselho, de 12 de junho de 1989, relativa à aplicação de medidas destinadas a promover a melhoria da segurança e da saúde dos trabalhadores no trabalho*. Disponível em: http://eur-lex.europa.eu/LexUriServ/LexUriServ.do?uri=CELEX:31989L0391:pt:HTML. Acesso em 8 jan. 2019.

de trabalho, e de impacto dos fatores ambientais no trabalho; tomar as medidas adequadas para que só os trabalhadores que tenham recebido uma instrução adequada possam ter acesso às zonas de risco grave e específico.

Do mesmo modo, há diversas normas nacionais sobre o assunto, como as da Constituição Federal de 1988, da Consolidação das Leis do Trabalho e das Normas Regulamentadoras (NR).

Conforme disposto no artigo 157 da CLT, as empresas são obrigadas a: cumprir e a fazer cumprir as normas de segurança e medicina do trabalho; instruir os empregados, por meio de ordens de serviço, quanto às precauções a tomar para evitar acidentes do trabalho ou doenças ocupacionais; adotar as medidas que lhes sejam determinadas pelo órgão regional competente; e facilitar o exercício da fiscalização pela autoridade competente. Os empregados devem observar as normas de segurança e medicina do trabalho, assim como as determinações impostas pelo empregador quanto às precauções que devem ser tomadas no local de trabalho, e devem sempre colaborar na aplicação das normas, na forma do artigo 158 da CLT. A não observância pelo empregado das instruções do empregador, assim como a não utilização dos equipamentos de proteção individual fornecidos, configuram faltas graves e ensejam a aplicação da penalidade de justa causa por parte do empregador (artigo 158, parágrafo único, da CLT).

Com o objetivo de auxiliar e a exigir dos empregadores o cumprimento das normas de medicina e segurança do trabalho, a legislação exige a criação, pelas empresas, de órgãos internos, como a Comissão Interna de Prevenção de Acidentes (CIPA) e o Serviço Especializado em Engenharia de Segurança e Medicina do Trabalho (SESMT). Ainda, devem ser criados programas como o Programa de Prevenção de Riscos Ambientais (PPRA) e o Programa de Controle Médico de Saúde Ocupacional (PCMSO). O empregador possui, além disso, a obrigação de confeccionar o Perfil Profissiográfico Previdenciário (PPP).

Aos profissionais voltados para a segurança no ambiente de trabalho cabem a identificação, a prevenção e o controle dos riscos ocupacionais, que podem ser divididos em cinco grandes grupos: físicos (ruído, vibração, radiação ionizante, temperaturas externas, pressões anormais, umidade, entre outros), químicos (solventes, ácidos, pós, amônia, entre outros), biológicos (bactérias, fungos, parasitas, protozoários, vírus, entre outros), ergonômicos e de acidentes.[26]

---

[26] CHIRMICI, Anderson. *Introdução à segurança e saúde no trabalho*. 1. ed. Rio de Janeiro: Guanabara Koogan, 2016. p. 40.

As empresas devem ter em mente que investir em saúde e segurança do trabalho é uma decisão inteligente. Importante citar trecho do documento "Ambientes de trabalho saudáveis: um modelo para ação: para empregadores, trabalhadores, formuladores de política e profissionais", organizado pela Organização Mundial da Saúde (OMS):

> Vários dados demonstram que, a longo prazo, as empresas que promovem e protegem a saúde dos trabalhadores estão entre as mais bem-sucedidas e competitivas, e também desfrutam de melhores taxas de retenção de funcionários. Alguns fatores que os empregadores necessitam considerar são:
> a) Os custos de prevenção *versus* os cursos resultantes de acidentes;
> b) Consequências financeiras das violações jurídicas de leis e normas de segurança e saúde no trabalho;
> c) Saúde dos trabalhadores como importante patrimônio da empresa.
> A adesão a esses princípios evita afastamentos e incapacidades para o trabalho, minimiza os custos com saúde e os custos associados com a alta rotatividade, tais como treinamento, e aumenta a produtividade a longo prazo, bem como a qualidade dos produtos e serviços.[27]

A manutenção de um ambiente laboral saudável e seguro resulta em maior qualidade de vida para os trabalhadores, que se sentirão cuidados, protegidos e, consequentemente, produzirão mais, ausentando-se menos e prestando serviços com mais concentração. Logo, investir em saúde e segurança do trabalho é investir na proteção de vidas e na promoção da dignidade humana, assim como no desenvolvimento da própria empresa, inclusive no que tange à sua própria organização e sua imagem institucional, com redução de custos e riscos legais.

4 Novas tecnologias

Como forma de concretizar o princípio da melhoria contínua, os empregadores devem sempre investir em novas tecnologias e instrumentos para garantir a eliminação ou a redução de riscos no ambiente de trabalho. Para evitar a ocorrência de acidentes ou doenças ocupacionais, é preciso realizar monitoramento em tempo real, não apenas análises periódicas. Neste sentido, as inovações trazidas pelas

[27] ORGANIZAÇÃO MUNDIAL DA SAÚDE (OMS). *Ambientes de trabalho saudáveis*: um modelo para ação: para empregadores, trabalhadores, formuladores de política e profissionais. (Trad. Serviço Social da Indústria). Brasília: SESI/DN, 2010. Disponível em: https://www.who.int/occupational_health/ambientes_de_trabalho.pdf. Acesso em 15 jan. 2019.

novas tecnologias mostram-se importantíssimas para a garantia de segurança, saúde e eficiência. Passa-se à análise de alguns exemplos.

4.1 Inteligência artificial

O termo "inteligência artificial" foi criado em 1956, quando cientistas começaram a explorar de que forma os computadores poderiam solucionar os problemas que são reservados a humanos. Inteligência artificial é a ciência de treinar máquinas para exercerem tarefas humanas. Relaciona-se à capacidade das máquinas de aprenderem, raciocinarem, decidirem, de forma racional e inteligente, assim como os seres humanos.

A verdade é que a sociedade vem sendo cada vez mais afetada por essa tecnologia, que muitas vezes é invisível aos olhos. Na percepção de muitos, máquinas inteligentes de aparência humana executarão as tarefas diárias executadas pelos seres humanos. No entanto, na realidade, a maioria dos agentes "inteligentes" não requer um corpo físico, operando principalmente no nível da computação.[28]

Atualmente, há uma quantidade imensa de dados disponíveis na internet. É o que se chama de "big data". A partir da análise desses dados organizados, "é possível verificar conexões entre fenômenos isolados à primeira vista, bem como identificar padrões e causalidades antes impossíveis de serem enxergadas".[29] Esses dados alimentam a inteligência artificial e os processos de "machine learning", "deep learning" e processamento de linguagem natural (PLN).

Em relação ao "machine learning", pode-se afirmar que, com o mínimo de programação, computadores conseguem aprender por experiência e com adição de novos dados. É possível que as máquinas aprendam regras a partir dos dados alimentados e cheguem a resultados de forma autônoma, aproximando-se ao processo cognitivo humano. Uma grande quantidade de dados e algoritmos dão às máquinas a habilidade de aprender o modo de execução de determinada tarefa.

O aprendizado de máquina oportuniza a obtenção de "insights" de qualquer tipo de dados que analistas humanos podem não conseguir identificar por conta própria, nem com a mesma assertividade. Os

---

28 PISTONO, Federico. *Os robôs vão roubar o seu trabalho, mas tudo bem*: como sobreviver ao colapso econômico e ser feliz. (Trad. Pedro Maia Soares). 1. ed. São Paulo: Portfolio-Penguin, 2017. p. 49.

29 CANCELLI, Tiziano. *Meditações sobre big data*: por que devemos ser prudentes sobre o Vale do Silício? (Trad. Fernando Bourguy). 2018. Disponível em: https://www.lexmachinae.com/2018/07/04/meditacoes-sobre-big-data/. Acesso em 13 jan. 2019.

sistemas de aprendizado de máquina reduzem a probabilidade da ocorrência de erros, assim como os riscos e erros nos processos de tomada de decisão.

Simplificadamente, conceitua-se algoritmos como "linguagens matemáticas e voltadas à computação, capazes de organizar uma grande quantidade de dados de informações e serviços baseadas em instruções preliminares de um design thinking".[30]

Acerca do tema, afirma o pesquisador italiano Federico Pistono:

> Nos últimos vinte anos, desenvolvemos e aperfeiçoamos vários algoritmos matemáticos que podem aprender através de experiência, assim como nós. O princípio por trás deles é bastante simples: treinar um programa de computador para aprender, sem programá-lo explicitamente. Como funciona? Existem vários métodos para conseguir isso: aprendizagem supervisionada e não supervisionada, aprendizado de reforço, transdução, com diversas variações e combinações. (...) a ideia principal é a seguinte: assim como aprendemos através da experiência, o mesmo acontece com esses programas. Eles evoluíram.[31]

Afirma, ainda, o autor, que os algoritmos de aprendizagem estão, todos os dias, melhorando em termos de precisão e desempenho. Ademais, os computadores aprendem com muito mais rapidez e não possuem praticamente nenhuma limitação quanto à quantidade do que podem absorver, em razão do aumento exponencial em poder da computação e do armazenamento de memória, respectivamente.[32]

Os algoritmos tornam-se cada vez mais eficientes com o aprendizado profundo ou "deep learning", pelo qual as máquinas aprendem uma área do conhecimento com pouca ou nenhuma supervisão. Nas palavras do professor Gilberto Sarfati:

> Trata-se de treinar o computador a decifrar a linguagem natural. A versão mais simples desse modelo já aparece em mecanismos como Google Tradutor e Siri, da Apple. Computadores podem ver, ler,

---

[30] ALVAREZ, Felipe. Limites à inteligência artificial. *Lex Machinae*, 2018. Disponível em: https://www.lexmachinae.com/2018/07/30/limites-inteligencia-artificial/. Acesso em 12 jan. 2019.

[31] PISTONO, Federico. *Os robôs vão roubar o seu trabalho, mas tudo bem*: como sobreviver ao colapso econômico e ser feliz. (Trad. Pedro Maia Soares). 1. ed. São Paulo: Portfolio-Penguin, 2017. p. 53.

[32] PISTONO, Federico. *Os robôs vão roubar o seu trabalho, mas tudo bem*: como sobreviver ao colapso econômico e ser feliz. (Trad. Pedro Maia Soares). 1. ed. São Paulo: Portfolio-Penguin, 2017. p. 54.

escutar, entender, aprender e até escrever. Exemplos disso são os carros autoguiados; as câmeras com software de reconhecimento facial, as quais podem identificar um assaltante, seu movimento subsequente e prever para onde ele irá; e o DeepBeat.org, que ajuda o usuário a escrever sua própria música.[33]

O processamento de linguagem natural ajuda computadores a entender, interpretar e manipular a linguagem humana, através das técnicas de "machine learning". Cite-se, como exemplo, a análise de sentimentos. Os algoritmos podem procurar padrões em postagens de redes sociais para entender o pensamento dos consumidores em relação a determinado produto.

Deve-se ressaltar que o conceito de inteligência artificial não se confunde com automação. A automação é representada por software com algoritmos programados para funções repetitivas e específicas. Por sua vez, a inteligência artificial não se limita às funções originais do seu algoritmo, já que possui capacidade cognitiva. A partir de sua própria autoprogramação, podem ser executadas tarefas diversas. Dessa forma, vê-se que a inteligência artificial vai além da simples automação mecânica.

Com a inteligência artificial, há uma integração da análise preditiva aos aplicativos que utilizamos. Conceitua-se análise preditiva como a realização de avaliação de um cenário ou situação a partir de dados para prever comportamentos futuros e identificar a probabilidade de resultados. Analisa-se um cenário específico para que sejam traçadas possíveis tendências capazes de influir no planejamento estratégico.

Pode-se citar determinadas áreas das empresas que serão fortemente afetadas pela difusão da utilização da inteligência artificial. A área da tecnologia da informação (TI) é uma das mais afetadas, principalmente nos setores operacionais, como help-desk. Outra área que será impactada pela inserção de sistema de inteligência artificial é o marketing, já que por esta tecnologia torna-se muito mais fácil e preciso mapear tendências e comportamentos.

Os jurídicos das empresas também sofrerão modificações. Pode-se citar, como exemplo, o computador cognitivo "Watson", desenvolvido pela IBM, que é a tecnologia de computação cognitiva mais bem desenvolvida atualmente no mercado. Os algoritmos do Watson foram treinados a ler e a entender textos jurídicos, desenvolvendo-se, assim,

---

33 SARFATI, Gilberto. Prepare-se para a revolução: economia colaborativa e inteligência artificial. *Gvexecutivo*, v. 15, n. 1, p. 25-28, jan./jun. 2016.

o robô-advogado batizado de ROSS, que já vem sendo utilizado por escritórios de advocacia, como o nova-iorquino Baker & Hostetler. Os usuários advogados podem fazer perguntas em linguagem simples e com o ROSS é possível reduzir o tempo dedicado à pesquisa em até 30%. Por ser uma plataforma de computação cognitiva, ele aprende com perguntas e respostas anteriores. E, ainda, monitora as novidades legislativas e jurisprudenciais.[34] O IBM Watson também vem sendo empregado para proteger o meio ambiente, na medida em que ele consegue prever o impacto ambiental de obras, compreender os riscos dos projetos e sugerir ações para reduzir tais riscos.

Com o estudo de exemplos, a identificação de padrões relevantes e a aplicação desses padrões a novos exemplos, pode-se afirmar que já temos máquinas que superam os seres humanos em muitas inteligências específicas aplicadas a tarefas.

4.2 Internet das coisas (IoT) e tecnologias vestíveis

Importante destacar que a inteligência artificial não se confunde com o conceito de "internet das coisas" ou "internet of things" (IoT), apesar desta última depender da inteligência artificial para funcionar bem, a expressão "internet das coisas" "busca designar um conjunto de novos serviços e dispositivos que reúnem ao menos três pontos elementares: conectividade, uso de sensores/atuadores e capacidade computacional de processamento e armazenamento de dados".[35] São objetos interagindo com pessoas e com outros objetos. A inteligência artificial possui o papel fundamental de realizar análises e obter resultados automaticamente.

Ressalte-se que não há unanimidade em torno da conceituação de IoT:

> De maneira geral, pode ser entendido como um ambiente de objetos físicos interconectados com a internet por meio de sensores pequenos e embutidos, criando um ecossistema de computação onipresente (ubíqua), voltado para a facilitação do cotidiano das pessoas, introduzindo soluções

---

[34] BECKER, Daniel; LAMEIRÃO, Pedro. Better call ROSS. *Direito da inteligência artificial*, 2017. Disponível em: https://direitodainteligenciaartificial.com/2017/07/05/better-call-ross/. Acesso em 10 jan. 2019.

[35] NETO, Cario Mário S. Pereira *et al*. O Direito da Internet das coisas: desafios e perspectivas de IoT no Brasil. *Jota*, jan. 2018. Disponível em: https://www.jota.info/opiniao-e-analise/artigos/o-direito-da-internet-das-coisas-desafios-e-perspectivas-de-iot-no-brasil-09012018. Acesso em 15 jan. 2019.

funcionais nos processos do dia a dia. O que todas as definições de IoT têm em comum é que elas se concentram em como computadores, sensores e objetos interagem uns com os outros e processam informações/dados em um contexto de hiperconectividade.[36]

Deve-se relacionar o conceito de internet das coisas ao de "big data". Segundo o professor Eduardo Magrani, todos os dias "coisas" se conectam à internet, com capacidade para compartilhar, processar, armazenar e analisar um volume enorme de dados entre si.[37]

Há uma vasta gama de tecnologias vestíveis que vem ganhando popularidade nos últimos anos com o crescimento da Internet das Coisas. Podem ser citados como exemplos, relógios, pulseiras, anéis, coletes, roupas, capacetes e óculos. Em 2013, a empresa BP América foi uma das primeiras a introduzir o uso das pulseiras "FitBit" pelos seus funcionários.

Um bom exemplo de utilização de tecnologia vestível é o da Airbus, que, em parceria com a Accenture, desenvolveu óculos inteligentes, ativados de forma digital, para serem utilizados nas linhas de montagem dos aviões, mais especificamente no processo de marcação e instalação de assentos da aeronave "Airbus 330 long range". Tal dispositivo melhora a precisão e reduz a complexidade da operação de mobiliar as cabines das aeronaves. Por meio de instruções de marcação contextual, os óculos mostram todas as informações necessárias para que um operário marque rapidamente o chão da aeronave e reduza os erros a zero. Ainda, o dispositivo oferece interatividade ao garantir acesso a funcionalidades que incluem a leitura por código de barras, a recuperação de danos da nuvem, o comando de voz e a realidade aumentada. Como resultado da utilização desta tecnologia, a produtividade geral melhorou em 500%, a taxa de erro foi reduzida a zero, e a velocidade das operações aumentou significativamente. Além disso, os requisitos de treinamento vão sendo reduzidos na medida em que os operários recebem dados virtualmente, em tempo real, sem depender de consulta a um manual.[38]

---

[36] MAGRANI, Eduardo. *A internet das coisas*. Rio de Janeiro: FGV Editora, 2018. p. 20.

[37] MAGRANI, Eduardo. *A internet das coisas*. Rio de Janeiro: FGV Editora, 2018. p. 22.

[38] ACCENTURE. *A Airbus decola com os vestíveis*. Disponível em: https://www.accenture.com/br-pt/success-airbus-wearable-technology. Acesso em 8 jan. 2019.

4.3 Impactos no campo da segurança e medicina do trabalho

Shivon Zilis and James Cham afirmaram, em 2016, que o impacto da inteligência artificial já podia ser visto: praticamente todas as indústrias estavam sendo afetadas, desde a agricultura até o transporte, e todos os empregadores poderiam usar a inteligência artificial para se tornar mais produtivos.[39] Mas não é somente a produtividade das empresas que é fortemente afetada com os avanços tecnológicos da modernidade.

A utilização, de forma correta e responsável, da internet das coisas, da inteligência artificial, de tecnologias vestíveis e de ferramentas de análise avançada favorece o aumento da qualidade das condições laborais, propiciando aos trabalhadores um meio ambiente do trabalho saudável e seguro, com menores índices de acidentes de trabalho. Erro humano, negligência em relação a procedimentos de segurança, uso inapropriado ou não uso de equipamentos de proteção e falta de capacitação e treinamento são causas de acidentes e doenças que o uso da tecnologia pode ajudar a evitar.

Acerca do tema, importante citar:

> Sistemas de saúde e segurança do trabalho também se beneficiam das exponenciais bases de dados para predizer padrões comportamentais, gerar diagnósticos precoces e detecção de deficiências do sistema de gerenciamento. Contribuem, dessa forma, para atuação precoce na atenção à saúde e prevenção de incapacidades e para inibição da ocorrência de atos inseguros e de acidentes. As tecnologias da informação podem, portanto, desempenhar um papel vital na redução de risco, racionalização e coordenação de cuidados; na melhoria da comunicação entre os diferentes atores do sistema de saúde e diferentes níveis de atenção; para captura e correção de erros; para o deslocamento do foco de procedimentos para resultados em saúde e bem-estar.[40]

É importante que os empregadores invistam na capacitação de seus empregados, para que tais ferramentas sejam utilizadas de

---

[39] ZILIS, Shivom; CHAM, James. The Competitive Landscape for Machine Intelligence. *Harvard Business Review*, 2016. Disponível em: https://hbr.org/2016/11/the-competitive-landscape-for-machine-intelligence. Acesso em 7 jan. 2019.

[40] MATOS, Geórgia Antony Gomes de; LACERDA, Emmanuel de Souza; MACHADO, Antônio Eduardo Muzzi. Desafios e oportunidades para inovação em gestão da segurança e saúde do trabalhador. *In*: OGATA, Alberto José Niituma (Org.). *Temas Avançados em Qualidade de Vida*. Londrina: Midiograf, 2017. v. 6, p. 50-51.

forma adequada e eficiente. Os sistemas precisam ser alimentados constantemente por dados inseridos pelos seres humanos. Ainda, devem os trabalhadores estar preparados para lidar com tecnologias que ainda não são tão comuns em seus cotidianos, por isso é necessária a correta instrução e o treinamento adequado por parte dos empregadores, com adoção de protocolos de segurança para garantir uniformidade na atuação de acordo com as ocorrências.

A companhia estadunidense Cisco, em parceria com a Cortexica, desenvolveu o "AI-SAFE", demonstrando o potencial da utilização de inteligência artificial em prol da segurança em ambientes físicos, como construções. O software utiliza análise avançada de vídeos, proporcionando atualizações em tempo real no que tange à saúde e segurança no ambiente de trabalho, assegurando a utilização dos equipamentos de proteção individual pelos trabalhadores. Aqueles que não estiverem utilizando os equipamentos de forma correta sofrerão restrição de acesso ao local de trabalho.[41]

Um ótimo exemplo da relevância da utilização dessas tecnologias no campo da saúde e segurança no trabalho é o da Microsoft. A Microsoft é uma das empresas pioneiras na utilização de inteligência artificial. Monitoram-se áreas e/ou situações específicas, alertando as equipes sobre riscos potenciais, quase acidentes ou incidentes, de forma que eles possam ser rapidamente controlados ou, não sendo o caso, atendidos da melhor forma. Assim, a utilização de inteligência artificial atua na prevenção de acidentes e é importante para garantir um atendimento rápido e eficaz no caso de alguma ocorrência.[42]

A Microsoft desenvolveu um software de segurança no ambiente de trabalho que pode ser utilizado por empregadores, este utiliza inteligência artificial e câmeras de circuito interno de televisão. As câmeras são instaladas nos locais de trabalho para identificar potenciais riscos, e as imagens são analisadas através da inteligência artificial. A partir da detecção de um risco, o empregador será automaticamente notificado, podendo agir rapidamente para mitigá-lo. O sistema é capaz de identificar ameaças como incêndios, alagamentos, pessoal

---

41 SIM, Alasdair. *How Will Artificial Intelligence Fit into Health & Safety?* 2018. Disponível em: https://projss.co.uk/2018/08/will-artificial-intelligence-fit-health-safety/. Acesso em 10 jan. 2019.

42 BACCHUS, Arif. Build 2017: Here is how Microsoft uses AI to recognize images in the workplace and real world. *On MSFT*, 2017. Disponível em: https://www.onmsft.com/news/build-2017-here-is-how-microsoft-uses-ai-to-recognize-images-in-the-workplace-and-real-world-video. Acesso em 7 jan. 2019.

não autorizado, não utilização de equipamento individual de proteção e ferramentas localizadas em locais inapropriados.[43]

Empresas estão utilizando cada vez mais dispositivos conectados para melhorar o ambiente de trabalho. Pode-se citar o "IBM IoT Worker Insights", que combina dados de IoT obtidos a partir de "wearables"[44] (como capacetes), sensores ambientais e dados de outra natureza, com analítica avançada para monitorar o bem-estar dos trabalhadores e as condições do ambiente de trabalho. Dados como a temperatura corporal e o ritmo cardíaco do trabalhador também são importantes, tendo em vista que os sensores auxiliam na prevenção de acidentes ao monitorar a fadiga do trabalhador, sugerindo, por exemplo, períodos de descanso. Se o trabalhador está próximo a um equipamento em movimento, com risco à sua integridade física, alertas são emitidos para o funcionário e seu respectivo supervisor, por áudio e notificações por vibração. Um detalhe muito relevante é que o software ajuda no monitoramento da utilização dos equipamentos de segurança pelos trabalhadores. Além disso, mapas térmicos são gerados, identificando as áreas de maior risco. Nesse sentido, as empresas assumem o controle de determinadas situações, podendo prever potenciais riscos e acidentes.

Parceira da IBM, a manufatureira têxtil japonesa Mitsufuji, fundada em 1956, vem adotando a internet das coisas e a inteligência artificial para incrementar o bem-estar de seus trabalhadores. Na década de 1990, a companhia criou a "AGposs", fibra de prata que se mostrou de alta condutividade. Investindo em tecnologia vestível, a companhia entrega a outras empresas dispositivos conectados que auxiliam na prevenção de acidentes e no incremento da saúde e segurança dos trabalhadores. O dispositivo "hamon" é uma nova tecnologia vestível que utiliza fibra de prata AGposs para coletar, por exemplo, dados biométricos e de eletrocardiograma do indivíduo que o veste, a fim de ajudar a gerenciar as condições físicas e ambientais. A companhia

[43] Cf. Microsoft Announces Workplace Safety Software. *Safety Company*, 2017. Disponível em: https://www.safetycompany.com/safetyblog/microsoft-announces-workplace-safety-software/. Acesso em 7 jan. 2019.

[44] Sobre o tema, afirma Suzana Avelar: "Os wearable computers (ou wearcomps) são aparatos tecnológicos que congregam desde elementos computadorizados inseridos nas tramas dos tecidos até objetos de comunicação acoplados ao corpo por meio das roupas. De acordo com Steve Mann, um dos mais importantes especialistas nessa área, os wearcomps são acoplados no corpo do indivíduo e atuam de forma interativa com ele. Podem executar uma tarefa enquanto a pessoa que os veste atua em outra. (...) Os wearcomps se valem da funcionalidade dos computadores e ainda possuem interconectividade com a pessoa que os vestem". (AVELAR, Suzana. *Moda*: globalização e novas tecnologias. São Paulo: Estação das Letras e Cores, 2009. p. 148).

adota o IBM Maximo Worker Insights e o IBM IoT Platform no uso do "hamon".[45]

Em termos de gestão da saúde e segurança do trabalho, no cenário brasileiro, importante citar a iniciativa do SESI Viva+. Trata-se de uma plataforma de inteligência que apoia gestores na melhoria do gerenciamento de segurança e saúde laborais e estimula trabalhadores a criar hábitos saudáveis. Um dos benefícios oferecidos é a gestão de dados de segurança e saúde no trabalho para o eSocial. São fornecidas às empresas informações como indicadores de gestão para saúde e segurança do trabalho, alertas sobre processos e conformidades com os programas sociais, redução de seus custos com fator acidentário de prevenção (FAP), menos riscos e custos com acidentes e absenteísmo, gestão da certificação de trabalhadores e de sua cadeia de fornecedores. Deste modo, permite-se que as indústrias monitorem afastamentos por doenças, acidentes de trabalho e indicadores que impactam o FAP, índice que integra o cálculo de contribuição de incidência de afastamentos acidentários. Ainda, é possível acompanhar online a gestão de segurança e saúde no trabalho na cadeia de fornecedores, considerando que empresas têm responsabilidade subsidiária em relação a empregados terceirizados.[46]

Um caso concreto interessante é o da construtora catarinense Pasqualotto, que está construindo em Balneário Camboriú o maior edifício da América Latina, que terá 81 andares, com previsão de término para 2020. O risco de acidentes na construção civil já é alto, ainda mais em um empreendimento desse porte. De modo a garantir segurança aos 300 trabalhadores envolvidos, a empresa utiliza uma tecnologia pioneira de inteligência artificial que monitora os riscos no canteiro de obras em tempo real, chamada de SEIF (Segurança, Informação e Formação). Sensores são colocados nos capacetes dos trabalhadores e estes mapeiam as possíveis situações de risco, como por exemplo, a entrada de pessoal não autorizado em áreas de serra e vergalhões. Os gestores de segurança e saúde da empresa acessam um aplicativo que recebe as informações enviadas por tais sensores. Em caso de irregularidades, os técnicos verificam, por exemplo, a necessidade de

---

[45] MASSEY, Brian. *Smart, connected fabric*: how AI, IoT and Mitsufuji create safer working environments. 2018. Disponível em: https://www.ibm.com/blogs/internet-of-things/iot-smart-connected-fabric-how-ai-iot-and-mitsufuji/. Acesso em 6 jan. 2019.

[46] Cf. Inovação em segurança e saúde na indústria. *Exame*, a. 52, n. 13, edição 1165, jul. 2018. Disponível em: https://s3.amazonaws.com/bucket-gw-cni-static-cms-si/portaldaindustria/noticias/media/filer_public/af/17/af17916f-7bf4-4e3c-a696-d33021f417ab/inovacao_em_seguranca_e_saude_na__industria.pdf. Acesso em 11 jan. 2019.

treinamento dos trabalhadores. A SEIF é uma tecnologia que está em fase de testes e foi desenvolvida pelo Centro de Inovação em Tecnologias para a Saúde do Serviço Social da Indústria (SESI), cuja função principal é reforçar a gestão presencial de técnicos de segurança do trabalho.[47]

A utilização dessas novas tecnologias no campo da mineração é muito positiva, tendo em vista que é um dos setores com maior taxa de mortalidade no país. A Massari Mineração iniciou, em 2016, um projeto-piloto para utilização de internet das coisas, em parceria com a startup RobbIoT, em uma mina localizada em Salto do Pirapora, no Estado de São Paulo. A startup desenvolveu dispositivos vestíveis acoplados aos capacetes e coletes dos trabalhadores que utilizam a nuvem e ferramentas da Microsoft para gerenciar informações sobre fatores de risco de lesão e morte de mineradores e funcionários de empresas de óleo e gás. Tais dispositivos captam informações de risco como ruídos que podem desencadear um deslizamento, alta exposição de trabalhadores a raios ultravioleta ou até informação como o local de queda de um minerador. Tais informações são exibidas em painéis. Quando da divulgação do projeto, as empresas afirmaram que, com a evolução dos sensores, será possível também medir os níveis de poeira e exposição à radiação nuclear. Há uma central de gerenciamento dos dispositivos conectados e uma plataforma de processamento de análise de dados em nuvem.[48]

O recente rompimento da barragem na Mina Córrego do Feijão, administrada pela Vale, em Brumadinho (MG), é um exemplo de como a tecnologia pode auxiliar não somente na prevenção de acidentes, mas na tomada de decisões após a ocorrência dele. A Agência Brasileira de Desenvolvimento Industrial (ADBI), órgão vinculado ao Ministério da Economia, convocou empresas que desenvolvem produtos e serviços de alta tecnologia para auxiliar no resgate de desaparecidos. A utilização de drones e de equipamentos de geolocalização acelera o processo de busca dos indivíduos atingidos, em sua maioria trabalhadores da Vale. Ressalte-se, inclusive, que tais tecnologias são essenciais na prevenção desses tipos de ocorrências, ao possibilitar o acompanhamento do estado

---

[47] Cf. Inovação em segurança e saúde na indústria. *Exame*, a. 52, n. 13, edição 1165, jul. 2018. Disponível em: https://s3.amazonaws.com/bucket-gw-cni-static-cms-si/portaldaindustria/noticias/media/filer_public/af/17/af17916f-7bf4-4e3c-a696-d33021f417ab/inovacao_em_seguranca_e_saude_na__industria.pdf. Acesso em 11 jan. 2019.

[48] Cf. Mineradora adota IoT para promover segurança em operação. *Catálogo de Mineração Brasil*, 2017. Disponível em: https://catalogodemineracao.com.br/artigo/mineradora-adota-iot-para-promover-seguranca-em-operacao.html. Acesso em 12 jan. 2019.

das barragens por fotos e imagens em tempo real, com posterior análise avançada dos dados.

Em relação à utilização de dispositivos vestíveis, o impacto na saúde dos trabalhadores é evidente:

> A disseminação destes equipamentos estimula o crescimento de dados de saúde gerados no mundo relacionados a sinais motores (atividade física) e fisiológicos (pulso cardíaco, resposta galvânica da pele, frequência respiratória, ondas cerebrais), acompanhando o estado do usuário por longos períodos de tempo, incluindo o sono. Esses dados individuais serão analisados por inteligências artificiais e profissionais de saúde serão capazes de fornecer diagnósticos mais precisos e personalizados a partir do conhecimento do histórico de cada indivíduo, além de permitir que doenças sejam diagnosticadas em estágios muito mais precoces. A tecnologia digital facilita o acesso a informações, agendamentos e atendimentos; permite ao paciente receber cuidados coordenados, concentrados em suas necessidades específicas, ao invés de ter que buscar diferentes profissionais de saúde por conta própria. A computação em nuvem facilita a atuação das plataformas interoperáveis em Saúde (HIE – Health Information Exchange), possibilitando o uso mais racional e resolutivo do sistema de saúde com a consequente redução de custos.[49]

Como se vê, o investimento em novas tecnologias é salutar para a promoção da saúde e segurança do trabalho. O mapeamento do local de trabalho para predição de locais com maior probabilidade de ocorrência de acidentes, o monitoramento em tempo real do ambiente de trabalho (determinando, por exemplo, a interrupção das atividades de trabalhadores expostos a ruídos excessivos ou vazamento de substâncias perigosas e o travamento de máquinas em situações de risco à integridade física do trabalhador), são apenas exemplos das inúmeras possibilidades de utilização de tais tecnologias disruptivas no cotidiano das empresas.

Não há dúvidas de que o número de profissionais de SST empregados reduzirá. Não obstante, aqueles que permanecerem precisarão desenvolver novas habilidades. Capacitação para lidar com análise de dados, internet das coisas e inteligência artificial será exigida de

---

[49] MATOS, Geórgia Antony Gomes de; LACERDA, Emmanuel de Souza; MACHADO, Antônio Eduardo Muzzi. Desafios e oportunidades para inovação em gestão da segurança e saúde do trabalhador. *In*: OGATA, Alberto José Niituma (Org.). *Temas Avançados em Qualidade de Vida*. Londrina: Midiograf, 2017. v. 6, p. 53.

técnicos e engenheiros. Saber programar com certeza será um diferencial importante quando da contratação.

5 Problemas e limites à utilização das novas tecnologias

Gilberto Sarfati aponta aspectos não favoráveis da utilização da inteligência artificial. Cada vez menos serão necessários seres humanos para realizar atividades repetitivas e o emprego menos qualificado passa a ser menos relevante com a criação de soluções automatizadas mais baratas e eficientes. Ademais, há o risco de se aprofundar as diferenças econômicas entre os países desenvolvidos e subdesenvolvidos, tendo em vista que, em uma economia global, que cada vez menos precisará de trabalhos "commoditizados", os países com menos recursos correm o risco de ficar ainda mais à margem do desenvolvimento econômico, criado por grandes centros de inovação.[50]

Muitos pensadores, cientistas e acadêmicos entendem que, em breve, as máquinas assumirão os papéis dos seres humanos, pois o avanço da tecnologia consiste em uma força disruptiva que logo transformará de forma irrevogável o nosso sistema socioeconômico, sendo as mudanças tão drásticas e rápidas que o mercado não será capaz de criar novas oportunidades. Dessa forma, o desemprego tornar-se-á algo estrutural e cronicamente irreversível, significando o fim do trabalho como o conhecemos.[51]

Erik Brynjolfsson, professor do MIT e pesquisador do Departamento Nacional de Pesquisas Econômicas (organização estadunidense privada de pesquisa sem fins lucrativos), entende que, apesar de determinadas funções de muitas profissões poderem ser desempenhadas por máquinas inteligentes, outras tarefas destas mesmas profissões não se adequarão bem ao critério de aprendizado de máquina. Assim, os efeitos provocados nas relações de trabalho são mais complexos que a simples substituição da mão de obra enfatizada por alguns.[52] Não há dúvidas de que os trabalhadores, para se manterem no mercado de

---

[50] SARFATI, Gilberto. Prepare-se para a revolução: economia colaborativa e inteligência artificial. *Gvexecutivo*, v. 15, n. 1, p. 25-28, jan./jun. 2016.

[51] PISTONO, Federico. *Os robôs vão roubar o seu trabalho, mas tudo bem*: como sobreviver ao colapso econômico e ser feliz. (Trad. Pedro Maia Soares). 1. ed. São Paulo: Portfolio-Penguin, 2017. p. 13.

[52] BRYNJOLFSSON, Erik; MITCHELL, Tom. What can machine learning do? Workforce implications. *Science*, v. 358, n. 6370, p. 1530-1534, 2017.

trabalho, precisarão desenvolver novas competências, adequadas ao novo cenário determinado pela evolução da tecnologia.

Acerca da temática, Nick Bostrom e Eliezer Yudkowsky afirmam que responsabilidade, a transparência, a auditabilidade, a incorruptibilidade, a preditividade e a tendência a não vitimar inocentes são critérios que se aplicam aos humanos que desenvolvem funções sociais. Assim, todos esses critérios devem ser considerados por algoritmos que pretendem substituir o julgamento humano.[53]

O advogado Felipe Alvarez aponta três pontos de preocupação em relação à utilização da inteligência artificial.[54] Inicialmente, deve haver transparência sobre o aprendizado da máquina, assegurando que a máquina é segura e confiável nas decisões. A máquina deve gozar de mecanismo que permita a ampla divulgação de sua lógica, premissa e formação de opinião que gera a tomada de decisão.[55]

Ainda, há preocupação com a qualidade de dados e viés comprometedor, que envolve a interação humana no aprendizado da máquina e a possibilidade de o ser humano enviesar dados para que o resultado lhe traga o fim pretendido. Diz o autor que os algoritmos precisam se valer de dados de entrada puros e perfeitos, caso contrário, dados enviesados geram decisões enviesadas. Cita, como exemplo, o caso de um robô desenvolvido em 2011, que adotava um algoritmo capaz de avaliar e predizer o risco de reincidência em novos delitos, no entanto, os dados de entrada consideraram determinada etnia potencialmente mais delituosa que outra.

Sobre tal questão, Henry Lummertz, também advogado, afirma que há uma ideia comum no sentido de que algoritmos e sistemas de inteligência artificial seriam mais rápidos, minimizariam a influência de vieses humanos, forneceriam dados claros e objetivos e seriam mais justos, melhorando, assim, a qualidade das decisões tomadas, pois seriam mais eficientes que os humanos e não estariam sujeitos a seus

[53] BOSTROM, Nick; YUDKOWSKY, Eliezer. *The Ethics of Artificial Intelligence*. 2011. Disponível em: https://nickbostrom.com/ethics/artificial-intelligence.pdf. Acesso em 14 jan. 2019.

[54] ALVAREZ, Felipe. Limites à inteligência artificial. *Lex Machinae*, 2018. Disponível em: https://www.lexmachinae.com/2018/07/30/limites-inteligencia-artificial/. Acesso em 12 jan. 2019.

[55] ALVAREZ, Felipe. Limites à inteligência artificial. *Lex Machinae*, 2018. Disponível em: https://www.lexmachinae.com/2018/07/30/limites-inteligencia-artificial/. Acesso em 12 jan. 2019.

preconceitos e vieses. No entanto, tal premissa de que esses sistemas são precisos e imunes a falhas não é correta.[56]

Finalmente, Felipe Alvarez trata da questão da segurança no ambiente sem supervisão humana. As empresas utilizam diferentes tipos de aprendizado de máquina: com supervisão humana, de máquina para máquina e através da interação com a internet. Neste último caso, o controle humano é reduzido ou inexistente, logo, há tendência de gerar comportamentos imprevisíveis e prejudiciais se não controlados.

Em vista disso, o autor propõe recomendações ao bom uso da inteligência artificial. A primeira recomendação é de cunho ético:

> Essa adoção de padrões éticos e princípios na criação da inteligência artificial, na ausência de legislação, devem aderir a um manual de ética e governança no desenvolvimento do software com políticas rígidas, especialmente na restrição das máquinas agirem com preconceito ao compilarem dados de entrada, valerem-se de lógica e premissas sem sensibilidade ambiental que produzam resultados contraproducentes aos direitos humanos.
>
> Também essa adoção de princípios éticos deve envolver a transparência quanto às premissas utilizadas pelo robô para suas decisões artificiais, isto

---

56 Nas palavras do autor: "(...) Algoritmos e sistemas de inteligência artificial não são constituídos exclusivamente por correlações matemáticas e necessárias, senão que veiculam também escolhas dos programadores – seja em relação aos dados empregados seja em relação aos mecanismos utilizados para a tomada de decisões – e, consequentemente, seus eventuais vieses e preconceitos, além de poderem apresentar falhas. Assim, as decisões tomadas por algoritmos e sistemas de inteligência artificial não são necessariamente objetivas ou neutras, nem podem ser consideradas como "necessárias" ou "naturais".
Além disso, deve-se ter em conta que os algoritmos e sistemas de inteligência artificial atuam com base em modelos. Um modelo é uma representação abstrata de algum processo real. Modelos, por sua própria natureza, não apreendem toda a complexidade da realidade, envolvendo sempre simplificações e selecionando algumas das variáveis envolvidas no processo real, ao mesmo tempo em que deixam outras de fora. Assim, um modelo sempre envolve escolhas acerca das variáveis que devem ser incluídas na representação do processo e, como tais escolhas são feitas por seres humanos, os valores, ideologias, preconceitos e vieses dos seres humanos que elaboraram o algoritmo ou sistema de inteligência artificial podem ser trasladados para o modelo e lá ficarem camuflados sob sua estrutura matemática. Não bastasse isso, muitas vezes, não se tem dados sobre o comportamento em que se está efetivamente interessado, sendo necessário recorrer a dados relativos a um outro comportamento e traçar correlações estatísticas entre esse outro comportamento e o comportamento que se está efetivamente analisando (assim, por exemplo, se define uma correlação entre o endereço da pessoa e a probabilidade de essa pessoa deixar de pagar um empréstimo). Algumas dessas correlações podem ser discriminatórias e mesmo ilegais". (LUMMERTZ, Henry. Algoritmos, inteligência artificial e o oráculo de delfos. *Lex Machinae*, 2018. Disponível em: https://www.lexmachinae.com/2018/10/26/algoritmos-inteligencia-artificial-oraculo-delfos/. Acesso em 12 jan. 2019).

é, permitir a compreensão de como a decisão foi tomada, especialmente se as decisões atingirem a segurança pública ou em atos de discriminação.[57]

Ainda, para o autor, os seres humanos devem estar no controle. É preciso que haja possibilidade de interrupção da atividade ou desligamento do sistema. Ainda, o sistema deve incorporar a exigência de checagem humana das novas decisões tomadas pela máquina inteligente, especialmente quando as decisões importarem em risco à vida humana, segurança e direitos fundamentais.

As legislações devem assegurar os limites e as responsabilidades das decisões artificiais, e os criadores de inteligência artificial devem aderir às conformidades legais. Ainda, as legislações devem dar máxima proteção ao usuário de inteligência artificial, permitindo que haja alteração do mecanismo de decisão. E, mais, o sistema deve ser desenvolvido com requisitos mínimos que responsabilizem o criador do robô contra comportamentos ofensivos que ele passe a produzir contra o seu próprio usuário.

Ainda não existe regulamentação específica na legislação brasileira acerca da relação entre humanos e máquinas inteligentes no ambiente laboral. Assim, a análise do direito comparado pode ser importante guia para reflexão. Bruno Feigelson aponta a preocupação dos estadunidenses com a utilização responsável da tecnologia:

> O principal objetivo da proposta norte americana parece ser alcançar um equilíbrio entre a aplicação da inteligência artificial de forma segura, evitando assim riscos e violações a princípios e aos direitos humanos, sem com isso bloquear a inovação. Para alcançar este objetivo, o relatório "Preparing for the Future of Artificial Intelligence" aponta que serão necessários investimentos crescentes na educação da sociedade para lidar com a nova tecnologia e para desenvolver e recrutar talentos. Havendo, assim, um grande destaque para pesquisadores de AI, bem como na capacitação em geral da força de trabalho, para lidar com os impactos econômicos gerados pela mesma.
>
> (...)
>
> De modo geral, em solo norte americano, observa-se expressiva preocupação com questões de responsabilidade, justiça e transparência. Estas limitam boa parte da aplicação da AI na sociedade. O relatório apresentado pela Casa Branca, no ano de 2016, preocupa-se energicamente

---

57 ALVAREZ, Felipe. Limites à inteligência artificial. *Lex Machinae*, 2018. Disponível em: https://www.lexmachinae.com/2018/07/30/limites-inteligencia-artificial/. Acesso em 12 jan. 2019.

> com a resolução destes problemas, de forma a futuramente permitir ampla aplicação da AI. Tais questões reforçam a relevância da educação ética dos programadores e da sociedade. Além disso, enfatiza-se a necessidade de inclusão de maior diversidade nos ambientes tecnológicos, de modo a refrear o surgimento de distorções ou discriminações de gênero, raça, nacionalidade etc. nos sistemas de AI.[58]

Assim, é possível apontar medidas razoáveis que devem ser seguidas pelos empregadores. A instrução dos trabalhadores, de forma clara e eficaz, é essencial para conscientizá-los dos riscos laborais e suas formas de prevenção e controle. Ainda, devem os empregadores garantir que as máquinas obedeçam a padrões mínimos de segurança. Devem se preocupar, ainda, com os padrões éticos da programação da máquina, adequando-os aos padrões mínimos que devem ser observados na vida em sociedade e ao pensamento institucional da empresa. Utilizando inteligência artificial, o empregador deve ter consciência de sua responsabilidade perante a sociedade e seus trabalhadores.

No que tange à internet das coisas, a interconectividade pode acarretar diversos problemas e questões discutíveis, como aqueles relacionados à privacidade – diante da ameaça à proteção de dados pessoais – e à segurança dos usuários.[59]

Eduardo Magrani aponta três riscos à proteção dos dados pessoais: a) risco da identificação, isto é, da associação de um conjunto específico de dados à identidade de alguém; b) risco de rastreamento, que permite identificar a localização de um indivíduo em determinado espaço e tempo; c) risco de criação de dossiês de informações sobre determinado indivíduo com o intuito de correlacionar com outras informações e perfis.[60]

Com as tecnologias vestíveis, facilitou-se o monitoramento pelas empresas, que se tornou mais invasivo e não limitado ao ambiente de trabalho apenas. Além da preocupação com a privacidade das pessoas, é possível afirmar que o direito à igualdade de oportunidades e promoções pode ser comprometido, pois os empregadores podem promover apenas aqueles que estão em melhor forma física ou sofrem menos com fadiga e estresse, por exemplo. Outrossim, o uso de tecnologia vestível pode levar

---

[58] FEIFELSON, Bruno; BRAGA, Carolina. Como regular as aplicações de inteligência artificial? *Jota*, ago. 2018. Disponível em: https://www.jota.info/?pagename=paywall&redirect_to=//www.jota.info/opiniao-e-analise/colunas/regulacao-e-novas-tecnologias/como-regular-as-aplicacoes-de-inteligencia-artificial-07062018. Acesso em 13 jan. 2019.

[59] MAGRANI, Eduardo. *A internet das coisas*. Rio de Janeiro: FGV Editora, 2018. p. 91.

[60] MAGRANI, Eduardo. *A internet das coisas*. Rio de Janeiro: FGV Editora, 2018. p. 96-98.

à "mercantilização" do trabalho humano ao extremo: o monitoramento da saúde do trabalhador dentro e fora do local de trabalho importa em tratar pessoas como máquinas cujo desempenho deve ser maximizado a todo custo. Isso desconsidera que cada ser humano é único, com limites próprios, deficiências, problemas e capacidades.[61]

Diante deste cenário, deve-se refletir acerca de qual seria o balanço adequado na regulação jurídica relativa às novas tecnologias. Neste ponto, relevante citar o entendimento do professor Eduardo Magrani:

> Levando em consideração o quão recente é esse cenário digital de hiperconectividade e de IoT baseado na relação entre objetos inteligentes (sensores), *big data* e inteligência computacional, ou ainda, entre o chamado ABC das tecnologias da informação e comunicação (*analytics + big data + cloud computing*), ainda não temos consciência plena de seus potenciais benefícios e riscos. Devemos almejar, no entanto, o balanço adequado na regulação jurídica, de forma a não engessar a inovação, mas garantindo que o direito avance também nessa seara, buscando normas apropriadas às novas tecnologias e ao cenário de IoT. A regulação normativa deve impedir que a tecnorregulação a ela se sobreponha, incluindo nosso comportamento de maneira intransponível e violando potencialmente diversos direitos fundamentais.[62]

Deste modo, segundo o autor, o direito deve estar atento ao seu papel para, de um lado, não dificultar demasiadamente o desenvolvimento econômico e tecnológico em andamento, e, de outro, regular com eficácia essas práticas, coibindo abusos e protegendo os direitos constitucionais vigentes.[63]

Importante citar a "General Data Protection Regulation" (GDPR), lei que entrou em vigor em maio de 2018 e estabelece regras para garantia da privacidade das informações dos cidadãos europeus em qualquer lugar do mundo, assim como de dados pessoais capturados ou processados em países membros da Comunidade Europeia.

Com inspiração na GDPR, em 15 de agosto de 2018 foi publicada a Lei nº 13.709/2018, conhecida como Lei Geral de Proteção de Dados (LGPD), que, após o período de "vacatio legis", se aplicará a toda empresa ou organização que lide com atividades relacionadas a dados,

---

[61] Cf. Why the rise of wearable tech to monitor employees is worrying. *The Conversation*, 2017. Disponível em: http://theconversation.com/why-the-rise-of-wearable-tech-to-monitor-employees-is-worrying-70719. Acesso em 10 jan. 2019.

[62] MAGRANI, Eduardo. *A internet das coisas*. Rio de Janeiro: FGV Editora, 2018. p. 26.

[63] MAGRANI, Eduardo. *A internet das coisas*. Rio de Janeiro: FGV Editora, 2018. p. 106-107.

como coleta, armazenamento, tratamento e processamento. Apesar das críticas, como àquela em relação ao veto do dispositivo que criaria uma autoridade nacional de proteção de dados, não se pode negar a sua importância diante de um cenário em que cada vez mais dispositivos são conectados à internet.

Diante do exposto, pode-se concluir que é essencial que o direito acompanhe as mudanças decorrentes dos avanços tecnológicos, sempre com o objetivo de trazer segurança jurídica e previsibilidade às relações humanas.

6 Conclusão

As relações sociais estão passando por um processo de ressignificação com o desenvolvimento das novas tecnologias, que ainda avançarão muito nos próximos anos. Deve-se destacar o crescimento de uma geração de pessoas que já nasceu conectada à internet, para as quais o mundo da programação será natural. Daqui para frente, a adaptação ao novo cenário é uma necessidade para os indivíduos que pretendem se manter relevantes e inseridos no mercado de trabalho.

Fato é que, conforme exposto anteriormente, o campo da saúde e segurança do trabalho vem sendo fortemente impactado pelo surgimento de novas tecnologias. O alto custo ainda é uma dificuldade, no entanto, a tendência é que, com a popularização, soluções mais baratas sejam desenvolvidas, democratizando o acesso.

Para que se concretize o direito fundamental ao meio ambiente de trabalho saudável e seguro, deve haver uma mudança de cultura quanto à noção de segurança e saúde no trabalho. As medidas preventivas, a identificação de riscos e as formas de controle não podem ser vistas como mero cumprimento da lei, e sim como processos naturais da vida empresarial.

Somente a percepção global do meio ambiente do trabalho e a análise de todos os seus elementos oferece a possibilidade de prevenção de acidentes e a eliminação ou redução de riscos. Ou seja, a identificação do ambiente de trabalho constitui condição indispensável para o mapeamento dos riscos relacionados a determinada atividade.[64]

---

[64] CHIRMICI, Anderson. *Introdução à segurança e saúde no trabalho*. 1. ed. Rio de Janeiro: Guanabara Koogan, 2016. p. 76.

As empresas devem adotar todos os meios disponíveis e razoáveis para eliminar os agentes insalubres e perigosos do ambiente de trabalho, investindo sempre em instrumentos cada vez mais seguros com o avanço da tecnologia. Neste ponto, considerando todos os exemplos aqui expostos, nada mais eficiente do que o investimento em tecnologias como inteligência artificial, internet das coisas, tecnologias vestíveis, análise avançada de dados, no âmbito da saúde e segurança do trabalho.

Com a possibilidade de mapeamento do ambiente de trabalho de forma geral através de sensores, de utilização pelos trabalhadores de "wearables", de análise de dados com extrema rapidez e eficiência, de análise preditiva, são tomadas decisões mais inteligentes e aumentam-se as chances de prevenção de acidentes e doenças, bem como de evitar maiores consequências no caso de eventuais ocorrências.

Ademais, é preciso uma mudança de mentalidade não somente dos empregadores, mas também de trabalhadores e lideranças sindicais. A ideia de participação dos trabalhadores em comunidade nas mudanças tecnológicas deve orientar o sistema democrático de gestão empresarial.[65] Mais do que informados, os trabalhadores devem ter a oportunidade de participar das escolhas e das implementações de novas tecnologias no meio ambiente laboral.

Frise-se, ainda, que, ao revolucionar os modos de análise dos riscos ambientais, a tendência é que as novas tecnologias provoquem uma revisão de instrumentos como PCMSO e PPRA, de forma a adequá-los à nova realidade de um ambiente permanentemente monitorado. A legislação trabalhista terá que se adequar aos novos tempos.

Somente faz sentido falar em avanços tecnológicos na medida em que estes possam ser utilizados em favor do ser humano, facilitando o seu cotidiano e melhorando a sua qualidade de vida. Dessa forma, o investimento em novas tecnologias para fins de promoção da saúde e segurança dos trabalhadores, aliado a protocolos de segurança, concretiza os princípios do Direito Ambiental do Trabalho, assegura o desenvolvimento sustentável das empresas e valoriza o capital humano.

---

[65] LEITE, Carlos Henrique Bezerra. *Curso de direito do trabalho*. 10. ed. São Paulo: Saraiva Educação, 2018. p. 708.

Referências

ACCENTURE. *A Airbus decola com os vestíveis*. Disponível em: https://www.accenture.com/br-pt/success-airbus-wearable-technology. Acesso em 8 jan. 2019.

ALVAREZ, Felipe. Limites à inteligência artificial. *Lex Machinae*, 2018. Disponível em: https://www.lexmachinae.com/2018/07/30/limites-inteligencia-artificial/. Acesso em 12 jan. 2019.

AMORIM JUNIOR, Cléber Nilson. *Segurança e saúde no trabalho*: princípios norteadores. 2. ed. São Paulo: LTr, 2017.

AVELAR, Suzana. *Moda*: globalização e novas tecnologias. São Paulo: Estação das Letras e Cores, 2009.

BACCHUS, Arif. Build 2017: Here is how Microsoft uses AI to recognize images in the workplace and real world. *On MSFT*, 2017. Disponível em: https://www.onmsft.com/news/build-2017-here-is-how-microsoft-uses-ai-to-recognize-images-in-the-workplace-and-real-world-video. Acesso em 7 jan. 2019.

BECKER, Daniel; LAMEIRÃO, Pedro. Better call ROSS. *Direito da inteligência artificial*, 2017. Disponível em: https://direitodainteligenciaartificial.com/2017/07/05/better-call-ross/. Acesso em 10 jan. 2019.

BOSTROM, Nick; YUDKOWSKY, Eliezer. *The Ethics of Artificial Intelligence*. 2011. Disponível em: https://nickbostrom.com/ethics/artificial-intelligence.pdf. Acesso em 14 jan. 2019.

BRYNJOLFSSON, Erik; MCAFEE, Andrew. What's driving the machine learning explosion? *Harvard Business Review*, 2017. Disponível em: https://hbr.org/2017/07/whats-driving-the-machine-learning-explosion. Acesso em 11 jan. 2019.

BRYNJOLFSSON, Erik; MITCHELL, Tom. What can machine learning do? Workforce implications. *Science*, v. 358, n. 6370, p. 1530-1534, 2017.

CAIRO JR., José. *O acidente de trabalho e a responsabilidade civil do empregador*. 8. ed. São Paulo: LTr, 2015.

CANCELLI, Tiziano. *Meditações sobre big data*: por que devemos ser prudentes sobre o Vale do Silício? (Trad. Fernando Bourguy). 2018. Disponível em: https://www.lexmachinae.com/2018/07/04/meditacoes-sobre-big-data/. Acesso em 13 jan. 2019.

CATÁLOGO DE MINERAÇÃO BRASIL. *Mineradora adota IoT para promover segurança em operação*. 2017. Disponível em: https://catalogodemineracao.com.br/artigo/mineradora-adota-iot-para-promover-seguranca-em-operacao.html. Acesso em 12 jan. 2019.

CHIRMICI, Anderson. *Introdução à segurança e saúde no trabalho*. 1. ed. Rio de Janeiro: Guanabara Koogan, 2016.

CONSELHO DAS COMUNIDADES EUROPEIAS (CCE). *Diretiva nº 89/391/CEE do Conselho, de 12 de junho de 1989, relativa à aplicação de medidas destinadas a promover a melhoria da segurança e da saúde dos trabalhadores no trabalho*. Disponível em: http://eur-lex.europa.eu/LexUriServ/LexUriServ.do?uri=CELEX:31989L0391:pt:HTML. Acesso em 8 jan. 2019.

DELGADO, Mauricio Godinho. Apresentação. *In*: LEME, Ana Carolina Reis Paes; RODRIGUES, Bruno Alves; CHAVES JÚNIOR, José Eduardo de Resende (Coords.). *Tecnologias disruptivas e a exploração do trabalho humano*. São Paulo: LTr, 2017.

EXAME. *Inovação em segurança e saúde na indústria*. a. 52, n. 13, edição 1165, jul. 2018. Disponível em: https://s3.amazonaws.com/bucket-gw-cni-static-cms-si/portaldaindustria/noticias/media/filer_public/af/17/af17916f-7bf4-4e3c-a696-d33021f417ab/inovacao_em_seguranca_e_saude_na__industria.pdf. Acesso em 11 jan. 2019.

FEIFELSON, Bruno; BRAGA, Carolina. Como regular as aplicações de inteligência artificial? *Jota*, ago. 2018. Disponível em: https://www.jota.info/?pagename=paywall&redirect_to=//www.jota.info/opiniao-e-analise/colunas/regulacao-e-novas-tecnologias/como-regular-as-aplicacoes-de-inteligencia-artificial-07062018. Acesso em 13 jan. 2019.

FELICIANO, Guilherme Guimarães. *Tópicos avançados de direito material do trabalho*. São Paulo: Damásio de Jesus, 2006. v. 1.

FELICIANO, Guilherme Guimarães; PASQUALETO, Olívia de Quintana Figueiredo. Amianto, meio ambiente do trabalho e responsabilidade civil do empregador. *In*: FELICIANO, Guilherme Guimarães; EBERT, Paulo Roberto Lemgruber (Coords.). *Direito ambiental do trabalho*: apontamentos para uma teoria geral. São Paulo: LTr, 2018. v. 4.

FONSECA, Victor Cabral. O futuro do direito: de que mudança estamos falando? *Lex Machinae*, 2018. Disponível em: https://www.lexmachinae.com/2018/12/27/o-futuro-do-direito-mudanca-estamos-falando/. Acesso em 12 jan. 2019.

LEITE, Carlos Henrique Bezerra. *Curso de direito do trabalho*. 10. ed. São Paulo: Saraiva Educação, 2018.

LEMOS, Ronaldo. Entrevista. *Revista Finep*, n. 21, p. 6-11, jan. 2017. Disponível em: http://www.finep.gov.br/images/revista/revista21/index.html#p=11. Acesso em 10 jan. 2019.

LUMMERTZ, Henry. Algoritmos, inteligência artificial e o oráculo de delfos. *Lex Machinae*, 2018. Disponível em: https://www.lexmachinae.com/2018/10/26/algoritmos-inteligencia-artificial-oraculo-delfos/. Acesso em 12 jan. 2019.

MAGRANI, Eduardo. *A internet das coisas*. Rio de Janeiro: FGV Editora, 2018.

MARTINS, Sergio Pinto. *Direito do trabalho*. 34. ed. São Paulo: Saraiva Educação, 2018.

MASSEY, Brian. *Smart, connected fabric*: how AI, IoT and Mitsufuji create safer working environments. 2018. Disponível em: https://www.ibm.com/blogs/internet-of-things/iot-smart-connected-fabric-how-ai-iot-and-mitsufuji/. Acesso em 6 jan. 2019.

MATOS, Geórgia Antony Gomes de; LACERDA, Emmanuel de Souza; MACHADO, Antônio Eduardo Muzzi. Desafios e oportunidades para inovação em gestão da segurança e saúde do trabalhador. *In*: OGATA, Alberto José Niituma (Org.). *Temas Avançados em Qualidade de Vida*. Londrina: Midiograf, 2017. v. 6.

MELO, Raimundo Simão de. *No Direito do Trabalho, bem ambiental envolve a vida do trabalhador*. 2017. Disponível em: https://www.conjur.com.br/2017-out-20/reflexoes-trabalhistas-direito-trabalho-bem-ambiental-envolve-vida-trabalhador. Acesso em 10 dez. 2018.

MINARDI, Fabio Freitas. Direito Ambiental do Trabalho: Fundamentos e Princípios. *Revista Eletrônica do Tribunal Regional do Trabalho do Paraná*, v. 2, n. 23, p. 175-194, out. 2013. Disponível em: https://ead.trt9.jus.br/moodle/pluginfile.php/24241/mod_resource/content/1/Revista%20Eletr%C3%B4nica%20%28OUT%202013%20-%20n%C2%BA%2023%20-%20Meio%20Ambiente%20de%20Trabalho%29.pdf. Acesso em 5 jan. 2019.

MINISTÉRIO PÚBLICO DO TRABALHO. *Observatório Digital de Saúde e Segurança do Trabalho*. Disponível em: https://observatoriosst.mpt.mp.br/. Acesso em 14 jan. 2019.

NETO, Cario Mário S. Pereira *et al*. O Direito da Internet das coisas: desafios e perspectivas de IoT no Brasil. *Jota*, jan. 2018. Disponível em: https://www.jota.info/opiniao-e-analise/artigos/o-direito-da-internet-das-coisas-desafios-e-perspectivas-de-iot-no-brasil-09012018. Acesso em 15 jan. 2019.

ORGANIZAÇÃO INTERNACIONAL DO TRABALHO (OIT). *Saúde e vida no trabalho*: um direito humano fundamental. 2009. Disponível em: http://www.ilo.org/public/english/protection/safework/worldday/products09/booklet_09-pt.pdf. Acesso em 10 jan. 2019.

ORGANIZAÇÃO MUNDIAL DA SAÚDE (OMS). *Ambientes de trabalho saudáveis*: um modelo para ação: para empregadores, trabalhadores, formuladores de política e profissionais. (Trad. Serviço Social da Indústria). Brasília: SESI/DN, 2010. Disponível em: https://www.who.int/occupational_health/ambientes_de_trabalho.pdf. Acesso em 15 jan. 2019.

PADILHA, Norma Sueli. O equilíbrio do meio ambiente do trabalho: direito fundamental do trabalhador e de espaço interdisciplinar entre o direito do trabalho e o direito ambiental. *Rev. TST*, Brasília, v. 77, n. 4, p. 243-248, out./dez. 2011.

PISTONO, Federico. *Os robôs vão roubar o seu trabalho, mas tudo bem*: como sobreviver ao colapso econômico e ser feliz. (Trad. Pedro Maia Soares). 1. ed. São Paulo: Portfolio-Penguin, 2017.

PROGRAMA DAS NAÇÕES UNIDAS PARA O DESENVOLVIMENTO (PNUD). *Relatório de Desenvolvimento Humano 2015*. Disponível em: http://www.br.undp.org/content/brazil/pt/home/library/idh/relatorios-de-desenvolvimento-humano/relatorio-do-desenvolvimento-humano-200014.html. Acesso em 13 jan. 2019.

SAFETY COMPANY. *Microsoft Announces Workplace Safety Software*. 2017. Disponível em: https://www.safetycompany.com/safetyblog/microsoft-announces-workplace-safety-software/. Acesso em 7 jan. 2019.

SANTOS, Ronaldo Lima dos. Evolução histórico-normativa da tutela jurídica do meio ambiente do trabalho e instrumentos de proteção. *In*: JARDIM, Philipe Gomes; LIRA, Ronaldo José de (Coords.). *Meio ambiente do trabalho equilibrado*: homenagem aos dez anos de CODEMAT. São Paulo: LTr, 2013.

SARFATI, Gilberto. Prepare-se para a revolução: economia colaborativa e inteligência artificial. *Gvexecutivo*, v. 15, n. 1, p. 25-28, jan./jun. 2016.

SIM, Alasdair. *How Will Artificial Intelligence Fit into Health & Safety?* 2018. Disponível em: https://projss.co.uk/2018/08/will-artificial-intelligence-fit-health-safety/. Acesso em 10 jan. 2019.

THE CONVERSATION. *Why the rise of wearable tech to monitor employees is worrying*. 2017. Disponível em: http://theconversation.com/why-the-rise-of-wearable-tech-to-monitor-employees-is-worrying-70719. Acesso em 10 jan. 2019.

VASCONCELOS, Antônio Gomes de; VALENTINI, Rômulo Soares; NUNES, Talita Camila Gonçalves. Tecnologia da Informação e seus impactos nas relações capital-trabalho. *In*: LEME, Ana Carolina Reis Paes; RODRIGUES, Bruno Alves; CHAVES JÚNIOR, José Eduardo de Resende (Coords.). *Tecnologias disruptivas e a exploração do trabalho humano*. São Paulo: LTr, 2017.

ZILIS, Shivom; CHAM, James. The Competitive Landscape for Machine Intelligence. *Harvard Business Review*, 2016. Disponível em: https://hbr.org/2016/11/the-competitive-landscape-for-machine-intelligence. Acesso em 7 jan. 2019.

Informação bibliográfica deste texto, conforme a NBR 6023:2018 da Associação Brasileira de Normas Técnicas (ABNT):

CASTRO, Letícia Gouvêa Cyro de. O impacto dos avanços tecnológicos no meio ambiente do trabalho. *In*: TUPINAMBÁ, Carolina (Coord.). *As novas relações trabalhistas e o futuro do Direito do Trabalho*: as novidades provenientes dos avanços tecnológicos. Belo Horizonte: Fórum, 2021. (Coleção Fórum as novas relações trabalhistas e o futuro do Direito do Trabalho. Tomo III.). p. 93-127. ISBN 978-65-5518-131-9.

O IMPACTO DAS NOVAS TECNOLOGIAS NAS RELAÇÕES DE TRABALHO E A REPRESENTAÇÃO SINDICAL

JOSÉ CLAUDIO MONTEIRO DE BRITO FILHO

ANNA MARCELLA MENDES GARCIA

1 Introdução

Embora não seja um fenômeno recente, pois a revolução tecnológica iniciou na década de 1970, com o uso dos computadores, é certo que, nos últimos tempos tem havido um impacto muito maior em todos os aspectos da vida das pessoas, como se fosse uma nova revolução.

É que, o desenvolvimento cada vez maior das máquinas, exponencialmente mais capazes de organizar e de realizar tarefas humanas do que há uma década, e o uso maciço da rede mundial de computadores, mais conhecida como *internet*, produziram mudanças na forma como vivemos e, por óbvio, de como trabalhamos.

Algumas atividades não exigem mais uma base física, e outras são executadas à distância, sem qualquer prejuízo em relação ao que era feito antes. Mais, as novas tecnologias têm eliminado alguns postos de trabalho, ao mesmo tempo em que criam outros capazes de desafiar algumas noções básicas do Direito Individual do Trabalho, como local de trabalho, estabelecimento, controle do tempo de trabalho, hoje em dia, em diversas funções, totalmente substituído por noções como produtividade e resultados.

Nesse cenário de flexibilização da forma como o trabalho é prestado, algo não mudou: o modelo brasileiro de organização sindical. Estruturado de forma rígida e sustentado na ausência da liberdade sindical coletiva de organização, que se traduz na presença em nosso modelo de diversas restrições, como a unicidade sindical, esse modelo permanece imutável, embora duas das bases do tripé formado na época em que foi construído, na década de 1930, a contribuição sindical e a competência normativa, tenham sido abaladas.

É a partir desse paradoxo, de um lado, flexibilidade, de outro, rigidez, que pretendemos discutir a possibilidade de as organizações sindicais profissionais, no Brasil, darem conta de representar os trabalhadores nesse momento de mudança nas relações de trabalho em razão do impacto das novas tecnologias.

Metodologicamente, é um estudo teórico-normativo que procura, com base principalmente na doutrina, responder ao problema de pesquisa, sem descurar, por ser absolutamente necessário, da análise dos comandos normativos pertinentes.

Para dar conta do objetivo principal deste estudo, e que decorre da forma como o problema foi estabelecido, vamos dividir o texto em quatro seções, sendo a introdução a primeira. Concluída esta, a seção seguinte apresentará um panorama a respeito das novas tecnologias, de seu impacto nas relações de trabalho e das mudanças ocorridas na legislação do trabalho em razão desse impacto. Já na seção 3 discutiremos o modelo brasileiro de organização sindical, mostrando como está construído e se está aparelhado para dar conta dos novos desafios trazidos pelas mudanças discutidas na seção 2. Por fim, apresentaremos uma conclusão que terá por objetivo responder ao problema de pesquisa.

2 As novas tecnologias e as mudanças no mundo do trabalho

Os modelos de organização do trabalho historicamente acompanham a dinâmica dos modos de produção, tendo a tecnologia papel determinante nesta formatação. A busca por novas tecnologias capazes de propiciar maior produtividade, eficiência, e de impactar positivamente no lucro da atividade econômica é uma preocupação recorrente.

Formas de organização do trabalho como o taylorismo, com sua fragmentação das atividades, trabalho repetitivo e controle rígido dos tempos, onde o trabalhador era alienado em relação ao produto final, e o fordismo, com as noções de linha de montagem e produção em massa, foram diretamente influenciadas pelo desenvolvimento tecnológico ocorrido em suas épocas, que correspondia ao surgimento das fábricas. Nestes cenários, a tecnologia alterou o modo de produção, industrializando-o, mas também afetou a maneira como o trabalhador era integrado à atividade produtiva e seu papel dentro dela, modificando, substancialmente, as relações de trabalho e consolidando o paradigma dominante por décadas.[1]

Quando da vigência de tais modelos, por exemplo, não se imaginava a prestação de serviços fora do ambiente empresarial, de modo descentralizado, a utilização de máquinas controladas remotamente, dentre outros meios considerados comuns na atualidade.

A influência da tecnologia no mundo do trabalho permanece, talvez mais sutil e dinâmica, contudo, não menos relevante. Inovações tecnológicas como a robótica e a informática impactam nas formas e técnicas de produção, comercialização de bens e prestação de serviços e fazem parte das relações de trabalho no mundo todo.[2]

Alguns teóricos sustentam estarmos vivendo a quarta revolução industrial, pautada na ascensão da *internet* e na automatização dos meios de produção com o uso de inteligência artificial, o que modificou radicalmente a maneira como enxergamos o mundo e vivemos em sociedade. Estas novas configurações afetam não somente as estruturas sociais, mas também os sistemas econômicos, inclusive as relações de trabalho. Tais tecnologias, já existentes desde a terceira revolução, cujo marco é o surgimento dos computadores, tornaram-se cada vez mais sofisticadas e integradas à sociedade e aos meios de produção, passando a ser consideradas indispensáveis para ambos.[3]

Outros aduzem tratar-se do modelo denominado pós-fordismo, uma espécie de reformulação atual do fordismo, surgida ante a demanda

---

1 Ver, por exemplo: GOUNET, Thomas. *Fordismo e toyotismo na civilização do automóvel*. São Paulo: Boitempo Editorial, 1999.

2 FREDIANI, Yone. Relações de trabalho no terceiro milênio e seus reflexos no mercado de trabalho. *In*: FREDIANI, Yone (Coord.). *A valorização do trabalho autônomo e a livre-iniciativa*. Porto Alegre: Magister, 2015. p. 285-296.

3 SCHWAB, Klaus. *The fourth industrial revolution*. New York: Crown Business, 2017.

por maior produtividade, o que resultou na reorganização do trabalho pautada na inserção de novas tecnologias e na redução da participação humana no processo produtivo. Neste quadro, exsurge a necessidade de polivalência ou multifuncionalidade do trabalhador, com a obrigatoriedade de desenvolvimento de múltiplas habilidades, e não mais sua especialização excessiva, como nos modelos anteriores, denotando maior flexibilidade, tanto no processo de produção quanto na força de trabalho.[4]

Neste modelo, orientado por um "processo de trabalho de produção flexível baseado em máquinas ou sistemas flexíveis e uma força de trabalho apropriadamente flexível",[5] verifica-se maior propensão à informalidade e à precarização das relações de trabalho como mecanismos utilizados para a redução de custos.

O desenvolvimento da internet das coisas (IoT, em inglês), constitui fator determinante para o avanço da tecnologia no mundo do trabalho tal qual se encontra atualmente. A IoT pode ser definida, em síntese, como a *internet* imbuída nos objetos, não somente computadores, permitindo sua interconectividade; "para uma tecnologia receber o título de Internet das Coisas deve haver uma 'coisa' (ou objeto) interagindo com o ambiente onde está, com o auxílio da rede, para ser possível esta interação".[6] Desta feita, na atualidade, desde *smartphones* até maquinários pesados utilizam-se desta ferramenta.

É com a popularização da internet das coisas que se verificam as mudanças mais substanciais no mundo do trabalho, como a automação, a inteligência artificial e o trabalho a distância, responsáveis por modificar tanto os meios de produção em si quanto as habilidades exigidas dos trabalhadores, os quais devem se mostrar cada vez mais polivalentes.

A modernização das atividades laborais acompanha a modificação social e vice-versa, em uma relação simbiótica. A busca por novas tecnologias nos processos produtivos pode ser encarada como resultado da maneira como as pessoas se relacionam com a tecnologia em todas as esferas, tornando-se cada vez mais digitais.

O avanço tecnológico, associado a outros fatores socioeconômicos, repercute diretamente no modo como o trabalho é realizado, criando,

---

4 MAEDA, Patrícia. *A era dos zero direitos*: trabalho decente, terceirização e contrato zero-hora. São Paulo: LTr, 2017.

5 MAEDA, Patrícia. *A era dos zero direitos*: trabalho decente, terceirização e contrato zero-hora. São Paulo: LTr, 2017. p. 41.

6 FACHINI, Moisés Panegassi *et al*. Internet das coisas: uma breve revisão bibliográfica. *Conex. Ci. e Tecnol*, Fortaleza/CE, v. 11, n. 6, p. 85-90, dez. 2017.

modificando e, até mesmo, extinguindo determinadas atividades e categorias profissionais, bem como exigindo diferentes aptidões dos trabalhadores ante o surgimento de novas técnicas e modos de produção.

No que tange ao impacto direto das novas tecnologias no mundo do trabalho, o relatório "The future of jobs – Report 2018" aponta uma tendência geral à implementação do trabalho fora do espaço físico empresarial, valendo-se do uso das tecnologias de informação e comunicação para tanto (teletrabalho). Mais de um quarto (1/4) das empresas analisadas espera que a automação propicie a criação de novas funções, outrora inexistentes, e quase 50% delas espera a redução do número de trabalhadores em regime de tempo integral até 2022, bem como o aumento das horas de trabalho realizadas por máquinas de 29% para 42%.[7]

Estima-se um aumento de 11% nas profissões ditas emergentes, isto é, aquelas oriundas das demandas criadas pelas novas tecnologias, como especialistas, e uma diminuição de 10% das profissões consideradas em declínio, dada sua incompatibilidade com o novo modelo tecnológico de produção, o que equivaleria à extinção de 0,98 milhões de empregos e a criação de 1,74 milhões de postos de trabalho, concluindo pela estabilidade de cerca de 50% dos empregos atuais em todos os setores até 2022.[8]

As estimativas alertam, ainda, que 75 milhões de empregados formais podem ser substituídos por máquinas, enquanto 133 milhões podem assumir novos papéis, estes em consonância com a nova estruturação do trabalho, atenta às novas tecnologias, em um saldo considerado quantitativamente positivo.[9]

Verifica-se, portanto, ao menos duas possíveis consequências das transformações causadas no mundo do trabalho pelas novas tecnologias, quais sejam: a substituição de algumas funções tidas por obsoletas por máquinas ou mesmo sua completa extinção, e o surgimento e/ou crescimento de novas funções advindas do avanço tecnológico.

O surgimento constante de novas tecnologias faz com que os trabalhadores tenham que estar a todo o tempo atualizados e capacitados, sob pena de não conseguirem se adequar às novas especificidades delas

---

7 Cf. The future of jobs report 2018. *World Economic Forum*, Geneva: Centre for the New Economy and Society, 2018. p. 8.

8 Cf. The future of jobs report 2018. *World Economic Forum*, Geneva: Centre for the New Economy and Society, 2018.

9 Cf. The future of jobs report 2018. *World Economic Forum*, Geneva: Centre for the New Economy and Society, 2018.

decorrentes ou mesmo de serem substituídos por máquinas cada vez mais sofisticadas, como dito anteriormente.

Atualmente, tornou-se extremamente comum, empresas sem base física, especialmente *startups*, apenas virtuais, cujos poucos empregados – as máquinas substituíram os trabalhadores em diversas funções – exercem suas atividades dos mais diversos locais, por vezes até mesmo em cidades diferentes. De outro lado, atividades tradicionalmente desempenhadas por pessoas, como a atividade bancária, comercial e de transportes, hodiernamente são realizadas por sistemas *online*.[10]

Fato é que todas as revoluções industriais se pautaram no avanço tecnológico como instrumento para o alcance do objetivo comum de facilitar a produção em prol do capital, o que não necessariamente impactou positivamente nas condições de trabalho. Usualmente, associa-se o advento de novas tecnologias à modernização do trabalho, contudo, não se pode olvidar que, em certos aspectos, esta modernização vem atrelada à precarização das condições de trabalho, entendida aqui como a redução de direitos sociais outrora consolidados.

No Brasil, vimos surgir novos modelos de organização do trabalho, em uma espécie de reorganização produtiva, advinda, essencialmente, da Lei nº 13.467/2017, conhecida popularmente como Reforma Trabalhista, que teve como um dos motes principais a flexibilização das relações trabalhistas com o escopo de geração de postos de trabalho.

A Reforma Trabalhista seguiu uma tendência dos ordenamentos jurídicos estrangeiros, atentos à multiplicação dos contratos atípicos, de tutelar novas formas de trabalho advindas da modernização das relações trabalhistas, mais flexíveis.[11]

Um dos exemplos mais claros desta flexibilização e do uso de novas tecnologias é o teletrabalho, normatizado no Brasil pela já referida Lei nº 13.467/2017, que incluiu o capítulo II-A (artigos 75-A a 75-E) à Consolidação das Leis do Trabalho (CLT). Em síntese, o teletrabalho consiste, de acordo com a novel legislação citada, na prestação de serviços realizada preponderantemente fora das dependências físicas do empregador, valendo-se do uso de tecnologias que permitam a

[10] FREDIANI, Yone. Relações de trabalho no terceiro milênio e seus reflexos no mercado de trabalho. *In*: FREDIANI, Yone (Coord.). *A valorização do trabalho autônomo e a livre-iniciativa*. Porto Alegre: Magister, 2015. p. 285-296.

[11] FREDIANI, Yone. Relações de trabalho no terceiro milênio e seus reflexos no mercado de trabalho. *In*: FREDIANI, Yone (Coord.). *A valorização do trabalho autônomo e a livre-iniciativa*. Porto Alegre: Magister, 2015. p. 285-296.

informação e a comunicação (TIC) quase que instantâneas e que, pela natureza da atividade, não se confunda com o trabalho externo.

Verifica-se, aqui, um deslocamento da atividade produtiva do ambiente empresarial para, em regra, o ambiente residencial do trabalhador, gerando a "desnecessidade da presença corporal do empregado na sede do empregador",[12] o que somente foi possível em decorrência do avanço na área de tecnologia da informação e comunicação.

A utilização das TICs para a realização do teletrabalho torna-se, portanto, essencial, pois elas permitirão o exercício da atividade fora do estabelecimento empresarial, mantendo a possibilidade de contato e controle instantâneos, bem como, tecnicamente, diferenciarão o teletrabalho do trabalho a domicílio, outra modalidade de trabalho a distância, esta prevista no art. 83 da CLT.

Neste aspecto, torna-se imprescindível que o trabalhador domine os instrumentos tecnológicos necessários à consecução da atividade que exercerá por meio do teletrabalho, isto é, além do conhecimento técnico intrínseco à sua profissão, deverá, ainda, saber utilizar as tecnologias relativas ao teletrabalho, as quais nem sempre são de domínio do homem médio, como, por exemplo, a rede particular virtual (VPN), *intranet*, *softwares* específicos, *gadgets*, e-token, dentre outros.

Esta exigência corrobora a necessidade de multifuncionalidade ou polivalência do empregado, o qual, no contexto pós-fordista, é valorizado pela sua flexibilidade e múltiplas habilidades, conforme exposto anteriormente.

O trabalho à distância já existia e possuía previsão legal no art. 6º da CLT. Este, contudo, contava com redação demasiadamente sucinta, limitando-se a equiparar o trabalho realizado no estabelecimento do empregador, ao executado no domicílio do empregado, e ao efetuado à distância, sendo assim, incapaz de abranger as modificações tecnológicas havidas desde a década de 1940 e que impactaram diretamente na forma de prestação de serviços.

Em tese, o trabalho realizado em âmbito residencial (*home Office*), que é a modalidade mais comum em se tratando de teletrabalho, traria benefícios ao empregador, que não mais despenderia recursos para manter um estabelecimento empresarial físico capaz de suportar a totalidade de seus empregados e teria redução nos custos com deslocamento e horas extras; e também para o trabalhador, que poderia

---

[12] RODRIGUES, Deusmar José (Coord.). *Lei da reforma trabalhista comentada artigo por artigo*. São Paulo: JH Mizuno, 2018. p. 92.

administrar o seu tempo e suas atividades pessoais e profissionais da maneira que melhor lhe aprouvesse, tendo em vista a flexibilidade de horários.

Esta suposta flexibilidade se dá porque os trabalhadores em regime de teletrabalho foram incluídos expressamente no rol do art. 62 da CLT, perfazendo exceção ao regime de controle de jornada, isto é, não possuem regime de duração de trabalho. Na prática, isto significa dizer que, em regra, não há duração da jornada e, consequentemente, percepção de eventuais horas extras, o que permitiria o trabalho a qualquer tempo, salvo nas hipóteses em que haja controle efetivo da jornada por meio de registro de ponto *online*, sistema de *login* e *logout*, ou qualquer meio similar de verificação.

O que se vislumbra, na prática, é a dificuldade de desconexão do trabalhador, o qual, por conta das tecnologias utilizadas para o exercício da atividade profissional, especialmente a *internet*, e pela ausência de jornada previamente delimitada, acaba por ficar à disposição do empregador em regime *full time*.

A noção de desconexão, por si só, diz muito a respeito da influência das novas tecnologias no trabalho. Outrora não havia a necessidade tão flagrante de se falar neste tema, haja vista que o empregado, ao deixar o local de trabalho, dava por encerrada a sua jornada. Hoje, com a utilização massiva da *internet* e do celular, especialmente em relação aos teletrabalhadores, há uma sensação de disponibilidade irrestrita, que só é benéfica ao empregador, pois pode causar ao obreiro prejuízos de ordem biopsicossocial irreparáveis.

Outra problemática envolvendo o teletrabalho diz respeito ao meio ambiente laboral, que, neste caso, por se dar majoritariamente no âmbito residencial do trabalhador, normalmente sem controle rígido de jornada ou mesmo das condições de trabalho, em que pese a previsão do art. 75-E da CLT, torna a atividade mais arriscada em relação a acidentes de trabalho e doenças ocupacionais. O fato de a atividade ser exercida na residência do trabalhador impacta até mesmo na fiscalização das condições de trabalho, que fica restrita por conta da inviolabilidade constitucional do domicílio.

Não obstante, o teletrabalho não permite, ou ao menos obsta consideravelmente, o convívio diário do trabalhador com os colegas de profissão, acarretando uma espécie de isolamento que poderá suscitar prejuízos de ordem psicológica, bem como a diminuição do sentimento de solidariedade entre os profissionais, impactando negativamente na representação sindical da categoria.[13]

Não se olvide que o teletrabalho, a depender da atividade, pode ser realizado, também, em telecentros pertencentes ao empregador, contudo, fora de sua sede, sendo a prestação do serviço e seu controle exercidos por meios tecnológicos de informação e comunicação, nos moldes do capítulo II-A da CLT.[14]

O fato de a atividade produtiva ser exercida por meios telemáticos gera discussão, ainda, quanto à confidencialidade dos dados transmitidos e à privacidade do trabalhador, o que não se discutia nestes moldes quando o trabalho era prestado exclusivamente no ambiente empresarial, tendo em vista que os instrumentos utilizados pertenciam ao empregador.

O art. 75-D, por exemplo, dispõe que será prevista em contrato a responsabilidade pela aquisição, manutenção ou fornecimento dos equipamentos e estrutura necessários para a realização do trabalho telemático. Sugere o dispositivo que a responsabilidade pela atividade econômica pode ser negociada contratualmente, contrariando o disposto no art. 2º da CLT, o qual assevera ser ônus do empregador os riscos da atividade econômica.

A doutrina se posiciona pela impossibilidade de repasse dos custos produtivos ao trabalhador, ainda que a atividade se dê fora do ambiente empresarial, tendo em vista que o risco da atividade econômica permanece pertencendo ao empregador. O regramento legal, entretanto, não o estipula de maneira expressa, o que gera controvérsias, por exemplo, quanto ao custeio de despesas ordinárias, tais como energia elétrica e *internet*.[15]

Alguns autores entendem que o teletrabalho é nocivo tanto à saúde do empregado quanto à própria estrutura da relação de trabalho, provocando nela uma espécie de desequilíbrio que, em última instância, afetaria também a sociedade.[16] Entendemos que as novas tecnologias

---

[13] BATALHA, Elton Duarte. Teletrabalho – A reforma trabalhista brasileira e a experiência estrangeira. *In*: MANNRICH, Nelson (Coord.). *Reforma trabalhista*: reflexões e críticas. 2. ed. São Paulo: LTr, 2018. p. 100-106.

[14] RODRIGUES, Deusmar José (Coord.). *Lei da reforma trabalhista comentada artigo por artigo*. São Paulo: JH Mizuno, 2018. p. 93.

[15] MIZIARA, Raphael. *O novo regime jurídico do teletrabalho no Brasil*. 2017. Disponível em: https://juslaboris.tst.jus.br/bitstream/handle/20.500.12178/116314/2017_miziara_raphael_novo_regime.pdf?sequence=1. Acesso em 22 dez. 2018.

[16] SOUZA JÚNIOR, Antônio Umberto de *et al*. *Reforma trabalhista*: análise comparativa e crítica da Lei nº 13.467/2017 e da Med. Prov. nº 808/2017. 2. ed. São Paulo: Rideel, 2018. p. 111.

permitem, e por vezes exigem, uma reorganização do trabalho, todavia, esta deve ser pensada e moldada considerando todo o arcabouço principiológico que fundamenta o Direito do Trabalho, sobretudo, o princípio protetor e a noção de trabalho decente.[17]

Outro contrato de trabalho atípico que guarda estreita relação com as novas tecnologias é o trabalho intermitente. Conhecido no Reino Unido como *zero-hours contract*, esta modalidade de contrato encontra previsão nos artigos 443, §3° e 452-A da CLT, ambos incluídos pela Reforma Trabalhista, e é definido como o contrato de trabalho no qual a prestação de serviços não é contínua (sem habitualidade), podendo ser determinado em dias, meses ou horas, sem que haja a descaracterização da subordinação, independentemente do tipo de atividade, com exceção expressa dos aeronautas.

Em uma visão crítica comparada, o trabalho intermitente pode ser definido como aquele no qual "o empregador tem a discricionariedade de variar o horário de trabalho do empregado, normalmente desde a jornada integral até a 'zero hora', e o empregado pode recusar o trabalho oferecido a qualquer hora".[18] Nesta modalidade, a jornada pode ser inferior àquela definida legalmente e a remuneração será proporcional às horas trabalhadas.

A própria existência da figura do trabalho intermitente pode ser atribuída, ao menos em parte, à reestruturação produtiva já mencionada, que acarretou a redução de postos de trabalho por conta do aumento da automação, de modo que, para algumas atividades, não se faz mais necessária a presença de trabalhadores em regime de tempo integral.

Outrossim, a legislação brasileira prevê que os trabalhadores intermitentes sejam convocados para a prestação do serviço por qualquer meio de comunicação eficaz, com, pelo menos, três dias de antecedência. Na atualidade, isto implica, quase que necessariamente, a utilização da *internet*, quer na forma de aplicativos de mensagem instantânea via celular ou *e-mail*, tendo em vista que, não fossem tais tecnologias, a existência dessa espécie de contrato de trabalho restaria sobremaneira prejudicada.

Esta figura causou certa estranheza ao Direito do Trabalho, porque criou um contrato de trabalho sem habitualidade (não eventualidade),

---

[17] BRITO FILHO, José Claudio Monteiro de. *Trabalho decente*: análise jurídica da exploração do trabalho – trabalho escravo e outras formas de trabalho indigno. 5. ed. atual. de acordo com a reforma trabalhista. São Paulo: LTr, 2018.

[18] MAEDA, Patrícia. *A era dos zero direitos*: trabalho decente, terceirização e contrato zero-hora. São Paulo: LTr, 2017. p. 114.

um dos requisitos do conceito de empregado previstos no art. 3° da CLT, e rompeu com a noção de tempo à disposição do empregador como suscetível de remuneração. Não obstante, a imprecisão do dispositivo legal não permite que dele se extraia a delimitação sobre quais lapsos temporais são considerados intervalos aceitáveis para a manutenção do contrato intermitente.

No trabalho intermitente não há a estipulação de horas mínimas a serem cumpridas mensalmente, logo, também não há garantia de remuneração mínima, o que acarreta profunda instabilidade financeira e grave insegurança jurídica ao trabalhador, que não consegue gerir sua vida pessoal e profissional diante da incerteza relativa a seus horários de trabalho e a seus ganhos, tornando esta uma das modalidades de contrato de trabalho mais suscetíveis à precarização.

Em um cenário de recessão econômica como o vivenciado pelo Brasil, a flexibilidade desse tipo de contrato tem se mostrado benéfica somente ao empregador, que obtém uma redução considerável dos custos com salários, enquanto os empregados vivenciam a incerteza do trabalho e a consequente insegurança salarial.

Os questionamentos acerca do trabalho intermitente, incluindo a garantia do salário mínimo, são objeto das Ações Diretas de Inconstitucionalidade (ADI) n° 5806, 5826, 5829 e 5950, de relatoria do Ministro Edson Fachin, em trâmite no Supremo Tribunal Federal (STF).[19]

Até mesmo a terceirização – com a possibilidade de repasse da atividade fim trazida pela Reforma Trabalhista –, pode ser encarada, em alguns casos, como um reflexo do advento de novas tecnologias que permitem a "concentração sem centralização"[20] da atividade, que pode ser exercida em rede, de maneira fragmentada, eventualmente por empresas distintas, cujo controle ocorre por meio de sistemas de informação e comunicação.

A utilização da tecnologia no mundo do trabalho deve se dar de maneira responsável, em que, além de perseguir a maximização dos lucros, busque-se, principalmente, propiciar melhores condições de trabalho aos indivíduos, utilizando-a como um meio para resguardar os direitos mínimos dos trabalhadores.

A Reforma Trabalhista, por exemplo, atentou para a modificação tecnológica havida desde a elaboração da CLT, trazendo em seu bojo

---

19 STF. ADI n° 5806, 5826, 5829 e 5950, de relatoria do Ministro Edson Fachin, em trâmite no Supremo Tribunal Federal. Disponíveis em www.stf.jus.br.

20 MAEDA, Patrícia. *A era dos zero direitos*: trabalho decente, terceirização e contrato zero-hora. São Paulo: LTr, 2017. p. 45.

dispositivos que citam expressamente esta modernização, como o art. 75-B, buscando modernizar também as relações de trabalho.

Verifica-se a atenção dada pelo legislador às novas tecnologias e a seus impactos no mundo do trabalho, considerando que as tecnologias influenciam diretamente nos modos de produção e até mesmo nos postos de emprego, criando e extinguindo funções e assumindo formas, por enquanto, flexíveis, porém, instáveis.

As novas tecnologias, caso bem utilizadas, são capazes de gerar maior produtividade, maximizar os lucros, melhorar as condições de trabalho, criar novos postos de emprego. São, entretanto, igualmente aptas a extinguir categorias profissionais inteiras e reduzir drasticamente os postos de trabalho, como o que ocorre por conta da automação.

A reestruturação produtiva com base na flexibilidade dos modos de contratação, de prestação da atividade e de condições de labor, em que pese possa trazer vantagens em alguns aspectos, mormente no que tange à maximização da produtividade e, consequentemente, dos lucros advindos das atividades produtivas, acarreta, em outros, insegurança e prejuízos aos trabalhadores, e aqui reside a importância da atuação sindical, conforme se verá adiante.

3 A Organização Sindical Brasileira e a representação dos trabalhadores

O atual modelo de organização sindical no Brasil começou a ser construído em 1931, com o Decreto nº 19.770, dando início ao que Amauri Mascaro Nascimento denominou de fase intervencionista da história do sindicalismo no Brasil,[21] com a implantação, conforme Octavio Bueno Magano, das "bases de um tipo corporativista de organização sindical que perdura até hoje".[22] Essas bases são completadas, poucos anos após, com a competência normativa da Justiça do Trabalho.

Em relação a essa última questão, segundo Raimundo Simão de Melo, em 1934 foi instituída a competência normativa, por força da criação dos tribunais do trabalho pelo artigo 122, da Constituição daquele ano, mas foi em 1937, no Estado Novo, que a competência normativa foi intensificada, até pela proibição da greve e do locaute.[23]

---

[21] NASCIMENTO, Amauri Mascaro. *Direito sindical*. São Paulo: Saraiva, 1989. p. 60.

[22] MAGANO, Octavio Bueno. *Manual de direito do trabalho*. 2. ed. São Paulo: LTr, 1990. v. III: Direito Coletivo do Trabalho.

[23] MELO, Raimundo Simão de. *Dissídio coletivo de trabalho*. São Paulo: LTr, 2002. p. 42.

Fixou-se um modelo rígido, baseado em um tripé: unicidade sindical, contribuição sindical compulsória e competência normativa da Justiça do Trabalho.

Esse tripé está, agora, em parte solapado. Primeiro, pela Emenda Constitucional nº 45, de 2004, que alterou o artigo 114, §2º, da Constituição da República, instituindo o comum acordo para o ajuizamento da ação denominada de dissídio coletivo, por meio do que os tribunais trabalhistas podem regular condições de trabalho entre trabalhadores e empregadores, via sentença normativa. Essa alteração, em boa medida, freou uma prática comum de sindicatos fracos que, incapazes de negociar em igualdade de condições, utilizavam-se da competência normativa da Justiça do Trabalho para simular uma capacidade de representação dos interesses da categoria que não possuíam.

Depois, pela já mencionada Lei nº 13.467, de 2017, que alterou a sistemática de cobrança da contribuição sindical, que deixou de ser compulsória para se tornar facultativa, conforme se verifica no artigo 578, da Consolidação das Leis do Trabalho. A observar que essa alteração, que atingiu a principal fonte de receita das entidades sindicais – e também das centrais sindicais, desde a Lei nº 11.648, de 2008 –, já teve sua constitucionalidade reconhecida pelo Supremo Tribunal Federal no julgamento da ADI nº 5794 e de quase outras duas dezenas de ações com idêntico objeto.[24]

Restou a unicidade sindical, que é uma das restrições que temos em nosso modelo, ao que é denominado de liberdade sindical coletiva de organização, e que significa, em síntese, a liberdade que têm trabalhadores e empregadores de criar todas as organizações sindicais que forem de seu interesse. A essas restrições somam-se outras três: a base territorial mínima, a sindicalização por categoria e a existência do sistema confederativo.[25]

Essas restrições todas, em cenário em que não há mais a facilidade que existia quando a competência normativa era utilizada mais facilmente, nem há recursos em abundância,[26] mostram a dificuldade que

---

[24] STF. ADI nº 5794. Ver, novamente, em www.stf.jus.br.

[25] Como não haja, neste texto, que deve ser breve, espaço para maiores explicações, sugerimos, para a compreensão das restrições à liberdade sindical coletiva de organização, e de como se divide a liberdade sindical, nas dimensões individual e coletiva, a leitura de: BRITO FILHO, José Claudio Monteiro de. *Direito sindical*. 7. ed. São Paulo: LTr, 2018. p. 79-105.

[26] Reportagem de O Estado de São Paulo, usando dados do Ministério do Trabalho, informa queda de 86% da arrecadação com a contribuição sindical, de 1,98 bilhão em 2017, para 276 milhões em 2018. (SILVA, Cleide; GAVRAS, Douglas; CARNEVALLI, Érica. Renda com imposto sindical tem queda de 86% em um ano. *Estadão*, 10 nov. 2018. Disponível em:

terão os trabalhadores para se opor a modificações em suas condições de trabalho.

De fato, em ambiente normativo que permite a flexibilização ampla, bem como a fixação de condições de trabalho mais precárias que as anteriormente existentes, é necessária a presença de entidades sindicais fortes e capazes de negociar com mínimas condições de igualdade.

E isso é exatamente o que não existe. No modelo de monopólio que se tem no Brasil, em que o sindicato único[27] representa todos os trabalhadores de um segmento econômico ou profissão compulsoriamente, sem que se possa buscar outra entidade que possa representar interesses com mais competência, e/ou em formato que os trabalhadores julguem ser mais adequado, o que se tem é, de um lado, flexibilidade, e, de outro, a combatê-la – quando é necessário –, rigidez.

Nosso modelo de organização sindical envelheceu – se é que algum dia foi novo –, e precisa ser reformado com urgência. Não há, todavia, algo nesse sentido no horizonte, pois o modelo serve a muitos interesses: desde dirigentes sindicais, que manejam entidades fechadas, pouco permeáveis a mudanças, até lideranças; dos empregadores, que negociam e convivem diariamente com entidades pouco capazes de lhes oferecer risco e/ou resistência; além de outros, alguns assumindo a posição também de defensores dos trabalhadores, quando o que estes realmente precisam é somente de lideranças autênticas e que possam ser escolhidas em um ambiente de liberdade.

É por isso que até algo favorável, como o surgimento de tecnologias que melhoram as nossas vidas, representa um risco para aqueles que possuem somente a força de trabalho para garantir a sua sobrevivência e os meios necessários para o cumprimento de seus projetos de vida.

4 Conclusão

As novas tecnologias têm impactado toda a vida em sociedade, até as relações que se desenvolvem entre trabalhadores e empregadores. Formas de exercício do trabalho antes não imagináveis ou possíveis, como o teletrabalho, estão sendo vistas como naturais, comuns, estando agora normatizadas por meio, principalmente, da Lei nº 13.467/2017,

---

https://economia.estadao.com.br/noticias/geral,renda-com-imposto-sindical-tem-queda-de-86-em-um-ano,70002601911. Acesso em 28 dez. 2018).

27 Unicidade sindical significa a possibilidade de existência de uma única entidade sindical que represente determinado grupo em determinada base, por imposição normativa, como é o caso do Brasil, ou do Estado, como pode ocorrer em regimes autoritários.

conhecida como Reforma Trabalhista, que chancelou, em visão geral, uma forma mais flexível de relacionamento entre os sujeitos da relação de emprego.

Embora possamos, de um lado, saudar essa flexibilidade, pois não é possível ignorar que ela é compatível com o atual momento, não podemos também ignorar o fato de que, em uma relação assimétrica e de poder como é a relação de emprego, é preciso criar salvaguardas para proteger os direitos básicos dos trabalhadores.

Como foi a própria legislação que criou as condições para esse relacionamento mais flexível, fica claro que não é na norma estatal que deve ser buscada a principal salvaguarda – embora a Constituição da República continue balizando o contrato individual de trabalho –, mas, na força dos próprios trabalhadores, que, como visto, não existe individualmente, pela mencionada assimetria na relação mantida com o tomador dos serviços, mas pode existir no plano coletivo.

Essa foi a fórmula encontrada ao longo dos séculos, desde a 1ª Revolução Industrial, para equilibrar a relação dos trabalhadores com os tomadores de serviços.

Isso exige, todavia, a existência de sindicatos fortes, e em modelo de liberdade, ou seja, que permita que os trabalhadores possam adaptar-se para resistir a qualquer ação dos tomadores de serviços que importem em uma redução desarrazoada e/ou desproporcional de suas condições de trabalho, e, quando possível, pelas circunstâncias, uma melhoria destas.

No Brasil, todavia, não é o que temos. Por força de um modelo rígido, ultrapassado e autoritário de organização sindical, não têm os trabalhadores como oferecer resistência a qualquer ação empresarial. Resta-lhes torcer para que um fenômeno importante, como é o surgimento crescente de novas tecnologias, não signifique um prejuízo irreparável à sua vida e à sua subsistência.

Referências

BATALHA, Elton Duarte. Teletrabalho – A reforma trabalhista brasileira e a experiência estrangeira. *In*: MANNRICH, Nelson (Coord.). *Reforma trabalhista*: reflexões e críticas. 2. ed. São Paulo: LTr, 2018.

BRITO FILHO, José Claudio Monteiro de. *Direito sindical*. 7. ed. São Paulo: LTr, 2018.

BRITO FILHO, José Claudio Monteiro de. *Trabalho decente*: análise jurídica da exploração do trabalho – trabalho escravo e outras formas de trabalho indigno. 5. ed. atual. de acordo com a reforma trabalhista. São Paulo: LTr, 2018.

FACHINI, Moisés Panegassi *et al.* Internet das coisas: uma breve revisão bibliográfica. *Conex. Ci. e Tecnol*, Fortaleza/CE, v. 11, n. 6, p. 85-90, dez. 2017.

FREDIANI, Yone. Relações de trabalho no terceiro milênio e seus reflexos no mercado de trabalho. *In*: FREDIANI, Yone (Coord.). *A valorização do trabalho autônomo e a livre-iniciativa*. Porto Alegre: Magister, 2015.

GOUNET, Thomas. *Fordismo e toyotismo na civilização do automóvel*. São Paulo: Boitempo Editorial, 1999.

MAEDA, Patrícia. *A era dos zero direitos*: trabalho decente, terceirização e contrato zero-hora. São Paulo: LTr, 2017.

MAGANO, Octavio Bueno. *Manual de direito do trabalho*. 2. ed. São Paulo: LTr, 1990. v. III: Direito Coletivo do Trabalho.

MELO, Raimundo Simão de. *Dissídio coletivo de trabalho*. São Paulo: LTr, 2002.

MIZIARA, Raphael. *O novo regime jurídico do teletrabalho no Brasil*. 2017. Disponível em: https://juslaboris.tst.jus.br/bitstream/handle/20.500.12178/116314/2017_miziara_raphael_novo_regime.pdf?sequence=1. Acesso em 22 dez. 2018.

NASCIMENTO, Amauri Mascaro. *Direito sindical*. São Paulo: Saraiva, 1989.

RODRIGUES, Deusmar José (Coord.). *Lei da reforma trabalhista comentada artigo por artigo*. São Paulo: JH Mizuno, 2018.

SCHWAB, Klaus. *The fourth industrial revolution*. New York: Crown Business, 2017.

SILVA, Cleide; GAVRAS, Douglas; CARNEVALLI, Érica. Renda com imposto sindical tem queda de 86% em um ano. *Estadão*, 10 nov. 2018. Disponível em: https://economia.estadao.com.br/noticias/geral,renda-com-imposto-sindical-tem-queda-de-86-em-um-ano,70002601911. Acesso em 28 dez. 2018.

SOUZA JÚNIOR, Antônio Umberto de *et al*. *Reforma trabalhista*: análise comparativa e crítica da Lei nº 13.467/2017 e da Med. Prov. nº 808/2017. 2. ed. São Paulo: Rideel, 2018.

WORLD ECONOMIC FORUM. *The future of jobs report 2018*. Geneva: Centre for the New Economy and Society, 2018.

Informação bibliográfica deste texto, conforme a NBR 6023:2018 da Associação Brasileira de Normas Técnicas (ABNT):

BRITO FILHO, José Claudio Monteiro de; GARCIA, Anna Marcella Mendes. O impacto das novas tecnologias nas relações de trabalho e a representação sindical. *In*: TUPINAMBÁ, Carolina (Coord.). *As novas relações trabalhistas e o futuro do Direito do Trabalho*: as novidades provenientes dos avanços tecnológicos. Belo Horizonte: Fórum, 2021. (Coleção Fórum as novas relações trabalhistas e o futuro do Direito do Trabalho. Tomo III.). p. 129-144. ISBN 978-65-5518-131-9.

FIRST INSIGHTS ON THE INDUSTRIAL REVOLUTION 4.0 AND ITS EFFECTS ON THE LABOR LAW

CARLOS ARTUR GIANNINI DOMINGUES

1 Aspects of the onset and evolution of Labor law

Labor was firstly introduced in societies as a torture object, i.e., as a way of punishment for unworthy ones. It is known that torture and punishment, in a broader sense, convey domination and demonstration of power over one another, such definition is given by the legal scholar Vólia Bofim Cassar.[1]

Our country (Brazil) was a clear example of such domination. Considering our colony condition, which was ruled under Portuguese Law, there was a significant influence on slavery maintenance until the end of the 19th century.

Simply put, we cannot embed the French Revolution, as the cradle of labor rules. Apart from King Louis fall and Napoleon rising, it is possible to verify in the French Civil Code, named Napoleon Code, two

[1] "Do ponto de vista histórico e etimológico, a palavra *trabalho* decorre de algo desagradável: dor, castigo, sofrimento, tortura. O termo trabalho tem origem no latim – *tripalium*. Espécie de instrumento de tortura ou canga que pesava sobre os animais. Por isso, os nobres, os senhores feudais ou os vencedores não trabalhavam, pois consideravam o trabalho uma espécie de castigo". (CASSAR, Vólia Bomfim. *Direito do Trabalho de acordo com a Reforma Trabalhista Lei nº 13.467/2017*. 14. ed. Rio de Janeiro: Método, 2017. p. 3).

articles addressing the Labor Law: 1) The possibility of placing people at work and 2) the restriction on this placement not to be for a lifetime.

That historical moment was mentioned by the Portuguese legal scholar Jorge Reis Novais not as the fundamental rights maker, but as an important milestone for the Labor Law development.[2]

Having the Labor law derived from the common law, it is possible to assume that those early rules, brought from the French Civil Code in 1804, lightened a sparkle over the workers' rights. Throughout this evolving narrative, we noticed they started from a period of legal nullity, having a worker as an exploitation tool, to the current practices, providing not only effective constitutional regulations but also an entire code devoted to this Law segment.

It is fair to say labor just started to be considered as a fundamental right from the Industrial Revolution[3] on. Firstly, it brought regulations aiming at improving working conditions, spreading and outstretching their effects to other fields of social interest.

Later, mandatory rules started to diminish employers' liberty. In England, the first job content rules aimed at the improvement in working conditions arose in 1931. In Portuguese law, the first job content rules date back to 1891, tied to the Civil Law.

As a result of big corporations settlement, industries expanded, accumulated wealth and enhanced their production. The Industrial Revolution was a period when capitalist economies had a vertiginous growth. Consequently, the labor regulations, which evolved along with the development of economic activity, reached a far-reaching scale, limiting employers' power and increasing workers' security and benefits.

After the advent of Workers' Guarantees and Rights regulation, there is a relevant evolution up to the present days. Such evolution

---

2 "A Declaração dos Direitos do Homem e do Cidadão da Revolução Francesa bem proclamara que Constituição era direitos fundamentais e separação de poderes, mas, por mais de século e meio, os direitos fundamentais permaneciam no limbo da mera proclamação política simbólica em contraste com a dominância jurídico-formal da ideia de separação dos poderes". (REIS NOVAIS, Jorge. *Direitos Sociais*: teoria jurídica dos direitos sociais enquanto direitos fundamentais. 2ª ed. Lisboa: AAFDL, 2016. p. 22).

3 "O Direito do Trabalho é usualmente considerado como um ramo jurídico jovem, porque embora o fenómeno do trabalho subordinado, com os contornos que hoje lhe conhecemos, se tenha começado a massificar a partir do final do séc. XVIII, com o advento da Revolução Industrial, foi necessário esperar até ao final do séc. XIX para que a produção normativa no domínio laboral se regularizasse e intensificasse a ponto de se poder reconhecer uma nova área do universo jurídico. Por esta razão, a maioria dos autores, em diversos contextos doutrinais, situa o surgimento desta área jurídica no período entre o início do século XX e o termo da Primeira Guerra Mundial". (RAMALHO, Maria do Rosário Palma. Tratado de Direito do Trabalho. Parte I – Dogmática Geral. 3. ed. Coimbra: Almedina, 2012. p. 41).

impedes rules subtraction, which aims to protect workers, and makes us think about the social status through workers' new rights, raising the influence of the Industrial Revolution as the cradle of Labor law.

The social rights, amongst them the labor law, are placed in the second dimension of fundamental rights, having the Mexican Constitution in 1917, Weimar constitution in 1919 and the International Labor Organization (ILO) inception by the Treaty of Versailles in 1919 as 2nd-generation legal documents.

The first-dimension rights are associated with liberalism ideals and have immediate application.

Bearing the second-dimension rights in mind, we may think of progressive implementation, over time and according to their possibilities. Here is the point in which the fundamental rights attached to labor and to economic rights encounter.

The extensive growth of legislation for worker's benefit exceeds the cost level as well as workers' health and well-being reassurance, reaching out the status of constitutional and fundamental rule towards human rights.

Labor law became elementary when it overtook the cost level of workers and began to see them as a key element for a Nation development. In the social level, it has an important role for interpersonal relationships, for culture, and for workers' freedom, erecting its condition as fundamental and as an instrument for the human dignification.

Through such brief historical evolution, it is noticeable that the labor law, whose onset was during the Industrial Revolution 1.0, has not been static. And in the present days, relationships among people and consequently labor relationships are still affected by the industrial revolutions.

The Industrial Revolution 1.0 is associated with mechanization and the development of power sources. When it comes to the Industrial Revolution 2.0, it is feasible to claim its enhancement came around with the idea of mass production and electricity usage. The next one, 3.0, links computers and automation process on its inception. Finally, the Revolution 4.0 pledges the integration among people, machines, sensors, and networks in a cloud-environment interaction, the so-called Cyber-Physical System.

There are spots of 4.0 industries all over the world, especially in advanced economies. But its onset and development are closely linked with the Silicon Valley Corporations in the US and with the global torrent of Chinese goods. However, its terminology and implementation as a science must be assigned to Germans.

The Industrial Revolution 4.0 starts to influence labor relationships the same way it did in the 18th century. The early labor law regulations emerged from the need for controlling life and factory labor. It does not differ today. This necessity for readjusting the labor concept and the way in which employers and employees live the labor market is crucial nowadays, with our daily life changing at a fast pace.[4]

Notwithstanding the permanent mutation we are facing, these regulations cannot omit their binding nature, either protecting the worker or the company. And, since there is a triad relationship, it is feasible to protect the State.

A new reform has come. It does not escape its attribution of maintaining a social ideal and aims at relaxing the labor legislation. It must meet workers' protection yearning, consolidated by the classical doctrine, as well as refresh itself by seeking for new labor relations.

2 Labor value transformations

Notwithstanding the range of labor rights within the Brazilian Constitution in 1988, such protection dates back to 1943, when the Consolidation of Labor Laws was established. Following a global tendency for protecting workers, especially after the Industrial Revolution, Brazil introduced such movement in its order, despite being an eminently agrarian country.[5]

Magistrate and professor Sayonara Grillo, in a talk with the Italian jurist Ferrajoli,[6] implied the Labor law growth and its approach to Constitutional rights. She cited the rights to freedom regulations

---

4 In this sense: "Mudanças nas leis trabalhistas estão ocorrendo pelo mundo todo. Portugal, Alemanha, Espanha e Itália são exemplos da natureza intrinsecamente cambiante desta especial forma de regulação. A França também, apesar de retardatária. O motivo é óbvio poucas coisas mudam tão rápido nesta nossa modernidade líquida quanto os modos e meios do trabalho humano". (TUPINAMBÁ, Carolina; GOMES, Fábio Rodrigues. (Coords.). *A Reforma Trabalhista, o impacto nas relações de trabalho*. Rio de Janeiro: Fórum, 2018. p. 207).

5 "A CLT, fruto das normas protetivas contra os abusos praticados em decorrência da Revolução Industrial, foi introduzida como legislação industrial num país ainda agrário e patriarcal". (ADAMOVICH, Eduardo Henrique Raymundo Von; BELMONTE, Alexandre Agra. Aspectos da Flexibilização Trabalhista. *Síntese Trabalhista*, Porto Alegre, v. 12, n. 140. p. 51, 2001).

6 "Na obra de Luigi Ferrajoli, merecem tratamento específico, como três modelos de desenvolvimento do paradigma garantista, temas diversos, tais como a renda mínima, as relações entre liberdade de informação e meios de comunicação e a regulação laboral concretizada na Itália pelo Estatuto dos Trabalhadores". (SILVA, Sayonara Grillo Coutinho Leonardo da. Direitos Fundamentais, garantismo e direito do trabalho. *Revista do Tribunal Superior do Trabalho*, Brasília, v. 77, n. 3. p. 278-279, jul./set. 2011. p. 278).

and the Statute of the Workers establishment in Italy as the onset for guarantee development.

Analyzing the tutored one, the worker, it keeps an intimate connection with the principle of human dignity and other fundamental principles, not only for them but also for any human person, such as respect towards honor, image, equality, freedom, safety, health, property, and so on. Thus, the fundamental right to work, aiming at promoting the human person, presents all these important concepts for the one development within its ideology.

The Brazilian legal scholar Arion Sayão Romita, highlights that Labor law opened new paths when it started to approach the ideal of dignification and immaterial value of labor,[7] leaving behind a purely-oriented perspective towards the labor condition improvement. From the same perspective, he erected a discussion on the regulations of public and private nature.

Such classic concepts of Labor law collide with every innovation that comes along the most advanced industrialization processes. It does not mean we are experiencing a broad picture for employability, nor even for the quality of these jobs (that is why we should avoid all social concepts which govern Labor law). On the contrary, especially in Brazil, that faces high unemployment rates and a severe economic crisis. Nonetheless, we must look around and adapt to a fast-moving world and, further, seek for a better future to work relationships.

Having that in mind, the UN (United Nations) released 17 sustainable development goals,[8] and among them #8 focus on decent work and economic growth.[9] Hence, two questions arise: 1) Is it possible to combine two fields which were firstly so opposite? and 2) How possible is it to achieve economic prosperity by keeping the current range of labor guarantees and rights?

---

7 "Aos poucos, emergiu a consciência de que o Direito do Trabalho não deveria perseguir apenas o objetivo cifrado na melhoria das condições materiais de vida dos trabalhadores. Sem deixar de lado esse objeto, passaram os estudiosos deste ramo do Direito a tratar de temas pertinentes aos direitos de personalidade, no intuito não mais de atingir o alvo da justiça social do ponto de vista estritamente pecuniário, porém, de agregar-lhe valores fundados na realização do ideal de justiça (pura, sem adjetivação), com supedâneo no reclamo ético de valorização do trabalho humano, lastreado no respeito à dignidade da pessoa do trabalhado". (ROMITA, Arion Sayão. Direitos Fundamentais nas relações de trabalho. 5. ed. São Paulo: LTR, 2014. p. 34).

8 https://www.un.org/sustainabledevelopment/es/sustainable-development-goals/. Access in 18 fev. 2019.

9 https://www.un.org/sustainabledevelopment/es/economic-growth/. Access in 18 fev. 2019.

The UN report says half of the world population lives with around two American dollars a day. Moreover, the global unemployment rate is 5.7%, and the aggravating factor is that having a job does not mean to live away from poverty, evoking the ideal to be sought of a higher quantity as well as better quality of job positions.

Goal #8's main aim is promoting societies' commitment for creating high-quality jobs, encouraging economic growth with no environmental damage, reducing unemployment rates and increasing labor productivity.

One way for achieving this objective is depicted at item 8.2 "Achieve higher levels of economic productivity through diversification, technological upgrading and innovation, including through a focus on high-value added and labor-intensive sectors".

To reach high levels of productivity with diversification, technological upgrading and innovation, and yet to combine industrial sophistication with human labor, has a close relationship with the Industrial-Revolution-4.0 concept, whose scope is exactly to integrate people, machines, sensors, and networks. Such integration aims at extracting the best from the productive process and safeguarding the ones involved. Therefore, the classic protectionist concept, which reveals gaps along the world development way, is overcome.

The UN report strives for fulsome work, with quality and productivity, id est, the best plan that could be traced along the sustainable development path.

Mentioning the pursuit for the integration among people, machines, systems with productivity and efficiency, salary should be negotiated according to the law of supply and demand in a utopian scenario for labor law, in which there would be a perfect competition among workers.

Thinking of labor as a variable cost to companies, increasing this expense load would neither necessarily add value nor enhance productivity to business since salary increase is not a way of reaching the better quality levels of work intended by the UN.

Basic concepts, such as the marginal theory of production, preach employers can only add mobile costs to production if they somehow bring monetary benefits.

For the perfect competition ideology, companies will solely create jobs when the marginal cost reaches the marginal yield, in other words, there must be a cause-effect relationship, with a forward profit enhance for new jobs to appear.

On the contrary, employment is directly influenced by marginal inutility, the moment when a worker considers to have a salary raise and then waive several activities in the personal field.[10]

One important concern for developed markets has been to create skills that enhance productivity in an uncertain future market, as well as manage to conciliate professional and personal lives; since only increasing purchasing power is not considered as an instrument of dignification and work position quality.

Thinking of labor productivity, a worker will surely opt for having more hours in his workstation and achieve a better salary status rather than in private life, at first. Nonetheless, after reaching a satisfactory salary level, he tends to diminish his workload, favoring his personal issues, which could impact his productivity in a constantly changing market environment, as a consequence.

In more developed markets, job offers tend to provide better private-life benefits to workers,[11] as they have a good salary, seducing workforce with the possibility of having a freer life outside the labor environment. Therefore, the fundamental bond between more working hours and productivity no longer exists.

---

[10] "Num contexto de concorrência perfeita, a procura do factor trabalho pelas empresas pode ser explicada em termos da teoria da produtividade marginal, segundo a qual uma empresa maximizadora de lucros dará emprego a novos trabalhadores até que o respectivo custo marginal seja igual ao rendimento marginal, ou seja, ao rendimento esperado do último trabalhador admitido". (ARAÚJO, Fernando. *A análise económica do Contrato de Trabalho*. Year 3, n. 5, p. 3143-3239, 2014. http://www.idb-fdul.com/ ISSN: 2182-7567. p. 192).

[11] Constitution of the Portuguese Republic, article 59 item 1b, establishes that labor associates shall foster family coexistence. "A organização do trabalho em condições socialmente dignificantes, de forma a facultar a realização pessoal e a permitir a conciliação da atividade profissional com a vida familiar;" – https://www.parlamento.pt/Legislacao/Paginas/ConstituicaoRepublicaPortuguesa.aspx. Access in 18 fev. 2019. Professors Rui Medeiros and Jorge Miranda said: "O legislador constitucional portugês torna assim clara a conexão dos direitos fundamentais dos trabalhadores com o princípio da dignidade da pessoa humana e com outros direitos fundamentais, designadamente com o direito ao desenvolvimento da paersonalidade e com o direito à protecção da família e da saúde". (MIRANDA, Jorge; MEDEIROS, Rui. Constituição Portuguesa Anotada. 2. ed. Coimbra: Wolters Klwer Portugal with the brand Coimbra Editora, 2010. t. I, p. 1156).
The Wrold Economic Forum brought up discussions around increase productivity in a week with less days of work: "Adam Grant, a psychologist from the Wharton School in Pennsylvania, said: "I think we have some good experiments showing that if you reduce work hours, people are able to focus their attention more effectively, they end up producing just as much, often with higher quality and creativity, and they are also more loyal to the organisations that are willing to give them the flexibility to care about their lives outside of work". (World Economic Forum, Davos, Switzerland, 2019, *It's time to switch to a four day working week*: https://www.weforum.org/agenda/2019/01/2-davos-experts-says-it-s-time-to-switch-to-a-four-day-working-week/. Access in 18 fev. 2019).

To link human labor productivity with social life, machine integration and systems may be the one challenge to achieve the targets established by the UN and absorb the new Industrial Revolution.

In this regard, analyzing the heated debates around the labor reform, classic theory advocates mention the retreat of some workers' rights and guarantees, with a loss in work posts quality while opponents defend the upgrading for a legislation which was below the current labor standards.

3 Labor revision during a change in enterprise demand

Professions that existed before the 4.0 Revolution were absolutely centered in formal work. It means employees who performed their tasks in big corporations had legalized jobs and were responsible for entire sectors of "manual" (quotation marks to denote mechanized activities performed by humans and typical in the 1.0 and 2.0 Industrial Revolutions) labor. Such transition comes true in professions that had an important role in social development and barely exist nowadays, such as telephone operators[12] and typists.

The World Economic Forum 2019, based in Davos, Switzerland, discussed a number of aspects that aimed at targets of sustainable development established by the UN. Amongst them, it highlighted that 65% of children at primary school nowadays will perform current non-existent jobs, and the skills they have been taught will not possibly match the demand in such work positions.[13] For this reason, not only creating new jobs with quality is a challenge but also workers' productivity, which may be lagged.

As technology moves forward, the number of jobs decreases. Our quest for perfection, for making more and better, caused the loss of human labor to machines. Not necessarily for robots, but mostly for software, applications, startups, and other tools for the development

---

[12] It is worth citing the Spanish TV series "Las chicasdelcable", created, directed and produced by Ramón Campos and broadcasted by Netflix. The story takes place in the late 1920´s and depicts the inclusion of women into the job market, as well as the shortcomings for the telephone operators' profession, from the Union establishment until the upcoming creation of automatic systems which threatened their professional future.

[13] "Some studies suggest that 65% of children entering primary school today will have jobs that do not yet exist and for which their education will fail to prepare them, exacerbating skills gaps and unemployment in the future workforce. In addition, poorly developed adult training and skilling systems in most economies delay the speed of adjustment to the new context for the currently active workforce of 3 billion people".

of supply chains, closer consequently to the 3.0 and 4.0 Industrial Revolutions.

At this stage, the distinction between Industrial Revolutions 3.0 and 4.0 should be stressed. This last one aims to integrate humans, machines and software, which seems to be more sustainable than the hard battle between the human capital and robotics. It is important to highlight that this change also promotes new sorts of professionals,[14] however.

This deconstruction of the employee figure with such a formality occurs as novel jobs emerge.[15] It is acceptable, nowadays, one's subordination to a digital platform with no formal binding, like Uber and Cabify drivers and so on, for example.[16]

---

14 "At the same time, however, it is also clear that the Fourth Industrial Revolution's wave of technological advancement is set to reduce the number of workers required for certain work tasks. Our analysis finds that increased demand for new roles will offset the decreasing demand for others". (World Economic Forum, Davos, Switzerland, 2018, *The Future fo Jobs Report*: https://www.weforum.org/reports/the-future-of-jobs-report-2018. Access in 18 fev. 2019).
"While the Fourth Industrial Revolution's wave of technological advancement will reduce the number of workers required to perform certain work tasks, responses by the employers surveyed for this report indicate that it will create increased demand for the performance of others, leading to new job creation". (World Economic Forum, Davos, Switzerland, 2018, *The Future fo Jobs Report*: https://www.weforum.org/reports/the-future-of-jobs-report-2018. Access in 18 fev. 2019).

15 "On average, globally, around 53% of the working-age population are employees of some kind–whether working formally for others, working for others without a formal contract in the informal economy or contributing to a family business–employed mainly by the 4% of the population that are considered employers. Another 7% are underemployed and 13% are self-employed, own-account workers. Additionally, 4% are unemployed and 20% are inactive–having dropped out of, or never entered, the labor market and usually engaged in unpaid work". (World Economic Forum, Davos, Switzerland, 2017, *Realizing Human Potential in the Fourth Industrial Revolution An Agenda for Leaders to Shape the Future of Education, Gender and Work*: http://www3.weforum.org/docs/WEF_EGW_Whitepaper.pdf. Access in 18 fev. 2019).

16 "Há relações de trabalho muito próximas da relação empregatícia. São as chamadas situações fronteiriças, em que, por vezes, fica difícil a identificação de sua natureza.
É o que ocorre com a prestação de serviços autônomos. O contrato de prestação de serviços também, como o contrato de emprego, tem por objeto uma prestação de fazer. Entretanto, diferentemente do contrato de emprego, no contrato de prestação de serviços, a prestação de fazer deve ser encarada como o resultado e não como o processo.
Como as relações são muito próximas, devem-se buscar os elementos diferenciadores. Sabidamente, o contrato de emprego exige a configuração, cumulativamente, dos seguintes requisitos, em síntese, trabalho por pessoa natural, com pessoalidade, onerosidade, não eventualidade e sob subordinação jurídica. Faltando um desses elementos, deve-se ter por afastada a relação de emprego.
A subordinação é um dos requisitos mais importantes à configuração do vínculo empregatício, sendo, portanto, um dos mais eficazes elementos diferenciadores dessa relação da de prestação de serviços autônomos.

Today, living in the digital age, we face a tendency to soft subordination, in a number of aspects. There is a huge concern about creating regulations that soften the traditional concept of subordination, as a rigid regime of work (8 hours a day, 5/6 days a week) is not what the majority wishes. They look, on the other hand, for balancing work and private life, prioritizing a so-called *lifestyle*.

This movement brought by technology affects the population in general, from watching TV at any time they want to working when it fits their personal issues. For instance, families do not get together at dinnertime for watching their favorite soap opera as they used to. The general audience is migrating to podcasts and streaming tools with which they can access any kind of content anytime anywhere.

These routine changes affect the way labor law is perceived, as well. A way out to feed the market suffering with fewer jobs and falling-into-disuse activities would be the creation of new job positions. But what would they be?

Digital influencers, Youtubers, bloggers, and many others are improving the professionals list. These jobs have a remarkable characteristic, however. Besides its individualized character, there is also a sort of informality when it comes to the classic concept of work and tax regime.[17]

Em princípio, qualquer tomador de serviços, inclusive do autônomo, estabelece um mínimo de diretrizes e orientações acerca da prestação efetuada, mas não dirige nem fiscaliza o cotidiano da prestação, não estabelece regras contundentes sobre o modo da concretização do trabalho, porque o interessa como resultado e não como processo que deva conduzir. Essa é a hipótese dos autos. O conjunto probatório favoreceu a reclamada, mormente pelo fato de o reclamante, por conta própria, ter se cadastrado na plataforma digital, para prestar os serviços de motorista, bem como por não haver fiscalização do trabalho por parte da Uber, muito menos aplicação de penalidades". (Brazilian Labor Court 2nd Region – Case number: 10018296120175020312 – São Paulo, Attendant Associate Judge: MARIA ELIZABETH MOSTARDO NUNES, 12ª T., Published in 09.11.2018).

17 "While full-time employment is still the predominant form of work in most advanced countries, a growing share of people work independently and combine income from multiple sources.1 These alternative work formats vary from moonlighting to full-time freelance work to subcontracting to entrepreneurship, and can be facilitated through traditional routes (staffing firms, word-of-mouth, and so on) or through new online platforms. Most social safety nets, labour statistics, financial services and adult education systems in advanced economies are unprepared for this growing de-formalization of work. In many emerging economies, independent work was already a significant portion of labour force participation, and safety nets were already stretched or non-existent. This gap is expected to grow. For example, by 2020, online platforms such as accommodation platform Tujia and car app Didi Kuaidi are expected to make up 10% of China's total GDP.2 There is demand for better measurement, legal frameworks and safety nets". (World Economic Forum, Davos, Switzerland, 2017, *Realizing Human Potential in the Fourth Industrial Revolution An Agenda for Leaders to Shape the Future of Education, Gender and Work*: http://www3.weforum.org/docs/WEF_EGW_Whitepaper.pdf. Access in 18 fev. 2019).

Bloggers, for instance, are people who sell their personal image and their own ideas for corporate sponsorship. Those companies intend to sell products or services which appeal to that blogger's audience.

Therefore, these new jobs elude what was envisaged by the Consolidation of Labor Laws in Brazil from 1943 and the current Federal Constitution from 1988, since they do not necessarily contribute to the job market or to the social security system, and are non-formal.

The current labor situation in Brazil still privileges the 3rd article of Consolidation of Labor Laws, which dictates the formal job by the classic concept of 1) subordination, id est, the employee has a rights-and-duties relationship with their employer, being subjected to the company control; 2) Non-eventuality, id est, there is a continuity of service on a non-sporadic basis which bonds employee and employer; 3) Rewarding, id est, the employee receives the standard wage on a regular and continuous basis for working on a non-sporadic basis; 4) Personality, id est, the job shall be performed by a determined employee, therefore there is no way to make themselves replaceable.

On the other hand, most of the new professions arise in a non-formal way, as seen before. Nonetheless, there is nothing to prevent those bloggers, for example, from being hired by a web portal and start producing content as a registered employee, hence becoming subjected to the 3rd article of Consolidation of Labor Laws. Further, we will discuss whether the law has kept pace with these new kinds of jobs.

Society role is crucial in such changing times. It is not reasonable to make just a part or segment of the population responsible for this movement. Therefore, achieving a balance between the public and private sectors is essential. Changing the labor law is a sensitive theme but necessary, and should be given proper thought. Even more for being one of the solutions proposed by The World Economic Forum to achieve sustainability.[18]

Aiming at adjusting those new workers' demands for flexibility and balance between work and private life, a new system in the Brazilian Labor Law is emerging, albeit timidly. The Labor Reform shows up as a

[18] "Reforming employment law and regulatory classifications to better enable independent workers to benefit from new opportunities while managing associated challenges may require an agile approach that involves modifying current policies as well as testing wholly new models, and measuring and monitoring outcomes. All relevant stakeholders will need to remain open to iterative learning". (World Economic Forum, Davos, Switzerland, 2017, *Realizing Human Potential in the Fourth Industrial Revolution An Agenda for Leaders to Shape the Future of Education, Gender and Work*: http://www3.weforum.org/docs/WEF_EGW_Whitepaper.pdf. Access in 18 fev. 2019).

spark for necessary modernization by which laws should go through to keep track of societal progress. And although there is not a single signal that the Brazilian Labor Reform has been influenced by the Industrial Revolution 4.0, we will treat intermittent employment and teleworking, since they seem closer to the new industrial demand.

3.1 Intermittent employment

Intermittent employment arose more contemporarily in England and was welcomed for expressing positive flexibility and for improving rates in the job market.

Such innovation came along with a set of work contracts named *atypical* since it breaks the conservative idea of massive subordination and work contract for an indefinite period, as defined onward by Professor Ian Smith and Aaron Baker, "In particular, a large proportion of recent job creations has been so far considered atypical but promptly becoming the general rule in most of job market sectors".[19]

It may be a change that affects the world in a broader way. Nowadays, for example, when one does not feel like waiting for a certain time to watch their TV show, they will make use of other technological tools to do so at any time instead, to meet their routine business.

A parallel could be drawn with the Labor law. And undoing the traditional idea of intense subordination, they start to recognize the intermittent employment contract as a way for workers to decide when to provide their services, approaching to current concepts that fit work and private life balance; moreover, being a link between productivity and worker insertion in a harmonized production chain with machines and systems.

Although this novel contract agreement has brought benefits to the English order, such as formalizing work contracts once outside the Labor law and increasing the number of people under law *protection*, it triggered debates (and got the nickname 'zero hour') since if the employer did not require the worker for a job at any time, this would have no reward due such agreement.

Therefore, debates arise around the benefits within that kind of contract, as it breaks the traditional paradigm of an employee's absolute subordination. It diminishes the number of rights and guarantees

---

[19] BAKER, Aaron; SMITH, Ian. *Smith & Wood's Employment Law*. 12th Edition. Oxford: United Kingdom, 2015. p. 56.

established by the labor regulation, however. "For the current purposes, there is an additional issue whether such contracts could be taken to deny the status of 'employee' and, then, protective rights".[20]

The Brazilian Magistrate Homero Batista Mateus da Silva considered the English modality successful,[21] but he pointed out it reflects the reality of another economic scenario as well as it may conceal low-quality contracts. By the way, we shall highlight that the UN objectives list to 2030 can be translated into job quantity and quality.

It was the same in Italy, where the labor contract called *'a chiamata'* or *'lavoro intermittente'* aimed at covering a grey area in the non-protected labor relationships. This was also legal scholar Eufranio Massi's conclusion, "The ministerial provision was motivated by the necessity for finding a 'Legal coverage' to intermittent work (...)".[22]

It is important to say *'a chiamata'* was addressed to those who were about to get into the job market and were under 25 years old, and to those workers who wanted to return to the job market and were above 45 years old, according to the provisions of Italian Decree-Law no. 112/2008. Workers in-between can formalize such contract through collective labor convention agreement.

Italian Labor law concerns regarded the reduction of rights and guarantees of workers in such condition, considering that this kind of contract could be an extremely flexible tool to an inappropriate way

---

20 BAKER, Aaron; SMITH, Ian. *Smith & Wood's Employment Law*. 12th Edition. Oxford: United Kingdom, 2015. p. 65.

21 "O contrato de trabalho intermitente tem potenciais inesgotáveis de precarização do trabalho e, ao lado da liberação da gestante para ambientes insalubres, representou a pedra no sapato do governo que não queria nenhuma discussão no Senado Federal. Mas a grita fazia todo o sentido, pelo quadro nebuloso que o art. 452-A enseja. O contrato intermitente pode ter se expandido em países como a Inglaterra, mas em contextos sociais completamente diferentes do brasileiro, em que o subemprego é tão ou mais significativo do que o emprego. Vários estudiosos enxergaram cenários terríveis, em que a taxa de desemprego pode cair drasticamente, mas de maneira artificial, com várias pessoas tendo contratos zerados". (SILVA, Homero Batista Mateus da. *Comentários* à *Reforma Trabalhista*. São Paulo: Revista dos Tribunais, 2017. p. 77).

22 "Il provvedimento ministeriale fu motivato dalla necessità di trovare uma "copertura giuridica" al lavoro intermittente in tutte quelle ipotesi nelle qualil'istituto aveva attecchito (come nel commercio e nei pubblici esercizi, sopra ttutto nei fine settimana). In talisettoriil contrattodi lavoro intermittente si propone vadieli minarele prestazioni "in nero", o coperte da improbabili collaborazioni coordinate e continuative, o da prestazioni professionali, dificilmente ravvisabili, ad esempio, nella "presa dele ordinazioni" e nel servizio aitavoli". (MASSI, Eufranio. *Il lavoro intermittent e tra cancellazioni e reintroduzioni*. Modena: http://www.dplmodena.it/Lavoro%20intermittente.pdf. Access in 18 fev. 2019).

to guarantee minimum protection to workers, compared with others "formal-workers".[23]

Another quick conclusion can be drawn from such kind of contract, a hybrid and peculiar feature fostering the job market with few guarantees to workers in a classic view of labor law. Nonetheless, it approaches the necessary harmonization among worker, machine and systems, as well as the ideal work and private life balance.

The Brazilian experience, not yet so well defined about this institution, raised debate around this sort of contract. According to the legal scholar Vólia Bonfim Cassar, it will bring extreme legal uncertainty to workers.[24]

On the one hand, there is a high expectancy towards the possibility of intermittent employment contract raise employment rates, and from the employers' perspective, decrease labor cost.

Whereas, workers' interest advocates are suspicious, once such regime reduced rights established by the former regulation, and massively transferred the business risks to the employees, for not having their classic minimum guarantees.

Addressing the issue from the novel professions view, intermittent employment contract arises as a possible harmonization between worker, their audience, and employer. Here, we mention Youtubers, for example. They should record videos for broadcasting on websites, not necessarily working in-company for 08 hours a day, up to the limit of 44 hours a week. Instead, they could appear in the office and stay for however long suits their production, having the chance to reconcile personal and work life.

---

[23] "Mutuato da alcune esperienze straniere, il "joboncall" era stato visto da parte sindacale (e leidee, soprattutto in CGIL, non sono affattocambiate) come uno strumento di estrema flessibilità, inadatto a garantireun "minimum" di tutela nei confronti dei lavoratori che pote vanolavorare soltanto se e come ildatoredi lavoro li avesse interpellati, conpossibili minori garanziele gatean che all aparziale registrazione sui libriobbligatori (non tuttele prestazionie ranoannotate)". (MASSI, Eufranio. *Il lavoro intermittent e tra cancellazioni e reintroduzioni*. Modena: http://www.dplmodena.it/Lavoro%20intermittente.pdf. Access in 18 fev. 2019).

[24] "Esta nova modalidade de contrato gera extrema insegurança ao trabalhador, que não tem nenhuma garantia da qualidade mínima de trabalho por mês ou de quantos meses irá trabalhar no ano e, apesar de ficar à disposição dos chamados do patrão, este período não é computado como tempo de serviço, não se lhe aplicando pelo período de inatividade o disposto no caput do art. 4º da CLT, podendo, inclusive, trabalhar para outros empregadores". (CASSAR, Vólia Bomfim. *Direito do Trabalho de acordo com a Reforma Trabalhista Lei nº 13.467/2017*. 14. ed. Rio de Janeiro: Método, 2017. p. 508).

Such possibility is given by the change made in the article 443 of Brazilian Consolidation of Labor Laws,[25] which introduced the intermittent employment contract, and whose brief features exposition does not admit continuous labor service, making necessary to specify hours, days or months of service.

This novel contract modality ruptures what is hitherto proposed by the article 3rd of Consolidation of Labor Laws since it builds up a 'soft' subordination. It ruled the period of inactivity should not be considered as disposal time to the employer and work denial do not characterize insubordination.

A further peculiarity of the intermittent employment contract is the worker can have agreements with several companies, and stand for their job requests as he wishes. This is one more chance to verify subordination flexibility and legislation convergence to current society progress.

3.2 Teleworking

The Labor Reform in Brazil has brought a novel regime, namely Teleworking, which aims at getting closer to the newly established relationships between employee and employer. Likewise, it was not easily accepted by the traditional doctrine, as it mitigates overtime pay to workers.[26]

Such regulation was inserted in the chapter that addresses the exceptions for overtime payments, more precisely in the article 62, item III of Brazilian Consolidation of Labor Laws, which had already

---

[25] "Art. 443. O contrato individual de trabalho poderá ser acordado tácita ou expressamente, verbalmente ou por escrito, por prazo determinado ou indeterminado, ou para prestação de trabalho intermitente". (BRASIL. Decreto-Lei nº 5.452, de 1º de maio de 1943. Aprova a Consolidação das Leis do trabalho. *Diário Oficial da União*, Rio de Janeiro, 09 ago. 1943. Disponível em: http://www.planalto.gov.br/ccivil_03/decreto-lei/Del5452.htm. Accesso em 18 fev. 2019).

[26] Magistrate Homero Batista classified teleworking as follows: "A retirada dos direitos previstos no capítulo da duração do trabalho representa consequência tão agressiva que muitos autores propuseram a não recepção do dispositivo pela CF. Dado que o art. 7º, XIII, da CF, afirma serem devidas horas extras excedentes da 8ª diária e 44ª semanal". (SILVA, Homero Batista Mateus da. *Comentários à Reforma Trabalhista*. São Paulo: Revista dos Tribunais, 2017. p. 53).

Attendant Associate Judge Volia Bomfim wrote: "Desta forma, mesmo que controlado, o teletrabalhador não terá direito à hora extra, noturna, adicional noturno, intervalo intrajornada e entrejornada. (...) Absurdo, por isso, o comando legal que exclui os teletrabalhadores de tantos benefícios pela mera presunção de que não são controlados". (CASSAR, Vólia Bomfim. Resumo de Direito do Trabalho. 6. ed. Rio de Janeiro: Método, 2018. p. 134).

comprised two very contested characters, namely the manager and the outworker.

This perspective perfectly suits a Blogger who is hired by a website company, as mentioned before in this article. He is an employee whose job description does not oblige him to spend 44 hours in the office.

The novel labor regime embraces the hybrid worker, who performs his activities away from the employer's sight. He owns a workstation at home and may (or may not) work for an established time.

It is a similar outline to teleworking performed in Italy, where workers are considered within this condition if they provide either telematic or computing services beyond the company office.[27]

Teleworking is also seen as a benefit for employees to be within the family environment, avoiding long commutes in large cities and having time for their private life. Home office is more and more part of current labor typology, and workers/parents can even monitor closely their kids' development, for example.

In addition, companies also benefit from such instrument, since they can have employees on its premises for performing specific tasks pursuant to new Brazilian Labor Laws article 75-B, sole paragraph,[28] without characterizing stress to workers for being 'imprisoned' at work in a permanent manner.

This regime applicability experience is still limited, but it is noticeable that it has progressed even for traditional professions, such as lawyers, architects, and engineers.

Professions created a short while ago, namely programmers, developers, digital marketing workers among others, also nod to teleworking. In fairness, this new reality in the labor environment frightens and raises a number of debates worldwide.[29]

---

27 "Il telelavoroèil lavoro prestato in luogo diverso e distante da quello in cuivieneutilizzato, per il tramite dell'impiegoditecnologieinformatiche e/o telematiche, tali da renderepossibileilcollegamentocolluogoincuil'attivitàlavorativavieneutilizzata". (GALANTINO, Luisa. Diritto del Lavoro. 11th Edition. Torino: G. Giappichelli, 2015. p. 191).

28 "Art. 75-B. Considera-se teletrabalho a prestação de serviços preponderantemente fora das dependências do empregador, com a utilização de tecnologias de informação e de comunicação que, por sua natureza, não se constituam como trabalho externo". (BRASIL. Decreto-Lei nº 5.452, de 1º de maio de 1943. Aprova a Consolidação das Leis do Trabalho. *Diário Oficial da União*, Rio de Janeiro, 09 ago. 1943. Disponível em: http://www.planalto.gov.br/ccivil_03/decreto-lei/Del5452.htm. Accesso em 18 fev. 2019).

29 "These new work formats, particularly on-demand online platform work, has in some instances been deeply polarizing, with its potential to exacerbate and make more visible the income inequalities between those who already hold some capital4–human or financial–and those who do not.It has also shed new light on old questions. What is the social contract

4 Conclusion

A brief labor law evolution was traced and the upshot is that this field of law has been facing significant changes. There has been a drastic transformation from barbarism times to then become the most important social law category, passing through a major influence from the first Industrial Revolution. With no purpose on relativizing workers' achievements or subjugating labor principles, it was possible to notice this constant mutation in the labor law is deeply attached to industrialization and technological evolution.

Past and present meet for a better future. Changes in labor relationships bring along a reorganization in the market as well as in labor values. United Nations report targeting 2030 presents 17 well-defined aspects and focuses them on quantity and quality of labor positions around the world. On the other hand, it takes the constant and forward technology movement as part of workers' future, surrounded by inclusive and sustainable development.

Although those changes bring an arm-wrestling scenario to the job market (fewer formal job positions to decrease employment rates versus the intensification of self-employed professionals, of labor law flexibility, as well as of the clash between human and robots/software), they shall not be made an instability tool. Labor value and its human dignification status must be preserved.

Now we got to think of education and vocational training for the job market, as well as of task plurality, workers' renewal capacity and quick learning. Thus, they can keep up with a changing world, get rid of long-standing chains and trace a steady-progress project.

In a country of continental proportions like Brazil, we face a dizzying growth of wage inequality as never before, fostering a context in which labor law finds numerous barriers to be equally applied to all, as Brazilian Constitution establishes.

The Brazilian territory may be analyzed by different means. A country where more developed states contrast with others that seem to live in a time warp. On the one hand, there are international-standard

---

between business and society?What is the basic safety net societies want to offer to all their citizens? For some, such work represents new forms of economic activity and new earning opportunities that can enhance quality of life, flexibility and mobility. For others, online "gig work" is a last resort, representing significant insecurity and uncertainty". (World Economic Forum, Davos, Switzerland, 2017, *Realizing Human Potential in the Fourth Industrial Revolution An Agenda for Leaders to Shape the Future of Education, Gender and Work*: http://www3.weforum.org/docs/WEF_EGW_Whitepaper.pdf. Access in 18 fev. 2019. p. 77).

professionals, very close to the demands of the so-called Industrial Revolution 4.0, invoking for a labor law upgrade. And, on the other hand, we still fight against underemployment and even against slavery in some areas. Law modernization and sustainability reveal a really hard practical application.

Although intermittent contract and teleworking arise from the new Brazilian labor law providing us with tools to be inside the new industrial revolution, they do not seem to support all the needs of the workers' and the wave of changes from the new industrial revolution. In addition, there is not a straight connection between the Brazilian labor reform and the ascending movement around the Industrial Revolution 4.0. The modernization in Brazilian law arises from the necessity for readjustment of an over-70-year-old regulation, which cannot sustain the demands of workers and corporations before the current job market.

The Industrial Revolution 4.0 shows up its influence in labor market and comes to shift labor law concepts, and as long as we are not ready for the future, we will be trampled by the next societal, technological and labor revolutions.

Bibliography and references

ADAMOVICH, Eduardo Henrique Raymundo Von; BELMONTE, Alexandre Agra. Aspectos da Flexibilização Trabalhista. *Síntese Trabalhista*, Porto Alegre, v. 12, n. 140. p. 51, 2001.

ARAÚJO, Fernando. *A análise económica do Contrato de Trabalho.* Year 3, n. 5, p. 3143-3239, 2014. http://www.idb-fdul.com/ ISSN: 2182-7567.

BAKER, Aaron; SMITH, Ian. *Smith & Wood's Employment Law.* 12th Edition. Oxford: United Kingdom, 2015.

BRASIL. Decreto-Lei n° 5.452, de 1 de maio de 1943. Aprova a Consolidação das Leis do trabalho. *Diário Oficial da União*, Rio de Janeiro, 09 ago. 1943. Disponível em: http://www.planalto.gov.br/ccivil_03/decreto-lei/Del5452.htm. Accesso em 18 fev. 2019.

CASSAR, Vólia Bomfim. *Resumo de Direito do Trabalho.* 6. ed. Rio de Janeiro: Método, 2018.

CASSAR, Vólia Bomfim. *Direito do Trabalho de acordo com a Reforma Trabalhista Lei n° 13.467/2017.* 14. ed. Rio de Janeiro: Método, 2017.

Constitution of the Portuguese Republic: www.parlamento.pt. Access in 18 fev. 2019.

Consolidation of Brazilian Labor Laws: http://www.planalto.gov.br/ccivil_03/decreto-lei/Del5452.htm. Access in 18 fev. 2019.

DELGADO, Maurício Godinho. *Curso de Direito do Trabalho obra revista, atualizada e ampliada, conforme Lei n° 13.467/17 e MPr. n° 808/17.* 17. ed. São Paulo: LTR, 2018.

GALANTINO, Luisa. Diritto del Lavoro. 11th Edition. Torino: G. Giappichelli, 2015.

MASSI, Eufranio. *Il lavoro intermittent e tra cancellazioni e reintroduzioni*. Modena: http://www.dplmodena.it/Lavoro%20intermittente.pdf. Access in 18 fev. 2019.

MIRANDA, Jorge; MEDEIROS, Rui. *Constituição Portuguesa Anotada*. 2. ed. Coimbra: Wolters Klwer Portugal with the brand Coimbra Editora, 2010. t. I.

REIS NOVAIS, Jorge. *Direitos Sociais*: teoria jurídica dos direitos sociais enquanto direitos fundamentais. 2ª ed. Lisboa: AAFDL, 2016.

RAMALHO, Maria do Rosário Palma. *Tratado de Direito do Trabalho. Parte I – Dogmática Geral*. 3. ed. Coimbra: Almedina, 2012.

ROMITA, Arion Sayão. *Direitos Fundamentais nas relações de trabalho*. 5. ed. São Paulo: LTR, 2014.

SILVA, Homero Batista Mateus da. *Comentários à Reforma Trabalhista*. São Paulo: Revista dos Tribunais, 2017.

SILVA, Sayonara Grillo Coutinho Leonardo da. Direitos Fundamentais, garantismo e direito do trabalho. *Revista do Tribunal Superior do Trabalho*, Brasília, v. 77, n. 3. p. 278-279, jul./set. 2011.

TUPINAMBÁ, Carolina; GOMES, Fábio Rodrigues. (Coords.). *A Reforma Trabalhista, o impacto nas relações de trabalho*. Rio de Janeiro: Fórum, 2018.

United Nations – Sustainable Goals for 2030: https://www.un.org/sustainabledevelopment/. Access in 18 fev. 2019.

World Economic Forum, Davos, Switzerland, 2019, *It's time to switch to a four day working week*: https://www.weforum.org/agenda/2019/01/2-davos-experts-says-it-s-time-to-switch-to-a-four-day-working-week/. Access in 18 fev. 2019.

World Economic Forum, Davos, Switzerland, 2018, *The Future fo Jobs Report*: https://www.weforum.org/reports/the-future-of-jobs-report-2018. Access in 18 fev. 2019.

World Economic Forum, Davos, Switzerland, 2017, *Realizing Human Potential in the Fourth Industrial Revolution An Agenda for Leaders to Shape the Future of Education, Gender and Work*: http://www3.weforum.org/docs/WEF_EGW_Whitepaper.pdf. Access in 18 fev. 2019.

Informação bibliográfica deste texto, conforme a NBR 6023:2018 da Associação Brasileira de Normas Técnicas (ABNT):

DOMINGUES, Carlos Artur Giannini. First insights on the industrial revolution 4.0 and its effects on the labor law. *In*: TUPINAMBÁ, Carolina (Coord.). *As novas relações trabalhistas e o futuro do Direito do Trabalho*: as novidades provenientes dos avanços tecnológicos. Belo Horizonte: Fórum, 2021. (Coleção Fórum as novas relações trabalhistas e o futuro do Direito do Trabalho. Tomo III.). p. 145-163. ISBN 978-65-5518-131-9.

EL TRABAJO EN LA ERA DIGITAL

JUAN RASO DELGUE

1 Introducción

La nueva realidad del trabajo polariza la sociedad entre empleos que producen riqueza y empleos pobres, ampliándose la brecha entre trabajadores altamente especializados y aquellos – en especial los jóvenes sin formación y los mayores de 45 años –, que son expulsados del mercado de trabajo.

El desafío del Derecho laboral y de la seguridad social es "pensar" un nuevo modelo de tutelas, que repose menos en conceptos bismarckianos y más en una amplia base tributaria que permita trasladar parte de la riqueza producida por las nuevas tecnologías hacia los sectores excluidos por el nuevo modelo laboral.

2 Las transformaciones del trabajo

La historia de la humanidad está ligada a las diferentes formas de trabajo desarrolladas a partir de las innovaciones tecnológicas:

desde la primeras herramientas que permitieron al hombre primitivo transformarse en cazador, la sucesión de innovaciones (la rueda, la imprenta, la máquina de vapor, el ferrocarril, el chip) fueron definiendo una identidad y una cultura social en cada época.

La economía, la composición de los estamentos sociales, las riquezas mercantiles, las luchas sociales, las revoluciones se nutrieron en gran medida del trabajo y de los niveles tecnológicos, que en determinada época identificaron el desarrollo de la producción y las riquezas. Porque no hay en la historia una única forma de trabajo: existió el trabajo de los esclavos que levantaron pirámides y el de los artesanos que se formaron en las corporaciones de los siglos XV y XVI; el trabajo semi-dependiente de la *contracto operis* y de la *contracto operarum* de la época romana y el trabajo de los siervos de la gleba del mundo feudal; el de los trabajadores de las fábricas y el teletrabajo. Las diversas tecnologías en una escala progresiva fueron definiendo las formas de trabajo, determinando su organización, su desarrollo, su decadencia, retroalimentándose con su propio contexto político, económico y social.

Un aspecto común marca a toda nueva tecnología: desde las más antiguas hasta las aplicaciones contemporáneas modifican la estructura del mercado laboral, destruyendo empleos ligados a las tecnologías anteriores y creando nuevas ocupaciones. Lo que hoy marca nuestra época es la velocidad de las transformaciones tecnológicas, que complejiza el tránsito desde los "viejos trabajos" a los "nuevos empleos".

Como expresa Melamed, "no tenemos la certeza de cuáles trabajos van a ser sustituidos, pero es razonable que quienes vean amenazados su manutención y la actividad laboral que desarrollaron gran parte de sus vidas reaccionen e intenten preservar el statu quo Pero el futuro es indefectible, como lo fue para los angustiados fabricantes de velas cuando apareció la luz eléctrica".[1]

De todos modos, no podemos negar o contraponernos a las nuevas tecnologías, porque – como expresa Nisbet – la historia de la humanidad avanza en forma lineal hacia "más" y ese progreso está impulsado, entre otras cosas, por el desarrollo tecnológico.[2] Las tecnologías han contribuido a alargar nuestras vidas, mejorar las condiciones de salud, volver más amigables muchas formas de trabajo, comunicarnos rápidamente con nuestros seres más queridos, trasponer los límites geográficos con una facilidad desconocida en el pasado. Al

---

1 MELAMED Alejandro, "El futuro del trabajo y el trabajo del futuro", Buenos Aires 2017, p. 14.

2 NISBET Robert, "La historia de la idea del progreso", Barcelona 1981.

mismo tiempo, las tecnologías nos preocupan y producen miedos e inseguridades, porque destruyen modalidades de trabajo que para miles de millones de seres humanos constituyen el medio para satisfacer un fin: sus necesidades esenciales.

3 El impacto de las tecnologías y la automatización en el trabajo

Las nuevas tecnologías – especialmente aquellas vinculadas con la robótica, las aplicaciones, las TICs – producen en nuestras sociedades cambios tan sustanciales y rápidos, que determinan modificaciones de una intensidad nunca experimentada con anterioridad.

Podemos ordenar algunas características positivas comunes a las nuevas tecnologías:

- Requieren más conocimientos del trabajador y por lo tanto pueden traducirse en la expresión "más cerebro y menos músculo", favoreciendo así la incorporación de aquellos trabajadores que apuestan a un crecimiento – en profundidad y variedad – de sus saberes. Una consecuencia implícita es la abertura a una mayor participación de la mujer en el mercado de trabajo de calidad, al requerirse cada vez menos esfuerzo físico y más competencias cognitivas.
- Nacen nuevos sectores productivos: la industria del software, la robótica, la inteligencia artificial, etc.; al mismo tiempo la variedad de la oferta de productos y servicios retroalimenta nuevas ofertas, que requieren habilidades novedosas;
- Los ciudadanos acceden fácilmente y a todo nivel social a servicios, de los que antes estaban excluidos los sectores más pobres. De algún modo la telefonía celular se ha vuelto un ejemplo del efecto democratizador e inclusivo de muchas nuevas tecnologías;
- Algunas disciplinas y actividades han hecho extraordinarios progresos en base a las nuevas posibilidades que brindan las tecnologías, la acumulación de datos y la robótica, como es el caso de la medicina;
- Nuevos trabajos nacen en torno a la industria del software: entre ellos el teletrabajo, la construcción de datos, el entretenimiento, la popularización de la economía, etc.

También es cierto que las tecnologías tienen un "reverso" negativos, que se expresa en diversos aspectos:

- ritmos intensos y rápidos de trabajo durante horarios prolongados;
- variabilidad e imprevisibilidad de la actividad cotidiana a realizar;
- incremento de las responsabilidades del trabajador para resolver problemas de modo continuo;
- tensiones en el trabajo con generación de stress y proyecciones en la salud psicofísica del trabajador;
- destrucción o confinamiento del sindicato;
- clima de presiones para obtener la ilimitada disponibilidad de los asalariados en la empresa.

De todos modos parece evidente que el gran desafío de las nuevas tecnologías y de la automatización es la formación y la construcción de empleabilidad de las personas, más allá de la evaluación que podamos hacer de las mismas. Los cambios – buenos o malos, o mejor dicho, "buenos y malos" – han venido para quedarse, y la peor estrategia educacional, laboral y aún sindical, es desconocerlos.

Isabella *et al.* destacan la potencialidad de la actuales tecnologías: "su enorme capacidad de multiplicar el esfuerzo humano, haciendo necesario, por lo tanto, menos cantidad de trabajo para producir una cantidad dada de cualquier bien o servicio" La actuales tecnologías – se expresa en el prólogo de su trabajo sobre "Automatización y Empleo" – plantean la cuestión de la cantidad de empleos que serán necesarios en el futuro y su posible impacto en una masiva destrucción de los mismos, que dispare los niveles de desempleo estructural, alertando que hoy la máquina no solo puede realizar trabajos basados en esfuerzo físico y tareas repetitivas, sino que, progresivamente podrán realizar tareas antes solo reservadas al ser humano: "aprender, crear, resolver problemas imprevistos".[3]

La humanidad está transitando de la automatización a la creación de inteligencia artificial. Si por un lado "automatización" alude a la repetición de acciones por sí solas, sin la intervención de un individuo (ya desarrollada con la electromecánica y luego la electrónica), la introducción de las TIC promueve una nueva etapa de la automatización,

---

[3] ISABELLA Fernando, PITTALUGA Lucía y MULLIN Gastón, "Automatización y empleo en Uruguay – una mirada en perspectiva y en prospectiva" – Prólogo GARCIA Alvaro, Oficina de Planeamiento y Presupuesto, Montevideo 2017, p. 7.

que alcanza no solo a los movimientos, sino también a los conocimientos. Hablamos hoy de Inteligencia Artificial, como disciplina que estudia el tratamiento del conocimiento y el razonamiento, permitiendo que una máquina realice funciones normalmente asociadas a la inteligencia humana, como comprensión, razonamiento, diálogo, adaptación, aprendizaje automático.[4] Hoy la computadora aprende ajedrez y derrota al campeón mundial de la especialidad.

4 Tareas manuales vs. tareas cognitivas

Los fenómenos de la automatización, robotización e inteligencia artificial tienen efectos inmediatos sobre las tareas (*skills*) realizadas por el hombre. En una aproximación al tema, podemos diferencias los efectos que se producen con relación a las las actividades manuales y las cognitivas. En esta línea seguimos la clasificación de Acemoglu y Autor (2011) (en la que se apoya el ya citado documento "Automatización y Empleo en Uruguay",[5] quienes diferencian las diversas tareas según los indicadores de la manualidad o conocimientos de las mismas y sus rutinas.

De tal forma, podemos diferenciar las posibles tareas humanas en los siguientes prototipos:

a) **Tareas manuales rutinarias**: entendemos por tales aquellas tareas que siguen un procedimiento definido, repetitivo, conocido de antemano. Son las tareas típicas del obrero del modelo de la "one best way" de Taylor: apretar un tornillo, empaquetar pastillas, realizar tareas de embalaje, carga y transporte de bienes, etc.

b) **Tareas manuales no rutinarias**: en este tipo de tareas manuales no existe la "previsibilidad" del trabajo manual rutinario: el trabajador interviene y reacciona en el proceso productivo a través de decisiones, que derivan de su intervención y control del proceso (comida rápida, hostelería, la actividad de cuidados, etc.).

c) **Tareas cognitivas rutinarias**: son tareas que requieren un proceso mental, pero que están ordenadas en un procedimiento previo definido: por ejemplo, el controlador de stocks,

[4] ISABELLA Fernando *et al.*, ob. cit., p. 11.

[5] ACEMOGLU Daron y AUTOR David H., "Skills, tasks and technologies: implications for employment and earnings, Habdbook of labor economics, 4, 1043-1171. citados por ISABELLA Fernando *et al.*, ob. cit., pp. 17 y 18.

informes contables, pintura de coches, ingresos de datos a una base informática, comprensión lectora, etc.;

d) **Tareas cognitivas no rutinarias analíticas**: el trabajador analiza y resuelve problemas sin que existan anteriores procesos definidos. Analiza fenómenos aleatorios y no predecibles. Su posición es asimilable al "analista simbólico", descrito por Reich, para quien lo que caracteriza al sujeto no son solo sus conocimientos como una suma de datos, sino la capacidad de utilizar eficaz y creativamente ese conocimiento:[6] Ejemplo de ellos son el arquitecto y analistas de datos, los investigadores científicos, analistas financieros, investigadores universitarios, etc.

e) **Tareas cognitivas no rutinarias interpersonales**: las tareas refieren al análisis y resolución de problemas, pero en todos los casos el trabajador interactúa con otros sujetos: ejemplo, gerenciamiento, entrenamiento, relaciones profesionales interpersonales (médico, abogado), docencia, asesor financiero, etc.

Siguiendo a los autores citados, debemos también recordar que estas categorías no son rígidas y pueden combinarse en diverso grado, no existiendo ejemplos "puros" de las distintas variables.

La conclusión primaria es que las tareas manuales rutinarias pueden ser automatizadas con mayor facilidad de las tareas manuales no rutinarias y de las tareas cognitivas. Ello determina que las tecnologías lleven a una polarización del mercado laboral en término de calificaciones e ingresos: por un lado las tecnologías destruirán prevalentemente tareas manuales rutinarias, pero seguirá siendo importante el peso "humano" de los trabajadores en las tareas manuales no rutinarias y en la tareas cognitivas.[7]

Debe consignarse además que la automatización – y la acumulación de datos (como subproducto de la misma) – va ingresando también en actividades no rutinarias, en las que parecía insustituible la presencia "humana": el diagnóstico médico, la toma de decisiones, la logística y la distribución, la administración, la venta minorista están cada vez más condicionadas por procesos automáticos de toma de decisiones a partir de inmensas bases de datos.

---

6 REICH, Robert B., "El trabajo de las Naciones", Edit. Vergara, Buenos Aires, 1993, pp.173 y ss.

7 ACEMOGLU Daron y AUTOR David H., ob. cit.

Hasta hace pocos años (¿o meses?) era difícil imaginar la automatización de los servicios jurídicos. Hoy comprobamos que los despachos de los abogados tradicionales pueden ser sustituidos por las "legaltech", como proveedoras de servicios jurídicos. El sistema "Ross" – expresa Sekulits – es un sistema de inteligencia artificial creado por IBM a partir de su plataforma de inteligencia cognitiva Watson, que analiza volúmenes enormes de jurisprudencia y resuelve en tiempo record los problemas jurídicos. En un ámbito donde las tecnologías no eran comunes, el sistema está sustituyendo el 23% de las tareas cognitivas que se realizan normalmente en un estudio de abogados, según datos del Instituto Mc Kinsey.[8]

Supervielle afirma que será siempre insustituible la "emoción" en determinados actividades y procesos, como por ejemplo los cuidados, la atención profesional, las relaciones de confianza entre sujetos individuales y entidades financieras.[9] Aunque compartimos en términos éticos la "oportunidad" que la emoción siga integrando determinadas tareas, también es cierto que esas tareas "humanas" están cediendo espacios a la automatización. El profesional médico en su consulta con el paciente opina cada vez más a partir del análisis de datos del propio paciente y la comparación de los mismos con las bases de datos disponible: la emoción cede espacio a la información aportada por la tecnología, a partir de la clasificación de inmensas bases de datos.

Mientras redactamos este texto, se anuncia la aparición de una máquina "empática", que cuidará a los viejos con Alzheimer. La información indica: "La robot (sic!, en genero femenino) también puede reconocer a cada una de las personas con quienes interactúe, así como las emociones de esas personas. Su rostro (una pantalla ovalada) también refleja emociones".[10]

Por lo tanto el avance de la automatización y de la robotización alcanzará no solo a las tareas rutinarias, sino también – posiblemente en menor medida – a las no rutinarias (manuales y cognitivas).

Es también evidente que los jóvenes tendrán mayor facilidad que los ancianos para abandonar tareas manuales repetitivas y sustituirlas por tareas más cognitivas, creativas o interactiva. Como expresa

---

[8] SEKULITS Clarisa, "Las *legaltech* revolucionan el negocio de los abogados"; en *Expansión* – Diario Econóico e Información de Mercados, Madrid, 10.10.2017.

[9] SUPERVIELLE Marcos, exposición sobre "Las nociones de cultura de trabajo en Uruguay" en el Instituto Uruguayo de Derecho del Trabajo, Montevideo 20 de octubre de 2017.

[10] Ver: https://www.listindiario.com/las-mundiales/2017/10/26/488032/crean-en-ee-uu-una-robot-empatica-para-cuidar-a-pacientes-con-alzheimer.

Bodewig "no todas las personas que pierdan empleos rutinarios podrán encontrar inmediatamente nuevos empleos que no sean rutinarios y que sean interactivos, creativos y cognitivos, y tal vez nunca lo hagan. La edad es importante: en el mercado laboral del siglo XXI que cambia rápidamente, los trabajadores necesitan sólidas habilidades cognitivas y sociales para realizar trabajos cada vez más creativos y convertirse en aprendices exitosos de por vida. Sin embargo, los trabajadores de mediana edad y mayores en las economías emergentes y avanzadas suelen estar mal preparados: según datos de los países de la Organización para la Cooperación y el Desarrollo Económicos (OCDE), estos tienden a ser menos hábiles para resolver problemas y a tener menos experiencia en el uso de la computadora, que los trabajadores jóvenes. Los jóvenes muestran una mayor capacidad de resolver problemas que los adultos mayores, según promedios informados para los años 2012 y 2015 por la OCDE".[11]

5 Sectores de actividad y empleos con riesgo de automatización en Uruguay

El documento uruguayo ya citado[12] muestra en dos tablas los "riesgos" de empleo con relación a los diversos sectores de actividad y a las categorías ocupaciones. Los autores, aplicando el enfoque de *riesgo de automatización* desarrollado por Frey y Orborne, procuran estimar – a partir de investigaciones realizadas en un taller de expertos nacionales en aprendizaje automático (*machine learning*) sobre un conjunto de 70 ocupaciones – el riesgo de automatización de las mismas, de acuerdo a las capacidades tecnológicas existentes y previsiblemente a crearse en un plazo de dos décadas.[13]

---

11 Bodewig, Christian, "Reemplazar un trabajo por otro trabajo: ¿la automatización eliminará las nuevas oportunidades para los trabajadores?" en *VOCES*, 3 9 2017, Worldbank.org, quien cita a *OCDE (2016), Skills Matter: Further Results from the Survey of Adult Skills*, (https://blogs.worldbank.org/voices/es/la-automatizacion-eliminar-las-nuevas-oportunidades-para-los-trabajadores).

12 ISABELLA Fernando *et. al.*, ob. cit., p. 27.

13 Los autores se remiten al trabajo de FREY, Carl B. y OSBORNE, M. A, "The future of employment: how susceptible are jobs to computerisation?", Oxford, 17.9.2013 (http://www.google.com.pa/url?sa=t&rct=j&q=&esrc=s&source=web&cd=1&ved=0ahUKEwiDitTMvZHXAhWLjZAKHWTiD4YQFgglMAA&url=http%3A%2F%2Fwww.oxfordmartin.ox.ac.uk%2Fdownloads%2Facademic%2FThe_Future_of_Employment.pdf&usg=AOvVaw30jM_BXmw_es6ehYpMJz3g) y a MUNYO Ignacio, "Y por casa cómo andamos", en Revista Escuela de Negociacios, Universidad de Montevideo (IEEM), junio 2016.

Por lo tanto a partir de datos relativos al período 2013.2015 se proyecta el riesgo de automatización a veinte años, sobre la base de esta pregunta central: "¿Pueden las tareas de esta ocupación ser lo suficientemente especificadas para que, sujeto a la disponibilidad de información, sea desempeñada por equipamiento de punta controlado por computadoras?".[14]

Los datos refieren a la realidad uruguaya, pero entiendo que son trasladables a los principales países del continente, por la homogenización del desarrollo tecnológico en los distintos países, por estrategias productivas similares promovidas por empresas transnacionales y por la similitud de contextos culturales, tecnológicos y sociológicos.

CUADRO 1

Riesgo de automatización por sector de actividad (2013-2015)

Sector	Riesgo	Sector	Riesgo
Agricultura/Pesca/ Forestal	85%	Act. Financiera e Inmobiliarias	78%
Alimentos, bebidas y tabaco	78%	Transportes y almacenamiento	77%
Productos minerales y de metal	76%	Fabricación material de transporte	75%
Act. administrativa y de apoyo	75%	Comercio	74%
Textiles y Cueros	72%	Construcción	72%
Maquinaria/equipos eléctricos	71%	Minas y Canteras	70%
Electricidad, Gas y Agua	69%	Producción de Madera y Papel	68%
Químicos, caucho y plástico	67%	Refinación de petróleo	66%
Hogar en calidad de empleador	59%	Administración pública	57%
Información y Comunicación	53%	Act.profesionales/ científicas/técnicas	48%
Enseñanza y salud	33%		

Fuente: Isabella *et al.*, ob. cit., en base a Frey y Osborne (2013) y ECH (INE)

14 ISABELLA Fernando *et al.*, ob. cit., p. 25.

CUADRO 2
Riesgo de automatización por categoría ocupacional (2013-2015)

Categoría ocupacional	Riesgo de automatización	Porcentaje del empleo
Personal de apoyo administrativo	94%	12%
Agricultores y trabajadores calificados agropecuarios, forestales y pesqueros	88%	5%
Operadores de instalaciones y máquinas	83%	7%
Ocupaciones elementales	75%	19%
Oficiales y operarios mecánicos y de otros oficios	72%	14%
Trabajadores de los servicios y vendedores de comercios	64%	22%
Técnicos y profesionales de nivel medio	44%	7%
Profesionales científicos e intelectuales	12%	11%

Fuente: Isabella *et al.*, ob. cit., en base a Frey y Osborne (2013) y ECH (INE)

De los datos relevados, el riesgo de automatización en Uruguay es alto: un riesgo del 65% frente al riesgo de 57% de los países de la OCDE, de acuerdo a un análisis del Banco Mundial.[15] Las actividades que presentan mayor probabilidad de automatización se vinculan al sector rural, la forestación, los alimentos, la actividad metalúrgica y de minería, mientras existe menos riesgo de automatización en actividades donde es importante el componente "humano": el servicio doméstico, la información y la comunicación, la enseñanza y la salud.

Con relación al riesgo vinculado a las categorías profesionales, importa destacar que la futura automatización afectará empleos en amplias franjas de la población, ocupada en tareas administrativas (hoy el 12% del empleo), las ocupaciones elementales (19%), los obreros industriales (14%), y los trabajadores del comercio (22%).

6 El trabajo que cambia

La automatización obliga a nuevos modos de producción y nuevas formas de empleabilidad, que modifican los criterios tradicionales de la

15 Banco Mundial, World Developmente Reporte 2016: Digital Dividends, Washingoton, DC, citado por ISABELLA Fernando *et al.*, p. 26.

contratación asalariada típica. Como expresa San Martín "el empleo es ahora un concepto más volátil y requiere mayores competencias, así como una mayor flexibilidad. Desde hace años que se viene advirtiendo que el aprendizaje permanente (posibilidad de adaptación), la movilidad y una alta cualificación constituyen las mayores ventajas en el mercado laboral".[16]

El trabajo muta; pero no desaparece: no estamos ante el vaticinio de la "fin del trabajo", porque si bien se pierden puestos de trabajo, se crean nuevos empleos en sectores en expansión. Existe una tendencia pesimista que considera que las tecnologías destruirán empleos, sin comprender que mientras muchas tareas serán sustituidas por robots, la sociedad del futuro requerirá más tareas de todo tipo y en especial cognoscitivas. En la película "Talentos ocultos" (*Hidden Figures)* nominada al Oscar 2017, se muestra a la Computadora IBM de la NASA, que en 1962 realizó los cálculos del vuelo de John Glenn al espacio. Los trabajadores la miran preocupados porque identifican la computadora de IBM como destructora de puestos de trabajo. Hoy, examinado el episodio en perspectiva, no podemos "ni queremos" volver atrás. Es posible que la computadora de 1962 – y las que le siguieron – destruyeran empleos, pero también es cierto que se crearon millones de nuevos empleos en los servicios, la informática, la "industria del entretenimiento", las comunicaciones (incluyendo la televisión, laptops y celulares), el turismo, el cuidado de niños y ancianos, el deporte, el fitness, la cosmética, etc.

Las nuevas tecnologías también introducen el concepto de "empleo complementario", para referirnos al hecho que las tecnologías abren áreas de trabajo, donde es posible generar nuevos empleo "a partir de" o funcionales a las actividades automatizadas. Es así que Amazon – el gigante del "*e-commerce*" creó entre 2017 y el primer semestre de 2018, 200.000 puestos de trabajo en empleos de logística, empaquetado, transporte, servicios de correo, etc.

El desafío del presente es poder pronosticar en la forma más rápida posibles cuáles serán las tendencias en materia de empleos y cuáles las tareas requeridas, adecuando las políticas de Estado para que se eduque en función del trabajo del futuro. Lamentablemente en muchos sistemas educativos latinoamericanos, la enseñanza sigue anclada a conceptos, trabajos y realidades del pasado, que inevitablemente no contribuyen a construir la empleabilidad futura de los individuos.

---

[16] SAN MARTIN Carolina, "Generalización Tecnológica: efectos sobre las condiciones de trabajo y empleo", Madrid 2017, p. 7.

Hablábamos tradicionalmente de la "reconversión de las empresas". Hoy es el momento de tomar conciencia de la necesidad de la reconversión de las tareas y las competencias laborales, para poder construir las capacidades laborales del futuro, permitiendo a trabajadores que egresan de determinas actividades reinsertarse en nuevos procesos productivos que reclaman presencia "humana".

La empleabilidad del futuro estará inexorablemente ligada a la educación y – en especial el acceso a empleos de calidad – estará reservada a los egresados de las Universidades, mientras serán más escasas las oportunidades de empleos de calidad para los estudiantes que solo cumplieron el ciclo educativo primario y secundario.[17]

Es evidente que ello implica que los Gobiernos deben promover políticas públicas que faciliten el acceso de los jóvenes a la enseñanza universitaria. Pero ello no es suficiente: es necesario pronosticar e individualizar a mediano plazo cuáles serán las habilidades y competencias necesarias para conservar o mejorar la empleabilidad del futuro, ajustando la educación a esos requerimientos. Ello constituye un especial desafío en el continente latinoamericano, donde las planes de enseñanza terciarios se diseñan para formar en profesiones, tareas y competencias tradicionales, con alto componente académico y poco aterrizaje en la práctica y el trabajo de campo. Como ha expresado el sociólogo Filgueira, "tenemos alumnos del siglo XXI, profesores del siglo XX y programas del siglo XIX".[18]

En este proceso de transformación, se reducen los espacios del "trabajo típico" y conviven nuevas formas de trabajo que oscilan entre la subordinación y la autonomía. Como expresa Guerra, ya no es correcta la pregunta "¿El trabajador de UBER es dependiente o autónomo?",[19] porque las plataformas como UBER generan una nueva expresión de trabajo que no puede ser aprehendida a través de las viejas categorías laborales.

El trabajo que cambia bajo el impacto de las nuevas tecnologías implica también una nueva profesionalidad, difícil de encuadrar en el concepto rígido de categoría laboral. Se demandan al trabajador conocimientos interdisciplinarios y mayores competencias. Los caracteres del nuevo trabajo se expresan en conocimientos finalizados a resultados

---

17 ISABELLA, Fernando *et al.*, ob. cit.

18 FILGUEIRA Fernando, entrevista del diario El Observador, Montevideo, 15 de noviembre de 2017.

19 GUERRA Pablo, intervención en el II Encuentro Latinoamericano de Jóvenes Juristas, Montevideo 26 de mayo de 2018 (ined.).

responsables. Para ellos además de los conocimientos técnicos, se exigen competencias sociales, comunicación y emoción: la suma de estas calificaciones marcará el nivel de profesionalidad del trabajador. Nace el concepto de "trabajo híbrido", que – como expresa Gubitta – está conformados por la suma de distintos componentes que deben sumarse a los conocimientos técnicos y profesionales: a) competencias digitales e informáticas; b) habilidades de comunicación; c) modalidades de colaboración en un ambiente de trabajo menos jerarquizado. Es evidente que ello tiene como consecuencia la valorización o desvalorización de los conocimientos técnicos/profesionales de determinado sujeto. Un trabajador que solo posea conocimientos técnicos, será menos requerido que otro trabajador con conocimientos informáticos y con competencias colaborativas. Es así que se amplias las cualidades de la empleabilidad de un trabajador, al que se le requerirán más habilidades para realizar un mayor número de tareas.[20]

Las exigencias de los nuevos empleos no son curiosidades de países hiperdesarrollados, sino que ya están aterrizando en la vida cotidiana de nuestro país. A modo de ejemplo citamos un reciente llamado a concurso del Poder Judicial para una lista de prelación de Administrativo IV. Como requisito excluyente para la participación en el llamado se piden "estudios de informática a nivel de usuario" con fotocopia de título o escolaridad (Liceo o Latu), donde surja la aprobación de la materia. Ello excluye automáticamente (sin decirlo) a toda persona mayor de 45 o 50 años, puesto que aunque tenga conocimientos de informática a nivel de usuario, difícilmente podrá acreditarlos con el tipo de título que se exige, porque cuando concurrían al liceo no existían cursos de informática. El trabajador adulto – expresa Mercader Uguina – tiene dificultades para adaptarse a las nuevas tecnologías, al mismo tiempo que hay desinterés por parte de las empresas de invertir en la formación de individuos más cerca del retiro profesional.[21] El autor agrega que aparece la figura del "permanente inempleable", refiriéndose con esta expresión a aquellas personas adultas y formadas, pero con ninguna posibilidad de encontrar un empleo.[22]

---

[20] GUBITTA Paolo, *L'evoluzione del mondo del lavoro e il ruolo della istruzione e formazione tecnica superiore*, Ponencia presentada en el congreso internacional "I fattori e le competenze abilitanti per l'Impresa 4". realizado en la Universidad de Bérgamo el 1 y 2 de diciembre de 2017.

[21] MERCADER UGUINA Jesús H., "EL futuro del trabajo en la era de la digitalización y la robótica", Valencia (España), 2017, p. 37.

[22] *Idem.*

Los nuevos trabajadores deberán atender al mismo tiempo tareas antes separadas: deberán tener competencias para recibir pedidos, elaborar el producto (bien o servicios), entregarlo al consumidor, controlar el stock, medir el impacto ambiental, y probablemente cumplir con la cobranza, muchas veces por vía digital. El trabajador de *Automac* (el servicio de entrega de Mac Donald al cliente en su auto) anticipó hace 50 años este modelo de tareas superpuestas.

Relevamos también que la nueva realidad acentuará la competición y convivencia de diversas generaciones que actuarán en el sistema, lo que determina que se diluyan las expectativas de carrera, cada vez menos vinculada a la antigüedad.

7 Las confrontaciones y contradicciones de la sociedad del futuro

La sociedad de futuro (y al hablar del futuro me refiero a tiempos breves, nunca superiores a dos décadas) presentará inevitable confrontaciones y contradicciones. Será una sociedad más rica, porque el trabajo de las máquinas y del hombre producirá más riqueza en bienes y servicios, que en el pasado. Sin embargo esa probable sociedad de la opulencia, no distribuirá de forma equitativa esa riqueza, profundizando la brecha entre sectores cada vez más ricos de la población (consumidores de los llamados productos y serivcios de "alta gama) y sectores pobres, que conformarán la "gig economy" y el "poor working", concentrados básicamente en diversos tipos de servicios: cuidados a enfermos, anciano y niños; guardias de seguridad; prestaciones en los hogares (servicios domésticos y reparaciones) e informalidad para atender a su vez servicios de esos mismos sectores pobres. Uno de los principales desafíos que enfrentarán nuestras sociedades nacionales será como desatar el núcleo duro de la desigualdad, en un contexto paradójico, en el que nunca antes se produjo tanta hemos producido tanta riqueza, mientras se multiplican las dificultades para garantizar un nivel de vida digna para todos los trabajadores.[23]

Las nuevas tecnologías rompen todo patrón igualitario y generan un nuevo modelo de trabajo, que aún no genera reactivos y amortiguadores contra el impacto de la desigualdad. Las organizaciones sindicales desconfían justamente de las nuevas tecnologías, pero en vez

---

[23] DUTRA Guillermo, "Surfear la ola tecnológica". en El País – Economía & Mercado, Montevideo 18 de diciembre de 2017, p. 4.

de estudiar su impacto y proponer reglas y límites, prefieren anclarse en una visión industrialista, para defender las tutelas tradicionales, que cada vez amparan a menos trabajadores. De esta forma – expresa Bronstein – "tenemos un Derecho del trabajo cada vez con más normas, y menos clientes".[24]

También es cierto que las relaciones laborales combinarán nuevas y viejas formas de organización del trabajo. En la era de la automatización, no desaparecerá en América Latina modalidades tradicionales del trabajo como los trabajadores por cuenta propia, las pequeñas cooperativas, la subcontratación oculta o informal, el trabajo "pobre" en las cadenas mundiales de suministro, etc.

Al mismo tiempo la crisis del mercado de trabajo expandirá las organizaciones criminales y la economía que ella producen (droga, tráfico de armas, trata de personas, relojes y productos manufacturados falsos, etc.). La delincuencia organizada se expandirá cada vez más como una oportunidad de empleo para los jóvenes marginados por el sistema.

Se habla de reformas laborales, aunque se desconoce que la re-regulación del trabajo deberá ser acompañada por una indispensable re-regulación de las tutelas laborales y ciudadanas. Mientras existen consensos sobre la necesidad de ajustar las reglas del derecho laboral a los cambios del trabajo, poco se discute sobre cómo se reorganizarán las tutelas de los sectores vulnerables de la población. Se critica el modelo taylorista porque no se ajusta a los modos de producción actual, pero debe reconocerse que la legislación construida en torno a ese modelo, significó durante casi un siglo la protección de millones de trabajadores. Como expresa Romagnoli el modelo fordista/taylorista no fue solo un modo de producir, sino también "una forma de pensar" la sociedad.[25]

De atenuarse la tutelas del modelo industrial, ¿que protecciones imaginamos para una sociedad que modifica estructuralmente ese modelo del trabajo? Las generaciones futuras pedirán cuenta a las actuales: ¿qué sistema social fueron Uds. capaces de construir en la época de la robótica y de la inteligencia artificial?

---

[24] BRONSTEIN Arturo, intervención (ined.) en el X Congreso Regional Americano de Derecho del Trabajo y la Seguridad Social, Panamá 26 – 29 de setiembre de 2016.

[25] ROMAGNOLI Umberto, mensaje inaugural en el XXVI Encuentro de ex Becarios de Bologna-Castilla La Mancha, Valparaíso (Chile), 10 de noviembre de 2017.

8 Conclusión: el desafío de los ajustes

El gran desafío contemporáneo es el ajuste del derecho del trabajo a la realidad del mercado, pero al mismo tiempo aparece la necesidad de construir nuevas tutelas sustitutivas, para proteger a aquellos trabajadores que queden al margen de la producción de las riquezas. Ello nos lleva a reflexionar sobre nuevas formas de concebir la sociedad y sus amortiguadores sociales.

Si bien son deseables las tutelas preventivas (facilidad de acceso a la educación y a la formación, promoción de colectivos productivos, políticas públicas de empleo ágiles y efectivas), seguirán siendo necesarias las tutelas económicas y sociales (salud, prestaciones de desempleo, riesgos de vejez, necesidad de cuidados de niños y ancianos, etc). Las tutelas del futuro seguramente se anclarán menos al contrato del trabajo típico (en progresiva disminución), por lo cual es necesario construir tutelas que se independicen de ese origen contractual.

Las tutelas del futuros – para ser eficientes y cubrir las necesidades sociales de las poblaciones – deberán apartarse del modelo bismarckiano, porque serán cada vez menos los trabajadores en condiciones de contribuir con sus prestaciones a la seguridad social. Deberán "pensarse" modelos construidos a partir de una base tributaria que grave la mayor riqueza producida, como contracara a la exclusión que esa misma riqueza genera. Se indica que las máquinas deberán cotizar a la seguridad social. Ello es, por supuesto, una expresión ingeniosa, pero que refiere a una nueva realidad que inevitablemente llevará a que las empresas que produzcan más riqueza con menos mano de obra, deberán tributar más para compensar el efectos de desempleo estructural que producen. Como expresa Dutra, "es apremiante configurar marcos legales que garanticen los derechos sociales en los trabajadores insertos en empleos atípicos (trabajo temporal, empleo parcial, etc.) y anticipar las dificultades que estas nuevas modalidades plantean para el financiamiento de la seguridad social".[26]

La otra gran cuestión refiere a la organización de los intereses del futuro, y en especial a los intereses de la clase trabajadora. Esto implica preguntarse sobre el rol futuro de los sindicatos. En una sociedad en la que desaparecerá en gran medida el trabajo subordinado, el discurso sindical ya no podrá apoyarse en conceptos como "la clase trabajadora".

[26] DUTRA Guillermo, ob. cit., p. 4.

Las preguntas no son pocas: ¿El sindicato del futuro seguirá organizando exclusivamente a los trabajadores asalariados o deberá abrirse también a los trabajadores autónomos y semi-independientes? ¿Deberá recurrir a las tecnologías y a las aplicaciones (*whatsapp* o lo que aparezca en el futuro) para construir comunicación y solidaridad? ¿Los sindicatos del futuro atenderán menos los aspectos ideológicos y más los asuntos prácticos que interesen a sus afiliados? ¿Nacerán nuevas organizaciones no sindicales que se ocupen de los temas laborales de los trabajadores (bufetes, centros de información, negociadores profesionales, etc.)?

Las preguntas son complejas y exigen un debate, que se evita. El peligro es que – de no ampliar su rol inclusivo y no reflexionar sobre estrategias de futuro – el sindicato esté destinado a un debilitamiento funcional producido por la disminución de los trabajadores subordinados. La otra posibilidad es que los afiliados sean absorbidos por otros colectivos de intereses, unidos ya no por la condición de trabajadores asalariados, sino por la marginación, el género, la etnia, la migración, el desempleo, etc.

La posibilidad de cambiar las reglas del trabajo produce rechazo no solo en los trabajadores y sus organizaciones, sino en amplias franjas de la sociedad que temen la destrucción de un modelo de Estado social, que permitió amortiguar los desequilibrios sociales. Sin embargo, los cambios del trabajo son reales y no es imaginable una vuelta al pasado: la peor estrategia es cerrar los ojos ante el futuro del trabajo, abrazándonos al pasado, porque lo vinculamos a las ideas de seguridad y estabilidad.

No nos tenemos que escandalizar ante la necesidad de adaptar un derecho laboral, que fue construido a imagen y semejanza de la segunda revolución industrial, para poder enfrentar con nuevas herramientas jurídicas los complejos fenómenos actuales del trabajo.[27] Nuestras legislaciones son en muchos casos comparables a una caja tradicional de herramientas (con martillo, serrucho, destornillador y tenaza) con la que se pretende arreglar computadoras de última generación. El gran laboralista latinoamericano Américo Plá Rodríguez ya expresaba hace algunas décadas: "el Derecho del trabajo es un derecho en constante formación: está siempre inacabado, incompleto, imperfecto. Es un derecho provisorio: las normas laborales nunca pueden considerarse

---

27 Hemos escrito sobre los ajustes del Derecho del Trabajo y la construcción de nuevas categorías de la disciplina en esta misma revista: Ver "La economía virtual: nuevos retos para el derecho del trabajo", en RDL, N° 262, Montevideo 2016, pp. 247 – 276.

definitivas: tienen una nota de transitoriedad, de plasticidad, de fácil envejecimiento".

En definitiva el gran desafío de los ajustes refiere – en lo que no compete – en parte al Derecho del trabajo; y en igual parte al sistema de nuevas protección que una sociedad postindustrial necesita, para no avanzar en un proceso de desequilibrios, que probablemente terminaría destruyéndola.

El desafío, nuestro desafío, es el de construir la sociedad del futuro, en la prosperidad, pero también en el equilibrio. Hoy consideramos el industrialismo clásico algo *oldfashioned*, fuera de moda. Pero debemos mirarlo con respecto, porque sobre el contrato de trabajo típico se edificó un sistema social y ciudadano, que hoy perdura en principios tan importantes como la equidad de género, la igualdad ante las tutelas, la no discriminación, la protección de la privacidad, etc.

Concluyo con una afirmación realizada en el año 1996 por el filósofo marxista Cornelius Castoriadis en Buenos Aires, en la que analizó las transformaciones del trabajo en un mundo que ya ingresaba en un nuevo contexto tecnológico y en una economía global. A la expresión de un estudiante – "Usted es demasiado pesimista" – el pensador griego-francés contestó: "No soy ni optimista, ni pesimista, soy realista".

Nunca han sido tan necesarias la investigación y la reflexión de los operadores del sistema de relaciones laborales (desde cualquier perspectiva: jurídica, económica, sociológica, etc.). El desafío de la sociedad del futuro es también – en definitiva – nuestro propio desafío intelectual y humano.

Informação bibliográfica deste texto, conforme a NBR 6023:2018 da Associação Brasileira de Normas Técnicas (ABNT):

DELGUE, Juan Raso. El trabajo en la era digital. *In*: TUPINAMBÁ, Carolina (Coord.). *As novas relações trabalhistas e o futuro do Direito do Trabalho*: as novidades provenientes dos avanços tecnológicos. Belo Horizonte: Fórum, 2021. (Coleção Fórum as novas relações trabalhistas e o futuro do Direito do Trabalho. Tomo III.). p. 165-182. ISBN 978-65-5518-131-9.

INTELIGÊNCIA ARTIFICIAL: UMA NOVA REVOLUÇÃO TECNOLÓGICA? PLANOS GOVERNAMENTAIS PARA OS IMPACTOS DA IA SOBRE O MERCADO DE TRABALHO

RAPHAELA MAGNINO ROSA PORTILHO

RICARDO JOSÉ LEITE DE SOUSA

1 Introdução

As últimas duas décadas testemunharam grandes avanços em inteligência artificial (IA) e robótica. Aguarda-se que o progresso futuro seja ainda maior, calcado nas premissas estabelecidas na Lei de Moore.[1] O avanço tecnológico implica a automação de diversas atividades hoje levadas a cabo pelo trabalho humano. Alguns estudos apontam

---

[1] A Lei de Moore foi cunhada em 1970 e afirma que a velocidade ou a capacidade de processamento de computadores dobra a cada dois anos.

para o desaparecimento completo de um expressivo percentual dos postos de trabalho hoje existentes.[2]

Apesar dessas preocupações, a compreensão de como a automação, em geral, e a inteligência artificial, em particular, impactam o mercado de trabalho está longe de ser alcançada. De fato, há, por um lado, uma visão alarmista de que os avanços que se aproximam vão significar o fim do trabalho por humanos. Por outro lado, alega-se que, no passado, o uso de novas tecnologias aumentou a demanda por trabalho e salários, com a criação de novas atividades até então inexistentes.

De forma a melhor compreender como o fenômeno da inteligência artificial impactará o trabalho como o conhecemos, o presente estudo será composto por dois capítulos, além de sua introdução e conclusão.

No primeiro deles, buscar-se-á discutir se a inteligência artificial pode ser qualificada como um novo paradigma techno-econômico e o vetor de uma nova revolução tecnológica, sendo tal fenômeno compreendido como uma mudança tecnológica de tal monta que implica consequências para todos os setores da economia, fazendo com que sua difusão seja acompanhada por uma crise estrutural de ajustamento de grandes proporções.

O capítulo seguinte se debruçará sobre quatro planos de ação desenvolvidos por nações que perceberam a importância da criação de políticas públicas, visando à disputa pelo domínio e à disseminação da inteligência artificial nos processos produtivos. Serão estudados os planos dos Estados Unidos da América, da França, da China e do Japão, sendo que o recorte metodológico utilizado é o enfoque que tais planos dão ao impacto da IA nas relações de emprego e trabalho.

O objetivo é verificar se tais planos externam uma preocupação com os postos de trabalho que serão extintos em razão das novas tecnologias e se apresentam planos de contingenciamento para evitar o desemprego maciço das pessoas que serão afetadas.

2 "Revoluções tecnológicas e paradigmas techno-econômicos": breves comentários

Segundo Christopher Freeman e Carlota Perez, existem certos tipos de mudança tecnológica que trazem consigo diversas e amplas consequências para todos os setores da economia, fazendo com que sua difusão seja acompanhada por uma crise estrutural de ajustamento

---

2 Os estudos referidos serão abordados de forma explícita ao longo do texto.

de grandes proporções. Assim, são necessárias mudanças tanto sociais quanto institucionais, para que haja um melhor equilíbrio entre a nova tecnologia em questão e o sistema de gestão social da economia – ou "regime de regulação".[3] Argumentam os autores que, com o estabelecimento deste ponto de equilíbrio, tem início um padrão de investimento de longo prazo que pode ser considerado relativamente estável, durando entre duas ou três décadas. A este fenômeno Freeman e Perez dão o nome de "paradigmas techno-econômicos".[4]

A fim de compreender a *ratio* que sustenta a proposição desses autores, bem como sua relação com o estudo da inteligência artificial, faz-se necessário tecer alguns comentários de ordem teórica. Cumpre observar, de plano, que a análise empreendida pelos autores parte da teoria Schumpeteriana sobre desenvolvimento econômico, na qual a inovação desempenha um papel central.

> In Schumpeter's theory, the ability and initiative of entrepreneurs, drawing upon the discoveries of scientists and inventors, create entirely new opportunities for investment, growth and employment. The profits made from these innovations are then the decisive impulse for new surges of growth, acting as a signal to swarms of imitators. The fact that one or a few innovators can make exceptionally large profits, which they sometimes do, does not of course mean that all the imitators necessarily do so. (...) This is an essential part of the Schumpeterian analysis (...) When the bandwagon starts rolling some people fall off, profits are gradually 'competed away' until recession sets in, and the whole process may be followed by depression before high growth starts again with a new wave of technical innovation and organizational and social change.[5]

---

3 FREEMAN, Christopher; PEREZ, Carlota. Structural crises of adjustment, business cycles and investment behavior. *In*: FREEMAN, Christopher. *Systems of Innovation. Selected Essays in Evolutionary Economics*. Cheltenham: Edward Elgan, 2008. p. 38.

4 FREEMAN, Christopher; PEREZ, Carlota. Structural crises of adjustment, business cycles and investment behavior. *In*: FREEMAN, Christopher. *Systems of Innovation. Selected Essays in Evolutionary Economics*. Cheltenham: Edward Elgan, 2008. p. 38.

5 Tradução: De acordo com a teoria de Schumpeter, a habilidade e a iniciativa dos empresários em gerir as descobertas dos cientistas e inventores cria oportunidades de investimento, crescimento e empregabilidade inteiramente novas. Os lucros provenientes dessas inovações são, então, o impulso determinante para novas ondas de crescimento, agindo como um sinal de enxames de imitadores. O fato de que um ou poucos inovadores podem experimentar lucros incrivelmente altos, o que acontece em alguns casos, não significa, é claro, que todos os imitadores terão esse mesmo resultado. (...) Esta é uma parte fundamental da análise Schumpeteriana (...) Quando a caravana começa a desfilar, algumas pessoas caem, os lucros são gradualmente "competidos" até que a recessão se instale, e todo o processo pode ser seguido por depressão antes que o alto crescimento comece novamente, com uma nova onda de inovação técnica e mudança organizacional e social. (FREEMAN, Christopher;

Com efeito, Freeman e Perez[6] tecem críticas às teorias neoclássicas e keynesianas sobre crescimento econômico, por entenderem que essas falham em considerar as especificidades das mudanças tecnológicas em cada período histórico. Em função disso, os autores apresentam uma proposta de taxonomia da inovação, qual seja: (*i*) inovações incrementais; (*ii*) inovações radicais; (*iii*) mudanças de sistemas tecnológicos; e (*iv*) paradigmas techno-econômicos.

Nesse sentido, *inovações incrementais* seriam aquelas que ocorrem mais ou menos de maneira contínua em qualquer indústria ou atividade de serviço, embora em taxas distintas em diferentes indústrias e países, dependendo de uma combinação entre pressões de demanda, fatores socioculturais e oportunidades e trajetórias tecnológicas. Podem ocorrer, frequentemente, a partir de invenções e melhoramentos sugeridos por profissionais envolvidos diretamente no processo de produção, tais quais os engenheiros, ou como resultado de iniciativas e propostas de usuários (*'learning by doing' and 'learning by using'*), e não tanto como resultado de alguma atividade de pesquisa e desenvolvimento deliberada.[7]

Já as *inovações radicais* são percebidas como eventos descontinuados – em períodos recentes – resultantes de atividades específicas de pesquisa e desenvolvimento em empresas e/ou laboratórios universitários e governamentais. São inovações distribuídas de maneira desigual entre setores e períodos temporais.[8]

PEREZ, Carlota. Innovation and Growth. *In*: FREEMAN, Christopher. *Systems of Innovation. Selected Essays in Evolutionary Economics*. Cheltenham: Edward Elgan, 2008. p. 75).

6 FREEMAN; PEREZ, 2008. FREEMAN, Christopher. *Systems of Innovation. Selected Essays in Evolutionary Economics*. Cheltenham: Edward Elgan, 2008.

7 FREEMAN; PEREZ, 2008. FREEMAN, Christopher. *Systems of Innovation. Selected Essays in Evolutionary Economics*. Cheltenham: Edward Elgan, 2008.

8 (...) but our research did not support the view of Mensch (1975) that their appearance is concentrated particularly in periods of deep recessions in response to the collapse or decline of established markets (Freeman et al., 1982). But we would agree with Mensch that, whenever they may occur, they are important as the potential springboard for the growth of new markets, and for the surges of new investment associated with booms. They may often involve a combined product, process and organizational innovation. Over a period of decades radical innovations, such as nylon or 'the pill', may have fairly dramatic effects, i.e., they do bring about structural change but in terms of their aggregate economic impact they are relatively small and localized, unless a whole cluster of radical innovations are linked together in the rise of new industries and services, such as the synthetic materials industry or the semiconductor industry. Tradução: eventos descontinuados e, recentemente, são geralmente resultado de uma atividade deliberada de pesquisa e desenvolvimento em empresas e/ou em laboratórios governamentais e de universidades. (...) Inovações radicais estão distribuídas de maneira desigual entre setores e entre períodos temporais, mas nossa pesquisa não corrobora a visão de Mensch (1975) segundo a qual sua aparição se concentra particularmente em períodos de recessão profunda em resposta ao colapso ou declínio de mercados estabelecidos (Freeman *et al.*, 1982). Entretanto, concordamos com Mensch no

Já as *mudanças de sistemas tecnológicos* são mudanças na tecnologia de amplo alcance, afetando inúmeros ramos da economia e propiciando o surgimento de setores inteiramente novos, sendo baseadas em uma combinação de inovações radicais e incrementais, junto com inovações organizacionais e de gestão, afetando uma ou algumas empresas.[9]

Finalmente, a noção de *paradigmas techno-econômicos* – ou revoluções tecnológicas – leva em consideração que algumas mudanças nos sistemas tecnológicos são tão amplas em seus efeitos que acabam por influenciar sobremaneira o comportamento da economia como um todo. Assim, uma mudança dessa magnitude traz consigo muitos *clusters* de inovações – radicais e incrementais –, podendo eventualmente abranger alguns novos sistemas tecnológicos. Uma característica fundamental deste tipo de mudança técnica se traduz no fato de que ela não apenas leva ao surgimento de uma série de novos produtos, serviços, sistemas e indústrias em seu espectro, mas também afeta direta ou indiretamente praticamente toda e qualquer área da economia, sendo um "meta-paradigma".[10]

Tendo em vista a taxonomia anteriormente apresentada, afirmam os autores que percebem "(...) Schumpeter's long cycles and 'creative gales of destruction' as succession of 'techno-economic paradigms' associated with a characteristic institutional framework, which, however, only emerges after a painful process of structural change".[11]

---

sentido de que, quando quer que as inovações radicais possam ocorrer, são importantes como o potencial trampolim para o crescimento de novos mercados, e para o surgimento de novos investimentos associados aos booms. Podem envolver, frequentemente, uma cominação de inovações de produto, processo e organização. Durante um período de décadas, as inovações radicais, como náilon ou 'a pílula', podem ter efeitos bastantes significativos, isto é, elas trazem mudanças estruturais, mas, em termos de seu impacto econômico agregado, são relativamente pequenas e localizadas, a menos que inovações radicais sejam reunidas em um único grande cluster no surgimento de novas indústrias e serviços, como a indústria de materiais sintéticos ou a indústria dos semicondutores. (FREEMAN, Christopher; PEREZ, Carlota. Structural crises of adjustment, business cycles and investment behavior. *In*: FREEMAN, Christopher. *Systems of Innovation. Selected Essays in Evolutionary Economics*. Cheltenham: Edward Elgan, 2008. p. 47).

9 FREEMAN; PEREZ, 2008. FREEMAN, Christopher. *Systems of Innovation. Selected Essays in Evolutionary Economics*. Cheltenham: Edward Elgan, 2008.

10 FREEMAN, Christopher; PEREZ, Carlota. Structural crises of adjustment, business cycles and investment behavior. *In*: FREEMAN, Christopher. *Systems of Innovation. Selected Essays in Evolutionary Economics*. Cheltenham: Edward Elgan, 2008. p. 48.

11 Tradução: "(...) os longos ciclos e 'vendavais criativos de destruição' de Schumpeter como uma sucessão de 'paradigmas techno-econômicos' associados a uma estrutura institucional, característica que, no entanto, só emerge após um processo doloroso de mudança estrutural". (FREEMAN, Christopher; PEREZ, Carlota. Structural crises of adjustment, business cycles and investment behavior. *In*: FREEMAN, Christopher. *Systems of Innovation. Selected Essays in Evolutionary Economics*. Cheltenham: Edward Elgan, 2008. p. 48).

Especificamente em relação aos paradigmas techno-econômicos, algumas considerações ainda se fazem necessárias. Primeiramente, destaca-se que uma de suas principais características tem relação com seu padrão de difusão: ele tem início em determinadas indústrias ou campos de aplicação, mas se espalha amplamente para outras indústrias e serviços e, em última análise, para a economia em geral. Dessa forma, falar aqui em "mudança de paradigma"[12] significa considerar que existe uma transformação radical nas práticas predominantes de engenharia e administração, para se chegar a melhores níveis de produtividade e lucratividade, as quais são aplicadas em praticamente todos os segmentos industriais.

Em seguida, é preciso ter em conta que cada novo paradigma techno-econômico é composto por um fator-chave, que preenche um conjunto de condições, quais sejam: (*i*) baixo custo relativo e em queda rápida; (*ii*) disponibilidade quase ilimitada de fornecimento de longo prazo; e (*iii*) um claro potencial para o uso ou a incorporação do novo fator – ou fatores-chave – em muitos outros produtos e processos em todo o sistema econômico. Isso pode se dar diretamente ou, de maneira mais comum, por meio de um conjunto de inovações relacionadas, que têm o condão de reduzir o custo e alterar a qualidade do equipamento de capital, dos *inputs* de trabalho e de outros *inputs* para o sistema.[13]

Diante desse contexto, o novo paradigma techno-econômico surge de maneira gradual e se apresenta como uma nova forma de organização produtiva capaz de se beneficiar dos fatores-chave cada vez mais proeminentes na estrutura de custos relativos. Assim, ele tem potencial para operar uma espécie de salto quantitativo em termos de produtividade e abrir uma ampla gama de oportunidades de investimento, capazes de substituir o padrão dos investimentos atrelados ao paradigma anterior.

Consequentemente, esse processo será acompanhado de uma reestruturação de todo o sistema produtivo, e não apenas dos fatores-chave e da própria mudança tecnológica, envolvendo os seguintes aspectos: a) uma nova forma de organização ideal para as empresas e plantas de fábrica; b) um novo perfil de habilidades na força de trabalho (qualidade e quantidade de trabalho e padrões correspondentes de

---

12 FREEMAN, Christopher; PEREZ, Carlota. Structural crises of adjustment, business cycles and investment behavior. *In*: FREEMAN, Christopher. *Systems of Innovation. Selected Essays in Evolutionary Economics*. Cheltenham: Edward Elgan, 2008. p. 49.

13 FREEMAN; PEREZ, 2008. FREEMAN, Christopher. *Systems of Innovation. Selected Essays in Evolutionary Economics*. Cheltenham: Edward Elgan, 2008.

distribuição de renda); c) novas preferências de investimento (em determinados produtos); d) novas tendências, tanto na inovação radical, quanto na incremental, voltadas para substituir o uso mais intensivo do(s) novo(s) fator(es)-chave por outros elementos de custo relativamente alto; e) novo padrão na localização do investimento (nacional e internacional) à medida que a mudança na estrutura de custos relativos transforma vantagens comparativas; f) uma onda de investimento em infraestrutura projetada para fornecer externalidades adequadas em todo o sistema e facilitar o uso de novos produtos e processos em todos os lugares; g) tendência de novas pequenas empresas inovadoras e empreendedoras também entrarem nos novos ramos da economia em rápida expansão e, em alguns casos, iniciarem novos setores de produção; h) tendência para as grandes empresas se concentrarem, seja por crescimento ou diversificação, nos ramos da economia em que o fator-chave é produzido e mais intensamente usado; e i) um novo padrão de consumo de bens e serviços e novos tipos de distribuição e comportamento do consumidor.[14]

Tem-se, portanto, que o período de transição entre um paradigma techno-econômico e outro traduz-se em uma profunda transformação estrutural na economia. Naturalmente, esse contexto gera a necessidade de transformações também no que tange ao ambiente institucional e à própria sociedade, como resultado de um processo de busca política, experimentação e adaptação. Em última análise, uma combinação apropriada de mecanismos regulatórios tem o condão de fomentar o desenvolvimento pleno do novo paradigma e atrair investimentos.[15]

No entanto, deve-se ter em mente que tal processo de adequação não se dá sem que haja situações de conflito entre as estruturas anteriores e as emergentes. Christopher Freeman e Carlota Perez também chamam a atenção para o fato de que esse processo não é uniforme, levando-se em consideração diferentes contextos nacionais – políticos e culturais – o que pode significar, portanto, "(...) a considerable influence on the changing pattern of international technological leadership and international patterns of diffusion".[16]

---

[14] FREEMAN; PEREZ, 2008. FREEMAN, Christopher. *Systems of Innovation. Selected Essays in Evolutionary Economics*. Cheltenham: Edward Elgan, 2008.

[15] FREEMAN; PEREZ, 2008. FREEMAN, Christopher. *Systems of Innovation. Selected Essays in Evolutionary Economics*. Cheltenham: Edward Elgan, 2008.

[16] Tradução: "(...) uma influência considerável no padrão de mudança na liderança tecnológica internacional e nos padrões de difusão internacional". (FREEMAN, Christopher; PEREZ, Carlota. Structural crises of adjustment, business cycles and investment behavior. *In*: FREEMAN, Christopher. *Systems of Innovation. Selected Essays in Evolutionary Economics*. Cheltenham: Edward Elgan, 2008. p. 66).

Publicado pela primeira vez pelos autores em 1988, na obra *Technical Change and Economic Theory* (editada por Dosi *et al.*), o artigo de Freeman e Perez propõe a tendência de consolidação do chamado paradigma da Tecnologia da Informação, apontando elementos como a ampla disponibilidade da microeletrônica a preços baixos (cuja tendência seria diminuir ainda mais) e novos desenvolvimentos concernentes à computação e às telecomunicações. De acordo com os autores, o cenário de crescimento econômico caminhava para um domínio cada vez mais amplo dos setores da eletrônica e da informação, conforme pode ser observado através da leitura da seguinte passagem:

> Growth tends increasingly to be led by the electronics and information sectors, taking advantage of the growing externalities provided by an all-encompassing telecommunications infrastructure, which will ultimately bring down to extremely low levels the costs of access to the system for both producers and users of information.[17]

Destaca-se que a doutrina costuma apontar para a existência de períodos de proeminência de determinada(s) tecnologia(s) durante certas épocas históricas, proeminência essa que leva à consideração de classificar tais períodos como "revoluções". Precisamente, a melhor ilustração disso é a referência à Revolução Industrial do século XVIII – ou 1ª Revolução Industrial. No entanto, a dinâmica da inovação forneceu outras revoluções de cunho tecnológico desde esse marco até o presente momento.

Com efeito, Carlota Perez[18] descreve as cinco revoluções tecnológicas que ocorreram de forma sucessiva ao longo da história, entre os anos 1770 e os anos 2000: a) Primeira Revolução Tecnológica (Revolução Industrial – 1771); b) Segunda Revolução Tecnológica (Era do Vapor e das Ferrovias – 1829); c) Terceira Revolução Tecnológica (Era do Aço, da Eletricidade e da Engenharia "Pesada" – 1875); d) Quarta Revolução Tecnológica (Era do Petróleo, do Automóvel e da Produção em Massa –

---

17 Tradução: O crescimento tende a ser liderado cada vez mais pelos setores da eletrônica e da informação, se aproveitando das crescentes externalidades proporcionadas por uma abrangente infraestrutura de telecomunicações, a qual reduzirá a níveis extremamente baixos os custos de acesso ao sistema para produtores e usuários de informação. (FREEMAN, Christopher; PEREZ, Carlota. Structural crises of adjustment, business cycles and investment behavior. *In*: FREEMAN, Christopher. *Systems of Innovation. Selected Essays in Evolutionary Economics*. Cheltenham: Edward Elgan, 2008. p. 67).

18 PEREZ, Carlota. Technological revolutions and techno-economic paradigms. *Cambridge Journal of Economics*, n. 34, p. 185-202, 2010.

1908); e e) Quinta Revolução Tecnológica (Era da Informação e das Telecomunicações – 1971).[19]

Por conseguinte, tem-se a seguinte lógica: inovações individuais estão interconectadas em sistemas tecnológicos, os quais se interconectam em revoluções tecnológicas. A partir disso é possível conceituar "revolução tecnológica" como um conjunto de inovações radicais disruptivas inter-relacionadas, as quais formam uma grande constelação de tecnologias interdependentes, "a cluster of clusters or a system of systems".[20]

Consequentemente, o que a distingue e torna sua definição possível como revolução é justamente o forte grau de interconexão e interdependência dos sistemas em termos de tecnologias e mercados envolvidos; bem como a capacidade que possui de gerar transformações substanciais para toda a economia e, em última análise, para a sociedade de maneira geral.[21]

O vetor para essa profunda transformação é justamente o paradigma techno-econômico, "(...) being articulated through the use of the new technologies as they diffuse, that multiplies their impact across the economy and eventually also modifies the way

---

19 PEREZ, Carlota. Technological revolutions and techno-economic paradigms. *Cambridge Journal of Economics*, n. 34, p. 185-202, 2010. p. 190-192.

20 Tradução: "um cluster de clusters ou um sistema de sistemas". (PEREZ, Carlota. Technological revolutions and techno-economic paradigms. *Cambridge Journal of Economics*, n. 34, p. 185-202, 2010. p. 189).

21 Sobre o tema: The current information technology revolution, for example, opened an initial technology system around microprocessors (and other integrated semi-conductors), their specialised suppliers and their early uses in calculators, games and in the miniaturising and digitising of control and other instruments for civil and military uses. This system was followed by an overlapping series of other radical innovations, minicomputers and personal computers, software, telecoms and the internet, each of which opened new system trajectories, while being strongly inter-related and inter-dependent. As they appeared, these systems interconnected and continued expanding together with intense feedback loops in both technologies and markets. Tradução: A atual revolução da tecnologia da informação, por exemplo, abriu um sistema tecnológico inicial em torno dos microprocessadores (e outros semicondutores integrados), seus fornecedores especializados e seus usos iniciais em calculadoras, jogos e na miniaturização e digitalização de instrumentos de controle e outros instrumentos para uso civil e militar. Este sistema foi seguido por uma série de outras inovações radicais sobrepostas, minicomputadores e computadores pessoais, software, telecomunicações e a internet, cada uma das quais abrindo novas trajetórias de sistema, enquanto sendo fortemente inter-relacionadas e interdependentes. Enquanto apareciam, esses sistemas se interconectavam e continuavam se expandindo juntos, com intensos ciclos de retroalimentação tanto em tecnologias quanto em mercados. (PEREZ, Carlota. Technological revolutions and techno-economic paradigms. *Cambridge Journal of Economics*, n. 34, p. 185-202, 2010. p. 189).

socio-institutional structures are organised".[22] Tome-se como exemplo a tecnologia representada pelo telefone a cabo: diante de um contexto marcado pela atual Revolução da Tecnologia da Informação, no qual os consumidores têm acesso a dispositivos sem fio capazes de desempenhar diversas funções nas áreas de comunicação, entretenimento e acesso à informação, a telefonia tradicional – que já representou tremendo avanço em determinado período histórico – pode ser tida por muitos como obsoleta.

A absorção do paradigma, portanto, é relevante tanto para o âmbito industrial/econômico, quanto para os demais espectros que conformam a sociedade: o impacto é sentido na força de trabalho, no padrão de consumo e na própria regulação de todas as atividades sociais, por exemplo. A não convergência de todas essas facetas tem o condão de impedir o aproveitamento da onda de crescimento que pode surgir com a emergência de um novo paradigma, conforme é possível extrair da passagem a seguir:

> The mutual adaptation of technology and society through the social learning of the paradigm and the adaptive redesign of the institutional framework enables reaping the maximum benefit from the wealth creating potential contained in each great surge. But, when this potential is exhausted and a new revolution begins to emerge, those embedded habits and institutions act as a powerful inertial force and must be transformed to enable the next surge.[23]

Diante desse contexto, este artigo examina a questão da inteligência artificial, mais especificamente no que tange aos impactos da automação por ela trazida sobre o mercado de trabalho. Ao longo da última década foi possível perceber a rápida expansão de algoritmos baseados em *big data* para domínios dependentes do reconhecimento

---

[22] Tradução: "(...) sendo articulado através do uso das novas tecnologias à medida que essas se difundem, o que multiplica seu impacto pela economia e eventualmente também modifica a forma pela qual as estruturas socioinstitucionais são organizadas". (PEREZ, Carlota. Technological revolutions and techno-economic paradigms. *Cambridge Journal of Economics*, n. 34, p. 185-202, 2010. p. 194).

[23] Tradução: A mútua adaptação da tecnologia e da sociedade através do aprendizado social do paradigma e do redesenho adaptativo da estrutura institucional permite a extração do máximo de benefícios do potencial de criação de riqueza contido em cada grande onda. Entretanto, quando este potencial é esgotado e uma nova revolução começa a emergir, aqueles hábitos e instituições firmados agem como uma profunda força de inércia e precisam ser transformados para possibilitar a nova onda. (PEREZ, Carlota. Technological revolutions and techno-economic paradigms. *Cambridge Journal of Economics*, n. 34, p. 185-202, 2010. p. 200).

de padrões, podendo prontamente substituir o trabalho por uma ampla gama de tarefas cognitivas não rotineiras. Ademais, tem-se que os sistemas de IA estão cada vez mais aprimorados, permitindo a execução de um escopo crescente de tarefas manuais. Esse cenário aponta para a probabilidade de que ocorram mudanças profundas para a natureza do trabalho humano.[24]

Como visto até aqui, de acordo com Carlota Perez,[25] atualmente o mundo se encontra diante do paradigma da Tecnologia da Informação. Inseridas em seu guarda-chuva estariam tecnologias que vão desde os componentes microeletrônicos à Internet, passando por computadores, *softwares*, biotecnologia e dispositivos móveis. Desde o início dessa revolução tecnológica, diversos modelos de negócio tornaram-se obsoletos, enquanto diversos novos surgiram e se estabeleceram.

Nos últimos anos ocorreu o surgimento de negócios baseados primordialmente em dados, favorecidos pela grande disponibilidade destes na rede e por sistemas cada vez mais velozes de processamento. Por volta do ano de 2010, essa ingerência matemática consolidou sua inserção no espectro das relações sociais, gerando uma resposta positiva do público consumidor. Assim, são engrenagens da chamada "Economia de *Big Data*", elementos como serviços de *streaming* e personalização de conteúdo cultural (modelos de negócio como *Spotify* e *Netflix*), sofisticação de ferramentas e aplicações para tornar o uso de *smartphones* e *tablets* mais interessantes e funcionais, e mudanças na forma de consumir e vender livros (experiência *Amazon*).

Sob a promessa de ganhos espetaculares, conforme reflete Cathy O´Neil, matemáticos e estatísticos começaram a estudar desejos, movimentos e poder de compra da sociedade. Assim, previram nosso grau de confiabilidade e calcularam nossos potenciais como estudantes, trabalhadores, amantes e criminosos. Na esteira desse raciocínio, de acordo com a autora, "this not only saved time but also was marketed as fair and objective. After all, it didn´t involve prejudiced humans digging through reams of paper, just machines processing cold numbers".[26]

---

[24] FREY, Carl Benedikt; OSBORNE, Michael A. *The Future of Employment*: how susceptible are jobs to computerization? 2013. Disponível em: https://www.oxfordmartin.ox.ac.uk/downloads/academic/The_Future_of_Employment.pdf. Acesso em 29 set. 2018.

[25] PEREZ, Carlota. Technological revolutions and techno-economic paradigms. *Cambridge Journal of Economics*, n. 34, p. 185-202, 2010.

[26] Tradução: "Isso não apenas economizou tempo, mas também foi vendido como algo justo e objetivo. Afinal, não envolvia a atividade de humanos preconceituosos manuseando pilhas de papel, apenas máquinas processando números frios". (O´NEIL, Cathy. *Weapons of Math*

Por conseguinte, a tendência para o futuro – bem mais próximo do que parece – reside no fenômeno da inteligência artificial. A sociedade atual já convive com demonstrações de que essa tecnologia tem potencial de penetração em todas as esferas da vida, trazendo repercussões para o desempenho do trabalho humano, para o padrão de consumo, para as relações interpessoais, para as atividades tipicamente desempenhadas por órgãos de governo, dentre outras.

Dentre aqueles que já se debruçaram sobre o tema, é possível encontrar na doutrina previsões tanto de cunho pessimista, quanto de cunho otimista, sobre o que essa tecnologia irá significar. Mark Purdy e Paul Daugherty,[27] por exemplo, defendem que a presença da inteligência artificial na economia se dá como um novo fator de produção, para além dos tradicionais capital e trabalho. Por conseguinte, isso significaria a chegada de uma nova era econômica, na qual a inteligência artificial poderá superar as limitações físicas dos fatores capital e trabalho, abrindo novas fontes de criação de valor e de crescimento.

A sustentação do argumento anteriormente mencionado se dá a partir do reconhecimento de que a inteligência artificial tem potencial para influenciar três dimensões – distintas, mas interdependentes – quais sejam: (*i*) criação de uma camada nova da força de trabalho, não apenas calcada em automação, este um fenômeno já conhecido, mas em automação inteligente; (*ii*) ser um agente de complementação e melhoramento de performance em camadas já existentes da força de trabalho e do capital físico; (*iii*) o enorme potencial de inovação. Consequentemente, o fenômeno ora considerado caminha para ser o "catalisador de uma ampla transformação estrutural".[28]

Contudo, previsões menos otimistas alertam para a existência de custos sociais bastante altos com a emergência dessa transformação estrutural. Uma questão que se mostra central nos debates sobre o tema é o da perspectiva da perda de postos de trabalho humano em função de sua substituição por sistemas de inteligência artificial. Um dos mais conhecidos prognósticos sobre o assunto foi trazido à baila pelo

---

Destruction. How Big Data Increases Inequality and Threatens Democracy. New York: Crown Publishers, 2016. p. 3. E-book. ISBN: 9780553418828).

27 PURDY, Mark; DAUGHERTY, Paul. *Why artificial intelligence is the future of growth*. Accenture, 2016. Disponível em: https://www.accenture.com/lv-en/_acnmedia/PDF-33/Accenture-Why-AI-is-the-Future-of-Growth.pdf. Acesso em 29 jul. 2017.

28 PURDY, Mark; DAUGHERTY, Paul. *Why artificial intelligence is the future of growth*. Accenture, 2016. p. 12. Disponível em: https://www.accenture.com/lv-en/_acnmedia/PDF-33/Accenture-Why-AI-is-the-Future-of-Growth.pdf. Acesso em 29 jul. 2017.

estudo de Carl Frey e Michael Osborne, da Universidade de Oxford, publicado em 2013.

Apontam os autores que existe o risco de desaparecimento de 47% dos postos de trabalho nos Estados Unidos nas próximas duas décadas.[29] Em outro estudo, a firma de consultoria Roland Berger estima que esse percentual na França para um período temporal similar seria de 42%. Outras abordagens, por sua vez, estimam que o percentual de postos em vias de desaparecimento será menor, mas, em contrapartida, haverá um índice de automação dentro dos postos remanescentes muito significativo.[30]

Considerando todo o exposto a respeito das revoluções tecnológicas e dos paradigmas techno-econômicos, uma primeira questão surge de maneira evidente: seria a inteligência artificial – em sentido amplo – um fenômeno tão disruptivo a ponto de significar uma mudança de paradigma e uma revolução tecnológica apartada daquela representada pela Tecnologia da Informação?

Este artigo defende a ideia de que essa parece ser a tendência. Um indício disso é a preocupação de diversos países em estabelecer diretrizes e discutir possíveis regulações para as novidades que já estão surgindo e aquelas que estão no horizonte. Nota-se um comportamento de duas ordens: (*i*) preparar o ambiente institucional para que os impactos da inteligência artificial sejam melhor absorvidos, fazendo com que a balança entre prejuízos e benefícios penda para este último lado; (*ii*) liderar a corrida tecnológica em torno das possibilidades da inteligência artificial, tanto para manter uma posição de supremacia, quanto para superar os atuais líderes.

Com efeito, países como Estados Unidos da América, China, Japão e França (em uma perspectiva europeia) recentemente elaboraram estudos que podem ser compreendidos como planos nacionais sobre o tema da inteligência artificial. Cada um desses planos aborda os elementos envolvidos na questão a partir de uma perspectiva própria, alinhadas às respectivas visões estratégicas. Reconhecendo a extensão do eixo temático e a impossibilidade de tratá-lo em sua totalidade, este

---

29 FREY, Carl Benedikt; OSBORNE, Michael A. *The Future of Employment*: how susceptible are jobs to computerization? 2013. Disponível em: https://www.oxfordmartin.ox.ac.uk/downloads/academic/The_Future_of_Employment.pdf. Acesso em 29 set. 2018.

30 VILLANI, Cédric. *For a Meaningful Artificial Intelligence*: towards a French and European Strategy. Mar. 2018. Disponível em: https://www.aiforhumanity.fr/pdfs/MissionVillani_Report_ENG-VF.pdf. Acesso em 17 mai. 2018.

artigo opta por focar a análise no elemento do trabalho humano e como ele será impactado pela inteligência artificial.

Desta feita, a próxima seção será dedicada ao exame das repercussões da inteligência artificial no trabalho humano e de quais são as propostas dos planos nacionais para lidar com os desafios que se apresentam.

3 Planos nacionais sobre inteligência artificial: Estados Unidos da América, França, China e Japão

Algumas nações perceberam a importância da criação de políticas públicas visando a assumir o protagonismo no uso da inteligência artificial em seus processos produtivos, sendo que parte desses países objetivam se preparar para os impactos da IA nas relações de emprego e trabalho. Estados Unidos da América, França, China e Japão desenvolveram planos nacionais que tratam de questões como: qualificação da mão de obra; análise dos postos de trabalho que serão extintos ou gravemente modificados pela implementação da inteligência artificial; políticas públicas que devem ser adotadas para combater, em alguns casos, o desemprego resultante das novas tecnologias e, em outros, a absoluta escassez de mão de obra pronta para tais desafios.

No Brasil, até o momento, nenhuma medida desse gênero foi desenvolvida pelo Governo Federal. Alguns poucos estudos vêm se dedicando a questões pontuais relacionadas, em maior medida, ao advento da indústria 4.0, como um todo, e, em menor medida, à implementação da inteligência artificial em solo brasileiro. Um estudo desenvolvido pelo Senai aponta como impacto direto da chamada Indústria 4.0 o surgimento de 30 novas ocupações em oito áreas.

São profissões, de nível médio e superior, que devem ganhar relevância nos segmentos automotivo; alimentos e bebidas; máquinas e ferramentas; petróleo e gás; têxtil e vestuário; química e petroquímica; tecnologias da informação e comunicação e construção civil. Tais áreas estão entre as que mais devem ter seus processos transformados, por apostarem na dominância das tecnologias digitais para a competitividade dos seus negócios na próxima década.[31]

---

[31] Cf. Senai aponta 30 novas profissões que vão surgir com a Indústria 4.0. *Senai*, 06 jul. 2018. Disponível em: https://www.rn.senai.br/conheca-30-novas-profissoes-que-vao-surgir-com-industria-4-0/. Acesso em 17 mai. 2018.

A Confederação Nacional da Indústria (CNI), por seu turno, desenvolveu o estudo "Oportunidades para a Indústria 4.0 – aspectos da demanda e oferta no Brasil".[32] Ao longo de suas 64 páginas, não há uma linha dedicada ao estudo do impacto das novas tecnologias na destruição dos postos de trabalho hoje existentes.

Para não dizer que o trabalho humano foi completamente ignorado no estudo, ele denota preocupação com a qualificação dos recursos humanos que serão utilizados na indústria 4.0, chamando a atenção para a importância das *startups* e instituições de ensino nesse papel:

> O terceiro segmento da oferta é formado por empresas novas, de menor porte, startups, com competência técnica para o desenvolvimento de soluções parciais e muito específicas, sejam elas necessárias para digitalizar processos de produção industrial ou para digitalizar controles de produtos das empresas do setor industrial. Os custos de produção desse segmento são relativamente os mais baixos, mas a capacitação técnica é a mais circunscrita entre todos os segmentos da oferta das soluções tecnológicas. Essas empresas têm grande potencial no desenvolvimento de produtos com tecnologias embarcadas, aspecto essencial para alguns setores da IPD. Atualmente, cada vez mais, as empresas do primeiro segmento estão mais próximas das startups, sendo uma importante fonte de soluções tecnológicas para as grandes empresas.
>
> Esse segmento da oferta de soluções digitais da Indústria 4.0 também tem uma importância significativa enquanto formador de recursos humanos qualificados. A formação de pessoal para o desenvolvimento de soluções ocorre em grande escala no mercado, no desempenho da própria atividade. O aprendizado surge com o desenvolvimento de soluções para os clientes. Os recursos humanos assim formados são importante fonte de conhecimento para ser explorado por outros segmentos da oferta de sistemas de automação e constituem base para a implementação de programas nacionais da Indústria 4.0.
>
> É importante ressaltar o papel das universidades e Instituições de Ciência e Tecnologia (ICT) no ecossistema da Indústria 4.0. Apesar de não atuarem diretamente na implementação das tecnologias nas empresas, são instituições fundamentais no desenvolvimento de recursos humanos e da ciência básica. Elas relacionam-se de forma estratégica

---

[32] Cf. Oportunidades para a Indústria 4.0 – Aspectos da demanda e oferta no Brasil. *CNI*, Brasília, 2017. Disponível em: https://bucket-gw-cni-static-cms-si.s3.amazonaws.com/media/filer_public/d9/ff/d9ff9d99-1a51-43ff-bc2a-b2187e90c35a/oportunidades_para_a_industria_40_2603_nova_versao.pdf. Acesso em 17 mai. 2018.

com as empresas produtoras e são, em grande parte dos casos, o lugar de origem das startups.[33]

Ante a ausência de um plano brasileiro voltado para a matéria, o estudo vai limitar sua análise aos planos desenvolvidos pelos Estados Unidos da América, França, China e Japão.

3.1 Estados Unidos da América

Em 12 de outubro de 2016, ao final da administração de Barack Obama, o governo norte-americano[34] publicou o documento "Preparing for the Future of Artificial Intelligence", munido do objetivo de preparar os Estados Unidos para uma realidade não tão distante na qual a inteligência artificial desempenhará um papel cada vez maior. O plano em questão analisa o estado atual de desenvolvimento[35] dessa tecnologia no país, quais são suas aplicações – tanto as já consolidadas quanto as potenciais – e, ainda, quais são os principais desafios que a IA apresenta para a sociedade e para a edição de políticas públicas. Ademais, propõe algumas ações específicas para atores envolvidos nesse processo, como, por exemplo, as agências Federais.

---

33 Cf. Oportunidades para a Indústria 4.0 – Aspectos da demanda e oferta no Brasil. *CNI*, Brasília, 2017. p. 35-36. Disponível em: https://bucket-gw-cni-static-cms-si.s3.amazonaws.com/media/filer_public/d9/ff/d9ff9d99-1a51-43ff-bc2a-b2187e90c35a/oportunidades_para_a_industria_40_2603_nova_versao.pdf. Acesso em 17 mai. 2018.

34 Escritório Executivo da Presidência. Conselho Nacional de Ciência e Tecnologia. Comitê de Tecnologia.

35 Interessante notar que o plano já faz referência, ainda na introdução, à posição de liderança do país em termos de pesquisa e desenvolvimento da inteligência artificial, conforme o seguinte trecho: "The United States has been at the forefront of foundational research in AI, primarily supported for most of the field's history by Federal research funding and work at government laboratories. The Federal Government's support for unclassified AI R&D is managed through the Networking and Information Technology Research and Development (NITRD) program, and supported primarily by the Defense Advanced Research Projects Agency (DARPA), the National Science Foundation (NSF), the National Institutes of Health (NIH), the Office of Naval Research (ONR), and the Intelligence Advanced Research Projects Activity (IARPA). Major national research efforts such as the National Strategic Computing Initiative, the Big Data Initiative, and the Brain Research through Advancing Innovative Neurotechnologies (BRAIN) Initiative also contribute indirectly to the progress of AI research. The current and projected benefits of AI technology are large, adding to the Nation's economic vitality and to the productivity and well-being of its people. A companion document lays out a strategic plan for Federally-funded research and development in AI". (ESTADOS UNIDOS DA AMÉRICA. National Science and Technology Council (NSTC). Committee on Technology. *Preparing for the Future of Artificial Intelligence*. Washington D.C., out. 2016. p. 5. Disponível em: https://obamawhitehouse.archives.gov/sites/default/files/whitehouse_files/microsites/ostp/NSTC/preparing_for_the_future_of_ai.pdf. Acesso em 30 jul. 2017).

O documento é divido nas seguintes seções: (*i*) Aplicações da IA para o bem público; (*ii*) IA e Regulação; (*iii*) Pesquisa e Força de Trabalho; (*iv*) Impactos Econômicos da IA; (*v*) Justiça, Segurança e Governança; (*vi*) Considerações Globais e Segurança; (*vii*) Preparando para o Futuro.

Em função do recorte metodológico aplicado a este artigo no que tange ao fenômeno da inteligência artificial – impacto para os postos de trabalho – a análise detalhada será apenas em relação às seções (*iii*) e (*iv*) do documento mencionado. Em seguida, será analisado o mesmo tema no âmbito do relatório "Artificial Intelligence, Automation and Economy", publicado em 20 de dezembro de 2016 pelo mesmo órgão governamental, que trata especificamente dos impactos da IA para a economia e para os postos de trabalho.

De início, o relatório destaca o papel fundamental do governo no avanço da inteligência artificial a partir de uma combinação de investimento em pesquisa e desenvolvimento, da criação de uma força de trabalho diversa e especializada e da gestão dos impactos econômicos trazidos por essa tecnologia à medida que ela se desenvolve.

Existe o reconhecimento de que o rápido desenvolvimento da IA trouxe a necessidade de se contar com mão de obra altamente especializada, capaz de manter o nível de desenvolvimento e projetar avanços no campo em questão. Diante disso, tem-se que: "the AI workforce includes AI researchers who drive fundamental advances in AI, a larger number of specialists who refine AI methods for specific applications, and a much larger number of users who operate those applications in specific settings".[36]

Em relação ao treinamento desses trabalhadores, o documento projeta que

> For researchers, AI training is inherently interdisciplinary, often requiring a strong background in computer science, statistics, mathematical logic, and information theory. For specialists, training typically requires a background in software engineering and in the application area. For

[36] Tradução: "a força de trabalho de IA inclui pesquisadores de IA que desempenham avanços fundamentais em IA, um número ainda maior de especialistas que refinam métodos de IA para aplicações especificas, e um número muito maior de usuários que opera essas aplicações em configurações especificas". (ESTADOS UNIDOS DA AMÉRICA. National Science and Technology Council (NSTC). Committee on Technology. *Preparing for the Future of Artificial Intelligence*. Washington D.C., out. 2016. p. 26. Disponível em: https://obamawhitehouse.archives.gov/sites/default/files/whitehouse_files/microsites/ostp/NSTC/preparing_for_the_future_of_ai.pdf. Acesso em 30 jul. 2017).

> users, familiarity with AI technologies is needed to apply AI technologies reliably.[37]

Assim, criar as condições para a existência dessa força de trabalho especializada em IA envolve a participação de setores como o governo, escolas e universidades. Os programas educacionais federais em torno de ciência, tecnologia, engenharia e matemática (*science, technology, engineering and mathematics – STEM*) dão cada vez mais ênfase aos conhecimentos relativos à inteligência artificial. Por conseguinte, entre os papeis a serem desempenhados de maneira estratégica pelo governo federal nos Estados Unidos, no que tange ao desenvolvimento de uma força de trabalho pautada em IA, destacam-se o suporte aos estudantes de pós-graduação, o financiamento de pesquisa sobre o *design* e os impactos da IA e o reconhecimento dos programas educacionais em IA.[38]

Sobre as instituições educacionais, o relatório projeta que integrar áreas como IA e ciência de dados, bem como campos que as circunscrevem, ao sistema nacional de educação é fundamental para o desenvolvimento de trabalhadores especializados, capazes de lidar com as prioridades nacionais. Embora já esteja ocorrendo a implementação dessas ciências em diversas instituições de ensino, o plano americano entende que ainda serão necessários mais programas e professores.

Dentre os papeis reservados às instituições acadêmicas, o relatório em comento destaca:

> Building and sustaining the researcher workforce, including computer scientists, statisticians, database and software programmers, curators, librarians, and archivists with specialization in data science; training the specialist workforce, by emphasizing AI methods within software development courses, offering applied AI courses that demonstrate

---

[37] Tradução: Para os pesquisadores, o treinamento em IA é inerentemente interdisciplinar, frequentemente requerendo um histórico pesado em ciência da computação, estatística, lógica matemática e teoria da informação. Para os especialistas, o treinamento típico requer um histórico em engenharia de softwares e na área de aplicação. Para os usuários, a familiaridade com tecnologias de IA é necessária para aplicar tecnologias de IA de forma confiável". (ESTADOS UNIDOS DA AMÉRICA. National Science and Technology Council (NSTC). Committee on Technology. *Preparing for the Future of Artificial Intelligence*. Washington D.C., out. 2016. p. 26. Disponível em: https://obamawhitehouse.archives.gov/sites/default/files/whitehouse_files/microsites/ostp/NSTC/preparing_for_the_future_of_ai.pdf. Acesso em 30 jul. 2017).

[38] ESTADOS UNIDOS DA AMÉRICA. National Science and Technology Council (NSTC). Committee on Technology. *Preparing for the Future of Artificial Intelligence*. Washington D.C., out. 2016. Disponível em: https://obamawhitehouse.archives.gov/sites/default/files/whitehouse_files/microsites/ostp/NSTC/preparing_for_the_future_of_ai.pdf. Acesso em 30 jul. 2017.

> the applications of AI to other domains, and incorporating AI and data science challenges posed by industry, civil society, and government into active case studies; ensuring that the user workforce has the necessary familiarity with AI systems to meet the needs of users and of institutions across industry, government, and academia; supporting training through seed grants, professional development stipends, internships, fellowships, and summer research experiences; and recruiting and retaining faculty, as industrial salaries grow faster than academic salaries for skilled researchers.[39]

Com efeito, o plano americano termina a seção sobre Pesquisa e Força de Trabalho fazendo referência ao problema da falta de diversidade – racial e de gênero – em campos de trabalho envolvendo a indústria da tecnologia e a ciência da computação em geral, que, por conseguinte, se expande para o setor especifico da mão de obra especializada em IA. O documento afirma que a exploração plena do potencial do povo norte-americano e a consequente diminuição das desigualdades em torno de raça e gênero no mundo do trabalho é uma prioridade absoluta da administração federal. Diante desse cenário, destaca-se a importância da IA ser produzida por e para populações diversas, a fim de evitar "the negative consequences of narrowly focused AI development, including the risk of biases in developing algorithms, by taking advantage of a broader spectrum of experience, backgrounds, and opinions".[40]

---

39 Tradução: construir e sustentar a mão de obra de pesquisa, incluindo cientistas da computação, estatísticos, programadores de dados e softwares, curadores, bibliotecários e arquivistas especializados em ciência de dados; treinar a força de trabalho especializada através da ênfase em métodos de IA em cursos de desenvolvimento de software, oferecer cursos de IA aplicada, que demonstrem as aplicações de IA para outros domínios e incorporar os desafios de IA e ciência de dados trazidos pela indústria, pela sociedade civil e pelo governo aos estudos de caso; garantir que a força de trabalho de usuários tenha a necessária familiaridade com os sistemas de IA para atender às necessidades dos usuários e das instituições, entre indústria, governo e academia; apoiar o treinamento através de subsídios, estipêndios para desenvolvimento profissional, estágios, bolsas de estudos, experiências de pesquisa de verão; e recrutar e manter o corpo docente, pois os salários na indústria crescem mais rápido do que os salários acadêmicos para pesquisadores especializados. (ESTADOS UNIDOS DA AMÉRICA. National Science and Technology Council (NSTC). Committee on Technology. *Preparing for the Future of Artificial Intelligence*. Washington D.C., out. 2016. p. 27. Disponível em: https://obamawhitehouse.archives.gov/sites/default/files/whitehouse_files/microsites/ostp/NSTC/preparing_for_the_future_of_ai.pdf. Acesso em 30 jul. 2017).

40 Tradução: "as consequências negativas do desenvolvimento da IA focalizado de maneira estreita, incluindo o risco de preconceitos na atividade de desenvolvimento de algoritmos, aproveitando-se de um espectro de experiência, históricos e opiniões mais amplo". (ESTADOS UNIDOS DA AMÉRICA. National Science and Technology Council (NSTC). Committee on Technology. *Preparing for the Future of Artificial Intelligence*. Washington D.C., out. 2016. p. 28. Disponível em: https://obamawhitehouse.archives.gov/sites/default/files/

Percebe-se, portanto, que o documento até aqui examinado trata da questão da mão de obra em termos de preparação e treinamento para o pleno desenvolvimento da nova onda tecnológica trazida pela IA. A seção seguinte faz referência aos impactos econômicos advindos do desenvolvimento dessa tecnologia, sugerindo ao leitor o exame de um segundo relatório especifico sobre o tema, "Artificial Intelligence, Automation and the Economy", sobre o qual este artigo passa a tecer breves comentários, especialmente em relação ao desaparecimento de postos de trabalho atuais e à criação de novos.

De acordo com o relatório em questão, fazer uma previsão exata a respeito de quais empregos estão mais ameaçados por uma eventual automatização operada por meio do uso de inteligência artificial não é uma tarefa simples. Isso porque é necessário ter em consideração que a IA não é uma tecnologia única, mas sim, um conjunto de tecnologias aplicado a tarefas específicas. Em função disso, os efeitos desse fenômeno não serão sentidos de maneira uniforme pela economia amplamente considerada. Portanto, tem-se que algumas tarefas de trabalho serão automatizadas mais facilmente que outras, fazendo com que certos empregos sejam mais afetados que outros.[41]

Não obstante, o estágio atual da IA já permite algumas estimativas: é sugerido que empregos que dependem de uma base educacional mais restrita para serem desempenhados – por exemplo, serviços de limpeza doméstica e de transporte operado por motoristas[42] [43] – tendem a sofrer impactos grandes em curto prazo.

---

whitehouse_files/microsites/ostp/NSTC/preparing_for_the_future_of_ai.pdf. Acesso em 30 jul. 2017).

41 ESTADOS UNIDOS DA AMÉRICA. National Science and Technology Council (NSTC). Committee on Technology. *Artificial Intelligence, Automation and the Economy*. Washington D.C., dez. 2016b. Disponível em: https://obamawhitehouse.archives.gov/sites/whitehouse.gov/files/documents/Artificial-Intelligence-Automation-Economy.PDF. Acesso em 30 set. 2018.

42 Advancements in computer vision and related technologies have made the feasibility of fully automated vehicles (AVs), which do not require a human driver, appear more likely, potentially displacing some workers in driving-dominant professions. AVs rely upon, among other things, capabilities of navigating complex environments, analyzing dynamic surroundings, and optimization. Seemingly similar capabilities are required of a household-cleaning robot, for which the operational mandate is less specific (i.e. "clean the house," as opposed to the objective of navigating to a specific destination while following a set of given rules and preserving safety). (ESTADOS UNIDOS DA AMÉRICA. National Science and Technology Council (NSTC). Committee on Technology. *Artificial Intelligence, Automation and the Economy*. Washington D.C., dez. 2016b. p. 13. Disponível em: https://obamawhitehouse.archives.gov/sites/whitehouse.gov/files/documents/Artificial-Intelligence-Automation-Economy.PDF. Acesso em 30 set. 2018).

43 Em sentido oposto: ao analisar a relação entre automação e desemprego, para tentar compreender os impactos da IA nos postos de trabalho, Ewan McGaughey advoga que é

Mencionando estudos relevantes sobre o tema, como o já citado artigo publicado por Frey e Osborne,[44] o relatório reconhece que, caso as estimativas a respeito de empregos ameaçados se traduzam em efetiva perda de postos de trabalho, milhares de americanos terão suas vidas significativamente alteradas e provavelmente sofrerão consideráveis impactos de ordem econômica a curto e médio prazos.[45]

Por outro lado, o estudo em análise afirma que os seres humanos ainda mantêm vantagens comparativas sobre a inteligência artificial e a robótica em muitas áreas, sobretudo aquelas ligadas à criatividade e à capacidade de julgamento humana:

---

preciso aprender com as lições da história em momentos de automação. Uma dessas lições, de acordo com o autor, seria a de que "technology's replacement of labour, even if total, can be exceedingly slow" ("a substituição do trabalho pela tecnologia, ainda que seja total, pode ser excessivamente lenta"). Exemplifica o seu raciocínio ao dizer que, no início do século XX, os veículos motorizados não competiam apenas com ferrovias e motores a vapor, mas também com a prática de utilizar cavalos como meio de transporte. No entanto, a transição completa e "o desemprego em massa dos cavalos" só se tornou uma realidade na década de 1960, sendo um processo que durou em torno de 45 anos. A partir disso, traça um paralelo com o desemprego de motoristas pelo surgimento de veículos autodirigíveis: "Driverless vehicles and jobless drivers have become a central image in automation discourse. So it is worth asking, will people be as jobless with robots, as horses were jobless with cars? The answer is almost certainly 'no'". (Tradução: veículos autodirigíveis e motoristas desempregados se tornaram um elemento central na discussão sobre automação. Então interessa perguntar: as pessoas ficarão tão desempregadas por causa de robôs como os cavalos ficaram desempregados por conta dos carros? A resposta é quase que certamente 'não'). (MCGAUGHEY, Ewan. *Will Robots Automate your Job Away? Full Employment, Basic Income, and Economic Democracy*. 2018. p. 25. Disponível em: https://www.cbr.cam.ac.uk/fileadmin/user_upload/centre-for-business-research/downloads/working-papers/wp496.pdf. Acesso em 01 out. 2018). O autor argumenta que as razoes para tal são de três ordens: a) a proporção de empregos de motoristas seria pequena, em torno de 4% da forca de trabalho no Reino Unido; b) sistemas atualmente computadorizados (como aviões) ainda necessitam de humanos para supervisão e monitoramento; e c) como humanos são responsáveis por escrever as leis, protegerão seu próprio bem-estar, ao contrário dos cavalos. Particularmente, este artigo respeitosamente discorda da conclusão empreendida pelo autor, principalmente por este considerar desprezível uma massa de trabalhadores da ordem de 4%, ou seja, um pouco menos de 1.3 milhões de pessoas, e generalizar sua argumentação a partir de dados relativos a apenas um país, o Reino Unido. Para maior aprofundamento, ver: MCGAUGHEY, Ewan. *Will Robots Automate your Job Away? Full Employment, Basic Income, and Economic Democracy*. 2018. Disponível em: https://www.cbr.cam.ac.uk/fileadmin/user_upload/centre-for-business-research/downloads/working-papers/wp496.pdf. Acesso em 01 out. 2018.

44 FREY, Carl Benedikt; OSBORNE, Michael A. *The Future of Employment*: how susceptible are jobs to computerization? 2013. Disponível em: https://www.oxfordmartin.ox.ac.uk/downloads/academic/The_Future_of_Employment.pdf. Acesso em 29 set. 2018.

45 ESTADOS UNIDOS DA AMÉRICA. National Science and Technology Council (NSTC). Committee on Technology. *Artificial Intelligence, Automation and the Economy*. Washington D.C., dez. 2016b. Disponível em: https://obamawhitehouse.archives.gov/sites/whitehouse.gov/files/documents/Artificial-Intelligence-Automation-Economy.PDF. Acesso em 30 set. 2018.

> While AI detects patterns and creates predictions, it still cannot replicate social or general intelligence, creativity, or human judgment. Of course, many of the occupations that use these types of skills are high-skilled occupations, and likely require higher levels of education. Further, given the current dexterity limits of the robotics that would be needed to implement mass AI driven automation, occupations that require manual dexterity will also likely remain in demand in the near term.[46]

Além de examinar estudos sobre a possibilidade de perda de postos de trabalho, o relatório norte-americano também se propõe a analisar quais novos postos de trabalho serão criados em função da implementação da inteligência artificial. Novamente, essa não é uma tarefa simples, pois um importante variável a ser considerado é justamente a emergência de tecnologias que ainda não existem e os efeitos que elas causarão em termos de complementação ou substituição de habilidades humanas e empregos já conhecidos.

Não obstante, estimativas apontam para quatro categorias de empregabilidade – envolvimento (*engagement*); desenvolvimento (*development*); supervisão (*supervision*); e resposta a mudanças de paradigma (*response to paradigm shifts*) – que podem experimentar diretamente[47] uma onda de crescimento a partir da inteligência artificial: "employment in areas where humans engage with existing AI technologies, develop

[46] Tradução: Enquanto IA detecta padrões e cria previsões, ainda não consegue replicar inteligência social ou geral, criatividade ou julgamento humano. Claro que muitas das ocupações que usam esses tipos de habilidades são ocupações altamente especializadas, que provavelmente exigem níveis altos de educação. Ademais, por conta dos atuais limites de destreza da robótica que seriam necessários para implementar uma automação de massa conduzida por IA, as ocupações que dependem de destreza manual provavelmente ainda serão demandadas a curto prazo. (ESTADOS UNIDOS DA AMÉRICA. National Science and Technology Council (NSTC). Committee on Technology. *Artificial Intelligence, Automation and the Economy*. Washington D.C., dez. 2016b. p. 14. Disponível em: https://obamawhitehouse.archives.gov/sites/whitehouse.gov/files/documents/Artificial-Intelligence-Automation-Economy.PDF. Acesso em 30 set. 2018).

[47] Observa-se, contudo, que os processos de inteligência artificial também podem gerar empregos de maneira indireta: "(...) to the degree it raises productivity and wages it may also lead to higher consumption that would support additional jobs across the economy in everything from high-end craft production to restaurants and retail". Tradução: "(...) da mesma forma que aumenta a produtividade e os salários, também pode levar a níveis de consumo maiores, os quais suportariam empregos adicionais pela economia em todas as áreas, desde produção artesanal sofisticada a restaurantes e varejo". (ESTADOS UNIDOS DA AMÉRICA. National Science and Technology Council (NSTC). Committee on Technology. *Artificial Intelligence, Automation and the Economy*. Washington D.C., dez. 2016b. p. 18. Disponível em: https://obamawhitehouse.archives.gov/sites/whitehouse.gov/files/documents/Artificial-Intelligence-Automation-Economy.PDF. Acesso em 30 set. 2018).

new AI technologies, supervise AI technologies in practice, and facilitate societal shifts that accompany new AI technologies will likely grow".[48]

Assim, empregos ligados à categoria de envolvimento seriam aqueles nos quais existiria uma complementação de tarefas e não necessariamente a substituição do trabalhador humano pela IA, o que representaria um aumento na produtividade do trabalho desempenhado pelo humano. Por exemplo, o uso de IA por médicos para acelerar diagnósticos de doenças.

Por sua vez, empregos ligados à área de desenvolvimento seriam aqueles que forneceriam a estrutura sobre a qual poderá haver a expansão do uso de inteligência artificial – por exemplo, programação, engenharia de *softwares*, coleta, análise e tratamento de dados que possam a alimentar os modelos, bem como o treinamento de profissionais ligados às ciências sociais, capazes de lidar com as implicações éticas do uso de IA.

No que tange à categoria de supervisão, fala-se em funções de monitoramento, licenciamento e reparo da inteligência artificial, por exemplo, na questão do controle de qualidade. Finalmente, a categoria da resposta à mudança de paradigma está ligada a empregos de adaptação dos ambientes urbanos – em termos de infraestrutura para acomodar tecnologias de IA como carros autodirigíveis – e de criação de medidas de segurança para evitar esquemas fraudulentos decorrentes do uso de IA.

Diante desse cenário, um elemento-chave de como a mudança tecnológica induzida pela IA afetará a vida das pessoas no futuro reside na capacidade de os trabalhadores extraírem os benefícios de sua maior produtividade. Por conseguinte, a consideração de que as mudanças tecnológicas não ocorrem de maneira isolada no mundo, sendo altamente influenciadas por tomadas de decisão institucionais – empresas, governos e indivíduos – envolve o entendimento de que fatores econômicos podem direcionar a inovação, mas que existe um importante papel desempenhado pelos instrumentos de política pública: ajudar a amplificar os melhores efeitos da automação e mitigar os piores.[49]

---

[48] Tradução: "empregos em áreas nas quais os humanos interajam com tecnologias de IA já existentes, desenvolvam novas tecnologias de IA, supervisionem tecnologias de IA na prática, e facilitem as mudanças sociais que acompanham novas tecnologias de IA provavelmente irão crescer". (ESTADOS UNIDOS DA AMÉRICA. National Science and Technology Council (NSTC). Committee on Technology. *Artificial Intelligence, Automation and the Economy*. Washington D.C., dez. 2016b. p. 18. Disponível em: https://obamawhitehouse.archives.gov/sites/whitehouse.gov/files/documents/Artificial-Intelligence-Automation-Economy.PDF. Acesso em 30 set. 2018).

[49] ESTADOS UNIDOS DA AMÉRICA. National Science and Technology Council (NSTC). Committee on Technology. *Artificial Intelligence, Automation and the Economy*. Washington D.C., dez. 2016b. Disponível em: https://obamawhitehouse.archives.gov/sites/whitehouse.

> Policy plays a large role in shaping the effects of technological change. Therefore, even if Frey and Osborne's predictions that almost 50 percent of occupations are threatened by new automation technologies are accurate, the labor market impacts also depend on a country's institutions and policies. While relative wages depend on the demand for different levels of skill, which is partially a function of technology, wages also depend on the supply of labor at various skill levels, which is influenced by the distribution of educational opportunity and attainment. Relative wages also depend on collective bargaining, minimum wage laws, and other institutions and policies that affect wage setting.[50]

Com efeito, o relatório norte-americano afirma que existe a possibilidade de a economia gerar níveis de empregabilidade e produtividade a partir da automação mais altos do que os atuais. Contudo, para que isso possa ocorrer, será necessário que políticas públicas federais sejam desenhadas para facilitar a transição dos trabalhadores do país pelas mudanças trazidas pela automação via inteligência artificial com o tempo.[51]

Nesse sentido, a recomendação do documento para os agentes de política pública envolve a preparação para os seguintes efeitos econômicos: contribuições positivas para agregar crescimento de produtividade; mudanças nas habilidades exigidas pelo mercado de trabalho, incluindo maior demanda por habilidades técnicas de nível superior; distribuição desigual do impacto, entre setores, níveis salariais,

---

gov/files/documents/Artificial-Intelligence-Automation-Economy.PDF. Acesso em 30 set. 2018.

50 Tradução: Política pública desempenha um grande papel ao modelar os efeitos da mudança tecnológica. Portanto, mesmo que as previsões de Frey e Osborne, de que quase 50 por cento das ocupações estão ameaçadas pelas novas tecnologias de automação sejam precisas, os impactos para o mercado de trabalho também irão depender das instituições e políticas públicas de cada país. Enquanto salários relativos dependem da demanda por diferentes níveis de habilidade, o que é parcialmente uma função da tecnologia, salários também dependem do fornecimento de trabalho em vários níveis de especialização, o que sofre influência da distribuição de oportunidades educacionais e conhecimento. Salários relativos também dependem de barganha coletiva, leis sobre salário mínimo, além de outros institutos e políticas que afetam o ajustamento do salário. (ESTADOS UNIDOS DA AMÉRICA. National Science and Technology Council (NSTC). Committee on Technology. *Artificial Intelligence, Automation and the Economy*. Washington D.C., dez. 2016b. p. 23. Disponível em: https://obamawhitehouse.archives.gov/sites/whitehouse.gov/files/documents/Artificial-Intelligence-Automation-Economy.PDF. Acesso em 30 set. 2018).

51 ESTADOS UNIDOS DA AMÉRICA. National Science and Technology Council (NSTC). Committee on Technology. *Artificial Intelligence, Automation and the Economy*. Washington D.C., dez. 2016b. p. 25. Disponível em: https://obamawhitehouse.archives.gov/sites/whitehouse.gov/files/documents/Artificial-Intelligence-Automation-Economy.PDF. Acesso em 30 set. 2018.

níveis de educação, tipos e locais de emprego; agitação do mercado de trabalho, como alguns trabalhos desaparecem enquanto outros são criados; e a perda de empregos para alguns trabalhadores no curto prazo e, possivelmente mais, dependendo das respostas de políticas.[52]

A partir desse cenário, o relatório sugere três estratégias amplas para lidar com os impactos da automação operada por inteligência artificial na economia dos Estados Unidos: (*i*) investir em e desenvolver inteligência artificial em função de seus muitos benefícios; (*ii*) educar e treinar os norte-americanos para os empregos do futuro; e (*iii*) ajudar os trabalhadores na transição e empoderá-los para garantir um amplo e compartilhado crescimento.[53]

Sobre as duas primeiras estratégias já foram tecidos alguns comentários ao longo da análise de ambos os documentos produzidos pelo governo dos Estados Unidos, razão pela qual parte-se para a identificação das ações concretas sugeridas pelo relatório para efetivar a terceira estratégia mencionada. São elas: a) modernização e fortalecimento da rede se seguridade social; b) aumento de salários, concorrência e poder de barganha dos trabalhadores; c) identificação de estratégias para lidar com impactos geográficos diferentes; d) modernização da política tributária; e) preparação para todos os tipos de contingências.

Modernizar e fortalecer a rede de seguridade social envolveria a necessidade de ações de fortalecimento da política do seguro-desemprego; de orientação a respeito de períodos de transição entre empregos; e de fortalecer outros programas de seguridade social. Sobre a melhoria da condição do trabalhador em geral, ações como o aumento do salário mínimo, a modernização do trabalho extraordinário; o fortalecimento de sindicatos; e a proteção de salários. Para lidar com impactos distintos, dependendo da área geográfica, ações como melhoria de acesso à infraestrutura de comunicação e de moradia em áreas mais remotas

---

52 ESTADOS UNIDOS DA AMÉRICA. National Science and Technology Council (NSTC). Committee on Technology. *Artificial Intelligence, Automation and the Economy*. Washington D.C., dez. 2016b. p. 13. Disponível em: https://obamawhitehouse.archives.gov/sites/whitehouse.gov/files/documents/Artificial-Intelligence-Automation-Economy.PDF. Acesso em 30 set. 2018.

53 ESTADOS UNIDOS DA AMÉRICA. National Science and Technology Council (NSTC). Committee on Technology. *Artificial Intelligence, Automation and the Economy*. Washington D.C., dez. 2016b. p. 27. Disponível em: https://obamawhitehouse.archives.gov/sites/whitehouse.gov/files/documents/Artificial-Intelligence-Automation-Economy.PDF. Acesso em 30 set. 2018.

seriam interessantes, bem como investimento no desenvolvimento de economias locais.[54]

A política tributária, por sua vez, é apontada pelo relatório como instrumento eficaz de redução de desigualdades, enquanto a preparação para todo tipo de contingência envolve o reconhecimento de que, caso a perda de postos de trabalho em função da emergência da inteligência artificial seja bem maior do que os parâmetros fornecidos por outros períodos históricos nos quais esse efeito foi sofrido por conta de mudanças tecnológicas, será necessário criar políticas públicas mais agressivas para o enfrentamento da questão.[55]

Nota-se, portanto, que o plano nacional dos Estados Unidos da América para a mudança tecnológica em curso, através da inteligência artificial, trata do tema do emprego de maneira bastante extensa, considerando tanto benefícios para a produtividade em geral quanto os efeitos negativos do fenômeno, apresentando políticas públicas concretas para o melhor aproveitamento das potenciais vantagens e para a mitigação das desvantagens do avanço dessa mudança tecnológica.

3.2 França

Em setembro de 2017, o Governo francês incumbiu a Cédric Villani, matemático laureado com a medalha Fields e deputado do parlamento francês pelo Partido República em Marcha, a missão de elaborar um relatório sobre Inteligência Artificial, de forma a reconhecer problemas, identificar oportunidades e traçar estratégias que permitam à França exercer um papel de protagonismo na utilização da IA.

Para tanto, foi composta uma missão integrada por seis pessoas, além do próprio Villani. Como resultado, em março de 2018 foi entregue o relatório denominado "Para dar sentido à Inteligência Artificial: rumo a uma estratégia Francesa e Europeia".

---

[54] ESTADOS UNIDOS DA AMÉRICA. National Science and Technology Council (NSTC). Committee on Technology. *Artificial Intelligence, Automation and the Economy*. Washington D.C., dez. 2016b. p. 35-40. Disponível em: https://obamawhitehouse.archives.gov/sites/whitehouse.gov/files/documents/Artificial-Intelligence-Automation-Economy.PDF. Acesso em 30 set. 2018.

[55] ESTADOS UNIDOS DA AMÉRICA. National Science and Technology Council (NSTC). Committee on Technology. *Artificial Intelligence, Automation and the Economy*. Washington D.C., dez. 2016b. p. 41. Disponível em: https://obamawhitehouse.archives.gov/sites/whitehouse.gov/files/documents/Artificial-Intelligence-Automation-Economy.PDF. Acesso em 30 set. 2018.

O documento é divido em seis partes: *i*) Política econômica baseada em dados; *ii*) Possibilidade de uma pesquisa ágil e abrangente; *iii*) Antecipando e controlando os impactos da Inteligência artificial no postos de emprego e no trabalho em geral; *iv*) Uso da IA objetivando criar uma economia mais ecológica; *v*) Qual é a ética da IA? e *vi*) Por uma IA inclusiva e respeitando a diversidade.

No que interessa ao presente estudo, focaremos a análise na terceira parte do relatório.

As premissas iniciais do relatório, algumas delas mencionadas anteriormente no presente artigo, são desoladoras: *i*) estudo elaborado pelos pesquisadores Frey e Osbourne, da Universidade de Oxford, concluiu que 47% de todos os empregos hoje existentes nos Estados Unidos da América correriam o risco de extinção no espaço de duas décadas; *ii*) na França, a consultoria Roland Berger concluiu que, no mesmo espaço de tempo, 42% dos empregos deixariam de existir; e iii) o estudo mais recente sobre o tema feito na França, realizado pelo Conselho de Orientação para o Emprego (COE), ligado ao Primeiro Ministro, concluiu que 10% dos postos de trabalho hoje existentes devem desaparecer em um futuro próximo e que 50% das atividades hoje realizadas por seres humanos serão automatizadas.[56]

Estabelecidas tais perspectivas, o relatório elaborado pela Missão Villani busca mapear as atividades laborativas que sofrem maior risco de desaparecimento em razão do fenômeno da automação atrelado à adoção da IA. Tomando por base o estudo "The Skill content of technological chance", realizado no ano de 2003 por Author, Levy e Murmane, o relatório definiu algumas características comuns aos empregos mais propensos ao desaparecimento, em razão de sua inevitável automação:

- Trabalhos sem flexibilidade, que envolvem a contínua repetição da mesma série de movimentos e operações;
- Trabalhos que não exigem capacidade de adaptação, em que não há necessidade de interromper uma tarefa para realizar outra que não estivesse programada anteriormente;
- Trabalhos que não demandem capacidade de resolução de problemas;
- Trabalhos em que não haja interação social.[57]

---

56 VILLANI, Cédric. *For a Meaningful Artificial Intelligence*: towards a French and European Strategy. Mar. 2018. p. 81. Disponível em: https://www.aiforhumanity.fr/pdfs/MissionVillani_Report_ENG-VF.pdf. Acesso em 17 mai. 2018.

57 VILLANI, Cédric. *For a Meaningful Artificial Intelligence*: towards a French and European Strategy. Mar. 2018. p. 82. Disponível em: https://www.aiforhumanity.fr/pdfs/MissionVillani_Report_ENG-VF.pdf. Acesso em 17 mai. 2018.

Partindo disso, o COE definiu uma lista com os empregos mais propensos a sofrerem o impacto da automação e da IA. São basicamente atividades desenvolvidas por trabalhadores não especializados, com baixo grau de educação formal.

Encabeçam a lista os trabalhadores do ramo de asseio e conservação, trabalhadores não qualificados na indústria de processamento e transformação, trabalhadores domésticos e trabalhadores dedicados à colheita agrícola e vinícola, apenas para citar alguns exemplos.[58]

Feito o diagnóstico do problema, o relatório da Missão Villani passa a uma fase propositiva, em que indica as ações necessárias para assegurar aos trabalhadores mais afetados a possibilidade de transição para o mundo em que a IA vai ser uma realidade nas relações de emprego.

Em um primeiro momento, o relatório trata a automação de diversas atividades hoje desenvolvidas por seres humanos como uma oportunidade de libertação das pessoas, possibilitando o seu aproveitamento em trabalhos menos maçantes e repetitivos. Trata-se de um novo paradigma de trabalho, com a criação de novas atividades, que hoje não existem e que sequer somos capazes de antecipar, mas que necessariamente demandarão uma complementariedade entre a máquina (IA) e o ser humano.

No entanto, essa janela de oportunidade deve ser aproveitada de maneira que a complementariedade não signifique situações indesejáveis, como a subordinação do homem à inteligência artificial, a perda do controle humano sobre os processos de trabalho e a delegação das decisões às máquinas. O marco definidor das políticas públicas a serem adotadas não podem estar centradas exclusivamente em decisões empresariais com objetivos microeconômicos, sob pena de se alcançar resultados desvantajosos do ponto de vista da geração de empregos.[59]

Para a consecução desse intento, o relatório elaborado pela Missão Villani passa a sugerir a adoção de uma série de políticas públicas, aptas a propiciar um processo de transição mais proveitoso.

A primeira delas, destacada como sendo uma das maiores prioridades, é o treinamento de especialistas em inteligência artificial. Há um reconhecimento de que o número de especialistas existentes

---

58 VILLANI, Cédric. *For a Meaningful Artificial Intelligence*: towards a French and European Strategy. Mar. 2018. p. 83. Disponível em: https://www.aiforhumanity.fr/pdfs/MissionVillani_Report_ENG-VF.pdf. Acesso em 17 mai. 2018.

59 VILLANI, Cédric. *For a Meaningful Artificial Intelligence*: towards a French and European Strategy. Mar. 2018. p. 85 e 92. Disponível em: https://www.aiforhumanity.fr/pdfs/MissionVillani_Report_ENG-VF.pdf. Acesso em 17 mai. 2018.

não é suficiente para o enfrentamento dos desafios vindouros e que os programas de treinamento em alto nível instituídos no momento não conseguem dar conta da demanda que se apresenta.[60]

Considerando que a criação de políticas públicas decorre de um processo legislativo lento e complexo e que as demandas se apresentam de forma mais urgente, uma das sugestões da Missão Villani é a criação de estrutura permanente para desempenhar o papel pioneiro de criar políticas públicas voltadas ao treinamento vocacional e à criação de postos de trabalho.[61]

A estrutura em questão deveria ter um espectro tripartite baseado no governo federal, sindicatos de trabalhadores e autoridades locais.[62] De forma a merecer crítica, o relatório não enxerga um papel relevante para os atores privados na preparação dos trabalhadores. Apesar de serem uma parte indissociável da equação, uma vez que são os responsáveis pela criação e desenvolvimento das novas tecnologias e os destinatários finais da mão de obra cuja qualificação é almejada, as grandes corporações são desprezadas pela Missão Villani no momento da repartição das responsabilidades.

Como ponto de partida para as medidas a serem adotadas, o relatório expõe a necessidade de investimento em novos métodos de aprendizado, citando como exemplo de experiências positivas os "campos de treinamento de codificação" israelenses.[63]

Israel vive uma "seca" de programadores e de mão de obra qualificada em alta tecnologia, e os "campos de treinamento de codificação" têm se mostrado uma fonte profícua de força de trabalho qualificada, como se extrai da matéria jornalística publicada na edição de 27 de julho de 2017 do jornal *Times of Israel:*

> Last summer, Israel's former chief scientist at the Ministry of Economy and Industry, Avi Hasson, warned of a shortfall of more than 10,000

---

[60] VILLANI, Cédric. *For a Meaningful Artificial Intelligence*: towards a French and European Strategy. Mar. 2018. p. 86. Disponível em: https://www.aiforhumanity.fr/pdfs/MissionVillani_Report_ENG-VF.pdf. Acesso em 17 mai. 2018.

[61] VILLANI, Cédric. *For a Meaningful Artificial Intelligence*: towards a French and European Strategy. Mar. 2018. p. 87. Disponível em: https://www.aiforhumanity.fr/pdfs/MissionVillani_Report_ENG-VF.pdf. Acesso em 17 mai. 2018.

[62] VILLANI, Cédric. *For a Meaningful Artificial Intelligence*: towards a French and European Strategy. Mar. 2018. p. 88. Disponível em: https://www.aiforhumanity.fr/pdfs/MissionVillani_Report_ENG-VF.pdf. Acesso em 17 mai. 2018.

[63] VILLANI, Cédric. *For a Meaningful Artificial Intelligence*: towards a French and European Strategy. Mar. 2018. p. 88. Disponível em: https://www.aiforhumanity.fr/pdfs/MissionVillani_Report_ENG-VF.pdf. Acesso em 17 mai. 2018.

engineers and programmers in the coming decade if the government doesn't take immediate action. This is mainly because students shy away from studying computer science, math and statistics.

The new boot camp program was developed by the authority's Societal Challenges Division. The goal is to create an alternative route to joining the high-tech workforce, focused on market needs, in a maximum 12-month training track. The program also includes a full-time practical internship.

Coding boot camps are a new global trend. In 2016 in the US, 70 percent of a similar program's graduates went on to work in the high-tech sector, data provided by the authority showed. The courses outside of Israel cost $15,000 to $30,000 and employers recognize their value: A 2017 survey of 1,000 high-tech employers in the US found that 84% believed that graduates of coding boot camps were as good as or better than graduates with university Computer Science degrees. Eighty percent of the boot camp graduates were happy with the training they received, the data showed.

The Israeli boot camp model was developed as a cooperative effort between government ministries and agencies and members of the high-tech industry.

The goal is to prepare 250 ready-to-work employees at the end of the first year, and 450 new employees by the end of the third year, with stipends from students to encourage registration from diverse populations. The authority plans to call for submissions from training agencies in autumn. The model includes a competitive grant program under which computer programming training agencies will be rewarded according to the number of graduates they produce who get well-paying jobs in high-tech development.

[...]

The boot camp initiative was set up with the collaboration of the Ministry of Economy and Industry, the Israel Innovation Authority, the Ministry of Social Affairs and Social Services, the Ministry of Finance, the National Economic Council, the Israel Advanced Technology Industries (IATI) and senior executives from the business sector.

The program is part of a number of steps the government is taking to meet the challenge of this worker pinch. These include increasing the number of relevant classes at the universities, with bigger budgets going to these institutions; pushing more high school students to take higher levels of math and sciences; and coming up with plans to tap into the underutilized pool of Arab and ultra-Orthodox workers. In addition, the government is making it easier for highly skilled foreign workers to get visa permits and is planning to attract a greater number of new immigrants relevant to high tech to Israel.

[...]

'For the first time we are operating a results-based model that will offer real incentives to integrate the graduates of these training programs in hi-tech companies,' Aharon said. 'The innovation here is the ability of the government and its agencies to examine the market's needs and to use available tools to direct people towards high-demand professions with high wages. This model provides a solution for two issues: it is an answer for a lack of skilled personnel and also steers people towards occupations which will improve their socio-economic standing.[64]

---

[64] Tradução: "No verão passado, o ex-cientista-chefe do Ministério da Economia e Indústria de Israel, Avi Hasson, alertou para um déficit de mais de 10.000 engenheiros e programadores na próxima década se o governo não tomar medidas imediatas. Isso ocorre principalmente porque os alunos evitam estudar ciência da computação, matemática e estatística.
O novo programa de treinamento foi desenvolvido pela Divisão de Desafios da Sociedade do Ministério. O objetivo é criar um caminho alternativo para unir a força de trabalho de alta tecnologia, com foco nas necessidades do mercado, em um período de treinamento máximo de 12 meses. O programa também inclui um estágio prático em tempo integral.
Campos de treinamento de codificação são uma nova tendência global. Em 2016, nos EUA, 70% dos graduados de um programa semelhante passaram a trabalhar no setor de alta tecnologia, segundo dados fornecidos pelo Ministério. Os cursos fora de Israel custam de US$15.000 a US$30.000 e os empregadores reconhecem seu valor: uma pesquisa de 2017 com 1.000 empregadores de alta tecnologia nos EUA descobriu que 84% acreditavam que os graduados em campos de treinamento de codificação eram tão bons ou melhores do que os formados pela universidade. Oitenta por cento dos formandos dos acampamentos ficaram satisfeitos com o treinamento que receberam, segundo os dados coletados.
O modelo de campo de treinamento israelense foi desenvolvido como um esforço cooperativo entre ministérios e agências governamentais e membros da indústria de alta tecnologia.
O objetivo é preparar 250 funcionários prontos para o trabalho no final do primeiro ano e 450 novos funcionários até o final do terceiro ano, com estipêndios dos alunos para incentivar o registro de diversas populações. A autoridade planeja solicitar submissões de agências de treinamento no outono.
O modelo inclui um programa de subsídio competitivo, segundo o qual as agências de treinamento em programação de computadores serão recompensadas de acordo com o número de graduados que produzem e recebem empregos bem remunerados no desenvolvimento de alta tecnologia.
A iniciativa de acampamentos foi estabelecida com a colaboração do Ministério da Economia e Indústria, a Autoridade de Inovação de Israel, o Ministério de Assuntos Sociais e Serviços Sociais, o Ministério das Finanças, o Conselho Econômico Nacional, as Indústrias de Tecnologia Avançada de Israel (IATI) e altos executivos do setor empresarial.
O programa faz parte de uma série de medidas que o governo está tomando para enfrentar o desafio de seleção deste tipo de trabalhador. Isso inclui o aumento do número de turmas relevantes nas universidades, com orçamentos maiores para essas instituições; empurrando mais estudantes do ensino médio para ter níveis mais elevados de matemática e ciências; e bolar planos para explorar o grupo subutilizado de trabalhadores árabes e ultraortodoxos. Além disso, o governo está tornando mais fácil para trabalhadores estrangeiros altamente qualificados obter vistos e está planejando atrair um número maior de novos imigrantes relevantes para a alta tecnologia para Israel.
[...]
'Pela primeira vez, estamos operando um modelo baseado em resultados que oferecerá incentivos reais para integrar os graduados desses programas de treinamento em empresas de alta tecnologia", disse Aharon'. A inovação aqui é a capacidade de o governo e suas agências de examinar as necessidades do mercado e usar as ferramentas disponíveis para direcionar as pessoas para profissões de alta demanda com altos salários. Este modelo fornece uma

O modelo israelense está centrado em investimento e controle estatal, através do Ministério da Economia e Indústria, a Autoridade de Inovação de Israel, o Ministério de Assuntos Sociais e Serviços Sociais, o Ministério das Finanças, o Conselho Econômico Nacional, havendo, contudo, participação da iniciativa privada que vai se beneficiar da mão de obra qualificada, o que o diferencia da proposta feita pelo relatório em análise.

Outra fonte de inspiração estrangeira que o relatório da Missão Villani sugere que se adote na França é o sistema de rotação de empregos, envolvendo trabalhadores empregados, que necessitam se afastar de suas atividades rotineiras para investir em sua qualificação, e trabalhadores que presentemente se encontram desempregados.[65]

O sistema funciona, basicamente, da seguinte forma: enquanto o empregado é enviado por seu empregador para um treinamento de longa duração, visando ao seu aperfeiçoamento profissional, um trabalhador que se encontra assistido por um programa de amparo ao desemprego é contratado em substituição temporária. Com isso, o programa objetiva tanto permitir a qualificação do trabalhador que está empregado, quanto reinserir no mercado de trabalho um que esteja desempregado, possibilitando sua aproximação ao emprego formal, aprendizado de novas habilidades e, principalmente, a melhoria de seu currículo pessoal.

Tais medidas começaram a ser implementadas na Dinamarca ainda na década de 1990 e, em razão de sua efetividade, passaram a ser adotadas por outros países europeus, como explica a matéria jornalística assinada por Marie Preisler e publicada na edição de 23 de maio de 2013 do *Nordic Labour Journal:*

---

solução para duas questões: é uma resposta para a falta de pessoal qualificado e também orienta as pessoas na direção de ocupações que irão melhorar sua situação socioeconômica". (SOLOMON, Shoshanna. Starved tech sector to be fed by programmer boot camps. *The Times of Israel*, 27 jul. 2017. Disponível em: https://www-timesofisrael-com.cdn.ampproject.org/v/s/www.timesofisrael.com/starved-tech-sector-to-be-fed-by-programmer-boot-camps/amp/?amp_js_v=0.1&usqp=mq331AQICAEoATgAWAE%3D#origin=https%3A%2F%2Fwww.google.com.br&prerenderSize=1&visibilityState=prerender&paddingTop=54&p2r=0&horizontalScrolling=0&csi=1&aoh=15377266119464&viewerUrl=https%3A%2F%2Fwww.google.com.br%2Famp%2Fs%2Fwww.timesofisrael.com%2Fstarved-tech-sector-to-be-fed-by-programmer-boot-camps%2Famp%2F&history=1&storage=1&cid=1&cap=swipe%2C-navigateTo%2Ccid%2Cfragment%2CreplaceUrl. Acesso em 18 mai. 2018).

65 VILLANI, Cédric. *For a Meaningful Artificial Intelligence*: towards a French and European Strategy. Mar. 2018. p. 90. Disponível em: https://www.aiforhumanity.fr/pdfs/MissionVillani_Report_ENG-VF.pdf. Acesso em 17 mai. 2018.

Job rotation is a central element to the Social Democrat-led Danish government's fight against unemployment. Experience has shown it to be one of the most effective tools for securing work experience for unemployed and newly educated people, and job rotation is highly praised by trade unions, job centres and experts alike.
One of the latter is Henning Jørgensen, Professor at the Centre for Labour Market Research, CARMA, at Aalborg University:
'Job rotation is a splendid instrument which targets young and old and kills two birds with one stone. It combines the efforts to get people employed with efforts to increase employment,' says Henning Jørgensen.
Job rotation allows a business to send its workers on courses for skills development while taking on someone without a job to cover for them. That person is provided by the local job centre, which will also covers some of the cost. As a result there are few or no real costs to employers when they send workers on courses and get a temp to cover. Job rotation has also proven to be one of the most effective measures to get unemployed people back into the labour market.
'There is real evidence that job rotation works. It is a Danish invention which was being used a lot in the 1990s, when the rest of the Nordic region and the EU was inspired by our actions. We unfortunately almost allowed the system to be forgotten, even though it proved to be very effective,' the Professor says.[66]

---

[66] Tradução: "A rotação de postos de trabalho é um elemento central da luta do governo dinamarquês liderada pelos social-democratas contra o desemprego. A experiência demonstrou que é uma das ferramentas mais eficazes para garantir a experiência de trabalho para pessoas desempregadas e recém-formadas, e a rotação de empregos é altamente elogiada pelos sindicatos, centros de emprego e especialistas.
Um destes é Henning Jørgensen, professor do Centro de Pesquisa do Mercado do Trabalho, CARMA, na Universidade de Aalborg: 'Rotação de emprego é um instrumento esplêndido que atinge jovens e velhos e mata dois coelhos com uma cajadada só. Combina os esforços para envolver as pessoas nos esforços para aumentar o emprego', afirma Henning Jørgensen. Rotação de trabalho permite que uma empresa envie seus funcionários em cursos para desenvolvimento de habilidades, ao mesmo tempo em que contrata alguém sem um emprego para cobri-los. Essa pessoa é fornecida pelo centro de emprego local, que também cobre parte do custo. Como resultado, há poucos ou nenhum custo real para os empregadores quando eles enviam trabalhadores em cursos e recebem um tempo para cobrir. A rotação de empregos também provou ser uma das medidas mais eficazes para levar as pessoas desempregadas de volta ao mercado de trabalho.
'Há evidências reais de que a rotação de tarefas funciona. É uma invenção dinamarquesa que estava sendo muito usada nos anos 90, quando o resto da região nórdica e a UE se inspiraram em nossas ações. Infelizmente, quase permitimos que o sistema fosse esquecido, embora tenha se mostrado muito eficaz', diz o professor. (PREISLER, Marie. Denmark: more focus on job rotation. *Nordic Labour Journal*, 23 mai. 2013. Disponível em: http://www.nordiclabourjournal.org/i-fokus/in-focus-2013/nordic-hunt-for-solutions-to-youth-unemployment-1/article.2013-05-21.0258264149/. Acesso em 20 mai. 2018).

Além da inspiração advinda de outros países, o relatório busca propor medidas adequadas à própria realidade francesa, observando as peculiaridades e especificidades das diversas regiões do país, que podem contribuir para a qualificação da mão de obra.[67]

Na região de Aquitaine, por exemplo, vem se discutindo a possibilidade de implementação de uma renda universal básica. Em regiões onde não há desemprego, programas de contratação de pessoas desempregadas há longo tempo, que vivem em outras áreas do país, vem sendo desenvolvidos. A ideia é que as características de cada região do país sejam levadas em consideração, de forma a que se possam desenvolver medidas de aplicação local, em detrimento de uma política uniforme para o país inteiro.

Assim está sendo levado a cabo o Grande Plano de Investimentos 2018-2022, que, ao custo de 15 bilhões de Euros, visa a promover o treinamento vocacional de trabalhadores não qualificados e de jovens que não estudam e tampouco trabalham.

O relatório destaca, ainda, a importância das negociações coletivas de trabalho, promovidas entre sindicatos de trabalhadores e empregadores, no sentido de buscar compromissos empresariais que incentivem a qualificação dos empregados para os desafios resultantes da aplicação da IA.[68] O conteúdo de tais negociações coletivas deve criar mecanismos que propiciem a apresentação dos trabalhadores às novas tecnologias e a adaptação de suas habilidades profissionais à necessária complementaridade entre o trabalho humano e a automação inteligente.

As conclusões do relatório antecipam que a legislação vigente não é suficiente para regulamentar as novas relações de trabalho que serão estabelecidas a partir da inserção sistemática da IA no processo produtivo. Por essa razão, a Missão Villani recomenda que se promovam alterações legislativas obstando a subordinação completa do trabalhador à IA e impedindo que a organização do trabalho seja feita de tal forma que os seres humanos deixem de ter contato pessoal uns com os outros e passem a ser intermediados em suas relações pela própria IA.[69]

---

[67] VILLANI, Cédric. *For a Meaningful Artificial Intelligence*: towards a French and European Strategy. Mar. 2018. p. 90. Disponível em: https://www.aiforhumanity.fr/pdfs/MissionVillani_Report_ENG-VF.pdf. Acesso em 17 mai. 2018.

[68] VILLANI, Cédric. *For a Meaningful Artificial Intelligence*: towards a French and European Strategy. Mar. 2018. p. 93. Disponível em: https://www.aiforhumanity.fr/pdfs/MissionVillani_Report_ENG-VF.pdf. Acesso em 17 mai. 2018.

[69] VILLANI, Cédric. *For a Meaningful Artificial Intelligence*: towards a French and European Strategy. Mar. 2018. p. 94. Disponível em: https://www.aiforhumanity.fr/pdfs/MissionVillani_Report_ENG-VF.pdf. Acesso em 17 mai. 2018.

Outro pilar importante para as alterações almejadas é a reformulação das práticas tradicionais de ensino. O relatório recomenda a adoção de políticas de promoção e recompensa para quem promova métodos de ensino inovadores e pioneiros, especialmente com a concessão de maiores cargas de tempo de livre, de forma que os profissionais possam se dedicar de maneira mais focada ao desenvolvimento das novas técnicas.[70]

Como todas as medidas sugeridas importam gastos aos cofres públicos, o relatório da Missão Villani reconhece que devem ser criadas novas fontes de custeio para os programas estatais. Contudo, falha ao indicar uma saída para o problema, remetendo a uma afirmação genérica sobre a necessidade de um amplo debate para a escolha da melhor forma de custear tais gastos.

Há uma clara preocupação do relatório que essa necessidade de custeio não se reverta em taxação para os entres privados que se beneficiarão com a substituição da mão de obra humana pela inteligência artificial. Contudo, a despeito de defender quem não deve ser taxado, o relatório não adota uma posição concreta sobre quem deve suportar esse ônus e se tal ônus deve vir na forma de impostos ou através de outras medidas.[71]

Percebe-se, sem sombra de dúvidas, que o relatório final da Missão Villani trata de forma profunda os impactos da IA nas relações de trabalho, propondo medidas concretas para a preparação da mão de obra a se tornar apta ao trabalho nesta nova modalidade. Contudo, as conclusões do relatório restringem as ações a práticas governamentais e sindicais, isentando quase que completamente os atores privados de qualquer participação ou responsabilidade em tal projeto.

3.3 China

Em 20 de julho de 2017, o Conselho de Estado Chinês emitiu o documento intitulado "Plano de Desenvolvimento de Inteligência Artificial da Próxima Geração", o qual mapeia as estratégias de

70 VILLANI, Cédric. *For a Meaningful Artificial Intelligence*: towards a French and European Strategy. Mar. 2018. p. 95-96. Disponível em: https://www.aiforhumanity.fr/pdfs/MissionVillani_Report_ENG-VF.pdf. Acesso em 17 mai. 2018.

71 VILLANI, Cédric. *For a Meaningful Artificial Intelligence*: towards a French and European Strategy. Mar. 2018. p. 97. Disponível em: https://www.aiforhumanity.fr/pdfs/MissionVillani_Report_ENG-VF.pdf. Acesso em 17 mai. 2018.

abordagem do país para o desenvolvimento de tecnologias e aplicativos de inteligência artificial, e estabelece metas grandiosas até o ano de 2030.

O documento chinês reconhece, de plano, que o desenvolvimento da inteligência artificial impactará de maneira profunda vários aspectos da sociedade e mudará o mundo. A partir disso, enumera objetivos a serem alcançados pelo país a partir da elaboração do plano estratégico: aproveitar a grande oportunidade estratégica para o desenvolvimento da inteligência artificial; construir a vantagem de "first-mover" da China no desenvolvimento de inteligência artificial e acelerar a construção de uma nação inovadora e de poder global em ciência e tecnologia. O texto também deixa claro que todos esses objetivos e, consequentemente, as diretrizes para alcançá-los, estão em consonância com as exigências do governo.[72]

Em diversas passagens do texto, faz-se referência à possibilidade de obtenção de vantagem competitiva e liderança tecnológica internacional a partir do desenvolvimento de sistemas baseados em inteligência artificial. Um exemplo está contido no seguinte trecho:

> AI has become a new focus of international competition. AI is a strategic technology that will lead in the future; the world's major developed countries are taking the development of AI as a major strategy to enhance national competitiveness and protect national security; intensifying the introduction of plans and strategies for this core technology, top talent, standards and regulations, etc.; and trying to seize the initiative in the new round of international science and technology competition. At present, China's situation in national security and international competition is more complex, and [China] must, looking at the world, take the development of AI to the national strategic level with systemic layout, take the initiative in planning, firmly seize the strategic initiative in the new stage of international competition in AI development, to create new competitive advantage, opening up the development of new space, and effectively protecting national security.[73]

---

72 CHINA. Conselho de Estado da China. Next Generation Artificial Intelligence Development Plan. *China Science & Technology Newsletter*, n. 17, p. 2-26, set. 2017. Disponível em: http://www.chinaembassy-fi.org/eng/kxjs/P020171025789108009001.pdf. Acesso em 24 mai. 2018.

73 Tradução: IA se tornou um novo foco de competição internacional. IA é uma tecnologia estratégica que será líder no futuro; os principais países desenvolvidos do mundo estão considerando o desenvolvimento da IA como uma grande estratégia para fomentar a competitividade nacional e proteger a segurança nacional, intensificando a introdução de planos e estratégias para essa tecnologia básica, os principais talentos, normas e regulamentos, etc. e tentando aproveitar a iniciativa na nova rodada de competição internacional em ciência e tecnologia. Atualmente, a situação da China na segurança nacional e competição internacional

Logo em seguida, o plano chinês afirma textualmente que

> AI has become a new engine of economic development. AI has become the core driving force for a new round of industrial transformation (...), triggering significant changes in economic structure, profound changes in human modes of production, lifestyle, and thinking; and a whole leap of achieving social productivity. China's economic development enters a new normal, deepening the supply side of structural reform task is very arduous, [and China] must accelerate the rapid application of AI, cultivating and expanding AI industries to inject new kinetic energy into China's economic development.[74]

Com efeito, o reconhecimento da inteligência artificial como uma tecnologia disruptiva traz à baila a preocupação com os elementos de incerteza que a acompanham. Assim, o plano considera que o fenômeno tem potencial para gerar efeitos como a transformação da estrutura que sustenta os empregos humanos; a rediscussão de teorias sociais e jurídicas; violações da privacidade; desafios para as normas e relações internacionais. Diante dos desafios que podem surgir, o governo chinês entende ser necessário empreender um esforço rigoroso no desenvolvimento da inteligência artificial e, ao mesmo tempo, "(...) strengthen the forward-looking prevention and guidance on restraint, minimize risk, and ensure the safe, reliable, and controllable development of AI".[75]

De maneira sintética, o plano chinês se vale de princípios básicos como desenvolvimento liderado pela tecnologia (IA), estratégia de desenvolvimento de sistemas de *layout*, desenvolvimento de acordo

---

é mais complexa, e [a China] deve, olhando para o mundo, levar o desenvolvimento da IA ao nível estratégico nacional com *layout* sistêmico, tomar a iniciativa no planejamento, agarrar firmemente a estratégica iniciativa na nova etapa da competição internacional em desenvolvimento de IA, para criar nova vantagem competitiva, abrindo o desenvolvimento de novo espaço, e efetivamente protegendo a segurança nacional. (CHINA. Conselho de Estado da China. Next Generation Artificial Intelligence Development Plan. *China Science & Technology Newsletter*, n. 17, p. 2-26, set. 2017. p. 2. Disponível em: http://www.chinaembassy-fi.org/eng/kxjs/P020171025789108009001.pdf. Acesso em 24 mai. 2018).

[74] CHINA. Conselho de Estado da China. Next Generation Artificial Intelligence Development Plan. *China Science & Technology Newsletter*, n. 17, p. 2-26, set. 2017. p. 2-3. Disponível em: http://www.chinaembassy-fi.org/eng/kxjs/P020171025789108009001.pdf. Acesso em 24 mai. 2018.

[75] "(...) fortalecer a prevenção e a orientação na contenção, olhando para o futuro, minimizar riscos e assegurar o desenvolvimento seguro, confiável e controlável da IA". (CHINA. Conselho de Estado da China. Next Generation Artificial Intelligence Development Plan. *China Science & Technology Newsletter*, n. 17, p. 2-26, set. 2017. p. 3. Disponível em: http://www.chinaembassy-fi.org/eng/kxjs/P020171025789108009001.pdf. Acesso em 24 mai. 2018).

com as regras do mercado e incentivo às práticas de *open source* e compartilhamento entre indústria, academia, pesquisa e unidades de produção, traçando metas a serem alcançadas em certos períodos temporais, que serão mencionadas adiante.

Importa observar que o texto traz poucas referências à possibilidade de perdas de postos de trabalho em função da criação de uma economia baseada em IA, além de não traçar estratégias concretas para o enfrentamento da questão através de políticas públicas direcionadas. Nota-se, nesse aspecto, que caminha praticamente em uma direção oposta à dos relatórios norte-americanos, que tratam do tema de maneira extensiva. O plano chinês aparenta estar mais atrelado ao atingimento de uma posição de liderança tecnológica em IA em curtíssimo prazo do que em preparar a fase de transição da população de maneira equilibrada, balanceando a absorção dos impactos para os trabalhadores e os benefícios atrelados ao pleno desenvolvimento da IA.

Percebe-se que o plano chinês não denota uma maior preocupação com a destruição dos postos de trabalho existentes e tampouco com o eventual desemprego dos trabalhadores ligados às atividades que prontamente deixarão de existir. Contudo, este traço do plano, ou melhor, a ausência dele, está, em muito, lastreado nos baixíssimos índices de desemprego do país. De fato, ao fim do primeiro semestre do ano de 2018, o percentual de chineses desempregados correspondia a apenas 3.83 % da população do país.[76]

Nesse contexto, as metas traçadas pelo governo da China e seus respectivos marcos temporais estão dispostos a seguir:

> a) até 2020: a tecnologia e a aplicação da IA estarão alinhadas aos níveis de desenvolvimento global, a indústria da IA terá se tornado um vetor de crescimento econômico e as aplicações de IA já terão efeitos positivos sobre a vida das pessoas, colocando a China no mapa dos países inovadores e chegando mais próxima de ser uma sociedade próspera;[77]
>
> b) até 2025: a China terá alcançado grandes avanços em teorias básicas para IA, de modo que algumas tecnologias e aplicações atinjam um nível de liderança mundial e a IA se torne a principal força motriz para a

[76] Cf. China taxa de desemprego. *Ceic*, 1999-2020. Disponível em: https://www.ceicdata.com/pt/indicator/china/unemployment-rate. Acesso em 15 mai. 2018.

[77] CHINA. Conselho de Estado da China. Next Generation Artificial Intelligence Development Plan. *China Science & Technology Newsletter*, n. 17, p. 2-26, set. 2017. p. 5. Disponível em: http://www.chinaembassy-fi.org/eng/kxjs/P020171025789108009001.pdf. Acesso em 24 mai. 2018.

modernização industrial e a transformação econômica do país, enquanto a construção social inteligente tenha progredido de maneira positiva;[78] e

c) até 2030: teorias, tecnologias e aplicações de IA chinesas devem atingir níveis de liderança mundial, tornando a China o principal centro de inovação de IA do mundo, obtendo resultados visíveis em economia inteligente e aplicações inteligentes na sociedade e estabelecendo uma base importante para se tornar uma nação líder em inovação e em poder econômico.[79]

Conforme mencionado, especificamente no que tange à questão dos postos de trabalho afetados pelo crescente desenvolvimento da inteligência artificial, o plano chinês traz uma abordagem bastante tímida: parte da ideia de que é necessário adotar medidas de garantia enquanto promove o amplo desenvolvimento da tecnologia em questão, dentre elas: (*i*) o estabelecimento de um sistema de avaliação e supervisão de segurança da IA, a curto prazo, focando no impacto sobre o emprego humano, e (*ii*) o fortalecimento vigoroso do treinamento de uma força de trabalho de IA, significando:

> Accelerate the study of the employment structure brought on by AI, changes in employment methods, and the skills demand of new occupations and jobs, establish a lifelong learning and employment training system to meet the needs of the intelligent economy and intelligent society, and support institutions of higher learning, vocational schools and socialization training Institutions to carry out AI skills training. Substantially increase the professional skills of workers to meet the development requirements of China's AI to bring high-quality jobs. Encourage enterprises and organizations to provide AI skills training for employees. Strengthen the re-employment training and guidance of workers to ensure the smooth transfer of simple and repetitive workers due to AI.[80]

---

78 CHINA. Conselho de Estado da China. Next Generation Artificial Intelligence Development Plan. *China Science & Technology Newsletter*, n. 17, p. 2-26, set. 2017. p. 6. Disponível em: http://www.chinaembassy-fi.org/eng/kxjs/P020171025789108009001.pdf. Acesso em 24 mai. 2018.

79 CHINA. Conselho de Estado da China. Next Generation Artificial Intelligence Development Plan. *China Science & Technology Newsletter*, n. 17, p. 2-26, set. 2017. p. 6. Disponível em: http://www.chinaembassy-fi.org/eng/kxjs/P020171025789108009001.pdf. Acesso em 24 mai. 2018.

80 Tradução: Acelerar o estudo da estrutura de emprego trazida pela IA, mudanças nos métodos de emprego e a demanda de novas ocupações e empregos, estabelecer um sistema de treinamento de aprendizagem ao longo da vida para atender às necessidades da economia inteligente e da sociedade inteligente e apoiar instituições de ensino superior,

Nota-se que a tendência parece ser a da adequação da força de trabalho chinesa à economia majoritariamente baseada em inteligência artificial. Não obstante, o documento analisado não traz referências mais explícitas à perda dos postos de trabalho a curto prazo e qual impacto isso significará, pelas razões anteriormente expostas.

3.4 Japão

Visando à revitalização econômica do Japão, o governo do país lançou, em 2015, o documento "New Robot Strategy: Japan's Robot Strategy. Vision, Strategy, Action Plan". O texto parte do reconhecimento do Japão como uma superpotência da robótica desde a década de 1980, especialmente no que tange à utilizando dos robôs industriais. Em seguida, traz à discussão problemas específicos enfrentados pelo país, como o declínio da taxa de natalidade e o envelhecimento da população em geral, consequentemente gerando desafios como o declínio dos números da população em idade de trabalho, a escassez de mão de obra e maiores custos com previdência social como resultado.

Por conseguinte, o governo entende que o enfrentamento desses desafios precisa levar em consideração uma "(...) reform of the socio-economic system is of course indispensable, and further initiatives must also be taken by gathering all knowledge and expertise available including utilization of new technical innovation".[81] O texto sugere que tais inovações técnicas tendem a estar concentradas na área da inteligência artificial, e que essa tendência é global: robôs seriam a chave para o crescimento econômico tanto para economias estabelecidas, como os Estados Unidos e alguns países da Europa, quanto para economias emergentes, como a chinesa. O foco do plano não é a utilização da inteligência artificial em si, contrariamente a outros planos estudados, mas sim, o avanço na indústria robótica, com a utilização da IA para

escolas vocacionais e instituições de treinamento em socialização para realizar treinamento de habilidades em IA. Aumentar, substancialmente, as habilidades profissionais dos trabalhadores para atender às necessidades de desenvolvimento da IA da China, para trazer empregos de alta qualidade. Incentivar empresas e organizações a fornecer treinamento de habilidades em IA para os funcionários. Reforçar a formação de reemprego e orientação dos trabalhadores para garantir a transferência suave de trabalhadores simples e repetitivos devido à IA. (CHINA. Conselho de Estado da China. Next Generation Artificial Intelligence Development Plan. *China Science & Technology Newsletter*, n. 17, p. 2-26, set. 2017. p. 26. Disponível em: http://www.chinaembassy-fi.org/eng/kxjs/P020171025789108009001.pdf. Acesso em 24 mai. 2018).

[81] JAPÃO. New Robot Strategy. Japan's Robot Strategy: Vision, Strategy, Action Plan. *The Headquarters for Japan's Economic Revitalization*, fev. 2015. p. 3.

esse fim. Para uma melhor compreensão do plano japonês é importante ter em mente que o desemprego não é preocupação nipônica. De acordo com matéria publicada na edição eletrônica do jornal Estado de Minas de 02 de março de 2018:

> A taxa de desemprego no Japão foi de 2,4% em janeiro passado, o menor percentual desde abril de 1993, em um contexto de escassez de mão de obra, informou o governo nesta sexta-feira.
> Desde junho de 2017, o desemprego se situava entre 2,7 e 2,8%, após ter caído de forma regular nos meses precedentes.
> As condições de trabalho foram muito positivas em janeiro, com 159 ofertas de emprego por cada 100 demandas, do mesmo modo que em dezembro, uma relação não observada desde 1974.
> Japão, que se diferencia de outros países industrializados por sua baixa taxa de desemprego, vive atualmente seu período mais longo de expansão econômica, com oito trimestres de crescimento consecutivos.[82]

O plano japonês denota preocupação com a falta de mão de obra em geral e, especialmente, com a falta de mão de obra que detenha qualificações necessárias para lidar com as novas tecnologias, considerando, em especial, a composição etária da sociedade. De fato, mais de 25% da população nipônica conta com mais de 65 anos.[83]

Por essa razão, o plano japonês reconhece a necessidade de recrutar mão de obra qualificada e, por outro lado, evitar a evasão de trabalhadores japoneses:

> Should Japan lag behind such trend in terms of ideas about robot development or perspectives of business models, Japan will be isolated from the rest of the world in the field of robotics as well and be eyed as Galapagos which will draw more concerns over the situation in Japan where craftsmanship enjoys a victory but business suffers a defeat. To ride these global tides, it is imperative to recruit human resources equipped with knowledge in the fields of system establishment, launch and programming including areas given high added value in the course of robot employment even at present like designing production process and teaching, or software knowledge involving utilization of digital

---

[82] Cf. Japão registra menor taxa de desemprego desde 1993. *AFP*, 02 mar. 2018. Disponível em: https://www.em.com.br/app/noticia/internacional/2018/03/02/interna_internacional,941260/japao-registra-menor-taxa-de-desemprego-desde-1993.shtml. Acesso em 19 mai. 2018.

[83] JAPÃO. New Robot Strategy. Japan's Robot Strategy: Vision, Strategy, Action Plan. *The Headquarters for Japan's Economic Revitalization*, fev. 2015. p. 2.

data and development of AI which will grow more important than ever in future. However, there is not enough opportunity to nurture and utilize such human resources in these fields in Japan. As evidence of the trend, it has become a growing trend in recent years for precious bright students to find jobs overseas on their own, posing an immense challenge in both terms of human resource nurturing and utilization.[84]

De forma a incrementar a colaboração entre o trabalho humano e robôs, o plano propõe a reformulação das normas legais e institutos vigentes, suscitando a abolição de normas que sejam incompatíveis com a nova realidade de trabalho.[85]

O plano japonês propugna a adoção do "Robot Revolutionary Iniciative – (RRI)", uma política governamental que tem entre seus pilares o desenvolvimento e o treinamento de trabalhadores, a ser levado a cabo por instituições de ensino.[86] A revolução robótica almejada tem, entre outros fins, libertar em definitivo o ser humano do trabalho árduo e excessivo que caracteriza a sociedade japonesa, resolvendo, ao mesmo tempo, um problema crônico de falta de mão de obra.[87]

Para que se alcance tal objetivo, em um primeiro momento considera-se o desenvolvimento das habilidades do máximo de recursos humanos disponíveis, inclusive de pessoas aposentadas, haja vista a escassez de mão de obra:

---

[84] Tradução: "Caso o Japão fique atrás de tal tendência em termos de ideias sobre o desenvolvimento de robôs ou perspectivas de modelos de negócios, o Japão também estará isolado do resto do mundo no campo da robótica e será visto como Galápagos, que atrairá mais preocupações sobre a situação no Japão, onde o artesanato desfruta de uma vitória, mas os negócios sofrem uma derrota. Para navegar nestas marés globais, é imperativo recrutar recursos humanos equipados com conhecimento nas áreas de estabelecimento de sistemas, lançamento e programação, incluindo áreas de alto valor agregado no curso do emprego de robôs, até hoje, como projetar processos de produção e ensino ou software. Conhecimento envolvendo a utilização de dados digitais e desenvolvimento de IA, que se tornará mais importante do que nunca no futuro. No entanto, não há oportunidades suficientes para nutrir e utilizar tais recursos humanos nesses campos no Japão. Como evidência da tendência, nos últimos anos tem se tornado uma tendência crescente para estudantes preciosos e brilhantes encontrarem empregos no exterior por conta própria, representando um imenso desafio em termos de nutrição e utilização de recursos humanos". (JAPÃO. New Robot Strategy. Japan's Robot Strategy: Vision, Strategy, Action Plan. *The Headquarters for Japan's Economic Revitalization*, fev. 2015. p. 5).

[85] JAPÃO. New Robot Strategy. Japan's Robot Strategy: Vision, Strategy, Action Plan. *The Headquarters for Japan's Economic Revitalization*, fev. 2015. p. 15.

[86] JAPÃO. New Robot Strategy. Japan's Robot Strategy: Vision, Strategy, Action Plan. *The Headquarters for Japan's Economic Revitalization*, fev. 2015. p. 19.

[87] JAPÃO. New Robot Strategy. Japan's Robot Strategy: Vision, Strategy, Action Plan. *The Headquarters for Japan's Economic Revitalization*, fev. 2015. p. 27.

> For example, to develop human resources by having people accumulate experiences at workplaces (OJT) and to make use of retired workers in arears where human resources are likely be insufficient for now. Another way is that from the viewpoint of making use of limited human resources intensively in short time, an SIer and a user company establish a joint venture to proceed system construction together to promote know-how accumulation and human resources development.[88]

O plano japonês ressalta, ainda, a importância de instituições de pesquisa e universidades considerarem a introdução de um currículo interdisciplinar, abarcando o estudo da Internet das Coisas e afins. Além disso, o desenvolvimento das aptidões dos futuros trabalhadores deve ser alcançado por meio da implementação de projetos atraentes para os jovens, projetos estes que devem primar pela complementariedade entre o trabalho humano e as novas tecnologias, de tal forma a estimular a criação de novos negócios.

O plano também propõe que os treinamentos de trabalhadores sejam levados a cabo nos locais de trabalho, utilizando treinamento vocacional público para trabalhadores empregados. Além disso, para a concretização de uma sociedade onde os robôs fazem parte da vida cotidiana, é indispensável que instituições que recebem jovens e crianças, como museus de ciência e museus em geral, estejam aptos a proporcionar familiaridade com este novo mundo.[89]

Desta maneira, em relação ao trabalho, a preocupação japonesa está centrada, quase que exclusivamente, na habilitação de seus trabalhadores para lidarem com as novas tecnologias e na preparação das futuras gerações para esse novo mercado de trabalho, não sendo uma questão a possibilidade de desemprego como resultante do novo salto tecnológico.

---

[88] Tradução: "Por exemplo, desenvolver recursos humanos fazendo com que as pessoas acumulem experiências nos locais de trabalho (OJT) e fazer uso de trabalhadores aposentados em áreas onde os recursos humanos provavelmente sejam insuficientes por enquanto. Outra maneira é que, do ponto de vista da utilização intensiva de recursos humanos limitados em curto espaço de tempo, a SIer e uma empresa usuária estabelecem uma joint venture para promover a construção do sistema para promover o acúmulo de know-how e o desenvolvimento de recursos humanos". (JAPÃO. New Robot Strategy. Japan's Robot Strategy: Vision, Strategy, Action Plan. *The Headquarters for Japan's Economic Revitalization*, fev. 2015. p. 38).

[89] JAPÃO. New Robot Strategy. Japan's Robot Strategy: Vision, Strategy, Action Plan. *The Headquarters for Japan's Economic Revitalization*, fev. 2015. p. 39.

4 Conclusão

Qualquer análise que se pretenda realizar em torno da temática envolvendo os impactos da inteligência artificial nas relações de emprego e trabalho não pode prescindir de uma contextualização do ambiente em que sua influência é exercida. A inovação tecnológica e o crescimento econômico gerados a partir da IA são patentes. A tecnologia se mostrou tão disruptiva que foi possível concluir que ela é um novo paradigma techno-econômico e significa uma nova revolução tecnológica.

Neste quadro, algumas nações se lançaram à frente e organizaram planos de ação visando à implementação de políticas públicas focadas na disseminação da IA como peça essencial na produção e nos serviços. Como era de se esperar, não há uma linearidade nas preocupações e ações encampadas nos diferentes planos: enquanto os Estados Unidos da América e França demonstram uma evidente preocupação com a extinção massiva de postos de trabalho e o desemprego dela resultante, tal preocupação inexiste nos planos chinês e japonês, em razão de seus baixíssimos níveis de desemprego.

Os planos norte-americano, francês e japonês se assemelham ao focar na necessidade de qualificação da mão de obra, de forma a enfrentar os desafios trazidos pela nova tecnologia. As ações sugeridas divergem um pouco entre si, mas é possível destacar as seguintes semelhanças: a) há um papel preponderante do Estado e de políticas públicas na preparação dos trabalhadores para o futuro que se avizinha; b) as novas gerações devem ganhar familiaridade, desde cedo, com as novas tecnologias; e c) pouca ou nenhuma participação da iniciativa privada é cobrada nos planos governamentais. Já o plano chinês aposta suas fichas no uso da IA como trampolim para alçar o país ao posto de maior potência do mundo em pouco mais de 10 anos.

Por outro lado, até o momento, não houve um posicionamento do governo brasileiro no sentido de criar um plano de ação visando a nos preparar para a realidade que se aproxima.

De tudo o que foi visto, algumas conclusões são possíveis: a) a IA trouxe o mundo para um novo patamar tecnológico; b) a força criadora e ao mesmo tempo destruidora da tecnologia demanda a elaboração de políticas públicas que permitam às nações não ficarem para trás na disputa tecnológica e ao mesmo tempo criarem mecanismos de proteção contra o desemprego em massa.

No entanto, os planos estudados ainda estão em curso e não é possível antever a efetividade das medidas propostas. Na verdade, nem mesmo é possível determinar quais das medidas indicadas serão efetivamente implementadas. Por essa razão, e principalmente considerando a inércia do Brasil em relação à matéria, é de suma importância que o mundo acadêmico em geral, e os estudiosos da matéria em especial, continuem aprofundando suas análises e estimulando novas pesquisas, medidas e ações que propiciem uma transição mais tranquila para o novo mundo que se desenha à nossa frente.

Referências

ACEMOGLU, Daron; RESTREPO, Pascual. Artificial Intelligence, Automation and Work. *Nber*, jan. 2018. Disponível em: http://www.nber.org/chapters/c14027. Acesso em 18 set. 2018.

AGHION, Philippe; JONES, Benjamin F.; JONES, Charles I. Artificial Intelligence and Economic Growth. *Nber*, working paper n. 23928, out. 2017. Disponível em: http://www.nber.org/papers/w23928. Acesso em 18 set. 2018.

AGRAWAL, Ajay K.; GANS, Joshua S.; GOLDFARB, Avi. Economic Policy for Artificial Intelligence. *Nber*, working paper n. 24690, jun. 2018. Disponível em: http://www.nber.org/papers/w24690. Acesso em 18 set. 2018.

AFP. *Japão registra menor taxa de desemprego desde 1993*. 02 mar. 2018. Disponível em: https://www.em.com.br/app/noticia/internacional/2018/03/02/interna_internacional,941260/japao-registra-menor-taxa-de-desemprego-desde-1993.shtml. Acesso em 19 mai. 2018.

ALEXANDER, John C.; JOSHI, Girish P. Anesthesiology, automation, and artificial intelligence. *Baylor University Medical Center Proceedings*, v. 31, n. 1, p. 117-119, jan. 2018.

BALKIN, Jack M. The Path of Robotics Law. *California Law Review Circuit*, v. 6, p. 45-60, jun. 2015.

CEIC. *China taxa de desemprego*. 1999-2020. Disponível em: https://www.ceicdata.com/pt/indicator/china/unemployment-rate. Acesso em 15 mai. 2018.

CHELLIAH, John. Will artificial intelligence usurp white collar jobs? *Human Resource Management International Digest*, v. 25, issue: 3, p. 1-3, 2017. Disponível em: https://doi.org/10.1108/HRMID-11-2016-0152. Acesso em 13 set. 2018.

CHINA. Conselho de Estado da China. Next Generation Artificial Intelligence Development Plan. *China Science & Technology Newsletter*, n. 17, p. 2-26, set. 2017. Disponível em: http://www.chinaembassy-fi.org/eng/kxjs/P020171025789108009001.pdf. Acesso em 24 mai. 2018.

CNI. *Oportunidades para a Indústria 4.0 – Aspectos da demanda e oferta no Brasil*. Brasília, 2017. Disponível em: https://bucket-gw-cni-static-cms-si.s3.amazonaws.com/media/filer_public/d9/ff/d9ff9d99-1a51-43ff-bc2a-b21187e90c35a/oportunidades_para_a_industria_40_2603_nova_versao.pdf. Acesso em 17 mai. 2018.

ESTADOS UNIDOS DA AMÉRICA. National Science and Technology Council (NSTC). Committee on Technology. *Preparing for the Future of Artificial Intelligence*. Washington D.C., out. 2016. Disponível em: https://obamawhitehouse.archives.gov/sites/default/

files/whitehouse_files/microsites/ostp/NSTC/preparing_for_the_future_of_ai.pdf. Acesso em 30 jul. 2017.

ESTADOS UNIDOS DA AMERICA. National Science and Technology Council (NSTC). Committee on Technology. *Artificial Intelligence, Automation and the Economy*. Washington D.C., dez. 2016b. Disponível em: https://obamawhitehouse.archives.gov/sites/whitehouse.gov/files/documents/Artificial-Intelligence-Automation-Economy.PDF. Acesso em 30 set. 2018.

FREEMAN, Christopher. *Systems of Innovation. Selected Essays in Evolutionary Economics*. Cheltenham: Edward Elgan, 2008.

FREEMAN, Christopher; PEREZ, Carlota. Structural crises of adjustment, business cycles and investment behavior. *In*: FREEMAN, Christopher. *Systems of Innovation. Selected Essays in Evolutionary Economics*. Cheltenham: Edward Elgan, 2008.

FREEMAN, Christopher; PEREZ, Carlota. Innovation and Growth. *In*: FREEMAN, Christopher. *Systems of Innovation. Selected Essays in Evolutionary Economics*. Cheltenham: Edward Elgan, 2008.

FREY, Carl Benedikt; OSBORNE, Michael A. *The Future of Employment*: how susceptible are jobs to computerization? 2013. Disponível em: https://www.oxfordmartin.ox.ac.uk/downloads/academic/The_Future_of_Employment.pdf. Acesso em 29 set. 2018.

JAPÃO. New Robot Strategy. Japan's Robot Strategy: Vision, Strategy, Action Plan. *The Headquarters for Japan's Economic Revitalization*, fev. 2015.

JHA, Saurabh; TOPOL, Eric J. Adapting to Artificial Intelligence: radiologists and Pathologists as Information Specialists. *Journal of American Medical Association (JAMA)*, v. 316, n. 22, p. 2353-2354, dez. 2016. Disponível em: jama.com. Acesso em 13 set. 2018.

KOCH, Rod. Will Artificial Intelligence eliminate my job? *Strategic Finance*, p. 62-63, set. 2017.

MCGAUGHEY, Ewan. *Will Robots Automate your Job Away? Full Employment, Basic Income, and Economic Democracy*. 2018. Disponível em: https://www.cbr.cam.ac.uk/fileadmin/user_upload/centre-for-business-research/downloads/working-papers/wp496.pdf. Acesso em 01 out. 2018.

O'NEIL, Cathy. *Weapons of Math Destruction. How Big Data Increases Inequality and Threatens Democracy*. New York: Crown Publishers, 2016. E-book. ISBN: 9780553418828.

PARKERS, David C.; WELLMAN, Michael. Economic reasoning and artificial intelligence. *Science*, v. 349, issue 6245, p. 267-272, jul. 2015. Disponível em: sciencemag.org. Acesso em 13 set. 2018.

PASQUALE, Frank. *The Black Box Society. The Secret Algorithms That Control Money and Information*. Cambridge, Massachusetts/Londres, Inglaterra: Harvard University Press, 2015. E-book. ISBN: 978-0-674-36827-9.

PEREZ, Carlota. Technological revolutions and techno-economic paradigms. *Cambridge Journal of Economics*, n. 34, p. 185-202, 2010.

PREISLER, Marie. Denmark: more focus on job rotation. Nordic Labour Journal, 23 mai. 2013. Disponível em: http://www.nordiclabourjournal.org/i-fokus/in-focus-2013/nordic-hunt-for-solutions-to-youth-unemployment-1/article.2013-05-21.0258264149/. Acesso em 20 mai. 2018.

PURDY, Mark; DAUGHERTY, Paul. *Why artificial intelligence is the future of growth*. Accenture, 2016. Disponível em: https://www.accenture.com/lv-en/_acnmedia/PDF-33/Accenture-Why-AI-is-the-Future-of-Growth.pdf. Acesso em 29 jul. 2017.

SENAI. *Senai aponta 30 novas profissões que vão surgir com a Indústria 4.0*. 06 jul. 2018. Disponível em: https://www.rn.senai.br/conheca-30-novas-profissoes-que-vao-surgir-com-industria-4-0/. Acesso em 17 mai. 2018.

SOLOMON, Shoshanna. Starved tech sector to be fed by programmer boot camps. *The Times of Israel*, 27 jul. 2017. Disponível em: https://www-timesofisrael-com.cdn.ampproject.org/v/s/www.timesofisrael.com/starved-tech-sector-to-be-fed-by-programmer-boot-camps/amp/?amp_js_v=0.1&usqp=mq331AQICAEoATgAWAE%3D#origin=https%3A%2F%2Fwww.google.com.br&prerenderSize=1&visibilityState=prerender&paddingTop=54&p2r=0&horizontalScrolling=0&csi=1&aoh=15377266119464&viewerUrl=https%3A%2F%2Fwww.google.com.br%2Famp%2Fs%2Fwww.timesofisrael.com%2Fstarved-tech-sector-to-be-fed-by-programmer-boot-camps%2Famp%2F&history=1&storage=1&cid=1&cap=swipe%2Cnavigate To%2Ccid%2Cfragment%2CreplaceUrl. Acesso em 18 mai. 2018.

THE ECONOMIST – SPECIAL REPORT. *The return of the machinery question*. 25. jun. 2016. Disponível em: https://www.economist.com/special-report/2016/06/25/the-return-of-the-machinery-question. Acesso em 22 set. 2018.

VARDI, Moshe Y. The Moral Imperative of Artificial Intelligence. *Communications of the ACM*, v. 59, n. 5, p. 5, mai. 2016.

VILLANI, Cédric. *For a Meaningful Artificial Intelligence*: towards a French and European Strategy. Mar. 2018. p. Disponível em: https://www.aiforhumanity.fr/pdfs/MissionVillani_Report_ENG-VF.pdf. Acesso em 17 mai. 2018.

Informação bibliográfica deste texto, conforme a NBR 6023:2018 da Associação Brasileira de Normas Técnicas (ABNT):

PORTILHO, Raphaela Magnino Rosa; SOUSA, Ricardo José Leite de. Inteligência Artificial: uma nova revolução tecnológica? planos governamentais para os impactos da IA sobre o mercado de trabalho. *In*: TUPINAMBÁ, Carolina (Coord.). *As novas relações trabalhistas e o futuro do Direito do Trabalho*: as novidades provenientes dos avanços tecnológicos. Belo Horizonte: Fórum, 2021. (Coleção Fórum as novas relações trabalhistas e o futuro do Direito do Trabalho. Tomo III.). p. 183-229. ISBN 978-65-5518-131-9.

CROWDWORKING NO DIREITO COMPARADO: ANÁLISE DAS PLATAFORMAS DE TRABALHO DIGITAL À LUZ DO DIREITO ALEMÃO E FRANCÊS

LEONARDO STOCKER. P. DA CUNHA

MARINA PARABONI

1 Introdução

Historicamente, o período no qual estamos vivendo se denomina de Era Digital. Com a transição do mundo analógico para o digital, o mundo do trabalho também é transformado, pois o desenvolvimento tecnológico impacta diretamente na vida social das pessoas, afetando, inclusive, as relações de trabalho. Ao se configurarem essas novas formas de trabalho, tem-se uma necessidade de repensar conceitos clássicos tais como: empregado, empregador, jornada de trabalho, alterando as fronteiras entre segmentos formais e informais.

Dentre essas transformações do mundo do trabalho, destacam-se, neste artigo, as plataformas de *crowdworking*. Salienta-se que, em se tratando de inovações tecnológicas, há uma incorporação a termos de língua inglesa, por exemplo *crowdworking* – junção de *crowd* com *working*, traduzido para o português teríamos algo como: multidão trabalhando. O Banco Mundial define *crowdworking* como sendo a contratação online de um trabalhador ou prestador para fornecer serviços ou tarefas de êxito via plataformas ou marketplaces virtuais.[1]

Segundo o relatório intitulado *Digital labour plataforms and the future of work*: towards decent work in the online world, realizado pela Organização Internacional do Trabalho, o perfil mundial dos *crowdworkers* (trabalhadores da multidão) é de uma idade média de 33,2 anos, majoritariamente homens, com mulheres representando uma a cada três trabalhadores, com nível de educação universitária, sendo que 20% dos entrevistados apresentavam pós-graduação, bem como a área de maior interesse foi ciência e tecnologia, o que correspondeu a 57% dos diplomas dos entrevistados. Além disso, ressalta-se que 32% dos entrevistados utilizavam o *crowdwork* como primeira fonte de renda.[2]

No relatório não temos dados concretos sobre a realidade brasileira. Porém, há consenso sobre a aceitação do brasileiro em utilizar plataformas de serviços, como aplicativos de transportes, pois a "uberização" marca o início dessa nova relação de trabalho, que apresenta potencial de crescimento exponencial. No Brasil, o Singu é um exemplo de plataforma de *crowdworking*, que conecta cabeleireiros a clientes (usuários). Diante desta nova forma de relação de trabalho, o ordenamento jurídico brasileiro ainda não apresenta discussão aprofundada, nem regulamentação. Recordemos que o Direito deve acompanhar as alterações ocorridas no tempo e no espaço, ajustando-se às novas exigências sociais. Marcos Bernardes de Mello assinala que os conceitos e categorias elaborados pela Ciência Jurídica não podem permanecer imutáveis, mas devem se ajustar às transformações substanciais da sociedade. Pretender que as categorias e os conceitos permaneçam tal qual foram formulados, insensíveis às modificações levadas a efeito no Direito, é querer deixá-los inutilizáveis. Ao contrário,

---

1 KUEK, Siou Chew *et al*. The global opportunity in online outsourcing (English). *World Bank Group*, 2015. Disponível em: http://documents.worldbank.org/curated/en/138371468000900555/The-global-opportunity-in-online-outsourcing. Acesso em 13 fev. 2019.

2 BERG, Janine *et al*. Digital labour platforms and the future of work: Towards decent work in the online world. *International Labour Organization*, 2018. Disponível em: https://www.ilo.org/global/publications/books/WCMS_645337/lang--en/index.htm. Acesso em 17 fev. 2019.

as categorias e conceitos devem ser ajustados à experiência, sempre que se mudem as condições existenciais.[3]

Ao redor do mundo, o fenômeno das plataformas digitais está emergindo rapidamente. A Alemanha e a França apresentam discussões avançadas no âmbito do *crowdworking*, sendo países com o mesmo sistema jurídico brasileiro, isto é: o sistema romano-germânico ou *civil law*. O presente artigo tem como objetivo analisar como as legislações da Alemanha (primeira parte) e da França (segunda parte) estão se comportando frente ao fenômeno das plataformas de *crowdworking*. Por meio do método da análise comparativa, ao adentrarmos as legislações dos respectivos países, conclui-se, procurando estabelecer possíveis relações com a realidade brasileira.

2 Plataformas de *crowdworking* e direito comparado

2.1 Alemanha

No ano de 2017, o Ministério Federal do Trabalho e de Questões Sociais (*Bundesministerium für Arbeit und Soziales*) editou relatório de pesquisa intitulado "Economia de Plataforma e *Crowdworking*: uma análise das estratégias e das posições dos principais atores", para analisar a relevância do fenômeno do *crowdworking* no mercado de trabalho. No referido documento, o governo alemão adverte que "enquanto alguns falam de um fenômeno temporário, outros já veem potencial para uma mudança fundamental no mercado de trabalho".[4]

As novas formas de trabalho na Alemanha, segundo Wolfgang Däubler e Thomas Klebe, devem substituir os padrões da relação de emprego, como a atual duração da jornada de trabalho, garantia de emprego,[5] períodos de suspensão e interrupção do contrato de trabalho, férias remuneradas e proteção do sistema de seguridade

---

3 MELLO, Marcos Bernardes de. *Teoria do fato jurídico*: plano da existência. 15. ed. São Paulo: Saraiva, 2008. p. 172.

4 GREEF, Samuel; SCHROEDER, Wolfgang. Plattformökonomie und Crowdworking: Eine Analyse der Strategien und Positionen zentraler Akteure. *Universität Kassel*, 2017. p. 15. Disponível em: https://www.bmas.de/DE/Service/Medien/Publikationen/Forschungsberichte/Forschungsberichte-Arbeitsmarkt/fb500-plattformoekonomie-und-crowdworking.html. Acesso em 13 fev. 2019.

5 Na Alemanha, consoante o artigo 102 da Lei sobre Organização da Empresa, o conselho de empregados deve ser ouvido em cada término de contrato de trabalho de empregados da empresa. O empregador deve informar ao conselho as razões para o término do contrato do empregado. O término de um contrato de trabalho, sem consulta ao conselho de empregados, é considerado ineficaz/nulo.

social. Conforme o Serviço Federal de Estatística Alemão, já no ano de 2013, 7% da população ativa era de trabalhadores não assalariados.[6]

Para o governo alemão, com o surgimento das plataformas, os mercados bilaterais (entre empresa e trabalhador) perdem espaço para uma estrutura de três lados. O operador da plataforma não apenas intermedeia,[7] por meio de anúncios, a contratação do trabalhador, como também realiza a interação do contrato,[8] Conforme Kocher e Hensel, o trabalho via plataforma representa a "plataformização" (*Plattformisierung*) das relações de trabalho, com o controle dos meios de produção via mecanismos de reputação e *feedback*.[9] Berns Waas, no mesmo sentido, observa que muitas plataformas disponibilizam a possibilidade de avaliar os serviços dos *crowdworkers*, possibilitando o disciplinamento de trabalhadores e afetando o potencial de realização de tarefas no futuro.[10]

Esclarece-se que os trabalhos realizados pelos *crowdworkers* não ocorrem somente na nuvem (*cloudworking*), mas também podem incluir serviços no local físico (o que está sendo denominado de *gigwork*),[11] podendo consistir de microtarefas repetitivas e de pouca complexidade[12]

---

6 DÄUBLER, Wolfgang; KLEBE, Thomas. Crowdwork: die neue form der arbeit – Arbeitgeber auf der flucht? *Neue Zeitschrift Für Arbeitsrecht*, München, v. 17, n. 1, p. 1032-1041, nov. 2015. p. 1032.

7 Waas, em sentido contrário, afirma, categoricamente, que a "promessa contratual" das plataformas está limitada em fornecer aos usuários a possibilidade de encontro, vide: WAAS, Bernd *et al*. Crowdwork: a comparative law perspective. *Bund Verlag*, 2017. p. 146. Disponível em: https://www.hugo-sinzheimer-institut.de/fileadmin/user_data_hsi/Veroeffentlichungen/HSI_Schriftenreihe/Waas_Liebman_Lyubarsky_Kezuka_Crowdwork.pdf. Acesso em 13 fev. 2019.

8 GREEF, Samuel; SCHROEDER, Wolfgang. Plattformökonomie und Crowdworking: Eine Analyse der Strategien und Positionen zentraler Akteure. *Universität Kassel*, 2017. p. 15. Disponível em: https://www.bmas.de/DE/Service/Medien/Publikationen/Forschungsberichte/Forschungsberichte-Arbeitsmarkt/fb500-plattformoekonomie-und-crowdworking.html. Acesso em 13 fev. 2019.

9 KOCHER, Eva; HENSEL, Isabell. *Herausforderungen des Arbeitsrechts durch digitale Plattformen*: ein neuer Koordinationsmodus von Erwerbsarbeit. München, n. 1, p. 984-990, 2016. p. 985.

10 WAAS, Bernd *et al*. Crowdwork: a comparative law perspective. *Bund Verlag*, 2017. p. 154. Disponível em: https://www.hugo-sinzheimer-institut.de/fileadmin/user_data_hsi/Veroeffentlichungen/HSI_Schriftenreihe/Waas_Liebman_Lyubarsky_Kezuka_Crowdwork.pdf. Acesso em 13 fev. 2019.

11 *Gigwork* significa uma forma de trabalho que é baseada em trabalhos temporários ou realizar etapas separadas do trabalho, ao invés de trabalhar para um empregador, vide: Cf. Cambridge Dictionary. *University Cambridge*. Disponível em: https://dictionary.cambridge.org/pt/dicionario/ingles/gig-economy. Acesso em 15 fev. 2019.

12 Vide o caso de paquistaneses contratados por U$0.0009 para quebrar captchas (teste de desafio cognitivo, utilizado como ferramenta anti-spam, para impedir que softwares automatizados executem ações que degradem a qualidade do serviço de um sistema), vide: HIGA, Paulo. *Existe um serviço que paga US$0,0009 para humanos resolverem captchas.*

a projetos complexos e exigentes.[13] Contudo, independentemente do tipo, os trabalhos baseados em plataforma têm pontos de contato: são dificilmente codificados, sem proteção social e não organizados coletivamente.[14]

Especificamente quanto à falta de proteção social, Däubler e Klebe advertem que os efeitos do aumento drástico de trabalhadores não assalariados são óbvios: se a empresa "emprega" trabalhadores autônomos, os custos são significativamente mais baixos e os direitos protetivos da relação de emprego não precisam ser respeitados. Por outro lado, os trabalhadores (excluídos da relação de emprego) não têm proteção jurídica do Direito do Trabalho e precisam, na totalidade dos casos, prover sua vida.[15]

Segundo o Instituto Alemão de Pesquisa Econômica (*Deutsches Institut für Wirtschaftsforschung*), o trabalhador não assalariado ganhou, em média, no ano de 2011, 13 euros por hora, sendo que um terço desses trabalhadores ganhou menos de 8,50 euros por hora. Em estudo mais recente, o mesmo instituto refere que 18% dos trabalhadores não assalariados recebe menos que 5 euros por hora. Levando em conta que não há contribuição do empregador à previdência social alemã e nenhum pagamento em caso de doença ou licença-remunerada, torna-se perceptível o quão pequeno é o valor percebido.[16]

O *crowdworking* pode ser exercido de forma colaborativa ou de forma extremamente competitiva (vencendo quem é mais rápido ou o escolhido pelo cliente). Em alguns casos, apenas o vencedor recebe o pagamento pela tarefa, mesmo que outros trabalhadores

---

Disponível em: https://tecnoblog.net/175702/captcha-trabalho-humano/. Acesso em 13 fev. 2019.

13 Segundo Däubler e Klebe, as tarefas podem ser altamente complexas e difíceis, como resolver problemas matemáticos, questões de ciências médicas ou outros tópicos especializados, como trabalhos gráficos ou problemas de design. Em princípio, o crowdworking é possível em todas as áreas de criação de valor de uma empresa. (DÄUBLER, Wolfgang; KLEBE, Thomas. Crowdwork: die neue form der arbeit – Arbeitgeber auf der flucht? *Neue Zeitschrift Für Arbeitsrecht*, München, v. 17, n. 1, p. 1032-1041, nov. 2015. p. 1033).

14 GREEF, Samuel; SCHROEDER, Wolfgang. Plattformökonomie und Crowdworking: Eine Analyse der Strategien und Positionen zentraler Akteure. *Universität Kassel*, 2017. p. 15. Disponível em: https://www.bmas.de/DE/Service/Medien/Publikationen/Forschungsberichte/Forschungsberichte-Arbeitsmarkt/fb500-plattformoekonomie-und-crowdworking.html. Acesso em 13 fev. 2019.

15 DÄUBLER, Wolfgang; KLEBE, Thomas. Crowdwork: die neue form der arbeit – Arbeitgeber auf der flucht? *Neue Zeitschrift Für Arbeitsrecht*, München, v. 17, n. 1, p. 1032-1041, nov. 2015. p. 1032.

16 DÄUBLER, Wolfgang; KLEBE, Thomas. Crowdwork: die neue form der arbeit – Arbeitgeber auf der flucht? *Neue Zeitschrift Für Arbeitsrecht*, München, v. 17, n. 1, p. 1032-1041, nov. 2015. p. 1033.

tenham fornecido o serviço completo. Em outros casos, também é "convencionado" que não há pagamento em dinheiro, mas por meio dos chamados "créditos de jogo".[17]

Até a escrita deste artigo, encontram-se dois tipos de *crowdworking:* o interno e o externo. No tipo interno, a multidão (*crowd*) diz respeito àquelas pessoas limitadas pela plataforma. No tipo externo, pelo contrário, não há um grupo específico, mas, em princípio, qualquer pessoa no mundo e nos mais diversos sistemas jurídicos é elegível como membro da multidão, desde que tenha os pré-requisitos técnicos necessários.[18]

Däubler e Klebe asseveram que existe atratividade na visão do cliente, para utilização das plataformas. Ele não precisa fazer uma configuração fixa (para propostas a *crowdworkers*) e, consequentemente, não precisa garantir direitos protetivos aos trabalhadores da multidão, pelo menos de acordo com a opinião majoritária das plataformas. Por outro lado, as tarefas dos *crowdworkers* devem ser definidas com muita precisão e a qualidade dos projetos, muitas vezes, deve ser assegurada.[19] Segundo Waas, as plataformas, frequentemente, monitoram a performance dos *crowdworkers* por meio de capturas de tela (*screenshots*) ou outros mecanismos de controle tecnológico, medindo a qualidade do trabalhador da multidão.[20]

As plataformas possuem termos e condições gerais que permitem, na maioria das vezes, o direito de recusar trabalhos, no prazo de três dias, em caso de defeitos (ou mesmo para banimento de trabalhadores). Assim, as tarefas, consideradas insatisfatórias, podem ser recusadas por motivos razoáveis. Advertem Däubler e Klebe que não é de surpreender trabalhadores da plataforma AMT (*Amazon Mechanical Turk*) criticarem

---

[17] DÄUBLER, Wolfgang; KLEBE, Thomas. Crowdwork: die neue form der arbeit – Arbeitgeber auf der flucht? *Neue Zeitschrift Für Arbeitsrecht*, München, v. 17, n. 1, p. 1032-1041, nov. 2015. p. 1034.

[18] DÄUBLER, Wolfgang; KLEBE, Thomas. Crowdwork: die neue form der arbeit – Arbeitgeber auf der flucht? *Neue Zeitschrift Für Arbeitsrecht*, München, v. 17, n. 1, p. 1032-1041, nov. 2015. p. 1033.

[19] DÄUBLER, Wolfgang; KLEBE, Thomas. Crowdwork: die neue form der arbeit – Arbeitgeber auf der flucht? *Neue Zeitschrift Für Arbeitsrecht*, München, v. 17, n. 1, p. 1032-1041, nov. 2015. p. 1033.

[20] WAAS, Bernd *et al*. Crowdwork: a comparative law perspective. *Bund Verlag*, 2017. p. 152. Disponível em: https://www.hugo-sinzheimer-institut.de/fileadmin/user_data_hsi/Veroeffentlichungen/HSI_Schriftenreihe/Waas_Liebman_Lyubarsky_Kezuka_Crowdwork.pdf. Acesso em 13 fev. 2019.

a plataforma pela incerteza de pagamento, objetivos duvidosos e cronogramas insustentáveis, além de baixos salários.[21]

O crowdworking pode ser enquadrado em várias condições legais. Elas dependem de como é exercida a relação de trabalho dos *crowdworkers* para ser legalmente qualificado. A doutrina alemã vem discutindo quatro hipóteses legais para o *crowdworker*: empregado, quase-empregado, trabalhador a domicílio e autônomo. No direito alemão, da mesma forma como no brasileiro, a designação dada pelas partes ao contrato não tem papel decisivo na qualificação do contrato como sendo de emprego ou não.[22]

Waas afirma que, no ordenamento jurídico alemão, a relação de emprego difere da relação legal do trabalhador autônomo pelo nível de dependência pessoal no qual o provedor do serviço se encontra. A extensão possível de submissão a ordens desempenha um papel importante na determinação da dependência pessoal. Contudo, estar submetido ao poder de outra pessoa para dar instruções não é equivalente à dependência pessoal.[23]

No mesmo sentido, Däubler e Klebe afirmam que, como regra geral, o *crowdworker* é livre para decidir quando e onde ele deseja cumprir a tarefa e tampouco está integrado a uma organização. Pode haver uma data final para o término do serviço, mas isso não é uma condição necessária. Também pode ocorrer uma "corrida de galgos":[24] o primeiro que realiza a tarefa recebe a recompensa (e os demais nada recebem). Como regra geral, o *crowdworker* trabalha com o seu próprio equipamento. Dito de outra forma, essas nuances falam contra a

---

21 DÄUBLER, Wolfgang; KLEBE, Thomas. Crowdwork: die neue form der arbeit – Arbeitgeber auf der flucht? *Neue Zeitschrift Für Arbeitsrecht*, München, v. 17, n. 1, p. 1032-1041, nov. 2015. p. 1034.

22 Assim como o princípio da proteção, no âmbito do direito laboral brasileiro, existe, no direito alemão, o princípio da transgressão da forma legal (Rechtsformverfehlung), significando que aqueles, em realidade, que fazem parte de uma relação de emprego devem usar o tipo contrato de emprego. Em outras palavras, a qualificação do contrato é baseada no verdadeiro conteúdo do contrato, independentemente da sua designação, vide: WAAS, Bernd *et al.* Crowdwork: a comparative law perspective. *Bund Verlag*, 2017. p. 149. Disponível em: https://www.hugo-sinzheimer-institut.de/fileadmin/user_data_hsi/Veroeffentlichungen/HSI_Schriftenreihe/Waas_Liebman_Lyubarsky_Kezuka_Crowdwork.pdf. Acesso em 13 fev. 2019.

23 WAAS, Bernd *et al.* Crowdwork: a comparative law perspective. *Bund Verlag*, 2017. p. 147-148. Disponível em: https://www.hugo-sinzheimer-institut.de/fileadmin/user_data_hsi/Veroeffentlichungen/HSI_Schriftenreihe/Waas_Liebman_Lyubarsky_Kezuka_Crowdwork.pdf. Acesso em 13 fev. 2019.

24 Na versão original, os autores trazem esta expressão.

tipificação de empregado.[25] Logo, as limitações impostas aos *crowdworkers* são mais de ordem econômica (vide avaliações de usuários que refletem em trabalhos futuros) e menos de dependência pessoal. Destaca-se que, na Alemanha, diferentemente de muitos outros sistemas jurídicos, foi incluída uma categoria intermediária (entre o empregado e o autônomo), o chamado quase-empregado (*Arbeitnehmerähnliche Person*).

Gerhard Ring e Steffen Vogel observam que o campo de aplicação do Direito do Trabalho como direito de proteção do empregado não é extensível, a princípio, aos quase-empregados, cuja atividade é marcada por dependência econômica. O Direito do Trabalho aplica-se a esta categoria de pessoas apenas de forma limitada, de acordo com regulamentações específicas (como, por exemplo, §12ª TVG;[26] §2, nº 2 BUrlG;[27] e §5, nº 1 ArbGG).[28] [29]

As disposições da Lei do Acordo Coletivo se aplicam também aos quase-empregados, como se vê no §12, de acordo com seu nº 1, é economicamente dependente e equiparável a um empregado socialmente vulnerável (definição legal de quase-empregado), quando trabalha para outra pessoa através de contratos de serviços (*Dienstvertrag* e *Werkvertrag*),[30] cujos serviços são prestados pessoalmente e geralmente sem ter empregados. Não suficiente, o quase-empregado também deve prestar serviços preponderantemente para uma pessoa e receber mais da metade da remuneração dessa pessoa.

Portanto, deve ser considerado um quase-empregado, aquele que, no caso concreto, é economicamente dependente de seu contratante,[31]

---

25 DÄUBLER, Wolfgang; KLEBE, Thomas. Crowdwork: die neue form der arbeit – Arbeitgeber auf der flucht? *Neue Zeitschrift Für Arbeitsrecht*, München, v. 17, n. 1, p. 1032-1041, nov. 2015. p. 1035.

26 A norma expressa no artigo 12ª da Lei do Acordo Coletivo (Tarifvertragsgesetz) é transcrita adiante.

27 §2º (2): "Também serão empregados, para efeitos de aplicação do §12 desta lei, aqueles que, em razão de sua dependência econômica, são categorizados como quase empregados".

28 §5º (1): "São considerados empregados, para efeitos desta lei, [...] os quase empregados por causa de sua dependência econômica".

29 RING, Gerhard; VOGEL, Steffen. *Individualarbeitsrecht*. Baden-Baden: Nomos, 2014. p. 37.

30 De um lado, o Dienstvertrag é regulado no §611 do Código Civil Alemão e se refere a um contrato de serviço (tradução livre) no qual a parte contratada está comprometida com o bom desempenho de determinado serviço, sem, no entanto, ter um compromisso de sucesso. Por outro lado, o Werkvertrag, que está previsto no §631 do Código Civil Alemão, se refere a uma contratação *ad exitum*. Ao contrário do Dienstvertrag, é garantido pelo contratado um resultado. Como exemplo de Werkvertrag pode-se citar o contrato de empreitada, no qual o empreiteiro obriga-se a realizar a obra prometida e o comitente a pagar-lhe a retribuição convencionada.

31 Aqui, o conceito de dependência econômica diz respeito ao quase-empregado, enquanto que a característica da dependência pessoal, para o direito alemão, diz respeito ao empregado.

sendo contratado por anos a fio para realizar tarefas individuais/ específicas, o que se denomina de relação jurídica duradoura de quase-empregado ("arbeitnehmerähnliches Dauerrechtsverhältnis"). Tal relação somente pode ser encerrada mediante um aviso prévio de duas semanas, exceto se houver um motivo relevante, conforme o §626, nº 1 do Código Civil Alemão. Ressalta-se que durante esse período, tem o trabalhador o direito de exigir o pagamento correspondente ao mesmo, conforme média das remunerações anteriores.[32]

Em circunstâncias normais, ainda que possua dependência econômica (e não pessoal), a maior parte dos *crowdworkers* não preenche os requisitos da figura do quase-empregado, vez que realiza tarefas em várias plataformas, não atendendo à necessidade de mais da metade de sua renda total ser atribuída a um único cliente.[33] No mesmo sentido, Waas assevera que "se considerarmos, contudo, que *crowdworkers* regularmente realizam serviços de várias firmas diferentes, seria normalmente difícil provar a dependência econômica de uma firma".[34]

As dificuldades relativas à tipificação do *crowdworker* como quase-empregado podem levar à tentativa de caracterizá-lo como trabalhador domiciliar, por força da lei do trabalhador a domicílio promulgada em 1951. No entanto, tampouco é simples enquadrá-lo como trabalhador a domicílio, na medida em que as atividades a domicílio dizem respeito à noção de trabalhar em favor de alguém. Segundo Waas, não se pode falar em trabalho a domicílio quando poucas tarefas são atribuídas, pelo cliente, ao *crowdworker*.[35]

Não sendo enquadrável como empregado, quase-empregado ou trabalhador a domicílio e, ainda, sem ter um conceito jurídico determinado, o *crowdworker* pode utilizar de instrumentos protetivos (a parte mais fraca do contrato) do direito privado. Däubler e Klebe afirmam que o direito civil também protege o lado mais fraco da contratação; por meio do controle das condições do negócio (§305 do BGB) e, bem como

---

32 RING, Gerhard; VOGEL, Steffen. *Individualarbeitsrecht*. Baden-Baden: Nomos, 2014. p. 38.

33 DÄUBLER, Wolfgang; KLEBE, Thomas. Crowdwork: die neue form der arbeit – Arbeitgeber auf der flucht? *Neue Zeitschrift Für Arbeitsrecht*, München, v. 17, n. 1, p. 1032-1041, nov. 2015. p. 1036.

34 WAAS, Bernd *et al*. Crowdwork: a comparative law perspective. *Bund Verlag*, 2017. p. 162. Disponível em: https://www.hugo-sinzheimer-institut.de/fileadmin/user_data_hsi/Veroeffentlichungen/HSI_Schriftenreihe/Waas_Liebman_Lyubarsky_Kezuka_Crowdwork.pdf. Acesso em 13 fev. 2019.

35 WAAS, Bernd *et al*. Crowdwork: a comparative law perspective. *Bund Verlag*, 2017. p. 170. Disponível em: https://www.hugo-sinzheimer-institut.de/fileadmin/user_data_hsi/Veroeffentlichungen/HSI_Schriftenreihe/Waas_Liebman_Lyubarsky_Kezuka_Crowdwork.pdf. Acesso em 13 fev. 2019.

através do princípio desenvolvido pelo Tribunal Constitucional, segundo o qual, no caso de inferioridade estrutural de uma parte contratante, uma correção deve ser feita pelo legislador ou pelo juiz, se o contrato for excepcionalmente oneroso para a parte mais fraca.[36]

Assim, mesmo com a conclusão de que esses trabalhadores não estejam adstritos à proteção do Direito do Trabalho alemão, devem-se perquirir quais mecanismos de proteção, previstos em outras áreas do Direito, podem ser aplicados aos *crowdworkers*, para estabelecer um nível mínimo de proteção, como, por exemplo, o princípio da boa-fé objetiva ou princípios do direito do consumidor.

2.2 França

Na França, por sua vez, a discussão acerca desta nova forma de relação de trabalho perpassa uma análise crítica da sociedade sobre os eventuais problemas encontrados por estes trabalhadores. Existem preocupações sobre as condições sociais, como a não existência de direito ao salário mínimo ou outras vantagens e proteções relacionadas ao conceito tradicional de remuneração, bem como a inexistência de negociação coletiva, deixando os trabalhadores dependentes das plataformas. Não obstante as restrições, a legislação francesa já apresenta avanços, regulamentando, de forma específica, o trabalho em plataformas digitais.

Diversos tipos de plataformas de *crowdworking* podem ser encontradas na França, com diferentes organizações, dependendo tanto da complexidade do trabalho exercido quanto do tipo de contratação. Entre as mais complexas, existe a plataforma *Freelancer*,[37] na qual clientes escolhem o trabalhador em função de sua competência específica e a remuneração é negociada individualmente; a *99designs*[38] encontra-se em um nível intermediário, permitindo ao cliente a escolha de um design entre diversas ideias trazidas pelos trabalhadores de multidão que competem entre si; e por fim, temos plataformas mais singelas,

[36] DÄUBLER, Wolfgang; KLEBE, Thomas. Crowdwork: die neue form der arbeit – Arbeitgeber auf der flucht? *Neue Zeitschrift Für Arbeitsrecht*, München, v. 17, n. 1, p. 1032-1041, nov. 2015. p. 1036.

[37] Disponível em: https://www.fr.freelancer.com/. Acesso em 17 fev. 2019.

[38] Disponível em: https://en.99designs.fr/. Acesso em 17 fev. 2019.

como a *Foulefactory*,[39] que apresenta aos trabalhadores a possibilidade de exercerem pequenas tarefas, sem grande complexidade.[40]

Segundo Vendramin e Valenduc,[41] o trabalho em plataformas digitais traz semelhança com formas de emprego precárias. Ao mesmo tempo em que oferece um alto nível de flexibilidade, aumentando a eficiência dos trabalhadores, também representa uma erosão nos princípios fundamentais do trabalho e emprego – o pagamento não é garantido, os lucros são retidos pela empresa e não há garantia de proteção social ou de informação. Diante da precariedade dos empregos e da perda do status de assalariado, os trabalhadores de plataformas estão se mobilizando e resultando na criação de comunidades, por associações e sindicatos, como, por exemplo, a "Comunidade Solidária do Motorista Independente de Aplicativo" (*Communauté Solidaire de Chauffeur Indépendant VTC*).

Ainda, existem movimentos da sociedade civil como a *hashtag*[42] *#leplusimportant*, que apresenta um relatório intitulado "Promover o desenvolvimento profissional dos trabalhadores de plataformas digitais" (*Favoriser le développement professionnel des travailleurs des plateformes numériques*), com propostas para o desenvolvimento dos trabalhadores de plataformas digitais em cinco eixos principais: (a) fazer com que as plataformas impulsionem o desenvolvimento profissional dos trabalhadores que se conectam a ela; (b) promover uma base de direitos sociais para os trabalhadores e orientar as plataformas através de práticas sociais responsáveis, segundo o seu modelo econômico; (c) dar direitos aos trabalhadores e facilitar a sua inscrição nos modelos profissionais conforme suas aspirações; (d) permitir um acesso com mais informações dos trabalhadores às plataformas; e, por fim, (e), facilitar o diálogo entre os atores e disponibilizar mecanismos de coordenação e autorregulação.[43]

Salienta-se que a legislação francesa inova ao regulamentar esta relação que já está sendo debatida na sociedade civil com os movimentos

---

[39] Disponível em: https://www.foulefactory.com/. Acesso em 17 fev. 2019.

[40] Cf. Quelles conditions de travail pour les travailleurs des plateformes numériques? *Anact*, 2018. Disponível em: https://veille-travail.anact.fr/produits-documentaires/quelles-conditions-de-travail-pour-les-travailleurs-des-plateformes. Acesso em 15 fev. 2019.

[41] VALENDUC, Gérard; VENDRAMIN, Patricia. *Work in the digital economy*: sorting the old frm the new. Bruxelas: ETUI, 2016. p. 32-34.

[42] *Hashtag* é entendido aqui como uma forma de manifestação coletiva.

[43] Cf. Favoriser le développement professionnel des travailleurs des plateformes numériques. *#Leplusimportant*, 2018. p. 8-12. Disponível em: https://leplusimportant.org/2018/02/08/favoriser-le-developpement-professionnel-des-travailleurs-des-plateformes-numeriques/. Acesso em 17 fev. 2019.

já mencionados, apresentando um conjunto de leis tanto no Código de Consumo (*Code de la Consommation*), quanto no âmbito do Código de Trabalho (*Code du Travail*), que pode caracterizar um quadro básico e inicial de obrigações aplicáveis às plataformas digitais.

A primeira obrigação aplicada às plataformas é a de informação para a proteção dos usuários e dos clientes, incluída no Código de Consumo pela Lei da República Digital de 7 de outubro de 2016 ("Loi Lemaire") e pelo Decreto nº 1434/2017, relativo às obrigações de informação dos operadores de plataformas digitais.

Essa legislação caracteriza o operador de plataforma digital como qualquer pessoa que propõe, de forma profissional, remunerada ou não, um serviço, um bem ou até a troca de conteúdo, devendo fornecer ao consumidor uma informação leal, clara e transparente sobre as condições gerais de utilização do serviço, informando sobre a existência de uma relação contratual, como se dará a remuneração, bem como anunciando os direitos e as obrigações das partes em matéria civil e fiscal, e se os consumidores estão se relacionando com profissionais ou não profissionais (Artigo L111-7 do Código de Consumo).[44]

Ainda, as plataformas devem comunicar ao público, de forma acessível em todas as páginas do site, as informações de sua atividade, da qualidade das pessoas que oferecem os serviços, a descrição deste serviço e sua natureza, o objeto do contrato, a modalidade de pagamento, entre outras obrigações (Artigo D111-8 I do Código de Consumo).[45]

Quando as plataformas conectarem consumidores ou não profissionais entre eles, devem informar o público sobre a qualidade do ofertante; o preço dos bens e serviços; as taxas da relação ou taxas adicionais; o direito de retratação; as garantias, as disposições do código civil relativas ao direito das obrigações e de responsabilidade civil aplicáveis à relação contratual (Artigo D111-8 II do Código de Consumo).[46]

Neste sentido, deve ser observada a preocupação da legislação com a seriedade do trabalho prestado pelas plataformas digitais que oferecem serviços, bens ou conteúdo, protegendo o consumidor com a necessidade de informações claras, transparentes e leais. Este requisito

---

44 FRANCE. Parlement. *Code de la Consommation*. Disponível em: https://www.legifrance.gouv.fr. Acesso em 17 fev. 2019.

45 FRANCE. Parlement. *Code de la Consommation*. Disponível em: https://www.legifrance.gouv.fr. Acesso em 17 fev. 2019.

46 FRANCE. Parlement. *Code de la Consommation*. Disponível em: https://www.legifrance.gouv.fr. Acesso em 17 fev. 2019.

pode ser diretamente relacionado com o quadro de obrigações das plataformas digitais, inclusive para a oferta de serviços como a mão de obra de *crowdworkers*.

No que tange à possibilidade de proteção dos trabalhadores da multidão (*crowdworkers*), o Direito do Trabalho francês, segundo o Boletim Oficial do Ministério do Trabalho, em circular interministerial de 8 de junho de 2017,[47] relativa à responsabilidade social das plataformas eletrônicas, traz duas mudanças na legislação, feitas através da reforma trabalhista, que podem ser relacionadas a essas novas relações de trabalho: o artigo 60 da Lei nº 1088, de 8 de agosto de 2016 ("El Khomri"),[48] e o Decreto nº 774, de 4 de maio de 2017, que regulamenta a aplicação dos dispositivos introduzidos pela referida lei.

Segundo o artigo L7341-1 do Código de Trabalho,[49] a aplicação destas disposições é somente para o trabalhador, considerado pela legislação como independente, que recorre a uma ou mais plataformas digitais para o exercício da sua atividade profissional, sendo plataformas aquelas definidas pelo artigo 242 *bis* do Código Geral de Impostos (Code General des Impôts).[50] Ou seja, empresas que, independentemente do lugar do estabelecimento, conectam pessoas, por meio eletrônico e a distância, com o propósito de vender um bem, de fornecer um serviço ou de compartilhar e trocar um bem ou serviço.

O enquadramento como trabalho independente pela legislação francesa está relacionado à ausência de subordinação jurídica entre o trabalhador e o empregador, característica essencial para a relação de emprego clássica. Portanto, o trabalhador independente, conforme referido no texto da lei, é aquele que não está subordinado a uma plataforma eletrônica que o conecta a diferentes clientes.

Além disso, a legislação trabalhista francesa caracteriza o trabalho independente como aquele no qual o seu autor toma a iniciativa de criar ou conservar o controle da organização das tarefas e selecionar o material necessário, assim como procurar a clientela e os fornecedores, assumindo o risco da atividade econômica. Portanto, o trabalhador

---

47 FRANCE. *Bulletin Officiel du Ministère du Travail*. 30 set. 2017. Disponível em: https://travail-emploi.gouv.fr/publications/picts/bo/2017/20170009/tre_20170009_0000_0006.pdf. Acesso em 17 fev. 2019.

48 FRANCE. Parlement. *Loi nº 2016-1088 du 8 août 2016*. Disponível em: https://www.legifrance.gouv.fr. Acesso em 17 fev. 2019.

49 FRANCE. Parlement. *Code du Travail*. Disponível em: https://www.legifrance.gouv.fr. Acesso em 17 fev. 2019.

50 FRANCE. Parlement. *Code Général des Impôts*. Disponível em: https://www.legifrance.gouv.fr. Acesso em 17 fev. 2019.

independente não se enquadra no conceito clássico de assalariado, não se encontrando subordinado juridicamente ao empregador.

Após estabelecer o campo de aplicação desta modalidade de trabalho, a legislação francesa traz um leque de artigos que representa a responsabilidade social das plataformas, garantindo certas obrigações dessas para com os trabalhadores que lhe fornecem serviços. Note-se que esta responsabilidade social nasce no momento em que a própria plataforma determina as características da prestação de serviços fornecida ou do bem vendido, e fixa o seu preço, nos termos do artigo L7342-1 do Código de Trabalho.[51]

As obrigações de responsabilidade social das plataformas, portanto, são de três tipos: (1) as plataformas devem cobrir o seguro de riscos de acidente de trabalho a que podem se submeter os trabalhadores independentes, ressalvando a hipótese de quando o trabalhador adere a um contrato coletivo oferecido pela plataforma; (2) a plataforma deve se ocupar de contribuir à formação profissional do trabalhador independente; (3) a recusa por parte do trabalhador de fornecer os seus serviços para fins de reivindicações profissionais não resulta de responsabilidade contratual, tampouco constitui motivo de ruptura da relação dos trabalhadores com as plataformas, e muito menos, justifica penalidades no exercício da atividade, excluídas as hipóteses de abuso (artigos L7342-2 a 5[52] do Código de Trabalho).

Por fim, os trabalhadores enquadrados nesta categoria têm o direito de constituir uma organização sindical, de aderir a esta organização e de fazer valer pelo seu sindicato os seus interesses coletivos. (Artigo L7342-6 do Código de Trabalho).[53]

Portanto, o direito francês apresenta a possibilidade de enquadramento das novas relações de trabalho, oferecendo um quadro, de certa forma, protetivo aos trabalhadores de plataformas digitais (quando estas são enquadradas como) e favorecendo o exercício de sua atividade. Neste sentido, a legislação francesa inova ao atender aos pedidos e às críticas que a relação de emprego inserida na economia colaborativa oferece, sendo a primeira legislação neste sentido no Direito do Trabalho.

---

51 FRANCE. Parlement. *Code du Travail*. Disponível em: https://www.legifrance.gouv.fr. Acesso em 17 fev. 2019.

52 FRANCE. Parlement. *Code du Travail*. Disponível em: https://www.legifrance.gouv.fr. Acesso em 17 fev. 2019.

53 FRANCE. Parlement. *Code du Travail*. Disponível em: https://www.legifrance.gouv.fr. Acesso em 17 fev. 2019.

Entretanto, mesmo sendo uma legislação avançada no que tange à regulamentação de trabalhadores de multidão *(crowdworkers)*, deixa clara a presunção de que o trabalhador das plataformas digitais se enquadre exclusivamente como não assalariados, criando, por corolário, dificuldades de enquadramento a esta legislação. Além do mais, as plataformas que não disponibilizam um preço fixo ao trabalhador também não se enquadram nesta legislação.[54] Dessa forma, mesmo sendo uma legislação avançada, que abarca as novas tecnologias, não consegue incluir diversas possibilidades de *crowdworking*.

Ao classificar o trabalhador como independente, a legislação retira diversos direitos trabalhistas assegurados aos trabalhadores subordinados. Por isso, mesmo com a avançada legislação, não ocorre a sua utilização na prática, de modo que movimentos de trabalhadores pretendem o reconhecimento da relação do *crowdworker* como de emprego e a melhora na condição de trabalho. Como exemplo deste movimento, podemos citar a baixa das corridas de forma unilateral pelo aplicativo Deliveroo – aplicativo de entrega de refeições via bicicleta – gerando uma série de protestos na França no final de 2018.[55]

As leis apresentadas pela reforma trabalhista francesa sofreram duras críticas de sindicatos, associações e da própria sociedade civil, principalmente por não enquadrar estas situações excepcionais de trabalho ao Direito do Trabalho clássico, que garante diversos direitos aos trabalhadores.

3 Conclusão

A presente pesquisa objetivou analisar a nova relação de trabalho triangular, ocorrida entre *crowdworkers*, plataformas e clientes, no âmbito do direito alemão e do direito francês, pois, a partir das experiências diversas desses dois países, buscam-se alternativas para um futuro debate sobre a regulação do trabalho de *crowdworkers* no Brasil.

---

[54] Aqui é importante ressaltar que quase nenhuma plataforma digital oferece esta característica, como por exemplo, o Uber, que mantém o preço variável dependendo do percurso do usuário.

[55] Conforme reportagem do jornal francês "Liberation", intitulada de Mobilização dos entregadores do Deliveroo: "Nós estivemos aqui na semana passada, nós vamos retornar na próxima semana", vide: KRISTANADJAJA, Gurvan. *Mobilisation des livreurs Deliveroo*: on était là la semaine dernière, on reviendra la semaine prochaine. Libération, 2018. Disponível em: https://www.liberation.fr/france/2018/10/19/mobilisation-des-livreurs-deliveroo-on-etait-la-la-semaine-derniere-on-reviendra-la-semaine-prochain_1686538. Acesso em 15 fev. 2019.

Na Alemanha, encontra-se um modelo ainda em discussão, no qual não se sabe ao certo qual a natureza jurídica dos *crowdworkers*, inclusive se deve ser regulamentada no seio do direito laboral ou no âmbito do direito privado. Já na França, é possível observar que estes trabalhadores já podem ser enquadrados na legislação e apresentam uma proteção mínima, por meio da obrigação de informação e pela responsabilidade social frente aos trabalhadores. Dito de outra forma: os alemães tendem a debater mais acerca da natureza jurídica das plataformas antes de efetivamente haver legislação específica no ponto, por outro lado, os franceses, de forma mais pragmática, criaram um novo enquadramento legal para os trabalhadores em plataformas digitais.

Ainda nesse aspecto, é curioso observar que no ordenamento jurídico alemão o principal entrave diz respeito à definição de quem são os *crowdworkers*, enquanto que na legislação francesa, em razão de sua recente regulamentação, a qual enquadrou o trabalhador de plataformas digitais como independente, a dificuldade é, pelo contrário, enquadrar a plataforma como responsável social. Isso porque a plataforma deve fornecer as características da prestação de serviços, ou do bem vendido, e fixar o seu preço, o que não ocorre na maioria dos casos.

Ressalta-se que, em comparação entre as reformas trabalhistas francesa e brasileira,[56] pode-se perceber que ambas foram duramente criticadas pela sociedade civil e sindicatos quanto à tipificação de novos enquadramentos dos trabalhadores. No Brasil, assim como na França, o Direito do Trabalho passou a legislar sobre modalidades excepcionais de trabalhadores que também não foram enquadradas no Direito do Trabalho clássico. Entretanto, mesmo que a legislação francesa enquadre as condições e os direitos dos *crowdworkers* como independentes, mesmo que ainda de forma nebulosa, pois há dificuldades em delimitar as plataformas, destaca-se que a própria existência de regulamentação pode ser vista como um avanço.

Conclui-se, diante das especificidades apresentadas dos cenários alemão e francês, a importância de se trazer para o debate a regulação do trabalhador de multidão (*crowdworker*), no Brasil, visto que o tema está ausente dos meios jurídicos e acadêmicos. Portanto, depreende-se como possibilidades para o Brasil

> a) a imediata regulação do trabalho do *crowdworker*, a exemplo do sistema francês, classificando o trabalhador dentro de uma categoria,

---

[56] A Reforma Trabalhista brasileira de 2017 trouxe o enquadramento do trabalhador intermitente e o teletrabalho, por exemplo.

já regulamentada por nosso ordenamento jurídico, em um processo de adaptação. Movimento este que possibilitaria um avanço, mínimo que seja, na obtenção de direitos ainda não garantidos pelo ordenamento, mas que poderia trazer brechas diante das transformações que emergem rapidamente neste novo modelo de negócio;

b) a abertura de um amplo debate com vistas à criação de uma nova figura jurídica englobando o *crowdworker*, pois, dessa forma não se corre o risco de lacunas na legislação. Ressalta-se, porém, que a demora nas tramitações impediria a proteção desde o marco zero. Ou seja: também seria necessária uma medida protetiva mínima para esse trabalhador, enquanto não estiver totalmente regulamentada no ordenamento jurídico.

Referências

ANACT. *Quelles conditions de travail pour les travailleurs des plateformes numériques?* 2018. Disponível em: https://veille-travail.anact.fr/produits-documentaires/quelles-conditions-de-travail-pour-les-travailleurs-des-plateformes. Acesso em 15 fev. 2019.

BERG, Janine *et al.* Digital labour platforms and the future of work: Towards decent work in the online world. *International Labour Organization*, 2018. Disponível em: https://www.ilo.org/global/publications/books/WCMS_645337/lang--en/index.htm. Acesso em 17 fev. 2019.

DÄUBLER, Wolfgang; KLEBE, Thomas. Crowdwork: die neue form der arbeit – Arbeitgeber auf der flucht? *Neue Zeitschrift Für Arbeitsrecht*, München, v. 17, n. 1, p. 1032-1041, nov. 2015.

GREEF, Samuel; SCHROEDER, Wolfgang. Plattformökonomie und Crowdworking: Eine Analyse der Strategien und Positionen zentraler Akteure. *Universität Kassel*, 2017. Disponível em: https://www.bmas.de/DE/Service/Medien/Publikationen/Forschungsberichte/Forschungsberichte-Arbeitsmarkt/fb500-plattformoekonomie-und-crowdworking.html. Acesso em 13 fev. 2019.

FRANCE. *Bulletin Officiel du Ministère du Travail.* 30 set. 2017. Disponível em: https://travail-emploi.gouv.fr/publications/picts/bo/2017/20170009/tre_20170009_0000_0006.pdf. Acesso em 17 fev. 2019.

FRANCE. Parlement. *Code de la Consommation*. Disponível em: https://www.legifrance.gouv.fr. Acesso em 17 fev. 2019.

FRANCE. Parlement. *Code du Travail*. Disponível em: https://www.legifrance.gouv.fr. Acesso em 17 fev. 2019.

FRANCE. Parlement. *Code Général des Impôts*. Disponível em: https://www.legifrance.gouv.fr. Acesso em 17 fev. 2019.

FRANCE. Parlement. *Loi nº 2016-1088 du 8 août 2016*. Disponível em: https://www.legifrance.gouv.fr. Acesso em 17 fev. 2019.

HIGA, Paulo. *Existe um serviço que paga US$0,0009 para humanos resolverem captchas*. Disponível em: https://tecnoblog.net/175702/captcha-trabalho-humano/. Acesso em 13 fev 2019.

KOCHER, Eva; HENSEL, Isabell. *Herausforderungen des Arbeitsrechts durch digitale Plattformen*: ein neuer Koordinationsmodus von Erwerbsarbeit. München, n. 1, p. 984-990, 2016.

KRISTANADJAJA, Gurvan. *Mobilisation des livreurs Deliveroo*: on était là la semaine dernière, on reviendra la semaine prochaine. Libération, 2018. Disponível em: https://www.liberation.fr/france/2018/10/19/mobilisation-des-livreurs-deliveroo-on-etait-la-la-semaine-derniere-on-reviendra-la-semaine-prochain_1686538. Acesso em 15 fev. 2019.

KUEK, Siou Chew *et al*. The global opportunity in online outsourcing (English). *World Bank Group*, 2015. Disponível em: http://documents.worldbank.org/curated/en/138371468000900555/The-global-opportunity-in-online-outsourcing. Acesso em 13 fev. 2019.

MELLO, Marcos Bernardes de. *Teoria do fato jurídico*: plano da existência. 15. ed. São Paulo: Saraiva, 2008.

UNIVERSITY CAMBRIDGE. *Cambridge Dictionary*. Disponível em: https://dictionary.cambridge.org/pt/dicionario/ingles/gig-economy. Acesso em 15 fev. 2019.

RING, Gerhard; VOGEL, Steffen. *Individualarbeitsrecht*. Baden-Baden: Nomos, 2014.

VALENDUC, Gérard; VENDRAMIN, Patricia. *Work in the digital economy*: sorting the old frm the new. Bruxelas: ETUI, 2016.

WAAS, Bernd *et al*. Crowdwork: a comparative law perspective. *Bund Verlag*, 2017. Disponível em: https://www.hugo-sinzheimer-institut.de/fileadmin/user_data_hsi/Veroeffentlichungen/HSI_Schriftenreihe/Waas_Liebman_Lyubarsky_Kezuka_Crowdwork.pdf. Acesso em 13 fev. 2019.

#LEPLUSIMPORTANT. *Favoriser le développement professionnel des travailleurs des plateformes numériques*. 2018. p. 8-12. Disponível em: https://leplusimportant.org/2018/02/08/favoriser-le-developpement-professionnel-des-travailleurs-des-plateformes-numeriques/. Acesso em 17 fev. 2019.

Informação bibliográfica deste texto, conforme a NBR 6023:2018 da Associação Brasileira de Normas Técnicas (ABNT):

CUNHA, Leonardo Stocker. P. da; PARABONI, Marina. *Crowdworking* no direito comparado: análise das plataformas de trabalho digital à luz do direito alemão e francês. *In*: TUPINAMBÁ, Carolina (Coord.). *As novas relações trabalhistas e o futuro do Direito do Trabalho*: as novidades provenientes dos avanços tecnológicos. Belo Horizonte: Fórum, 2021. (Coleção Fórum as novas relações trabalhistas e o futuro do Direito do Trabalho. Tomo III.). p. 231-248. ISBN 978-65-5518-131-9.

NEOCONSTITUCIONALISMO E O NOVO *CROWD WORK*

JOSÉ AFFONSO DALLEGRAVE NETO

1 Pós-positivismo e neoconstitucionalismo

Chegamos ao atual estágio pós-positivista, expressão que esclarece uma época que superamos o Positivismo Jurídico, tão funcional aos interesses da burguesia liberal da Modernidade. Se na quadra moderna positivista prevaleceu o direito como conjunto de normas que legitima os interesses de dominação da classe que detém o poder, agora, na Pós-Modernidade, é necessário um sistema jurídico aberto, que dê conta das amplas diversidades e singularidades advindas da atual sociedade hiperconsumista, fragmentada, digitalmente controlada, e líquida em seus desejos, relações e comportamentos.

Na observação de Daniel Sarmento,[1] o Direito pós-moderno é avesso à abstração de conceitos e axiomas (evidências), preferindo o

---

[1] SARMENTO, Daniel. *Direitos Fundamentais e Relações Privadas*. 2. ed. Rio de Janeiro: Editora Lumen Juris, 2006. p. 40-42.

concreto ao abstrato, o pragmático ao teórico. Apesar de estar fundamentado na produção exclusiva das normas pelo Poder Público, o Direito passa a abrir espaço para o reconhecimento das fontes privadas das normas, estimulado, sobretudo, pelo processo de globalização. Além de abandonar a ideia de ordenamento jurídico completo, exaustivo e pretensamente coerente (próprio do positivismo que o antecedeu), o Direito contemporâneo pretende-se mais flexível e adaptável às contingências da vida, quando comparado ao modelo coercitivo e sancionatório que prevaleceu até pouco mais da metade do século XX.[2] Assim, ao invés de impor ou proibir condutas, o Estado prefere negociar, induzir e incitar comportamentos, tornando mais 'suave' o seu direito (*soft law*),[3] enfatizando, todavia, a concretização dos direitos fundamentais.

Registre-se que a ideia de *sistematizar* o conhecimento se consolidou no período da Modernidade, dentro do seu obsessivo escopo de tudo racionalizar e classificar (sólida e objetivamente), sobretudo sob a influência de Descartes e Kant. Prevaleceu, então, a ideia de Sistema Jurídico fechado e sem lacunas. Se no Positivismo da Idade Moderna, o direito confundia-se com o próprio texto da lei, sobressaindo a interpretação literal, agora, no Pós-positivismo da Idade Pós-moderna,[4] a melhor interpretação não é a gramatical, mas a *sist*êmica; aquela que busca nos princípios e valores da Constituição o embasamento para a solução dos casos concretos, conforme se vê da ementa do Supremo Tribunal Federal:

> A interpretação mais prestante na ordem jurídica do texto constitucional é a *interpretação sistêmica*. Quer dizer, eu só consigo desvendar os segredos de um dispositivo constitucional se eu encaixá-lo no sistema. É o sistema que me permite a interpretação correta do texto. (STF. MS nº 27931, rel. Min. Celso de Mello, julgado em 27.03.2009).

---

2 É controvertido estabelecer um marco temporal que enceta a era Pós-Moderna. De nossa parte, o início dessa nova quadra ocorreu após a Segunda Guerra Mundial e, com maior força, a partir dos movimentos populares de 1968.

3 SARMENTO, Daniel. *Direitos Fundamentais e Relações Privadas*. 2. ed. Rio de Janeiro: Editora Lumen Juris, 2006. p. 40-42.

4 Apesar de controvertido, o termo "pós-modernidade" é utilizado por nós para representar o período civilizatório atinente o Pós-2ª Guerra, sobretudo a partir dos protestos de 1968, em que os rebeldes pediam nas ruas mais liberdade, democracia e respeito à alteridade.

Na observação de Canaris,[5] todo sistema requer uma ordem racional e uma unidade que seja capaz de reconduzir as múltiplas singularidades a poucos princípios constitutivos; uma *totalidade coordenada*. Assim como no sistema solar, que os planetas orbitam em torno do Sol (Estrela Maior), no ordenamento jurídico os microssistemas (direito do trabalho, de família, penal, civil, tributário, processual, etc.) giram em torno da Constituição Federal. Dito de outro modo: todos os ramos jurídicos devem se alinhar ao eixo (axio e principiológico) da Lei Maior, sob pena de inconstitucionalidade e invalidade.

Se na Idade Moderna o modelo era hermético, sólido e objetivo, agora, na Pós-Moderna, o direito se vê premido a abrir-se cada vez mais, a fim de dar conta dos interesses líquidos e subjetivos que se multiplicam progressivamente diante de um cenário globalizado, plural, digital e hiperconsumista. Nessa direção observa Bittar:

> Os tradicionais paradigmas que serviram bem ao Estado de Direito do século XIX não se encaixam mais para formar a peça articulada de que necessita o Estado contemporâneo para a execução de políticas públicas efetivas. Assim, perdem significação: a universalidade da lei, pois os atores sociais possuem características peculiares não divisáveis pela legislação abstrata; o princípio da objetividade do direito, que o torna formalmente isento de qualquer contaminação de forças políticas, quando se sabe que toda a legislação vem formulada na base de negociações políticas e partidárias.[6]

Após a Segunda Guerra Mundial sobreveio a força do Estado Democrático do Direito (ou *Estado Constitucional)*, em que as esferas de poder (públicas e privadas) passaram a se enquadrar aos valores materiais escolhidos pelos representantes do povo, tendo como norte o solidarismo e a concretização dos direitos fundamentais. Um dos empurrões que alavancou essa transição de paradigma foi causado pela trágica decepção do Estado Legal Nazista. Ao serem julgados pelos milhões de assassinatos, os nazistas defenderam-se dizendo "que estavam simplesmente cumprindo as leis aprovadas pelo Parlamento de Nuremberg". Esse fatídico *leading case* foi mais do que suficiente para modificar a base positivista (de que a aplicação da lei depende apenas

---

5 CANARIS, Claus-Wilhelm. *Pensamento sistemático e conceito de sistema na ciência do direito*. 2. ed. (Trad. António Manuel da Rocha e Menezes Cordeiro). Lisboa: Fundação Calouste Gulbenkian, 1996. p. 10-12.

6 BITTAR, Eduardo C. B. O direito na pós-modernidade. *Revista Sequência*, n. 57, p. 146, dez. 2008.

de critérios formais e da vontade do seu agente competente) para agora se preocupar também com a moral e a justiça social.

Com destaque para Ronald Dworkin, em cima da jurisprudência norte-americana, e logo em seguida Robert Alexy, atuando sobre a jurisprudência do Tribunal Constitucional Alemão, consolidou-se a sensível reação (ao positivismo), dando nova coloração ao sentido de *princípio*. Agora não mais significando apenas o início (ou origem neutra) de alguma coisa, mas com sentido vinculante, peso e dimensão.[7]

Surge, pois, uma nova forma de interpretar o ordenamento, conferindo máxima efetividade aos direitos fundamentais, ao mesmo tempo em que contempla o pluralismo social, político e das fontes jurídicas. Eis o Pós-positivismo, que alguns chamam de *Neoconstitucionalismo!* Desta expressão destaca-se o prefixo *neo* para significar o novo viés ou leitura do Constitucionalismo;[8] uma ordem capaz de estimular o cumprimento das promessas da Modernidade, primando pelo interesse coletivo e pela vinculação eticamente compromissada. O novo constitucionalismo deve ter por alvo o alcance da tão sonhada – quiçá utópica – sociedade livre, justa e solidária.[9]

Se antes do neoconstitucionalismo o operador jurídico aplicava o direito apenas pela *subsunção* dos fatos à norma abstrata (premissa menor e maior), agora o silogismo cede espaço para a *ponderação concreta*. Há, pois, uma espécie de *filtragem constitucional* que busca a construção de uma democracia atenta à força normativa dos princípios da Constituição. Nesse processo, observa Alexy, primeiro identificam-se os valores e princípios que irão incidir ao caso concreto, depois vem a apuração e o balanceamento de seus pesos em relação à satisfação da

---

7 MARTINS, Ricardo Marcondes. Neoconstitucionalismo. *Enciclopédia Jurídica da PUCSP*, abr. 2017. Disponível em: https://enciclopediajuridica.pucsp.br/verbete/134/edicao-1/neoconstitucionalismo. Acesso em 02 nov. 2019.

8 Se na era moderna prevaleceu o Estado Legislativo de Direito, onde os poderes públicos eram conferidos e exercidos como mera expressão formal da lei. A partir das Revoluções norte-americana e francesa tivemos o início do Constitucionalismo; modelo em que o poder estatal passou a ser disciplinado por um conjunto de normas supremas, derivadas de um texto único e escrito, cuja produção segue um procedimento específico e mais complexo que as demais fontes de direito. Após a Segunda Guerra sobreveio o Neoconstitucionalismo.

9 MARANHÃO, Ney Stany Morais. *Pós-modernidade versus Neoconstitucionalismo*: um debate contemporâneo. Teresina. Revista Jus Navigandi. 2011. p. 68. A propósito, reza o art. 3º da Constituição: "Constituem objetivos fundamentais da República Federativa do Brasil: I – *construir uma sociedade livre, justa e solidária*". Valores simbolizados pelas cores da bandeira trazida pela Revolução Francesa de 1789. A liberdade é azul, a igualdade branca e a fraternidade vermelha.

medida e, por último, a enunciação de uma regra (que determinará a sua implementação, a partir da ponderação dos valores).[10]

Pode-se dizer que na quadra do pensamento positivista uma regra jurídica vigente e válida (e não ressalvada) era sempre aplicada à situação fática. A partir do pensamento neoconstitucionalista tornou-se necessário investigar se a aplicação desta regra encontra justificativa à luz dos valores e princípios proeminentes da ordem constitucional. Dito de outro modo: é preciso que, doravante, o operador proceda a uma *ponderação proporcional* ao caso concreto,[11] prestigiando os valores e princípios de maior peso para aquela situação particular, tendo em vista a efetividade dos direitos fundamentais e a *lógica do razoável*, na feliz expressão de Recasens Siches.[12]

Aqui, vale recordar o embate travado entre dois juristas do modelo anglo-saxônico. De um lado, Herbert Hart, considerado um positivista moderado, e de outro, Ronald Dworkin, um neoconstitucionalista. O duelo de argumentos foi explícito e publicado em suas últimas (e respectivas) edições bibliográficas. Houve, basicamente, duas críticas principais de Dworkin em relação ao conceito de Direito utilizado por Hart. A primeira foi que ele só reconhecia a força das regras jurídicas, sem maior preocupação com a moral ou com princípios constitucionais. Para Dworkin, os princípios "possuem uma dimensão que as regras não têm (a dimensão do peso e da importância)".[13]

A segunda crítica referiu-se ao poder discricionário do juiz. Se para Hart o julgador tem amplo poder para aplicar o seu entendimento, sem qualquer vinculação axiológica (preponderando apenas o seu *insight*), pela visão crítica de Dworkin, um juiz só terá permissão para mudar uma regra de direito, quando em sintonia com algum princípio. Mas não um princípio qualquer ("caso contrário nenhuma regra estaria a salvo"), mas somente os de maior peso (ou importância). Logo, adverte

---

10 ALEXY, Robert. *Teoria dos direitos fundamentais*. (Trad. por Virgílio Afonso da Silva). São Paulo: Malheiros, 2008. p. 594.

11 Segundo Barroso, apesar de conceitos próximos, a razoabilidade é mais usada para o controle dos atos normativos, enquanto a proporcionalidade para o controle dos atos que derivam do direito administrativo (aferição dos atos de concretização). BARROSO, Luís Roberto. Fundamentos teóricos e filosóficos do novo direito constitucional brasileiro. (Pós-modernidade, teoria crítica e pós-positivismo). *Revista de Direito Administrativo*, Rio de Janeiro, n. 225, p. 5-37, jul./set. 2001. p. 29-30.

12 Em relação à expressão de Luis Recasens Siches, consultar a sua obra: (SICHES, Luis Recasens. *Experiência Jurídica, Naturaleza de la Cosa e Lógica Razonable*. Unam, México: Fondo de Cultura Económica, 1971).

13 DWORKIN, Ronald. *Levando os direitos a sério*. (Trad. Nelson Boeira). São Paulo: Martins Fontes, 2002. p. 42.

Dworkin, o critério não pode depender de meras "preferências pessoais do juiz, selecionadas em meio a um mar de padrões extrajurídicos", pois se fossem também "não poderíamos afirmar a obrigatoriedade de regra alguma".[14]

Um pouco antes de sua morte (ocorrida em 1992), Herbert Hart fez questão de redigir um "pós-escrito" de sua polêmica obra: "O conceito de Direito". Ali reconheceu algumas críticas recebidas, sobretudo as advindas do colega Ronald Dworkin:

> Mas eu desejo, sem dúvida, confessar neste momento que disse demasiadamente pouco no meu livro sobre o tópico do julgamento e do raciocínio jurídico e, em especial, sobre os argumentos retirados daquilo que os meus críticos designam como *princípios jurídicos*. Concordo, neste momento, que constitui um defeito deste livro a circunstância de os princípios apenas serem abordados de passagem.[15]

2 Capitalismo de plataforma e produtos disruptivos

O fenômeno da globalização, imerso numa economia capitalista aberta, aproximou culturas diferentes, antes distantes, agora intensamente relacionadas por trocas comerciais, mercado de trabalho, visitas turísticas, comunicação em tempo real e intercâmbio. O Direito há que apresentar regulação justa e jurídica para a circulação (nacional e internacional) de bens, serviços e pessoas. O olhar apenas nacionalista, sectário e padronizado deve agora ser incrementado (quiçá substituído) pelas lentes da diversidade cosmopolita e de um discurso de respeito à alteridade. Quem diria que um dia:

> - a China comunista seria o principal parceiro econômico do Brasil?
> - os homossexuais iriam organizar um movimento LGBTTT (Lésbicas, Gays, Bissexuais, Travestis, Transexuais e Transgêneros) capaz de exigir voz, respeito e resposta do Direito ao combate dos crimes de homofobia?
> - teríamos uma classe de consumidores mais crítica e consciente, ao ponto de exigir que os produtos comercializados sejam ecologicamente sustentáveis?

---

14 DWORKIN, Ronald. *Levando os direitos a sério*. (Trad. Nelson Boeira). São Paulo: Martins Fontes, 2002. p. 60.

15 HART, Herbert. *O conceito de direito*. 2. ed. com um Pós-escrito editado por Penelope Bulloch e Joseph Raz. (Trad. A. Ribeiro Mendes). Lisboa: Fundação Calouste Gulbenkian, 1994. p. 321-322.

- iríamos fazer compras, trabalhar, ostentar, conversar e namorar de modo virtual e massificado, através de aplicativos baixados pela internet?

Eis algumas demandas da nova realidade e seus arranjos contemporâneos! O Direito precisou (e ainda precisa) dar respostas a estas e outras velozes mudanças de comportamento e valores. Para tanto, foi necessário romper com o fracassado modelo positivista que partia exclusivamente de normas abstratas, divorciadas das questões sociológicas e culturais. Também desmoronou a concepção de um direito autopoiético, cujo sistema jurídico pretendia reproduzir seus elementos de forma condicional e baseado em sua autorreferencialidade.[16]

Somente após a Segunda Guerra Mundial é que o novo e atual *paradigma da linguagem* consolidou sua fratura com a noção linear de unidade totalitária. Doravante, o conhecimento se produz a partir de relações intersubjetivas. Contudo, ainda que aberta e dissipada não se pode ignorar que ainda persiste a necessidade de um núcleo duro que sustente não só a produção do saber como também nossas relações éticas. Ao nosso crivo, este esteio (ou base necessária) é constituído pelos postulados de proteção universal dos Direitos do Homem, previstos nas Declarações Internacionais que atuam como patamar mínimo civilizatório,[17] e também a salvaguarda da dignidade do homem, fortemente contemplados na Escola Neoconstitucionalista que visa a realizar as garantias fundamentais (artigos 5º a 11 da CF/88).

A atual Pós-Modernidade necessita, mais do que nunca, do aprimoramento de um sistema jurídico aberto e permeável, capaz de atender a multiplicidade de posicionamentos, a mutação de valores,

16 Não se ignore que esta concepção (autopoiética) desenvolvida por Luhmann, desde os anos 60, trouxe uma positiva renovação paradigmática em comparação à concepção mais fechada do positivismo dogmático, ao permitir melhor visão de certos fenômenos, como o da autolimitação e da *unidade*, e seus emparelhamentos com outros sistemas. Para Luhman, os sistemas autopoiéticos detêm "a capacidade de produzir relações consigo mesmos, e de diferenciar essas relações perante as do seu ambiente". Contudo, ainda que nesta concepção o ordenamento jurídico seja cognitivamente aberto e permeável a certos acontecimentos, ele é, ao mesmo tempo, estrutural e operativamente fechado, implicando "continuidade de confirmações generalizantes", conforme assinalou: CLAM, Jean. A autopoiese no direito. (Trad. Caroline Graeff). *In*: ROCHA, Leonel Severo; SCHWARTZ, Germano; CLAM, Jean. *Introdução à teoria do sistema autopoiético do direito*. Porto Alegre: Livraria do Advogado Editora, 2005. p. 90. Os comentários se baseiam na obra de: LUHMANN, Niklas. *Sistemas sociais*: esboço de uma teoria geral. São Paulo: Vozes, 2016. p. 30.

17 DALLEGRAVE NETO, José Affonso. Centralidade mundial, conflitos ideológicos e limites. Reflexão a partir do projeto transmoderno de Dusse. *Jota*, Seção Opinião e Análise, 19 mar. 2019. Disponível em: https://www.jota.info/opiniao-e-analise/artigos/centralidade-mundial-conflitos-ideologicos-e-limites-19032019. Acesso em 18 ago. 2019.

as relações de poder e suas acomodações (internas e globalizadas),[18] sem perder de vista a concretização dos direitos fundamentais. Eis aí a tônica e o suporte para as demais tópicas cambiantes, flutuantes, relativas e plurais da sociedade em movimento. Apenas nesse eixo de tutela e dignidade é que se justificam os velhos e novos direitos, inclusive aqueles que representam o novo mundo do trabalho diante do atual capitalismo de plataforma.

Registre-se que o capitalismo é um sistema marcado por três reconhecidas fases. A primeira denominada *comercial* (século XV a XVII), a segunda *industrial* (séculos XVIII e XIX), e a terceira denominada *capitalismo financeiro*, a qual teve início no contexto globalizado (a partir do século XX).

No atual cenário conjuntural há dois elementos novos. O primeiro está no binômio: financeirização e mundialização do capital. O segundo está no surgimento da *economia sob demanda*, com ênfase na intermediação eletrônica e imersa no *capitalismo de plataforma*. A propalada inovação ou teoria disruptiva constitui fenômeno em que o lançamento de um novo produto ou serviço altera o paradigma de consumo. Geralmente, o produto disruptivo se inicia com um pequeno empreendimento inovador (*startup*), apresentando algumas (ou todas) destas características: simplicidade de uso; acesso fácil e abrangente e novidade conceitual com valor tecnológico agregado. Além disso, é fundamental que a novidade esteja ligada a um aplicativo conectado à internet. Não se ignore, aliás, a crescente mania mundial do esquisito homem pós-moderno em ficar interagindo em seu *smartphone*.[19] Este novo comportamento também afeta as relações de trabalho.

3 O surgimento do *crowd work*

Cada vez mais, empregadores estão usando a chamada "*nuvem humana*" para a realização de suas necessidades pessoais e profissionais. Trata-se do *crowd work* (trabalho de multidão); serviço prestado completamente à distância, em resposta às solicitações recebidas online,

---

[18] LIMA, Newton de Oliveira. Direito e diversidade na Pós-Modernidade. *Revista Jus Vigilantibus*, 29 set. 2008. Disponível em: https://www.diritto.it/pdf_archive/26777.pdf. Acesso em 25 out. 2019.

[19] Conforme pesquisa feita pela Dscout, em 2017, um usuário gastava, em média, 2,42 horas por dia e tocava 2617 vezes a tela do seu telefone. Número que tende a aumentar progressivamente. Fonte: Gazeta do Povo. Curitiba. Edição semanal de 9 a 15 de dezembro de 2017. Fonte www.gazetadopovo.com.br.

envolvendo pessoas de qualquer lugar do mundo. Como exemplo, mencionem-se as microtarefas realizadas pelas plataformas virtuais de serviços, com destaque para a israelense Fiverr; a americana Amazon Mechanical Turk; e a australiana Freelancer. Na observação de Klaus Schwab, que se notabilizou pela descrição da *Indústria 4.0*, as atividades profissionais são separadas em "atribuições e projetos distintos", e em seguida lançadas em uma "nuvem virtual de potenciais trabalhadores, localizados em qualquer lugar do mundo".[20]

Na observação de André Zipper, o *crowd work* constitui uma categoria ímpar diante de suas quatro características simultâneas: a) relação triangular online entre a empresa da plataforma, o trabalhador da multidão e os requerentes (clientes da plataforma); b) conexão direta entre o requerente do serviço e o trabalhador, via plataforma; c) prestação de trabalho pessoal; d) descontinuidade das relações promovidas pela plataforma, sendo curta e específica a relação entre requerente e trabalhador.[21]

Geralmente, os trabalhadores são mulheres na faixa de 30 anos e com escolaridade mediana, chamados de "provedores", que recebem valores em torno de US$2,00 por hora. Como exemplo, cite-se o serviço de tradução, pesquisa, ou revisão de texto estrangeiro; também a confecção de currículo, ilustração ou logomarca; a composição de jingles; consultoria jurídica ou financeira; dicas de negócio; conversação ou aula particular de língua estrangeira; edição de vídeo institucional, locução ou photoshop. Tarefas realizadas mediante comprovante de pagamento online. Entre os clientes mais famosos que se utilizam dessas plataformas estão Google, Intel, Facebook, AOL, NSA, Telekom, Honda, Panasonic, Microsoft, NBC, Walt Disney e Unilever.

No início era comum o chamado *outsourcing;* contratação de produtos e serviços de terceiros com o objetivo de reduzir custos e ganhar tempo. Nesta modalidade, as empresas assumiam *o projeto como um todo*, a exemplo da filmagem e da edição integral de um evento. Posteriormente, percebeu-se que o *crowdsourcing* era ainda mais vantajoso, seja porque nele se pode fragmentar o projeto em microtarefas a serem realizadas por diversos profissionais, seja porque os preços ficam ainda mais baratos em face da concorrência e pela promessa de entrega em prazos mais exíguos. Difundido nos EUA, o modelo ganhou

---

20 SCHWAB, Klaus. *A quarta revolução industrial.* (Trad. Daniel Moreira Miranda). Título original: *The forth Industrial Revolution*. 1. ed. 2. imp. São Paulo: Edipro, 2017. p. 53.

21 ZIPPERER, André Gonçalves. *A multiterceirização e a subordinação jurídica.* Curitiba: Biblioteca da PUC/PR, 2018. Tese de doutoramento. p. 145.

força nos últimos anos em muitos países, a exemplo da Alemanha, mas ainda não decolou no Brasil.

Registre-se que o *crowdsourcing* nos remete a duas palavras *crowd* (nuvem, multidão de interessados) + *sourcing* (distribuição ou terceirização de tarefas). Consiste, pois, em tomar a prestação de um serviço, tradicionalmente realizado por um único trabalhador, e descentralizá-lo indefinidamente, envolvendo um maior número de interessados na forma de convocação.[22] Trata-se de um modelo de criação e/ou produção que conta com a mão de obra e o conhecimento compartilhados no propósito de desenvolver soluções e produtos.

Dentro do gênero (economia sob demanda) temos duas espécies: a) o *crowd work;* e b) o *trabalho sob demanda por meio de aplicativos*. No primeiro há uma plataforma que terceiriza microtarefas para uma multidão de conectados em qualquer lugar do mundo, a exemplo da contratação de tradutores ou revisores de textos. No segundo modo de trabalho (sob demanda mediante aplicativos), o trabalhador atua em âmbito territorial e a plataforma não se limita a distribuir tarefas, mas a interferir na seleção e no padrão da força de trabalho, como ocorre com montadores de móveis, cozinheiros ou motoristas do Uber.[23]

Uma novidade curiosa neste campo é o chamado "goleiro de aluguel", aplicativo que disponibiliza a locação de um atleta cadastrado, mediante o pagamento de R$30,00 a hora (aproximadamente), em valor a ser pago mediante cartão de crédito ou boleto. Pode-se dizer que agora acabou o problema do grupo de amigos que sofria para encontrar alguém disposto a atuar na posição de goleiro. É só informar o local e a data que o contratado vai até lá se somar aos amigos peladeiros (contratantes). Eis mais uma modalidade de "uberização" inserida na *Gig Economy*, modelo colaborativo em que trabalhadores se dispõem a executar tarefas ou projetos de curta duração. Registre-se que o termo *gig* foi cunhado na década de 1920 por músicos de jazz; uma abreviação da palavra engajamento (*engagement*). Assim, ao se apresentarem em bares e pubs, era (e ainda é) comum convocar, de última hora, músicos profissionais disponíveis para o trabalho de *freelancers* em um projeto breve e específico.

---

[22] HOWE, Jeff. The rise of Crowdsourcing. *Wired*, jun. 2006. Disponível em: https://www.wired.com/2006/06/crowds/. Acesso em 20 set. 2019.

[23] ARAÚJO, Wanessa Mendes de. Reflexões sobre a subordinação jurídica na era da Economia sob demanda. *In*: LEME, Ana Carolina Reis Paes, RODRIGUES, Bruno Alves, CHAVES JUNIOR, José Eduardo de Resende. (Coords.). *Tecnologias disruptivas e a exploração do trabalho humano*. São Paulo: LTr, 2017. p. 182. A palavra *Sharing Economy* significa Economia de Compartilhamento (*to share* significa compartilhar).

Por outro lado, não se pode enquadrar qualquer negócio de plataforma como disruptivo ou oriundo da *economia compartilhada*, mas apenas aqueles em que há uma cooperação desinteressada e simétrica entre os protagonistas. Ana Frazão traz três modelos que estão sob o guarda-chuva desta Sharing economy.[24] Dentre aqueles que têm no seu núcleo relações:

> a) sem natureza lucrativa, baseado apenas na troca de favores, ações solidárias ou de cooperação; facilitadas por um aplicativo ou meio virtual (site, blog, rede social);
>
> b) de natureza lucrativa, entre pares com igual poder de barganha, facilitadas por um aplicativo ou meio virtual (site, blog, rede social);
>
> c) de natureza lucrativa, protagonizados por um agente empresarial, cujo papel de controle vai muito além de um mero facilitador;

É fácil observar que apenas nos dois primeiros modelos ("a" e "b") poderemos falar em *cooperação plena*, sendo que o terceiro constitui uma dupla relação jurídica: de trabalho (entre o agente contratante e o trabalhador), e de consumo (entre a plataforma e o usuário do serviço). Neste sentido, observa Ana Frazão, se a eficiência dos novos negócios decorrer da sonegação de normas sociais – especialmente do Direito do Trabalho e do Consumidor – estaremos diante de um sério problema, a exigir esforço concentrado na busca de soluções regulatórias condizentes com a "primazia da realidade sobre a forma e da necessária correspondência entre poder empresarial e responsabilidade".[25]

Eis a nova dimensão da economia em que os prestadores de serviço deixam de ser empregados, protegidos pela lei (CLT), para se tornarem autônomos, *freelancers* ou intermitentes, quando contratados para tarefas específicas e sob demanda.[26] Conforme atesta a homepage *Verdi* (do Sindicato dos Serviços Unidos Alemão), os chamados

---

[24] FRAZÃO, Ana. Economia do compartilhamento e tecnologias disruptivas. *Jota Info*, 14 jun. 2017. Disponível em: https://www.jota.info/opiniao-e-analise/colunas/constituicao-empresa-e-mercado/economia-do-compartilhamento-e-tecnologias-disruptivas-14062017. Acesso em 10 out. 2019.

[25] FRAZÃO, Ana. Economia do compartilhamento e tecnologias disruptivas. *Jota Info*, 14 jun. 2017. Disponível em: https://www.jota.info/opiniao-e-analise/colunas/constituicao-empresa-e-mercado/economia-do-compartilhamento-e-tecnologias-disruptivas-14062017. Acesso em 10 out. 2019.

[26] O empregado intermitente também é protegido pela CLT, mas de forma precária, conforme se vê do artigo 452-A, da CLT.

trabalhadores da nuvem estão tomando conta do mercado de trabalho da Alemanha. Lamenta-se, contudo, que esta modalidade esteja longe da desejada concepção de pleno emprego, aproximando-se mais de uma ocupação efêmera, descartável, ou mesmo de um subemprego com *dumping* de preço.

Na lógica deste *crowd work* verifica-se um superpoder conferido ao contratante. Sem qualquer ônus ou regulação prévia, o tomador escolhe a oferta de tarefa com o menor valor e o prazo mais curto, podendo, ainda, rejeitar o trabalho realizado que reputar inadequado. O trabalhador enjeitado não poderá contestar essa decisão e ainda corre o risco de ficar estigmatizado no ranking da rede. Em muitos casos, as próprias plataformas suspendem ou excluem os trabalhadores piores avaliados.

4 Novas formas de trabalho remunerado

As recentes alterações na legislação trabalhista (mundo afora) criaram algumas figuras intermediárias de proteção. São novas modalidades de contratação com tutela moderada, a exemplo do teletrabalho, do parassubordinado[27] e do contrato intermitente (chamado pelo direito inglês *zero-hour contract).* Nesta espécie, o empregador contrata um grupo de trabalhadores para permanecer à sua disposição em eventuais chamadas. Pode-se dizer que esses trabalhadores intermitentes são empregados "stand-by", vez que ficam em suas casas (com o whatsapp ligado), aguardando uma convocação que, muitas vezes, sequer se concretiza.[28]

No campo da retipificação dos contratos de trabalho, importa conciliar os interesses de todos os interlocutores sociais. Na prática, contudo, o que se vê é uma substituição da noção de pleno emprego para *subemprego*, reduzindo-se o valor retributivo e o rol dos direitos trabalhistas. Exemplifique-se com outras modalidades negociais:

---

[27] Registre-se que, na Itália, o *lavoro parasubordinato* encontra-se previsto no art. 409, item 3, do Código de Processo Civil.

[28] Não há qualquer certeza, previsão ou garantia de convocação nesta modalidade de trabalho. O trabalhador tem sua Carteira de Trabalho anotada, porém só recebe salário e 13° proporcionais aos valores e períodos que foi acionado. Em relação às férias, o trabalhador nada receberá, sendo consideradas como tais apenas o período destinado a um descanso anual, ocasião em que o empregador deixa de acionar o empregado intermitente.

job-sharing,[29] consórcio de empregadores rurais,[30] terceirização e trabalho a tempo parcial,[31] dentre outros. A atual moldura legal que define vínculo de emprego surgiu a partir do modelo fordista industrial. Ocorre que, com as mudanças que se seguiram nos paradigmas toyotista e uberista, ao operador do direito do trabalho se impôs à releitura destes requisitos legais.[32] Dito de outro modo: os pressupostos do vínculo de emprego deverão ser reinterpretados, sob pena das novas formas de trabalho ficarem (todas elas) excluídas da proteção da lei trabalhista, conforme se vê da decisão do Tribunal do Trabalho do Espírito Santo:

> Parassubordinados. Torna-se cada vez maior a dificuldade do operador do direito apurar a relação de emprego, em especial o traço característico consagrado pela doutrina tradicional, a subordinação jurídica, frente aos novos contornos das relações econômicas e jurídicas advindas da pós-modernidade.[33]

Nos últimos tempos também cresceu a execução do trabalho à distância, fragmentado, remunerado por resultado útil, digitalizado e monitorado pelo uso da telemática. Importa esclarecer que esta expressão (telemática) nasceu da combinação da telecomunicação com a informática. Assim, são exemplos: a internet, a intranet, a webcam, o celular, o Skype, o WhatsApp, o Viber, a teleconferência, o MSN, dentre outros. São, pois, todos os serviços de transmissão de informação a distância (texto, imagem e som) que se utilizam da telecomunicação (telefonia, digitalização, fibras óticas, satélite) e da Informática (PCs, softwares, redes). Exemplo disso é a regulação do teletrabalho previsto no artigo 75-B da CLT, considerado como tal toda "prestação de serviços

---

29 Registre que, na Itália, o *job-sharing* encontra-se previsto expressamente na Lei nº 30/03.

30 Consórcio de empregadores rurais – previsto no art. 25-A da Lei nº 10.256/01 – consiste na união de empregadores rurais, pessoas físicas, com a finalidade única de contratar trabalhadores rurais, que anotam a CTPS e respondem de forma solidária em relação às obrigações trabalhistas. Trabalho intermitente – trata-se de um contrato por prazo indeterminado com cláusula de intermitência. Essa cláusula prevê o revezamento de períodos de trabalho e períodos de inatividade, sendo o empregado retribuído em função do tempo e do volume de trabalho efetivamente prestado.

31 *Part-time* ou trabalho a tempo parcial, caracterizado pelo trabalho em jornadas reduzidas de até 30 horas semanais, recebendo salário e demais direitos de forma proporcional ao número de horas em comparação aos colegas que trabalham em tempo integral na mesma função. Inteligência do art. 58-A da CLT.

32 Registre-se que a relação de emprego contém cinco requisitos legais. Quatro decorrem diretamente do art. 3º da CLT – pessoa física, serviços não eventuais, sob dependência e percepção de salário –, e um deriva do art. 2º da CLT – prestação pessoal do serviço.

33 Tribunal Regional do Trabalho do Espírito Santo. RT 17ª R.; RO nº 00571.2006.131.17.00.1; Ac. nº 7986/2008; Rel. Cláudio A. Couce de Menezes; DOES 27.08.2008; p. 7.

preponderantemente fora das dependências do empregador, com a utilização de tecnologias de informação e de comunicação que, por sua natureza, não se constituam como trabalho externo".

Nas relações de trabalho intermediadas por aplicativos, o código-fonte e os algoritmos de comando representam a estrutura contratual que, muitas vezes, apontam para uma dimensão de subordinação jurídica.[34] E, assim, por mais que o contrato de trabalho declare uma relação autônoma, caso fique demonstrado que os algoritmos do código-fonte vinculam o *modus operandi* do trabalhador, será aplicado o pricípio da prevalência da realidade, afinal, *code is law*.[35] É, pois, o exemplo dos motoristas submetidos às diretivas do sistema operacional do Uber. A propósito, Sidnei Machado observa que o saldo desse século é que "o critério da subordinação para qualificar o contrato de trabalho ficou atrofiado", criando um grande fosso entre regulação e proteção social:

> O novo modelo deve, agora, incorporar as múltiplas formas de trabalho pessoal, as quais devem receber uma sistematização normativa coerente com a autonomia controlada. Essa proposta deve ser pensada como uma regulação ampla, como um horizonte da política interpretativa e normativa.[36]

Não por acaso a OIT editou, há mais de uma década, na 95ª Conferência Mundial de 15 de junho de 2006, a Recomendação nº 198, sobre Relação de Trabalho. A partir dela, os Estados-membros devem formular e aplicar uma política nacional destinada a examinar, esclarecer e adaptar a legislação pertinente com a finalidade de garantir uma proteção efetiva aos trabalhadores. Em junho de 2015, a Conferência

---

[34] SILVA, Tiago Falchetto. O elemento regulador do ciberespaço, o código-fonte, e-Discovery e o Contrato-Realidade Virtual na Sociedade de Informação. *In*: LEME, Ana Carolina Reis Paes; RODRIGUES, Bruno Alves; CHAVES JUNIOR, José Eduardo de Resende (Coords.). *Tecnologias disruptivas e a exploração do trabalho humano*. São Paulo: LTr, 2017. p. 328.

[35] A máxima contemporânea *code is law* traduz a ideia de que existe um agente regulador oculto, mas real. Trata-se do código-fonte dos aplicativos, que determina e condiciona a interação dos sujeitos com o mundo virtual.

[36] Como se vê, o debate acerca do novo conceito de subordinação jurídica não pode se dissociar da evolução doutrinária experimentada pelo direito comparado e pelo mundo do trabalho. Por outro lado, não se ignore a astúcia do ideário neoliberal que, aproveitando-se do anacronismo dos requisitos legais da relação de emprego, pretende deformar o Direito do Trabalho, sobretudo em sua tentativa de esvaziar a proteção jurídica dos trabalhadores. MACHADO, Sidnei. O critério do contrato de trabalho. *In*: *Reforma trabalhista e sindical*: o direito do trabalho em perspectiva. Homenagem a Edésio Franco Passos. São Paulo: LTr, 2005. p. 55.

Internacional do Trabalho (CIT) aprovou outra Recomendação de nº 204, relativa à transição da economia informal para a formal; mais um passo importante para alcançar o seu objetivo maior: *trabalho digno e decente*. O jurista Américo Plá Rodriguez lembra, a propósito, que o princípio de proteção não constitui obstáculo às mudanças exigidas pelos tempos, pois a "sua própria maleabilidade lhe permite manter a substância mesmo que tudo o mais se mude".[37]

5 O precariado e a precarização do trabalho

A lei trabalhista de proteção ao trabalhador nasceu no final do século XIX como forma de aplacar os conflitos sociais que se instauravam em face das tensões provocadas pela Revolução Industrial. Nesta época de gritante e injusta exploração do trabalho, o sistema capitalista cedeu espaço para as primeiras leis protetivas ao trabalhador.

Posteriormente, com o desenvolvimento da economia e a consolidação do Estado do Bem-Estar, a legislação social tornou-se mais ampla. Esta tendência perdurou até o final da década de 1970. A partir de então, com a introdução da ideologia neoliberal, a iniciativa privada passou a adotar postura de produção e organização de trabalho mais flexíveis. Registre-se que a palavra "flexível" nos remete, a priori, à noção de algo positivo, complacente e tolerante. Contudo, no campo das relações de trabalho, a expressão aparece como algo *negativo* à classe trabalhadora. Se antes havia uma legislação sólida que a protegia, doravante tornou-se líquida e regida pelos interesses do mercado e do capital. Direitos antes conquistados foram revogados mundo afora, sobretudo a partir da década de 1990 e até hoje. Tudo em nome da *competitividade* e de uma suposta *modernização da empresa*. Some-se a isso a ansiedade imposta por um Mercado integralmente conectado e globalizado que ignora fusos horários e limites de jornada, ao impor decisões em tempo real de seus gerentes e subalternos por meio de um trabalho *full time* e exaustivo.

Nas últimas duas décadas verificaram-se sensíveis Reformas Trabalhistas no velho continente: na Alemanha, conhecida como Plano Hartz (iniciada em 2003); em Portugal (em janeiro de 2012); na Espanha (decreto assinado em 2012); e na França (em vigor a partir de agosto de 2016). Nos quatro casos, os índices de oferta de emprego ficaram

---

[37] RODRIGUEZ, Américo Plá. *Princípios de direito do trabalho*. (Trad. Wagner Giglio). 3. ed. São Paulo: LTr, 2000, 2. tir. 2002. p. 82. Registre-se que a 1. ed. foi escrita em 1978.

aquém do esperado. Tal fato reforça a conclusão de que a redução de desempregados combate-se com o aquecimento da economia.

O afrouxamento exagerado da legislação trabalhista precariza o trabalho e reduz o exército de consumidores, fato que contribui para aumentar a estagnação econômica. A fim de comprovar essa ilação, trago o exemplo do setor bancário aqui do Brasil, país onde os banqueiros obtiveram lucros altíssimos nos últimos anos ao mesmo tempo em que substituíram os postos de emprego pelo incremento da tecnologia. Veja esta notícia:

> Bancos em 2016: concentração e lucro elevado mesmo com recessão. Cinco maiores instituições respondem por 87% das operações de crédito no Brasil. Apesar disso, em todas houve fechamento de postos de trabalho, com mais demissões do que contratações.[38]

O Brasil seguiu a mesma pauta europeia de flexibilização, conforme se vê nas medidas legislativas que afetaram os contratos de trabalho, iniciadas no Governo Fernando Henrique Cardoso. Posteriormente, em novembro de 2017, sobreveio nova e abrupta Reforma Trabalhista.[39] Ao invés de alterações pontuais, desta vez o legislador exagerou na dose, modificando mais de uma centena de dispositivos. Não bastasse isso, a nova lei criou inúmeros mecanismos de intimidação para o trabalhador que pretenda ajuizar ações judiciais em busca do pagamento de seus direitos.[40] Mais que simples alterações, houve precarização das relações de trabalho, conforme revela pesquisa realizada com as empresas de São Paulo:

> Para 70% das empresas de SP, Reforma Trabalhista não é grande incentivo a contratações e investimentos. Pesquisa da Fiesp mostra que apenas 22,2% dos empresários paulistas acreditam que a Reforma incentiva muito a ampliar os investimentos e as contratações de empregados.[41]

---

38 Cf. Bancos em 2016: concentração e lucro elevado mesmo com recessão. *Redação Rede Brasil Atual – RBA*, 17 abr. 2017. Disponível em: http://www.redebrasilatual.com.br/economia/2017/04/bancos-em-2016-concentracao-e-lucro-elevado-mesmo-com-recessao-2. Acesso em 18 set. 2019.

39 Trata-se da Lei nº 13.467/17.

40 Segundo a jurista portuguesa Redinha, a flexibilização das normas trabalhistas implica emprego *precarizado*, medida que deixa de se confinar a um reduto marginal ou esporádico de mão-de-obra "para invadir a zona do emprego estável ou permanente". (REDINHA, Maria Regina Gomes. *A relação laboral fragmentada*. Coimbra, Coimbra Editora, 1995. p. 71).

41 ZOGBI, Paula. Para 70% das empresas de SP, reforma trabalhista não é grande incentivo a contratações e investimentos. *InfoMoney*, 28 abr. 2017. Disponível em: http://www.infomoney.com.br/carreira/clt/noticia/6402750/

De minha parte tenho séria preocupação com este cenário jurídico e conjuntural, a começar pela hegemonia cibernética que, sem qualquer pudor, despreza o valor do trabalho humano. A Inteligência Artificial veio para se sobrepor à figura do homem, prejudicando-o naquilo que lhe é relevante: o emprego como fonte de subsistência. Creio que o avanço tecnológico deve ser conciliado com uma pauta de inclusão e dignidade ao ser humano, sob pena de nos tornarmos autofágicos. Neste sentido, se de um lado o investimento nesta área deve ser bem acolhido, de outro também deve ser regulamentado com base nos princípios constitucionais já mencionados. O legislador não deve hesitar quando se trata de pôr alguns limites éticos ao mercado de trabalho diante da automação, conforme já o fez, uma única vez, em relação à proibição do abastecimento dos combustíveis através de bombas self-service (medida legal isolada que protegeu o emprego dos frentistas).[42]

O professor do Collège de France, Alain Supiot, observa que todos os recursos humanos estão envolvidos na guerra da competitividade, tendo a lei trabalhista se deslocado do contexto de Estado total para o de Mercado total.[43] Para o catedrático francês não se pode ignorar dois significativos fenômenos decorrentes da globalização:

> a) extinção das fronteiras do comércio e livre circulação dos capitais, acirrando a competição das legislações nacionais;
>
> b) revolução digital que autoriza a desterritorialização do trabalho e cria novas técnicas de gestão fundadas na programação (e não mais na obediência) dos trabalhadores;

Diante destes fatores, Supiot aponta para duas tendências opostas acerca do futuro das regras trabalhistas. A primeira, de orientação *transformista*, consiste em submeter o recurso humano à eficiência econômica como um elemento numérico que se deve vergar (se possível sem quebrar) às exigências do mercado total. A segunda, de orientação *reformista*, pretende inserir a justiça social (e não o mercado) no coração

---

para-das-empresas-reforma-trabalhista-nao-grande-incentivo-contratacoes-investimentos. Acesso em 14 out. 2019.

42 Refiro-me ao art. 7º, XXVII, da Constituição Federal de 1988. Lamenta-se que até agora apenas os postos de gasolina tenham sido atingidos pela proteção do mercado de trabalho em face da automação (Lei nº 9956/2000). Outros ramos como, por exemplo, o bancário, deveria ter legislação equivalente.

43 SUPIOT, Alain. *Crítica ao direito do trabalho.* (Trad. António Monteiro Fernandes). Lisboa: Fundação Calouste Gulbekain, 2016. p. LXVIII.

do debate político mundial, buscando submeter o poder regulamentador das normas ao princípio de democracia, em detrimento da governança apenas econômica (e sua ideia única de sobrevivência).[44]

6 Em tom de conclusão

Verifica-se larga distância entre a vontade manipulada e a vontade real da maioria que anela do Estado a edição de eficientes normas-tarefas no intento de superação, dignidade e emancipação social. A propósito da implicação desse quadro conjuntural nas relações de trabalho, Francisco Rossal traz a seguinte análise:

> As conquistas sociais são duramente castigadas por uma ideologia que chama de competitividade e eficiência a tarefa de manter as margens de lucro a qualquer preço. Trata-se de um discurso muito bem montado, que é realizado sob a falsa aparência da evolução quando, na verdade, traz uma nova era de concentração de riqueza, retirando das classes sociais mais pobres em benefício dos mais ricos.[45]

Embora a Constituição não possa, por si só, realizar nada, ela pode impor algumas tarefas, transformando-se em *força ativa*, caso exista "a disposição de orientar a própria conduta segundo a ordem nela estabelecida", observa Hesse.[46] Nesta conjuntura, resta saber se a manutenção do modelo de Constituição Dirigente, adotado pelo constituinte brasileiro de 1988, compõe mecanismo eficiente de concretude das garantias fundamentais. Será esta a sua missão diante das ameaças provenientes da hegemonia econômica neoliberal e do avassalador capitalismo de mercado total?

Para responder a essa indagação uma última reflexão merece ser sublinhada à luz da nova cultura pós-moderna, que se apresenta avessa a qualquer verdade sólida ou dogmatismo metafísico. O atual Neoconstitucionalismo que reforça a força normativa da Constituição

---

44 SUPIOT, Alain. *Crítica ao direito do trabalho.* (Trad. António Monteiro Fernandes). Lisboa: Fundação Calouste Gulbekain, 2016. p. LXX a LXXIV (Prefácio à Terceira Edição de 2016).

45 ARAÚJO, Francisco Rossal de. O direito do trabalho e o ser humano. *Revista LTr*, São Paulo, n. 62, p. 1178, 1998. "Os operadores jurídicos continuam apegados às velhas fórmulas de Direito patrimonial, não percebendo que essa nova realidade transforma o trabalho em um bem escasso e que sua distribuição não pode ser feita unicamente pelas leis do mercado", complementa o magistrado.

46 HESSE, Konrad. *A força normativa da constituição.* Título do original: *Die normative Kraft der Verfassung.* (Trad. Gilmar Ferreira Mendes). Porto Alegre: Sérgio Antonio Fabris Editor, 1991. p. 18-19.

acaba se convertendo no último bastião ou âncora de sustentação dos direitos fundamentais; fundamento último para a compreensão do poder, das relações e dos difusos valores da sociedade.

Ao longo do século XIX e até o fim da Segunda Guerra mundial evidenciou-se insuficiente a construção *meramente individualista* dos direitos fundamentais. Não há liberdade para aquele que não dispõe de recursos mínimos, daí a importância dos direitos sociais e das prestações positivas do Estado enaltecidas nos moldes da Democracia substantiva e das Constituições Dirigente.[47] O cenário de desigualdade e de ausência de emancipação social não se modificaram a ponto de dispensarmos o estatuto compromissário e programático que prestigia a concretude das garantias fundamentais, nelas incluídas os direitos sociais e trabalhistas. Ao contrário, o que se vê é uma gritante e discrepante distribuição de renda. De acordo com a análise da Oxfam (Relatório 2019), 26 pessoas possuem atualmente a mesma riqueza que os 3,8 bilhões que compõem a metade mais pobre da humanidade.[48]

Por outro lado, observa-se que o mercado se sobrepõe a toda vida social, a qual fica sintetizada numa relação de custo/benefício, esvaziando o espaço para a reivindicação de direitos sociais, o que leva ao "enfraquecimento da cidadania".[49] No meio dessa tensão de valores encontra-se a comunidade legislada: o povo brasileiro. Será que nesta dialética histórica somos protagonistas ou meros coadjuvantes?

A força normativa de uma Constituição tem como requisito não só os elementos sociais, políticos e econômicos dominantes, mas também, nas palavras de Hesse, a incorporação do "estado espiritual de seu tempo".[50] Ocorre que na atual era pós-moderna, ao mesmo tempo em que nos deparamos com uma sociedade em transição de valores, costumes e anseios, verificamos uma espécie de ameaça e deboche à Constituição Cidadã, advindos dos neoliberais que pretendem impor a facilitação do capital especulativo, a supressão de direitos sociais e

---

[47] FONSECA, Ricardo Tadeu Marques da. *O trabalho da pessoa com deficiência. Lapidação dos Direitos Humanos*: o direito do trabalho, uma ação afirmativa. São Paulo: LTr, 2006. p. 60.

[48] Fonte: oxfam.org.br/sites/default/files/arquivos/2019_Bem_Publico_ou_Riqueza_Privada_pt-BR.pdf?utm_source=site&utm_medium=social&utm_campaign=davos2019_davos2019-leads-site&utm_content=visitantes-site&utm_term=botao-baixe_botao-baixe_cpc_botao-site_baixar. Acesso em 11 jul. 2219.

[49] LIMA, Abili Lázaro Castro de. *Globalização econômica política e direito. Análise das mazelas causadas no plano político-jurídico.* Porto Alegre: Sérgio Antonio Fabris Editor, 2002. p. 319.

[50] HESSE, Konrad. *A força normativa da constituição.* Título do original: *Die normative Kraft der Verfassung.* (Trad. Gilmar Ferreira Mendes). Porto Alegre: Sérgio Antonio Fabris Editor, 1991. p. 20.

um novo modelo constitucional remendado e transfigurado. Ainda não conseguiram!

E como ficam as novas relações de trabalho fragmentadas, em especial o *crowd work*, diante desse novo cenário?

Não se pode ignorar que uma legislação reguladora desta nova modalidade de trabalho se impõe. Algo intermediário entre o empregado subordinado (celetista) e o prestador de serviço autônomo. Pode-se dizer que o trabalhador de plataforma é um parassubordinado, vez que presta o serviço de acordo com as diretrizes, prazo e preço do contratante, diferenciando-se do autônomo, que guarda maior protagonismo em relação a esses itens.

O atual Direito do Trabalho foi edificado sob os moldes de um capitalismo industrial, sendo que hoje o capitalismo imperante é o do mundo digital e das plataformas. Para Alain Supiot tivemos, com as primeiras leis trabalhistas (fim do século XIX), o avanço social de estabelecer a *liberdade formal de trabalhar*, princípio ligado "à noção de trabalho abstracto, de trabalho objecto de negócio". Hoje, observa o professor de Nantes, o emprego assalariado *em tempo completo* é algo cada vez mais raro, impondo-se inaugurar um novo "princípio da igualdade de tratamento a favor dos trabalhadores *atípicos*", cedendo-se, pois, à tentação quantificadora do mercado, que reduz o sujeito a um mero custo ou unidade numérica.[51] Para Zipperer, a tutela deve atender aos direitos de personalidade do trabalhador, a exemplo da sua "reputação online", decorrente do sistema de avaliação das plataformas, ou mesmo o "direito à portabilidade das informações".[52]

De nossa parte, além desses aludidos direitos de personalidade, os trabalhadores parassubordinados, a exemplo do motorista do Uber ou do tarefeiro de plataforma (*crowd work*), devem ter uma proteção legal em torno de quatro itens: a) piso remuneratório digno; b) gratificação natalina; c) indenização por tempo de serviço; d) limitação de jornada. E nem se diga que isso é inviável para tais modalidades disruptivas. As jornadas extenuantes podem ser evitadas, via algoritmo, com o próprio bloqueio do sistema cada vez que o trabalhador exceder um número "x" de horas. A gratificação de fim de ano (equivalente a um 13° salário) e a indenização por tempo de serviço podem ser pagas do mesmo modo que são aos representantes comerciais autônomos ou aos empregados

---

51 SUPIOT, Alain. *Crítica ao direito do trabalho.* (Trad. António Monteiro Fernandes). Lisboa: Fundação Calouste Gulbekain, 2016. p. 340, 342 e 352.

52 ZIPPERER, André Gonçalves. *A multiterceirização e a subordinação jurídica.* Curitiba: Biblioteca da PUC/PR, 2018. Tese de doutoramento. p. 243.

domésticos (valores embutidos no pagamento mensal ou anual). Quanto à necessidade de um piso, trata-se de um valor-hora mínimo para a execução das tarefas, evitando-se, assim, o odioso e aviltante *dumping de preço*. É fundamental assegurar uma contraprestação mínima (um valor-hora proporcional ao do Salário Mínimo), que observe o dia normal de trabalho (de 8 horas), o acréscimo de 50% para o que exceder disso, e um bloqueio do sistema operacional para quem ultrapassar o limite de 12 horas ao dia.

Por certo, algumas vozes irão criticar essa proposta de regulação do trabalho parassubordinado, sob o argumento de que irá onerar o custo do consumidor e inibir a autonomia do trabalhador. Não penso assim. Infelizmente, a sanha lucrativa do ofertante e o desespero social do trabalhador fazem desaparecer qualquer bom senso ou preocupação com o que é razoável no campo da proteção ao trabalho. A legislação trabalhista nasceu com este propósito regulador, o qual persiste, com maior razão, nos dias de hoje. Não por acaso temos assistido a tantos acidentes de trabalho; esgotamentos e Síndromes de *Burnout;* acidentes de trânsito e tantos outros adoecimentos advindos do *trabalho ilimitado*. Existe algo que se chama "poupança forçada" ou mecanismos que assegurem previsibilidade e segurança para a dinâmica da vida.

Nessa esteira, importa regular as relações de trabalho (inclusive do labor de plataforma). Não se trata de uma regulamentação minuciosa como a do empregado celetista, mas um mínimo que garanta dignidade. A área da *economia comportamental* vem se alargando no estudo científico da suscetibilidade e da vulnerabilidade do homem, sobretudo quando se está em jogo a satisfação de seus desejos e necessidades de subsistência. Logo, uma intervenção trabalhista mínima, que assegure jornada razoável de trabalhado (ainda que com boa margem discricionária); gratificação natalina (que também agrada os comerciantes na tradição de fim de ano); indenização para a dispensa injustificada; e um piso digno de contraprestação são, pois, medidas regulatórias que se impõem para o bem de todos. Nas palavras de Wandelli, é preciso que toda forma de trabalho seja capaz de assegurar, em termos jurídico e solidário, "patamares de acesso a bens, respeito e estima sociais que permitam diversificadas formas de vida digna daqueles que vivem do trabalho".[53]

A nossa ordem jurídica constitucional contém dispositivos que dão sustentação para esse desiderato. Seja a valorização do trabalho

---

[53] WANDELLI, Leonardo. *O direito do trabalho como direito humano e fundamental*: elementos para sua fundamentação e concretização. 2009. Tese (Doutorado em Direito) – Universidade Federal do Paraná, Curitiba, 2009. p. 397.

humano como princípio, a dignidade como fundamento, e a concretização dos direitos fundamentais (sociais e trabalhistas) como objetivo. Inteligência dos artigos primeiro, quinto, 170 e 193 da Constituição da República. Para tanto, deve-se prestigiar a concepção substantiva do (neo)constitucionalismo, que valoriza os princípios proeminentes, a força da Constituição Dirigente e o valor da dignidade humana.

Referências

ALEXY, Robert. *Teoria dos direitos fundamentais*. (Trad. por Virgílio Afonso da Silva). São Paulo: Malheiros, 2008.

ARAÚJO, Francisco Rossal de. O direito do trabalho e o ser humano. *Revista LTr*, São Paulo, n. 62, 1998.

ARAÚJO, Wanessa Mendes de. Reflexões sobre a subordinação jurídica na era da Economia sob demanda. *In*: LEME, Ana Carolina Reis Paes, RODRIGUES, Bruno Alves, CHAVES JUNIOR, José Eduardo de Resende. (Coords.). *Tecnologias disruptivas e a exploração do trabalho humano*. São Paulo: LTr, 2017.

BARROSO, Luís Roberto. Fundamentos teóricos e filosóficos do novo direito constitucional brasileiro. (Pós-modernidade, teoria crítica e pós-positivismo). *Revista de Direito Administrativo*, Rio de Janeiro, n. 225, p. 5-37, jul./set. 2001.

BITTAR, Eduardo C. B. O direito na pós-modernidade. *Revista Sequência*, n. 57, p. 146, dez. 2008.

CANARIS, Claus-Wilhelm. *Pensamento sistemático e conceito de sistema na ciência do direito*. 2. ed. (Trad. António Manuel da Rocha e Menezes Cordeiro). Lisboa: Fundação Calouste Gulbenkian, 1996.

CHAVES JUNIOR, José Eduardo de Resende (Coords.). *Tecnologias disruptivas e a exploração do trabalho humano*. São Paulo: LTr, 2017.

CLAM, Jean. A autopoiese no direito. (Trad. Caroline Graeff). *In*: ROCHA, Leonel Severo; SCHWARTZ, Germano; CLAM, Jean. *Introdução à teoria do sistema autopoiético do direito*. Porto Alegre: Livraria do Advogado Editora, 2005.

DALLEGRAVE NETO, José Affonso. Centralidade mundial, conflitos ideológicos e limites. Reflexão a partir do projeto transmoderno de Dusse. *Jota*, Seção Opinião e Análise, 19 mar. 2019. Disponível em: https://www.jota.info/opiniao-e-analise/artigos/centralidade-mundial-conflitos-ideologicos-e-limites-19032019. Acesso em 18 ago. 2019.

DWORKIN, Ronald. *Levando os direitos a sério*. (Trad. Nelson Boeira). São Paulo: Martins Fontes, 2002.

FONSECA, Ricardo Tadeu Marques da. *O trabalho da pessoa com deficiência. Lapidação dos Direitos Humanos*: o direito do trabalho, uma ação afirmativa. São Paulo: LTr, 2006.

FRAZÃO, Ana. Economia do compartilhamento e tecnologias disruptivas. *Jota Info*, 14 jun. 2017. Disponível em: https://www.jota.info/opiniao-e-analise/colunas/constituicao-empresa-e-mercado/economia-do-compartilhamento-e-tecnologias-disruptivas-14062017. Acesso em 10 out. 2019.

HART, Herbert. *O conceito de direito*. 2. ed. com um Pós-escrito editado por Penelope Bulloch e Joseph Raz. (Trad. A. Ribeiro Mendes). Lisboa: Fundação Calouste Gulbenkian, 1994.

HESSE, Konrad. *A força normativa da constituição*. Título do original: *Die normative Kraft der Verfassung*. (Trad. Gilmar Ferreira Mendes). Porto Alegre: Sérgio Antonio Fabris Editor, 1991.

HOWE, Jeff. The rise of Crowdsourcing. *Wired*, jun. 2006. Disponível em: https://www.wired.com/2006/06/crowds/. Acesso em 20 set. 2019.

LIMA, Abili Lázaro Castro de. *Globalização econômica política e direito. Análise das mazelas causadas no plano político-jurídico*. Porto Alegre: Sérgio Antonio Fabris Editor, 2002.

LIMA, Newton de Oliveira. Direito e diversidade na Pós-Modernidade. *Revista Jus Vigilantibus*, 29 set. 2008. Disponível em: https://www.diritto.it/pdf_archive/26777.pdf. Acesso em 25 out. 2019.

LUHMANN, Niklas. *Sistemas sociais*: esboço de uma teoria geral. São Paulo: Vozes, 2016.

MACHADO, Sidnei. O critério do contrato de trabalho. *In*: *Reforma trabalhista e sindical*: o direito do trabalho em perspectiva. Homenagem a Edésio Franco Passos. São Paulo: LTr, 2005.

MARANHÃO, Ney Stany Morais. *Pós-modernidade versus Neoconstitucionalismo*: um debate contemporâneo. Teresina: Revista Jus Navigandi, 2011.

MARTINS, Ricardo Marcondes. Neoconstitucionalismo. *Enciclopédia Jurídica da PUCSP*, abr. 2017. Disponível em: https://enciclopediajuridica.pucsp.br/verbete/134/edicao-1/neoconstitucionalismo. Acesso em 02 nov. 2019.

REDAÇÃO REDE BRASIL ATUAL – RBA. *Bancos em 2016: concentração e lucro elevado mesmo com recessão*. 17 abr. 2017. Disponível em: http://www.redebrasilatual.com.br/economia/2017/04/bancos-em-2016-concentracao-e-lucro-elevado-mesmo-com-recessao-2. Acesso em 18 set. 2019.

REDINHA, Maria Regina Gomes. *A relação laboral fragmentada*. Coimbra, Coimbra Editora, 1995.

ROCHA, Leonel Severo; SCHWARTZ, Germano; CLAM, Jean. *Introdução à teoria do sistema autopoiético do direito*. Porto Alegre: Livraria do Advogado Editora, 2005.

RODRIGUEZ, Américo Plá. *Princípios de direito do trabalho*. (Trad. Wagner Giglio). 3. ed. São Paulo: LTr, 2000, 2. tir. 2002.

SARMENTO, Daniel. *Direitos Fundamentais e Relações Privadas*. 2. ed. Rio de Janeiro: Editora Lumen Juris, 2006.

SCHWAB, Klaus. *A quarta revolução industrial*. (Trad. Daniel Moreira Miranda). Título original: *The forth Industrial Revolution*. 1. ed. 2. imp. São Paulo: Edipro, 2017.

SICHES, Luis Recasens. *Experiência Jurídica, Naturaleza de la Cosa e Lógica Razonable*. Unam, México: Fondo de Cultura Económica, 1971.

SILVA, Tiago Falchetto. O elemento regulador do ciberespaço, o código-fonte, e-Discovery e o Contrato-Realidade Virtual na Sociedade de Informação. *In*: LEME, Ana Carolina Reis Paes; RODRIGUES, Bruno Alves; CHAVES JUNIOR, José Eduardo de Resende (Coords.). *Tecnologias disruptivas e a exploração do trabalho humano*. São Paulo: LTr, 2017.

SUPIOT, Alain. *Crítica ao direito do trabalho.* (Trad. António Monteiro Fernandes). Lisboa: Fundação Calouste Gulbekain, 2016.

WANDELLI, Leonardo. *O direito do trabalho como direito humano e fundamental*: elementos para sua fundamentação e concretização. 2009. Tese (Doutorado em Direito) – Universidade Federal do Paraná, Curitiba, 2009.

ZIPPERER, André Gonçalves. *A multiterceirização e a subordinação jurídica.* Curitiba: Biblioteca da PUC/PR, 2018. Tese de doutoramento.

ZOGBI, Paula. Para 70% das empresas de SP, reforma trabalhista não é grande incentivo a contratações e investimentos. *InfoMoney*, 28 abr. 2017. Disponível em: http://www.infomoney.com.br/carreira/clt/noticia/6402750/para-das-empresas-reforma-trabalhista-nao-grande-incentivo-contratacoes-investimentos. Acesso em 14 out. 2019.

Informação bibliográfica deste texto, conforme a NBR 6023:2018 da Associação Brasileira de Normas Técnicas (ABNT):

DALLEGRAVE NETO, José Affonso. Neoconstitucionalismo e o novo *crowd work*. *In*: TUPINAMBÁ, Carolina (Coord.). *As novas relações trabalhistas e o futuro do Direito do Trabalho*: as novidades provenientes dos avanços tecnológicos. Belo Horizonte: Fórum, 2021. (Coleção Fórum as novas relações trabalhistas e o futuro do Direito do Trabalho. Tomo III.). p. 249-272. ISBN 978-65-5518-131-9.

THE LEGAL QUALIFICATION OF PLATFORM WORKERS: A BREAKTHROUGH IN FRANCE? (CASS. SOC. 28 NOVEMBER 2018, NO. 17-20.079, TAKE EAT EASY)

MARCEL ZERNIKOW

"Para onde quer que você vá, tem um Uber pra isso".[1] Uber is a perfect illustration of what we refer to as the platform economy in this article: It provides a mobile application connecting consumers (passengers) with service providers (drivers). In Brazil, it has 22 million users and occupies more than 500.000 drivers in late 2018.[2] To the customer, it does not appear much different from taxi, though it is cheaper, simple and accessible for everyone who uses a smartphone.

---

1 Literally, "Wherever you want to go, you have Uber for it". It became a famous slogan for Uber in Brazil.

2 https://www-zdnet-com.cdn.ampproject.org/v/s/www.zdnet.com/google-amp/article/uber-launches-new-app-and-digital-wallet-in-brazil/?amp_js_v=a2&amp_gsa=1&usqp=mq331AQCCAE%3D#referrer=https%3A%2F%2Fwww.google.com&amp_tf=Source%C2%A0%3A%20%251%24s&ampshare=https%3A%2F%2Fwww.zdnet.com%2Farticle%2Fuber-launches-new-app-and-digital-wallet-in-brazil%2F (consulted on 10th February 2019). Let us add that Uber is a multinational company which emerged in 2009 and attained a market valuation of $ 76 B.

This evolution has rapidly created a competition with taxi companies, and thus provoked the first trials on the foundations of transport law.[3] Nevertheless, the concept of this platform has proved to be successful, also by giving an opportunity to people to come into activity. The only requirements in France are: A professional card authorizing for passenger transport by car ("voiture de transport avec chauffeur [VTC]"), a declaration of self-employment and certain formalities guaranteeing a convenient car and insurance.

If we tend sometimes to resume the phenomenon as "uberization",[4] many other platforms have changed the daily life of those who can afford them, such as *Glovo*, *Deliveroo* or *Take Eat Easy* operating in France in the area of food delivery, for instance. The point in common of all these platforms is that they are intermediaries connecting consumers, service providers and eventually a third actor (restaurants).[5] Altogether they form part of what is named as "gig economy" or "on-demand economy", but what is also more critically referred to as "platform capitalism",[6] "collaborative economy"[7] or "collaborative and distributive economy".[8]

These terms characterise different positions in the debate about the regulation of the platform phenomenon in different countries. In the USA, for example, social scientists have underlined the contribution of the "uberization" to the growth of the casual workforce (precariat),[9]

---

3 Notably, C. Const., 22 May 2015, DC no. 2015-484 QPC on the regulation of the sector of passenger transport by car ("*VTC*" in French), which reserves certain "prerogatives" to taxis. Note nevertheless the recent study that UBER in the result would gain less than minimum salary and less than in their precedent activity.

4 A. Fabre, M.-C. Escande-Varniol, "Le droit du travail peut-il répondre aux défis de l'ubérisation?", *Revue de droit du travail* 2017, p. 166.

5 Cf. A. Fabre, "Les travailleurs des plateformes sont-ils des salariés?", *Revue de droit du travail* 2018, p. 547, referring himself to the nomination used by several reports, such as N. Amar et L.-C. Viossat, «Les plateformes collaboratives, l'emploi et la protection sociale», *IGAS*, May 2016, p. 52 («les *plateformes d'opérateurs de services organisés*») ; Conseil d'État, « Puissance publique et plateformes numériques: accompagner l'«ubérisation», Annual Study, July 2017 («plateformes-activités»).

6 A. Fabre, *loc. cit.* (no. 6).

7 Opinion of Advocate General C. Courcol-Bouchard in the case Cass. Soc. 28th November 2018, no. 17-20.079, *Recueil Dalloz* 2019, p. 169; *contra*, P. Terrasse, "Rapport au Premier ministre sur l'économie collaborative", February 2016; N. Amar et L.-C. Viossat, *loc. cit.*, (no. 6).

8 P. Coursier, "Le droit social face à l'économie collaborative et distributive", *JCP S* 2016, p. 1389.

9 V. B. Dubal, "Wage Slave or Entrepreneur?: Contesting the Dualism of Legal Worker Identities", *California Law Review* 2017, p. 101, referring herself to Arne L. Kalleberg, "Precarious Work, Insecure Workers: Employment Relations in Transition", *Am. Soc. Rev.* 2009, p. 1.

of which platform "workers", i.e. "independent contractors", form part.[10] They also warn of "the powerful social and political meanings of employee and independent contractor splintered worker mobilization».[11] In the meantime, platform workers themselves seem to appreciate – at least in the beginning – their freedom in organizing their worktime,[12] whereas others try to vindicate better conditions and the recognition of a worker qualification. For the platforms, the "self-employment" solution seems to be the easiest one, preventing them from human resources management, social security contributions and other Labour Law constraints.

Interestingly, we can note similar debates in many countries, given that the phenomenon is part of the globalization of the economic and societal models,[13] but the regulatory responses are different from one system to another.[14] Since the International Labour Organization's report "Non-standard Employment Around the World"[15] of 2016, we can believe that the qualification of platform workers has gained not only a European[16] but a global interest. In general, the debate reflects the difficulties of the authorities to follow the rapid evolutions of the information and communication technologies.[17] As Professor Lobel held, the platform economy is "not only a paradigmatic shift for business, but also for legal theory".[18] The debate reveals an interference of the platform economy with existing juridical concepts, such as the contract of employment, which merits some analysis. In the framework of this article, we intend to provide an analysis of the French responses to the "worker qualification question". We put aside the implications in tax law and social security law. For the purpose of this demonstration, we

---

10 Such non-employee workers include contractors, lessees, temporary laborers, freelancers, and consultants, all likely classified as "independent contractors".

11 V. B. Dubal, *loc. cit.* (no. 10).

12 P. Coursier, *loc. cit.* (no. 9).

13 P. Coursier, *loc. cit.* (no. 9). On the important impact of globalization in the context of *"crowdworking"*, cf. A. Todoli-Signes, "The End of the Subordinate Worker? Collaborative Economy, On-Demand Economy, Gig Economy, and the Crowdworkers' Need for Protection", *IJCLLIR* 2017, p. 2.

14 J. Prassl, "Uber devant les tribunaux. Le futur du travail ou juste un autre employeur", *Revue de droit du travail* 2017, p. 439.

15 https://www.ilo.org/wcmsp5/groups/public/---dgreports/---dcomm/---publ/documents/publication/wcms_534326.pdf (consulted on 10th February 2019).

16 http://www.europarl.europa.eu/RegData/etudes/STUD/2017/614184/IPOL_STU(2017)614184_EN.pdf (consulted on 14th February 2019).

17 P. Coursier, *loc. cit.* (no. 9).

18 O. Lobel, "The law of the platform", *Minnesota Law Review*, 2016, p. 87, spec. p. 91.

should remind ourselves that most of the platform service providers – until recently – were generally considered as independent contractors under French Law. Nevertheless, the qualification of these "workers", leading to the revelation of a possible employment contract, has evoked interesting cases before different national labour courts. We concentrate ourselves on the question whether the service providers, such as *Uber* drivers or *Take Eat Easy* riders, should be qualified as workers or employees[19] in the sense of Employment Law. This question has a special importance in France, where the worker status is considered as the social status "par excellence".[20] And according to Article L. 1111-1 of the Labour Code, all rights derive from the worker qualification. The appearance of platform work did necessarily raise a public debate in France, which is the country in Europe employing the most platform workers over Europe.[21]

Departing from a general analysis of the employment contract under French Law, we focus on the recent decision of the French Court of cassation[22] – the supreme court of appeal in civil and criminal matter – which qualified *Take Eat Easy* riders as workers (I). Afterwards, it will be discussed whether this decision remains limited to the context of *Take Eat Easy* riders or will soon be generalized (II).

1 Are *Take Eat Easy* riders workers?

The opposition between self-employed and workers is characteristic of French Labour Law. Given the presumption of non-workers, a self-employed *Take Eat Easy* rider engaged under a "contract of collaboration" needs to challenge this simple presumption by demonstrating that his contract is effectively a contract of employment (1.1.). As in the case of *Take Eat Easy*, the workers can act for misclassification of their contract into an employment contract (1.2.).

---

19 For the purpose of this article, we use the terms "worker" or "employee" as equivalent, unless we state the opposite.

20 In this sense, P. Coursier, *loc. cit.* (no. 9).

21 According to statistics, France, United Kingdow, Poland, Spain and Germany are the European countries which have the most people working for the platform economy (Source: European Commission: Study to Monitor the Economic Development of the Collaborative Economy at sector level in the 28 EU Member States, 2018), https://publications.europa.eu/en/publication-detail/-/publication/0cc9aab6-7501-11e8-9483-01aa75ed71a1, consulted on 14th February 2019.

22 Cass. Soc. 28 November 2018, no. 17-20.079, *Take Eat Easy*.

1.1 Exclusion of the non-worker presumption

In practice, most of the platform workers conclude so-called "collaboration contracts" or "partnership contracts", by opposition to employment contracts. Thus, they accept themselves, by adhering to the conditions of pre-formulated standard contracts, that they do not benefit from worker protection. Though, the French Labour Code, which has the reputation of being complete and complex[23] does not tolerate the exclusion of its public order ("ordre public") provisions.[24] Given the mandatory character of the employment contract qualification, parties will not be able to waive this qualification and the protective rights resulting from it: the existence of an employer-employee relationship does neither depend on the qualification parties give to their contract, nor on its labels, but results from the factual conditions in which the worker effectively accomplishes his activity.[25] As a prerequisite, it is necessary for the courts to recognize that the worker is effectively engaged by an employment contract in order to let him mandatorily benefit from the Labour Code provisions.

Articles L. 8221-6 and L. 8221-6-1[26] of the French Labour Code provide so. Article L. 8221-6 exposes that people who are registered, for example, with the local trade and companies register ("registre du commerce et des sociétés [RCS]"), are considered as independent. Article L. 8221-6-1 adapts the provision to the category of the self-employed. Thus, it seems to be the relevant provision for most platform workers who tend to choose this status.[27] In recent years, the French legislator has created the beneficiary status of "self-employed worker" ("auto-entrepreneur", nowadays "micro-entrepreneur"), which is a simplified regime of declaration and payment of social security contributions and taxes, encouraging individuals to create companies. Therefore, more people opt for independent work within a one-man business, by remaining themselves completely independent. The presumption of non-worker is criticized for not being adapted to the relationship of platform workers. Based on the assumption of a binary scheme "worker vs. non-worker", it does not seem to refer to the triangular relationship

---

[23] E. Dockès, «Notion de contrat de travail», *Droit Social* 2011, p. 546.

[24] Other provisions of French Labour Law are part of what is called the principle of favour ("principe de faveur"), meaning that they impose minimum standards which can only be derogated from in a more favorable sense.

[25] Cass. Soc. 18 December 2000, No. 98-40.572, *Labbane*.

[26] Comp. Article L. 311-11 of the French Social Security Code.

[27] A. Fabre, *loc. cit.* (no. 6).

of platform workers.[28] Despite of these doubts, jurisdictions seem to continue applying this presumption.

This presumption operates as follows: As recognized in the famous *Labbane*[29] decision, the qualification the parties give to their contract is not binding and can be challenged before labour courts. In this case, taxi drivers renting their cars to a company obtained that the French Court of cassation recognized that they were effectively in an employer-employee relationship *vis-à-vis* this company. This special proceeding is called an action for misclassification ("requalification") into an employment contract. The same term is used in order to designate the action intended for misclassifying the actual part-time contract in a full-time contract or the fixed-term contract in an unlimited contract. Thus, in our case of platform workers engaged by a "collaboration contract", these workers could file a misclassification lawsuit of their contract into an employment contract.

The person challenging the qualification of his contract has to demonstrate that the contract effectively corresponds to the criteria of employment contracts. This action would take place before the French first and second instance labour courts. The Court of cassation is only competent to analyse the law: it states mainly in the case of violation of the law or absence of legal basis. In the *Take Eat Easy* case, the Court of cassation accepts to put aside the presumption of non-worker and to analyse whether the Court of appeal of Paris has correctly identified the nature of the contract. Let us remind ourselves that the online platform provider *Take Eat Easy* enabled to connect restaurants, deliverers (riders) and consumers who wanted to order food. The rider having intended an action for misclassification of his contract, he provided different factual elements in order to demonstrate the actual characterization of an employee-employer relationship.

First, the *conseil de prud'hommes* (French first instance) hold that the relationship was not an employment contract.[30] Second, the court of appeal of Paris confirmed the decision, thus refusing the misclassification into an employment contract.[31] Challenging the decision by the second instance labour court, the rider asked the Court of cassation to pronounce

---

28 *Id.*

29 Cass. Soc. 18 December 2000, No. 98-40.572, *Labbane*, comm. A. Jeammaud, «L'avenir sauvegardé de la qualification de contrat de travail, à propos de l'arrêt Labbane», *Droit Social* 2001, p. 22; the second paragraph of Article L. 8221-6 of the French Labour Code.

30 Conseil de prud'hommes of Paris, 17th November 2016, Section Diverse Activities.

31 Court of Appeal of Paris, 20th April 2017, Chamber 6/2.

itself on the legal qualifications. Recalling Article L. 8221-6 of the French Labour Code, second paragraph, which contains the legal foundation for the action of requalification, the Court of cassation reveals the violation of the law by the second instance jurisdiction. More precisely, the Court of cassation states that the second instance judge has not adopted the correct interpretation of the legislation, given the facts it has revealed.

1.2 Admission of the worker qualification

Analysing different facts of the second instance judgment, the Court of cassation holds that the situation should have been qualified as an employment contract. Indeed, under French law, an employment contract is characterised by the accomplishment of an activity on behalf of the employer to whom the employee is subordinate and from whom he receives a financial counterpart, i.e. his remuneration. This definition does not have any express foundation in the Labour Code but is regularly used by French authors who even criticise the fact that there is no legal definition: the absence of such a definition is paradox given that the existence of an employment contract is a condition to the application of the whole Labour code.[32]

French court practice by now only paid little attention the "activity"[33] and "remuneration" criteria. We can deduce that the dominant criterium is the one concerning the existence of a relationship of subordination ("lien de subordination"). Since the famous *Bardou* decision, the employment contract should be distinguished from the service contract by the existence of this legal (and non-economic) relationship of subordination *vis-à-vis* the employer.[34] This brings us back to the case of *Take Eat Easy* riders where the contract was initially qualified as a service contract.

The distinctive criteria of the relationship of subordination should be put forward in order to reveal the existence of employment contracts. First, it is necessary to illustrate the facts which have given birth to the employment relationship: the rider at stake has responded

---

[32] E. Dockès, *loc. cit.* (no. 24).

[33] Cf., for example, Cass. Soc. 3 June 2009, No. 08-40.981 to 08-40.989 / 08-41.712 to 08-41.714, Île *de la tentation.*

[34] Cass. Civ. 6th July 1931, *Recueil Dalloz* 1931, p. 121, note P. Pic, in the original version: "La condition juridique d'un travailleur à l'égard de la personne pour laquelle il travaille ne saurait être déterminée par la faiblesse ou la dépendance économique dudit travailleur et ne peut résulter que du contrat conclu entre les parties".

to an offer of collaboration published on the internet by the company *Take Eat Easy*. Having received detailed written information on the requirements towards riders and benefitted from a training period, the rider could register himself with the local trade and companies register as a self-employed, following different instructions mentioned in the "FAQ". Upon registration of his status, the rider could conclude a service contract with the *Take Eat Easy* company.

Analysing the different facts giving rise to the employment relationship, the court of appeal reveals mainly two facts which characterize the employment relationship. First, the app was connected to a geo-localisation system, enabling the company to follow the position of the riders and to count the distance. Second, the company can apply penalties to the riders if they do not respect the conditions.

By revealing these facts without recognising the existence of an employment contract, the court of appeal has violated the law. The basis for the action before the Court of cassation is that the court of appeal has not given the legal consequences to the revealed facts. As the Court of cassation states, the second instance judges have violated the subordination criterium characterising the employment contract.

According to the *Société générale*[35] decision, a relationship of subordination can be defined as the execution of work under the authority of an employer who benefits from the power to give orders, to control their accomplishment and to sanction possible violations. Furthermore, it should be added that the Court of cassation – in the same decision – accepts the existence of an integrated service ("service organisé") as an indicator for this relationship of subordination. This theory of the integrated service, by the way, has been widely developed by French academics, as a criterium as such, for the existence of an employment contract.

Consequently, the Court of cassation reproaches to the second instance judges that they have not adopted the right decision, on the basis of the legal foundation and facts that they have revealed. Whereas the qualification of the facts remains in the power of the second instance judges, the Court of cassation could only control the application of the legal basis by the court of appeal. Therefore, the Court of cassation holds that the qualification of the different facts by the second instance judges revealed that they conceived the existence of a power of control and

---

35 Cass. Soc. 13th November 1996, No. 94-13.187, *Société générale, Recueil Dalloz* 1996, p. 268 ; *Droit Social* 1996, p. 1067, note J.-J. Dupeyroux ; *RDSS* 1997, p. 847, note J.-C. Dosdat.

of sanction of the employer. Omitting to recognize the existence of a relationship of subordination, and thus of an employment contract, the court of appeal has obviously violated the existence of an employment contract.

This decision is in line with the opinion adopted by the advocate general who mentioned even more facts indicating the existence of a relationship of subordination: the riders were asked by the company itself to register un-liberally as self-employed,[36] they had a limited choice of working time[37] and their was a requirement to be equipped with his material, bicycle and fully charged smartphone which has to be turned on at least 15 minutes before departure. Nevertheless, the requirements concerning the use of a certain material are less an indicator for the existence of an employment relationship according to the advocate general. Different indicators have been discussed. It has especially been evoked that the working time conditions would not count as an indicator, given the new tendencies of free organisation of the working time.[38] Apart from these conditions, it seems that authors and tribunals agree on the existence of a power of control and of sanction of the *Take Eat Easy* company over the employee. Thus, they affirm the existence of a relationship of subordination.

2 Who (else) is a worker? About the possibilities of generalising the decision

Starting with the qualification of the *Take Eat Easy* platform workers as subordinate workers in the sense of the French legal qualification, the Court of cassation seems to prepare an evolution towards the extension of the worker status to platform workers more generally. This extension could concern not only companies of the same sector but also those exercising different activities (2.1.). Furthermore, this decision is part of a global debate – beyond the borders – about the qualification of platform workers (2.2.).

---

36 C. Courcol-Bouchard, *loc. cit.* (no. 8), referring herself to Rép. min. no. 7103, JOAN 6th August 2013, insisting on the illiberal character of the decision to become an independent.

37 The service provider can chose within a time frame when he wants to proceed to deliveries, and can modify only 72 hours before the beginning of the service.

38 M.-C. Escande-Varniol, "Un ancrage stable dans un droit du travail en mutation", *Recueil Dalloz* 2019, p. 177, who refers herself to hours- or day-packages ("forfaits-heures" or "forfaits-jours"), telework and the concept of the autonomous worker under French Law. Cf. also J. Barthélémy, «Numérique, civilisation du savoir et définition du temps de travail», *Droit Social* 2018, p. 372.

2.1 Materially: Does it extend to other activities?

The Court of cassation based its observations on two elements: first, the power of employers to control activities of workers via the geo-localisation and second, their power to sanction violations. Thus, in the present case, the worker qualification seems to depend on two indicators, whereas the advocate general could observe several other indicators for the worker qualification. Most certainly, the debate is not closed on this issue. Other companies proceed in a different manner and likely to impose different behaviours to their riders. This reasoning is limited to the special facts of a case implying a company in the sector of food delivery, though. In this specific sector, different companies have already engaged subordinate workers as riders. Even from a practical point of view, it therefore seemed coherent to qualify Take Eat Easy riders as workers.

This does not exclude that the decision may apply to other companies if different indicators are accomplished. Possibly, in the future, any platform workers, such as *Uber* drivers, would wish to have their employment contracts recognized and therefore file actions before the courts in order to demonstrate the aforementioned indicators. Let us only note that the limited choice of working time seems to be an inadequate indicator, before French jurisdictions, to justify the existence of a relationship of subordination. This has recently been confirmed in the decision of the Parisian Court of appeal which decided that the relationship of subordination should rather be deduced from the manner of performance of the activity during connection time.[39] Rendered after the Court of cassation ruling, this decision certainly marks the overspread of the doctrine to other sectors, namely the passenger transport by *Uber*. Nevertheless, we should wait for confirmation or not by the Court of cassation.

In the meantime, decisions may also put pressure on other companies exercising in these sectors, pushing them to guarantee the worker status to their riders or drivers. It has been noted by the French academics that the use of the self-employed status in many activities is ambiguous and tends to circumvent the actual legal qualification. More generally, researchers observe the transformation of the relationship of subordination by emerging activities in the 21st century.[40] In response

[39] Court of appeal of Paris, 10th January 2019, 6/2, n° RG 18/08357.

[40] A. Supiot, "Les nouveaux visages de la subordination", *Droit Social* 2000, p. 131 ; "Vers un nouveau statut social attaché à la personne du travailleur", *Droit Ouvrier* 2015, p. 557.

to current evolutions linked to the digitalisation, authors in favour of the extension of the employment contract have even argued that the relationship of subordination should rather be described in organisational terms: a person whose working conditions are imposed by an organization would technically be submitted to her power (authority), and thus be in a relationship of subordination.[41] Reminding ourselves, that the advocate general of the Court of cassation revealed different other indicators, which would characterize the employment contract: the limitation of working time organisation, automatic billing, etc.[42] These elements are held insufficient to characterise the worker qualification by the judges. Nevertheless, the Court of cassation, in the *Take Eat Easy* decision, could have stated about the "service organisé", neither as a self-sufficient criterium for an employment contract, nor as an indicator for the relationship of subordination.[43]

Reviewing the decisive criterium for an employment contract may lead to making a wider range of workers benefit from adequate protection as a worker. Under French Law, the application of all the Labour Code depends on the employee qualification: We only refer to working time limitations, health and security provisions, the minimum wage,[44] the application of collective agreements, the right to form trade unions[45] or to strike, protections in disciplinary proceedings and against unfair dismissal, the competence of the Labour courts.[46] In relation to social security law, we can add the protection in matters of work accidents, paid leave for medical reasons and social aids in case of unemployment, etc.

Unlike Montesquieu who predicted that judges are no more than the mouth of the law,[47] the Court of cassation has an important role in

41 A. Fabre, *loc. cit.* (no. 6).

42 C. Courcol-Bouchard, *loc. cit.* (no. 8).

43 We should remind ourselves that in the *Société générale* decision, the Court of cassation considered "service organisé" as an indicator.

44 According to a recent transparency report rendered by Uber France, in average, an Uber driver would earn less than the minimum wage per hour, cf. https://www.lesechos.fr/industrie-services/tourisme-transport/0600589140816-uber-publie-le-salaire-de-ses-chauffeurs-francais-2239882.php (consulted on 18th February 2019).

45 Let us note that in different countries, trade unions are defending rights of Uber drivers, for example, the Independent Workers Union of Great Britain (IWUGB).

46 M.-C. Escande-Varniol, *loc. cit.*, (no. 42).

47 Montesquieu, *De l'Esprit des Loix*, Partie II, Livre XI, Chapitre VI, Geneva, 1748, in the original version: "Mais les juges de la nation ne sont, comme nous avons dit, que la bouche qui prononce les paroles de la loi; des êtres inanimés, qui n'en peuvent modérer ni la force ni la rigueur".

the actual legal progress. As for the present debate, judges could even be initiators of an upcoming legal reform towards the recognition of the worker status for platforms workers. Nevertheless, we should carefully keep in mind that there is no legal definition of the worker at all. Why should there be a definition of the platform worker? Furthermore, the recent law no. 2016-1088 of 8th August 2016,[48] which has created an "embryo of social status" (L. 7341-1 et s.)[49] has already addressed a part of the questions. By creating certain social rights to platform workers who are not workers in the sense of Labour Law, this act has sometimes been understood as instituting a premise of a (half-way) social status in between the self-employed and the worker.[50] Some authors have even pleaded in favour of a "parasubordinate" status in between the aforementioned two categories in French Law.[51] Nevertheless, there is hope among *Uber* drivers etc. that the recent decision marks the way towards the recognition of full worker rights for platform contractors. In any case, the specific provision in the French Labour Code should not be understood as closing any possibility of according more rights to platform workers.[52] This is what the recent decision of the Court of cassation has demonstrated. Eventually, the recent decision of the Constitutional Council about the Law "Future", which contains provisions on platform workers, can be understood in the same way.[53]

---

48 Law no. 2016-1088 of 8th August 2016, "relative au travail, à la modernisation du dialogue social et à la sécurisation des parcours professionnels".

49 Cf. also décret no. 2017-774 of 4th May 2017 "relatif à la responsabilité sociale des plateformes de mise en relation par voie électronique"; circulaire interministérielle of 8th June 2017 "relative à la responsabilité sociale des plateformes de mise en relation par voie électronique".

50 I. Desbarats, "Quel statut pour les travailleurs des plateformes numériques? La RSE en renfort de la loi", *Droit social* 2017, p. 971.

51 Cf. report to the Ministry of Labour, P.-H. Antonmattéi, J.-C. Sciberras, "Le travailleur économiquement dépendant, quelle protection ?", November 2008; J. Mouly, "Quand l'autoentreprise sert de masque au salariat", *Droit Social* 2016, p. 859.

52 A. Fabre, *loc. cit.* (no. 6); A. Jeammaud, "Uber – Deliveroo. Le retour de la fraude à la loi?", *Semaine Sociale Lamy* 2017, n° 1780, p. 4 ; C. Courcol-Bouchard, *loc. cit.* (no. 8), literal argument: "Les premiers mots du nouvel article L. 7341-1 du code du travail précisent immédiatement que ne sont pas concernés tous les travailleurs recourant à de telles plateformes, mais seulement les 'travailleurs indépendants', et uniquement 'lorsque la plateforme détermine les caractéristiques de la prestation de service fournie ou du bien vendu et fixe son prix'" (Article L. 7341-2 of the French Labour Code).

53 C. Const. 4th September 2018, No. 2018-769 DC, on the law *"Avenir"* (Law no. 2018-771, 5th September 2018, "pour la liberté de choisir son avenir professionnel").

2.2 Territorially: Does this solution fit into other legal systems?

Starting from the recent evolutions in France, a curious lawyer can ask himself about the evolutions in other countries. Many legal systems have recently been confronted to the platform phenomenon. And solutions are different. France is by now the only country – as far as we know – whose highest jurisdiction has charged itself with this question.

To take only the example of the United Kingdom, *Uber* drivers have been qualified as "workers" in the sense of Section 230(3) (b) of Employment Rights Act of 1996, by the central London Employment Tribunal in 2016.[54] Nevertheless, this does not mean that they benefit from full protection as any other employees. As has been underlined by certain authors, "[t]he problem arises from the fact that only a small number of rights are attached to worker status, including the National Minimum Wage Act 1998 and the Working Time Regulations 1998".[55] In 2018, the Court of Appeal of London has upheld the decision that *Uber* drivers are workers, thus guaranteeing minimum wage and paid leave to them.[56]

It has been resumed that difficulties related to the qualification of platform workers arise from techniques of hiding actual worker characteristics.[57] In order to better resolve these platform-specific problems, Professor Prassl has suggested to introduce a functional definition of the employer.[58] Nevertheless, there is probably no unique legislative and jurisdictional solution towards the platform phenomenon, if we keep in mind the specificities of each Employment Law system.

At least at European level, we could imagine a common understanding in the future. A regulatory consent could be pushed forward after the *Elite Taxi c. Uber Systems Spain*[59] decision. The context of this

54 London Employment Tribunals, 28th October 2016, Nos. 2202550/2015 & Others, *Aslam et al. v. Uber B.V. et al.*

55 R. Hunter, J. Prassl, "Worker-Status for App-Drivers: Uber-rated?", 21st November 2016, http://ohrh.law.ox.ac.uk/worker-status-for-app-drivers-uber-rated/, consulted on 18th February 2019.

56 Court of Appeal of London, 19th December 2018, [2018] EWCA Civ 2748, *Uber B.V. v. Aslan et al.*

57 J. Prassl, *loc. cit.* (no. 16).

58 J. Prassl, *loc. cit.* (no. 16), with references, cf. M. Freedland, *The Personal Employment Contract*, OUP, 2003, p. 40.

59 ECJ, 20 December 2017, C-434/15, *Elite Taxi v. Uber Systems Spain*, *Recueil Dalloz* 2018, p. 934, note N. Balat, and p. 1412, obs. H. Kenfack; *AJDA* 2018, p. 329, chron. P. Bonneville,

decision is the following: The Spanish State tended to regulate activities of platforms. Therefore, the question arose whether the legislator had competence to regulate platforms. More precisely, the Court of justice of the European had to characterise the activity of the platform: Does it accomplish an information service in the sense of directive no. 98/34/EC[60] and thus fall under European Union competences? Or is it a transport service? According to the advocate general, the activity of Uber was a transport activity,[61] which would mean that the Spanish State could regulate itself the activity, for example, by requiring prior administrative registration from the companies. What is particularly striking about the opinion of the advocate general is that it can be interpreted as containing elements in favour of the worker qualification of Uber drivers. It has even been recently quoted by the French advocate general in his opinion before the *Take Eat Easy* decision: "the finding made immediately above prevents Uber being treated as a mere intermediary between drivers and passengers. Drivers who work on the Uber platform do not pursue an independent activity that exists independently of the platform".[62] Even though some have argued the opposite,[63] this opinion might have some incidence on the future rulings in the platform cases. As regards the decision, let us note that the European Court of justice confirms the opinion of the advocate general, holding that Uber is a transport service in the sense of European Union Law, and thus can be regulated by each Member State. For the purpose of our demonstration, the most important terms of the decision are those defining the platform as "an intermediation service such as that at issue in the main proceedings, the purpose of which is to connect, by means of a smartphone application and for remuneration, non-professional drivers using their own vehicle with persons who wish to make urban journeys".[64] These terms are no more than an indicator. Eventually, we should note that the European Court of justice does not have competence on this question.

E. Broussy, H. Cassagnabère and C. Gänser; *RTD europ.* 2018, p. 147, obs. L. Grard, and p. 273, study V. Hatzopoulos.

60 Directive 98/34/EC of the European Parliament and of the Council of 22 June 1998 laying down a procedure for the provision of information in the field of technical standards and regulations.

61 Opinion of Advogate General M. Szpunar, ECJ, 20 December 2017, C-434/15, *Elite Taxi v. Uber Systems Spain*, pt. 42.

62 Opinion of Advogate General M. Szpunar, ECJ, 20 December 2017, C-434/15, *Elite Taxi v. Uber Systems Spain*, pt. 56, quoted by C. Courcol-Bouchard, *loc. cit.* (no. 8).

63 J. Prassl, *loc. cit.* (no. 16).

64 ECJ, 20 December 2017, C-434/15, *Elite Taxi v. Uber Systems Spain*.

Too much regulation can sometimes be an expression of opposition towards the new economic model as such. Currently, *Uber* is thinking of stopping its activity in Barcelona in Spain after too much regulatory pressure. Let us also note that the *Take Eat Easy* company has already closed after financial problems in August 2016. In the meantime, other – better financed – platforms have conquered the market. Even new initiatives rendering deliveries more respectful for riders have become famous.[65]

No matter which solution is adopted in different countries, the platform and technology phenomena cannot be ignored by current legislators. As Professor Prassl holds: "Regardless of how automation unfolds, it is crucial that the promise of self-driving cars and robot servants does not detract from the urgency of ensuring decent working conditions in the gig economy – and across the entire labour market".[66]

Informação bibliográfica deste texto, conforme a NBR 6023:2018 da Associação Brasileira de Normas Técnicas (ABNT):

ZERNIKOW, Marcel. The legal qualification of platform workers: a breakthrough in France? (Cass. soc. 28 november 2018, no. 17-20.079, take eat easy). *In*: TUPINAMBÁ, Carolina (Coord.). *As novas relações trabalhistas e o futuro do Direito do Trabalho*: as novidades provenientes dos avanços tecnológicos. Belo Horizonte: Fórum, 2021. (Coleção Fórum as novas relações trabalhistas e o futuro do Direito do Trabalho. Tomo III.). p. 273-287. ISBN 978-65-5518-131-9.

[65] https://coopcycle.org/fr/ (consulted on 10th February 2019).

[66] J. Prassl, *Humans as a Service: The Promise and Perils of Work in the Gig Economy*, OUP, 2018, p. 139.

APLICATIVOS DE TRANSPORTE: NOVOS CAMINHOS DO LABOR NA ERA DIGITAL

ANITA DUARTE DE ANDRADE

KARLA FERNANDES LAFAYETTE

1 Introdução

Hodiernamente, o mundo se encontra em uma fase histórica da humanidade denominada de Contemporânea ou Pós-Moderna (vale salientar que esta última nomenclatura é fruto de debates). De todo modo, ela reflete a seguinte premissa: a humanidade passa pelo pós tempo sem passar pelo tempo atual?

Não parece existir sentido e significado no fato de o indivíduo estar no presente classificado como futuro. A contínua evolução das tecnologias propiciou uma das questões mais preocupantes e impressionantes da história: a compressão do tempo e do espaço.

Os valores e as necessidades se transformam com o passar dos anos. O mundo vive em constante mutação. O avanço da tecnologia e outros tipos de modo de produção originam novas formas de trabalho. Com estes meios, a subordinação jurídica – um dos requisitos fático-jurídicos que configuram a relação de emprego – vem tomando outros rumos.

A tecnologia, muitas vezes, parece encurtar o tempo, de modo que o ser humano se encontra em uma escala de desenvolvimento de atividades que o assusta. O *crhonos* (tempo do relógio) não passou por uma diminuição em relação às 24 horas que formam o dia, mas a impressão da maioria é unânime: "o tempo está voando"! Fato que envolve a redução das horas, dos minutos e dos segundos, provocando-se, assim, uma corrida não vivenciada pela coletividade – na antiguidade – na sua jornada diária de vida.

O *kairós* (tempo da contemplação) vem se perdendo na atualidade, razão pela qual existe a sensação de refreamento cronológico.

No que tange ao espaço, os avanços virtuais abalam os costumes e encurtam distâncias. O homem passou a fazer a sua história em tempo real! O mundo está se modificando, as sociedades estão se desenvolvendo de outras maneiras.

É importante destacar que o próprio Direito Laboral é fruto das evoluções tecnológicas. O surgimento das máquinas a vapor foi responsável pelo início da luta das classes operárias.

Cotidianamente nos deparamos com duas realidades: de um lado, os operadores do direito que baseiam suas decisões pelo texto legal, atados à cultura impressa e literal e com um sistema dotado de "brechas e omissões". De outro, a vida, resumida em cliques e em constante transformação.

Frise-se, ademais, que o direito regula o comportamento humano e deve seguir as modificações sociais. Sendo assim, exige-se interpretação evolutiva para adaptar a legislação às novas realidades.

Os doutrinadores Cesarino Júnior e Cardone, defendem que, sob um ponto de vista lógico-científico, o Direito do Trabalho deveria incluir "todas as formas de trabalho, tanto o trabalho subordinado, objeto do contrato individual de trabalho, como o trabalho autônomo".[1]

A Justiça do Trabalho brasileira, bem como a europeia e a americana, enfrentam dificuldades para classificar as novas figuras à luz da legislação protecionista.

O tema "aplicativo de transportes" foi escolhido, visto que, por ser contemporâneo, comporta controvérsias relevantes no Direito do Trabalho que merecem destaque.

---

1 CESARINO JÚNIOR, Antônio Ferreira; CARDONE, Marly. *Direito Social*. 2. ed. São Paulo: LTr, 1993. v. I.

2 Breve contextualização

A compreensão da pertinência do tema proposto deve ser feita sob uma perspectiva macro, situando-se sua relevância no âmbito do Direito do Trabalho. Assim, é importante entender a sua contribuição para os contornos jurídicos.

O Direito do Trabalho está pautado nos Direitos Humanos, tendo surgido para garantir a dignidade da pessoa humana do trabalhador, a partir do conflito social "capital x trabalho", com exponencial na Revolução Industrial. Vê-se que é um ramo interligado à economia, de maneira que deve acompanhar os avanços do modo de produção.

Após o impacto da Revolução Industrial, o mercado de trabalho foi conduzido pelos ideais produtivos de Frederick Taylor, com a segmentação e o controle de cada etapa de produção, e aperfeiçoado por Henry Ford, através das máquinas e esteiras mecânicas. Com isso, o Direito do Trabalho tem origem em um ambiente econômico de empresas sólidas, centralizadas, estruturadas e de produção em massa.

A volatilidade do mercado econômico, por sua vez, leva à superação do modelo Taylorista/Fordista pelo Toyotismo (em verdade, não houve a substituição de um regime pelo outro, mas sua coexistência), praticado por empresas enxutas e ágeis, capazes de atender o ritmo do mercado. As empresas passam a ser projetadas com base na ideia de redução de custos, de modo que transferem as fases de produção para outras empresas. Há descentralização das etapas de produção.

Esta terceirização se intensifica com a globalização econômica aliada à revolução tecnológica, permitindo, assim, a distribuição das etapas de produção em escala global. Ganham espaço as empresas em rede, que, em nome do lucro, externalizam o trabalho para locais com baixo valor de mão de obra.

Tem-se, de um lado, a expansão desenfreada do sistema capitalista, pregando o material em detrimento do imaterial, sempre se adaptando às nuances da sociedade; e, de outro, o Direito do Trabalho, buscando preservar a dignidade do trabalhador pela fixação de patamares mínimos civilizatórios, porém, com tardio ritmo evolutivo.

Evidente que a inicial vertente rígida do Direito do Trabalho não mais é suficiente para salvaguardar as atuais relações laborais. Novas formas de trabalho, como o teletrabalho, o trabalho parassubordinado e o trabalho por meio de aplicativos telemáticos, devem ser enfrentadas por um arcabouço jurídico condizente com suas peculiaridades.

3 Subordinação Jurídica em conflito

Dos elementos fático-jurídicos do vínculo empregatício, merece destaque a subordinação, na medida em que define, em última análise, dentre as formas de prestação de serviços, as que são reguladas e protegidas pelo Direito do Trabalho.

O requisito refere-se a uma subordinação de cunho jurídico, pela qual o trabalhador se submete às ordens do empregador, detentor do Poder Diretivo. Deste modo, nas relações de emprego, o patrão dirige os serviços, ditando os moldes de sua execução.

Este é o conceito clássico de subordinação jurídica, idealizado pelo legislador quando da consolidação das normas trabalhistas, diante de um mercado econômico de empresas robustas e verticalizadas, nas quais o empregado fazia carreira em um só estabelecimento, através de duradoura relação. É elemento de fácil constatação nos modelos empresariais Taylorista/Fordista, nos quais o empregado é remunerado por unidade de tempo, havendo, justamente por isso, um rígido controle do seu horário de trabalho.

Acontece que os modos de produção foram se modernizando, fazendo com que as relações de trabalho se adaptassem às demandas sociais. Nesta perspectiva, o Toyotismo introduz uma realidade empresarial onde se estimula o resultado final, independentemente das etapas produtivas. A remuneração passa a ser com base na produção e não no tempo à disposição.

O foco está no produto, sendo o procedimento acessório. Desse modo, as técnicas de produção, a princípio, são irrelevantes para o patrão. Os empregados, por sua vez, ganham autonomia e começam a controlar o próprio trabalho.

Surge, então, um conflito no ramo laboral: as ordens patronais diretas deixam de ser ostensivas, porém, o trabalhador continua transferindo a sua força de trabalho ao empregador, se amoldando aos seus padrões e estrutura de produção. Afinal, está-se diante de empregados regidos pela CLT, ou de trabalhadores autônomos, conduzidos pelo direito comum?

É preciso ter em mente que a essência do Direito do Trabalho é a Dignidade da Pessoa Humana, de modo que a autossuficiência concreta do trabalhador é a pedra de toque para o desfecho do imbróglio mencionado.

A revolução tecnológica acentua o embate, na medida em que globaliza situações onde o trabalhador executa atividades sem o controle patronal imediato, entretanto, seu serviço integra o processo produtivo da empresa, sendo-lhe indispensável.

A partir de 1990, com mais profundidade, o trabalho autônomo começou a ser objeto de estudo no direito do trabalho europeu. Nascimento, leciona que:

> As leis sobre contratos de trabalho passaram a ter uma tipologia mais ampla, entendendo-se por contrato de trabalho um gênero com duas grandes áreas, o trabalho subordinado e o trabalho autônomo, acrescidas, na doutrina italiana, de uma terceira intermediária, o trabalho parassubordinado, na qual foram incluídos diversos novos tipos contratuais como o trabalho contínuo coordenado e de colaboração – que no direito peninsular é considerado trabalho autônomo – o trabalho a projeto, o *trabalho intermitente "a chamada"*, portanto novas técnicas legais de contratação do trabalho pendendo para a esfera do trabalho autônomo.[2]

Notabilize-se que, atualmente, não existe apenas o autônomo clássico. Em 2007, a Espanha aprovou o Estatuto do Trabalho Autônomo (Lei n° 20/2007, de 11 de julho, n° 166), o *Estatuto del trabajo autónomo* (*BOE Boletín Oficial del Estado*). Nos termos desta lei existe também o autônomo economicamente dependente.

Nascimento, conceitua este como:

> Aquele que a pessoa física que realiza de forma habitual, pessoal, direta, por conta própria e fora do âmbito de direção e organização de outra pessoa, uma atividade econômica ou profissional a título lucrativo, deem ou não ocupação a trabalhadores por conta alheia, este o que obtém o seu ganho concentrado em um comitente para o qual exerce a maior parte da sua atividade. (sic)[3]

Não se pode defender, de maneira ampla e irrestrita, que as novas formas de trabalho dotam o empregado de autonomia plena, porquanto, embora não receba ordens diretas, não é livre para produzir do jeito que bem entender como se fora o próprio empresário. Ele permanece vinculado aos ditames da empresa, devendo atender aos seus padrões

---

2 NASCIMENTO, Amauri Mascaro. O autônomo dependente econômico a nova lei da Espanha. Disponível em: https://calvo.pro.br/wp-content/uploads/2020/06/386914130-Amauri-Mascaro-Nascimento-Autonomo-Dependente.pdf. Acesso em: 14 jan. 2021, p. 1.

3 NASCIMENTO, Amauri Mascaro. O autônomo dependente econômico a nova lei da Espanha. Disponível em: https://calvo.pro.br/wp-content/uploads/2020/06/386914130-Amauri-Mascaro-Nascimento-Autonomo-Dependente.pdf. Acesso em: 14 jan. 2021, p. 2.

de serviços/produto, produzir no ritmo de sua demanda e ser integrado na sua estrutura funcional.

Desta forma, este tipo de profissional merece proteção. A Espanha concede para eles alguns direitos. Conforme mencionado por Nascimento:

> (...) liberdade sindical (art. 3º) e os direitos coletivos básicos como a filiação a um sindicato empresarial de sua escolha, a fundação de entidades sindicais próprias. (...) o direito ao trabalho, a liberdade de iniciativa econômica, o direito à propriedade intelectual, os direitos derivados do exercício da sua atividade profissional como a igualdade e não discriminação, o respeito à intimidade, a consideração à dignidade, o direito à formação e readaptação profissional, o direito à integridade física, a proteção adequada da segurança e saúde no trabalho, o direito de receber pontualmente o pagamento convencionado pelo seu trabalho, a proteção a vida pessoal e familiar, o direito a assistência e às prestações sociais suficientes diante de situações de necessidade, a tutela judicial efetiva dos seus direitos profissionais e o acesso aos meios extrajudiciais de solução dos conflitos (art. 4.3 ETA- Estatuto do Trabalho Autônomo). (sic)[4]

Percebe-se, assim, a deficiência do conceito clássico de subordinação jurídica para abranger todas as formas de trabalho em que há hipossuficiência do trabalhador e a necessidade de existir guarida. Os próximos tópicos perfilam uma solução ao conflito ora apresentado.

4 Relatório Supiot e Relatório Boissonnat

É justamente a partir do empasse encontrado na acepção conservadora da subordinação jurídica enquanto elemento definidor da relação de emprego que surge, na Europa, um movimento para estender a tutela do Direito Laboral aos trabalhadores hipossuficientes, em todos os contextos empresariais.

Discute-se qual a maneira mais efetiva para se superar o dilema. Se através do desenvolvimento do objeto do Direito do Trabalho, de modo a alcançar não apenas os empregados, mas todos os trabalhadores dependentes, ou, se por meio de uma releitura do elemento

[4] NASCIMENTO, Amauri Mascaro. O autônomo dependente econômico a nova lei da Espanha. Disponível em: https://calvo.pro.br/wp-content/uploads/2020/06/386914130-Amauri-Mascaro-Nascimento-Autonomo-Dependente.pdf. Acesso em: 14 jan. 2021, p. 3.

da subordinação jurídica na condição de requisito delimitador da hipossuficiência laboral.

Neste sentido, Alan Supiot, professor da Universidade de Nantes (França), desenvolve o Relatório Supiot, em 1997, enfrentando a situação sob o prisma da primeira alternativa. Seu trabalho é dotado de uma visão social inclusiva, tendo por base o trabalho como fator de produção, de modo que entende que todas as formas condicionais de atividade devem ser igualmente resguardadas pelo direito.

Importante ressaltar que o relatório foi produzido em paralelo à sedimentação da União Europeia, tendo forte influência dos valores do mercado comum, com a livre circulação de pessoas, bens, serviços e capitais. Ocasião em que se refletia sobre os impactos da intervenção estatal na economia, em contraponto ao livre mercado.

Assim, o dito relatório está voltado a um Direito Comum do Trabalho, destinado a todas as formas de trabalho, compartindo os riscos e as incertezas econômicas com a sociedade geral. Nota-se, portanto, que a proposta é criar um modelo jurídico aplicável a todo tipo de relação de trabalho. Ou seja, instituir uma maneira de tutelar o obreiro nas diversas posições que ocupar no mercado de trabalho.

O principal mérito do mencionado relatório é angariar esforços para entender as mudanças produtivas do mundo e como elas refletem na regulação do trabalho. Frise-se que cinco temas são tratados pelo referido relatório, quais sejam: trabalho e poder privado; trabalho e *status* profissional (objeto deste artigo); trabalho e tempo; trabalho e organização coletiva e trabalho e poder público.

Explica o estudo que o panorama econômico demanda que a caracterização do contrato de trabalho seja feita com base em critérios factuais em detrimento de presunções legais. Desse modo, aponta que o *status* do prestador de serviços deve refletir a verdadeira subordinação estabelecida entre as partes, de forma que possa transparecer profissionais com *status* de empregado formal, *status* de trabalhador autônomo, ou mesmo com um *status* profissional intermediário.

Quando a realidade demonstrar que o trabalhador, mesmo que contratado como autônomo, é de fato um empregado, seu *status* profissional deve ser modificado de autônomo para empregado, de modo que possa receber a devida proteção das legislações correspondentes. Assim, sempre que a prática revelar um trabalho dependente, estará caracterizada a relação de emprego, devendo ser atribuído ao trabalhador o *status* de empregado, mesmo que contratado sob outras formalidades.

Neste sentido, embora a legislação francesa de 1994 (*Act of February 1994 – Lei nº 94/126 du 11 février 1994 relative* à *l 'initiative et* à *l* '*entreprise individuelle*) determinasse uma presunção de não empregado aos trabalhadores registrados nos órgãos competentes como autônomos, bem como exigia uma subordinação jurídica permanente para elidir tal presunção, via-se, na prática, empresas francesas de táxi substituindo seus empregados por profissionais que alugavam seus veículos e assumiam, no entender dessas empresas, os riscos do empreendimento.

Podemos importar as lições do Relatório Supiot, através do Princípio da Primazia da Realidade, pelos contornos do art. 9º da CLT, que determina a nulidade dos atos tendentes a desvirtuar os direitos trabalhistas. Neste sentido, temos a famosa "pejotização", pela qual os empregadores demitem os empregados celetistas, forçando-os a constituir uma empresa (pessoa jurídica), para então recontratá-los através das firmas recém-configuradas como prestadores de serviços.

Nos dois casos, importa identificar a realidade de subordinação (sobre a presunção jurídica ou sobre a forma), que atrairá o *status* de empregado aos respectivos trabalhadores. Atente-se que a subordinação pode aparecer sobre diversas intensidades, porém, mesmo as subordinações brandas não são capazes de investir o trabalhador em autonomia absoluta.

O Relatório Supiot confirma a tendência ao desaparecimento ou a profunda transformação da subordinação, elemento que trataremos mais à frente. Ademais, reconhece que o Direito do Trabalho não pode ignorar o desenvolvimento do trabalho autônomo no tempo presente, devendo servir a todas as formas de trabalho por conta alheia.

Por sua vez, o Relatório Boissonnat traz a ideia de "pluriatividade" e conduz o conceito de "contrato atividade". Este tem como teleologia flexibilizar a continuidade do emprego, sem torná-lo precário. Em 1995, através de Jean Boissonnat, o relatório concluiu que no espaço de vinte anos o trabalho continuaria sendo um importante meio para a economia e de inserção social. A ideia é enxergar trabalho e emprego como uma totalidade.

Essa ressignificação faz surgir a "empresa flexível", com diversos tipos de assalariados. Além disso, o relatório menciona que quanto maior a qualificação, maior será a autonomia no trabalho. Desta maneira, fica tênue e obscura a diferença entre o trabalho subordinado e o trabalho autônomo.

Como consequência disso, através dos aludidos relatórios, é preciso rememorar que a tendência do Direito do Trabalho é ampliar o espectro de resguardo, com o fim de tutelar todos os que detenham dependência econômica. Por esta razão, o Direito Laboral material, assim como o processual, deve incluir em seu bojo, além do serviço subordinado (principais destinatários), o autônomo. Deve englobar, portanto, o direito à atividade laboral.

Vale um esclarecimento: tanto o direito constitucional do trabalho, quanto as normas protetivas laborais, se aplicam preferencialmente ao subordinado. No entanto, acentue-se que a proteção deve se aplicar – com menor incidência – aos outros tipos de trabalhadores, a exemplo dos autônomos economicamente dependentes.

Consoante pontifica Meireles (*online*):

> É verdade que, da análise das regras que compõem a nossa ordem laboral de grau constitucional, verificamos que o constituinte se referiu aos trabalhadores de um modo geral. Trabalhadores, aqui, em seu sentido lato, ou seja, toda pessoa física que desenvolve uma atividade produtiva, ainda que para o seu mero sustento. Assim é que há referência ao trabalho autônomo e liberal (inciso XIII do art. 5º), ao trabalho subordinado (art. 7º), ao trabalho avulso (inciso XXXIV do art. 7º), ao trabalho decorrente de um vínculo institucional, de regime administrativo (art. 39 e segs.), ao trabalho do agente político (v.g., art. 93), ao trabalho de subsistência (art. 191), ao trabalho do produtor, parceiro, meeiro e arrendatários rurais e ao do pescador artesanal (§8º do art. 195), ao trabalho doméstico (§12 do art. 195), etc. (...) É a partir dessa clássica divisão, ao lado do princípio da dignidade humana, que o direito constitucional do trabalho revela sua primeira característica, qual seja, a busca pela igualdade real, seja através do combate à discriminação (incisos XXX, XXXI e XXXII do art. 7º), seja mediante normas de proteção ao contraente débil (v.g., incisos VI e VII do art. 7º), normas que visam a contrabalançar o poder econômico do tomador dos serviços (greve), normas de limitação da supremacia empresarial (negociação, cogestão) e normas que impõem a discriminação positiva em favor dos trabalhadores (inciso XX do art. 7º).[5]

Tais asserções devem prevalecer, uma vez que – por vezes – o trabalhador autônomo é economicamente dependente e contratualmente hipossuficiente. Logo, necessita de proteção legislativa. Destaca-se que nos dias que correm, não há este tipo de amparo legislativo, de modo que deve ser aplicado o Princípio da Proteção em detrimento da subordinação jurídica clássica. As relações jurídicas laborais devem primar pela dignidade humana, balanceando a livre iniciativa e a valorização do trabalho humano (artigo 1º, II e IV, CF). Tema que será tratado no próximo tópico.

---

5 MEIRELES, Edilton. *A Constituição brasileira do trabalho*. 2017. Disponível em: https://www.diritto.it/stampa-articolo/?articolo_id=20450. Acesso em 30 jan. 2019.

5 Tutela da Dignidade Humana

Levando em consideração as reflexões feitas até aqui, realça-se que com a visão pós-positivista da Constituição, os princípios foram consagrados como espécies do gênero norma constitucional.[6] Passa-se, então, a esclarecer, de maneira breve, a necessidade de se respeitar a dignidade humana como princípio e fundamento da República Federativa do Brasil (art. 1°, III, CF).

Novelino[7] estabelece que a dignidade da pessoa humana deixa de ser um valor meramente moral para se converter em valor jurídico. Observa-se, ainda, que, para este autor, diversamente das concepções jusnaturalistas e positivistas, nas quais os princípios e as normas eram compreendidos como espécies distintas, na visão pós-positivista da Constituição, conforme será explanado a seguir, a norma é gênero, do qual fazem parte as espécies regras e princípios.

Alexy esclarece que "tanto las reglas como los principios son normas porque ambos dicen lo que debe ser".[8] Ademais, distingue os conceitos de norma, regra e princípio, afirmando que "[l]os principios son normas de un grado de generalidad relativamente alto, y las reglas normas con un nivel relativamente bajo de generalidad". Conclui o autor que "la diferencia entre reglas y principios es cualitativa y no de grado", uma vez que os princípios levam em consideração possibilidades reais e jurídicas existentes e as regras só podem considerar fatos jurídicos. Infere o autor também que em conflito de princípios deve prevalecer o princípio que melhor se adeque ao caso concreto, "en los casos concretos los principios tienen diferentes pesos y que prima el principio con mayor peso".

Ademais, Nunes estabelece que a "dignidade humana é um valor a ser preenchido *a priori*, isto é, todo ser humano tem dignidade só pelo fato de ser pessoa",[9] e complementa dizendo que é garantia ilimitada se não ferir outra. Acrescenta, ainda, que não se pode violar a dignidade de outrem. Barcellos completa que a dignidade da pessoa humana "descreve uma realidade complexa (...). Um aspecto da dignidade humana poderá

---

6 CASSAR. Volia Bomfim. *Princípios Trabalhistas, novas profissões, globalização da economia e flexibilização das normas trabalhistas*. Niterói/RJ: Impetus, 2010.

7 NOVELINO, Marcelo. *Direito Constitucional*. 2. ed. São Paulo: Método, 2008.

8 ALEXY, Robert. *Teoría de los Derechos Fundamentales*. 3. ed. Madrid: Centro de Estudios Políticos y Constitucionales, 2002.

9 NUNES, Luiz Antônio Rizzatto. *O princípio constitucional da dignidade da pessoa humana*: doutrina e jurisprudência. São Paulo: Saraiva, 2007.

ter consequências não apenas sobre o aspecto diretamente manipulado, mas também sobre outros".[10]

No mesmo diapasão, Sarlet afirma que a dignidade da pessoa humana é:

> A qualidade intrínseca e distintiva reconhecida em cada ser humano que o faz merecedor do mesmo respeito e consideração por parte do Estado e da comunidade, implicando, neste sentido, um complexo de direitos e deveres fundamentais que assegurem a pessoa tanto contra todo e qualquer ato de cunho degradante ou desumano, como venham a lhe garantir condições existenciais mínimas para uma vida saudável, além de propiciar e promover sua participação ativa e co-responsável nos destinos da própria existência e da vida em comunhão com os demais seres humanos.[11]

Alexy estabelece que a norma principiológica da dignidade da pessoa humana:

> No es un principio absoluto. La impresión de absolutidad resulta del hecho de que existen dos normas de dignidad de la persona, es decir, una regla de la dignidad de la persona y un principio de la dignidad de la persona, como así también del hecho que existe una serie de condiciones bajo las cuales el principio de la dignidad de la persona, con un alto grado de certeza, precede a todos los demás principios.[12]

Diante do exposto, é notória a necessidade de observar e preservar a dignidade humana, embora esta não seja considerada como princípio absoluto, posto que existem a proporcionalidade e a adequação. O desrespeito a tal fundamento desvirtua a finalidade do Direito do Trabalho e este não é o intuito da evolução tecnológica.

---

[10] BARCELLOS, Ana Paula de. *A eficácia jurídica dos princípios constitucionais*: o princípio da dignidade da pessoa humana. 3. ed. rev. e atual. Rio de Janeiro: Renovar, 2011.

[11] SARLET, Ingo Wolfgang. *Dignidade da pessoa humana e direitos fundamentais na constituição federal de 1988*. 6. ed. rev. atual. Porto Alegre: Livraria do Advogado Ed., 2008.

[12] ALEXY, Robert. *Teoría de los Derechos Fundamentales*. 3. ed. Madrid: Centro de Estudios Políticos y Constitucionales, 2002.

6 Cibercultura/Ciberespaço

Pierre Lévy, filósofo e pensador dos conceitos de "ciberespaço" e "cibercultura", estudioso conceituado do tema sociedade digital, é ícone que não poderia faltar neste trabalho.

Segundo Lévy, os seres humanos separaram-se de maneira descentralizada. Havia limitações pela dimensão continental. Os processos de convivência, notícias e locomoção encontravam dificuldades. Em virtude da tecnologia, deram início a um transcurso de abertura das fronteiras, ganhando proporções exponenciais com o surgimento do "ciberespaço".

Tal evolução teve o condão de permitir que o ser humano percorresse fisicamente todos os lugares e, na realidade do "ciberespaço", também que as ideias destes seres fossem compartilhadas pelas pessoas em todo o planeta:

> A aventura dos computadores e do ciberespaço acompanha a banalização das viagens e do turismo, o desenvolvimento do transporte aéreo, a extensão das rodovias e das linhas de trem de grande velocidade. O telefone celular, o computador portátil, a conexão sem fio com a internet, em breve generalizados, mostram que o crescimento da mobilidade física é indissociável do aperfeiçoamento das comunicações.[13]

Compartilhar ideias é o mesmo que espalhar o que pensa para o mundo ouvir. Lévy denomina este fato de "Hipercótex Global", o qual é responsável por guardar toda produção e memória humana. Para o autor, os vários cérebros interligados formam um "cérebro universal":

> A cada minuto que passa, novas pessoas assinam a Internet, novos computadores se interconectam, novas informações são injetadas na rede. Quanto mais o ciberespaço se estende, mais universal se torna, menos totalizável o mundo informacional se torna. O universal da cibercultura está tão desprovido de centro como de linha diretriz. Está vazio, sem conteúdo. Ou melhor, aceita todos, pois contenta-se com pôr em contato um ponto qualquer com qualquer outro, qualquer que seja a carga semântica das entidades postas em relação. Eu não quero dizer com isso que a universalidade do ciberespaço seja neutra ou sem consequências, pois o fato-mor do processo de interconexão geral já tem e terá ainda mais, no futuro, imensas repercussões na vida econômica, política e cultural. Esse evento está efetivamente transformando as

[13] LEVY, Pierre. *A conexão planetária*. São Paulo: Editora 34 Ltda., 2001.

condições da vida em sociedade. Trata-se, no entanto, de um universo indeterminado e que tende até a manter sua indeterminação, pois cada novo nó da rede de redes em constante extensão pode tornar-se produtor ou emissor de informações novas, imprevisíveis, e reorganizar por conta própria parte da conectividade global.

Na visão de Lévy, o processo de democratização do conhecimento e facilidades na comunicação vêm gerando ambientes integrados e compartilhados. A "cibercultura" define-se como o modo de se organizar e agir no "ciberespaço".

O filósofo da informação define o "ciberespaço" – também chamado por ele de "noosfera e hiperdocumento planetário" – e aduz que é uma nova dimensão social. Configura-se como o espaço da comunicação aberto pela interconexão mundial dos computadores e das memórias dos computadores:

> O ciberespaço é uma espécie de objetivação ou de simulação da consciência humana global que afeta realmente essa consciência exatamente como fizeram o fogo, a linguagem, a técnica, a religião, a arte e a escrita, cada etapa integrando as precedentes e levando-as mais longe ao longo de uma progressão de dimensão exponencial.

Outrossim, vale ressaltar que o conceito de virtual, para Aurélio Buarque de Holanda (*online*), significa potencial, não real. Para Lévy, o conceito de virtual tem outro significado. Demonstra-se claramente sua definição: "Em termos rigorosamente filosóficos, o virtual não se opõe ao real, mas ao atual: virtualidade e atualidade são apenas duas maneiras de ser diferentes".

Diante dos conceitos de "ciberespaço" e "cibercultura", nota-se que apesar do objeto deste artigo "aplicativos de transporte" se utilizar do "mundo virtual", ele é real, existe na nossa sociedade e não deve ser ignorado ou equiparado às antigas formas de produção do Direito do Trabalho.

O próximo item demonstrará o sentido e a importância da premissa anteriormente exposta.

7 Classificação (natureza jurídica) do meio de produção 'aplicativo de transporte' no Direito do Trabalho

A era da informação, caracterizada pelo avanço tecnológico, traz impactos ao Direito do Trabalho. Surgem situações não imaginadas, especialmente se comparadas aos meios de produção antes existentes.

A relação de trabalho, nos termos do artigo 3°, da CLT, estabelece que é considerado empregado quem possui subordinação, onerosidade, pessoalidade e habitualidade (não eventualidade). Insta reforçar que, por conta dos progressos digitais, as formas de produzir os serviços também vêm se modificando. Fato que resulta na inadequação do modelo tradicional de vínculo entre empregado e empregador.

Devido a esta evolução, a qual sofisticou meios de produção, faz-se necessário adequar os conceitos à realidade das relações econômicas e sociais. Neste cenário, incluem-se os aplicativos de transportes, como por exemplo, Uber, Cabify, 99 Pop, dentre outros. Tais programas utilizam-se do conceito de "economia disruptiva" e prestam serviços de transporte privado aos seus usuários. Compartilham serviços e conectam pessoas ("economia compartilhada").

Tomando por base o instrumento "Uber", os aplicativos de transporte assim funcionam: o usuário insere no aplicativo a sua localização atual e o ponto de destino pretendido. O aplicativo, então, estima o valor do trajeto e o informa ao usuário, ao mesmo tempo em que envia as informações aos motoristas cadastrados, para que um deles "aceite" o percurso. Quando o motorista "aceita" a corrida, o aplicativo o conecta ao usuário, transferindo suas informações ao cliente. Ao chegar ao destino do usuário, o motorista informa o fim da viagem ao aplicativo, que encerra o cálculo da tarifa e efetua a cobrança.

Registre-se que o pagamento é feito ao aplicativo, e não ao motorista, mesmo quando realizado em espécie, para a pessoa do motorista, uma vez que a empresa retém parte do pagamento. Após os serviços, o aplicativo solicita que o usuário avalie o motorista e vice-versa. De acordo com a própria empresa Uber *(online)*:

> A Uber é uma plataforma de tecnologia que conecta motoristas parceiros com usuários por meio de um aplicativo para smartphones. (...) Nas cidades onde a Uber opera, você pode solicitar uma viagem por meio do aplicativo. Sua solicitação será enviada aos motoristas parceiros nas proximidades. Se um motorista parceiro aceitar sua solicitação de viagem, seu aplicativo mostrará o tempo estimado para que o motorista chegue ao ponto de embarque. O aplicativo também te notificará quando o motorista parceiro estiver prestes a chegar.
>
> Depois que você solicitar uma viagem, o aplicativo te informará o nome do motorista, o tipo de veículo e a placa do automóvel, para que você tenha certeza de que embarcará no veículo certo. (...)
>
> Ao chegar no destino (sic), a viagem estará concluída. Sua tarifa será calculada automaticamente e cobrada segundo o método de pagamento

> vinculado à sua conta da Uber. Observe que, em algumas cidades, a Uber pode permitir que você pague a tarifa em dinheiro.
> Logo em seguida, o aplicativo pedirá que você avalie o motorista. Os motoristas parceiros também são solicitados a avaliar os usuários.[14]

A partir deste paradigma, destaca-se que não é mais necessário o controle vertical e direto do empregador, tampouco a subordinação a uma jornada de trabalho pré-fixada.

Repise-se que diante da existência ou não da subordinação jurídica neste tipo de relação, surgem controvérsias no judiciário no que se refere ao enquadramento destes profissionais de aplicativos de transporte na qualidade de empregado. Esta dicotomia é o principal objeto deste trabalho.

Em meio a esta bipartição, itera-se a seguinte inquisição: a relação jurídica que surge se trata de relação de emprego ou relação civil?

Existem duas correntes para responder tal indagação. Quais sejam: a) a que defende que há subordinação na relação e, portanto, relação de emprego; e b) a que advoga que não existe o requisito da subordinação e que, por isso, quem trabalha para aplicativos de transporte se caracteriza como um trabalhador autônomo.

Para a primeira corrente, a qual se tem maior afinidade, a subordinação está presente pelo fato de os aplicativos fazerem exigências aos motoristas quanto ao modo de se comportar, conservar e tratar os seus passageiros, serem avaliados por eles ("preposto avaliador") e pela possibilidade de controlar a jornada de trabalho. Além disso, os motoristas não podem escolher clientes e, uma vez "*logados*", não podem ficar sem corridas por muito tempo.

No que diz respeito ao elemento subordinação, o Poder Diretivo é inerente ao empregador, no sentido de conceder ordens. Conceito que caracteriza a subordinação jurídica. Cabe ressaltar, também, uma visão contemporânea sobre o conceito de subordinação, a denominada "subordinação estrutural", que se molda

> pela inserção do trabalhador na dinâmica do tomador de seus serviços, independentemente de (receber ou não) suas ordens diretas, mas acolhendo, estruturalmente, sua dinâmica de organização e funcionamento

---

14 Cf. Como a Uber funciona? *Uber*. Disponível em: https://help.uber.com/pt-BR/riders/article/como-a-uber-funciona?nodeId=738d1ff7-5fe0-4383-b34c-4a2480efd71e. Acesso em 18 fev. 2019.

> (...) O fundamental é que o obreiro esteja estruturalmente vinculado à dinâmica operativa da atividade do tomador de serviços (...).[15]

O Autor não leva em consideração somente a subordinação jurídica, que significa a submissão do empregado única e exclusivamente às ordens do empregador, mas sim, a subordinação estrutural/integrativa, a qual determina que para configurar a subordinação, basta que o obreiro esteja vinculado à estrutura organizacional do tomador de serviços.

Embora a doutrina predominante, de acordo com Miraglia,[16] conceitue de maneira clássica a subordinação, o conceito supramencionado se ajusta perfeitamente à atualidade, por ter plena ligação com o instrumento intento deste trabalho.

Sobre os aplicativos de transporte, ensina Dallegrave (*online*):

> O motorista submete-se a um breve treinamento virtual em relação ao uso do aplicativo, tarifas, atendimento ao usuário, avaliações e demais condições de trabalho. Há, ainda, uma série de mecanismos de controle de seus motoristas, a maior parte deles por meio de um sistema de algoritmo. Assim, o trabalhador ("parceiro") que ignorar o passo a passo fixado pela empresa contratante deixará de receber a contraprestação que lhe é devida. Vale dizer: o algoritmo, automaticamente, glosará o pagamento.[17]

Igualmente, ainda que se defina que não existe a subordinação jurídica (tradicional) na relação aplicativo x motorista, na atualidade passa a haver a "subordinação algorítmica, por comandos ou por programação". Esta se caracteriza por combinações algorítmicas que substituem o poder diretivo e fiscalizatório costumeiro. Logo, é possível que o poder empregatício se manifeste através de rede, programação e algoritmos.

Passados estes esclarecimentos, para corroborar com o que resguarda os pensadores desta primeira tese, frise-se a presença dos demais elementos fático-jurídicos da relação de emprego.

---

15 DELGADO, Maurício Godinho. *Curso de direito do trabalho*. 11. ed. São Paulo: LTr, 2012.

16 MIRAGLIA, Lívia Mendes Moreira. *A terceirização trabalhista no Brasil*. São Paulo: Quartier Latin, 2008.

17 DALLEGRAVE NETO, José Affonso. *Uber*: autônomo ou empregado? 25 set. 2018. Disponível em: https://www.contabeis.com.br/noticias/37844/uber-autonomo-ou-empregado/. Acesso em 13. fev. 2019.

A pessoalidade se caracteriza não apenas pelo fato de o motorista ser pessoa física. Conforme supracitado, há seleção da pessoa do motorista, posto que a empresa exige cadastro pessoal, apresentação de documentos e, inclusive, de antecedentes criminais. Ou seja, para a empresa de aplicativo de transporte importa a pessoa e não o serviço (quando se contrata o serviço, é irrelevante quem o prestará). Assim, quem tem que prestar os serviços de transporte é a pessoa contratada.

Outra forma de se comprovar a pessoalidade é através da repetição dos serviços, quer de forma contínua, quer de forma intermitente. "(...) isto porque o fato de uma mesma pessoa ter executado o serviço por meses ou anos comprova que o contrato foi dirigido à pessoa do trabalhador, impedindo, assim, que qualquer outro possa executá-lo com aquele mesmo contrato".[18]

Registre-se que o fato de qualquer motorista cadastrado poder atender à chamada do usuário não caracteriza substituição de um profissional por outro, mas apenas exercício do Poder Diretivo patronal na escolha de qual funcionário prestará o serviço, na condução da dinâmica de sua produção.

Igualmente configurada a onerosidade. Aliás, este aspecto é o mais pacífico entre as duas correntes. De todo modo, o pagamento pelo usuário é feito ao aplicativo e não ao motorista. Mesmo quando se opta por pagar em espécie ao motorista, este valor não configura sua remuneração. O aplicativo gerencia o pagamento dos usuários e repassa aos motoristas apenas o acordado entre eles. Assim, não é o cliente que remunera o serviço do motorista, mas o aplicativo.

O elemento da não eventualidade (habitualidade) demanda maior detalhamento para o debate em análise. Segundo este requisito, para configurar o vínculo empregatício, a natureza do serviço prestado pelo trabalhador tem que ser de necessidade habitual para o tomador.

Importante afastar qualquer confusão neste particular: não é a repetição do serviço que configura o elemento da habitualidade (a repetição é elemento de comprovação da pessoalidade), mas a necessidade permanente dele, seja de forma contínua ou intermitente.

Assim, atente-se que, para configurar a habitualidade, a necessidade do serviço deve ser permanente e não acidental. Ainda que a prestação desse serviço (de necessidade permanente para a empresa) possa ser executada contínua ou intermitentemente. O que vai variar

[18] CASSAR. Volia Bomfim. *Princípios Trabalhistas, novas profissões, globalização da economia e flexibilização das normas trabalhistas.* Niterói/RJ: Impetus, 2010.

é a frequência do exercício do ofício, e não a necessidade do serviço, que será sempre permanente nos contornos empregatícios. (Acentue-se, ademais, que a pessoalidade intermitente é suficiente para caracterizar o empregado).

Neste sentido, aplica-se a Teoria dos Fins do Empreendimento, sendo certo que o motorista se insere na atividade-fim das empresas de aplicativos de transporte. Logo, não há que se falar em necessidade acidental dos serviços dos motoristas, porquanto executam justamente as atividades essenciais à existência e manutenção das empresas.

Por tais razões, defende-se que as pessoas que exercem atividade para os aplicativos de transporte possuem natureza jurídica de empregados. Para alicerçar esta tese utiliza-se como instrumentos a Convenção 198, da OIT, e o artigo 9º, da CLT. Estes rechaçam a fraude e a desvirtuação da legislação trabalhista, configurando, assim, a relação de emprego.

Dallegrave (*online*) entende que se trata de um contrato atípico e que merece regulação pelo legislador. Acrescenta, ainda, que enquanto isso não se realiza, ao julgador caberá reconhecer a relação de emprego, com base nos dispositivos da legislação trabalhista (artigos 3º e 6º da CLT).

Para embasar os fundamentos citados, a título de exemplo, cite-se a decisão do juiz substituto Eduardo Rockenbach Pires, da 13ª Vara do Trabalho da 2ª Região (SP) – Processo nº 1001492-33-2016-5-02-0013 – e do juiz do Trabalho Márcio Toledo Gonçalves, da 33ª vara da 3ª Região (MG) – Processo nº 0011359-34.2016.5.03.0112.

A primeira decisão afastou os argumentos de defesa de que é a empresa que presta serviços aos motoristas através do uso da plataforma e do aplicativo, por uma economia do compartilhamento. Sustentou o magistrado que o produto explorado pela empresa não é meramente a ferramenta eletrônica, o aplicativo, mas também, e de modo principal, o transporte de passageiros. Desse modo, entende que o aplicativo é um mero instrumento, um acessório ao bom funcionamento dos serviços.

Tendo por base que os motoristas não são clientes das empresas de aplicativos de transporte, uma vez que os clientes são os usuários passageiros, a sentença conclui que aqueles são trabalhadores que despendem energia em prol da atividade lucrativa da empresa, de modo que passa a analisar se esta relação de trabalho se configura juridicamente como de emprego.

Assim, analisa os elementos fático-jurídicos da relação de emprego. Aponta a presença da pessoalidade, na medida em que a prestação dos serviços é feita necessariamente por pessoas físicas, sendo, inclusive, vedada a vinculação de pessoas jurídicas à plataforma. Frisa, ainda, que o cadastro do motorista no aplicativo é feito *intuitu personae.*

Quanto à não eventualidade, a decisão ponderou as particularidades do caso concreto em detrimento das modalidades de trabalho compatíveis com a plataforma dos aplicativos de transporte. Salienta a possibilidade de trabalho eventual, contudo, enfatiza que isso não significa que o trabalho de todos os motoristas é eventual. Resolveu a questão pela distribuição do ônus da prova, e, uma vez que a aptidão para a produção de prova pertencia à Reclamada, tendo sido ela silente neste sentido, considerou as alegações obreiras de que o motorista trabalhava mais de quarenta e quatro horas semanais. Logo, foi reconhecida a prestação de trabalho não eventual do motorista.

A onerosidade, por sua vez, decorreu do raciocínio inicial de que não é o motorista que paga a empresa pelo uso de seus serviços, mas, pelo contrário, a empresa que remunera os motoristas pelo trabalho desempenhado nas suas atividades econômicas.

Por fim, sobre a subordinação, o magistrado filiou-se à corrente que defende ser a subordinação integrativa suficiente para caracterizar o contrato de emprego. Neste sentido, pontuou que a mão de obra do motorista é fator de produção na geração da mercadoria da empresa de aplicativo de transporte, qual seja: serviço de transporte, pelo que entendeu presente o trabalho subordinado. Logo, houve o reconhecimento do vínculo empregatício entre as partes.

Em que pese a segunda decisão tenha sido reformada em segunda instância, é importante para confirmar o posicionamento adotado neste trabalho. O d. julgador de piso inicia a análise do tema destacando que a demanda, conquanto individual, é dotada de potencial e natureza transindividual.

Assim, aponta que a "uberização", por ter advindo dos novos padrões de organização do trabalho, a partir dos avanços da tecnologia, deve ser compreendida segundo os traços de contemporaneidade que marcam o uso das tecnologias disruptivas da relação capital-trabalho.

Após discorrer sobre a contextualização histórica das formas de organização do trabalho, pondera que o Direito do Trabalho está voltado à necessidade social de regulação dos processos capitalistas de extração de valor do trabalho alienado. Após, analisa o caso concreto de acordo com o seu enquadramento jurídico.

Assim, o magistrado entendeu presente a pessoalidade, na medida em que a empresa de aplicativo de transporte exige prévio cadastro pessoal de cada um dos pretensos motoristas, sendo evidente o caráter *intuitu personae* no fato de que é vedado ao motorista ceder sua conta do aplicativo para que outra pessoa não cadastrada e previamente autorizada preste os serviços em seu lugar.

A análise da onerosidade é feita pela ótica do Princípio da Primazia da Realidade. Assim, aponta que a empresa remunera os motoristas mesmo quando a viagem é gratuita ao usuário, e que além de remunerar pelo transporte realizado, também oferece prêmios aos motoristas quando alcançadas condições previamente estipuladas. Logo, conclui que a empresa de aplicativo de transporte não apenas faz a intermediação entre passageiro e condutor, mas, ao contrário, recebe por cada serviço e, posteriormente, paga o trabalhador.

Quanto ao elemento da não eventualidade, a decisão se filia à Teoria dos Fins do Empreendimento aliada à Teoria da Eventualidade. Enquadra a Reclamada como uma moderna empresa de transporte de passageiros, sendo esta sua atividade principal, não obstante também atue no desenvolvimento de tecnologias como meio de operacionalização de seu negócio. Logo, o motorista desenvolve suas atividades para os fins normais da empresa, configurando, assim, a não eventualidade.

Demais disso, uma vez que os motoristas cadastrados atendem à demanda intermitente pelos serviços de transporte, a decisão afasta a eventualidade que descaracterizaria o vínculo empregatício. "Assim, por qualquer ângulo que se analise a matéria, é inconteste a estreita correspondência entre o labor do reclamante (função de motorista) com as atividades normais da reclamada (serviço de transporte), sendo certo, por conseguinte, deduzir a não eventualidade da prestação dos serviços".

Na ponderação da subordinação encontram-se os ensinamentos mais preciosos ao presente estudo. A matéria é enfrentada com minúcias, de modo que o julgador conclui pela presença da subordinação em todas as suas dimensões, seja a clássica, a objetiva e mesmo a estrutural.

Pela matriz clássica, a subordinação é extraída da submissão do Reclamante às ordens da Reclamada sobre o modo de desenvolver a prestação dos serviços, à possibilidade de controles contínuos, bem como pelo fato de estar sujeito a sanções disciplinares caso incida em comportamentos entendidos como inadequados pela empresa.

Salienta, inclusive, que o poder regulamentar patronal é efetivamente exercido pela empresa de aplicativo de transporte, na medida em que impõe inúmeros regramentos, que, se desrespeitados, ocasionariam a perda do acesso ao aplicativo, tais como código de conduta que proíbe recusar o embarque de animais condutores de cegos e fazer uso de álcool ou drogas enquanto dirige.

Ainda sob a ótica clássica, reconhece a fiscalização patronal realizada não dentro da fábrica, mas difusamente, por meio de algoritmos de controle constante das avaliações realizadas pelos usuários do serviço, proporcionando um efetivo controle patronal. Fundamenta legalmente o controle algoritmo pela possibilidade trazida na Lei nº 12.551/2011, que equiparou os meios telemáticos e informatizados de supervisão aos meios pessoais e diretos de comando.

Evidente a subordinação em seu aspecto objetivo, uma vez que o Reclamante realizava os objetivos sociais da empresa. Igualmente presente a subordinação estrutural, porquanto o motorista se encontra inserido na organização, dinâmica e estrutura da empresa de aplicativo de transporte. Assim, "o obreiro também era subordinado porque oferecia prestação laboral indispensável aos fins da atividade empresarial, não possuindo uma organização própria e não percebendo verdadeiramente os frutos do seu trabalho".

Concorda-se com os posicionamentos supracitados. Os motoristas dos aplicativos de transporte detêm contrato atípico de trabalho que lhes garantem a proteção legal destinada aos empregados. Acrescente-se, todavia, que tal contrato, de acordo com as peculiaridades do caso concreto, pode ser configurado como intermitente, que foi regulamentado pela Reforma Trabalhista (Lei nº 13.417/2017), que assim disciplina:

> Art. 443. O contrato individual de trabalho poderá ser acordado tácita ou expressamente, verbalmente ou por escrito, por prazo determinado ou indeterminado, ou para prestação de trabalho intermitente.
> (...)
> §3º *Considera-se como intermitente o contrato de trabalho no qual a prestação de serviços, com subordinação, não é contínua, ocorrendo com alternância de períodos de prestação de serviços e de inatividade, determinados em horas, dias ou meses, independentemente do tipo de atividade do empregado e do empregador, exceto para os aeronautas, regidos por legislação própria.*
> (...)
> Art. 452-A. O contrato de trabalho intermitente deve ser celebrado por escrito e deve conter especificamente o valor da hora de trabalho, que não pode ser inferior ao valor horário do salário mínimo ou àquele devido aos demais empregados do estabelecimento que exerçam a mesma função em contrato intermitente ou não.
> §1º *O empregador convocará, por qualquer meio de comunicação eficaz, para a prestação de serviços, informando qual será a jornada, com, pelo menos, três dias corridos de antecedência.*
> §2º *Recebida a convocação, o empregado terá o prazo de um dia* útil *para responder ao chamado, presumindo-se, no silêncio, a recusa.*
> §3º *A recusa da oferta não descaracteriza a subordinação para fins do contrato de trabalho intermitente.*

> §4º Aceita a oferta para o comparecimento ao trabalho, a parte que descumprir, sem justo motivo, pagará à outra parte, no prazo de trinta dias, multa de 50% (cinquenta por cento) da remuneração que seria devida, permitida a compensação em igual prazo.
> §5º O período de inatividade não será considerado tempo à disposição do empregador, podendo o trabalhador prestar serviços a outros contratantes.
> §6º Ao final de cada período de prestação de serviço, o empregado receberá o pagamento imediato das seguintes parcelas:
> I – remuneração;
> II – férias proporcionais com acréscimo de um terço;
> III – décimo terceiro salário proporcional;
> IV – repouso semanal remunerado; e
> V – adicionais legais.
> §7º O recibo de pagamento deverá conter a discriminação dos valores pagos relativos a cada uma das parcelas referidas no §6º deste artigo.
> §8º O empregador efetuará o recolhimento da contribuição previdenciária e o depósito do Fundo de Garantia do Tempo de Serviço, na forma da lei, com base nos valores pagos no período mensal e fornecerá ao empregado comprovante do cumprimento dessas obrigações.
> §9º A cada doze meses, o empregado adquire direito a usufruir, nos doze meses subsequentes, um mês de férias, período no qual não poderá ser convocado para prestar serviços pelo mesmo empregador. (Grifos nossos).

O contrato de trabalho intermitente pode caracterizar o pactuado entre o motorista e o aplicativo de transporte, uma vez que nesta modalidade não há jornada de trabalho definida. Ele só recebe no período que efetivamente trabalha, quando convocado pela empresa.

O enquadramento como contrato intermitente requer análise meticulosa, pois de acordo com o precedente brasileiro atual, este deve ser considerado nulo em casos em que há prestação de serviço de atividades contínuas, permanentes e regulares na empresa.

Registre-se que o requisito da convocação previsto no §1º do art. 452-A da CLT milita em favor do obreiro para resguardar-lhe de eventual surpresa, não podendo servir para lhe prejudicar. Em relação ao tema ora discutido, defende-se que o cadastro do motorista no aplicativo equivale à convocação, que o ato de aceitar aquele motorista como prestador de serviços e formalizar o seu cadastro corresponde à convocação da empresa. Ainda, que a resposta do empregado (art. 452-A, §2º, da CLT) seja verificada no momento em que o motorista se *"loga"* no sistema e começa a prestar os serviços.

Existe importante decisão no caso "Magazine Luiza" (Processo nº 0010454-06.2018.5.03.0097), a qual tratou dos parâmetros do contrato intermitente. O julgamento traz que o dito contrato é lícito pela nova legislação, mas deve ser utilizado para casos excepcionais.

O processo discutiu a situação de um trabalhador contratado como assistente de loja, sob a modalidade de contrato de trabalho intermitente. Embora o juízo de piso tenha validado a contratação, a sentença foi reformada pelo TRT da 3ª Região.

Os desembargadores entenderam que o Reclamante desenvolvia atividades típicas, permanentes e contínuas da empresa, dentro do volume normal de atividade desta. Sustentaram a incompatibilidade do regime intermitente com a demanda permanente, contínua ou regular da empresa, sob pena de se substituir posto de trabalho efetivo.

Os julgadores do C. TRT3 enfatizaram que o objetivo da Reforma Trabalhista com o trabalho intermitente foi o de "simplificar e modernizar as relações de trabalho, sem que, com isso, haja precarização do emprego" e que esta modalidade se destina apenas à contratação excepcional, em atividade empresarial descontinua.

O mencionado acórdão estabeleceu, ainda, que o expresso no artigo 443, CLT, considera que o trabalho intermitente, independentemente do tipo de atividade do empregado e do empregador, se refere à função exercida pelo trabalhador e não à atividade em si.

Tendo por base tal entendimento, infere-se que em determinadas situações, no caso de o motorista exercer a atividade como "bico", o contrato de trabalho intermitente é adequado para a relação.

A segunda corrente entende que não existe a presença do requisito subordinação, uma vez que não há jornada mínima na relação, o motorista pode recusar corridas, cadastrar outra pessoa para realizar as viagens no seu veículo. Ademais, pode gerenciar as corridas e é ele quem custeia o seu trabalho.

Na visão dos defensores desta tese, o aplicativo é uma plataforma digital que interliga usuários e motoristas. Sublinha-se que o fato de existir na atividade o mínimo de ordens, diretrizes e avaliação, as quais se manifestam principalmente no instante da pactuação e entrega do serviço, não descaracteriza a autonomia, uma vez que as instruções não são obrigatórias. Os que advogam esta ideia entendem que se trata apenas de "nova tecnologia", não havendo os elementos que caracterizam a relação de emprego.

Para os que negam o vínculo laboral, a subordinação não está configurada, uma vez que os motoristas podem se manter *off-line*. Não há pessoalidade pelo fato de o motorista poder se fazer substituir.

Não existe a habitualidade (não eventualidade), pois os motoristas podem se afastar do aplicativo e mantê-lo desligado. Como o contrato é bilateral e sinalagmático (com obrigações e direitos recíprocos), a onerosidade se faz presente. Entretanto, a presença deste único requisito não é capaz de configurar o vínculo de emprego.

Em consonância com a classificação do motorista de aplicativo de transporte como autônomo, existe sentença do juiz do Trabalho substituto Filipe de Souza Sickert, da 37° Vara da 3° região (MG) – Processo n° 0011863-62.2016.5.03.0137, este considerou que não existe subordinação entre o motorista e o aplicativo e condenou o Reclamante em litigância de má-fé.

Após apresentar as duas correntes existentes no ordenamento jurídico brasileiro e com base nas ponderações anteriormente feitas, é de bom alvitre deixar claro que, apesar da simpatia pela primeira corrente, o que vai definir a natureza jurídica da relação é o caso concreto. É crucial ponderar a intensidade de autonomia e a existência ou não dos elementos da relação de emprego para melhor classificar este tipo de ocupação.

Da mais a mais, qualquer que seja o tipo de relação, em maior ou menor grau de autonomia, a proteção deverá predominar.

8 Conclusão

Discutir sobre os novos meios de produção da atualidade e seus aspectos no que toca aos aplicativos de transporte no Brasil é de grande importância, visto que tal instituto já foi difundido e é bastante utilizado na sociedade, sendo objeto de reflexão e preocupação na seara laboral.

Após observar o fenômeno de expansão da tecnologia, os avanços e mudanças ocorridas no mundo na era digital e tomar por base os objetivos do Direito do Trabalho, observa-se a importância de acompanhar as transmutações e se adaptar aos novos meios de produção, sem, contudo, se afastar da dignidade humana e da proteção devida a quem exerce um ofício em benefício alheio, independentemente da classificação jurídica que se encaixa a relação (empregado ou autônomo).

A tecnologia possibilitou o encurtamento de distâncias e a proliferação de pensamentos e culturas. Em contrapartida, no âmbito laboral, tornou enigmática a natureza jurídica de alguns profissionais, pelo fato de ter modificado a forma de realizar as tarefas. Portanto, se não utilizada com zelo, pode ser capaz de precarizar relações laborais.

Sendo assim, é de suma importância a aplicação dos conceitos de dignidade humana e proteção. De todo modo, não parece seguro engessar a categorização dos motoristas de aplicativos de transporte.

A categorização como empregado ou autônomo vai depender do caso e da análise da presença dos elementos fático-jurídicos da relação de emprego. Via de regra, o contrato para este tipo de ofício é atípico, uma vez que não se consegue encontrar outra natureza jurídica no âmbito do ordenamento jurídico brasileiro.

Vale ressaltar que, excepcionalmente, se o motorista trabalha como *freelancer*, exercendo trabalho por curto período de tempo, ou seja, com jornada variável, o contrato poderá ser intermitente, desde que presentes os demais requisitos necessários e exigidos pela Reforma Trabalhista através da Lei nº 13.467/2017.

O legislador teve a chance de sanar discussões sobre o tema quando da Reforma Trabalhista e não o fez, aparentemente, de modo proposital. Desta feita, recomenda-se que se estiverem presentes os requisitos estabelecidos nos artigos 2º e 3º, da CLT, quais sejam: subordinação, onerosidade, pessoalidade e habitualidade (não eventualidade), o motorista seja classificado como empregado. Do contrário, autônomo.

Referências

ALEXY, Robert. *Teoría de los Derechos Fundamentales*. 3. ed. Madrid: Centro de Estudios Políticos y Constitucionales, 2002.

AURÉLIO, dicionário (*online*). Disponível em: http://www.dicio.com.br/terceirizacao/. Acesso em 12 dez. 2018.

BARCELLOS, Ana Paula de. *A eficácia jurídica dos princípios constitucionais*: o princípio da dignidade da pessoa humana. 3. ed. rev. e atual. Rio de Janeiro: Renovar, 2011.

CASSAR, Vólia Bomfim. *Direito do trabalho*. 4. ed. Rio de Janeiro: Impetus, 2010.

CASSAR, Vólia Bomfim. *Princípios trabalhistas, novas profissões, globalização da economia e flexibilização das normas trabalhistas*. Niterói/RJ: Impetus, 2010.

CESARINO JUNIOR, Antônio Ferreira; CARDONE, Marly. *Direito Social*. 2. ed. São Paulo: LTr, 1993. v. I.

DALLEGRAVE NETO, José Affonso. *Uber*: autônomo ou empregado? 25 set. 2018. Disponível em: https://www.contabeis.com.br/noticias/37844/uber-autonomo-ou-empregado/. Acesso em 13. fev. 2019.

DELGADO, Maurício Godinho. *Curso de direito do trabalho*. 11. ed. São Paulo: LTr, 2012.

LEVY, Pierre. *A conexão planetária*. São Paulo: Editora 34 Ltda., 2001.

LEVY, Pierre. *O que é virtual*. São Paulo: Editora 34 Ltda., 1997.

MEIRELES, Edilton. *A Constituição brasileira do trabalho.* 2017. Disponível em: https://www.diritto.it/stampa-articolo/?articolo_id=20450. Acesso em 30 jan. 2019.

MIRAGLIA, Lívia Mendes Moreira. *A terceirização trabalhista no Brasil.* São Paulo: Quartier Latin, 2008.

NOVELINO, Marcelo. *Direito Constitucional.* 2. ed. São Paulo: Método, 2008.

NUNES, Luiz Antônio Rizzatto. *O princípio constitucional da dignidade da pessoa humana*: doutrina e jurisprudência. São Paulo: Saraiva, 2007.

SARLET, Ingo Wolfgang. *Dignidade da pessoa humana e direitos fundamentais na constituição federal de 1988.* 6. ed. rev. atual. Porto Alegre: Livraria do Advogado Ed., 2008.

UBER. *Como a Uber funciona?* Disponível em: https://help.uber.com/pt-BR/riders/article/como-a-uber-funciona?nodeId=738d1ff7-5fe0-4383-b34c-4a2480efd71e. Acesso em 18 fev. 2019.

Informação bibliográfica deste texto, conforme a NBR 6023:2018 da Associação Brasileira de Normas Técnicas (ABNT):

ANDRADE, Anita Duarte de; LAFAYETTE, Karla Fernandes. Aplicativos de transporte: novos caminhos do labor na era digital. *In*: TUPINAMBÁ, Carolina (Coord.). *As novas relações trabalhistas e o futuro do Direito do Trabalho*: as novidades provenientes dos avanços tecnológicos. Belo Horizonte: Fórum, 2021. (Coleção Fórum as novas relações trabalhistas e o futuro do Direito do Trabalho. Tomo III.). p. 289-314. ISBN 978-65-5518-131-9.

AUSÊNCIA DE VÍNCULO EMPREGATÍCIO DE MOTORISTA COM A UBER E EMPRESAS SIMILARES

ANA PAULA MELLO DOS SANTOS

1 Introdução

As inovações tecnológicas vêm trazendo facilidades inimagináveis há algumas décadas, entretanto, trouxeram também conflitos de diversas ordens, sendo que muitos deles carecem de regulamentação. Aplicativos de mobilidade urbana são um exemplo, pois, sendo fruto das novidades trazidas pela tecnologia, eles surgiram como uma facilidade para os dias atuais. Se antes as pessoas precisavam ligar para uma cooperativa para solicitar um táxi, os aplicativos no celular revolucionaram a forma como grande parte da população se locomove. Isto apenas foi possível em razão da facilitação do acesso à internet pelos smartphones.

Dentre os aplicativos de transporte no celular está o Uber, pioneiro no ramo. Ele está presente em diversos países do mundo, oferecendo o mesmo tipo de serviço. A Uber chegou ao Brasil em 2014, inicialmente oferecendo os seus serviços apenas em algumas cidades, e até hoje a empresa está em constante expansão. O Uber é um aplicativo que funciona oferecendo transporte privado urbano.[1]

A Uber funciona como uma intermediária, pois possui motoristas cadastrados em sua plataforma, bem como usuários do serviço, de forma que, quando um usuário solicita um carro, ela procura o motorista cadastrado mais próximo, pronto para atendê-lo. Seu sucesso foi tão grande que outras empresas foram surgindo, inclusive aplicativos oferecendo serviços de táxi foram também criados para fazer frente à nova concorrência. Hoje, diversas são as opções de aplicativos oferecendo o mesmo tipo de serviço, exemplificativamente, temos o Cabify, 99, Easy, entre outros, que englobam tanto carros particulares quanto táxis.

Em um primeiro momento, questionou-se a legalidade do funcionamento do Uber no Brasil, sendo alvo de protestos e medidas liminares suspendendo o aplicativo. Entretanto, já há alguns anos no mercado, há desdobramentos outros, e novos questionamentos vêm surgindo em diversas áreas do Direito.

Nos últimos tempos, foram levadas ao Poder Judiciário, por seus motoristas parceiros, diversas ações envolvendo a empresa Uber. Muitos deles estão ingressando com reclamatórias trabalhistas requerendo o reconhecimento de vínculo empregatício entre eles e a empresa. Eles alegam que são verdadeiros empregados da Uber, tendo todos os requisitos fático-jurídicos da relação de emprego presentes. A partir dessa alegação, os motoristas requerem o reconhecimento do vínculo de emprego e todas as verbas decorrentes dele, tais como férias, recolhimento de FGTS, décimo terceiro salário, repouso semanal remunerado, entre outras.

Essas ações trabalhistas são reflexo da modernidade no Direito do Trabalho. A Uber trouxe ao Brasil um novo modelo de trabalho, conhecido como "uberização", que consiste em tarefas sob demanda. Com novas formas de produção surgindo a partir das inovações tecnológicas, a Justiça do Trabalho se depara com novos conflitos sendo criados a todo o momento. Necessária é a regulamentação do tema pelo Congresso Nacional, mas, enquanto isso não acontece, em razão da vedação ao *non liquet* e do princípio da inafastabilidade da jurisdição, previsto no artigo 5º, XXXV, da Constituição Federal,[2] juízes e tribunais de todo o Brasil estão lidando com essas demandas, interpretando

---

[1] Esclarece-se que, ao fazer referência à Uber como empresa, utilizamos a redação "a Uber", ao passo que, quando nos referimos ao aplicativo, utilizamos a redação "o Uber".

[2] Art. 5º Todos são iguais perante a lei, sem distinção de qualquer natureza, garantindo-se aos brasileiros e aos estrangeiros residentes no País a inviolabilidade do direito à vida, à

a relação jurídica existente entre os motoristas e a empresa à luz da legislação atual.

Entretanto, essa interpretação jurisprudencial não está sendo feita de modo uniforme, o que causa enorme insegurança jurídica, visto que um motorista de determinado estado consegue o reconhecimento do vínculo empregatício com a empresa, enquanto outro motorista de estado diverso não consegue o vínculo com a mesma empresa, apesar de possuírem as mesmas condições de trabalho.

Cabe frisar que a legislação brasileira é nacional, ou seja, a mesma lei trabalhista é aplicada em todo o território nacional. Isso porque, de acordo com o artigo 22, I, da Constituição Federal,[3] compete privativamente à União legislar sobre o Direito do Trabalho.

2 Requisitos fático-jurídicos da relação de emprego

A Consolidação das Leis do Trabalho (CLT) é o principal instrumento normativo do Direito do Trabalho. Nela estão definidos os requisitos fático-jurídicos da relação de emprego, que não se confunde com a relação de trabalho. É certo, conforme dispõe o artigo 114, I, da Constituição Federal,[4] que a Justiça do Trabalho é competente para julgar os conflitos decorrentes de ambas, entretanto, tais conceitos não se confundem.

A relação de trabalho é gênero que engloba diversos tipos de trabalho, entre eles a relação de emprego. Isso quer dizer que relação de emprego é uma espécie de relação de trabalho. Dessa forma, toda relação de emprego é uma relação de trabalho, mas nem toda relação de trabalho é uma relação de emprego. A relação de trabalho é mais ampla, de forma que toda pessoa que presta um trabalho a favor de outra pessoa integra uma relação de trabalho. Nas palavras de Mauricio Godinho Delgado, a relação de trabalho.

> Refere-se, pois, a toda modalidade de contratação de trabalho humano modernamente admissível. (...) Traduz, portanto, o gênero a que se

---

liberdade, à igualdade, à segurança e à propriedade, nos termos seguintes: (...) XXXV – a lei não excluirá da apreciação do Poder Judiciário lesão ou ameaça a direito; (...).

3 Art. 22. Compete privativamente à União legislar sobre: I – direito civil, comercial, penal, processual, eleitoral, agrário, marítimo, aeronáutico, espacial e do trabalho; (...).

4 Art. 114. Compete à Justiça do Trabalho processar e julgar: I – as ações oriundas da relação de trabalho, abrangidos os entes de direito público externo e da administração pública direta e indireta da União, dos Estados, do Distrito Federal e dos Municípios; (...).

acomodam todas as formas de pactuação de prestação de trabalho existentes no mundo jurídico atual.[5]

Para que a relação de emprego reste configurada é preciso que alguns elementos estejam presentes. Os elementos formadores da relação de emprego, denominados requisitos fático-jurídicos, estão previstos no artigo 3º, *caput*, da CLT: "Considera-se empregado toda pessoa física que prestar serviços de natureza não eventual a empregador, sob a dependência deste e mediante salário".

Em complementação, o artigo 2º, *caput*, da CLT, ao definir quem é considerado empregador, prevê: "Considera-se empregador a empresa, individual ou coletiva, que, assumindo os riscos da atividade econômica, admite, assalaria e dirige a prestação pessoal de serviço".

Portanto, são requisitos fático-jurídicos da relação de emprego: pessoalidade, não eventualidade, subordinação e onerosidade. Além disso, o empregado deve necessariamente ser pessoa física.

Para que se caracterize a relação de emprego, todos esses requisitos devem estar preenchidos cumulativamente. Uma vez que todos estejam presentes, a relação de emprego existe; se apenas um deles estiver faltando, já não se pode falar em relação de emprego ou contrato de trabalho, ou seja, com a ausência de um dos requisitos fático-jurídicos, não está formado o vínculo empregatício.

Há ainda outro requisito fático-jurídico, defendido por alguns doutrinadores, a exemplo de Vólia Bomfim Cassar: o empregado não corre o risco do empreendimento, visto que o risco do negócio é sempre do empregador.[6]

Para que se possa analisar a existência ou não de vínculo empregatício do motorista com a Uber, mister se faz conhecer cada um desses requisitos.

A pessoalidade é o fato de o empregado não poder se fazer substituir por outra pessoa no curso da relação de emprego. O contrato de trabalho é personalíssimo, infungível, *intuitu personae* com relação à figura do empregado. Na condição de empregado, o trabalhador não pode colocar outra pessoa para prestar serviços em seu lugar.

A onerosidade decorre da contraprestação pecuniária recebida pelo empregado pelos serviços prestados, ou seja, é o pagamento feito

---

5 DELGADO, Mauricio Godinho. *Curso de Direito do Trabalho*. 15. ed. São Paulo: LTr, 2016. p. 295.

6 CASSAR, Vólia Bomfim. *Direito do trabalho*: de acordo com a reforma trabalhista. 16. ed. Rio de Janeiro: Forense; São Paulo: Método, 2018.

pelo empregador em razão do serviço prestado pelo empregado. O contrato de trabalho deve prever uma remuneração, não pode ser gratuito. Ele é oneroso.

Mas não é só isso. A onerosidade possui dois aspectos cumulativos para sua caracterização: o aspecto objetivo e o aspecto subjetivo. O objetivo é o efetivo pagamento pelo serviço prestado. E o subjetivo se refere à intenção onerosa, ou seja, quem trabalha faz isso visando a sua posterior remuneração, o ressarcimento pelo serviço prestado. O empregado trabalha com a intenção de receber uma contraprestação, é a ideia de trabalhar para receber uma contraprestação.

A não eventualidade, ou habitualidade, quer dizer que o empregado deve prestar os serviços de modo não eventual, isto é, deve trabalhar de forma habitual. A prestação de serviço não pode ser esporádica, eventual. Entretanto, essa análise não é feita a partir da frequência da prestação de serviços, mas sim, com relação à atividade principal do empregador. A não eventualidade leva em consideração a fixação do trabalhador na atividade-fim da empresa, ou na atividade que mais consistentemente o empregador desenvolve, independentemente do número de dias que o empregado presta serviços na semana.

A subordinação pode ser técnica, econômica ou jurídica. Entretanto, as duas primeiras não são requisitos da relação de emprego, visto que não há necessariamente uma subordinação técnica ou econômica de um empregado com relação ao seu empregador. O entendimento de que a subordinação seria econômica ou técnica foi superado.

A subordinação que decorre do contrato de trabalho é a subordinação jurídica, que é a obediência às ordens e determinações do empregador pelo empregado. O empregador dirige a prestação de serviços, organizando-a por meio de seu poder diretivo. O empregado, dentro dos limites legais, tem o dever de obediência ao empregador, por estar a ele subordinado.

Conforme preconiza Mauricio Godinho Delgado:

> O debate sobre a natureza (posicionamento classificatório) do fenômeno da subordinação já se pacificou, hoje, na teoria justrabalhista. A subordinação classifica-se, inquestionavelmente, como um fenômeno jurídico, derivado do contrato estabelecido entre trabalhador e tomador de serviços, pelo qual o primeiro acolhe o direcionamento objetivo do segundo sobre a forma de efetuação da prestação do trabalho.[7]

---

[7] DELGADO, Mauricio Godinho. *Curso de Direito do Trabalho*. 15. ed. São Paulo: LTr, 2016. p. 312.

Portanto, a subordinação jurídica compreende ordens do empregador, que direciona a prestação dos serviços, como horário de entrada e saída, os serviços que devem ser realizados etc.

Nesse ponto, o trabalhador autônomo é assim considerado, principalmente, pela falta de subordinação de suas atividades. A ele falta este elemento caracterizador da relação de emprego, razão pela qual ele não é considerado empregado. Nas palavras de Alice Monteiro de Barros, "no trabalho autônomo, o prestador de serviços atua como patrão de si mesmo, sem submissão aos poderes de comando do empregador".[8]

A alteridade, também considerada por alguns doutrinadores como elemento fático-jurídico da relação de emprego, significa que os riscos do negócio devem ser integralmente arcados pelo empregador, e nunca pelo empregado. Isto quer dizer que os riscos da atividade econômica devem ser sempre assumidos pelo empregador. Dessa forma, o empregado não sente em sua esfera pessoal ou patrimonial eventual insucesso do negócio.

Cumpre esclarecer que a Lei nº 13.467/2017, conhecida como lei da reforma trabalhista, em nada alterou os requisitos fático-jurídicos da relação de emprego, mantendo integralmente a redação dos artigos 2º e 3º da CLT.

3 Conflitos trabalhistas: motorista *versus* Uber

Muitos motoristas vêm recentemente ingressando com reclamatórias trabalhistas pedindo ao Poder Judiciário o reconhecimento do vínculo empregatício com a Uber. O papel dos magistrados ao julgar tais ações é verificar, frente às condições de trabalho, em observância ao princípio da primazia da realidade, se os requisitos fático-jurídicos da relação de emprego estão presentes de forma cumulativa.

Referido princípio se aplica ao Direito do Trabalho no sentido de fazer prevalecer a verdade dos fatos em detrimento das formas, ou seja, o juiz deve levar em consideração no seu convencimento acerca do caso concreto o que ocorre de fato, e não o que está escrito.

Entretanto, os Tribunais Regionais do Trabalho (TRTs) estão divergindo na interpretação sobre o assunto, ou seja, alguns entendem que estão presentes todos os requisitos, formando, então, o vínculo empregatício entre empregado e empregador, enquanto outros entendem

---

[8] BARROS, Alice Monteiro de. *Curso de Direito do Trabalho*. 10. ed. atualizada por Jessé Claudio Franco de Alencar. São Paulo: LTr, 2016. p. 148.

que não há relação de emprego caracterizada, apenas existindo uma relação de trabalho autônomo.

Decisões conflitantes não existem apenas entre diferentes Tribunais Regionais do Trabalho. Em alguns deles, os entendimentos opostos estão configurados entre os juízes do trabalho e desembargadores de uma mesma região. O fato é que existe uma real e atual divergência, e a questão está longe de estar pacificada.

3.1 Divergência jurisprudencial

Vólia Bomfim Cassar confirma a existência de decisões divergentes na Justiça do Trabalho, ora reconhecendo, ora negando o vínculo empregatício entre o motorista e a Uber:

> Há controvérsias a respeito do vínculo de emprego entre o motorista (...) e a Uber. Existem decisões negando o liame empregatício, sob a argumentação da falta de subordinação (mera coordenação) e pelos riscos sofridos pelo motorista, que pode até ter prejuízos com a atividade e decisões concedendo o vínculo de emprego ao argumento de que a subordinação é ao aplicativo, às tarifas e à avaliação dos clientes.[9]

Necessário se faz observar alguns dos julgados que recentemente enfrentaram o tema, bem como verificar a fundamentação exteriorizada pelos intérpretes da lei.

A relação jurídica existente entre o motorista e a Uber foi tratada nos autos do processo nº 0010774-87.2017.5.03.0001 (RO), do TRT da 3ª Região (MG), da Relatoria da Juíza Convocada Sabrina de Faria F. Leão, disponibilizado no *DEJT* do dia 19.12.2017, cujo acórdão nega a existência de vínculo empregatício, sob os seguintes fundamentos:

> MOTORISTA CADASTRADO EM PLATAFORMA DIGITAL – UBER – RELAÇÃO DE EMPREGO – INEXISTÊNCIA. Ainda que seja notória a dificuldade da legislação trabalhista em regulamentar as novas relações de trabalho que surgem exponencialmente, inclusive pelo incremento e utilização cada vez mais intensa de aparatos tecnológicos que integram o cotidiano dos trabalhadores em suas atividades profissionais, por outro lado não podem ser ignorados os pressupostos consubstanciados nos artigos 2º e 3º da CLT para fins de eventual reconhecimento do vínculo

---

9 CASSAR, Vólia Bomfim. *Direito do trabalho*: de acordo com a reforma trabalhista. 16. ed. Rio de Janeiro: Forense; São Paulo: Método, 2018. p. 285.

> empregatício perante esta Especializada. Seguindo essa premissa, não há como declarar a relação de emprego entre o motorista cadastrado em plataforma digital que propicia a intermediação do serviço de transporte com o passageiro e a empresa que desenvolveu e disponibiliza a referida tecnologia, quando evidenciado pelo contexto probatório a ampla autonomia pelo reclamante no desempenho de sua atividade profissional como motorista, assumindo os riscos da atividade por ele desenvolvida e gerindo o seu cotidiano laboral conforme sua conveniência, pois a ausência do pressuposto legal concernente à subordinação jurídica se apresenta como óbice para a configuração do vínculo empregatício.

No mesmo sentido decidiu a 10ª Câmara do TRT da 15ª Região, nos autos do processo nº 0010947-93.2017.5.15.0093 (RO), de Relatoria de Edison dos Santos Pelegrini, disponibilizado no *DEJT* do dia 30.11.2018, cuja ementa se segue:

> UBER – MOTORISTA – INEXISTE VÍNCULO EMPREGATÍCIO. Não é empregado motorista que presta serviços de transporte de passageiros por intermédio do aplicativo UBER, porquanto não há subordinação na relação de trabalho, a principal característica do vínculo de emprego. Na medida em que a pessoa tem plena liberdade de definir o seu horário de trabalho, os dias de trabalho, podendo prestar serviços a outrem, inclusive aplicativo concorrente, com autonomia, sem nenhuma ingerência da reclamada. Recurso do reclamante desprovido.

De outro lado, a 15ª Turma do TRT da 2ª Região reconheceu a existência do vínculo empregatício, por considerar que o motorista não possui verdadeira autonomia. Nos autos do processo nº 1000123-89.2017.5.02.0038 (RO), da Relatoria da desembargadora Beatriz de Lima Pereira, disponibilizado no *DEJT* do dia 18.08.2018. Dentre os argumentos utilizados, a relatora assim expôs:

> Por fim, a alegação de que as empresas não impõem aos motoristas regras de conduta tampouco restou comprovada. Há confissão das demandadas de que as avaliações dos usuários são decisivas para a manutenção do cadastro do motorista. Aliás, a preposta, ouvida em audiência, admitiu que o demandante foi desligado exatamente por ter avaliação abaixo da média (...) É preciso registrar, nesse passo, que a relação existente entre as demandadas e os motoristas que lhes servem não se caracteriza pelo modelo clássico de subordinação e de que, assim, a depender do caso concreto sob exame, poderá não haver a configuração do vínculo de emprego, especialmente nos casos em que a prestação de serviços se revelar efetivamente eventual. Por isso, o exame das demandas judiciais

> que envolvem os novos modelos de organização do trabalho deve se dar à luz das novas concepções do chamado trabalho subordinado ou parassubordinado, especialmente considerando o avanço da tecnologia. (...) Em consequência, considerando as peculiaridades do caso dos autos, acolho o inconformismo do demandante para reconhecer o vínculo de emprego entre as partes (...).

A juíza do trabalho, titular da 37ª vara do trabalho de Belo Horizonte, Ana Maria Espi Cavalcanti, em sentido contrário ao que vem decidindo os desembargadores do TRT da 3ª Região, reconheceu o vínculo de emprego de motorista com a Uber nos autos do processo nº 0010635-18.2017.5.03.0137, disponibilizado no *DEJT* do dia 24.01.2019, sob a seguinte fundamentação:

> É preciso registrar, nesse passo, que a relação existente entre as demandadas e os motoristas que lhes servem não se caracteriza pelo modelo clássico de subordinação e de que, assim, a depender do caso concreto sob exame, poderá não haver a configuração do vínculo de emprego, especialmente nos casos em que a prestação de serviços se revelar efetivamente eventual. Por isso, o exame das demandas judiciais que envolvem os novos modelos de organização do trabalho deve se dar à luz das novas concepções do chamado trabalho subordinado ou parassubordinado, especialmente considerando o avanço da tecnologia. (...) Verifica-se, pois, na relação havida entre as partes, o poder de direção da reclamada, conduzindo o *modus faciendi* da prestação de trabalho. Configurada, pois, a subordinação jurídica. Assim, e uma vez presentes os pressupostos da pessoalidade, não eventualidade, subordinação jurídica, salário e prestação de serviços inerentes à atividade-fim da empresa (art. 2º e 3º da CLT), configurada ficou a relação de emprego entre as partes (...).

Resta evidente a divergência jurisprudencial envolvendo a questão, trazendo insegurança jurídica tanto para os motoristas quanto para as empresas que desenvolvem esse tipo de atividade.

Os Tribunais Regionais do Trabalho estão preocupados em discutir o tema, prova disso é a audiência pública realizada pelo TRT da 1ª Região (Rio de Janeiro), em maio de 2017, para discutir a temática "mobilidade urbana, emprego e novas tecnologias", momento em que diversos posicionamentos foram apresentados.

Entretanto, ainda há muitas controvérsias, devido a diferentes teses sobre o assunto. Toda a divergência apontada é apta a ensejar recurso de revista, a ser oportunamente julgado pelo Tribunal Superior do Trabalho (TST), que terá a função de pacificar a jurisprudência. Logo, a tendência é que em breve o TST tenha que se posicionar sobre a existência ou não de vínculo empregatício do motorista com a Uber.

Ressalta-se que a função do recurso de revista é uniformizar a jurisprudência e guardar a legislação e a Constituição Federal. A CLT prevê as hipóteses taxativas de cabimento do recurso de revista, sendo que a situação narrada está enquadrada no artigo 896, *a*, da CLT, que prevê que cabe recurso de revista das decisões proferidas em grau de recurso ordinário, em dissídio individual, pelos Tribunais Regionais do Trabalho, quando derem ao mesmo dispositivo de lei federal interpretação diversa da que lhe houver dado outro Tribunal Regional do Trabalho, no seu Pleno ou Turma, ou a Seção de Dissídios Individuais do Tribunal Superior do Trabalho.

3.2 Ausência de vínculo empregatício entre a Uber e o motorista

Tendo sido apresentados os requisitos fático-jurídicos da relação de emprego e os diversos entendimentos por meio da jurisprudência colacionada, fundamental é verificar as condições de trabalho dos motoristas de aplicativos de mobilidade urbana.

Primeiramente, para se cadastrar como parceiro da Uber, o motorista precisa preencher certos requisitos mínimos, como ter, pelo menos, vinte e um anos, possuir carteira nacional de habilitação com anotação de que exerce atividade remunerada, e apresentar atestado de antecedentes criminais. Além disso, há especificações básicas também para o veículo, como ano limite de fabricação e exigência de contratação de um seguro de acidentes pessoais de passageiros.

Por iniciativa do motorista, após um célere processo para realizar o seu cadastro, provando os requisitos anteriormente apontados, ele pode começar efetivamente a prestação dos serviços. E a forma como ele executa tais serviços é determinante para a configuração ou não do vínculo empregatício postulado por alguns desses trabalhadores.

A Uber orienta os condutores sobre a forma como tratar os passageiros, como, por exemplo, oferecer água e bala, perguntar acerca da temperatura do ar condicionado ou sobre o volume do som. Em relação ao tempo e ao momento da prestação de serviços, o motorista possui ampla liberdade para trabalhar nos dias e horários escolhidos por ele, não havendo fixação de carga horária, de turno, ou qualquer exigência por parte da empresa. No momento em que o trabalhador estiver disponível, por escolha própria, ele liga o aplicativo sinalizando que está disponível para receber solicitações de viagens.

O preço das corridas é sugerido pela Uber, ficando ela com um percentual aproximado de 25% do valor, e o motorista com 75% do total pago pelo passageiro. Este possui a opção de pagar em dinheiro para o condutor ou por outros meios diretamente no aplicativo.

Ao contrário do que muitos motoristas apontam, não há fiscalização por parte da Uber, pois o fato de o usuário dar nota ao motorista ao final da viagem não caracteriza por si só efetiva fiscalização. Isso porque o motorista também dá nota ao passageiro no fim da viagem, e a atribuição de notas é apenas uma forma de a empresa verificar se a parceria merece ter continuidade.

A Uber e o motorista são parceiros, pois esta união traz benefícios para ambos. Eles atuam em regime de colaboração. Um motorista particular desvinculado à Uber possivelmente teria dificuldades em arranjar passageiros. O fato de ele ser cadastrado no Uber traz credibilidade à sua imagem, além de ter acesso a uma plataforma em que a demanda de serviço de transporte é constante, visto que o Uber possui milhões de usuários cadastrados em sua plataforma.

Para que essa parceria possa permanecer ao longo do tempo, é necessária a manutenção de um mínimo de qualidade do serviço, uma vez que, fora do campo trabalhista, a Uber poderia ser solidariamente responsabilizada por uma eventual batida de trânsito, por exemplo. No campo do Direito do Consumidor, a relação entre a Uber e o passageiro pode ser caracterizada como uma relação de consumo, e, neste caso, a Uber poderia ser civilmente responsabilizada. Também por essa razão é que se exige a contratação de um seguro de acidentes pessoais de passageiros.

Dessa forma, o fato de a empresa verificar as condições do serviço prestado em nada configura qualquer tipo de poder típico de um empregador. Caso ela opte, em razão das más avaliações, por desligar um motorista de sua plataforma, isso não configura fiscalização característica de empregadores nas relações de emprego. Afinal, a conduta do prestador de serviços impacta na imagem e reputação da Uber. De igual forma, a Uber poderia desvincular um passageiro com condutas inadequadas de seu sistema.

Qualquer trabalhador, seja ele eventual, autônomo ou avulso, ao executar a prestação de serviço com má qualidade, fatalmente não será contratado para um próximo trabalho. Se um pedreiro é contratado para construir um muro, e esse muro cai, certamente quem o contratou não o fará novamente.

Ao analisar as características expostas pertinentes à prestação dos serviços do motorista parceiro da Uber, nota-se que há pessoalidade, pois o motorista realiza um cadastro individualizado no sistema da empresa com os seus dados e os dados do veículo que irá utilizar, devendo ele próprio ser o condutor, e não outra pessoa. Portanto, o contrato é *intuitu personae*. Ainda mais evidente é que o motorista deve ser pessoa física.

Em relação à onerosidade, ela também está presente, nos seus aspectos subjetivo e objetivo. Por conseguinte, o trabalhador tem a intenção de receber uma contraprestação pelo serviço prestado, e efetivamente a recebe.

Quanto à não eventualidade, sendo ela avaliada levando-se em consideração a atividade preponderante da empresa, pode-se verificá-la no caso concreto.

A questão principal, e que gera a controvérsia na jurisprudência, diz respeito à subordinação, requisito visto por alguns como existente, e por outros como ausente. Quem entende que não há subordinação na relação diz que o motorista é trabalhador autônomo. O trabalhador autônomo, como o próprio nome diz, é aquele que tem autonomia no exercício do seu trabalho. O trabalhador verdadeiramente autônomo trabalha com independência.

O autônomo é conceituado por Vólia Bomfim Cassar como

> o trabalhador que explora seu ofício ou profissão com habitualidade, por conta e risco próprio. (...) Normalmente executa seus serviços para diversos tomadores (clientela variada), sem exclusividade, com independência (...) na execução do contrato. Corre o risco do negócio e não tem vínculo de emprego.[10]

A jurista ainda complementa sua explicação distinguindo as categorias de trabalhadores *empregado* e *autônomo*:

> A principal diferença entre o *autônomo* e o empregado é que este presta serviço por conta alheia e não sofre qualquer risco de sua atividade, enquanto aquele a exerce por sua *própria conta e risco, sem* qualquer *garantia de salário*. Normalmente, o autônomo trabalha para clientela diversificada, demonstrando a falta de pessoalidade na prestação de seu serviço, enquanto o empregado trabalha com pessoalidade para

---

[10] CASSAR, Vólia Bomfim. *Direito do trabalho*: de acordo com a reforma trabalhista. 16. ed. Rio de Janeiro: Forense; São Paulo: Método, 2018. p. 284-285.

determinado tomador. Os autônomos têm *subordinação mais tênue*, hoje chamada pela doutrina de *parassubordinação*. (Grifos nossos.).[11]

O artigo 442-B da CLT, incluído em 2017 pela reforma trabalhista, dispõe que "a contratação do autônomo, cumpridas por este todas as formalidades legais, com ou sem exclusividade, de forma contínua ou não, afasta a qualidade de empregado prevista no art. 3º desta Consolidação".

É certo que não será o aspecto meramente formal que dirá se o trabalhador é empregado ou autônomo, mas sim, as condições reais de trabalho de cada um, com a presença ou a ausência dos requisitos caracterizadores da relação de emprego, em observância ao princípio da primazia da realidade.

Destaca-se que, dentre os requisitos fático-jurídicos da relação de emprego, o que mais distingue o autônomo do empregado é a subordinação jurídica. Isto é, o trabalhador autônomo possui independência, sendo o patrão de si mesmo. Mas essa independência não precisa ser absoluta, bastando que seja tênue, como bem preconiza Vólia Bomfim Cassar, sendo a subordinação tênue conhecida, hoje, como parassubordinação.

A parassubordinação não é requisito fático-jurídico da relação de emprego, e ela está presente nas relações de trabalho em que há coordenação. Nesse caso, a subordinação é mais frágil. Não operam aqui os poderes diretivo ou disciplinar do empregador.

O motorista parceiro da Uber possui exatamente essa característica, pois ele trabalha no dia, horário e por quanto tempo ele quiser, havendo total flexibilidade, sem precisar compensar hora, ou dar qualquer tipo de satisfação para um eventual empregador. Isso porque não há empregador. Ele pode, inclusive, ficar longos períodos (meses) sem ativar o aplicativo, bem como tem a possibilidade de recusar viagens, se assim o desejar. Tudo isso demonstra que não há metas a serem cumpridas.

A Uber apenas coordena as atividades do motorista, dando orientações genéricas, sem haver qualquer ingerência na forma de prestação dos serviços ou fiscalização, apenas intermediando a relação entre o motorista e o usuário do serviço. A empresa muitas vezes recebe o pagamento, quando feito por meio do aplicativo, e retém a porcentagem dela referente ao regime de colaboração existente entre as partes.

---

11 CASSAR, Vólia Bomfim. *Direito do trabalho*: de acordo com a reforma trabalhista. 16. ed. Rio de Janeiro: Forense; São Paulo: Método, 2018.

É de se destacar que, além da subordinação, também não está presente na relação de trabalho entre a Uber e o motorista o requisito da alteridade. Isso porque o prestador de serviços arca com eventuais prejuízos, sendo o risco do negócio assumido por ele. Dessa forma, para os que consideram a alteridade como requisito fático-jurídico, não resta configurado também esse requisito. Para os doutrinadores que não entendem a alteridade como um desses requisitos, não é necessário analisá-lo, visto que a ausência de subordinação basta para que o vínculo empregatício não seja reconhecido.

Conforme leciona Vólia Bomfim Cassar, o trabalhador autônomo normalmente trabalha para clientela diversificada, sem exclusividade, porém não se trata de uma regra imperativa, mas sim, de uma característica comumente visualizada no trabalho autônomo. O motorista da Uber, se assim optar, pode atuar concomitantemente em qualquer outro ramo profissional, ou, ainda, pode trabalhar para o mercado concorrente, fazendo uso de outros aplicativos de mobilidade urbana. Mas o fato de ele prestar serviços apenas para a Uber ou para outras empresas não influencia na relação jurídica existente, pois a exclusividade não é um requisito da relação de emprego.

Vale dizer que a Uber trata de forma uniforme todos os motoristas parceiros, pois ela é uma empresa multinacional, com métodos padrões de funcionamento em todo o mundo, não havendo como existir, no Brasil, relação de emprego para uns e não existir para outros, pois todos os motoristas têm as mesmas condições de trabalho.

Destaca-se que cada país possui legislações próprias, portanto, o que se aplica ao Direito do Trabalho brasileiro não necessariamente será igual em outras nações, de forma que o direito comparado nesse caso restaria prejudicado, visto que os requisitos fático-jurídicos da relação de emprego ora explicados são uma construção legislativa própria do Brasil.

Todos os apontamentos feitos levam em consideração as condições atuais de trabalho. Caso a Uber modifique o tratamento dado aos motoristas, o cenário passa a ser outro, podendo ter impactos no vínculo jurídico existente entre eles.

Fato é que, caso a jurisprudência se uniformize no sentido de reconhecer o vínculo empregatício, a Uber irá mudar o seu *modus operandi*, passando a exigir carga horária mínima, estabelecendo turnos de trabalho, além de outras exigências. Isso aconteceria, pois a empresa não irá se conformar em arcar com direitos trabalhistas sem o sinalagma característico da relação de emprego estar presente.

O contrato de trabalho é sinalagmático, pois traz consigo direitos e deveres, e, a partir do momento em que a Uber passar a possuir deveres trabalhistas, certamente ela irá querer usufruir dos direitos que a legislação trabalhista confere aos empregadores, como, por exemplo, explorar a mão de obra quarenta e quatro horas semanais.

Caso esse "novo" formato de trabalho venha a ser adotado, muitos trabalhadores que usam a Uber como um complemento de renda deixariam de utilizar a plataforma, pois não conseguiriam conciliar com as demais tarefas profissionais assumidas. A Uber, hoje, principalmente em razão da crise econômica que assola o país, se tornou uma forma de muitos brasileiros conseguirem o seu sustento.

A partir do exposto, entende-se que o motorista atua com ampla liberdade e autonomia na prestação dos serviços, não havendo, portanto, subordinação jurídica, motivo pelo qual não há relação de emprego configurada. Como explicado, a relação de emprego apenas existe quando encontrados de forma cumulativa todos os seus requisitos fático-jurídicos. A inexistência de um afeta a caracterização do vínculo, sendo impossível o reconhecimento do vínculo empregatício.

4 Conclusão

Nos últimos anos, a constante evolução da tecnologia impactou o mercado de trabalho, criando novas formas de produção e, consequentemente, novas relações de trabalho. A Uber é decorrência das inovações tecnológicas, sendo que a oferta dos seus serviços é feita por meio de um aplicativo presente em smartphones de usuários, através de uma parceria com motoristas cadastrados na sua plataforma.

Os requisitos fático-jurídicos caracterizadores da relação de emprego permanecem sendo pessoalidade, não eventualidade, onerosidade, subordinação jurídica e alteridade. Dessa forma, qualquer relação de emprego, para que seja reconhecida, deve ter presente, cumulativamente, todos esses requisitos.

Por ser uma forma de produção moderna, os motoristas de aplicativos como o Uber têm suas situações jurídicas, especialmente na seara trabalhista, não bem delimitadas, existindo grande controvérsia jurisprudencial acerca da existência ou não de vínculo empregatício. Com a crescente existência desse modelo de trabalho, necessária é a regulamentação do tema pelo Poder Legislativo.

Enquanto não há regulamentação, juízes e tribunais devem interpretar o caso concreto à luz da legislação atual. Com a ausência de subordinação jurídica, impossível é reconhecer a existência do vínculo empregatício entre o motorista e a Uber, em face das condições de trabalho atualmente encontradas, em razão de serem trabalhadores verdadeiramente autônomos.

Referências

BARROS, Alice Monteiro de. *Curso de Direito do Trabalho.* 10. ed. atualizada por Jessé Claudio Franco de Alencar. São Paulo: LTr, 2016.

CASSAR, Vólia Bomfim. *Direito do trabalho*: de acordo com a reforma trabalhista. 16. ed. Rio de Janeiro: Forense; São Paulo: Método, 2018.

DELGADO, Mauricio Godinho. *Curso de Direito do Trabalho.* 15. ed. São Paulo: LTr, 2016.

Informação bibliográfica deste texto, conforme a NBR 6023:2018 da Associação Brasileira de Normas Técnicas (ABNT):

SANTOS, Ana Paula Mello dos. Ausência de vínculo empregatício de motorista com a Uber e empresas similares. *In*: TUPINAMBÁ, Carolina (Coord.). *As novas relações trabalhistas e o futuro do Direito do Trabalho*: as novidades provenientes dos avanços tecnológicos. Belo Horizonte: Fórum, 2021. (Coleção Fórum as novas relações trabalhistas e o futuro do Direito do Trabalho. Tomo III.). p. 315-330. ISBN 978-65-5518-131-9.

O PRINCÍPIO DA BOA-FÉ OBJETIVA E SUAS VERTENTES NO ESPORTE ELETRÔNICO (*E-SPORTS*)

RICARDO MIGUEL

1 Introdução

O conceito de boa-fé não é apenas jurídico: é social, ético e moral; uma questão de valores fundamentais, da sociedade e da família. Por tudo isso não pode ser relegado ao segundo plano e não deve ser esquecido. Decorre do bom senso, do tratamento justo, equitativo, igualitário entre as pessoas.

Entretanto, frequentemente o mundo moderno, com a velocidade estabelecida em novas relações sociais e econômico-financeiras, se esquece da sua importância e aplicação. Sobretudo na sociedade informatizada, desenvolvem-se comunicações telemáticas e não presenciais, e com a escassez de contatos interpessoais, tem-se a impressão de que valores morais de outrora estão sendo atenuados por conta de uma ausência de convívio social e familiar.

O mundo moderno sente isso em crimes cibernéticos, violação à privacidade e exposição moral de pessoas que, não raro, levam ao suicídio de alguém por *cyberbullying*.

Nesse cenário, os jogos eletrônicos tomaram uma dimensão talvez nunca imaginada. Deixaram de ser meros jogos solitários entre o participante e o computador e passaram a ser verdadeiros jogos de competição entre dois ou mais participantes, como veremos no decorrer deste trabalho.

Em outras palavras, a brincadeira no sofá da sala se tornou uma disputa, um campeonato valendo dinheiro (e muito dinheiro!), disputado em estádios de futebol com transmissão televisiva mundial.

Historicamente, tal qual ocorreu com o esporte de um modo geral, principalmente o futebol, o que era uma prática lúdica nos momentos de ócio se transformou em negócio, em outras palavras, deixou de ser uma prática de divertimento no tempo livre para se transformar em trabalho.

O esporte moderno iniciou sua regulamentação em 1820, quando surgiram o regramento das primeiras competições e, consequentemente, as primeiras entidades desportivas, decorrentes do associativismo inglês.[1] Com a mudança do sistema produtivo, com o advento da Revolução Industrial e a posterior diminuição da jornada de trabalho, o desgaste físico e mental dos trabalhadores diminuiu. Assim, o que antes era reservado apenas às classes mais bem favorecidas, agora alcançava também o proletariado, que passou a ter a possibilidade de também praticar atividades esportivas.

Com essa expansão de atuação surgiram associações de prática desportiva e diversas agremiações criadas para se dedicarem a uma prática.[2]

Nos mesmos moldes dos traços históricos, a disputa desses jogos eletrônicos competitivamente leva, naturalmente, a uma necessidade de regulamentação, pois ensejará toda a aplicação de um arcabouço jurídico com conceitos principiológicos a ele inerentes, dada a constatação da necessidade de proteção jurídica deste novo conceito, que está em uma seara ainda sem regulamentação.

---

1 BARROS, Marcelo Jucá. A evolução da Legislação Desportiva no Brasil. *Revista Síntese de Direito Desportivo*, a. 5, n. 26, ago./set. 2015. São Paulo: IOB, 2011. p. 74.

2 MIRANDA, Martinho Neves. *O Direito no Desporto*. Rio de Janeiro: Editora Lumen Juirs, 2007. p. 31-32.

A carência doutrinária, jurisprudencial[3] e legislativa sobre essa nova realidade gera substancial incerteza jurídica e instabilidade na relação jurídica estabelecida entre as partes contratantes, quais sejam: atleta, equipe e entidades organizadoras.

Nesse campo, considerando o comportamento social atual relacionado aos conceitos éticos e morais, além dos jurídicos, antes mesmo de se falar em aplicação de regras de direito desportivo, autonomia jusdesportiva e especificidade da lei desportiva, deve-se ter como norte o princípio da boa-fé objetiva, que será o primeiro instituto a evitar eventuais explorações de uma das partes contratantes, além de guiar a atuação da regulamentação das disputas e dos contratos mantidos entre praticantes dos jogos e equipes.

Tanto o direito português quanto o brasileiro têm instrumentos que preveem a aplicação da boa-fé às relações jurídicas. O direito português, a meu ver, de forma mais avançada, já prevê, no artigo 227º do Código Civil, a responsabilização por perdas e danos, caso uma das partes sofra prejuízo por violação da boa-fé objetiva. O direito brasileiro também prevê tal reparação, mas não é tão específico quanto a consequência pela inaplicabilidade do princípio.[4]

No presente estudo torna-se necessário definir a natureza jurídica da prática do jogo eletrônico e do praticante da modalidade, conceituar, compreender e regulamentar a modalidade da prática discutida, de modo a prevenir conflitos sociais decorrentes da exploração dos possíveis atletas e de todo o sistema que a envolve. Devem ser estabelecidos parâmetros de contratação nos casos concretos e de regulamentação de disputas, tal qual ocorre no esporte de um modo geral.

O escopo do presente trabalho não é de forma alguma esgotar a temática dos jogos eletrônicos, ou estabelecer em definitivo a sua caracterização como prática desportiva, tampouco definir sua regulamentação jurídica. Na verdade, a pretensão é estabelecer a necessidade de regulamentação jurídica e a aplicação do princípio da boa-fé objetiva, em todas as suas vertentes, nas relações jurídicas advindas de jogos

---

3 Ainda não há jurisprudência acerca de questões relacionadas aos esportes eletrônicos. No sítio do Tribunal Arbitral do Esporte (CAS) pode ser encontrada vasta jurisprudência acerca de doping e *fair play* que, como veremos, são hipóteses relacionadas ao tema do nosso estudo. Contudo, são julgados relacionados a outros esportes que, por ora, fogem ao escopo deste trabalho. Por tal razão, deixamos aqui de mencionar julgados específicos sobre a temática.

4 Art. 187, Código Civil Brasileiro: "Também comete ato ilícito o titular de um direito que, ao exercê-lo, excede manifestamente os limites impostos pelo seu fim econômico ou social, pela boa-fé ou pelos bons costumes".

eletrônicos, pois a distância entre o mundo real e o virtual pode piorar os conceitos de boa-fé e sua aplicabilidade cotidiana, pacificando relações jurídicas, comerciais, sociais e desportivas.

2 O jogo eletrônico (*vídeo game*)

Não é novidade que os jogos eletrônicos, os *videogames*, são uma febre, principalmente entre os adolescentes. Mas, certamente, é novidade quando a disputa entre esses jogadores se torna mundial, verdadeiramente rentável e profissional no sentido de que os jogadores extraem seu sustento da prática de jogos eletrônicos e premiações em competições. Isso já é realidade![5]

No Brasil, a Rede Globo de Televisão exibiu, no dia 13.07.2016, o programa Profissão Repórter, com matéria no mesmo sentido.[6]

Diante dessa situação, tal qual acontece no ciclismo, por exemplo, o jogador pode disputar uma competição estando vinculado a uma equipe, podendo pontuar tanto individualmente quanto para a equipe.

Na verdade, essas equipes são formadas por um conjunto ordenado de jogadores, sujeitos a alguém que impõe diversas regras de treino, convívio e prática de desempenho no jogo, até que se apresente alguma competição para ser disputada, como se depreende das reportagens citadas.

A prática desses jogos como disputa, como competição, deu ensejo à expressão *E-SPORTS,* ou esportes eletrônicos.

Os jogadores podem ser tratados como atletas, em razão da rotina de atleta a que são submetidos e, consequentemente, dos contratos de atleta celebrados com as equipes a que se filiam.

Logo, temos que a prática dos chamados *e-sports* é uma realidade, cujos possíveis conflitos de interesse ainda não se tornaram evidentes.

Mas precede à denominação anteriormente citada a sua efetiva classificação, caracterização como esporte. O praticante da modalidade seria realmente um atleta? Qual a natureza jurídica da prática competitiva do jogo eletrônico?

Somente após respondidas essas perguntas poderemos avançar na busca de regulamentações jurídicas e aplicação de princípios jurídicos que regularão relações jurídicas e pacificarão eventuais conflitos daí

---

5 COURA, Kalleo; VILICIC, Felipe. Pagos para brincar. *Revista Veja*, 2477. ed. a. 49, n. 19, p. 90-91, 11 mai. 2016. p. 90.

6 Cf. Profissão Repórter edições. *G1*, 13 jul. 2016. Disponível em: http://g1.globo.com/profissao-reporter/edicoes/2016/07/13.html. Acesso em 27 set. 2016.

advindos. Poderemos estabelecer todas as vertentes de aplicação do princípio da boa-fé às relações jurídicas surgidas a partir daí.

Sendo assim, deve-se investigar se é possível regulamentar a atividade da prática desportiva do atleta de *e-sports*, inserindo-o no mercado de trabalho desportivo, tanto em Portugal, quanto no Brasil.

A caracterização como esporte, emprego ou trabalho, ou todos esses, concomitantemente, norteará o tratamento jurídico material a ser aplicado. Mas é o direito civil o ponto de partida para a análise da classificação do jogo eletrônico como uma relação jurídica e isso se inicia pela aplicação do princípio da boa-fé ao contrato firmado entre essas partes, de modo a evitar a exploração do atleta pela equipe, que é a parte mais forte da relação. Além disso, aplicar-se-á o mesmo princípio na busca de uma igualdade de tratamento entre as partes competidoras, para a preservação de um equilíbrio da competição em todos os sentidos.

Importante, porém, registrar, sem temer ser redundante, que o escopo deste trabalho se restringe a discutir a necessidade de aplicação do princípio da boa-fé objetiva, em suas diversas vertentes, às relações jurídicas e sociais que surgem da prática competitiva de jogos eletrônicos.

3 Uma visão geral sobre princípios

O estudo dos princípios inicia-se pela análise dos princípios gerais, para, a partir daí, alcançarmos os princípios gerais de uma ciência específica e, finalmente, os princípios específicos aplicados a essa ciência a ser estudada.

Sendo assim, os princípios podem ser *omnivalentes*, quando servem para todas as formas de saber; *plurivalentes*, ao servirem para vários campos do conhecimento; e *monovalentes* se servem para apenas uma ciência.

Os princípios gerais de direito são, portanto, monovalentes.

O artigo 4º da Lei de Introdução às Normas no Brasil dispõe que, na lacuna da lei, o juiz julgará invocando a analogia, os costumes e os princípios gerais de direito. Mas isso não significa dizer que os princípios sirvam apenas para preencher lacunas. O escopo precípuo da aplicação dos princípios é orientar e nortear a interpretação de normas.[7]

A utilização principiológica do Direito Civil é fundamental na solução de todas as questões relacionadas aos contratos de negócios desportivos, mesmo porque são regulados por esse ramo jurídico. Por

---

7 REALE, Miguel. *Lições preliminares de Direito*. 27. ed. São Paulo: Saraiva, 2003. p. 303.

mais que haja autonomia legislativa desportiva, os princípios de direito civil são plenamente aplicáveis, notadamente o da boa-fé objetiva.[8]

Normalmente, os princípios gerais de direito não estão expressos em lei específica. Mas o princípio da boa-fé, em razão da constante evolução de sua aplicação, consta previsto em artigos específicos dos Códigos Civis Brasileiro e Português.

O princípio da boa-fé objetiva sempre existiu, todavia, no início do século XX, não estava expresso em lei no Brasil. Dava-se mais atenção aos princípios da autonomia da vontade e força vinculante dos contratos. Porém, em uma sociedade moderna, de consumo em massa, com contratos de adesão, os princípios da autonomia da vontade e força vinculante dos contratos se tornaram insuficientes para nortear e interpretar normas e cláusulas contratuais. Com isso, o próprio Código Civil Brasileiro se tornou insuficiente, dando margem ao surgimento de leis específicas, como o Código de Defesa do Consumidor, por exemplo.

Essas leis específicas já traziam referência expressa ao princípio da boa-fé. O Código Civil Brasileiro mudou e passou a prever o princípio da boa-fé objetiva, devendo-se observar que o juiz deve aplicá-lo ao caso concreto.

Boa-fé é um conceito ético de conduta. Atuar com honradez, honestidade, integridade, caráter, não gerar prejuízos a ninguém. É princípio. Não se trata de qualidade da pessoa. É pré-requisito.

Conforme ensina a doutrina de Miguel Reale,[9] o Código Civil Brasileiro consagra três funções do princípio da boa-fé objetiva: função interpretativa, prevista no artigo 113; função de controle (atos ilícitos – responsabilidade civil objetiva), prevista no artigo 187; e função integradora, prevista no artigo 442, que se refere à relação de probidade entre as partes, vale dizer, lealdade entre os contratantes.

A doutrina portuguesa também se refere às diversas funções do princípio da boa-fé objetiva, exemplificativamente, nos artigos 437°, n° I, 236° e 239° do Código Civil Português.[10]

O Código Civil Português, a nosso sentir, muito mais específico com relação ao princípio em comento, estabelece claramente, em seu art. 227°, a aplicação do princípio da boa-fé e a responsabilidade civil

---

8 MARIN, Luís Fernando. O princípio da boa-fé objetiva e os negócios jurídicos desportivos. *In*: MACHADO, Rubens Aprobato *et al*. *Curso de Direito desportivo sistêmico*. São Paulo: Quartier Latin, 2010. v. II, parte 2, capítulo 15, p. 410.

9 REALE, Miguel. *Lições preliminares de Direito*. 27. ed. São Paulo: Saraiva, 2003. p. 304.

10 PINTO, Carlos Alberto da Mota. *Teoria Geral do Direito Civil*. 4. ed. Coimbra: Coimbra Editora, 2005. p. 126.

por perdas e danos, caso uma das partes contraentes cause prejuízo à outra, ao não agir com boa-fé.

O artigo 187 do Código Civil Brasileiro também prevê a mesma possibilidade, porém, não apenas pela ruptura do princípio da boa-fé objetiva, mas sim, em decorrência de atos ilícitos praticados. Nesse sentido, nos parece mais amplo e desenvolvido o texto legal português.

Na doutrina portuguesa, assim como na brasileira, o princípio da boa-fé contribui para um Estado de Direito Social, ao estabelecer um critério normativo. Tal afirmação se justifica, posto que esse princípio decorre de um Direito Justo, com força de justiça, autonomamente falando, bem como do comando legal contido no artigo 227º do Código Civil de Portugal.[11]

A boa-fé pode ser objetiva, quando se apresenta como regra jurídica. É um princípio normativo, transpositivo, extralegal,[12] que vai além da legislação e se traduz no conceito de obrigatoriedade comportamental de não se levar vantagem em detrimento de outra parte; ou subjetiva, ao se apresentar em uma análise personalíssima. Exemplo: Terceiro de boa-fé que adquire imóvel sem saber da execução e de eventuais gravames sobre o imóvel.

Não são dois conceitos estanques e distintos, mas complementares que partem de perspectivas diferentes. Na questão subjetiva, perquire-se o conhecimento ou não de uma parte estar lesando a outra. Na vertente objetiva, a análise é da própria conduta adotada pela pessoa, e não o conhecimento ou desconhecimento de uma situação.[13]

Sendo assim, nos contratos, o princípio da boa-fé objetiva se apresenta como regra de conduta, um padrão ético de conduta. Reflete coerência de comportamento da parte contratante nas suas teses jurídicas.

Entendemos que o princípio da boa-fé objetiva é um corolário do princípio do *pacta sunt servanda*, pois a lealdade de que envidarão todos os esforços para o bom cumprimento das cláusulas contratuais pactuadas até o fim da relação jurídica faz parte da avença.

Outrossim, também é corolário do princípio da confiança, vale dizer, a confiança depositada em alguém por circunstâncias de comportamento ou momento. Ninguém contrataria com outrem, se não

---

11 VASCONCELOS, Pedro Pais de. *Teoria Geral do Direito Civil*. 8. ed. Lisboa: Almedina, 2015. p. 20.

12 PINTO, Carlos Alberto da Mota. *Teoria Geral do Direito Civil*. 4. ed. Coimbra: Coimbra Editora, 2005. p. 125.

13 VASCONCELOS, Pedro Pais de. *Teoria Geral do Direito Civil*. 8. ed. Lisboa: Almedina, 2015. p. 21-22.

houvesse um mínimo de confiabilidade das consequências advindas da contratação. A regra social deve ser pautada na confiança e não na desconfiança.

Esse princípio mantem uma relativa estabilidade jurídica[14] e dele decorre a necessidade de proteção jurídica, não podendo o direito ficar indiferente à ausência da confiança.

Os dois princípios caminham juntos, porque não se pode admitir que alguém crie a expectativa em outrem, baseada na confiança e na boa-fé, para depois frustrar tudo isso. O princípio da confiança pressupõe atribuir efeitos jurídicos a uma situação aparente e gerará uma indenização pela quebra da confiança decorrente da frustração das expectativas.[15]

No mesmo sentido, conclui Pedro Pais de Vasconcelos, ao aduzir que gera a possibilidade de indenização a expectativa frustrada de alguém, caso a confiança acarrete prejuízo.[16]

4 A caracterização dos jogos eletrônicos como esporte

A definição de esporte, tal qual o próprio, evoluiu e mudou ao longo do tempo. O esporte antigo era praticado na Grécia por atletas que eram os melhores guerreiros. Basicamente estava relacionado às lutas e corridas. O esporte moderno teve início em 1820, com o regramento de competições e o surgimento de associações. Com o advento da Carta Internacional da Educação Física e do Esporte (Unesco/1978) tem início o período do esporte contemporâneo, pois foi assegurado a todos o direito à prática desportiva.[17]

"Esporte Contemporâneo: Fenômeno sociocultural cuja prática é considerada direito de todos e que tem no jogo o seu vínculo cultural e na competição o seu elemento essencial, o qual deve contribuir para a formação e a aproximação dos seres humanos, ao reforçar o desenvolvimento de valores como a moral, a ética, a solidariedade, a fraternidade e a cooperação, o que pode torná-lo um dos meios mais

---

14 VASCONCELOS, Pedro Pais de. *Teoria Geral do Direito Civil*. 8. ed. Lisboa: Almedina, 2015. p. 19.

15 PINTO, Carlos Alberto da Mota. *Teoria Geral do Direito Civil*. 4. ed. Coimbra: Coimbra Editora, 2005. p. 127.

16 VASCONCELOS, Pedro Pais de. *Teoria Geral do Direito Civil*. 8. ed. Lisboa: Almedina, 2015. p. 20.

17 BARROS, Marcelo Jucá. A evolução da Legislação Desportiva no Brasil. *Revista Síntese de Direito Desportivo*, a. 5, n. 26, ago./set. 2015. São Paulo: IOB, 2011. p. 74.

eficazes para a convivência humana".[18] Esta é a definição de esporte defendida por Manoel Tubino, que segue tratando das suas implicações e desenvolvimento nas diversas modalidades, notadamente as relativas aos esportes intelectivos.[19] Portanto, a simples leitura da definição não poderia ser mais atual para se caracterizar o jogo eletrônico como esporte. O mesmo ocorre com o xadrez, por exemplo.

Com efeito, o esporte eletrônico é um fenômeno sociocultural, que vincula as pessoas por intermédio do jogo, possibilitando integração social e manifestação cultural.

Assim, o habitual isolamento das pessoas por conta de redes sociais e tecnologia pode ser revertido ao tornarmos o jogo eletrônico uma ferramenta de convívio social.

Da mesma definição extraímos conceitos fundamentais para a aplicação do princípio da boa-fé, tão intrinsecamente ligado ao esporte, pois trata de moral, ética, fraternidade e solidariedade. No mesmo sentido, a Carta Internacional da Educação Física e do Esporte (Unesco/1978).[20]

O esporte, apesar de muito ligado à ideia de prática de atividade física propriamente dita, também pode não exigir um esforço físico, mas sim, mental, intelectual. Na verdade, o esporte eletrônico se manifesta nas duas possibilidades. Há muito se abandonou o conceito de que o jogador de *videogame* passa dias ensolarados jogando e apenas comendo alimentos pouco nutritivos. Nesse sentido, a reportagem da Revista Veja, já citada.[21] Trata-se de preparo físico, habilidades motoras e manuais, além de grande poder de concentração; treino e prática desportiva, portanto.

Mas isso não é absoluto. A França, por exemplo, já afastou a conceituação do bridge e do xadrez como esportes, sendo que esse último recebeu uma permissão especial do ministério dos esportes francês. Na verdade, o entendimento é que não há busca de desempenho físico.[22]

---

18 TUBINO, Manoel J. G. *Dicionário Enciclopédico Tubino do Esporte*. Rio de Janeiro: SENAC, 2007. Verbete.

19 TUBINO, Manoel J. G. *Dicionário Enciclopédico Tubino do Esporte*. Rio de Janeiro: SENAC, 2007. Verbete.

20 BARROS, Marcelo Jucá. A evolução da Legislação Desportiva no Brasil. *Revista Síntese de Direito Desportivo*, a. 5, n. 26, ago./set. 2015. São Paulo: IOB, 2011. p. 75.

21 COURA, Kalleo; VILICIC, Felipe. Pagos para brincar. *Revista Veja*, 2477. ed. a. 49, n. 19, p. 90-92, 11 mai. 2016. p. 91-92.

22 FURTADO JÚNIOR, Elberto. Definir o Esporte. *In*: MACHADO, Rubens Aprobato *et al*. *Curso de Direito desportivo sistêmico*. São Paulo: Quartier Latin, 2010. v. II, parte 2, capítulo 3, p. 268.

Entendemos que não há nisso nenhuma controvérsia. Na verdade, a definição de esporte, tanto nas concepções originais quanto no chamado esporte moderno, estava atrelada à prática de atividade física propriamente dita. Contudo, com a evolução e a definição do esporte contemporâneo, bem como com o surgimento de modalidades nunca antes imaginadas, podemos afirmar, com segurança, que a definição de esporte hoje não mais contempla exclusivamente atividades relacionadas à atividade física.

5 A conceituação de atleta

Quem é o atleta? Atleta é apenas aquele que pratica esportes? Já tivemos a oportunidade de conceituá-lo, estabelecendo a diferença para o desportista:

> [...] que vem do grego *athletes*, e está relacionado aos lutadores que combatiam em jogos oficiais, portanto, com o ânimo de competição. Assim, exemplificativamente, aquele que pratica corrida, inscreve-se em maratonas e outras corridas de rua, mas nada recebe por isso, ao contrário, paga a sua inscrição e todos os seus gastos, é apenas um desportista, ainda que tenha rendimento similar ao de atletas. Logo, a diferenciação do atleta do desportista é didática do ponto de vista da prática do esporte de diversas formas e incentivos por cada uma delas recebido.[23]

Para Manoel Tubino, atleta no esporte contemporâneo é o praticante do esporte sob qualquer de suas perspectivas, mas observa que, até o direito regulamentar todas as práticas esportivas, só eram considerados atletas aqueles que praticavam o esporte institucionalizado, regulamentado.[24]

Diante disso, forçoso concluir que, sendo o jogo eletrônico uma modalidade de prática desportiva, o seu competidor é atleta na exata aplicação do termo.

---

[23] MIGUEL, Ricardo Georges Affonso. Atleta: definição, classificação e deveres. *In*: BELMONTE, Alexandre Agra; MELLO, Luiz Philippe Vieira de; BASTOS, Guilherme Augusto Caputo. *Direito do Trabalho Desportivo. Os aspectos jurídicos da lei Pelé frente* às *alterações da Lei nº 12.395/2011*. São Paulo: LTr, 2013. p. 145.

[24] TUBINO, Manoel J. G. *Dicionário Enciclopédico Tubino do Esporte*. Rio de Janeiro: SENAC, 2007. Verbete.

6 A aplicação do princípio da boa-fé objetiva aos esportes eletrônicos (*e-sports*)

Pois bem. Vistas as considerações gerais e específicas sobre princípios, especialmente o da boa-fé, e estabelecidas as definições de esporte e atleta, passamos ao estudo do comportamento das questões decorrentes das relações jurídicas dos esportes eletrônicos e da aplicação do princípio da boa-fé objetiva nesse meio.

Com efeito, necessário explicar, ainda que resumidamente, como funciona a prática do esporte eletrônico.

Atualmente, existem competições mundiais de esportes eletrônicos onde diversos jogadores de *videogames* competem, naturalmente de forma simultânea, mas cada um em sua unidade.

Para essas competições, formaram-se equipes no mundo inteiro, que contam com diversos atletas, como se fossem equipes de ciclismo, por exemplo, como já mencionado.

Tendo em vista a impossibilidade de controlar a rotina desses atletas em suas respectivas residências, os "donos" das equipes passaram a manter uma residência para todos os seus atletas.

São estabelecidas horas para acordar, se alimentar, treinar, dormir, praticar exercícios físicos e estudar.

Além disso, são providenciados acompanhamentos de nutricionistas, médicos, psiquiatras, psicólogos, professores de educação física, fisioterapeutas, dentre outros profissionais, conforme demonstrado nas reportagens da Revista Veja e da TV Globo por nós referidas. Também é paga uma quantia periodicamente a esses atletas.

Dessa situação fática, extraímos um primeiro problema. Qual é a natureza jurídica da relação entre essas equipes e esses atletas?

Na verdade, o que vem ocorrendo são contratos de trabalho, em alguns casos desportivo, em outros apenas um contrato eminentemente civil e, ainda em outros, apenas um contrato de emprego.

Em qualquer dessas formas jurídicas nossa análise se refere à situação real na qual o jogador, isoladamente, não consegue se estabelecer no início de sua vida como atleta. Seu desenvolvimento depende do trabalho e treino na equipe. Logo, aceita o contrato como lhe é apresentado pela equipe. Trata-se, na maioria dos casos, de um contrato de adesão. Como tal, é fundamental que a formulação das cláusulas contratuais e sua interpretação observem o princípio da boa-fé objetiva, de modo que não haja efetiva exploração de uma parte pela outra.

O atleta iniciante simplesmente adere a um contrato, muitas vezes, apenas com a ajuda de custo de moradia e alimentação, além dos equipamentos para treino e jogo. Não há qualquer pagamento de salário até que a situação de desempenho e rentabilidade se torne mais real, quando então é firmado um contrato.

Naturalmente que essa relação deve ser totalmente norteada pela boa-fé dos contratantes. Pelo menos uma das partes, via de regra o contratado, é um adolescente ou um jovem, cerca de 18 anos, que acredita nas promessas de crescimento que lhe foram ofertadas.

De outra visada, ainda no que concerne ao atleta, pode haver violação ao princípio da boa-fé, tanto na vertente subjetiva quanto na objetiva, de modo concomitante, envolvendo mais de um sujeito ativo. Por exemplo, o uso de substância dopante, o doping. Seu uso pelo atleta viola a boa-fé subjetiva, pois alterará o seu desempenho e afetará a sua consciência.[25]

Além disso, o uso de substâncias proibidas macula a imagem do atleta, muitas vezes tido como ídolo por fãs. Nesse caso haverá um prejuízo para o atleta e para o negócio. A equipe ficará prejudicada, assim como todo o sistema da competição.

Especificamente em relação à competição, haverá violação da boa-fé objetiva, pois os demais competidores acreditam participar em igualdade de condições, mas o rendimento e a atenção do atleta são objetivamente alterados e, consequentemente, o resultado será afetado. Quebrará o equilíbrio da competição, pois refere-se a uma violação de regra, afronta à moral, à ética e à honestidade. Viola o chamado *fair play desportivo*.

Recentemente, em 2015, a Carta Internacional da Educação Física e do Esporte da Unesco, da Conferência Geral da ONU de 1978, foi revista e atualizada,[26] notadamente no que concerne ao artigo 10, que dispõe sobre a integridade no esporte, portanto, com total correlação com o princípio da boa-fé objetiva no esporte. O dispositivo contempla questões relacionadas ao combate à dopagem e a promoção do *fair play* e ao combate à manipulação ou combinação de resultados em competições desportivas.[27] Portanto, está consagrada a plena aplicação do princípio

---

[25] MARIN, Luís Fernando. O princípio da boa-fé objetiva e os negócios jurídicos desportivos. *In*: MACHADO, Rubens Aprobato *et al. Curso de Direito desportivo sistêmico*. São Paulo: Quartier Latin, 2010. v. II, parte 2, capítulo 15, p. 412.

[26] Atualmente denominado Carta Internacional da Educação Física, da Atividade Física e do Esporte.

[27] Cf. Carta Internacional da Educação Física e do Esporte da Unesco. *Conferência Geral da ONU de 1978*. Disponível em: http://www.unesco.org. Acesso em 27 set. 2016.

da boa-fé objetiva, em suas diversas vertentes, aos contratos desportivos e à prática desportiva.

Observadas a autonomia e a especificidade da lei esportiva, está mantida a aplicação da legislação civil e demais ramos do direito, além dos princípios, máxime, no caso, o da boa-fé objetiva.[28] Porém, é fundamental compreender que em razão de toda essa especificidade e autonomia, faz-se necessário aplicar o princípio da boa-fé objetiva em padrões relacionados ao desporto e ao direito desportivo.[29]

Dessas ideias surge o chamado *fair play*. Esse instituto é exatamente a aplicação do princípio da boa-fé objetiva na seara desportiva.[30]

O *fair play* não está adstrito às competições e suas regras, ou apenas ao comportamento em jogo. Na verdade, se refere a toda uma forma de conduta. Alcança desde o cumprimento das regras do jogo e a lealdade entre os oponentes até o modo de operar de cada equipe com seus atletas, o banimento da violência, a questão de manipulação e combinação de resultados para lesar terceiros em benefício de uma ou mais partes envolvidas.

Nesse sentido, o instituto em comento se subdivide em *fair play* formal e não formal.[31] O primeiro se refere às regras do jogo e da competição. Tem conotação objetiva, pois trata de seguir as regras editadas e constituídas. O não formal é algo comportamental, subjetivo, evitando-se a conduta antidesportiva, desleal. Algumas das manifestações seriam o cumprimento do adversário em caso de derrota, o respeito a hinos de outros adversários, a abstenção de comemorações ostensivas e agressivas na vitória, dentre outras.

É fundamental destacar dentro desse contexto a questão do chamado *fair play* financeiro. Naturalmente que uma agremiação mais vencedora terá mais possibilidades de captar recursos e,

---

[28] MELO FILHO, Álvaro. Autonomia e especificidade como postulados nucleares da legislação desportivo-trabalhista. *In*: BASTOS, Guilherme Augusto Caputo (Coord.). *Atualidades sobre direito esportivo no Brasil e no mundo*. Dourados, MS: Seriema, 2009. p. 61-62.

[29] MARIN, Luís Fernando. O princípio da boa-fé objetiva e os negócios jurídicos desportivos. *In*: MACHADO, Rubens Aprobato *et al*. *Curso de Direito desportivo sistêmico*. São Paulo: Quartier Latin, 2010. v. II, parte 2, capítulo 15, p. 411.

[30] MARIN, Luís Fernando. O princípio da boa-fé objetiva e os negócios jurídicos desportivos. *In*: MACHADO, Rubens Aprobato *et al*. *Curso de Direito desportivo sistêmico*. São Paulo: Quartier Latin, 2010. v. II, parte 2, capítulo 15, p. 413.

[31] MIRANDA, Martinho Neves. *O Direito no Desporto*. Rio de Janeiro: Editora Lumen Juirs, 2007. p. 46-47.

consequentemente, de contratar melhores profissionais, além de ter um desempenho melhor. Com efeito, isso em nada viola os conceitos da boa-fé objetiva.[32]

Contudo, se essa equipe deixa de pagar impostos, sonegar tributos, maltratar seus funcionários e se utilizar de meios pouco ortodoxos para possibilitar contratações com salários mais elevados, configurará, claramente, uma violação à boa-fé objetiva, ou *fair play* financeiro, diante de tudo o que vimos até aqui como conceito de boa-fé.

O princípio do equilíbrio da competição é uma manifestação do princípio da boa-fé objetiva e corolário do *fair play*.

As regras devem ser iguais para todos, de modo que as competições ocorram dentro dos mesmos padrões de igualdade. Fiscalização de instalações para competições e condições iguais para as equipes são atribuições e responsabilidades das entidades de administração do desporto, que deverão zelar pela plena aplicação desse princípio. As oportunidades de êxito têm que ser as mesmas para as equipes em competição.[33] Exemplo disso são as divisões em categorias, como ocorre no futebol e em diversos outros esportes, principalmente nos que envolvem grande força física.

Espera-se que tenha sido banida, mas houve um tempo em que no futebol praticava-se a chamada "mala branca". Tratava-se de um incentivo financeiro que um clube dava aos jogadores de outro clube para que esses se empenhassem mais em uma partida com um terceiro, quando a vitória favoreceria ao clube pagador do incentivo. Em um primeiro momento, não vai aí nenhum ilícito, mas, certamente, viola, além do princípio do equilíbrio da competição, a boa-fé objetiva e subjetiva, sendo essa última em relação ao clube que de nada sabe. Trata-se de um doping financeiro, o que, pela própria denominação, já demonstra o seu conceito imoral e antiético.

Luís Fernando Marin destaca funções da boa-fé objetiva no desporto,[34] a saber: a aplicação nos negócios jurídicos desportivos; a aplicação nas relações das entidades associativas (entidades de administração do desporto e entidades de prática desportiva).

---

[32] MELO FILHO, Álvaro. *Nova Lei Pelé*: avanços e impactos. Rio de Janeiro: Maquinária, 2011. p. 264.

[33] MIRANDA, Martinho Neves. *O Direito no Desporto*. Rio de Janeiro: Editora Lumen Juirs, 2007. p. 47-48.

[34] MARIN, Luís Fernando. O princípio da boa-fé objetiva e os negócios jurídicos desportivos. *In*: MACHADO, Rubens Aprobato *et al*. *Curso de Direito desportivo sistêmico*. São Paulo: Quartier Latin, 2010. v. II, parte 2, capítulo 15, p. 413.

Ainda é insipiente a formação de confederações e federações de esportes eletrônicos. Ao que se tem notícia, estão em fase de estudo para que possam ser instituídas. Mas as agremiações, equipes e clubes já existem, independentemente da sua natureza jurídica e forma societária.

A todas essas situações aplica-se o princípio da boa-fé objetiva, quanto ao regramento, trato com o desporto e com as pessoas ali envolvidas, registro dos atletas e tudo o mais que decorrer das suas atividades, tal qual já ocorre com as modalidades desportivas já consagradas e regulamentadas.

Outra manifestação citada pelo referido autor seria em relação à preservação do patrimônio da parte contrária. Acrescentamos aqui ser esse patrimônio material ou imaterial. O contratante deve sempre preservar a boa conduta e a boa imagem na relação mantida entre as partes.[35]

A terceira manifestação citada pelo autor refere-se à limitação dos direitos subjetivos, vale dizer, à aplicação da teoria do abuso de direito, que se traduz no dever de indenizar quando houver prática de ato ilícito.[36]

7 Conclusão

O conceito de boa-fé não é novo, tampouco a aplicação do princípio da boa-fé objetiva aos negócios jurídicos de um modo geral. Contudo, releva a análise da aplicação da boa-fé ao direito desportivo, mormente se considerarmos a possibilidade de surgimento de uma modalidade de prática desportiva *(e-sports)*, tendo em vista a especificidade das relações jurídicas daí advindas.

Neste estudo foi fundamental analisarmos, ainda que de forma perfunctória, a evolução da conceituação de esporte, do esporte antigo na Grécia, passando pelo esporte moderno, até o esporte contemporâneo,

O conceito de esporte não mais está atrelado à prática de atividade física, ao suor, ao esforço físico. O conceito de esporte passou a abranger atividades intelectuais e sociais. Portanto, seus objetivos

---

[35] MARIN, Luís Fernando. O princípio da boa-fé objetiva e os negócios jurídicos desportivos. *In*: MACHADO, Rubens Aprobato *et al*. *Curso de Direito desportivo sistêmico*. São Paulo: Quartier Latin, 2010. v. II, parte 2, capítulo 15, p. 414.

[36] MARIN, Luís Fernando. O princípio da boa-fé objetiva e os negócios jurídicos desportivos. *In*: MACHADO, Rubens Aprobato *et al*. *Curso de Direito desportivo sistêmico*. São Paulo: Quartier Latin, 2010. v. II, parte 2, capítulo 15, p. 416.

estão relacionados ao convívio social, à integração dos povos, ao desenvolvimento humano e ao exemplo de vida.

Ainda que possa parecer contraditório correlacionar integração social a computadores, que remetem à ideia de introspecção, não se vislumbra nenhum antagonismo. É justamente a evolução do conceito de esporte que permite tratar os jogos eletrônicos como modalidade de prática desportiva, considerando o fato de possibilitar o incremento do convívio social, tanto dos praticantes quanto dos espectadores.

Logo, o jogo eletrônico é uma modalidade de prática desportiva e seu praticante é um atleta, desde que o faça competitivamente.

Do mesmo modo que ocorreu com outras modalidades desportivas, o jogo eletrônico vem evoluindo. Já se tornou uma prática rentável, está se organizando administrativa e juridicamente e deve, portanto, ser regulamentado.

Tratando-se de evidente relação jurídica, o princípio da boa-fé é plenamente aplicável às diversas questões que eventualmente surgirão para essa modalidade de prática desportiva.

A aplicação do princípio da boa-fé ao desporto se manifesta tanto na sua acepção subjetiva quanto em sua acepção objetiva. Casos como os de doping, por exemplo, constituem violação ao princípio em estudo, assim como a quebra do equilíbrio das competições, a inobservância de regramento da prática desportiva em igualdade de condições e oportunidades, os sistemas que fiscalizam combinação e manipulação de resultados e a arbitragem, dentre outros.

Por fim, concluímos pela necessidade de aplicação do princípio da boa-fé ao esporte eletrônico, porque isso é primordial para o ideal do esporte.

Referências

BARROS, Marcelo Jucá. A evolução da Legislação Desportiva no Brasil. *Revista Síntese de Direito Desportivo*, a. 5, n. 26, ago./set. 2015. São Paulo: IOB, 2011.

BELMONTE, Alexandre Agra; MELLO, Luiz Philippe Vieira de; BASTOS, Guilherme Augusto Caputo. *Direito do Trabalho Desportivo. Os aspectos jurídicos da lei Pelé frente* às *alterações da Lei nº 12.395/2011*. São Paulo: LTr, 2013.

COURA, Kalleo; VILICIC, Felipe. Pagos para brincar. *Revista Veja*, 2477. ed. a. 49, n. 19, p. 90-92, 11 mai. 2016.

FURTADO JÚNIOR, Elberto. Definir o Esporte. *In*: MACHADO, Rubens Aprobato *et al*. *Curso de Direito desportivo sistêmico*. São Paulo: Quartier Latin, 2010. v. II.

G1. *Profissão Repórter edições*. 13 jul. 2016. Disponível em: http://g1.globo.com/profissao-reporter/edicoes/2016/07/13.html. Acesso em 27 set. 2016.

MACHADO, Rubens Aprobato *et al. Curso de Direito Desportivo Sistêmico*. São Paulo: Quartier Latin, 2010. v. II.

MARIN, Luís Fernando. O princípio da boa-fé objetiva e os negócios jurídicos desportivos. *In*: MACHADO, Rubens Aprobato *et al. Curso de Direito desportivo sistêmico*. São Paulo: Quartier Latin, 2010. v. II.

MELO FILHO, Álvaro. Autonomia e especificidade como postulados nucleares da legislação desportivo-trabalhista. *In*: BASTOS, Guilherme Augusto Caputo (Coord.). *Atualidades sobre direito esportivo no Brasil e no mundo*. Dourados, MS: Seriema, 2009.

MELO FILHO, Álvaro. *Nova Lei Pelé*: avanços e impactos. Rio de Janeiro: Maquinária, 2011.

MIGUEL, Ricardo Georges Affonso. Atleta: definição, classificação e deveres. *In*: BELMONTE, Alexandre Agra; MELLO, Luiz Philippe Vieira de; BASTOS, Guilherme Augusto Caputo. *Direito do Trabalho Desportivo. Os aspectos jurídicos da lei Pelé frente* às *alterações da Lei nº 12.395/2011*. São Paulo: LTr, 2013.

MIRANDA, Martinho Neves. *O Direito no Desporto*. Rio de Janeiro: Editora Lumen Juirs, 2007.

PINTO, Carlos Alberto da Mota. *Teoria Geral do Direito Civil*. 4. ed. Coimbra: Coimbra Editora, 2005.

REALE, Miguel. *Lições preliminares de Direito*. 27. ed. São Paulo: Saraiva, 2003.

TUBINO, Manoel J. G. *Dicionário Enciclopédico Tubino do Esporte*. Rio de Janeiro: SENAC, 2007.

VASCONCELOS, Pedro Pais de. *Teoria Geral do Direito Civil*. 8. ed. Lisboa: Almedina, 2015.

Informação bibliográfica deste texto, conforme a NBR 6023:2018 da Associação Brasileira de Normas Técnicas (ABNT):

MIGUEL, Ricardo. O princípio da boa-fé objetiva e suas vertentes no esporte eletrônico (*e-sports*). *In*: TUPINAMBÁ, Carolina (Coord.). *As novas relações trabalhistas e o futuro do Direito do Trabalho*: as novidades provenientes dos avanços tecnológicos. Belo Horizonte: Fórum, 2021. (Coleção Fórum as novas relações trabalhistas e o futuro do Direito do Trabalho. Tomo III.). p. 331-347. ISBN 978-65-5518-131-9.

TUTELA JURÍDICA (LABORAL) DO *E-SPORT*: UM ESTUDO DE DIREITO COMPARADO

CAROLINA TUPINAMBÁ

LEONARDO STOCKER PEREIRA DA CUNHA

1 Introdução

Quinze mil espectadores na Mercedes-Benz-Arena em Berlin; tíquetes esgotados em menos de 90 segundos; aplausos de pé, quando as estrelas entram em cena; mais de 25 milhões de pessoas assistindo *online* ao redor do mundo. Seria um concerto dos *Rolling Stones* ou – para os mais jovens – da Ariana Grande? Não! É a final mundial do jogo eletrônico *League of Legends*.[1]

Estima-se que mais de 100 milhões de pessoas joguem, por mês, esse jogo de estratégia,[2] no qual duas equipes de cinco jogadores tentam

---

1 DOHMEN, Andreas. *Wie digital wollenwir leben? Die wichtigste Entscheidung für unsere Zukunft*. Ostfildern: Patmos, 2019. p. 67.

2 Cf. League of legends. *Wikipedia*. Disponível em: https://de.wikipedia.org/wiki/League_of_Legends. Acesso em 15 mar. 2020.

destruir a sede do oponente. Com atualizações frequentes e uma cena competitiva exuberante, *League of Legends* oferece diversão incessante para praticantes de todos os níveis de habilidade.[3]

Esse jogo eletrônico, como vários outros, se enquadra na categoria E-sports. Dota2, Fornite, Counter-Strike, etc. são outros exemplos dessa nova relação.

O e-Sport é reconhecido em mais de 60 países como verdadeira modalidade esportiva. As melhores equipes vêm da Ásia, com alguns membros profissionais milionários, que treinam oito a doze horas por dia.[4]

Na Alemanha, embora a Associação Alemã de Esportes, por entender haver falta de atividade motora, ainda se recusa a reconhecer o *e-sport* efetivamente como um esporte, a Liga Alemã de Futebol (*Deutsche Fussball Liga – DFL*), no outono de 2018, organizou competição eletrônica de Fifa 18 (atualmente Fifa 19) entre onze equipes da primeira e da segunda divisão.[5]

Eletronic-Sports (e-Sport), conhecido no Brasil como esporte virtual, pode ser conceituado como "competição de jogos em computadores e consoles, de acordo com regras pré-estabelecidas".[6] Alguns augúrios esperam que o mercado global de esportes eletrônicos seja maior que o do futebol em, no mais tardar, 20 a 25 anos.[7]

De fato, os esportes eletrônicos crescem cada vez mais ao redor do mundo, o que implica reflexos para o Direito, em especial o do Trabalho. Nesse sentido, o presente artigo, não pretendendo esgotar o tema, tem por escopo realizar um estudo de direito comparado entre Alemanha e Brasil, para (i) analisar a estrutura do e-Sport e, por ser um fenômeno virtual, diagnosticar a legislação aplicável; (ii) em sendo possível a aplicação da legislação alemã ou brasileira, averiguar a possibilidade de o e-Atleta ter a proteção da relação de emprego em ambos os ordenamentos jurídicos. Buscar-se-á, ao final, uma reflexão sobre a tutela, pelo Direito do Trabalho, dessas novas relações de trabalho.

---

3 Cf. *O que é league of legends?* Disponível em: https://br.leagueoflegends.com/pt/game-info/get-started/what-is-lol/. Acesso em 21 dez. 2019.

4 DOHMEN, Andreas. *Wie digital wollenwir leben?* Ostfildern: Patmos, 2019. p. 68.

5 DOHMEN, Andreas. *Wie digital wollenwir leben? Die wichtigste Entscheidung für unsere Zukunft*. Ostfildern Patmos, 2019. p. 68.

6 FRANCKEN, Johannes Peter; NOTHELFER, Nepomuk; SCHLOTTHAUER, Philipp. Der Arbeitnehmer im professionellen eSport. *NZA (Neue Zeitschriftfür Arbeitsrecht)*, Jahrgang. C.H.Beck. p. 865-870, n. 13/2019, 10 jul. 2019. p. 867.

7 MAY, Marie-Julie. Eine Miliarde eSports-Fans – da hat es beimir Klick gemacht. *Welt Sport*, 21 mar. 2018. Disponível em: https://www.welt.de/sport/article174361393/Wachstumsmarkt-Eine-Milliarde-eSports-Fans-da-hat-es-bei-mir-Klick-gemacht.html. Acesso em 15 mar. 2020.

2 Estrutura do e-Sport

No artigo "Der Arbeitnehmer im profissionellene Sport", os autores apontam três elementos fundamentais para classificar a atividade como esporte virtual: "(i) o desempenho motor do jogador no dispositivo, (ii) em resposta ao conteúdo da tela e (iii) com domínio mental simultâneo da jogabilidade".[8]

A estrutura do e-Sport não é muito diferente dos esportes "convencionais". Ao lado dos e-Atletas também existem organizações, conhecidas como "clãs", equivalentes aos clubes desportivos. No âmbito profissional, os clãs estão organizados como sociedades empresárias (*Kapitallgesellschaften*). Os e-Atletas competem, para os clãs, independentemente do modelo de competição. As competições são organizadas e executadas pelo próprio criador do *game* ou por empresa autônoma e independente. Nos esportes "convencionais", as competições são, usualmente, organizadas por uma federação ou confederação, à exceção dos esportes norte-americanos.

Diferentemente das suas equivalentes clássicas, no e-Sport, as associações (como, p ex., a Federação Internacional de e-Sports) são vistas como representação de interesses.[9]

A maior diferença, contudo, diz respeito ao papel do desenvolvedor do jogo. No esporte "convencional", não existe o conceito de desenvolvedor. Entrementes, no *e-Sport*, o criador tem direito ao próprio título do jogo, quase como se fosse o nome da modalidade esportiva. Portanto, jogar e organizar competições é praticamente impossível sem que haja um acordo contratual ou, ao menos, a tolerância do criador do jogo.

Existem diferentes tipos e possibilidades de organização de competições, sendo duas as principais formas de organização: (i) pelo próprio desenvolvedor do jogo; e (ii) por terceiro, que compre o direito

---

8 FRANCKEN, Johannes Peter; NOTHELFER, Nepomuk; SCHLOTTHAUER, Philipp. Der Arbeitnehmer im professionellen eSport. *NZA (Neue Zeitschriftfür Arbeitsrecht)*, Jahrgang. C.H.Beck. p. 865-870, n. 13/2019, 10 jul. 2019. p. 865.

9 FRANCKEN, Johannes Peter; NOTHELFER, Nepomuk; SCHLOTTHAUER, Philipp. Der Arbeitnehmer im professionellen eSport. *NZA (Neue Zeitschriftfür Arbeitsrecht)*, Jahrgang. C.H.Beck. p. 865-870, n. 13/2019, 10 jul. 2019. p. 866.

do desenvolvedor de realizar a competição. Dependendo do modelo,[10] as respectivas relações jurídicas dos e-Atletas diferem.[11]

Existem, ainda, diferentes tipos de jogos. A saber, o jogador poderá jogar, individualmente, contra um adversário; ou, em um time, contra vários adversários.

Em relação aos perfis dos e-Atletas, esses podem variar de acordo com o modelo de competição e as diferentes áreas de responsabilidade dos jogadores. Também pode ser feita uma distinção com base na respectiva posição do jogador no time (regular/substituto). Nas competições de equipes, o papel do líder no jogo, ou seja, de quem lidera as táticas dentro do jogo para seus colegas, deve ser enfatizado. Dependendo do modo de competição, posição de gerência ou liderança e função no jogo, existirá um perfil de trabalho diferenciado, que, por sua vez, poderá influenciar na avaliação do *status* de empregado.[12]

Ressalta-se, ainda, a necessidade de distinguir o nível de profissionalização. Isto porque, as mesmas atividades poderão existir nos níveis de passatempo ("hobby"), amador e profissional, embora as grandes somas de dinheiro geralmente sejam auferidas apenas nesse último nível. Com efeito, jogadores de passatempo praticam e-Sports como atividades de lazer e, portanto, não preenchem os requisitos do vínculo empregatício,[13] descartado logo na largada.

O e-Sport é um fenômeno virtual e não requer a presença comum em um "local fisicamente real" (*physischrealen Ort*), sendo suficiente um dispositivo de entrada com conexão à Internet. Não raro, existem jogadores do mesmo time com domicílio em diferentes localidades no mundo. Embora prescinda de conexão física, muitos times profissionais optam também por um espaço físico comum.[14]

---

10 Ressalta-se que no artigo "Der Arbeitnehmer im professionellen eSport", seus autores asseveram que, diante dos acontecimentos atuais na Europa, foram abordados, naquele estudo, apenas a relação jurídica dos e-Atletas nas competições organizadas por terceiros.

11 FRANCKEN, Johannes Peter; NOTHELFER, Nepomuk; SCHLOTTHAUER, Philipp. Der Arbeitnehmer im professionellen eSport. *NZA (Neue Zeitschriftfür Arbeitsrecht)*, Jahrgang. C.H.Beck. p. 865-870, n. 13/2019, 10 jul. 2019. p. 866.

12 FRANCKEN, Johannes Peter; NOTHELFER, Nepomuk; SCHLOTTHAUER, Philipp. Der Arbeitnehmer im professionellen eSport. *NZA (Neue Zeitschriftfür Arbeitsrecht)*, Jahrgang. C.H.Beck. p. 865-870, n. 13/2019, 10 jul. 2019. p. 866.

13 FRANCKEN, Johannes Peter; NOTHELFER, Nepomuk; SCHLOTTHAUER, Philipp. Der Arbeitnehmer im professionellen eSport. *NZA (Neue Zeitschriftfür Arbeitsrecht)*, Jahrgang. C.H.Beck. p. 865-870, n. 13/2019, 10 jul. 2019. p. 867.

14 FRANCKEN, Johannes Peter; NOTHELFER, Nepomuk; SCHLOTTHAUER, Philipp. Der Arbeitnehmer im professionellen eSport. *NZA (Neue Zeitschriftfür Arbeitsrecht)*, Jahrgang. C.H.Beck. p. 865-870, n. 13/2019, 10 jul. 2019. p. 867.

Decerto, quando as partes do contrato se encontrarem em diferentes países, exsurgirá a dúvida sobre qual a legislação aplicável, discussão de direito internacional privado, que antecederá o próprio diagnóstico a respeito da natureza da relação laboral que envolva o e-Atleta, se empregatícia ou não.

No âmbito do direito comunitário europeu, a lei aplicável será determinada, para relações contratuais, no campo do direito civil e comercial, de acordo com o Regulamento Roma I, sendo válida a escolha das partes. Não havendo escolha explícita da lei, a opção implícita ou mesmo tácita também poderá existir em casos individuais.[15] Não sendo hipótese de opção dos protagonistas, aplicar-se-á o Art. 8, Regulamento Roma I, de acordo com o seu parágrafo 2,[16] ou seja, a do primeiro Estado no qual o empregado realize o seu trabalho. Para o caso dos e-Sports, isso poderá significar o local onde o dispositivo se encontre, a localização do servidor, onde o resultado do trabalho seja recebido, ou onde as instruções/orientações sejam emitidas.[17]

Já no âmbito do direito brasileiro, havia, preliminarmente, a incidência do princípio da *lex loci executionis* ou princípio da territorialidade, de acordo com o qual dever-se-ia aplicar a lei do local da prestação de serviços em se tratando de conflitos que abarcassem empregados contratados no Brasil para trabalhar no exterior, entendimento

---

15 FRANCKEN, Johannes Peter; NOTHELFER, Nepomuk; SCHLOTTHAUER, Philipp. Der Arbeitnehmer im professionellen eSport. *NZA (Neue Zeitschriftfür Arbeitsrecht)*, Jahrgang. C.H.Beck. p. 865-870, n. 13/2019, 10 jul. 2019. p. 867.

16 Artigo 8. Contratos individuais de trabalho
1. O contrato individual de trabalho é regulado pela lei escolhida pelas partes nos termos do artigo 3º. Esta escolha da lei não pode, porém, ter como consequência privar o trabalhador da proteção que lhe proporcionam as disposições não derrogáveis por acordo, ao abrigo da lei que, na falta de escolha, seria aplicável nos termos dos nºs 2, 3 e 4 do presente artigo.
2. Se a lei aplicável ao contrato individual de trabalho não tiver sido escolhida pelas partes, o contrato é regulado pela lei do país em que o trabalhador presta habitualmente o seu trabalho em execução do contrato ou, na sua falta, a partir do qual o trabalhador presta habitualmente o seu trabalho em execução do contrato. Não se considera que o país onde o trabalhador presta habitualmente o seu trabalho mude quando o trabalhador estiver temporariamente empregado noutro país.
3. Se não for possível determinar a lei aplicável nos termos do nº 2, o contrato é regulado pela lei do país onde se situa o estabelecimento que contratou o trabalhador.
4. Se resultar do conjunto das circunstâncias que o contrato apresenta uma conexão mais estreita com um país diferente do indicado nos nºs 2 ou 3, é aplicável a lei desse outro país.

17 FRANCKEN, Johannes Peter; NOTHELFER, Nepomuk; SCHLOTTHAUER, Philipp. Der Arbeitnehmer im professionellen eSport. *NZA (Neue Zeitschriftfür Arbeitsrecht)*, Jahrgang. C.H.Beck. p. 865-870, n. 13/2019, 10 jul. 2019. p. 867.

materializado não apenas no artigo 9° do Decreto-Lei n° 4.657/42[18] (LINDB), como, inclusive, na súmula n° 207 do TST, em destaques:

> Art. 9°. Para qualificar e reger as obrigações, aplicar-se-á a lei do país em que se constituírem.
> "Súmula n° 207 do TST – CONFLITOS DE LEIS TRABALHISTAS NO ESPAÇO. PRINCÍPIO DA *"LEX LOCI EXECUTIONIS"*
> A relação jurídica trabalhista é regida pelas leis vigentes no país da prestação de serviço e não por aquelas do local da contratação.[19]

Tal entendimento foi flexibilizado pela Lei n° 11.962/2009[20] que alterou a redação do art. 1° da Lei n° 7.064/1982,[21] em caráter francamente protecionista à classe obreira, pela garantia de aplicação da lei brasileira ao trabalhador nacional nos casos em que esta represente vantagem, *ipsis litteris:*

> *Art. 1° Esta Lei regula a situação de trabalhadores contratados no Brasil ou transferidos por seus empregadores para prestar serviço no exterior.*
>
> Art. 3° – A empresa responsável pelo contrato de trabalho do empregado transferido assegurar-lhe-á, independentemente da observância da legislação do local da execução dos serviços:
> I – os direitos previstos nesta Lei;
> II – *a aplicação da legislação brasileira de proteção ao trabalho,* naquilo que não for incompatível com o disposto nesta Lei, *quando mais favorável do que a legislação territorial,* no conjunto de normas e em relação a cada matéria. (Grifos nossos).

---

18 BRASIL. Decreto-Lei n° 4.657, de 4 de setembro de 1942. Lei de Introdução às normas do Direito Brasileiro. *Diário Oficial da União,* Rio de Janeiro, 09 set. 1942. Disponível em: http://www.planalto.gov.br/ccivil_03/decreto-lei/Del4657compilado.htm. Acesso em 20 jan. 2020.

19 TRIBUNAL SUPERIOR DO TRABALHO. Súmula n° 207 (cancelada). *A relação jurídica trabalhista é regida pelas leis vigentes no país da prestação de serviço e não por aquelas do local da contratação.* Disponível em: http://www3.tst.jus.br/jurisprudencia/Sumulas_com_indice/Sumulas_Ind_201_250.html#SUM-207. Acesso em 22 jan. 2020.

20 BRASIL. Lei n° 11.962, de 3 de julho de 2009. Altera o art. 1° da Lei n° 7.064, de 6 de dezembro de 1982, estendendo as regras desse diploma legal a todas as empresas que venham a contratar ou transferir trabalhadores para prestar serviço no exterior. *Diário Oficial da União,* Brasília, 06 jul. 2009. Disponível em: http://www.planalto.gov.br/ccivil_03/_Ato2007-2010/2009/Lei/L11962.htm. Acesso em 22 jan. 2020.

21 BRASIL. Lei n° 7.064, de 6 de dezembro de 1982. Dispõe sobre a situação de trabalhadores contratados ou transferidos para prestar serviços no exterior. *Diário Oficial da União,* Brasília, 07 dez. 1982. Disponível em: http://www.planalto.gov.br/ccivil_03/leis/L7064.htm. Acesso em 22 jan. 2020.

Com o cancelamento da súmula nº 207 do TST, o princípio da norma mais favorável, superou, então, o parâmetro da territorialidade.

3 Tutela do Direito do trabalho aos e-Atletas

3.1 Direito alemão

Para os autores alemães Francken, Nothelfer e Schlotthauer, no âmbito do direito germânico, deverá ser avaliado possível *status* de empregado ao e-Atleta, à luz do art. 611a do BGB.[22] A inclusão no *Bürgerliches Gesetzbuch*, do artigo em questão, se deu em 01.04.2017. Aliás, foi a primeira vez que um contrato de trabalho restou legalmente regulamentado como um tipo de contrato próprio ou típico.

Ao introduzi-lo, o legislador optou por não padronizar situações jurídicas, mas, ao invés disso, completar "um cânone (conjunto de regras) dos tipos de contrato". Ao fazê-lo, decidiu lançar os princípios orientadores de precedentes das mais altas cortes alemãs na forma legal. Apesar de críticas de boa parte da doutrina alemã, o ponto de partida para avaliar a posição de empregado passou a ser o art. 611a, do BGB.[23]

Assim, para reconhecimento de vínculo empregatício, na forma do BGB, necessário um trabalho heterônomo,[24] em dependência pessoal, pelo qual o direito de emitir instruções e ordens possa abranger o conteúdo, a execução, o tempo e o local da atividade.[25]

De acordo com o art. 611a, o empregado deve ser obrigado a executar o trabalho. Por isso, *se* a atividade esportiva, desde que com fim em si mesma, for exercida como atividade recreativa, não será vista como trabalho. O esporte torna-se, no sentido jurídico, trabalho, quando o atleta (*Sporttreibende*) utilizar suas habilidades esportivas

---

22 "O legislador adicionou um novo parágrafo ao artigo 611 do BGB, em 1º de abril de 2017, regulamentando o contrato de trabalho como contrato típico dentro do BGB. O objetivo seria fornecer uma distinção mais clara entre trabalho autônomo e trabalho subordinado, a fim de proporcionar maior segurança jurídica". (Cf. *Der neue §611a BGB*: Alles neu macht der... April. Kliemt.blog, 12 apr. 2017. Disponível em: https://www.arbeitsrecht-weltweit.de/2017/04/12/der-neue-§-611a-bgb-alles-neu-macht-der-april. Acesso em 03 jan. 2020).

23 FRANCKEN, Johannes Peter; NOTHELFER, Nepomuk; SCHLOTTHAUER, Philipp. Der Arbeitnehmer im professionellen eSport. *NZA (Neue Zeitschriftfür Arbeitsrecht)*, Jahrgang. C.H.Beck. p. 865-870, n. 13/2019, 10 jul. 2019. p. 867.

24 Interessante a distinção entre trabalho heterônomo versus autônomo. No Brasil, é utilizado apenas o conceito de trabalho subordinado, ao invés de heterônomo.

25 FRANCKEN, Johannes Peter; NOTHELFER, Nepomuk; SCHLOTTHAUER, Philipp. Der Arbeitnehmer im professionellen eSport. *NZA (Neue Zeitschriftfür Arbeitsrecht)*, Jahrgang. C.H.Beck. p. 865-870, n. 13/2019, 10 jul. 2019. p. 867.

com dependência pessoal (*persönlicher Abhängigkeit*), principalmente para buscar interesse econômico próprio (ganhar seu sustento) e, ao mesmo tempo, promover o interesse econômico da empresa, como no caso do jogador de futebol profissional.[26]

Se o e-Atleta profissional, em razão da utilização de suas habilidades esportivas, aufere remuneração e, ao mesmo tempo, promove os interesses da organização que representa, pode-se falar em trabalho subordinado, desde que também presentes os demais requisitos do Art. 611a do BGB, adiante analisados.[27]

As atividades do e-Atleta podem ser reduzidas a três principais: treinamento, competição e atividade publicitária. A estruturação do dia a dia do e-Atleta profissional varia caso a caso, embora existam muitas situações similares. O treinamento consiste em melhora nas habilidades do respectivo e-Sport por meio de análise dos jogos, reuniões táticas e treinamento propriamente dito. Cada vez mais, existe treinamento físico e mental para promover a saúde dos e-Atletas.[28]

Há significativamente mais competições nos e-Sports do que nos esportes convencionais, o que significa que elas ocupam parte consideravelmente maior do tempo de trabalho. As competições são realizadas *online* (em casa ou em uma casa de jogos) ou *offline* (em um local real específico). Estes últimos eventos são motivos de frequentes viagens a serviço (*Dienstreisen*). Também existem obrigações que acompanham a popularidade de uma pessoa, como eventos de patrocínio e transmissões ao vivo do próprio conteúdo em plataformas de *streaming*. Simplificando, a atividade de um e-Atleta é uma mistura de tarefas típicas de um empregado em regime de teletrabalho e de um atleta.[29]

Portanto, em relação à natureza jurídica, um e-Atleta será trabalhador subordinado se – em contraste com um autônomo – for

---

[26] FRANCKEN, Johannes Peter; NOTHELFER, Nepomuk; SCHLOTTHAUER, Philipp. Der Arbeitnehmer im professionellen eSport. *NZA (Neue Zeitschriftfür Arbeitsrecht)*, Jahrgang. C.H.Beck. p. 865-870, n. 13/2019, 10 jul. 2019. p. 868.

[27] FRANCKEN, Johannes Peter; NOTHELFER, Nepomuk; SCHLOTTHAUER, Philipp. Der Arbeitnehmer im professionellen eSport. *NZA (Neue Zeitschriftfür Arbeitsrecht)*, Jahrgang. C.H.Beck. p. 865-870, n. 13/2019, 10 jul. 2019. p. 868.

[28] FRANCKEN, Johannes Peter; NOTHELFER, Nepomuk; SCHLOTTHAUER, Philipp. Der Arbeitnehmer im professionellen eSport. *NZA (Neue Zeitschriftfür Arbeitsrecht)*, Jahrgang. C.H.Beck. p. 865-870, n. 13/2019, 10 jul. 2019. p. 869.

[29] FRANCKEN, Johannes Peter; NOTHELFER, Nepomuk; SCHLOTTHAUER, Philipp. Der Arbeitnehmer im professionellen eSport. *NZA (Neue Zeitschriftfür Arbeitsrecht)*, Jahrgang. C.H.Beck. p. 865-870, n. 13/2019, 10 jul. 2019. p. 869.

obrigado a executar um trabalho determinado por outra pessoa,[30] em dependência pessoal. Ainda que as atividades do e-Atleta estejam sujeitas a instruções de um terceiro, não há necessidade das instruções serem permanentes ou detalhadas para configuração do vínculo. Em geral, elas devem estar relacionadas ao conteúdo, execução, horário e localidade da atividade. A seguir, estão alguns indicadores importantes, para o direito alemão, que permitem caracterizar o vínculo do e-Atleta como sendo de emprego.

Em relação ao local, com algumas exceções, os treinamentos, competições e atividades publicitárias podem ser realizadas *online*, sem vinculação a um local específico. Tampouco há necessidade de *home office*, bastando apenas equipamentos e acessórios com conexão à internet. Portanto, se não houver especificação de local de trabalho real, isso não significa que não haja instruções quanto à localidade (örtliche Weisung). O requisito será que o atleta do e-Sport esteja em um ambiente que permita o e-Sportem seu nível mais alto.[31] No contexto de uma avaliação geral, podemos afirmar que a falta de uma localidade específica para o exercício da atividade do e-Atleta não descaracteriza o vínculo empregatício, pois decorre da natureza da atividade digital.

Uma segunda discussão quanto ao local de trabalho, diz respeito ao virtual, na medida em que o e-Atleta, por meio de seu avatar ("eu virtual"), deva estar presente em um determinado momento, em um determinado lobby virtual. É questionável se um lobby virtual seria, ou não, um local de trabalho. No espectro do direito alemão, especificamente o BGB, a lei não fornece informação sobre o tema. O entendimento majoritário é de que um local de trabalho, por razões históricas, refira-se a um local "real". Contudo, a compreensão do termo pode, certamente, variar com o tempo.[32]

Francken, Nothelfer e Schlotthauer admitem a possibilidade de reinterpretação do conceito de localização, na medida em que

---

30 No artigo Der Arbeitnehmer im profissionellene Sport, seus autores, ao invés de utilizarem a expressão empregador (Arbeitsgeber), utilizam a expressão tomador de serviços (Dienstberechtigte), ainda que para designar o trabalhador utilizem a expressão empregado (Arbeitsnehmer) e afirmem a existência do vínculo empregatício na relação de trabalho dos e-Atletas.

31 FRANCKEN, Johannes Peter; NOTHELFER, Nepomuk; SCHLOTTHAUER, Philipp. Der Arbeitnehmer im professionellen eSport. *NZA (Neue Zeitschriftfür Arbeitsrecht)*, Jahrgang. C.H.Beck. p. 865-870, n. 13/2019, 10 jul. 2019. p. 869.

32 FRANCKEN, Johannes Peter; NOTHELFER, Nepomuk; SCHLOTTHAUER, Philipp. Der Arbeitnehmer im professionellen eSport. *NZA (Neue Zeitschriftfür Arbeitsrecht)*, Jahrgang. C.H.Beck. p. 865-870, n. 13/2019, 10 jul. 2019. p. 869.

> (...) essa mudança no sentido da palavra resulta dos desenvolvimentos no mundo exterior e é referida na metodologia jurídica como porosidade (historicidade). Portanto, uma interpretação semântica também é favorável a esse resultado de subsunção devido ao entendimento coloquial da palavra. O telos da norma também suporta isso porque o trabalho digital é tão vulnerável quanto o trabalho convencional.[33] [34]

Além da possibilidade de aceitação de mera localização virtual, há também a hipótese de implementação de um local de trabalho real. Não raras vezes, e-Atletas de clãs têm disponibilizada uma *Gaming House*,[35] onde ocorre a interação do grupo de jogadores. Conforme Francken, Nothelfer e Schlotthauer, a equipe permanece por alguns meses (e, nesse período, muito além do horário de trabalho diário) em um local real, especificado pelo empregador. Portanto, além de um vínculo local virtual, também pode existir um vínculo local real. A existência de um local material, por certo, é um forte indício para se caracterizar a relação de emprego.[36]

As instruções relacionadas à jornada também insinuam existência de relação de emprego. Por exemplo, se exigir a presença em eventos de patrocínio, ou a participação em determinados campeonatos. Francken, Nothelfer e Schlotthauer expõem que e-Atletas de jogos individuais normalmente têm mais liberdade em relação aos horários de treinamento, em comparação aos e-Atletas de jogos em equipe, em que os jogadores necessitam se ajustar aos colegas.[37]

No tocante às instruções relacionadas ao conteúdo, o tomador de serviços, via de regra, determina a maior parte das funções do atleta

---

33 Trata-se de uma transcrição *ipsislitteris* do texto original: "Diese Veränderung des Worts innsergibtsichaus den Entwicklungen der Aussenwelt und wird in der juristischen Methodenlehreals Porositätbezeichnet. Eine semantische Auslegungsprichtdaheraufgrund des umgangssprachlichen Wortverständnissesebenfallsfüreinderartiges Subsumtionsergebnis. Auch das Telos der Norm unterstütztdiesmweildigitale Arbeit in gleichem Masse wieherkömmliche Arbeit schutzbedürftigist".

34 FRANCKEN, Johannes Peter; NOTHELFER, Nepomuk; SCHLOTTHAUER, Philipp. Der Arbeitnehmer im professionellen eSport. *NZA (Neue Zeitschriftfür Arbeitsrecht)*, Jahrgang. C.H.Beck. p. 865-870, n. 13/2019, 10 jul. 2019. p. 869.

35 Gaming house é uma habitação na qual jogadores de esportes eletrônicos moram, treinam e convivem juntos. Cf. Gaming house. *Wikipédia*. Disponível em: https://pt.wikipedia.org/wiki/Gaming_house. Acesso em 05 jan. 2020.

36 FRANCKEN, Johannes Peter; NOTHELFER, Nepomuk; SCHLOTTHAUER, Philipp. Der Arbeitnehmer im professionellen eSport. *NZA (Neue Zeitschriftfür Arbeitsrecht)*, Jahrgang. C.H.Beck. p. 865-870, n. 13/2019, 10 jul. 2019. p. 869-870.

37 FRANCKEN, Johannes Peter; NOTHELFER, Nepomuk; SCHLOTTHAUER, Philipp. Der Arbeitnehmer im professionellen eSport. *NZA (Neue Zeitschriftfür Arbeitsrecht)*, Jahrgang. C.H.Beck. p. 865-870, n. 13/2019, 10 jul. 2019. p. 870.

profissional do e-Sport. Contudo, no que diz respeito à execução das atividades, uma distinção deve ser feita entre ações no jogo e ações fora do jogo. Fora do jogo, o tomador emitirá instruções organizacionais. Dentro do jogo, especialmente na competição em si, há apenas um número baixo de instruções. Neste particular, o e-Atleta pode ser comparado com qualquer esportista convencional. Ele possui o conhecimento especializado e, portanto, dificilmente precisará de instruções relacionadas à execução do jogo. Ele é, portanto, um trabalhador parcialmente comandado (*partiell weisungsfreier Arbeitnehmer*).[38]

3.2 Direito brasileiro

No cenário jurídico brasileiro também se discute a proteção jurídica do e-Atleta. A flagrante omissão legislativa – sequer há reconhecimento dos *e-Sports* como profissão no Código Brasileiro de Ocupações[39] – tornou-se perniciosa, na medida em que a popularidade dos *e-Sports*, a despeito da ausência de regulamentação, redunda na proliferação de relações de trabalho – quando não de emprego – que se desenvolvem à margem da lei, inexistindo, praticamente, proteção jurídica para os trabalhadores – em sua maioria jovens, ou até menores de idade.

O panorama atual no Brasil engloba um cenário de vácuo normativo, o que resulta na heterogeneidade dos regimes de contratação, como descreve Ricardo Miguel, em artigo acerca do princípio da boa-fé objetiva e suas vertentes no esporte eletrônico:

> (...) Na verdade, *o que vem ocorrendo são contratos de trabalho, em alguns casos desportivo, em outros apenas um contrato eminentemente civil e em outros apenas um contrato de emprego.*
> Em qualquer destas formas jurídicas nossa análise se refere à situação real na qual o jogador isoladamente não consegue se estabelecer no início de sua vida como atleta. Seu desenvolvimento depende do trabalho e treino na equipe. Logo, aceita o contrato como lhe é apresentado pela equipe. *Trata-se, na maioria dos casos, de um contrato de adesão. Como tal, é fundamental que a formulação das cláusulas contratuais e sua interpretação*

---

[38] FRANCKEN, Johannes Peter; NOTHELFER, Nepomuk; SCHLOTTHAUER, Philipp. Der Arbeitnehmer im professionellen eSport. *NZA (Neue Zeitschriftfür Arbeitsrecht)*, Jahrgang. C.H.Beck. p. 865-870, n. 13/2019, 10 jul. 2019. p. 870.

[39] Cf. Listagem das profissões regulamentadas: normas reguladoras. *CBO Ministério do Trabalho*. Disponível em: http://www.mtecbo.gov.br/cbosite/pages/regulamentacao.jsf;jsessionid=iHRjnoTKJAfCNEJIv2Tlbhg0.slave17:mte-cbo#e. Acesso em 22 jan. 2020.

> *observem o princípio da boa-fé objetiva, de modo que não haja efetiva exploração de uma parte pela outra.*
> O atleta iniciante simplesmente adere a um contrato, muitas vezes apenas com ajuda de custo de moradia e alimentação, além dos equipamentos para treino e jogo. Não há qualquer pagamento de salário até que a situação de desempenho e rentabilidade se torne mais real, quando então é firmado um contrato. (Grifos nossos).[40]

Em suma, no Brasil, o que se observa é um largo espectro de modelos de contratação de *e-atletas*, distantes de qualquer diretriz legal.

De plano, urge destacar que a Carta Magna não só reconheceu os valores do trabalho e da livre iniciativa em seus fundamentos (art. 1°, IV),[41] como também alçou ao patamar de direito fundamental (art. 5°, XIII)[42] o livre o exercício de qualquer trabalho, ofício ou profissão, desde que atendidas as qualificações profissionais que dispuser a lei.

Ainda, disciplinando de forma específica a atividade desportiva no âmbito trabalhista, a Lei Pelé,[43] dentre outras determinações, estabelece e garante: cláusulas obrigatórias aos contratos de trabalho de desportistas (art. 28), direitos trabalhistas consagrados na Constituição aos trabalhadores (abono de férias, 13° salário), fornecimento de treinamentos e equipamentos necessários à prática do esporte (art. 34, II); necessidade de integração ao contrato das condições de transferência do atleta (art. 40, §1°), etc. Outrossim, o art. 28, §4° da norma em questão dispõe sobre a aplicação subsidiária da legislação trabalhista.

Diante do cenário nacional de indefinição, em 2017, a Riot Games, organizadora dos eventos e campeonatos relativos ao *League of Legends*, passou a exigir a formalização de vínculos empregatícios, regidos pela CLT, entre as equipes participantes das competições da modalidade e respectivos jogadores. Tarsila Machado Alves chegou a comentar o contexto:

---

40 MIGUEL, Ricardo Georges Affonso. O princípio da boa-fé objetiva e suas vertentes no esporte eletrônico (e-sports). *Revista da Academia Nacional de Direito Desportivo*, Rio de Janeiro, Hazteca Comunicação, a. 1, n. 2, p. 15, jul./dez. 2016.

41 BRASIL. Constituição da República Federativa do Brasil de 1988. *Diário Oficial da União*, Brasília, 05 out. 1988. Disponível em: http://www.planalto.gov.br/ccivil_03/constituicao/constituicao.htm. Acesso em 19 jan. 2020.

42 BRASIL. Constituição da República Federativa do Brasil de 1988. *Diário Oficial da União*, Brasília, 05 out. 1988. Disponível em: http://www.planalto.gov.br/ccivil_03/constituicao/constituicao.htm. Acesso em 19 jan. 2020.

43 BRASIL. Lei n° 9.615, de 24 de março de 1998. Institui normas gerais sobre desporto e dá outras providências. *Diário Oficial da União*, Brasília, 25 mar. 1998. Disponível em: http://www.planalto.gov.br/ccivil_03/LEIS/L9615consol.htm. Acesso em 23 jan. 2020.

O motivo para terem desenvolvido essas regras é que a empresa compreendeu que a profissionalização da indústria, ainda em desenvolvimento, está intimamente ligada às regras de negócios claras e a necessidade de sua sustentabilidade por meio da criação de mecanismos para que os atletas tenham condições mínimas de dedicação exclusiva para a sua atividade, tal como os atletas de futebol.[44]

De olho nas determinações internacionais da companhia, por intermédio da Associação Brasileira de Clubes de e-*Sports* (ABCDE), em fevereiro de 2017 restou estabelecido que atletas e treinadores das equipes participantes do Campeonato Brasileiro de *League of Legends* (CBLoL) teriam registro na carteira profissional de trabalho, seguindo as diretrizes da Lei Pelé. Desde então, os atletas e treinadores de *e-Sports* passaram a adotar o mesmo contrato que atletas da modalidade do futebol utilizam.[45]

O reconhecimento do e-Sport como modalidade esportiva atrai a aplicação das regras da Lei Pelé (Lei nº 9.615/98), a qual determina expressamente que a atividade do atleta profissional seja regida por contrato especial de trabalho desportivo, nos termos do artigo 28.

Destaca-se a simples e precisa descrição dessa perspectiva em excerto de artigo publicado pela Universidade FUMEC, acerca dos contratos de trabalho dos esportistas eletrônicos no Brasil e a urgente necessidade de respectiva regulamentação, utilizando como arquétipo o e-SportLoL,[46] espécie do gênero de maior rentabilidade e crescimento:

> (...) *In prima facie*, o caso do e-SportLoL traz preciosas discussões no mundo jurídico, pois é considerado o "futebol dos esportes eletrônicos. *A razão de ser advém de que a empresa que desenvolve e gerencia o jogo*, bem como seus campeonatos, denominada Riot Games, junto com a Associação Brasileira de Clubes de E-sports – ABCDE, observando que o cenário havia amadurecido em caráter organizacional, financeiro e social, bem como praticado e assistido por números cada vez maiores de fãs, *pactuou*

---

[44] ALVES, Tarsila Machado. Carteira de trabalho é apenas uma das formas de contrato nos e-Sports; entenda. *Espn*, 4 set. 2017. Disponível em: http://www.espn.com.br/noticia/724367_carteira-de-trabalho-e-apenas-uma-das-formas-de-contrato-nos-esports-entenda. Acesso em 22 jan. 2020.

[45] COUTINHO FILHO, José Eduardo; JUANG, Felipe Mota. A evolução dos e-Sports e a vinculação legal do ciberatleta. *Revista Síntese Direito Desportivo*, São Paulo, v. 07, n. 41, p. 9-18, abr./jun. 2018. p. 14.

[46] MENDES, Jaqueline. Indústria de games cresce e se profissionaliza cada vez mais. *Estado de Minas*, 16 out. 2019. Disponível em: https://www.em.com.br/app/noticia/economia/2019/10/16/internas_economia,1093076/industria-de-games-cresce-e-se-profissionaliza-cada-vez-mais.shtml. Acesso em 20 jan. 2020.

em exigir que as entidades desportivas que participavam ou tinham o interesse de participar do Campeonato Brasileiro de League of Legends – CBLoL, deveriam regularizar seus atletas mediante contrato de trabalho, que seguiriam as normas estabelecidas na CLT, bem como as que incumbe **à** *Lei Pelé* (SANTANA, 2017, p. 14). À vista disso, constata-se que os atletas profissionais que participam do CBLoL têm todos os direitos decorrentes do contrato especial de trabalho reconhecidos tanto na CLT quanto na Lei Pelé, como por exemplo, garantia de férias, de 13º salário, FGTS, anotação da Carteira de Trabalho – CTPS, previdência entre outros, além de estarem enquadrados como profissionais na legislação especial.[47]

Em 2017, foi proposto pelo Senado Federal o Projeto de Lei nº 383, de autoria do senador Roberto Rocha (PSDB/Maranhão), com vistas a dispor sobre a regulamentação da prática desportiva em meio eletrônico, matéria, conforme já pontuado, sem previsão normativa específica que melhor proteja os direitos e garantias dos praticantes, a despeito do crescimento desenfreado da modalidade no Brasil. Essa abordagem foi, inclusive, mencionada no tópico da justificação da PL em questão.

Em seus artigos 1º e 2º, de caráter eminentemente conceitual, o dispositivo estabelece não só requisitos para que a atividade eletrônica se enquadrasse como desportiva, como determinava também que os praticantes desta última seriam considerados atletas, *strictu sensu*. A seguir, os referidos dispositivos, *ipsis litteris:*

> Art. 1º O exercício da atividade esportiva eletrônica obedecerá ao disposto nesta lei.
> Parágrafo único. Entende-se por esporte as atividades que, fazendo uso de artefatos eletrônicos, caracteriza a competição de dois ou mais participantes, no sistema de ascenso e descenso misto de competição, com utilização do round-robintournament systems, o knockout systems, ou outra tecnologia similar e com a mesma finalidade.
> Art. 2º O praticante de esportes eletrônicos passa a receber a nomenclatura de "atleta".

Nos artigos subsequentes que encerravam o PL nº 383 foram açambarcados: o fomento à atividade esportiva eletrônica e o estabelecimento dos seus objetivos (art. 3º), o reconhecimento das ligas,

---

47 FERREIRA, Vanessa Rocha; COSTA, Pietro Lazaro. Os contratos de trabalho dos esportistas eletrônicos no Brasil e a necessidade de sua regulamentação. *Meritum*, Belo Horizonte, 1. ed., v. 14, p. 256-279, jan./jun. 2019. Disponível em: http://www.fumec.br/revistas/meritum/article/download/6841/pdf. Acesso em 18 jan. 2020.

confederações e afins no âmbito do esporte eletrônico (art. 4º), bem como a instituição do Dia do Esporte Eletrônico, em 27 de junho (art. 5º).

Em outubro do mesmo ano, o referido PL foi encaminhado à Comissão de Ciência, Tecnologia, Inovação, Comunicação e Informática e de Educação, Cultura e Esporte, para elaboração de parecer, de relatoria do Senador Davi Alcolumbre, do qual destacam-se os seguintes trechos:

> (...) O Comitê Olímpico Internacional (COI), inicialmente avesso ao reconhecimento dessa modalidade esportiva, já analisa a possibilidade de incluir os esportes eletrônicos na Olimpíada de Paris em 2024.
> O reconhecimento do esporte eletrônico é uma realidade que se impõe, seus praticantes profissionais devem ser tratados como atletas e, assim, devem ser reconhecidos, até porque, nessa condição, são submetidos a uma rotina diária de treinos que duram horas, não raramente, superior a oito/dez horas.

O entendimento do Senado foi pela aprovação do PL nº 383, mediante reformulação da redação para que se coadunasse melhor com as previsões da Lei nº 9.615, de 24 de março de 1998, apresentando a respectiva emenda ao PL no final do parecer.

Na emenda substitutiva, modificou-se a redação do artigo 4º:

> O esporte eletrônico será coordenado, *gerido e normatizado por ligas e entidades nacionais e regionais de administração do desporto.*
> Parágrafo único. Os entes referidos no caput poderão ser organizados em federação e confederação.

Tal medida, em termos práticos, significa a delegação da normatização, gerenciamento e organização do *e-Sport* às ligas e entidades regionais e nacionais pertinentes – a exemplo da *Riot Games*, que organiza os campeonatos de *League of Legends*, suprimindo essa atribuição das confederações e federações.

Em 3 de junho de 2019, foi apresentada segunda emenda ao PL nº 383, de autoria do senador Luís Eduardo Grangeiro Girão (PODE/Ceará), com vistas à modificação do art. 1º nos seguintes termos:

> (...) Não se considera esporte eletrônico a modalidade que se utilize de jogo com conteúdo violento, de cunho sexual, que propague mensagem de ódio, preconceito ou discriminação ou que faça apologia ao uso de drogas.

Em sua fundamentação, calcada no papel de força motriz dos esportes para o desenvolvimento humano em diferentes áreas, salientou-se que "um jogo eletrônico que faça apologia à violência não é e nunca será esporte, pois seus conceitos não se comunicam".[48]

Em agosto do mesmo ano[49] foi requerido pela Senadora Leila Barros (PSB-DF) a realização de audiência pública, com a participação da Subcomissão Permanente sobre Esporte, Educação Física e Formação de Categorias de Base, com o objetivo de aprofundar a discussão sobre o referido Projeto de Lei. Na mesma linha, em 12 de dezembro, a parlamentar requereu participação consultiva da Comissão de Assuntos Econômicos (CAE). O requerimento encontra-se aguardando inclusão em ordem do dia no Plenário até a presente data.[50]

No Judiciário, em dezembro de 2019, foi julgada a ação trabalhista ajuizada pelo jogador Carlos "Nappon" Rücker contra o clube paiN Gaming.[51] Nos referidos autos restou reconhecido o vínculo empregatício, condenado o réu ao pagamento de verbas rescisórias.[52]

---

[48] SENADO FEDERAL. *Emenda nº 002 CE*. PLS nº 383, de 2017. Disponível em: https://legis.senado.leg.br/sdleg-getter/documento?dm=7961253&disposition=inline. Acesso em 23 jan. 2020.

[49] SENADO FEDERAL. *Requerimento nº 088 de 2019 - CE*. REQ nº 00088, de 2019. Disponível em: https://legis.senado.leg.br/sdleg-getter/documento?dm=7997333&ts=1579526517649&disposition=inline. Acesso em 20 jan. 2020.

[50] SENADO FEDERAL. *Projeto de Lei do Senado nº 383, de 2017*. Dispõe sobre a regulamentação da prática esportiva eletrônica. Disponível em: https://www25.senado.leg.br/web/atividade/materias/-/materia/131177. Acesso em 22 jan. 2020.

[51] A referida ação trabalhista foi autuada sob o nº 1000904-02.2019.5.02.0084. Confira-se o acordo celebrado entre as partes, em audiência, no dia 6 de agosto de 2019, com destaques: "As partes dão por extinto o contrato de trabalho a partir do dia 17/04/2019, ficando o reclamante livre para contratar com outras empresas a partir desta data, sendo que a empresa, inclusive, não tem nada a reclamar em face de contratos celebrados anteriormente pelo mesmo.
O reclamante se compromete a devolver à empresa o equipamento que está em seu poder (uma CPU, dois monitores, sendo que um está quebrado, um mouse, um teclado, uma webcam, um headset, e uma cadeira gamer), comprometendo-se a reclamada a retirar o referido equipamento no endereço que o reclamante está lhe fornecendo neste ato, no prazo de 10 dias, em horário a ser combinado, inclusive em finais de semana.
A reclamada vai anotar a carteira de trabalho do reclamante para constar admissão em 15.05.2018, demissão em 17.04.2019, função jogador de esporte eletrônico, remuneração R$1396,56 mensais, sendo que o reclamante entregará o documento junto com o equipamento supra ao representante da empresa, que se compromete a devolvê-lo ao autor, no prazo de 10 dias, por meio a combinar.
O(A) reclamado(s) pagará ao(à) reclamante a importância líquida de R$60.000,00 no dia 20.08.2019.
O(a) reclamante concorda expressamente que os pagamentos das parcelas do acordo sejam efetuados mediante depósito bancário na conta do escritório do seu patrono, TERRAS COELHO ADVOGADOS, no Banco Itaú, agência 8552, conta corrente nº 17550-0, valendo os comprovantes de depósito como recibos de pagamento do acordo. Desnecessária a juntada de petição ou recibo, no caso de quitação das parcelas, tendo-se como quitado o acordo se não denunciado o inadimplemento pela parte reclamante no prazo de 10 (dez) dias a contar do vencimento da última parcela. As partes convencionam que os depósitos bancários nas datas estabelecidas poderão ser efetuados em cheque ou em dinheiro.

4 Considerações finais

A indústria do e-Sport está em expansão ao redor do mundo e, em meio a esse setor, encontra-se o e-Atleta.

Para o direito alemão, o e-Sport será identificado como trabalho subordinado quando o atleta for remunerado ao utilizar suas habilidades atléticas com dependência pessoal e, ao mesmo tempo, promovendo os interesses econômicos do tomador dos serviços.

Para o direito brasileiro, ainda é uma incógnita o regramento a ser adotado diante de casos concretos já instituídos, haja vista que, até então, a matéria estava sob a égide da autonomia de vontade dos contratos privados.

Em franca oposição ao panorama geral de judicialização de conflitos, a seara do esporte eletrônico, no Brasil, ainda é crua de precedentes, destacando-se a ação trabalhista promovida pelo jogador Carlos "Nappon" Rücker, em que houve efetivo reconhecimento de vínculo empregatício.

Em suma, no direito brasileiro, dadas as suas peculiaridades, o e-atleta constitui-se espécie *sui generis* de trabalhador, o que implica relevante insegurança jurídica e subsistência de incertezas e dúvidas quanto à sua forma de regulamentação.

Em contrapartida, a Alemanha parece ter solucionado a questão, na medida em que equiparou o atleta de esporte eletrônico – em que pese suas idiossincrasias – ao atleta convencional, regulamentando-o de maneira uniforme e reconhecendo a legitimidade da relação contratual de trabalho.

De qualquer sorte, o Brasil, não obstante a lacuna normativa, parece estar trilhando o mesmo caminho germânico, qual seja, envidando esforços para (i) a equiparação dos jogadores de e-Sports aos atletas das demais modalidades e; (ii) a materialização no direito positivo de normas que se destinem a regulamentar a atividade profissional e a garantir os direitos constitucionais inerentes às relações de trabalho.

A constatação é inexorável: é imperioso compreender as novas formas de trabalho advindas do mundo moderno em rede.

Multa de 50% sobre o valor em aberto, em caso de inadimplemento, sem prejuízo de juros e correção monetária. [...]".

[52] OLIVEIRA, Gabriel. Nappon processa paiN e recebe R$60 mil; entenda contratações em LoL. *Bol*, 17 dez. 2019. Disponível em: https://www.bol.uol.com.br/noticias/2019/12/17/contratacoes-em-league-of-legends-nappon-processou-pain.htm. Acesso em 15 mar. 2020.

Referências

ALVES, Tarsila Machado. Carteira de trabalho é apenas uma das formas de contrato nos eSports; entenda. *Espn*, 4 set. 2017. Disponível em: http://www.espn.com.br/noticia/724367_carteira-de-trabalho-e-apenas-uma-das-formas-de-contrato-nos-esports-entenda. Acesso em 22 jan. 2020.

BRASIL. Constituição da República Federativa do Brasil de 1988. *Diário Oficial da União*, Brasília, 05 out. 1988. Disponível em: http://www.planalto.gov.br/ccivil_03/constituicao/constituicao.htm. Acesso em 19 jan. 2020.

BRASIL. Decreto-Lei nº 4.657, de 4 de setembro de 1942. Lei de Introdução às normas do Direito Brasileiro. *Diário Oficial da União*, Rio de Janeiro, 09 set. 1942. Disponível em: http://www.planalto.gov.br/ccivil_03/decreto-lei/Del4657compilado.htm. Acesso em 20 jan. 2020.

BRASIL. Lei nº 11.962, de 3 de julho de 2009. Altera o art. 1º da Lei nº 7.064, de 6 de dezembro de 1982, estendendo as regras desse diploma legal a todas as empresas que venham a contratar ou transferir trabalhadores para prestar serviço no exterior. *Diário Oficial da União*, Brasília, 06 jul. 2009. Disponível em: http://www.planalto.gov.br/ccivil_03/_Ato2007-2010/2009/Lei/L11962.htm. Acesso em 22 jan. 2020.

BRASIL. Lei nº 9.615, de 24 de março de 1998. Institui normas gerais sobre desporto e dá outras providências. *Diário Oficial da União*, Brasília, 25 mar. 1998. Disponível em: http://www.planalto.gov.br/ccivil_03/LEIS/L9615consol.htm. Acesso em 23 jan. 2020.

BRASIL. Lei nº 7.064, de 6 de dezembro de 1982. Dispõe sobre a situação de trabalhadores contratados ou transferidos para prestar serviços no exterior. *Diário Oficial da União*, Brasília, 07 dez. 1982. Disponível em: http://www.planalto.gov.br/ccivil_03/leis/L7064.htm. Acesso em 22 jan. 2020.

CBO MINISTÉRIO DO TRABALHO. *Listagem das profissões regulamentadas*: normas reguladoras. Disponível em: http://www.mtecbo.gov.br/cbosite/pages/regulamentacao.jsf;jsessionid=iHRjnoTKJAfCNEJIv2Tlbhg0.slave17:mte-cbo#e. Acesso em 22 jan. 2020.

COUTINHO FILHO, José Eduardo; JUANG, Felipe Mota. A evolução dos e-sports e a vinculação legal do ciberatleta. *Revista Síntese Direito Desportivo*, São Paulo, v. 07, n. 41, p. 9-18, abr./jun. 2018.

DOHMEN, Andreas. *Wie digital wollenwir leben? Die wichtigste Entscheidungfürunsere Zukunft*. Ostfildern: Patmos, 2019.

FERREIRA, Vanessa Rocha; COSTA, Pietro Lazaro. Os contratos de trabalho dos esportistas eletrônicos no Brasil e a necessidade de sua regulamentação. *Meritum*, Belo Horizonte, 1. ed., v. 14, p. 256-279, jan./jun. 2019. Disponível em: http://www.fumec.br/revistas/meritum/article/download/6841/pdf. Acesso em 18 jan. 2020.

FRANCKEN, Johannes Peter; NOTHELFER, Nepomuk; SCHLOTTHAUER, Philipp. Der Arbeitnehmer im professionellen eSport. *NZA (Neue Zeitschriftfür Arbeitsrecht)*, Jahrgang. C.H.Beck. p. 865-870, n. 13/2019, 10 jul. 2019.

KLIEMT.BLOG. *Der neue* §611a *BGB*: Alles neu macht der... April. 12 apr. 2017. Disponível em: https://www.arbeitsrecht-weltweit.de/2017/04/12/der-neue-§-611a-bgb-alles-neu-macht-der-april. Acesso em 03 jan. 2020.

MAY, Marie-Julie. Eine Miliarde eSports-Fans – da hat es beimir Klick gemacht. *Welt Sport*, 21 mar. 2018. Disponível em: https://www.welt.de/sport/article174361393/Wachstumsmarkt-Eine-Milliarde-eSports-Fans-da-hat-es-bei-mir-Klick-gemacht.html. Acesso em 15 mar. 2020.

MENDES, Jaqueline. Indústria de games cresce e se profissionaliza cada vez mais. *Estado de Minas*, 16 out. 2019. Disponível em: https://www.em.com.br/app/noticia/economia/2019/10/16/internas_economia,1093076/industria-de-games-cresce-e-se-profissionaliza-cada-vez-mais.shtml. Acesso em 20 jan. 2020.

MIGUEL, Ricardo Georges Affonso. O princípio da boa-fé objetiva e suas vertentes no esporte eletrônico (e-sports). *Revista da Academia Nacional de Direito Desportivo*, Rio de Janeiro, Hazteca Communicação, a. 1, n. 2, p. 15, jul./dez. 2016.

OLIVEIRA, Gabriel. Nappon processa paiN e recebe R$60 mil; entenda contratações em LoL. *Bol*, 17 dez. 2019. Disponível em: https://www.bol.uol.com.br/noticias/2019/12/17/contratacoes-em-league-of-legends-nappon-processou-pain.htm. Acesso em 15 mar. 2020.

SENADO FEDERAL. *Emenda nº CE*. PLS nº 383, de 2017. Disponível em: https://legis.senado.leg.br/sdleg-getter/documento?dm=7961253&ts=1579526516917&disposition=inline. Acesso em 23 jan. 2020.

SENADO FEDERAL. *Projeto de Lei do Senado nº 383, de 2017*. Dispõe sobre a regulamentação da prática esportiva eletrônica. Disponível em: https://www25.senado.leg.br/web/atividade/materias/-/materia/131177. Acesso em 22 jan. 2020.

SENADO FEDERAL. *Requerimento nº de CE*. REQ nº 00088, de 2019. Disponível em: https://legis.senado.leg.br/sdleg-getter/documento?dm=7997333&ts=1579526517649&disposition=inline. Acesso em 20 jan. 2020.

WIKIPEDIA. *Gaming house*. Disponível em: https://pt.wikipedia.org/wiki/Gaming_house. Acesso em 05 jan. 2020.

WIKIPEDIA. *League of legends*. Disponível em: https://de.wikipedia.org/wiki/League_of_Legends. Acesso em 15 mar. 2020.

Informação bibliográfica deste texto, conforme a NBR 6023:2018 da Associação Brasileira de Normas Técnicas (ABNT):

TUPINAMBÁ, Carolina; CUNHA, Leonardo Stocker Pereira da. Tutela jurídica (laboral) do *e-sport*: um estudo de direito comparado. *In*: TUPINAMBÁ, Carolina (Coord.). *As novas relações trabalhistas e o futuro do Direito do Trabalho*: as novidades provenientes dos avanços tecnológicos. Belo Horizonte: Fórum, 2021. (Coleção Fórum as novas relações trabalhistas e o futuro do Direito do Trabalho. Tomo III.). p. 349-367. ISBN 978-65-5518-131-9.

PROFESSOR DE ENSINO À DISTÂNCIA: PRECARIZAÇÃO OU AVANÇO?

ISABELA PIMENTEL DE BARROS

PAULA TEIXEIRA MARTINS SCHETTINI

1 Introdução

O presente trabalho tem como objetivo debater sobre as peculiaridades das condições de trabalho dos professores do Ensino Superior vinculados à rede de ensino particular, sobretudo os que trabalham na modalidade de Ensino à Distância (EaD), cujo crescimento vertiginoso é verificado nos últimos anos.

A título exemplificativo, a Universidade Estácio de Sá, uma das maiores universidades particulares no Brasil, ao apresentar os seus resultados no 4° trimestre do ano de 2018, anunciou um aumento de 19% de alunos de EaD, que passou a corresponder a 39% do total de alunos do final de 2018.[1]

---

[1] Cf. *Estácio divulga os resultados do 4T18 e de 2018. Universidade Estácio de Sá*, 2018. Disponível em: https://ri.estacio.br/show.aspx?idMateria=N1IzocXYhayo7HaKSyhN/Q==. Acesso em 13 mai. 2019.

É pública e notória a crise que a educação no Brasil atravessa. Além da baixa remuneração, os professores enfrentam o hábito diário da indisciplina escolar, da pressão dos estabelecimentos de ensino por bom rendimento dos alunos, da rotina de acúmulo de empregos para, minimamente, garantir uma renda digna, da falta de tempo para a especialização e das doenças a que são acometidos em razão do estresse que enfrentam.[2] Ao longo dos anos, acresceu-se a todos os problemas enfrentados a comercialização do ensino.

Diferentemente de outras profissões, o professor comumente estende a jornada de trabalho até os horários supostamente livres, já que precisa elaborar avaliações, exercícios, corrigir atividades sem, contudo, auferir qualquer remuneração compensatória, uma vez que o entendimento majoritário é de que tais afazeres são inerentes à função do magistério e, portanto, os professores não fazem jus à remuneração extraordinária em razão do tempo despendido para tanto.

Nesse sentido, convém destacar que a atividade dos professores é regida pelos arts. 317 e seguintes da Consolidação das Leis do Trabalho (CLT),[3] sendo certo que a atividade faz parte do que se define como categoria especial.

Logo, para atingirmos o nosso objetivo, dada a especificidade da categoria, inicialmente apresentaremos, de uma forma geral, as principais disposições legais que envolvem a profissão. Após, trabalharemos algumas discussões enfrentadas no Judiciário Trabalhista sobre as condições de trabalho do professor como, por exemplo, a possibilidade de redução de carga horária.

Por fim, pretendemos trabalhar as condições dos professores que laboram no Ensino à Distância.

É preciso ressaltar a dificuldade que a justiça laboral enfrenta para entender se há ou não o vínculo de emprego nesse caso, já que, muitas vezes, há uma extrema resistência em reconhecer a existência dos requisitos do vínculo, dadas as condições peculiares em que profissionais deste setor atuam.

---

[2] Um dos principais males enfrentados pelos professores é a chamada "Síndrome de Burnout", conhecida como síndrome da desistência, do esgotamento relacionado à dor do profissional que perde sua energia no trabalho. (Cf. Burnout: síndrome afeta mais de 15% dos docentes. *Portal do professor*. Disponível em: http://portaldoprofessor.mec.gov.br/conteudoJornal.html?idConteudo=38. Acesso em 31 mai. 2019).

[3] BRASIL. Decreto-Lei nº 5.452, de 01 de maio 1943. Aprova a Consolidação das Leis do Trabalho. *Diário Oficial da União*, Rio de Janeiro, 09 ago. 1943. Disponível em: http://www.planalto.gov.br/ccivil_03/decreto-lei/Del5452.htm. Acesso em 12 mai. 2019.

Outra dificuldade que se observa é analisar se o professor de Ensino à Distância possui os mesmos direitos que o professor de ensino presencial, uma vez que, segundo entendimento, aquele não exerce as mesmas atividades deste último.

A pesquisa realizada neste trabalho foi essencialmente doutrinária e jurisprudencial.

Esperamos, assim, contribuir com o aprofundamento do estudo desta categoria que, em tempos de Reforma Trabalhista e de provável Reforma Previdenciária, necessita de especial atenção, dada a sua relevância para a sociedade.

2 Breves considerações sobre o professor

2.1 Definição

Os professores são regidos pelos arts. 317 a 324 da CLT, além de normas coletivas, especiais e complementares. Tais regras são aplicáveis somente aos professores empregados, não sendo aplicáveis aos docentes da Administração Direta, como os professores de escola pública municipal, estadual ou das Universidades Federais, que somente são admitidos mediante concurso público.

A especificidade desta categoria reside na natureza de suas atribuições, não havendo dúvida de que o professor pertence a uma categoria diferenciada, por força de estatuto profissional especial e de condições de vida singulares.

Não obstante, ainda que não tenha definição legal e que seja alvo de controvérsias, a doutrina tratou de elaborá-la.[4] Há entendimento no sentido de que, para definição do professor, é necessário analisar a Lei

[4] Na visão de Alice Monteiro de Barros, professor é "o profissional habilitado ou autorizado, que, através das atividades inerentes ao magistério, forma as gerações do país propiciando-lhes a educação básica e superior, ou complementando-lhes a formação em curso de especialização, técnico, preparatório ou profissionalizante, realizados em estabelecimento de ensino público, particular, livre, ou ainda em outro estabelecimento que, embora não específico, proporcione essa formação". (BARROS, Alice Monteiro de. *Contratos e regulamentações especiais de trabalho. Peculiaridades, aspectos controvertidos e tendências.* 3. ed. São Paulo: LTR, 2008. p. 409). No mesmo sentido, encontramos João José Sady, para quem "Professor é o trabalhador que exerce a atividade de transmitir conhecimentos. É todo aquele que exerce atividade profissionalmente". (SADY, João José. *Direito do trabalho do professor.* São Paulo: LTR, 1996. p. 16).

nº 9.394, de 20 de dezembro de 1996, conhecida como Lei de Diretrizes e Bases da Educação Nacional (LDB),[5] em conjunto com a CLT.

O entendimento majoritário é no sentido de que o exercício do magistério não exige registro no Ministério da Educação. Dessa forma, o art. 317 da CLT,[6] que trata sobre essa exigência, estaria revogado.

No que tange à definição de estabelecimento particular de ensino, a LDB dispõe que as instituições privadas de ensino se enquadram nas categorias de "particulares em sentido estrito, assim entendidas as que são instituídas e mantidas por uma ou mais pessoas físicas ou jurídicas de direito privado que não apresentem as características dos incisos abaixo (...)". A mesma lei traz, ainda, os deveres do professor.[7]

Da análise sistemática dos dispositivos da CLT e da LDB, pode-se concluir que professor é aquele que desenvolve as atividades em um estabelecimento de ensino. Segundo a LDB, são os que ministram aulas para educação infantil, ensino fundamental, ensino médio ou educação superior.

Ademais, para ser considerado professor, o profissional deverá possuir habilitação legal, ou seja, formação técnica ou profissional para exercer a atividade da docência, ainda que seja dispensado o registro no Ministério da Educação.

Cumpre ressaltar que a doutrina é controvertida sobre a definição das funções desempenhadas, bem como sobre os requisitos necessários para ser considerado professor e, portanto, pertencer à categoria diferenciada regida pela CLT nos arts. 317 a 324.

---

5 BRASIL. Lei nº 9.394, de 20 de dezembro de 1996. Estabelece as diretrizes e bases da educação nacional. *Diário Oficial da União*, Brasília, 23 dez. 1996. Disponível em http://www.planalto.gov.br/ccivil_03/leis/L9394.htm. Acesso em 17 mai. 2019.

6 Art. 317. CLT – O exercício remunerado do magistério, em estabelecimentos particulares de ensino, exigirá apenas habilitação legal e registro no Ministério da Educação.

7 Art. 13. LDB. Os docentes incumbir-se-ão de:
I – participar da elaboração da proposta pedagógica do estabelecimento de ensino;
II – elaborar e cumprir plano de trabalho, segundo a proposta pedagógica do estabelecimento de ensino;
III – zelar pela aprendizagem dos alunos;
IV – estabelecer estratégias de recuperação para os alunos de menor rendimento;
V – ministrar os dias letivos e horas-aula estabelecidos, além de participar integralmente dos períodos dedicados ao planejamento, à avaliação e ao desenvolvimento profissional;
VI – colaborar com as atividades de articulação da escola com as famílias e a comunidade.

2.2 A jornada de trabalho do professor

Primeiramente, há de se definir o conceito de hora-aula, que não se confunde com o de hora. Enquanto a hora possui 60 (sessenta) minutos, o conceito de hora-aula é disciplinado pelo artigo 4º da Portaria nº 522, de 23 de maio de 1952, do Ministério da Educação (MEC),[8] que estipula que a hora-aula possui 50 minutos, no que tange às aulas diurnas. Tal conceito é aplicado a qualquer modalidade de ensino, desde que esteja vinculado às normas do MEC, o que exclui os chamados "Cursos Livres".[9]

Não obstante, tal fixação não é pacífica. Há o entendimento de que esta portaria restou superada pela Lei nº 9.394/96 (Lei de Diretrizes e Bases da Educação Nacional – LDB), bem como pela Carta Magna.

Isso porque a LDB estabelece o mínimo de horas a serem ministradas em cada segmento da educação, entendendo parte da doutrina que a fixação da quantidade de horas-aulas até ser atingido o mínimo exigido para cada segmento caberá: ou à instituição, de acordo com o seu projeto pedagógico; ou poderá ser estipulado por norma coletiva. Logo, a duração da hora-aula constituiria opção da instituição de ensino.[10] A jurisprudência dominante acompanha o entendimento da doutrina.[11]

Vale lembrar que a remuneração do professor é calculada com base na quantidade de horas-aula que ele ministra e, assim, o tempo de duração da hora-aula é de extrema relevância.

No que se refere às aulas ministradas após às 20 horas, o tempo da hora-aula, na conformidade da supracitada portaria, é fixado em

---

8 MINISTÉRIO DA EDUCAÇÃO. *Portaria nº 522, de 9 de abril de 1997*. Disponível em: http://www.dominiopublico.gov.br/pesquisa/DetalheObraForm.do?select_action=&co_obra=22148. Acesso em 12 mai. 2019.

9 A título de exemplo dos chamados Cursos Livres, podemos citar os cursos de inglês, natação, ballet.

10 CASSAR, Vólia Bomfim. *Direito do trabalho*. 12. ed. São Paulo: Método, 2016. p. 533.

11 Nesse sentido: HORA-AULA. DURAÇÃO. COMPETÊNCIA PARA FIXAÇÃO. CONVENÇÃO COLETIVA E ACORDO COLETIVO QUE FIXAM DURAÇÃO DIVERSA. PREVALÊNCIA. 1. Inexistindo norma que explicitamente determine a competência para fixação da duração da hora-aula, conclui-se que pode ser fixada nas normas complementares dos entes federados ou pelos próprios estabelecimentos de ensino ou, também, por norma coletiva, uma vez que esta leva em conta os interesses dos estabelecimentos de ensino e da categoria profissional. 2. Existindo convenções coletivas que fixam a duração da hora-aula em 50 minutos e acordo feito pelas reclamadas com seus professores que a estendem para 75 minutos, prevalece a norma convencional para o professor que não participou do acordo, uma vez que a este só se aplica o que foi pactuado com a entidade representativa da categoria. (TRT-10 – RO: nº 42200901510001 DF 00042-2009-015-10-00-1 RO, Relator: Desembargador André R. P. V. Damasceno, Data de Julgamento: 01.06.2011, 1ª Turma, Data de Publicação: 10.06.2011 no DEJT).

45 minutos, sendo certo que o professor fará jus ao recebimento do adicional noturno, caso as aulas sejam ministradas entre 22h e 05 horas do dia seguinte, de acordo com o art. 404, CLT.

Por ser conhecida como uma profissão de grande desgaste físico e intelectual, o art. 318 da CLT limitava a jornada do professor a quatro horas-aula consecutivas no mesmo estabelecimento de ensino ou a seis horas intercaladas. Relevante a restrição que a CLT impunha no que tange ao "mesmo estabelecimento", já que é prática que o professor lecione em vários estabelecimentos, a fim de atingir um salário minimamente digno.

Logo, caso o docente ministrasse mais de quatro horas-aula consecutivas, ou, ainda, mais de seis intercaladas, faria jus ao adicional mínimo de 50% sobre cada hora-aula excedente. Tal entendimento restou cristalizado na Orientação Jurisprudencial (OJ) nº 206 do C. TST.[12]

Todavia, ainda que a OJ nº 206 da SDI-1 não tenha sido revogada até o presente momento, a Lei nº 13.415, de 16 de fevereiro de 2017, alterou a redação do artigo 318 da CLT para passar a constar:

> Art. 318. O professor poderá lecionar em um mesmo estabelecimento por mais de um turno, desde que não ultrapasse a jornada de trabalho semanal estabelecida legalmente, assegurado e não computado o intervalo para refeição.

Ainda no que tange à jornada, relevante frisar que o tempo despendido pelo professor na correção de provas, trabalhos, preparação de aulas e avaliações e preenchimento de diários de classe não é considerado como tempo extraordinário, já que a doutrina e a jurisprudência entendem que tais atividades são inerentes ao magistério e, portanto, já estão sendo remuneradas com o valor pago pela hora-aula. Tal fato torna a jornada do professor ainda mais extenuante.

Já quanto às reuniões extraclasse, incluindo os Conselhos de Classe – quando fora do horário normal do docente – o entendimento doutrinário e jurisprudencial é diverso, devendo ser remunerado como atividade extraordinária, já que tais atividades se desenvolvem na sede do empregador.

Por fim, cabe tratar do art. 319 da CLT, que proíbe o trabalho dos professores aos domingos, vedando que eles ministrem aulas e trabalhem em exames nesse dia, sob pena de acréscimo de 100% sobre a hora-aula.

---

[12] OJ-SDI1-206 PROFESSOR. HORAS EXTRAS. ADICIONAL DE 50%. Inserida em 08.11.00. Excedida a jornada máxima (art. 318 da CLT), as horas excedentes devem ser remuneradas com o adicional de, no mínimo, 50% (art. 7º, XVI, CF 1988).

Vale destacar que se o professor for demitido sem justa causa, no período de férias escolares ou ao término do ano letivo, será assegurado a ele o pagamento do período das férias. A título exemplificativo, se o docente foi demitido em 20.12.2018, tendo as férias escolares se iniciado nessa data e levando em consideração que o próximo ano ou semestre letivo se iniciará em 01.02.2019, o docente fará jus aos salários pagos integralmente até 31.01.2018, independentemente do aviso prévio.

Em que pese a Lei nº 9.013, de 30 de março de 1995, que alterou o art. 322 da CLT já assim estipulasse, o entendimento foi consolidado na Súmula nº 10 do TST.[13]

Tal pagamento, todavia, já foi alvo de controvérsia na Justiça do Trabalho, já que as instituições, a fim de não efetuarem o pagamento em questão, projetavam o aviso prévio do professor e, em vez de pagar o aviso prévio e as férias escolares, efetuavam somente aquele pagamento.

Dessa forma, conforme demonstrado, o E.TST, com a modificação da redução da Súmula supracitada, sedimentou a controvérsia até então existente, para determinar que são devidos os pagamentos do aviso prévio e, ainda, dos salários referentes ao período de férias escolares.

3 A fixação da remuneração do professor

O art. 320 da CLT estabelece a forma como será calculada a remuneração dos professores. Assim, a remuneração será calculada pelo número de horas-aula semanais multiplicada por 4,5 semanas.

Acresce a isso o disposto na Súmula nº 351 do TST, que estabelece que o Repouso Semanal Remunerado (RSR) será pago na base de 1/6. No que tange ao RSR, o art. 1º da Lei nº 605/49[14] estabelece que este se dará "preferencialmente" aos domingos.

Não obstante, no caso do professor, conforme já analisado, o art. 319 da CLT deixa claro que é vedada a esta categoria profissional a

---

[13] Nesses termos, Súmula nº 10, TST. PROFESSOR. DISPENSA SEM JUSTA CAUSA. TÉRMINO DO ANO LETIVO OU NO CURSO DE FÉRIAS ESCOLARES. AVISO PRÉVIO (redação alterada em sessão do Tribunal Pleno realizada em 14.09.2012) – Res. nº 185/2012, DEJT divulgado em 25, 26 e 27.09.2012. O direito aos salários do período de férias escolares assegurado aos professores (art. 322, caput e §3º, da CLT) não exclui o direito ao aviso prévio, na hipótese de dispensa sem justa causa, ao término do ano letivo ou no curso das férias escolares.

[14] BRASIL. Lei nº 605, de 5 de janeiro de 1949. Repouso semanal remunerado e o pagamento de salário nos dias feriados civis e religiosos. *Diário Oficial da União*, Rio de Janeiro, 14 jan. 1949. Disponível em: http://www.planalto.gov.br/ccivil_03/leis/L0605.htm. Acesso em 17 mai. 2019.

regência de aulas e o trabalho em exames aos domingos, sendo forçoso concluir a proibição expressa de labor neste dia.

Ainda com relação à remuneração, as rubricas devem vir expressas no recibo salarial entregue ao docente, sob pena de configurar salário complessivo, proibido nos moldes da Súmula nº 91 do TST.

Diferentemente dos demais empregados, o professor tem direito a se ausentar por nove dias em caso de gala ou luto, ou seja, em caso de casamento ou falecimento do cônjuge, pai, mãe ou filho.

Por fim, cabe registrar a existência do art. 323 da CLT, que estabelece que não será permitido o funcionamento do estabelecimento de ensino que não remunere dignamente os seus professores, cabendo ao MEC tal fiscalização, sendo qualquer atividade nesse sentido desconhecida. Portanto, imperioso ressaltar que a existência desse artigo é inócua.

4 Redução da carga horária

Outra questão de extremo debate no meio jurídico envolve a carga horária do docente. Isso porque, no ensino superior, o docente tem a sua carga horária fixada no início do semestre letivo, comprometendo-se com a instituição nos horários estabelecidos.

Na prática, ao final do ano ou do semestre anterior, a instituição solicita os horários e dias disponíveis de cada professor, já que, conforme exposto, é comum que o professor trabalhe em várias instituições de ensino, dividindo seus dias de trabalho entre elas.

Assim, pretende-se debater a licitude do ato da instituição em diminuir, no curso do ano ou semestre letivo, ou, ainda, no curso do contrato de trabalho, a quantidade de horas-aula ministradas. Uma vez que a remuneração do professor é calculada de acordo com a quantidade de horas-aula, havendo diminuição da carga horária, haverá proporcional diminuição do salário do profissional.

Tal questão é recorrente no Judiciário Trabalhista e, em um primeiro momento, poderia até mesmo se pensar na Rescisão Indireta do Contrato de Trabalho, fundamentada no art. 483, g, da CLT.[15]

Recentemente, uma decisão proferida pela 51ª Vara do Trabalho do Rio de Janeiro, nos autos do processo nº 0100511-68.2018.5.01.0051,

---

[15] Preceitua o art. 483, da CLT, que "o empregado poderá considerar rescindido o contrato e pleitear a devida indenização quando: g) o empregador reduzir o seu trabalho, sendo este por peça ou tarefa, de forma a afetar sensivelmente a importância dos salários".

julgou procedente o pedido de rescisão indireta do contrato de trabalho em razão da abrupta redução de carga horária sofrida pelo professor.[16]

Como é notório, os profissionais necessitam de seus empregos e acabam se submetendo às condições impostas pelo empregador. Nesse sentido, duas situações se configuram: *(i)* O trabalhador ajuíza uma ação de Rescisão Indireta do Contrato de Trabalho, porque está sem qualquer carga horária na instituição e, portanto, sem salário, permanecendo, porém, à disposição; *(ii)* O trabalhador ajuíza uma ação postulando os salários decorrentes da diminuição da carga horária, sendo que, normalmente, só o fazem após não estarem mais laborando na instituição.

Antes, porém, de trabalharmos as duas hipóteses, algumas pontuações gerais devem ser feitas, a saber: o art. 468 da CLT veda qualquer alteração unilateral do contrato de trabalho e o artigo 7°, VI, da Carta Magna garante a irredutibilidade do salário, salvo por acordo ou Convenção Coletiva. Acresce-se a isso que, como qualquer ramo empresarial, os estabelecimentos de ensino estão sujeitos a períodos de crise ou, até mesmo, à inadimplência.

Todavia, na forma do art. 2° da CLT, pertence exclusivamente ao empregador os riscos da atividade econômica e, tal como o lucro não é compartilhado com o empregado, o prejuízo também não o pode ser.

---

16 O processo ainda encontra-se pendente de julgamento do Recurso Ordinário. Transcrevemos trecho da sentença: "Postula o reclamante que seja declarada a rescisão indireta do seu contrato, em razão de supressão das aulas presenciais e diminuição do número de aulas de ensino à distância, ocasionando significativa redução salarial. Em sua defesa, a reclamada não nega a redução, mas afirma que a carga horária do reclamante sempre foi variável de acordo com o número de turmas e disponibilidade do autor, asseverando ainda que, desde 2017, os cursos nos quais o reclamante ministrava aulas sofreram redução de número de turmas e alunos matriculados. Nos termos da OJ n° 244 da SDI1, "A redução da carga horária do professor, em virtude da diminuição do número de alunos, não constitui alteração contratual, uma vez que não implica redução do valor da hora-aula". Assim, cabia à ré comprovar que a redução da carga horária decorreu da redução do número de alunos, ou ainda da disponibilidade de tempo informada pelo reclamante, conforme alegado na contestação. Nenhuma prova, todavia, produziu a ré neste sentido. Compulsando os autos, verifica-se que de fato houve supressão da rubrica 3151 (HORAS-AULA CAMPUS JOÃO UCHOA) e diminuição dos montantes pagos sob as rubricas 4100 (ATIVIDADE ACADÊMICA A), 4101 (ATIVIDADE ACADÊMICA B) e 4482 (ATIVIDADE ACADÊMICA V) a partir de fevereiro de 2018. A título de exemplo, a rubrica 3151 somava, em média, R$1.300,00, e as rubricas 4100, 4101 e 4482, R$10.500,00, entre setembro e novembro de 2017. Nesse contexto, entendo estar suficientemente demonstrada a ilicitude da redução salarial, apta a justificar a rescisão indireta do contrato de trabalho".

A Orientação Jurisprudencial (OJ) nº 244 da 1ª Seção de Dissídios Individuais (SDI) do C.TST albergou a situação para os casos em que, comprovadamente, tiver havido redução do número de alunos.[17]

Assim, quando a instituição de ensino conseguir comprovar que, de fato, houve redução do número de alunos, a alteração na carga horária será lícita e, dessa forma, o art. 468 da CLT não restará violado.

Dessa forma, as teses defendidas pelos estabelecimentos de ensino são, basicamente, quatro: a primeira fundamentada na OJ supracitada; a segunda, de que se não houve alteração no valor da hora-aula, não houve a alteração prevista no art. 468 da CLT; a terceira, no sentido de que se o trabalhador é contratado por hora-aula, não lhe resta garantida quantidade mínima a serem ministradas e, por fim, se não houve efetiva prestação de trabalho, os salários não são devidos.

A controvérsia doutrinária e jurisprudencial é enorme e, para trabalhá-las, retornemos às questões levantadas no início deste capítulo. Quando a carga horária do professor é "zerada", ou seja, não lhe é atribuída qualquer carga horária e, portanto, qualquer salário, não parece haver muito debate sobre o direito à Rescisão Indireta do Contrato de Trabalho.

Por sua vez, o debate é maior quando se discutem os requisitos para ajuizamento da Rescisão Indireta, quais sejam: gravidade da falta do empregador, imediatidade, atualidade ou contemporaneidade, Teoria dos Fatos determinantes e o fato de não ter havido perdão tácito ou expresso.

Quanto ao requisito de não ter havido o perdão tácito, importante salientar que o §3º do art. 483 da CLT permite que, nos casos aplicáveis à alínea "g", o empregado poderá permanecer ou não no serviço até a decisão final do processo.

Assim, no caso de redução de aulas, ainda que o empregado permaneça trabalhando, não haverá o perdão tácito, já que a própria lei permite fazê-lo.

Vejamos a decisão emanada pelo E. Tribunal Regional do Trabalho da 1ª Região nesse sentido:

> RESCISÃO INDIRETA. PROFESSOR. SUPRESSÃO DE CARGA HORÁRIA. A não oferta de trabalho é causa que autoriza a rescisão indireta do

---

[17] OJ-SDI1-244 PROFESSOR. REDUÇÃO DA CARGA HORÁRIA. POSSIBILIDADE (inserida em 20.06.2001).
A redução da carga horária do professor, em virtude da diminuição do número de alunos, não constitui alteração contratual, uma vez que não implica redução do valor da hora-aula.

contrato, haja vista os termos do artigo 483, "g" da CLT. Se o empregador não necessita mais dos serviços do empregado, a solução mais óbvia é a rescisão do contrato sem justa causa, com o pagamento de todas as parcelas rescisórias devidas e a liberação do trabalhador do vínculo. (TRT-1. RO nº 00111490920155010068 RJ, Relator: Marcelo Antero de Carvalho, Décima Turma, Data de Publicação: 16.02.2017).

Em sentido contrário, a decisão proferida pela 1ª Instância da Justiça do Trabalho do Rio de Janeiro:

> DA RESOLUÇÃO CONTRATUAL Com base no art. 483 da CLT, pretende a acionante ver declarada judicialmente a resolução de seu contrato de trabalho, sob o argumento de que a ré alterou unilateralmente seu contrato de trabalho, reduzindo, de forma substancial, o número de horas ministradas pela autora com a consequente redução salarial. Estas são as justificativas que conduziram a autora à formulação do pedido declaratório. Ao oferecer sua peça de bloqueio, sustenta a reclamada que não cometeu qualquer ato que justifique a resolução do contrato de emprego por sua culpa, asseverando que jamais promoveu ato desrespeitoso ou violador do direito de personalidade da autora. A resolução contratual por culpa do empregador pressupõe a prática de faltas gravíssimas capazes de inviabilizar o próprio prosseguimento do pacto contratual. Diante de tal característica, entende-se que a presença de falta grave que a justifique deve ser objeto de prova inequívoca e irrefragável. Para a configuração de tal hipótese de ruptura contratual, algumas circunstâncias obrigatoriamente devem ser levadas em consideração, porquanto a resolução do contrato não deve ser tratada como forma normal e corriqueira de desfazimento do negócio jurídico. Na espécie, há que se verificar se a falta é capaz de impossibilitar o prosseguimento do contrato, se há proporcionalidade entre a falta e a pena, se há imediatidade, dentre outras circunstâncias típicas da resolução por justa causa. Consoante se infere da própria narrativa inicial, não se vislumbra a presença de ato que, ainda que demonstrado – o que se admite em tese – conduza à conclusão de que a empregadora cometeu falta grave que inviabiliza a continuidade do pacto contratual, máxime quando se observa que a alegada violação se deu há mais de 2 anos, o que, por si só, já afastaria o critério da imediatidade". (Processo nº RTOrd-0100111-15.2016.5.01.0022 Reclamante Solange Germano Cruz, Reclamado Sociedade de Ensino Superior Estácio de Sa Ltda.).

Quanto aos salários, no caso de supressão da carga horária, a controvérsia entre a jurisprudência também é latente:

RECURSO DA RECLAMANTE. DANO MORAL. REDUÇÃO DA CARGA HORÁRIA A ZERO. AUSÊNCIA DE SALÁRIO. Data vênia, a meu ver o caso vai além do mero descumprimento contratual. Restou claro que a reclamante teve sua carga horária reduzida a zero, e, mantendo-se ativo o contrato de trabalho, a autora não recebeu qualquer pagamento no período de fevereiro a julho do ano de 2014. A defesa, como visto, suscitou a tese de redução da quantidade de alunos, mas não apresentou qualquer prova da sua alegação, que justificasse manter o emprego e não apresentar classes para dar aula e auferir remuneração. Não se trata de mero dissabor, mas, efetivamente de manter vínculo sem qualquer pagamento por meses a fio, deixando o empregado sem possibilidade de procurar alternativas ou prover seu sustento com os benefícios estatais endereçados aos desempregados. Recurso parcialmente improvido. RECURSO DA RECLAMADA. REDUÇÃO DA CARGA HORÁRIA. DIFERENÇAS SALARIAIS DEVIDAS. A OJ de n° 244 da SDI – I do C. TST indica que somente se permite a redução do salário mensal do professor nas hipóteses em que comprovadamente houve a redução do número de alunos, desde que mantido o valor da hora-aula. Alterações na carga horária do professor para atender a outros interesses da empresa, a meu juízo, estão vedadas – por se tratar de prejuízo direto ao empregado, nos termos do art. 468 da CLT, transferindo para ele o que é ônus da empresa. No caso dos autos, como constou da r. sentença, não houve prova da redução significativa do número de alunos a justificar a redução do valor do salário mensal ao ponto de se chegar a zero. Devidas, pois, as diferenças salariais, nos termos da r. sentença. Recurso improvido. (TRT-1. RO n° 0011783-80.2014.5.01.0022 RJ, Relator: Bruno Losada Albuquerque Lopes, Data de Julgamento: 28.03.2017, Décima Turma, Data de Publicação: 11.04.2017).

Em sentido contrário, o acórdão proferido por Vólia Bonfim:

PROFESSOR. REDUÇÃO SALARIAL.VALOR DA HORA-AULA. A redução da jornada do professor não importa, necessariamente, em redução salarial, uma vez que a variação da carga horária do professor é natural, seja em função da demanda sazonal do número de alunos, seja em função de fatores imprevisíveis, alheios à vontade do empregador (...)

(TRT-1. RO n° 00127489201250100045, Relator: Vólia Bonfim Cassar, Data de Julgamento 13.04.2016, Segunda Turma, Data de Publicação: 19.04.2016).

No que tange aos salários devidos em razão das reduções de carga horária, como dito, existem duas posições predominantes.[18]

Desprende-se do exposto que a primeira corrente doutrinária defende que a redução da carga horária é lícita, já que ao professor seria garantido apenas o valor da hora-aula e, não havendo redução, não se trataria de alteração unilateral do contrato de trabalho na forma do art. 468 da CLT.

Ademais, uma vez que o salário é a contraprestação pelos serviços prestados, não tendo havido prestação de serviços, aquele não seria devido.

Já a segunda corrente defende que reduzir a carga horária significaria transferir ao empregado os riscos do negócio e, portanto, ainda que não haja contraprestação do trabalho – tendo em vista que a redução se deu por culpa do empregador – este responde objetivamente pelo pagamento das diferenças salariais do período.

> REDUÇÃO DE CARGA HORÁRIA. PROFESSOR. A redução de horas-aula é fato comum e rotineiro na função de professor e não significa, em princípio, irregularidade, exceto quando verificado o intuito de prejudicá-lo. (TRT-1. RO nº 00109492620145010039, RJ, Relator: Maria Aparecida Coutinho Magalhães, Oitava Turma, Data de Publicação: 19.01.2016).

Em sentido contrário:

> PROFESSOR. REDUÇÃO DE CARGA HORÁRIA E REMUNERAÇÃO. IMPOSSIBILIDADE. A redução da carga horária do professor e a consequente diminuição de seu ordenado afronta o princípio da irredutibilidade salarial previsto no art. 7º, VI, da Lei Maior, bem como a norma insculpida no art. 468 da CLT. Apelo patronal desprovido. (TRT-1. RO nº 00109247420145010245, RJ, Relator: Rosana Salim Villela Travesedo, Décima Turma, Data de Publicação: 15.03.2016).

---

[18] Segundo Emílio Gonçalves: O estabelecimento de ensino não está obrigado a garantir ao professor o número obrigatório de aulas, o que implicaria no caso de diminuição de turmas, no pagamento de aulas não dadas pelo professor. Tal situação atenta contra a própria natureza do salário, que é a contraprestação do trabalho. (GONÇALVES, Emílio, p. 23 *apud* SADY, João José. *Direito do trabalho do professor*. São Paulo: LTR, 1996. p. 67). Em sentido contrário, Alice Monteiro Barros para quem: "Caso o empregado opte pela continuidade do vínculo, fará jus à diferença salarial correspondente à diminuição do número de aulas, mesmo que advinda da redução de turmas, do contrário, estar-se-ia atribuindo ao professor os riscos do empreendimento econômico que devem ser suportados pelo empregador, na forma do art. 2º da CLT". (BARROS, Alice Monteiro de. *Contratos e regulamentações especiais de trabalho. Peculiaridades, aspectos controvertidos e tendências*. 3. ed. São Paulo: LTR, 2008. p. 425).

5 O professor de ensino à distância

O Ensino à Distância (EaD) cresceu vertiginosamente no Brasil nas últimas décadas, sobretudo nos estabelecimentos de ensino destinados à graduação e à pós-graduação.

Entende-se que este crescimento derivou da necessidade, cada vez maior, de acesso da população à formação educacional e à qualificação para o trabalho, bem como das deficiências da educação presencial.

Quanto à modalidade de ensino, o Censo da Educação Superior permitiu inferir, conforme gráfico a seguir, que a matrícula em curso presencial ainda é maior, muito embora a modalidade à distância apresente maiores percentuais de expansão ou ritmo de crescimento.[19]

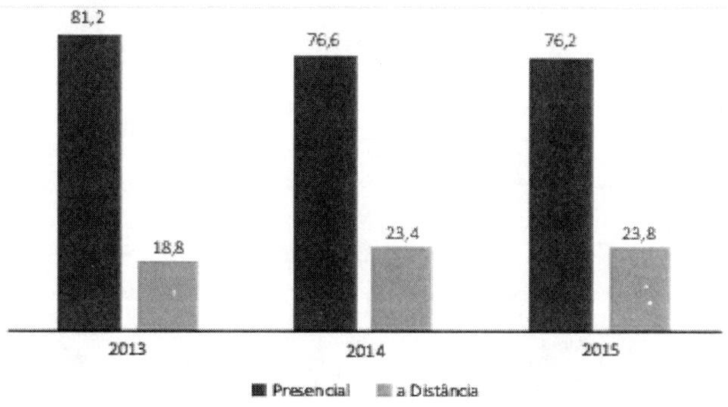

Fonte: Resumo Técnico Censo da Educação 2015

Certo é que, em razão do referido crescimento, o estudo das características peculiares a essa modalidade de ensino adquire particular importância.

O EaD pode ser definido como uma modalidade de ensino que não se dá através do contato exclusivo entre professor e aluno no ambiente presencial da sala de aula.

Existem, ainda, os cursos semipresenciais, em que parte das aulas são ministradas presencialmente, e o restante, virtualmente. Na forma prática, estes podem acontecer de duas formas: através da gravação de videoaulas, complementadas pelas avaliações aplicadas pelo docente, ou, ainda, por meio de atividades propostas pelo docente, como leituras

---

19 INEP. *Resumo Técnico Censo da Educação Superior 2015*. Disponível em: http://portal.inep.gov.br/informacao-da-publicacao/-/asset_publisher/6JYIsGMAMkW1/document/id/1473851. Acesso em 28 mai. 2019.

obrigatórias. Posteriormente, o professor se responsabiliza por sanar as dúvidas por e-mail ou chats.

Assim, o docente assume papel inovador diante das novas formulações de tempo, espaço e recursos tecnológicos. Desta forma, o trabalho deve ser executado de forma intimamente ligada a recursos da tecnologia da informação.[20]

Soma-se a isso o fato de que o professor de EaD também sofre um afastamento temporal entre o planejamento e a execução do projeto, haja vista que os materiais precisam ser preparados com bastante antecedência e são exatamente esses materiais a grande parte da comunicação estabelecida entre professores e alunos, pois antecipam o diálogo que se estabelecerá na sala de aula.[21]

Desprende-se do quadro exposto que, também na área da educação, a tecnologia impôs profundas mudanças no mundo laboral, refletindo diretamente na necessidade de regulamentação específica na Justiça do Trabalho.

Assim, as novas relações advindas do avanço tecnológico devem ser tratadas com base nos princípios e legislação do Direito do Trabalho.

Alguns aspectos podem dificultar a clareza dos requisitos para a configuração do reconhecimento do vínculo empregatício nesta modalidade de ensino, ocasionando a precarização das relações de trabalho.

5.1 Da ausência de regulamentação específica

A ausência de regulamentação legal específica acerca dos professores de EaD tem gerado inúmeras decisões conflitantes, bem como contribuído para a falta de valorização do magistério.

No Brasil, o EaD teve previsão legal na LDB, em seu art. 80, que dispõe que o Poder Público incentivará o desenvolvimento e a veiculação de programas de EaD. Esse artigo foi regulamentado pelo Decreto nº 5.622, de 19 de dezembro de 2005, que, em seu artigo 1º, dispõe:

> Art. 1º – Para os fins deste Decreto, caracteriza-se a educação a distância como modalidade educacional na qual a mediação didático-pedagógica nos processos de ensino e aprendizagem ocorre com a utilização de meios

---

20 LAPA, Andrea; PRETTO, Nelson De Luca. Educação a distância e precarização do trabalho docente. *Em Aberto*, Brasília, v. 23, n. 84, p. 3-5, nov. 2010. p. 3.

21 LAPA, Andrea; PRETTO, Nelson De Luca. Educação a distância e precarização do trabalho docente. *Em Aberto*, Brasília, v. 23, n. 84, p. 3-5, nov. 2010. p. 5.

e tecnologias de informação e comunicação, com estudantes e professores desenvolvendo atividades educativas em lugares ou tempos diversos.[22]

Interessante notar que, apesar de ser mais comum ofertar a modalidade de EaD nas instituições de ensino superior, o decreto prevê a possibilidade de utilização do EaD também no ensino básico, na educação de jovens e adultos, na educação especial e na educação profissional.

No que tange os aspectos celetistas, embora o artigo 6º da CLT seja claro no sentido de não haver diferenciação entre o trabalho realizado no estabelecimento do empregador daquele realizado à distância, são inúmeros os argumentos utilizados pelas instituições de ensino a fim de se eximirem da aplicação dos arts. 317 a 324 da CLT, bem como do pagamento dos benefícios previstos nas CCT's.

A título exemplificativo, o Sindicato dos Professores do Município do Rio de Janeiro apenas começou a tratar do tema, em sua CCT,[23] em 2014. Em outras palavras, apesar de não ter conceituado o EaD, a CCT, a partir de 2014, começou a deixar claro que os docentes desta modalidade também são professores, inclusive para a aplicação dos benefícios nela previstos, desde que possuam a devida habilitação para o magistério nos termos da Lei.

A referida cláusula se repete nos anos seguintes.

5.2 Do vínculo de emprego como professor x tutor

As instituições de ensino, em algumas oportunidades, admitem a existência do vínculo de emprego do profissional que leciona em EAD, mas como tutor, e não como professor, havendo grande controvérsia sobre a função exercida.

Certo é que os tutores não estão abrangidos pelos benefícios da Convenção Coletiva da Categoria, e, portanto, não estão sujeitos ao cálculo de sua remuneração na forma do art. 320 da CLT ou, ainda,

---

[22] BRASIL. Decreto nº 5.622, de 19 de dezembro de 2005. Regulamenta o art. 80 da Lei nº 9.394, de 20 de dezembro de 1996 , que estabelece as diretrizes e bases da educação nacional. *Diário Oficial da União*, Brasília, 20 dez. 2005. Disponível em: http://www.planalto.gov.br/ccivil_03/_ato2004-2006/2005/decreto/d5622.htm. Acesso em 12 mai. 2019.

[23] Cf. Convenção Coletiva de Trabalho. *Sindicato dos professores do Município do Rio de Janeiro*. Disponível em: https://www.sinpro-rio.org.br/site/admin/assets/uploads/files/c8abc-educacao-superior-2018.pdf. Acesso em 12 mai. 2019.

ao regime de pagamento por hora-aula, representando uma enorme economia para instituição de ensino.[24]

Apesar de não haver regulamentação legal, a Secretaria de Educação a Distância, órgão do Ministério da Educação, elaborou um documento denominado "Referenciais de Qualidade para Educação Superior a Distância".[25]

Conceitualmente, o tutor deveria ser o intermediário entre a instituição de ensino e o aluno, encaminhando questões burocráticas e administrativas. Mas não é isso o que ocorre: o que se observa inúmeras vezes é que a instituição de EaD sequer possui professor como empregado, limitando-se a possuir tutores, que exercem idênticas funções à do docente, porém, com direitos limitados, o que contraria a legislação vigente.

---

[24] O tema foi tratado também nos autos do processo nº 0100511-68.2018.5.01.0051. Vejamos. "PERFIL REMUNERATÓRIO. Pretende o autor o recebimento de diferenças salariais em decorrência da não observância do piso salarial nas turmas de ensino a distância (EAD), ocorrida a partir de maio de 2013. Em contestação, a ré alega que o pagamento das horas-aula realizado para as turmas presenciais é diferente das turmas de EAD e que o reclamante exercia a função de tutor nas aulas ministradas à distância. Afirma ainda que, na época em que o reclamante fora convidado para participar de tais turmas, lhe foi dito que receberia o valor fixado na Convenção Coletiva de Trabalho. A reclamada, na verdade, optou por ignorar o regramento contido nas normas coletivas acerca das aulas à distância, criando uma categoria absolutamente nova, ao invés de se ajustar à nomenclatura do cargo e piso salarial fixados na norma coletiva. E o fez sem apresentar qualquer justificativa razoável ou produzir prova de qualquer tipo de distinção entre as atribuições do cargo mencionado na norma coletiva e o cargo com o nome por ela adotado. Aliás, a reclamada sequer fez constar um novo contrato de trabalho ou uma alteração do contrato de trabalho já registrado na CTPS do reclamante, não fazendo constar o nome do cargo adotado no documento profissional do autor. Não tendo a reclamada efetuado o registro na CTPS do autor, relativo à nova função desempenhada, na falta de qualquer outro documento que comprove o enquadramento do reclamante no item 5.2 da cláusula quinta das convenções coletivas, forçoso reconhecer que o reclamante faz jus, pelas aulas ministradas também nos cursos à distância, ao valor do piso salarial previsto por hora-aula, para o cargo de Professor assistente, julgo procedente o pedido de diferenças salariais a partir do marco prescricional, tomando-se por base o piso normativo constante do item 5.1, b, das convenções coletivas anexadas aos autos (2, itens a e b). Procede ainda os reflexos no repouso semanal remunerado, no adicional de aprimoramento acadêmico, no anuênio, no 13º salário, nas férias acrescidas do terço constitucional e no FGTS (b). Procede ainda o adicional de aprimoramento acadêmico e o repouso semanal remunerado sobre os valores já quitados sob as rubricas Atividade Acadêmica A, B e V, tendo em vista o reconhecimento de pagamento da parcela tomando-se por base a hora aula (c)".

[25] MINISTÉRIO DA EDUCAÇÃO. *Referenciais de Qualidade para Educação Superior a Distância*. Disponível em: http://portal.mec.gov.br/seed/arquivos/pdf/legislacao/refEaD1.pdf. Acesso em 12 mai. 2019.

Os Referenciais de Qualidade para Educação Superior a Distância, expedido pelo Ministério da Educação, tratam da diferença entre docentes e tutores.[26]

Na mesma direção, o Parecer do Conselho Nacional – CNE/ CES nº 564/2015 – estabelece a distinção entre docente e tutor.[27]

---

[26] As funções do docente são: a) estabelecer os fundamentos teóricos do projeto; b) selecionar e preparar todo o conteúdo curricular articulado a procedimentos e atividades pedagógicas; c) identificar os objetivos referentes a competências cognitivas, habilidades e atitudes; d) definir bibliografia, videografia, iconografia, audiografia, tanto básicas quanto complementares; e) elaborar o material didático para programas a distância f) realizar a gestão acadêmica do processo de ensino-aprendizagem, em particular motivar, orientar, acompanhar e avaliar os estudantes; g) avaliar-se continuamente como profissional participante do coletivo de um projeto de ensino superior à distância. No que se refere aos tutores: a tutoria presencial atende os estudantes nos pólos, em horários preestabelecidos. Este profissional deve conhecer o projeto pedagógico do curso, o material didático e o conteúdo específico dos conteúdos sob sua responsabilidade, a fim de auxiliar os estudantes no desenvolvimento de suas atividades individuais e em grupo, fomentando o hábito da pesquisa, esclarecendo dúvidas em relação a conteúdos específicos, bem como ao uso das tecnologias disponíveis. Participa de momentos presenciais obrigatórios, tais como avaliações, aulas práticas em laboratórios e estágios supervisionados, quando se aplicam. O tutor presencial deve manter-se em permanente comunicação tanto com os estudantes quanto com a equipe pedagógica do curso. (MINISTÉRIO DA EDUCAÇÃO. *Referenciais de Qualidade para Educação Superior a Distância*. Disponível em: http://portal.mec.gov.br/seed/arquivos/pdf/legislacao/refEaD1.pdf. Acesso em 12 mai. 2019).

[27] Cabe ao professor, devidamente enquadrado nesta categoria pela IES a que ele se vincula, a responsabilidade pelas atividades de ensino e de aprendizagem em curso.O professor atua formulando e construindo projeto de curso, programas, definição de conteúdos específicos e pedagógicos e mídias, em articulação com os gestores e com os tutores. Além disso, seleciona materiais de apoio e aprofundamento teórico dos conteúdos, promove espaços de construção coletiva do conhecimento, bem como participa dos processos avaliativos de ensino-aprendizagem e de formação dos tutores. Cabe a IES detalhar e prever, claramente, em seu PDI, PPI, e PPC, o papel deste profissional. O estudante deverá ter acompanhamento pedagógico regular e acesso (por e-mail, ou por canal 0800, ou por outro meio que a IES julgue apropriado) ao professor e ao tutor, possibilitando e garantindo eficaz interação das dinâmicas formativas, com a devida comprovação desta ação. Referente ao currículo, os docentes em articulação com os tutores devem selecionar e elaborar o conteúdo curricular, bem como definir bibliografia, videografia, iconografia, audiografia, tanto básicas quanto complementares, que possibilitem diversificar as possibilidades de acesso ao mesmo currículo. O conteúdo deve estar articulado com essas Diretrizes e Normas Nacionais e com as DCNs, resultando em procedimentos e atividades pedagógicas que propiciem eficiência e efetividade do processo de ensino e aprendizagem. É preciso, também, que os docentes definam estratégias didáticas adequadas ao percurso formativo do aluno das disciplinas e no curso. Todos estes elementos constituem o PCC, cuja construção deve ser coletiva. As atribuições dos professores devem estar previstas no PDI e serão observadas em relação ao projeto de modalidade EaD escolhido pela IES, também previsto no PDI. Com relação aos tutores, estes desempenham importante papel no processo educacional e, especialmente, na mediação didático-pedagógica do ensino e aprendizagem, constituindo-se, desse modo, em profissionais da educação. Assim, os tutores participam ativamente da prática pedagógica, já que estão em contato direto com os estudantes por meio do acompanhamento pedagógico e formativo. Para tanto, devem ter formação específica e qualificada para atuar na educação superior, já que o domínio do conteúdo e de práticas pedagógicas é imprescindível para o exercício de suas funções, que devem ser condizentes com a legislação vigente e previstos no PDI, PPI da IES e respetivo PCC. Um sistema de

A distinção entre professor e tutor também está na Resolução CNE/CES nº 1/2016.[28]

Ora, da análise dos conceitos, infere-se que o curso de EaD deve possuir, necessariamente, o docente, que possui funções mais específicas que a de tutor.

Acresce-se a isso o fato de os professores de EaD estarem vinculados, em geral, a turmas de mais de cento e cinquenta alunos, quando, na modalidade presencial, estariam com turmas, na média, de 50 alunos.[29]

Agrava a situação quando falamos da gravação de videoaulas, já que, em geral, o docente recebe para gravá-la e a instituição de ensino a utiliza inúmeras vezes sem, contudo, efetuar qualquer pagamento ao professor.

Soma-se a tal fato o direito de imagem, assunto ainda incipiente para os operadores da Justiça Laboral.

---

tutoria necessário ao estabelecimento de uma educação a distância de qualidade deve prever a atuação articulada entre professores e tutores, bem como política definida pelas IES sobre esses profissionais, incluindo as questões atinentes à formação (inicial e continuada), carreira, salários e condições de trabalho. O tutor para exercer suas funções deve ter formação adequada, em consonância com a legislação. Igualmente, é importante que esse profissional conheça e participe do projeto pedagógico do curso, conheça o material didático, tenha acesso ao uso das tecnologias e dos conteúdos sob sua responsabilidade, a fim de auxiliar e acompanhar o processo formativo dos estudantes no desenvolvimento de suas atividades individuais e em grupo. É sua atribuição, também, fomentar a pesquisa e acompanhar os estudantes nos processos formativos, incluindo o de uso das tecnologias potencializadas em ambientes virtuais multimídias e interativos disponíveis. O tutor também participa de momentos presenciais obrigatórios, tais como aplicação de avaliações, realização de aulas práticas em laboratório e estágios supervisionados, devendo comunicar-se, de forma permanente, com os estudantes, os professores e os gestores pedagógicos. Para tanto, devem ter formação específica e qualificada para atuar na educação superior, já que o domínio do conteúdo e de práticas pedagógicas é imprescindível para o exercício de suas funções, que devem ser condizentes com o previsto no PDI, PPI e PCC da IES. Cabe à IES detalhar e prever, claramente, em seu PDI, PPI, e PCC o papel desse profissional. (MINISTÉRIO DA EDUCAÇÃO. *Parecer CNE/CES nº 564/2015*. Disponível em: http://www.abed.org.br/arquivos/parecer_cne_ces_564_15.pdf. Acesso em 12 mai. 2019).

[28] Art. 8º. Os profissionais da educação, que atuarem na EaD, devem ter formação condizente com a legislação em vigor e preparação específica para atuar nessa modalidade educacional. §1º Entende-se como corpo docente da instituição, na modalidade EaD, todo profissional a ela vinculado, que atue como: autor de materiais didáticos, coordenador de curso, professor responsável por disciplina, e outras funções que envolvam o conhecimento de conteúdo, avaliação, estratégias didáticas, organização metodológica, interação e mediação pedagógica, junto aos estudantes, descritas no PDI, PPI e PPC.
§2º Entende-se por tutor da instituição, na modalidade EaD, todo profissional de nível superior a ela vinculado, que atue na área de conhecimento de sua formação, como suporte às atividades dos docentes e mediação pedagógica, junto a estudantes, na modalidade de EaD.

[29] O Relatório de Participações da Universidade Estácio de Sá aponta que, em 2015.2, ela possuía, no EAD, uma média de 73 alunos por turma. Já em 2017.2, a média era de 168 alunos por Tuma.

6 Da precarização das relações de trabalho oriundas do EAD

Conforme exposto no início deste trabalho, no que tange ao trabalho docente na modalidade EaD, observa-se a precarização das relações de trabalho.

Parte das vezes, as instituições de ensino superior insistem que o professor de EaD não possui o direito ao vínculo de emprego, já que, supostamente, não estariam preenchidos os requisitos para tal.

Outras instituições de ensino, apesar de considerarem o professor de EaD como empregado, realizam o pagamento em desrespeito às normas celetistas já abordadas neste trabalho, sob o argumento de que não ministram horas-aula.

O fato é que a falta de regulamentação específica, seja na CLT, seja nas normas coletivas, que só começaram a regulamentação recentemente para o EaD, tem contribuído para a desvalorização do professor dessa modalidade, bem como para a precarização das relações de trabalho.

Além do pagamento diferenciado, esses professores estão sujeitos a inúmeros alunos em cada turma, à falta de controle da jornada de trabalho e ao aumento do número de lesões decorrentes do uso intensificado do computador.

Nesse contexto, como dito anteriormente, o documento "Referenciais de Qualidade para Cursos a Distância", embora não possua força de lei, é um ponto norteador para as diretrizes dessa modalidade de ensino.

Os Referenciais de Qualidade são, na verdade, um complemento às determinações da LDB, do Decreto nº 5.622, de 19 de dezembro de 2005, do Decreto nº 5.773, de 09 de maio de 2006, e das Portarias Normativas nº 1 e 2, de 10 de janeiro de 2007. A primeira versão desse documento foi elaborada em 2003 e, em 2007, em razão da necessidade de atualização, foi composta uma comissão de especialistas para revê-la.

Segundo informação extraída no site do MEC, a respeito dos referenciais, "as orientações contidas neste documento devem ter função indutora, não só em termos da própria concepção teórico-metodológica da educação a distância, mas também da organização de sistemas de EaD no Brasil".[30]

---

30 MINISTÉRIO DA EDUCAÇÃO. *Referenciais de Qualidade para Educação Superior a Distância*. Disponível em: http://portal.mec.gov.br/seed/arquivos/pdf/legislacao/refEaD1.pdf. Acesso em 12 mai. 2019.

Da análise dos mencionados Referenciais de Qualidade, alguns pontos devem ser abordados. O documento possui a preocupação de fornecer parâmetros mínimos de qualidade de oferta do EaD, bem como de manter a ideia principal de educação, independentemente de como será feita – no caso concreto, à distância.[31]

Logo, percebe-se que o documento ressalta, em um primeiro momento, a necessidade de interatividade entre professores, tutores e alunos, o que deverá ser facilitado pelo avanço das Tecnologias de Comunicação e Informação.

A interatividade deverá acontecer também entre os alunos, sendo certo que a instituição deverá promovê-la, a fim de diminuir a sensação de isolamento do educando, o que, segundo o documento ora tratado, é uma das causas da perda de qualidade no processo educacional, bem como uma das principais responsáveis pela evasão nos cursos a distância.

Um outro tópico tratado no documento é a elaboração do material didático, que, em síntese, além de pré-testado, deverá prever um modelo introdutório para que o estudante se familiarize com as tecnologias utilizadas; informar quais as mídias utilizadas; obedecer o conteúdo e as diretrizes pedagógicas do MEC; dispor sobre os horários de tutoria e atividades; relatar a equipe de professores e tutores, bem como os responsáveis por cada conteúdo que será ministrado; indicar a bibliografia e sites complementares e dispor de esquemas alternativos para pessoas com deficiência.

No que tange à avaliação, os Referenciais para EaD preveem que deve contemplar a avaliação que envolve o ensino-aprendizagem, bem como a avaliação institucional.

Neste aspecto, é reforçado o Decreto nº 5.622[32] ao dispor que as avaliações devem ser presenciais e a distância, sendo aquelas cercadas por mecanismos de segurança e controle de frequência, a fim de dar confiabilidade e credibilidade aos resultados.

---

31 De todo modo, o ponto focal da educação superior – seja ela presencial ou a distância, nas inúmeras combinações possíveis entre presença, presença virtual e distância – é o desenvolvimento humano, em uma perspectiva de compromisso com a construção de uma sociedade socialmente justa. Daí a importância de a educação superior ser baseada em um projeto pedagógico e em uma organização curricular inovadora, que favoreçam a integração entre os conteúdos e suas metodologias, bem como o diálogo do estudante consigo mesmo (e sua cultura), com os outros (e suas culturas) e com o conhecimento historicamente acumulado.

32 BRASIL. Decreto nº 5.622, de 19 de dezembro de 2005. Regulamenta o art. 80 da Lei nº 9.394, de 20 de dezembro de 1996 , que estabelece as diretrizes e bases da educação nacional. *Diário Oficial da União*, Brasília, 20 dez. 2005. Disponível em: http://www.planalto.gov.br/ccivil_03/_ato2004-2006/2005/decreto/d5622.htm. Acesso em 12 mai. 2019.

Após, o documento ora tratado abrange a organização didático pedagógica, que trata de diversos aspectos como a estrutura física da instituição e o corpo docente, sendo certo que, quanto a este último, é claro em afirmar que deve ser vinculado à própria instituição, com formação e experiência na área de ensino e em educação a distância.

A prática demonstra, todavia, que as instituições, em geral, não vinculam o seu corpo docente a ela ou, quando o fazem, afrontam direitos básicos do professor.[33]

Da análise sintética do documento ora abordado, percebe-se que, embora não tenha o condão de regulamentar as relações trabalhistas advindas do EaD, certo é que ela estipula alguns parâmetros básicos, como a existência de professores vinculados à instituição, dos tutores e do serviço de apoio técnico.

Prevê, ainda, a utilização dos diversos meios de comunicação, como teleconferência, meios radiofônicos e gravação de vídeos, trazendo este último meio grandes consequências para a relação trabalhista.

7 Os Direitos autorais e intelectuais na gravação de videoaulas

No que tange à necessidade de gravação de aulas, algumas questões merecem atenção na seara trabalhista. A primeira é a do direito autoral decorrente da elaboração de material ou de gravação de aulas. A segunda questão é a do direito de imagem, que não se confunde com o primeiro, conforme será demonstrado.

No que se refere ao primeiro aspecto ora abordado, levando em consideração que a gravação de videoaulas é um relevante meio de abordagem utilizado no EaD, deve-se deixar claro que uma coisa é a remuneração pela aula lecionada, outra é a remuneração decorrente dos direitos autorais em razão da transmissão da disciplina.

---

[33] Em primeiro lugar, é enganoso considerar que programas a distância minimizam o trabalho e a mediação do professor. Muito pelo contrário, nos cursos superiores a distância, os professores veem suas funções se expandirem, o que requer que sejam altamente qualificados. (...) E mais adiante, complementa: É preciso a apresentação dos currículos e outros documentos necessários para comprovação da qualificação dos docentes, inclusive especificando a carga horária semanal dedicada às atividades do curso. Além disso, a instituição deve indicar uma política de capacitação e atualização permanente destes profissionais. (MINISTÉRIO DA EDUCAÇÃO. *Referenciais de Qualidade para Educação Superior a Distância*. Disponível em: http://portal.mec.gov.br/seed/arquivos/pdf/legislacao/refEaD1.pdf. Acesso em 12 mai. 2019).

Assim, depreende-se que há a necessidade de um contrato que preveja a cessão dos direitos autorais, que não se confunde, portanto, com o contrato de trabalho firmado pelas partes.

Os Direitos Autorais são regulamentados pela Lei nº 9.610, de 19 de fevereiro de 1998, que, em seu art. 22, indica que pertence ao autor os direitos morais e patrimoniais da obra que criou.[34] Nesse sentido, se os direitos autorais de um professor são cedidos durante o período do contrato de trabalho, findo este, há o fim da cessão dos direitos autorais, salvo disposição contrária em escrito.

Ainda que o artigo 5º, XXVII, da Constituição Federal estabeleça que pertence ao autor o direito exclusivo de utilização, reprodução ou publicação de sua obra, certo é que a Lei nº 9.610 prevê a transferência total ou parcial dos direitos patrimoniais mediante pactuação contratual escrita. Logo, caso se leve em consideração que o vínculo empregatício torna presumível a propriedade intelectual da empresa pelo trabalho confeccionado pelo empregado, enquanto durar o contrato, o material por ele elaborado poderá ser utilizado.

Assim, quando o docente elabora um material didático que continua sendo utilizado, sem qualquer limite, após o término da relação de trabalho, indaga-se se a instituição de ensino estaria procedendo de forma lícita. Caso haja um contrato de direitos autorais que seja expresso no sentido de não haver prazo para a utilização do material, estará a empresa procedendo de forma legal. Em sentido contrário, deverá indenizar o professor pela utilização do material por ele produzido sem ter havido autorização.[35]

---

34 BRASIL. Lei nº 9.610, de 19 de fevereiro de 1998. Altera, atualiza e consolida a legislação sobre direitos autorais e dá outras providências. *Diário Oficial da União*, Brasília, 20 fev. 1998. Disponível em: http://www.planalto.gov.br/ccivil_03/leis/l9610.htm. Acesso em 12 mai. 2019.

35 Nesse sentido: RECURSO DE REVISTA - INDENIZAÇÃO DANOS MORAIS - DIREITOS AUTORAIS - AULAS TELEVISIVAS - CESSÃO DE DIREITOS DE USO DE IMAGEM - DIVULGAÇÃO DE OBRA INTELECTUAL - UTILIZAÇÃO DE MATERIAL APÓS ROMPIMENTO CONTRATUAL. A utilização de material didático pela empresa sem a correspondente autorização pela empregada, reproduzindo-o e distribuindo-o após a extinção do contrato de trabalho, gera para a autora o direito à indenização. Na espécie se ressalta que o contrato de cessão de direitos autorais vinculava-se ao relacionamento profissional - empregada e empregadora -, permitindo a transferência total dos direitos da divulgação das apostilas e videoaulas da reclamante em favor da ré. De sorte que com a extinção do contrato de trabalho exsurgiu novo enquadramento jurídico donde a continuidade da reprodução parcial ou integral do material didático enseja a necessidade de prévia e expressa autorização por parte da autora da obra intelectual (Art. 29, inciso I, da Lei nº 9.610/98). Recurso de revista conhecido e provido". (TST. RR nº 270900-94.2007.5.09.0004, DF, Ministro Relator: Vieira de Mello Filho, Sétima Turma, Data de Publicação: 13.12.2013).

Além da proteção legal em relação aos direitos patrimoniais do uso da obra audiovisual intelectual, como na gravação de aulas que serão teletransmitidas, há a proteção em relação ao uso da imagem.

Da mesma forma que o direito autoral, tem-se que a licença para o uso da imagem do docente, ainda que relacionada a um contrato de trabalho, deve ser firmada com previsão da respectiva remuneração, sob risco de o empregador locupletar-se indevidamente às custas do trabalhador.

O direito de imagem é um dos direitos de personalidade, referindo-se ao direito do indivíduo à sua própria imagem. É protegido pelo artigo 5º, X, da Carta Magna, que assegura que são invioláveis a intimidade, a honra, a vida privada e a imagem das pessoas, assegurado o direito à indenização pelo dano material ou moral.[36]

Alia-se ao artigo supracitado da Carta Magna, o art. 20 do Código Civil.[37] Por fim, é possível citar, ainda, a Súmula 403 do STJ, que afirma não depender de prova do prejuízo a indenização pela publicação não autorizada da imagem de pessoa com fins econômicos ou comerciais, para que se tenha direito à indenização.

Assim, para além do direito autoral, no caso de utilização da imagem, também deve haver um contrato celebrado entre as partes, regulando a cessão.

Outro exemplo quanto à utilização indevida da imagem do trabalhador dá-se quando a empresa, ao demiti-lo, não retira o seu nome da lista de docentes em seu site. Dessa forma, muitas vezes o professor que não trabalha mais na instituição de ensino continua constando em seu site, gerando o dano moral em razão da utilização indevida do nome do trabalhador.[38]

---

[36] BRASIL. Constituição da República Federativa do Brasil de 1988. *Diário Oficial da União*, Brasília, 05 out. 1988. Disponível em: http://www.planalto.gov.br/ccivil_03/constituicao/constituicao.htm. Acesso em 12 mai. 2019.

[37] Art. 20, CC. Salvo se autorizadas, ou se necessárias à administração da justiça ou à manutenção da ordem pública, a divulgação de escritos, a transmissão da palavra, ou a publicação, a exposição ou a utilização da imagem de uma pessoa poderão ser proibidas, a seu requerimento e sem prejuízo da indenização que couber, se lhe atingirem a honra, a boa fama ou a respeitabilidade, ou se se destinarem a fins comerciais. (BRASIL. Lei nº 10.406, de 10 de janeiro de 2002. Institui o Código Civil. *Diário Oficial da União*, Brasília, 11 jan. 2002. Disponível em: http://www.planalto.gov.br/ccivil_03/leis/2002/l10406.htm. Acesso em 12 mai. 2019).

[38] Nesse sentido, entendimento jurisprudencial: RECURSO DE REVISTA. RESPONSABILIDADE CIVIL. INDENIZAÇÃO POR DANO MORAL. USO DE IMAGEM DO TRABALHADOR EM OBRA AUDIOVISUAL APÓS A RUPTURA DO CONTRATO. AUSÊNCIA DE EXPRESSA CESSÃO DEFINITIVA DOS DIREITOS DE IMAGEM. DANO *"IN RE IPSA"*. 1. Cuida-se de discussão acerca da configuração de dano moral à reclamante pelo uso de sua imagem

7.1 A regulamentação do Ensino a Distância na Convenção Coletiva da categoria a partir de 2014

A partir de 2014, o Sindicato dos Professores do Município do Rio de Janeiro começou a regulamentar, minimamente, o exercício do magistério no EAD, sendo que, no presente trabalho, estudaremos a CCT do ano de 2018 , última a ser disponibilizada pelo sindicato.[39]

Entendemos de vital importância esta regulamentação, já que não há legislação específica sobre o tema, mas apenas, como já abordado, orientações. Como já mencionado, a categoria dos professores abrange todos aqueles que exercem a atividade docente, sendo esta, essencialmente, a de ministrar aulas.

Portanto, o professor de EAD não poderá ter outra denominação que não a de professor, ao contrário do que fazem muitas instituições, que o trata como tutor.

Inicialmente, a CCT diferencia quem é o professor e quem é o professor-tutor, sendo, em síntese, o primeiro, o responsável por planejar o conteúdo; e, o segundo, o responsável pelo acompanhamento do conteúdo e dos alunos de EaD.[40]

---

em vídeo institucional veiculado posteriormente à extinção do contrato de trabalho. 2. A jurisprudência do Superior Tribunal de Justiça – órgão que, por sua competência material, habitualmente examina controvérsias de direito privado versando direito de imagem – é firme quanto à ocorrência de dano moral *"in re ipsa"* pelo uso indevido de imagem, afigurando-se despicienda a demonstração de efetivo prejuízo por parte do ofendido. 3. Conforme se depreende do quadro fático regional, houve autorização escrita para uso de imagem, sem remuneração específica, conferida no curso do contrato de trabalho. Não há registro no acórdão recorrido, ou mesmo alegação recursal, de que a referida autorização expressamente se estendesse a período posterior ao vínculo contratual, ou mesmo de que se tivesse procedido à cessão definitiva dos direitos de imagem da trabalhadora. Desse modo, tratando-se de proveito da imagem da reclamante em momento no qual não mais subsistia relação jurídica entre as partes, afigura-se ilícita sua utilização empresarial sem, ao menos, a expressa renovação do consentimento, sob pena de conferir caráter ultrativo, irrevogável e unilateralmente vantajoso a elemento acessório do contrato de trabalho. Precedentes do TST. 4. Assim, restando caracterizado o uso não autorizado (portanto, ilícito) da imagem da reclamante em peça audiovisual veiculada após o rompimento do contrato de trabalho, e indene de dúvida a natureza *"in re ipsa"* do abalo aos direitos de personalidade da autora, a condenação da empresa ao pagamento de indenização por dano moral não evidencia a apontada violação dos arts. 186 e 927 do Código Civil e 5º, V e X, da Constituição da República. Recurso de revista de que não se conhece, no particular. (...) (TST. Acórdão RR nº 1372-05.2011.5.04.0020, Relator(a): Min. Marcelo Lamego Pertence, data de julgamento: 10.10.2018, data de publicação: 16.10.2018, 1ª Turma).

39 Cf. Convenção Coletiva da Categoria de 2018. *Sindicato dos professores do Município do Rio de Janeiro*. Disponível em: https://www.sinpro-rio.org.br/site/admin/assets/uploads/files/c8abc-educacao-superior-2018.pdf. Acesso em 12 mai. 2019.

40 A diferenciação enconta-se nas cláusulas 28.2.1 e 28.2.2 da CCT/2018.

Logo após, a CCT permite que o professor de EaD possa ser contratado por hora-aula, em regime de tempo integral ou parcial, não havendo diferenciação, neste aspecto, quanto ao professor presencial.[41]

Permite, porém, que o professor-tutor seja contratado como prestador de serviços e, portanto, de forma eventual, desde que ministre, no máximo, um módulo por semestre, garantido o piso salarial mínimo previsto na CCT.[42]

Nos demais aspectos, como não poderia ser diferente, a CCT ratifica os artigos da CLT aplicáveis à categoria, bem como deixa expresso que os benefícios da CCT, tais como adicional de aprimoramento acadêmico e por tempo de serviço, são aplicáveis indistintamente aos professores presenciais e aos de EaD.

Caberá à instituição de ensino disponibilizar aos professores, dentro de suas instalações, infraestrutura necessária para o desenvolvimento dos trabalhos produzidos pelo corpo de professores-tutores a distância, sendo certo que será da responsabilidade do docente, caso opte por acessar as plataformas virtuais de sua residência.

8 Conclusão

O sucateamento da educação no Brasil é notório. O baixíssimo salário pago ao professor não é o único responsável pela precarização das relações de trabalho nessa área, mas, sem dúvida, contribui, e muito, para tal.

A título exemplificativo, o piso salarial estabelecido na CCT do Rio de Janeiro, em 2018, para os profissionais da educação superior era de R$70,74 para o professor titular, R$56,72 para o professor auxiliar e de R$31,13 para o professor tutor.[43]

Deve ser lembrado que o trabalho do professor não se exaure quando ele ministra aula, havendo, ainda, a elaboração de provas, exercícios, correção das avaliações, elaboração de plano de aula e

---

41 Cláusula 28.3, CCT – Do Regime de Trabalho: A instituição poderá contratar o professor responsável por disciplina a distância e o professor-tutor a distância para trabalhar no regime integral, parcial e horista.

42 Cláusula 28.3.1 – Nos cursos e/ou disciplinas na modalidade a distância, as partes reconhecem a possibilidade de haver a contratação de professor-tutor a distância eventual em regime de prestação de serviços.

43 Cf. Convenção Coletiva da Categoria de 2018. *Sindicato dos professores do Município do Rio de Janeiro*. Disponível em: https://www.sinpro-rio.org.br/site/admin/assets/uploads/files/c8abc-educacao-superior-2018.pdf. Acesso em 12 mai. 2019.

de outras atividades que, segundo o entendimento doutrinário e jurisprudencial, estão inseridas na atividade do docente.

Entendemos que, embora inseridos na atividade docente, certo é que tais atividades, uma vez que realizadas fora do horário de trabalho, devem ser remuneradas.

Alia-se ao sucateamento da educação a sua comercialização. Atualmente, as instituições de ensino, em sua grande maioria, privilegiam a quantidade de alunos matriculados em detrimento da qualidade de ensino. Assim, muitas vezes, diante da ameaça de perder alunos, as instituições acabam os aprovando sem os requisitos necessários para a continuidade do processo de aprendizagem.

Soma-se a isso o fato de que não é razoável que o professor de EaD ministre suas aulas para turmas com mais de 150 alunos, já que é clara a exploração da mão de obra, uma vez que nem todo tempo despendido é remunerado, quando deveria sê-lo.

Ademais, na contramão do que os governos atualmente têm feito com as questões trabalhistas, há muitas outras questões que necessitam ser repensadas, como os contratos precários dos professores, as instituições que não reconhecem o profissional que ministra aulas no EaD como professor, a controvertida questão da possibilidade de redução de carga horária e a jornada excessiva desses profissionais que, não raro, possuem inúmeros empregos, a fim de manterem um padrão de vida minimamente digno.

Reiteramos a necessidade de os artigos 317 e seguintes da CLT, bem como os benefícios das CCT's, serem aplicados ao professor de EaD, uma vez que o fato de ministrar aulas a distância não o retira da categoria diferenciada e, portanto, permanecem os direitos inerentes.

Assim, claro está que o desrespeito às questões trabalhistas desses profissionais ainda é imenso, motivo pelo qual ratificamos a necessidade de aplicabilidade.

Entendemos que a redução de carga horária, quando não solicitada pelo docente, é ilícita, já que, geralmente, sendo somente avisada no início do período letivo, o impossibilita de conseguir novo trabalho, causando-lhe um enorme prejuízo.

Entendemos, ainda, que o professor de EaD, independentemente de como exerça o seu trabalho, deve ter a relação de emprego como professor reconhecida com todos os direitos decorrentes, inclusive os da CCT.

Defendemos também que as atividades de correção e elaboração de provas e exercícios devem ser remuneradas, em que pese seja atividade inerente ao magistério. A falta de remuneração específica para tais atividades contribui para que o docente tenha uma jornada extenuante, uma vez que, nos momentos teoricamente de descanso, ainda terá que realizar tais atividades.

E como é público e notório, jornadas extenuantes acarretam em menor produtividade do trabalhador, diminuindo a qualidade do ensino.

A autonomia do professor em sala de aula também deveria ser um princípio básico da profissão e, diante das inúmeras reformas que a educação vem sofrendo, encontra-se seriamente ameaçada, contribuindo para as doenças profissionais.

O avanço tecnológico, ainda, contribuiu de forma indubitável para a precarização que ora se instalou, uma vez que o referido avanço não veio acompanhado das modificações necessárias na legislação, a fim de acompanhar as novas formas de relação de trabalho que surgiram, sendo o maior exemplo as advindas do EaD. E, com isso, casos semelhantes recebem tratamentos diversos pela Justiça do Trabalho, gerando a instabilidade das relações de trabalho e contribuindo para que as instituições de ensino burlem direitos básicos do trabalhador.

Assim, mudanças na legislação trabalhista ainda se impõem.

Não obstante, as mudanças que o governo deseja impor são consubstanciadas na fala do Presidente da Câmara dos Deputados, Rodrigo Maia, de que a Justiça do Trabalho não deveria existir.[44]

Na verdade, o que se impõe é a proteção do trabalhador com a elaboração de leis que acompanhem as relações de trabalho que surgem e com a sua efetiva aplicabilidade, a fim de que o trabalhador receba dignamente e de que sejam diminuídas as doenças laborais, minimizando, inclusive, os acidentes de trabalho e as demandas previdenciárias.

Referências

BARROS, Alice Monteiro de. *Contratos e regulamentações especiais de trabalho. Peculiaridades, aspectos controvertidos e tendências*. 3. ed. São Paulo: LTR, 2008.

BRASIL. Constituição da República Federativa do Brasil de 1988. *Diário Oficial da União*, Brasília, 05 out. 1988. Disponível em: http://www.planalto.gov.br/ccivil_03/constituicao/constituicao.htm. Acesso em 12 mai. 2019.

[44] FOLHA DE SÃO PAULO. *Para Rodrigo Maia, Justiça do Trabalho "não deveria nem existir"*. Disponível em: https://www.google.com/url?sa=t&rct=j&q=&esrc=s&source=web&cd=2&cad=rja&uact=8&ved=2ahUKEwic1q22qbniAhVhK7kGHeizBeIQFjABegQIARAB&url=http%3A%2F%2Fwww1.folha.uol.com.br%2Fmercado%2F2017%2F03%2F1864822-justica-do-trabalho-nao-deveria-nem-existir-diz-deputado-rodrigo-maia.shtml&usg=AOvVaw1y_baz4cKtcV21lEr8tVP5. Acesso em 15 mai. 2019.

BRASIL. Decreto-Lei nº 5.452, de 01 de maio 1943. Aprova a Consolidação das Leis do Trabalho. *Diário Oficial da União*, Rio de Janeiro, 09 ago. 1943. Disponível em: http://www.planalto.gov.br/ccivil_03/decreto-lei/Del5452.htm. Acesso em 12 mai. 2019.

BRASIL. Decreto nº 5.622, de 19 de dezembro de 2005. Regulamenta o art. 80 da Lei nº 9.394, de 20 de dezembro de 1996, que estabelece as diretrizes e bases da educação nacional. *Diário Oficial da União*, Brasília, 20 dez. 2005. Disponível em: http://www.planalto.gov.br/ccivil_03/_ato2004-2006/2005/decreto/d5622.htm. Acesso em 12 mai. 2019.

BRASIL. Lei nº 605, de 5 de janeiro de 1949. Repouso semanal remunerado e o pagamento de salário nos dias feriados civis e religiosos. *Diário Oficial da União*, Rio de Janeiro, 14 jan. 1949. Disponível em: http://www.planalto.gov.br/ccivil_03/leis/L0605.htm. Acesso em 17 mai. 2019.

BRASIL. Lei nº 9.013, de 30 de março de 1995. Altera o art. 322 da Consolidação das Leis do Trabalho. *Diário Oficial da União*, Brasília, 31 mar. 1995. Disponível em: http://www.planalto.gov.br/ccivil_03/leis/L9013.htm. Acesso em 17 mai. 2019.

BRASIL. Lei nº 9.394, de 20 de dezembro de 1996. Estabelece as diretrizes e bases da educação nacional. *Diário Oficial da União*, Brasília, 23 dez. 1996. Disponível em http://www.planalto.gov.br/ccivil_03/leis/L9394.htm. Acesso em 17 mai. 2019.

BRASIL. Lei nº 9.610, de 19 de fevereiro de 1998. Altera, atualiza e consolida a legislação sobre direitos autorais e dá outras providências. *Diário Oficial da União*, Brasília, 20 fev. 1998. Disponível em: http://www.planalto.gov.br/ccivil_03/leis/l9610.htm. Acesso em 12 mai. 2019.

BRASIL. Lei nº 10.406, de 10 de janeiro de 2002. Institui o Código Civil. *Diário Oficial da União*, Brasília, 11 jan. 2002. Disponível em: http://www.planalto.gov.br/ccivil_03/leis/2002/l10406.htm. Acesso em 12 mai. 2019.

CASSAR, Vólia Bomfim. *Direito do trabalho*. 12. ed. São Paulo: Método, 2016.

DELGADO, Maurício Godinho. *Curso de Direito do Trabalho*. 14. ed. São Paulo: LTR, 2015.

FOLHA DE SÃO PAULO. *Para Rodrigo Maia, Justiça do Trabalho "não deveria nem existir"*. Disponível em: https://www.google.com/url?sa=t&rct=j&q=&esrc=s&source=web&cd=2&cad=rja&uact=8&ved=2ahUKEwic1q22qbniAhVhK7kGHeizBeIQFjABegQIARAB&url=http%3A%2F%2Fwww1.folha.uol.com.br%2Fmercado%2F2017%2F03%2F1864822-justica-do-trabalho-nao-deveria-nem-existir-diz-deputado-rodrigo-maia.shtml&usg=AOvVaw1y_baz4cKtcV21lEr8tVP5. Acesso em 15 mai. 2019.

INEP. *Resumo Técnico Censo da Educação Superior 2015*. Disponível em: http://portal.inep.gov.br/informacao-da-publicacao/-/asset_publisher/6JYIsGMAMkW1/document/id/1473851. Acesso em 28 mai. 2019.

LAPA, Andrea; PRETTO, Nelson De Luca. Educação a distância e precarização do trabalho docente. *Em Aberto*, Brasília, v. 23, n. 84, p. 3-5, nov. 2010.

MINISTÉRIO DA EDUCAÇÃO. *Parecer CNE/CES nº 564/2015*. Disponível em: http://www.abed.org.br/arquivos/parecer_cne_ces_564_15.pdf. Acesso em 12 mai. 2019.

MINISTÉRIO DA EDUCAÇÃO. *Portaria nº 522, de 9 de abril de 1997*. Disponível em: http://www.dominiopublico.gov.br/pesquisa/DetalheObraForm.do?select_action=&co_obra=22148. Acesso em 12 mai. 2019.

MINISTÉRIO DA EDUCAÇÃO. *Referenciais de Qualidade para Educação Superior à Distância*. Disponível em: http://portal.mec.gov.br/seed/arquivos/pdf/legislacao/refEaD1.pdf. Acesso em 12 mai. 2019.

PORTAL DO PROFESSOR. *Burnout*: síndrome afeta mais de 15% dos docentes. Disponível em: http://portaldoprofessor.mec.gov.br/conteudoJornal.html?idConteudo=38. Acesso em 31 mai. 2019.

RIO DE JANEIRO. Lei Estadual nº 6.158, de 09 de janeiro de 2012. Acrescenta o inciso XI ao artigo 19 da Lei nº 4528, de 28 de março de 2005, que estabelece as diretrizes para a organização do sistema de ensino do estado do Rio de Janeiro, regulamentando as férias escolares no sistema estadual de educação. *Diário Oficial da União*, Rio de Janeiro, 09 jan. 2012. Disponível em https://gov-rj.jusbrasil.com.br/legislacao/1031132/lei-6158-12. Acesso em 12 mai. 2019.

SADY, João José. *Direito do trabalho do professor*. São Paulo: LTR, 1996.

SINDICATO DOS PROFESSORES DO MUNICÍPIO DO RIO DE JANEIRO. *Convenção Coletiva de Trabalho*. Disponível em: https://www.sinpro-rio.org.br/site/admin/assets/uploads/files/c8abc-educacao-superior-2018.pdf. Acesso em 12 mai. 2019.

UNIVERSIDADE ESTÁCIO DE SÁ. *Estácio divulga os resultados do 4T18 e de 2018*. 2018. Disponível em: https://ri.estacio.br/show.aspx?idMateria=N1IzocXYhayo7HaKSyhN/Q==. Acesso em 13 mai. 2019.

Informação bibliográfica deste texto, conforme a NBR 6023:2018 da Associação Brasileira de Normas Técnicas (ABNT):

BARROS, Isabela Pimentel de; SCHETTINI, Paula Teixeira Martins. Professor de ensino à distância: precarização ou avanço? *In*: TUPINAMBÁ, Carolina (Coord.). *As novas relações trabalhistas e o futuro do Direito do Trabalho*: as novidades provenientes dos avanços tecnológicos. Belo Horizonte: Fórum, 2021. (Coleção Fórum as novas relações trabalhistas e o futuro do Direito do Trabalho. Tomo III.). p. 369-398. ISBN 978-65-5518-131-9.

DETERMINISMO TECNOLÓGICO E DESENVOLVIMENTO HUMANO – ENTRE A DISRUPÇÃO E A "DESTRUIÇÃO CRIATIVA": A CAMINHO DO DESEMPREGO IRREVERSÍVEL?

ANTÔNIO GOMES DE VASCONCELOS

RÔMULO SOARES VALENTINI

TALITA CAMILA GONÇALVES NUNES

1 Introdução

As consequências do desenvolvimento recente e sem precedentes das tecnologias eletrônicas nas suas múltiplas dimensões, especialmente no campo das comunicações, têm sido antevistas por atores públicos e sociais, bem como por formuladores de políticas econômicas, contraditoriamente. De um lado, sustenta-se que os avanços tecnológicos aceleram o desenvolvimento e promovem maior participação dos cidadãos no usufruto dos benefícios resultantes desta alavancagem e a elevação do padrão de vida da sociedade como um todo; de outro, considera-se que os avanços tecnológicos disruptivos, ilimitados e não atrelados a políticas públicas orientadas para o desenvolvimento social e economicamente sustentável, restringem os benefícios da tecnologia a uma minoria dos cidadãos, enquanto se avizinha uma era de desemprego sistêmico e global, o recrudescimento da desigualdade e da exclusão social. E ainda mais. Na atualidade, combinam-se com essa realidade políticas econômicas de estabilização baseadas na austeridade e, principalmente, na desconstrução do sistema de proteção social erigido sob as premissas do Estado Democrático de Direito, fundado no princípio da dignidade humana e do desenvolvimento humano.

O presente artigo tem por premissa que a manejo dos avanços tecnológicos e das teorias econômica disponíveis, assim como suas consequências, são fruto de escolhas políticas, não sendo pertinente, neste campo, argumentos vinculados a uma espécie de "determinismo de mercado" ao qual estariam submetidas todas as demais dimensões da vida humana.

Pretende-se lançar luzes sobre tais questões e fazer coro com os que fazem ciência comprometida com aqueles fundamentos de estado, tendo por referência o direito fundamental ao trabalho digno.

Se no passado a extinção de postos de trabalho decorrente do uso de novas tecnologias significou, com a transferência de trabalhadores do setor de manufatura para o setor de serviços, a abertura de outras frentes de ocupação menos desgastantes e mais rentáveis, esta não é a realidade que se desvenda com o advento das novas tecnologias avançadas contemporâneas – a automação e a informática, como constata Martin Ford.[1]

Esse fenômeno põe em xeque a crença de economistas que – a propósito das transformações tecnológicas que impulsionaram a revolução industrial e a globalização dos mercados, acreditavam que tais avanços significariam uma evolução em direção a uma sociedade mais justa e mais próspera. O desemprego ocorreria apenas no período de transição tecnológica, no curto prazo, e seria compensado pela oferta de novas oportunidades de trabalho aos desempregados.

Muito ao contrário, a exigência de maior qualificação para os novos empregos implicaria em salários mais altos e, consequentemente, acesso a bens e serviços produzidos pelos trabalhadores. O desemprego jamais seria sistêmico e permanente. Isso, em consequência de uma

[1] FORD, Martin. *The rise of the robots – Technology and the Threat of Mass Unemployment*. England: Oneworld Publications, 2015.

verdadeira simbiose entre o progresso tecnológico e a prosperidade e bem-estar dos trabalhadores.

Os níveis de desenvolvimento alcançados no pós segunda guerra mundial pareceram confirmar tais premissas. Foi nesse período que economistas como Paul Samuelson procuram conferir à economia uma exatidão matemática, tratando-a com fundamento nesta ciência, dotando-a de sofisticadas técnicas baseadas no método quantitativo e na estatística. A economia vivenciou o seu auge baseando-se em complexos modelos matemáticos mirando o estado da economia de então, imaginando que a espiral de crescimento se manteria para sempre, por força das impressionantes inovações tecnológicas.

Contudo, o desenvolvimento acelerado de novas tecnologias computacionais, a ponto de, antes que sejam assimilados os impactos de uma nova tecnologia, outra já estar disponível, tem apresentado um desafio sem precedentes. A indústria emergente transformada pela tecnologia já não mais oferece os empregos necessários à ocupação da mão de obra disponível.

Na medida em que novas tecnologias são assimiladas, as empresas necessitam cada vez menos de mão de obra. Esta realidade sugere um enorme desafio para a economia e para a sociedade moderna.

O impacto devastador deste cenário nos campos do desemprego e do subemprego terá um alto preço para a economia,[2] uma vez que não se vislumbra somente o aumento da desigualdade, da redução dos salários e do consumo. Mas, ausência de trabalho numa sociedade em que a sobrevivência da maioria está associada exclusivamente ao trabalho contraprestativo para outrem.

Sem embargo, as novas tecnologias não mais se limitam a substituir a mão de obra humana em atividades rotineiras, mas elas se tornam cada vez mais aptas a executar tarefas previsíveis, de modo a sacrificar também ocupantes de mão de obra mais qualificada. Resultado do fato de que muito ou quase tudo daquilo que é feito por mão de obra humana pode ser "aprendido" por um algoritmo de uma máquina inteligente.

Em nações desenvolvidas como os EUA, onde os avanços da tecnologia se antecipam em relação às demais nações, desde os anos 70, a relação de causa e efeito entre o aumento da produtividade e o aumento dos salários, como se constatou em revoluções tecnológicas

---

2 Cf. FORD, Martin. *The rise of the robots – Technology and the Threat of Mass Unemployment.* Engalando: Oneworld Publications, 2015. p. 4.

anteriores, começou a decair. Desde então, ocorre fenômeno inverso: aumento da produtividade com quantidade cada vez mais reduzida de trabalho humano.

Desde o pós-guerra, o número de empregos não deixou de crescer acima de 20%. Na primeira década do século XX não foi criado nenhum novo emprego naquele país; fato não ocorrido desde a grande depressão.

Paralelamente a este fenômeno houve o crescimento da desigualdade e a inversão da tendência à inclusão social verificada na era de ouro do capitalismo para a da transferência de renda do bolso do trabalhador para os proprietários de negócios e investidores.

Será esta uma era que será definida por uma mudança radical na relação entre os trabalhadores e a máquina?

A realidade atual desafia uma das premissas inquestionáveis até bem pouco tempo: as máquinas (a tecnologia) são instrumentos que proporcionam o aumento da produtividade dos trabalhadores.

Ao contrário, os limites entre capacidade de trabalho e capital estão cada vez mais obscurecidos. E o extraordinário aumento do poder da tecnologia e dos computadores tem transformado o modo de operar das empresas de forma a que elas necessitem de um número cada vez menor de empregados para o desempenho das rotinas essenciais à operação de seus negócios. Desta feita, a "máquina" e a robótica não aumentam a produtividade dos trabalhadores, mas os substituem.

A escala evolutiva da tecnologia, turbinada no pós-guerra, chegou aos anos 2000 proporcionando aos negócios as enormes vantagens decorrentes das inovações tecnológicas. Os milhões de empregos criados na década de 90, na área de TI, envolvendo administração de computadores e networks, começaram a desaparecer. Computadores e maquinas passaram a substituir, irreversivelmente, a mão de obra humana. E a distribuição de renda para o trabalhador declinou dramaticamente, como registra Martin Ford.

Por outro lado, assiste-se a uma brutal concentração do capital na mão de muito poucos que, com o seu poder, econômico e político, detêm as tecnologias mais avançadas e delas usufruem em primeiro lugar. Estas somente são repassadas ao resto do mundo quanto outras mais sofisticadas são postas em atividade, permitindo-lhes a hegemonia tecnológica, econômica e política.

Nesse percurso da organização socioeconômica em direção ao desemprego sistêmico situam-se a precarização do emprego e o subemprego.

Com o recrudescimento do uso de tecnologias mais avançadas, o trabalho contínuo e *full time* tende crescentemente a diminuir, enquanto os trabalhadores que persistem numa relação continuada no emprego são induzidos ao aumento exponencial de sua capacidade produtiva potencializada pelo uso da tecnologia que requer mão de obra cada vez mais qualificada, ainda que em volume cada vez mais reduzido.

Noutra vertente intensifica-se a realização do trabalho fora do ambiente empresarial, transferindo-o para a residência do trabalhador, onde o custo de toda a infraestrutura necessária ao seu desempenho é suportado pelo próprio trabalhador, num ambiente favorecido pela tecnologia. Esta situação de aparente autonomia e independência está mais jungida a meios cada vez mais eficazes de controle rigoroso, à distância, da atividade laboral pelo tomador dos serviços. Com a tecnologia avançada "dá-se liberdade" para controla-la ainda mais.

Os avanços da tecnologia da informação potencializaram três tendências contemporâneas: a globalização, a financeirização da economia e a políticas econômicas conservacionistas. O recrudescimento do desemprego e da desigualdade social resultantes do progresso incontrolado das tecnologias enfraqueceram a capacidade dos sindicatos de reagir à virada conservadora das políticas econômicas, e, nesse sentido, a tecnologia avançada favoreceu um retrocesso político-social nos estados denominados democráticos de direito.

A grande questão é até que ponto a sociedade resistirá ao impacto cada vez mais intenso das novas tecnologias na oferta de trabalho e na distribuição de renda, com o aguçamento da desigualdade e da injustiça social.

O presente trabalho, modestamente, intenta analisar os impactos desta tendência nas formas de precarização do trabalho em andamento e que podem servir de instrumental crítico para a avaliação de políticas tendentes a reduzir direitos dos trabalhadores e reverter o quadro de distribuição de renda para um quadro paulatino de transferência de renda do trabalho para o capital.

A análise, sem se deter, neste espaço, a predições quanto às consequências dramáticas dos efeitos incontrolados do avanço da tecnologia para a sociedade como todo, se limita a trazer à baila elementos que permitam analisar criticamente as transformações – oriundas da absorção das tecnologias da informação nas atividades empresariais, verificadas nas políticas sociais e de proteção ao trabalho e aos direitos dos trabalhadores em países organizados sob égide do estado democrático de direito nos quais o desenvolvimento social é, constitucionalmente, condição *sine qua non* do desenvolvimento econômico, como é o caso do Brasil.

2 A reestruturação produtiva a serviço do capital e baseada na Tecnologia de Informação

A criação do computador é o marco histórico das transformações na estrutura produtiva e nas relações de trabalho conectadas às novas tecnologias de informação.[3]

O primeiro computador eletromecânico foi criado por Konrad Zuse,[4] em 1944, e não teve reconhecimento pelos alemães. Apenas após a Segunda Guerra Mundial, a Marinha dos Estados Unidos desenvolveu o Harvard Mark I, por seu criador Howard Aiken.[5]

Concomitantemente, o Exército Americano criava o ENIAC – *Eletronic Numeric Integrator And Calculator* – o primeiro computador a válvulas capaz de fazer quinhentas multiplicações por segundo.

Porém, foi a partir do surgimento dos recursos computacionais, antes reconhecidos apenas como responsáveis pela automatização de determinadas tarefas, que se introduziram a tecnologia de informação, que conforme a doutrina é conceituada como "um conjunto de métodos e ferramentas mecanizadas ou não, que se propõe a garantir a qualidade e a pontualidade das informações dentro da malha empresarial".[6]

Há diferenças entre a tecnologia de informação e os sistemas de informação, sendo que a primeira daria suporte técnico aos segundos – administradores do fluxo de informações geradas e distribuídas por redes de computadores.

---

[3] "Já se foram as máquinas de linotipo, os Rolodex, os índices de cartão, as folhas de papel quadriculado, o mimeógrafo, os quadros negros, as mesas de corte, a máquina de telex e toda aquela miríade de ferramentas de meados do século XX cujo domínio específico habilitava uma pessoa a um posto específico – o orgulhoso detentor de uma habilidade única". HUWS, U. A construção de um cibertariado? Trabalho virtual num mundo real. *In*: BRAGA, Ruy; ANTUNES, Ricardo. (Org.). *Infoproletários:* degradação real do trabalho virtual. São Paulo: Boitempo, 2009. p. 48

[4] O Z1 de Konrad Zuse, que ele inventou em 1931, e voltando ainda mais no tempo, a máquina de triagem de Herman Hollerith, que foi usada no censo de 1890; seis anos mais tarde, a sua empresa foi uma daquelas que se juntaram e se tornaram a IBM. Zuse também apresentou a primeira linguagem de programação algorítmica chamada *Plankalkül* para seu computador Z4. O Z4 era eletromecânico (baseado em comutação), suportava 64 palavras de memória e funcionava a extraordinários 40Hz (a 4KW de potência consumida). (Cf. Emulação e história da computação. *IBM*, 2011. Disponível em: http://www.ibm.com/developerworks/br/library/os-emulatehistory/. Acesso em 01 mar. 2016).

[5] O nome impresso no computador é Aiken-IBM Automatic Sequence Controlled Calculator Mark I, construído em 1944, em um projeto de Havard em conjunto com a IBM. (Cf. Emulação e história da computação. *IBM*, 2011. Disponível em: http://www.ibm.com/developerworks/br/library/os-emulatehistory/. Acesso em 01 mar. 2016).

[6] FOINA, Paulo Rogério. *Tecnologia de Informação*: planejamento e gestão. São Paulo: Atlas, 2001. p. 31.

Em quatro períodos distintos se dividem o desenvolvimento da tecnologia de informação: Processamento de dados (1960); Sistema de informações (1970); Inovação e vantagem competitiva (1980) e integração e reestruturação do negócio (1990).

Assim, a informática possui duas particularidades: a automação e a informatização[7] – sendo aquela de interesse preponderante para a análise do presente artigo.

Destaca-se que o desenvolvimento da automação durante o século XX, por meio das inovações tecnológicas de informação e comunicação, não estabeleceu um avanço para a sociedade global. Ao revés, a infraestrutura associada às novas tecnologias favoreceu os detentores dos novos meios de produção tecnológicos e aprofundou o cenário de desigualdade global e a concentração de renda.

Nesse sentido, para Pochmann,[8] a configuração geográfica mundial se alterou em decorrência da desigualdade da inovação, sendo que os países com maior capacidade de criação tecnológica absorvem constantemente o uso da tecnologia ao passo em que, nos países periféricos, o acesso às novas tecnologias fica restrito a determinados segmentos da população com maior nível de renda.

Com esta realidade, ainda que ocorra a simples aquisição de pacotes tecnológicos, alguns países não poderão utilizá-los efetivamente. O pleno acesso das tecnologias não é garantido igualmente a países desenvolvidos e em desenvolvimento, ocasionando o fenômeno da infoexclusão.

O referido fenômeno é igualmente conhecido como *ciber-exclusão, digital divide* ou *techno–apartheid*, que segundo Ribeiro (s.d), significa a lacuna entre aqueles que podem ter acesso às tecnologias de informação e comunicação – a exemplo da internet – e aqueles que não podem. Ainda, a ciber-exclusão é apontada como o analfabetismo do século XXI.

Observa-se, ainda, que a descentralização da produção em razão dos avanços tecnológicos contribui para o avanço da precarização laboral,

---

[7] Consoante "A automação obedece e, de certa forma, dá continuidade à lógica industrial que imperou por todo o século XIX até meados do século XX. Ou seja, racionalização aliada à desqualificação da força de trabalho, e, no limite, substituição desta pelas máquinas. Já a informatização diz respeito à geração de informação sobre a base produtiva e administrativa do processo através do qual uma empresa organiza o trabalho. Em outras palavras, a informatização nada mais é que um modo de gerir a informação mediante recursos possibilitados pelas TIC's". (ZUBOFF, Shoshana. In the Age of the Machine. Nova York: Basic Books, 1989. *In*: WOLFF, Simone. *Infoproletários*: o trabalho informacional e a reificação da informação sob os novos paradigmas organizacionais. São Paulo: Boitempo Editorial, 2009. p. 107).

[8] POCHMANN, Márcio. O *emprego na Globalização*. São Paulo: Boitempo, 2002. p. 37.

com a distribuição das grandes empresas em centros de atividades menores e remotas, com baixo custo de instalação e mão de obra.

Trata-se, para o capital, de "reorganizar o ciclo reprodutivo preservando seus fundamentos essenciais", isto é, sem transformação dos pilares essenciais do modo de produção capitalista.

Observa-se que a tecnologia não é nada mais que uma nova mutação, um aparato que permite novel forma de acumulação flexibilizada e de inédito relacionamento entre o capital e o trabalho.

Diante do exposto, nota-se que a tecnologia de informação contribui para a integração de diversas tarefas e a interação entre os trabalhadores, bem como, por consectário, para uma precarização do trabalho.

Assinala Úrsula Huws[9] que o processo de desintegração vertical das indústrias altera a divisão internacional do trabalho, ao facilitar a desindustrialização de regiões do mundo desenvolvido, fragmentando a produção dentre diferentes países do globo e demandando um crescente uso de trabalhadores a domicílio para as funções de gerenciamento, criando alterações nas relações de trabalho que são geralmente acompanhadas por menores salários e redução de direitos.

Deste modo, um trabalhador que outrora desempenhava uma tarefa específica na empresa, na atualidade, realiza diversas tarefas e em qualquer hora do dia, conectado a uma rede informacional, recebendo comandos diretos do empregador.

Verifica-se que por trás das novas formas de produção de mercadorias por intermédio da tecnologia informática, oculta-se o novo poder do capital de desregulamentar e flexibilizar contratos de trabalho.[10]

Como resultado, para os trabalhadores insertos em uma produção de serviço e sob o paradigma do trabalho informacional, os conflitos em particular com o patronato e, com o capital de um modo geral, assumem novos contornos.

Nota-se que as tecnologias de informação proporcionam um aprofundamento qualitativo da reificação e exploração sobre o trabalho vivo como estratégia do capitalismo para reduzir os custos de produção e otimizar o seu processo de valorização.[11]

---

[9] HUWS, Úrsula. *O escritório global*: tecnologias da Informação e a realocação do trabalho de colarinho branco. (Trad. Antônio de Pádua Bosi e Alessandra Gasparotto). New York: Monthly Review Press, 2003. p. 2-4.

[10] ALVES, Giovanni. *Trabalho e subjetividade*: o espírito do toyotismo na era do capitalismo manipulatório. São Paulo: Boitempo, 2011. p. 86.

[11] WOLFF, Simone. O "trabalho informacional" e a reificação da informação sob os novos paradigmas organizacionais. *In*: ANTUNES, Ricardo; BRAGA, Ruy (Org.). *Infoproletários*: degradação real do trabalho virtual. São Paulo: Boitempo Editorial, 2009. p. 111-112.

A expansão da produtividade e o controle sobre os conflitos são visíveis nas estratégias organizacionais capitalistas. Entretanto, estas estratégias não podem contribuir para a perpetuação de um trabalho alienado, vez que o homem é ser dotado de consciência.

Para Antunes,[12] citando Lukács e Gramsci, todo trabalho é um ato consciente e, como tal, pressupõe conhecimento concreto de meios e finalidades. Assim, em qualquer forma de trabalho, dos mais complexos aos mais simples, existe sempre uma clara dimensão intelectual.

Percebe-se, portanto, que o trabalho, finalidade central do ser social, se converte em meio de subsistência. O que deveria ser um processo de humanização, a sociedade capitalista transforma em trabalho assalariado, alienado, fetichizado. Nos dizeres de Marx, em sua obra "Manuscritos Filosóficos", o trabalhador decai a uma mercadoria, torna-se um ser estranho, um meio da sua existência individual.[13]

Na atividade informacional, dizer que há um trabalho mais criativo e menos alienado é realidade que faz parte apenas da empresa, já que a informação igualmente se torna uma coisa passível de apropriação e, por consectário, fonte de lucro.

Segundo Wolff,[14] não há demanda por um trabalho intelectual de caráter criativo e menos alienado, mas sim, a reificação deste trabalho, que se limita a atender aos comandos da máquina. Para a autora, isso revela uma privatização da informação visando a uma capitalização do conhecimento, ou seja, a mecanização dos resultados e furtos oriundos do trabalho vivo gerado a partir do conhecimento e da criatividade do trabalhador para transformá-lo em mercadoria.

Não se pode perder de vista que uma das características do capitalismo é a que este cria e recria as forças produtivas e as relações de produção. Para Octavio Ianni, há a simultânea concentração e centralização do capital e uma reinversão continuada dos ganhos, lucros ou mais-valia, o que é algo intrínseco à dinâmica do capital.[15]

---

12 ANTUNES, Ricardo; BRAGA, Ruy. *Infoproletários*: degradação real do trabalho virtual. São Paulo: Boitempo, 2009. p. 232.

13 ANTUNES, Ricardo; BRAGA, Ruy. *Infoproletários*: degradação real do trabalho virtual. São Paulo: Boitempo, 2009. p. 232.

14 WOLFF, Simone. *O espectro da reificação em uma empresa de telecomunicações*: o processo de trabalho sob os novos parâmetros gerenciais e tecnológicos. Tese de doutorado. Universidade Estadual de Campinas. Instituto de Filosofia e Ciências Humanas, Campinas, 2004. p. 205-206.

15 "As formas de organização social da produção, traduzindo ciência em tecnologia, provocando o aumento da composição orgânica do capital, sofisticando a divisão do trabalho, robotizando e informatizando organizações e atividades econômicas, sociais, políticas e culturais, tudo

Com a reestruturação produtiva proveniente da tecnologia informacional – principalmente nas multinacionais – cria-se um exército global de reserva de trabalhadores da informação, que estão prontos para realizar múltiplas tarefas, substituir outros empregados, compondo o cybertariado.[16] Esse grupo de trabalhadores se vincula e se adequa à lógica do capitalismo na era digital, da telemática e da informática, sejam eles trabalhadores manuais ou intelectuais.[17]

Enquanto isso, os primeiros aplicadores do teletrabalho veem no novo modelo de produção, com todas as vantagens que lhes são inerentes, uma via para eliminar os percalços relativos ao deslocamento ao trabalho e à redução do tempo livre.

Já o capitalismo se aproveita dessa reorganização da produção de modo ofensivo e com o fim de obter mais lucro diante do controle que consegue exercer sobre o trabalhador por meio dos meios telemáticos e informáticos.

---

isso expressa o dinamismo do capital, o desenvolvimento intensivo do capitalismo". (IANNI, Octávio. *A sociedade global*. São Paulo: Record, 1992. p. 54).

16 Úrsula Huws utiliza o termo "cybertariado" para descrever trabalhadores que estão empregados em tarefas que envolvem o processamento de informação em negócios que têm o potencial de serem realocados, ou já o foram. Ressalta ainda que: "em alguns casos, foram negócios que foram encarados formalmente como tarefas "boas" para trabalhadores altamente educados (por exemplo, trabalhadores de tecnologia da informação no setor público), mas que deterioraram rapidamente quando se tornaram sujeitos desses processos de globalização. Estes trabalhadores estão se tornando tipicamente mais e mais intercambiáveis, quando perícias e processos se tornam mais estandardizados. Isso corrói sua posição de barganha e torna seu trabalho mais precário". (HUWS, Úrsula. O que mudou foi a divisão do trabalho. Entrevista com Úrsula Huws. *Revista IHU Online*, a. VII, 2007. Disponível em: http://www.ihuonline.unisinos.br/index.php?option=com_content&view=article&id=854&secao=216. Acesso em 20 fev. 2016).

17 Ainda segundo Huws: "o conceito de uma "sociedade do conhecimento" parece para mim quase inteiramente uma construção ideológica que serve como cortina de fumaça para esconder a realidade de que nunca houve na história do trabalho mais trabalho "material" do que há precisamente agora. O consumo mundial de matérias-primas e a produção mundial de artefatos físicos nunca foram maiores e podemos ver, para onde quer que olhemos, as consequências disso na destruição do meio ambiente. O que mudou foi a divisão do trabalho. Há duas tendências contraditórias no âmbito do capitalismo: uma é a de gerar constantemente novos produtos, o que se torna cada vez mais complexo com o desenvolvimento da tecnologia; a outra é a de constantemente simplificar o processo de produção com o objetivo de reduzir o custo do trabalho[...]. Esta divisão do trabalho não se aplica só a processos manuais, mas também a mentais. Os assim chamados "trabalhadores cognitivos" são aqueles que processam unidades de informação da mesma forma como "os trabalhadores manuais" são aqueles que processam unidades de matéria física. Todos esses trabalhadores, sejam "mentais" ou "manuais", estão intrinsecamente vinculados um ao outro pela lógica do capital, através de suas posições complementares nesta divisão do trabalho". (HUWS, Úrsula. O que mudou foi a divisão do trabalho. Entrevista com Úrsula Huws. *Revista IHU Online*, a. VII, 2007. Disponível em: http://www.ihuonline.unisinos.br/index.php?option=com_content&view=article&id=854&secao=216. Acesso em 20 fev. 2016).

É importante o posicionamento de Giovanni Alves,[18] que destaca que as máquinas informáticas e informacionais são apropriadas pelo capital, avançando para a captura da subjetividade do trabalho, de modo que as novas tecnologias se incorporam às inovações organizacionais toyotistas, na forma de uma ideologia de "gestão por competência" que o trabalho intelectual traz às redes informacionais capitalistas.

Como forma de materialização desta captura da subjetividade, a lição de Wolff[19] ressalta a tendência de substituição do trabalho vivo por trabalho morto, por meio da metamorfose do conhecimento do trabalhador em um fator de produção na maquinaria – dados e/ou softwares – mediante a codificação do saber-fazer operário.

Deste modo, há na realidade um retorno de um dos modos de subordinação formal do trabalho (intelectual) ao capital, porquanto a possibilidade de produção e a troca direta de informações em rede, com a relativização da esfera produtiva, embora possa ser vista como uma contradição real do sistema, não tem se revelado suficiente para alterar a estrutura da sociedade capitalista, tendo a máquina computadorizada se revelado uma forma ofensiva do capital ao trabalho com características de um "neotaylorismo informático".[20]

Nessa perspectiva, a captura da subjetividade se releva no comportamento diferenciado do indivíduo e a sua ligação intrínseca com o labor a que se obriga, como por exemplo, diante das pressões por produtividade e cumprimento de metas. Ao decorrer do tempo, o homem não mais consegue se desvencilhar da invasão que as regras empresariais ocasionam em seu íntimo e repercutem em seus afazeres cotidianos, inclusive nos intervalos de desconexão do trabalho.[21]

---

18 ALVES, Giovanni. *Trabalho e subjetividade*: o espírito do toyotismo na era do capitalismo manipulatório. São Paulo: Boitempo, 2011. p. 75-76.

19 WOLFF, Simone. O "trabalho informacional" e a reificação da informação sob os novos paradigmas organizacionais. *In*: ANTUNES, Ricardo; BRAGA, Ruy (Org.). *Infoproletários*: degradação real do trabalho virtual. São Paulo: Boitempo Editorial, 2009. p. 105.

20 LIMA, Vinícius Moreira de. *Relação de trabalho versus relação de emprego*: a luta pela nova Justiça do Trabalho. Porto Alegre: Sérgio Antônio Fabris Ed., 2012. p. 117.

21 Segundo Jorge Luiz Souto Maior "a ideia do não trabalho, ou da desconexão ao trabalho, pode ser vislumbrada, igualmente, no próprio ambiente do trabalho, no sentido de que o empregado mantém o direito à intimidade de sua vida privada mesmo no local de trabalho. (...) Dizem que Deus criou o homem à sua imagem e semelhança. O homem, por sua vez, criou a máquina, mas esta, sem que se perceba, está recriando o homem à sua imagem e semelhança. Na era da informática, o homem está sendo transformado em sua essência: está se criando o homem cibernético. Se não for, portanto, por uma questão de responsabilidade social, que se pense no problema da desconexão do trabalho, então, como uma forma do homem (enquanto gênero humano) encontrar-se a si mesmo, para que consiga ser pai, mãe, filho, amigo; para que leia livros, assista filmes etc.; para que tenha tempo para rir, chorar, se emocionar ... Não se adquire a plenitude do ser sem o sentimento, este sentimento, aliás,

Por fim, é relevante destacar que a tecnociência tem seu uso condicionado pelo mercado; é ciência e técnica seletivas, que passam a produzir aquilo que interessa ao mercado e não à humanidade em geral, que importa em um progresso técnico e científico que não se consubstancia em um progresso moral.[22] Mais do que isso, o mal uso da tecnologia, seguido de uma precarização do trabalho e da degradação do homem permitem que este perca a sua essência e, o contrário, pode auxiliar para que esta seja restaurada.[23]

3 O surgimento da cyberprecarização na atualidade

3.1 O teletrabalho nos centros locais e no trabalho em domicílio

As novas tecnologias de informação e telecomunicação – as TIC's – permitem que limites existentes entre local de trabalho, casa, escola e lazer não sejam mais nítidos e separáveis, e as condições de trabalho ganharam novos entornos com o chamado teletrabalho.

Considerado o pai do teletrabalho, Jack Nilles traz os termos "telecommuting" – e telesserviço "teleworking", em 1974. O telesserviço é definido como qualquer alternativa para substituir as viagens ao trabalho por tecnologias de informação – como telecomunicação e computadores – e teletrabalho como levar o trabalho aos trabalhadores, em vez de levar estes ao trabalho, atividade periódica fora do escritório

---

é essencial até mesmo para que, ao retornar ao trabalho, o trabalhador consiga, enfim, enxergar as pessoas que estão à sua volta. A distância do trabalho permite até mesmo que a pessoa se veja no trabalho e consiga, então, avaliar criticamente sua postura, o que é essencial para, por mais paradoxal que pareça, atingir uma melhor eficiência no trabalho, mesmo que não seja este o propósito primordial da presente preocupação". (MAIOR, Jorge Luiz Souto. Do direito à desconexão do trabalho. *Revista do Direito Trabalhista*, Brasília, v. 9, n. 10, p. 12-18, out. 2003).

[22] SANTOS, Milton. *Por uma outra globalização*. São Paulo: Record, 2001. p. 31.

[23] Segundo Santos: "as famílias de técnicas emergentes com o fim do século XX – combinando informática e eletrônica, sobretudo – oferecem a possibilidade de superação do imperativo da tecnologia hegemônica e paralelamente admitem a proliferação de novos arranjos, com a retomada da criatividade. Isso, aliás, já está se dando nas áreas da sociedade em que a divisão do trabalho se produz de baixo para cima. Aqui a produção do novo e o uso e a difusão do novo deixam de ser monopolizados por um capital cada vez mais concentrado para pertencer ao domínio do maior número, possibilitando, afinal, a emergência de um verdadeiro mundo da inteligência. Desse modo, a técnica pode voltar ao resultado do encontro do engenho humano com um pedaço determinado da natureza – cada vez mais modificada –, permitindo que essa relação seja fundada nas virtualidades do entorno geográfico e social, de modo a assegurar a restauração do homem em sua essência". (SANTOS, Milton. Por uma outra globalização. São Paulo: Record, 2001. p. 31).

central, um ou mais dias por semana, seja em casa ou em um centro de telesserviço.[24]

Assim, o teletrabalho é caracterizado como trabalho realizado à distância da sede empresarial, com a utilização de aparato tecnológico e com estrutura articulada para o exercício da atividade.

Essa modalidade pode ser realizada no domicílio ou em um centro de teletrabalho. O centro satélite de telesserviço[25] é ideal para os funcionários que moram em localidades próximas destes centros e longe da sede da empresa. São conhecidos como escritórios setorizados ou filiais ligadas à sede por um sistema remoto.

Embora haja a redução de tempo para deslocamento ao trabalho e o local das atividades seja similar a um escritório tradicional, bem como vantagens de preservação do meio ambiente e diminuição da poluição atmosférica, maior tempo livre e qualidade de vida em família, outras questões – desvantajosas – necessitam ser observadas.

3.2 As telecabanas – alta produtividade e baixo custo

Nos Estados Unidos, os trabalhadores, muitas vezes, não tinham condições de trabalhar em domicílio ou não consideravam essa opção, o que fez surgir os centros de trabalho, afastados das sedes empresariais e da casa do trabalhador. Um escritório era instalado em região próxima ao trabalhador, com todos os recursos necessários à execução do labor.

Sabe-se que inúmeros centros de trabalho remoto foram sendo instalados em locais afastados do empregador, com o desiderato de obter uma força de trabalho que não seria financeiramente viável se contratada nos países de origem. Em outros países estes são chamados de telecabanas.[26]

Surge, na Suécia, a primeira telecabana, no início dos anos de 1980, como fonte de geração de emprego em áreas de alto índice

---

24 NILLES, Jack M. Fazendo do teletrabalho uma realidade. (Trad. Eduardo Pereira Ferreira). São Paulo: Futura, 1997. p. 15.

25 Confome Nilles, o centro "... é um edifício de escritórios, ou parte de um edifício, inteiramente de propriedade de uma organização (ou cedido em regime de leasing), ao qual os funcionários comparecem regularmente para trabalhar. Parece muito com um conjunto de escritórios – cubículos individuais de tamanhos diversos, mesas, computadores, telefones, salas de reuniões e assim por diante -, embora a combinação desses elementos possa ser diferente da de um edifício comercial convencional". (NILLES, Jack M. *Managin Telework. Strategies for managing the virtual workforce*. New York: Wiley, 1998. p. 28).

26 KUGELMASS, Joel. *Teletrabalho – novas oportunidades para o trabalho flexível*. São Paulo: Atlas, 1996. p. 34.

de desemprego e distantes da capital. Em vários países, as pessoas realizam digitação de dados para grandes empresas, a exemplo das norte-americanas, e já funcionam na Noruega, Japão, Escócia, Inglaterra, Irlanda, Austrália, Benin, Índia, Indonésia, Nigéria, Papua Nova Guiné, Sri Lanka, República Unida da Tanzânia.[27]

Observa-se que estes locais se encontram afastados do empreendimento do empregador, em regiões de flagrante acesso à mão de obra barata, que se submetem ao escopo do acúmulo de capital em detrimento da valorização do labor humano.

Nota-se que os referidos centros locais de processamento de dados, emissão de faturas e outros serviços que recrutam digitadores de dados fazem uso da tecnologia para estimular a descentralização do local de trabalho. As terras e imóveis adquiridos por preços módicos e a grande mão de obra disponível com salários extremamente baixos.

Verifica-se, assim, a alta produtividade aliada ao baixo custo dos centros locais, que destaca o novo modo de produção ligado à tecnologia de informação. Dessa forma, ainda que as relações laborais ocorram à distância, o objetivo de lucro acompanha as novas modalidades de produção e seus trabalhadores flexíveis.

3.3 Trabalho em domicílio

O teletrabalho domiciliar é aquele exercido pelo empregado em sua casa ou ambiente familiar, característica que o difere dos centros locais de serviço. O domicílio é base eficiente para o teletrabalho, permitindo reduções de custo significativas para o patrão e para o funcionário, com acesso a empregos que de outro modo não poderiam estar disponíveis. Gera ganhos significativos de produtividade e inúmeros benefícios indiretos à sociedade.[28]

O teletrabalho domiciliar é visto como uma modalidade de labor que apresenta inúmeras vantagens: redução de poluição atmosférica; flexibilidade de horário; maior qualidade de vida em família; diminuição do congestionamento no trânsito, conservação de energia, aumento de produtividade.

Para a viabilidade da implantação de um escritório residencial – *Home Office* – devem ser atendidas as exigências mínimas para que o

---

[27] KUGELMASS, Joel. *Teletrabalho – novas oportunidades para o trabalho flexível.* São Paulo: Atlas, 1996. p. 34-35.

[28] NILLES, Jack M. Fazendo do teletrabalho uma realidade. (Trad. Eduardo Pereira Ferreira). São Paulo: Futura, 1997. p. 27.

trabalho possa ser executado com eficiência: computador, impressora, internet, móveis adequados, cortina, cadeira ergométrica, iluminação, espaço em que possibilite o serviço sem interrupções, tudo com suporte da NR 17 – Ergonomia, que pode guiar tanto o fiscalizador quanto o empregador e o trabalhador remoto.

É importante observar que a implantação do teletrabalho em qualquer região do país deverá observar os limites impostos pela NR 17, como por exemplo: ruído, iluminação, temperatura, umidade, adaptação para trabalhos em postura sentada, assentos com requisitos mínimos, suporte para pés, mobilidade, etc.[29]

Entretanto, é comum que o empregador não forneça os equipamentos necessários para a instalação de um escritório domiciliar, tampouco as despesas de muitas ou de todas as reformas realizadas no ambiente doméstico, que acabam sendo assumidas pelos teletrabalhadores.[30]

É de se ver que as desvantagens em razão da opção pela implantação do trabalho remoto acarretam inúmeras consequências nefastas de ordem econômica – transferência dos custos tecnológicos e demais materiais a cargo do empregado – bem como física e psíquica, desde o cansaço, estresse até a depressão e a ideia de suicídio (também conhecido como *karoshi*, que é a morte por excesso de trabalho).

No caso de teletrabalho exercido pela mulher, o ideal é que o tempo de trabalho não seja realizado simultaneamente com os cuidados destinados aos filhos e idosos que vivem na mesma moradia ou não. Para que o trabalho seja eficiente, o sensato é a contratação de uma terceira pessoa para cuidar do lar, uma vez que o teletrabalho é incompatível com as obrigações domésticas, embora seja veiculado que as duas tarefas possam ser realizadas concomitantemente.

Com a expansão do trabalho a domicílio, Antunes[31] destaca que, por meio das tecnologias de informação, o trabalho produtivo realizado no âmbito doméstico passa a mesclar-se também com o trabalho reprodutivo doméstico, de modo a contribuir para a acentuação da exploração do trabalho feminino.

---

[29] NUNES, Talita Camila Gonçalves. *A precarização no teletrabalho*: escravidão tecnológica e impactos na saúde física e mental do trabalhador. Belo Horizonte: RTM, 2018. p. 277.

[30] NILLES, Jack M. Fazendo do teletrabalho uma realidade. (Trad. Eduardo Pereira Ferreira). São Paulo: Futura, 1997. p. 65.

[31] ANTUNES, Ricardo; BRAGA, Ruy. *Infoproletários*: degradação real do trabalho virtual. São Paulo: Boitempo, 2009. p. 237.

Afora a aproximação e confusão entre os espaços do trabalho reprodutivo doméstico e do teletrabalho, o trabalhador remoto se responsabiliza pelas despesas que, em outras circunstâncias, eram do empregador no empreendimento deste. Os gastos com a instalação física – em que se subtrai parte da casa do teletrabalhador – o consumo de energia elétrica, telecomunicações, móveis e materiais diversos de escritório são transferidos ao teletrabalhador.

Destaque-se, ainda, que, além das despesas, a flexibilidade de horário e o controle de jornada por parte do empregador podem se tornar excessivos diante das facilidades advindas dos meios telemáticos e informáticos de trabalho. As atividades exercidas por meio da tecnologia de informação podem não ter dia e tampouco horário. Assim, o tempo de descanso também se transforma em tempo produtivo, ante a necessidade de cumprimento de metas beneficiando o acúmulo do capital.

Consoante pesquisa realizada por Martin Pino Estrada, o teletrabalhador assume os custos de manutenção dos dispositivos eletrônicos, permitindo que sua residência se transforme em filial da empresa a custo zero para o empregador, além de acentuar a prestação de horas extras – em geral, não computadas ou remuneradas – uma vez que o teletrabalhador pode ser acionado a qualquer hora para resolver diversos problemas sem autonomia para gerenciar o seu tempo.[32]

É de se notar que a ausência de separação entre o domicílio e o ambiente laboral é capaz de resultar na captura da subjetividade do trabalhador, quando as metas e organizações empresariais invadem o próprio modo de viver, agir e sentir do trabalhador remoto.

O resultado inerente a esse cotidiano implica em comportamentos pessoais de um indivíduo que, incondicionalmente, não consegue

---

[32] No original: "11. Quien paga las cuentas de la luz, del aire acondicionado, de la energía eléctrica de los aparatos electrónicos (computadora, notebook, celular, palmtop, Smartphone etc.) es el teletrabajador, pues generalmente las empresas no se preocupan de esto y aúndicen que están haciéndole un favor por haberlo contratado. 12. El empleador generalmente transforma la casa del teletrabajador en una filial de la empresa sin haber gastado un centavo, pues no compra los aparatos electrónicos ni los muebles adecuados para que su empleado preste um mejor servicio. 16. El teletrabajador generalmente trabaja más que las ocho horas por día sin recibir nada por sus horas extras, esta situación acontece en empresas que tienen demasiadas metas por cumplir. 17. El teletrabajador siempre es llamado a cualquier hora para resolver imediatamente varios problemas al mismo tiempo, no importando si está almorzando o está durmiendo o está distrayendo o si es domingo o feriado, claro, las horas extras deberían ser pagadas por estas situaciones, lo que generalmente no acontece". (PINO ESTRADA, Manuel Martín. El teleteletrabajo en los mundos virtuales, em La justiça laboral Brasileña y El teletrabajo esclavo dentro de los parâmetros del derecho laboral de Brasil. *In*: ORDUZ, Rafael (Org.). *Teletrabajo en Iberoamérica, Referentes y Recomendaciones*. São Paulo: LTr, 2013. v. 2).

acordar e deixar de ver o e-mail coorporativo – e respondê-lo – antes mesmo de realizar tarefas diárias como escovar os dentes ou dar um cumprimento matinal a um familiar.

As situações em que o trabalho ocupa a maior parte do tempo do empregado, abarcando o tempo de não trabalho, fazem com que estes pequenos serviços além da jornada diária, em que raramente são contabilizadas horas extras ou adicional noturno, acarretem doenças físicas e/ou psíquicas.

Segundo Bramante,[33] o teletrabalho traz vantagens e desvantagens de ordem psicossociais. Entre as desvantagens, a referida autora expõe a perda da privacidade, a intensificação do tempo de trabalho, a redução do tempo de descanso, a dispersão do trabalho com queda da produtividade e as novas doenças profissionais denominadas de tecnoestresses.

É visível que as inovações tecnológicas acompanham o modo de produção capitalista e novas considerações devem ser sopesadas diante da captura da subjetividade que se impõe, mormente, ao trabalhador remoto a domicílio.

4 É possível o uso da tecnologia como instrumento de superação do sistema capitalista?

4.1 As "potencialidades contraditórias"

Muito embora se reconheça o potencial destrutivo e precarizante das inovações tecnológicas, a relação homem-máquina e o conceito de maquinismo pode ser desenvolvido para além do sentido de "máquina que substitui e domina os sujeitos humanos", para se tornar um "instrumento que amplia a inteligência humana", uma vez que "as características tecnológicas do maquinismo – bem como as da automação – não se confundem com o seu modo de utilização capitalista".[34]

Para tal, se faz necessário compreender os "novos laços entre produção material, serviços, saberes e habilidades *(savor-faire)*",[35] uma

---

33 BRAMANTE. Ivani Contini. Teletrabalho – Teledireção, Telessubordinação e Teledisposição. *Revista LTR*, v. 76, n. 04, p. 393, abr. 2012.

34 LOJKINE, Jean. *A Revolução Informacional*. (Trad. José Paulo Netto). 1. ed. São Paulo: Cortez, 1995. p. 88.

35 LOJKINE, Jean. *A Revolução Informacional*. (Trad. José Paulo Netto). 1. ed. São Paulo: Cortez, 1995. p. 23.

vez que cria "potencialidades contraditórias", capazes de revolucionar as relações de classe e os próprios conceitos de trabalho.

Esse pensamento ora apresentado não é contrário ou incompatível com as críticas ora apresentadas, mas sim, complementar. A teoria das potencialidades contraditórias tem por premissa demonstrar que as inovações tecnológicas – embora não tenham por si só a capacidade de ceifar a lógica secular do sistema capitalista – possibilitam a realização de alterações substanciais no sistema vigente, capazes de reorganizar de modo inédito as relações de produção. Entretanto, para Lojkine,[36] tais potencialidades ainda não foram compreendidas e assimiladas pelos atores envolvidos.

Esse novo paradigma é atingido a partir do momento em que os meios materiais de produção – historicamente monopolizados pelo capital – passam a coexistir com os meios informacionais de produção, acessíveis a uma coletividade de trabalhadores e que não podem ser geridos como capital. Ou, como explica Lojkine,[37] a existência das redes informacionais e fluxos de informação dinâmicos inviabilizam a aplicação do sistema de acumulação e retenção do conhecimento – seja pelos antigos trabalhadores intelectuais, seja pelos detentores do capital – uma vez que esta prática não mais produz a riqueza, mas a asfixia, na medida em que a não circulação das informações as tornam obsoletas.

A consequência imediata do desenvolvimento de novos meios imateriais de produção é a busca pela hiperespecialização da mão de obra, o que tende a eliminar os chamados quadros intermediários,[38] com o consequente achatamento salarial da maioria da massa trabalhadora não hiperqualificada. Isso resulta em uma nova onda de precarização que agora atinge também – e com maior intensidade – os trabalhadores

---

[36] LOJKINE, Jean. *A Revolução Informacional*. (Trad. José Paulo Netto). 1. ed. São Paulo: Cortez, 1995. p. 311.

[37] LOJKINE, Jean. *A Revolução Informacional*. (Trad. José Paulo Netto). 1. ed. São Paulo: Cortez, 1995. p. 311.

[38] O conceito se encontra no texto de Lojkine. Entretanto, é relevante, para a compreensão desta expressão, fazer uma breve remissão às notas do tradutor apostas à fls.35-36 do texto original. Quadros (em francês, "*cardes*") é um termo de referência utilizado para denominar os trabalhadores assalariados de categorias superiores e que possuem maior nível de formação, em geral os responsáveis pela administração das empresas e dos aparelhos do Estado. Por sua vez, *employés* são aqueles que se situam em uma camada intermediária de trabalhadores assalariados, entre os quadros (que concentram os cargos de gerência, possuindo iniciativa e autoridade) e os operários (aqueles que produzem, no sentido estrito), tais como os empregados do comércio ou funcionários de pequenos escritórios e microempresas. (LOJKINE, Jean. O novo salariado informacional – nas fronteiras do salariado. (Trad. Henrique Amorim). *Revista Crítica Marxista*, Rio de Janeiro, n. 25, p. 30-46, 2007).

intelectuais e profissionais liberais, os quais tinham no monopólio do conhecimento técnico o modo de obter uma boa remuneração pelos serviços prestados.

Por outro lado, Lojikne[39] também demonstra que, nesse novo paradigma, há uma tendência de alterações estruturais na organização das empresas, passando da clássica forma piramidal para a forma de um diamante, na qual os técnicos e empregados extremamente qualificados – *hipertécnicos* – passam a ocupar, em posição simétrica aos controladores das empresas, a outra ponta da hierarquia empresarial. Isso ocorre porque, na era informacional, o controle das decisões e da gestão não mais incumbe apenas aos detentores do capital.

Os resultados financeiros das operações empresariais passam a depender cada vez menos dos investimentos realizados e dos ativos materiais da empresa e cada vez mais da capacidade de organização de informações e do desenvolvimento de novos conhecimentos e tecnologias, o que revela uma potencial reestruturação de forças produtivas em rede, possibilitando, inclusive, a criação de nichos de colaboração mútua e economia compartilhada que crescem em ritmo avassalador e começam a abalar as estruturas da economia tradicional.[40]

4.2 Panorama atual

Com efeito, pode-se constatar que nos primeiros anos da crise de 2008 não era possível precisar, com clareza, os "vencedores" no embate informacional entre capital e trabalho, existente nos países de capitalismo avançado.

Isso porque, mesmo com a elaboração das técnicas de produção em rede e instrumentos de captura da subjetividade do trabalhador, os lucros e a taxa de rentabilidade das empresas vêm caindo ano após ano – em uma realidade bem distante da pujança do período pré-crise.

---

39 LOJKINE, Jean. *A Revolução Informacional*. (Trad. José Paulo Netto). 1. ed. São Paulo: Cortez, 1995. p. 159-160.

40 Pode-se dizer que a maior empresa de transporte do mundo não possui carros (Uber), a maior empresa de revendas não possui estoque (Alibaba) e a maior empresa de hotelaria não possui hotéis (Airbnb) (Cf. GOODWIN, Tom. *The battle is for the customer interface*. 2015. Disponível em https://techcrunch.com/2015/03/03/in-the-age-of-disintermediation-the-battle-is-all-for-the-customer-interface/. Acesso em 16 out. 2016). Chega-se ao ponto em que não apenas o trabalhador se tornou precarizado no processo produtivo informacional, mas também que a mera propriedade de bens de capital tradicionais vem se tornando obsoleta ante o avanço das redes de produção informacionais.

A crise financeira mundial culminou na redução dos patamares de lucro das empresas e dos ganhos de produtividade, gerando uma crise sistêmica nos países centrais com a ameaça de um prolongado "bear market" e tendência de queda no preço das *commodities*. Em que pesem os diversos ajustes econômicos pelos governos dos países centrais para estimular a produção capitalista, não se vislumbra uma reversão do quadro de estagnação.

Ao mesmo tempo, a crise resultou em perda de qualidade de vida do proletariado desses países, sufocado pelo desemprego estrutural e pela perda do poder aquisitivo e de direitos sociais, ante a crescente adoção de medidas de austeridade como forma de tentar superar a estagnação econômica e a própria precarização do trabalho proporcionada pelas inovações tecnológicas.[41]

Há, contudo, um setor que continuou despertando o interesse do capital após a crise: as empresas de tecnologia. Conforme observa Robert Reich,[42] pela primeira vez na história rompe-se a necessidade de relação entre a demanda (número de consumidores) e a necessidade de trabalho e capital para atendê-la. Como exemplo, uma empresa criada por dois ex-empregados da corporação *Yahoo!* conseguiu desenvolver – sem a necessidade de dispêndio intensivo de capital e contando com poucos empregados – um infoproduto que pode ser adquirido gratuitamente e que se transformou em um negócio altamente rentável, adquirido pelo Facebook por 19 bilhões de dólares. Tal situação se tornou possível devido à junção de uma tecnologia inovadora a uma rede eficiente que possibilitou que o produto fosse distribuído digitalmente a mais de 400 milhões de usuários.

Essa nova realidade, ainda que em caráter embrionário, uma mitigação do monopólio do capital tradicional sob a produção capitalista, resultando em um fenômeno de ascensão dos *hipertécnicos* como novo elemento na equação capital-trabalho.

A evolução tecnológica possibilitou o aumento do acesso por parte dos trabalhadores à informação – em uma quebra do "monopólio do saber" – e aos métodos de produção imaterial, podendo utilizar das informações e da estrutura das redes como meio de produção de seu trabalho, com baixo custo de capital e poucas barreiras de entrada.

---

41 Cf. LOJKINE, Jean. *A Revolução Informacional*. (Trad. José Paulo Netto). 1. ed. São Paulo: Cortez, 1995. p. 235-236.

42 REICH, Robert. *Inequality, productivity, and whatsApp*. 20 fev. 2014. Disponível em: http://robertreich.org/post/77305875533. Acesso em 02 abr. 2016.

Nesse cenário, o conhecimento técnico desenvolvido por profissionais hiperqualificados passa a constituir uma espécie de capital intelectual insuscetível de captura, por serem eles próprios detentores dos meios de produção de trabalho imaterial, proporcionados pelas redes informacionais.[43]

Não é por outro motivo que se multiplicam as iniciativas de "capital-anjo" – fundos de investimento destinados a patrocinar o desenvolvimento de novas empresas de tecnologia ou *startups* – uma vez que o capital busca associar-se aos *hipertécnicos* para obter a rentabilidade e o retorno sobre o capital investido que os investimentos tradicionais não mais oferecem.

Entretanto, sob o aspecto do salariado, é certo que, até o presente momento, a revolução tecnológica tem resultado no achatamento dos quadros intermediários – atividades profissionais que dependiam da exploração da informação – e na evolução dos métodos de captura da subjetividade dos trabalhadores.

Paralelamente a esse fenômeno, observa-se que situação diversa ocorre nos países ditos periféricos, nos quais as empresas mantêm patamares atrativos de lucro e rentabilidade do capital que alteram, inclusive, a percepção da captura da subjetividade pelos trabalhadores envolvidos.[44]

Isso porque a queda da rentabilidade do capital nos países centrais permitiu, em um primeiro momento do pós-crise, a formação de uma situação de ascensão social nas camadas mais baixas do salariado, sobretudo nos países periféricos,[45] significando uma revitalização do

---

43 Lawrence Summers explica esse fenômeno demonstrando que, na era da informação, não mais é necessário um grande dispêndio de capital para se criar uma grande companhia, como demonstra o caso do aplicativo eletrônico desenvolvido pela empresa referida por Reich – o *Whatsapp*. Por outro lado, outras empresas, como a Uber, têm trabalhado por anos sempre com prejuízo operacional e financiada por meio de aportes constantes de investidores que apostam que a concentração de mercado e consolidação da base de dados de usuário irá lhes possibilitar retornos operacionais no longo prazo ou, pelo menos, com que possam se desfazer de seus investimentos na alta, obtendo um bom retorno. (SUMMERS, Lawrence. *Summers favors 'direct policy' to increase demand*. Disponível em: http://www.bloomberg.com/video/summers-favors-direct-policy-to-increase-demand-NqWqOEbFR7qPTJMnlNIxVA.html. Acesso em 02 abr. 2014).

44 FILHO, Wilson Ramos. *Direito Capitalista do Trabalho*: história, mitos e perspectivas no Brasil. São Paulo: LTR, 2012. p. 455-456.

45 Como afirma Giovanni Alves: "a nova estratificação social do proletariado na era do neodesenvolvimentismo expõe dois novos fenômenos de classe: por um lado, a ascensão dos "pobres", um subproletariado coberto pelos programas sociais e uma nova camada da classe trabalhadora que ascendeu à formalidade salarial (a dita "nova classe média"); e por outro lado, o "precariado", camadas médias do proletariado urbano constituída por jovens altamente escolarizados inseridos em relações de trabalho e vida precárias

trabalho material e uma janela de oportunidade para o crescimento destas economias.

Estabeleceu-se, assim, um cenário nas relações de trabalho diverso do que ocorreu nos países centrais: a precarização da mão de obra e a supressão dos quadros intermediários, decorrente da terceirização e de métodos de captura da subjetividade, passaram a coexistir com a ascensão de uma camada do proletariado – que não mais aceita passivamente se submeter à lógica da subordinação jurídica nos termos clássicos estabelecidos pelo Direito Capitalista do Trabalho – e um retorno ao estágio anterior do capitalismo, marcado pelo modelo tradicional de produção,[46] revelando uma coexistência entre o capitalismo típico das idades anteriores da máquina com as potencialidades trazidas pela Revolução Informacional.

As possibilidades trazidas pela tecnologia viabilizaram tanto o desenvolvimento contínuo de novos meios da captura da subjetividade do trabalhador quanto a formação de contradições para as bases do sistema capitalista, gerando efeitos contrários ao interesse do capital.

Porém, pode-se afirmar que a conclusão de Lojkine, no sentido de que os diferentes atores envolvidos não se adaptaram totalmente ao novo cenário das relações produtivas, está sendo colocada em xeque com o atual desenvolvimento das relações de produção em escala global.[47]

Isso porque, passados mais de dez anos desde a crise de 2008, é possível constatar que o capital – embora ainda não tenha encontrado um modo eficaz para lidar com as contradições geradas a partir do desenvolvimento tecnológico difuso e acelerado – já se organizou para promover a utilização das potencialidades tecnológicas em seu favor

---

que se inquietam, expondo necessidades e carecimentos radicais e apontam os limites do neodesenvolvimentismo como padrão de desenvolvimento capitalista. Estes dois fenômenos sociais se explicitaram na era do neodesenvolvimentismo". (ALVES, Giovanni. *Neodesenvolvimentismo e classes sociais no Brasil*. Disponível em: http://blogdaboitempo.com.br/category/colunas/giovanni-alves/. Acesso em 31 mar. 2014).

46 Para Wilson de Souza Ramos: "Tanto o fordismo como o pós-fordismo sempre se constituíram em instrumentos ideológicos de captura ou de sequestro da subjetividade dos trabalhadores visando convencê-los de que a maneira de existir capitalista era superior, mais justa e melhor que a alternativa socialista (fordismo) ou a única maneira de existir possível, depois do fim dos regimes soviéticos, com a vitória definitiva dos valores capitalistas e do individualismo que lhes são inerentes (pós fordismo)". (FILHO, Wilson Ramos. *Direito Capitalista do Trabalho*: história, mitos e perspectivas no Brasil. São Paulo: LTR, 2012. p. 455).

47 E em relação a esse aspecto, divergimos da posição sustentada na primeira versão deste artigo, escrita no ano de 2018.

de modo a intensificar a exploração do trabalho por meio da chamada "indústria 4.0".[48]

Nesse aspecto, revela-se como expoente desse novo modelo de capitalismo alinhado à tecnologia o fenômeno denominado "uberização"[49] das relações de trabalho por meio da chamada "subordinação algorítmica", na qual o controle da produção é realizado por sistemas informatizados que prescindem da figura do gerente ou do chefe humano.[50]

Essa nova forma de controle demonstra que a própria possibilidade de uso da internet e as demais facilidades trazidas pela informática, como alternativa emancipatória e meio de produção acessível à classe trabalhadora, encontra-se cada vez mais limitada.

A utilização da tecnologia como meio de produção efetivo demanda, além da necessidade de trabalhadores *hiperqualificados*, a utilização de estrutura de rede e ferramentas tecnológicas de base – tais como servidores dedicados, computação em nuvem, gerenciadores de banco de dados e mecanismos de segurança digital – que por sua vez são desenvolvidas e fornecidas para as principais empresas do setor de tecnologia em um mercado cada vez mais valioso e concentrado, o que acentua o processo de "deslocamento do lucro e do poder econômico e financeiro dos produtores – os capitalistas no sentido do século fabril

---

48 Nos dizeres de Klaus Schwab: "Na Alemanha, há discussões sobre a "indústria 4.0", um termo cunhado em 2011 na feira de Hannover para descrever como isso irá revolucionar a organização das cadeias globais de valor. Ao permitir "fábricas inteligentes", a quarta revolução industrial cria um mundo onde os sistemas físicos e virtuais de fabricação cooperam de forma global e flexível. Isso permite a total personalização de produtos e a criação de novos modelos operacionais". (SCHWAB, Klaus. *A quarta revolução industrial*. (Trad. Daniel Moreira Miranda). São Paulo: Edipro, 2016. p. 16).

49 "A uberização consolida a passagem do estatuto de trabalhador para o de um nanoempresário-de-si permanentemente disponível ao trabalho; retira-lhe garantias mínimas ao mesmo tempo que mantém sua subordinação; ainda, se apropria, de modo administrado e produtivo, de uma perda de formas publicamente estabelecidas e reguladas do trabalho". (ABILIO, Ludimilla Costhek. Uberização do trabalho: subsunção real da viração. *Revista do Instituto Humanitas Unisinos*, 2017. Disponível em: http://www.ihu.unisinos.br/186-noticias/noticias-2017/565264-uberizacaodo-trabalho-subsuncao-real-da-viracao. Acesso em 14 mai. 2019).

50 Como adverte Harari: "Robôs e impressoras 3-D já estão os substituindo em trabalhos manuais, como o de fabricar camisas, e algoritmos altamente inteligentes farão o mesmo com as ocupações de colarinho-branco. Funcionários de banco e agentes de viagem, que até pouco tempo estavam totalmente imunes a uma possível automação, tornaram-se espécies em perigo. De quantos agentes de viagem vamos precisar quando pudermos usar nossos smartphones para comprar passagens aéreas de um algoritmo?". (HARARI, Yuval Noah. *Homo Deus*: uma breve história do amanhã. (Trad. Paulo Geiger). São Paulo: Companhia das Letras, 2016. p. 321).

passado – para os intermediários, cobradores de pedágios de diversos tipos".[51]

Já em relação ao uso da tecnologia por parte dos trabalhadores, pode-se afirmar que a maior parte dos movimentos operários ainda não tem se demonstrado capaz de utilizar as potencialidades tecnológicas para desenvolver novas formas de resistência e organização social para a proteção do trabalho[52] ou o uso das tecnologias para a elaboração de novas formas de produção, o que torna cada vez mais real a ocorrência de uma cyberprecarização em escala global e cada vez mais acelerada.

5 Conclusão

Os constructos elaborados neste trabalho conduzem a um dilema sócio-político-jurídico-econômico, com um imenso desafio para as gerações futuras, em favor das quais as atuais cumulam um inexorável débito moral.

As considerações e reflexões expostas ao longo deste trabalho desmitificam a perenização da ideia de que o desenvolvimento e os avanços tecnológicos: a) conduzem a uma sociedade mais próspera e, progressivamente, a um maior bem-estar social; b) podem causar desemprego conjuntural e setorial a ser compensado por geração de novos postos de trabalho e outros setores da atividade econômica; c) proporciona distribuição de renda, inclusão social, desde que os governos invistam consistentemente na educação e qualificação dos cidadãos.

Por outro lado, desfaz-se a crença determinística e mecanicista de que o receituário proveniente da ciência econômica e as garantias de livre mercado promovem o equilíbrio econômico e social. Muito ao contrário, revelam que os efeitos positivos e negativos do avanço tecnológico decorrem de opções políticas ou imposições impostas pelos poderes hegemônicos de fato, que compreendem interesses alheios ou antagônicos aos interesses de toda a sociedade.

Verifica-se, ainda, que tais políticas não podem ser desvinculadas de uma ética de responsabilidade social que impõe um compromisso com o destino de toda a sociedade.

---

[51] DOWBOR, Ladislau, *A era do capital improdutivo. A nova arquitetura do poder*: dominação financeira, sequestro da democracia e destruição do planeta. São Paulo: Outras Palavras e Autonomia Literária, 2017. p. 110.

[52] Embora seja digna de nota a paralisação mundial organizada pelos trabalhadores da Uber, realizada em 08 de maio de 2019, dia em que a empresa efetuou sua abertura de capital na bolsa de valores de Nova York.

As posições acerca do impacto das inovações tecnológicas na organização social como um todo nunca foram pacíficas. Porém, a celeridade e as sofisticações dos avanços tecnológicos na sociedade contemporânea permitem antever, no longo prazo, um cenário dramático de desemprego, desigualdade e exclusão e de injustiça social. Tudo irá depender de como será compreendida, política e economicamente, a relação entre o homem e as tecnologias.

O esvaziamento do mito da necessária correlação entre o desenvolvimento tecnológico e a prosperidade social tornam insuficientes, por exemplo, as diretrizes constantes da Constituição da República Brasileira, no que tange ao desenvolvimento tecnológico.

Ao lado das políticas de Estado voltadas para o incentivo à "criação de tecnologia adequada ao País" e a garantia de "proteção em face da automação" aos trabalhadores urbanos e rurais, esta garantia foi remetida a lei ordinária que, nos mais de 25 anos da Constituição, não mereceu qualquer atenção do Estado e da sociedade brasileira.

As relações de produção e de trabalho, em nosso País, caminham no sentido de uma inexorável e cada vez maior absorção das tecnologias contemporâneas avançadas, o que, aliado à debilitação da capacidade reativa dos trabalhadores e dos demais segmentos sociais atingidos e a políticas econômicas conservacionistas, tem tornado possível a desconstrução dos direitos sociais com grave comprometimento dos princípios da dignidade e de justiça social inseridos na base político-constitucional de organização da sociedade brasileira.

As reflexões postas neste trabalho, por mais estranhamento que possam causar a sua abordagem em tempo de crise, pretendem chamar à atenção para a importância social do tema, exatamente nesta quadra vivenciada pela sociedade brasileira.

Referências

ABILIO, Ludimilla Costhek. Uberização do trabalho: subsunção real da viração. *Revista do Instituto Humanitas Unisinos*, 2017. Disponível em: http://www.ihu.unisinos.br/186-noticias/noticias-2017/565264-uberizacaodo-trabalho-subsuncao-real-da-viracao. Acesso em 14 mai. 2019.

ALVES, Giovanni. *Trabalho e subjetividade*: o espírito do toyotismo na era do capitalismo manipulatório. São Paulo: Boitempo, 2011.

ALVES, Giovanni. *Neodesenvolvimentismo e classes sociais no Brasil*. Disponível em: http://blogdaboitempo.com.br/category/colunas/giovanni-alves/. Acesso em 31 mar. 2014.

ANTUNES, Ricardo; BRAGA, Ruy. *Infoproletários*: degradação real do trabalho virtual. São Paulo: Boitempo, 2009.

ANTUNES, Ricardo; BRAGA, Ruy. Século XXI: nova era da precarização estrutural do trabalho? *In*: *Infoproletários*: degradação real do trabalho virtual. São Paulo: Boitempo, 2009.

ANTUNES, Ricardo; BRAGA, Ruy. *Os sentidos do trabalho*: ensaio sobre a afirmação e a negação do trabalho. São Paulo: Boitempo, 1999.

BRAMANTE. Ivani Contini. Teletrabalho – Teledireção, Telessubordinação e Teledisposição. *Revista LTR*, v. 76, n. 04, p. 393, abr. 2012.

DOWBOR, Ladislau, *A era do capital improdutivo. A nova arquitetura do poder*: dominação financeira, sequestro da democracia e destruição do planeta. São Paulo: Outras Palavras e Autonomia Literária, 2017.

FILHO, Wilson Ramos. *Direito Capitalista do Trabalho*: história, mitos e perspectivas no Brasil. São Paulo: LTR, 2012.

FOINA, Paulo Rogério. *Tecnologia de Informação*: planejamento e gestão. São Paulo: Atlas, 2001.

FORD, Martin. *The rise of the robots – Technology and the Threat of Mass Unemployment*. England: Oneworld Publications, 2015.

GOODWIN, Tom. *The battle is for the customer interface*. 2015. Disponível em https://techcrunch.com/2015/03/03/in-the-age-of-disintermediation-the-battle-is-all-for-the-customer-interface/. Acesso em 16 out. 2016.

HARARI, Yuval Noah. *Homo Deus*: uma breve história do amanhã. (Trad. Paulo Geiger). São Paulo: Companhia das Letras, 2016.

HUWS, Úrsula. A construção de um cibertariado? Trabalho virtual num mundo real. *In*: BRAGA, Ruy; ANTUNES, Ricardo. (Org.). *Infoproletários:* degradação real do trabalho virtual. São Paulo: Boitempo, 2009.

HUWS, Úrsula. O que mudou foi a divisão do trabalho. Entrevista com Úrsula Huws. *Revista IHU Online*, a. VII, 2007. Disponível em: http://www.ihuonline.unisinos.br/index.php?option=com_content&view=article&id=854&secao=216. Acesso em 20 fev. 2016.

HUWS, Úrsula. *O escritório global*: tecnologias da Informação e a realocação do trabalho de colarinho branco. (Trad. Antônio de Pádua Bosi e Alessandra Gasparotto). New York: Monthly Review Press, 2003. (Texto traduzido de "The Global Office: Information Technology and the Relocation of White Collar Work", corresponde ao capítulo quarto do livro de Úrsula Huws, The Making of a Cybertariat: Virtual work in a real world).

IANNI, Octávio. *A sociedade global*. São Paulo: Record, 1992.

IBM. *Emulação e história da computação*. 2011. Disponível em: http://www.ibm.com/developerworks/br/library/os-emulatehistory/. Acesso em 01 mar. 2016.

JAU, Jose Fali. *O que é tecnologia da informação*. Disponível em: http://www.tecnologiajosefali.no.comunidades.net/index.php?pagina=1432569354. Acesso em 27 fev. 2016.

KUGELMASS, Joel. *Teletrabalho – novas oportunidades para o trabalho flexível*. São Paulo: Atlas, 1996.

LIMA, Vinícius Moreira de. *Relação de trabalho versus relação de emprego*: a luta pela nova Justiça do Trabalho. Porto Alegre: Sérgio Antônio Fabris Ed., 2012.

LOJKINE, Jean. *A Revolução Informacional*. (Trad. José Paulo Netto). 1. ed. São Paulo: Cortez, 1995.

LOJKINE, Jean. O novo salariado informacional – nas fronteiras do salariado. (Trad. Henrique Amorim). *Revista Crítica Marxista*, Rio de Janeiro, n. 25, p. 30-46, 2007.

MAIOR, Jorge Luiz Souto. Do direito à desconexão do trabalho. *Revista do Direito Trabalhista*, Brasília, v. 9, n. 10, p. 12-18, out. 2003.

NILLES, Jack M. Fazendo do teletrabalho uma realidade. (Trad. Eduardo Pereira Ferreira). São Paulo: Futura, 1997.

NILLES, Jack M. *Managin Telework. Strategies for managing the virtual workforce*. New York: Wiley, 1998.

NUNES, Talita Camila Gonçalves. *A precarização no teletrabalho*: escravidão tecnológica e impactos na saúde física e mental do trabalhador. Belo Horizonte: RTM, 2018.

PINO ESTRADA, Manuel Martín. El teleteletrabajo en los mundos virtuales, em La justiça laboral Brasileña y El teletrabajo esclavo dentro de los parâmetros del derecho laboral de Brasil. *In*: ORDUZ, Rafael (Org.). *Teletrabajo en Iberoamérica, Referentes y Recomendaciones*. Falta local: editora, 2013. v. 2.

POCHMANN, Márcio. O *emprego na Globalização*. São Paulo: Boitempo, 2002.

POCHMANN, Márcio. *E-trabalho*. 1. ed. São Paulo: Publisher Brasil, 2006.

REICH, Robert. *Inequality, productivity, and whatsApp*. 20 fev. 2014. Disponível em: http://robertreich.org/post/77305875533. Acesso em 02 abr. 2016.

SANTOS, Milton. *Por uma outra globalização*. São Paulo: Record, 2001.

SCHWAB, Klaus. *A quarta revolução industrial*. (Trad. Daniel Moreira Miranda). São Paulo: Edipro, 2016.

SUMMERS, Lawrence. *Summers favors 'direct policy' to increase demand*. Disponível em: http://www.bloomberg.com/video/summers-favors-direct-policy-to-increase-demand-NqWqOEbFR7qPTJMnlNIxVA.html. Acesso em 02 abr. 2014.

WOLFF, Simone. *O espectro da reificação em uma empresa de telecomunicações*: o processo de trabalho sob os novos parâmetros gerenciais e tecnológicos. Tese de doutorado. Universidade Estadual de Campinas. Instituto de Filosofia e Ciências Humanas, Campinas, 2004.

WOLFF, Simone. O "trabalho informacional" e a reificação da informação sob os novos paradigmas organizacionais. *In*: ANTUNES, Ricardo; BRAGA, Ruy (Org.). *Infoproletários*: degradação real do trabalho virtual. São Paulo: Boitempo Editorial, 2009.

ZUBOFF, Shoshana. In the Age of the Machine. Nova York: Basic Books, 1989. *In*: WOLFF, Simone. *Infoproletários*: o trabalho informacional e a reificação da informação sob os novos paradigmas organizacionais. São Paulo: Boitempo Editorial, 2009.

Informação bibliográfica deste texto, conforme a NBR 6023:2018 da Associação Brasileira de Normas Técnicas (ABNT):

VASCONCELOS, Antônio Gomes de; VALENTINI, Rômulo Soares; NUNES, Talita Camila Gonçalves. Determinismo tecnológico e desenvolvimento humano – entre a disrupção e a "destruição criativa": a caminho do desemprego irreversível? *In*: TUPINAMBÁ, Carolina (Coord.). *As novas relações trabalhistas e o futuro do Direito do Trabalho*: as novidades provenientes dos avanços tecnológicos. Belo Horizonte: Fórum, 2021. (Coleção Fórum as novas relações trabalhistas e o futuro do Direito do Trabalho. Tomo III.). p. 399-426. ISBN 978-65-5518-131-9.

AVANÇOS TECNOLÓGICOS E O FIM DOS POSTOS DE TRABALHO: LIBERDADE OU APRISIONAMENTO?

JORGE CAVALCANTI BOUCINHAS FILHO

> Era ele que erguia casas
> Onde antes só havia chão.
> Como um pássaro sem asas
> Ele subia com as casas
> Que lhe brotavam da mão.
> Mas tudo desconhecia
> De sua grande missão:
> Não sabia, por exemplo
> Que a casa de um homem é um templo
> Um templo sem religião
> Como tampouco sabia
> Que a casa que ele fazia
> Sendo a sua liberdade
> Era a sua escravidão
> (...)
> *O operário em Construção*
> Vinícius de Moraes

1 Introdução[1]

A ligação entre avanços tecnológicos e relação de emprego, numa acepção ampla, é inegável. Segundo Vera Regina Loureiro Winter, a tecnologia se manifesta no plano dos processos produtivos de várias maneiras. Ela provoca mudança no conteúdo do trabalho e substituição de trabalhadores (em razão da redução das horas de trabalho necessárias), além de elevar simultaneamente a produtividade e a produção.[2]

Em alguns casos, as manifestações dos progressos tecnológicos são positivas para os trabalhadores. O advento do maquinismo, por exemplo, é considerado um fator crucial para o fim da escravidão. Como bem salienta Balmes Vega Garcia, as nações hegemônicas do século XVIII, sobretudo Inglaterra, França e Holanda, foram, com o advento da Revolução Industrial, se afastando paulatinamente do comércio escravagista que controlavam, porque a produção feita através de máquinas se tornou muito mais eficiente e porque somente trabalhadores livres poderiam consumir os produtos agora produzidos de forma massificada, e o fim da escravidão era necessário para aumentar o mercado consumidor e encontrar demanda para o aumento da produção.[3]

Em outros casos, as manifestações da tecnologia nos processos produtivos implicaram em significativos prejuízos para os trabalhadores. As técnicas de especialização da produção, exemplificativamente, vêm tornando o trabalho mais repetitivo e monótono, situação que estaria na raiz de diversos problemas de saúde, notadamente as moléstias catalogadas como LER (Lesão por Esforço Repetitivo) e DORT (Doença Ocupacional Relacionada ao Trabalho).

Em algumas atividades, o maquinismo e a especialização da atividade tornou o homem coadjuvante do processo produtivo de que até então era o protagonista. Se antes da revolução industrial um alfaiate era uma figura absolutamente infungível no processo produtivo das roupas que elaborava, após esse marco histórico o operário da tecelagem, responsável pela mesma vestimenta, passou a ser apenas mais uma peça

---

[1] As reflexões apresentadas nesta introdução já haviam sido compartilhadas antes no texto: BOUCINHAS FILHO, Jorge Cavalcanti. Teletrabalho: interpretação da Lei nº 12.551 de forma a impedir a superexploração do trabalhador. *Revista Magister de Direito do Trabalho*, v. 51, p. 5-24, 2012.

[2] WINTER, Vera Regina Loureiro. *Teletrabalho*: uma forma alternativa de emprego. São Paulo: LTr, 2005. p. 32.

[3] GARCIA, Balmes Vega. *Direito e tecnologia*: regime jurídico da ciência, tecnologia e inovação. São Paulo: LTr, 2008. p. 30.

na engrenagem do processo produtivo. Tornou-se, assim, uma figura absolutamente fungível. Justifica-se, sob esta perspectiva, a observação de Evaristo de Moraes Filho, feita nos idos de 1942: "A máquina na produção moderna substituiu o homem, que passou a ser o seu vigia passivo, num papel tão mecânico como o da própria máquina".[4]

As mais recentes conquistas tecnológicas impactaram o controle da relação entre tempo de trabalho e tempo livre. Importantes inovações como o telefone móvel, a comunicação por *e-mail*, os *chats* de conversa em tempo real e, mais recentemente, os *smartphones*, encurtaram distâncias, transformaram o mundo em uma aldeia global e aumentaram sensivelmente a velocidade da comunicação. A despeito desses inegáveis benefícios, cumpre reconhecer os inúmeros malefícios trazidos por esses aparelhos. O preço dessa facilitação na comunicação é a grande dificuldade enfrentada hoje, pelos trabalhadores, para se desconectar de suas atividades.

Se no passado se chegou a acreditar que a transferência do trabalho humano para as máquinas garantiria às pessoas mais tempo para lazer, o que se verificou, infelizmente, foi exatamente o oposto. A tecnologia tem dificultado a desconexão das pessoas do trabalho e reduzido o seu tempo de efetivo lazer.[5] O expressivo número de aplicativos de comunicação instantânea que acompanham os trabalhadores durante todo o dia, em seus *smartphones* ou nos das empresas que lhes são "gentilmente" cedidos, não lhes permite mais desconectar do trabalho.[6]

Razão assiste, portanto, à Jorge Luiz Souto Maior, segundo quem "o avanço tecnológico está roubando o trabalho do homem, mas, por outro lado, é a tecnologia que tem escravizado o homem ao trabalho".[7]

---

4 MORAES FILHO, Evaristo. *Trabalho a domicílio e contrato de trabalho.* São Paulo: LTr, 1994. p. 41.

5 Recomenda-se, aqui, a leitura de dois relevantes escritos sobre o tema, cujas referências são as seguintes: MAIOR, Jorge Luiz Souto. Do direito à desconexão do trabalho. *Revista do Departamento de Direito do Trabalho e da Seguridade Social,* v. 1, p. 91-115, 2006; CALVET, Otávio. *Direito ao lazer nas relações de trabalho.* São Paulo: LTr, 2006.

6 FRAGA, Érica. E-mail e celular estendem jornada de trabalho para casa e até as férias: expansão da economia e promoções ajudam a explicar o aumento da carga horária, aponta pesquisa. *Folha de São Paulo,* 28 nov. 2011. B10.

7 MAIOR, Jorge Luiz Souto. *Curso de direito do trabalho*: teoria geral do direito do trabalho. São Paulo: LTr, 2011. v. I, parte I, p. 39. Bastante interessante a este respeito é a constatação da publicitária Júlia Eboli, coordenadora de Marketing da Tecla Internet, que confessou, ao indagada para elaboração de matéria da Folha de São Paulo, olhar e-mail em casa, andando na rua, no restaurante e arrematou afirmando: "Parece que o trabalho não me deixa". (FRAGA, Érica. E-mail e celular estendem jornada de trabalho para casa e até as férias: expansão da economia e promoções ajudam a explicar o aumento da carga horária, aponta pesquisa. *Folha de São Paulo,* 28 nov. 2011. B10).

O mesmo autor sintetiza a paradoxal situação de benefícios e malefícios gerados pela tecnologia ao asseverar que embora proporcione ao homem uma possibilidade quase infinita de se informar e de estar atualizado com o seu tempo, ela torna o homem um ser dependente dos meios de informação, pois "o prazer da informação transforma-se em necessidade de se manter informado, sobretudo para não perder espaço no mercado de trabalho".[8]

Refletindo sobre o impacto de alguns avanços tecnológicos na vida e trabalho dos advogados e demais profissionais do direito, é fácil perceber como a tecnologia que a princípio deveria ou poderia propiciar ao trabalhador mais liberdade e mais tempo livre, se tornou, na verdade, a sua nova forma de grilhão. Houve época em que o advogado redigia à mão os seus trabalhos, o que era naturalmente cansativo e desgastante. A datilografia, o papel carbono e, posteriormente, a fotocópia, minoraram esse problema na medida em que permitiram a produção de diversos textos similares em um só ato. Os processadores de texto desenvolvidos para computadores pessoais, com seus recursos de armazenar arquivos (ctrl + s) e de copiar ou recortar trechos inteiros de outros arquivos (ctrl + x ou ctrl + c) e reproduzi-los em outro documento (ctrl + v), pareciam surgir como aliados dos advogados e demais profissionais do direito que doravante não precisariam escrever, nem mesmo digitar trechos inteiros de petição inicial, principiando pelo endereçamento. Bastaria que, sempre que estivessem diante do mesmo caso, eles utilizassem um dos arquivos anteriormente elaborados. Era natural que se pensasse que os advogados passariam a trabalhar menos e a dispor de mais tempo livre. Não foi isso, contudo, o que se verificou. Na mesma proporção que aumentou a facilidade na elaboração dos textos, aumentou a quantidade de textos que eles precisariam elaborar sequencialmente. Alguns escritórios viraram verdadeiras linhas de produção em série e seus advogados figuras cada vez mais similares aos operadores de máquinas e distantes do arquétipo do trabalhador intelectual.

Não é diferente o que se verificou com o recente advento do processo eletrônico. A possibilidade de se cumprir os prazos pela rede mundial de computadores até os últimos instantes do dia poderia ser a solução para os estressantes deslocamentos ao fórum no dia do termo final para protocolo. Para os advogados empregados, contudo, ela

---

8 MAIOR, Jorge Luiz Souto. *Curso de direito do trabalho*: teoria geral do direito do trabalho. São Paulo: LTr, 2011. v. I, parte I, p. 39.

resultou em uma constante dilação da jornada de trabalho até o último instante do dia. A possibilidade de protocolo além das 18:00 horas acabou fazendo com que cada vez mais advogados permanecessem em atividade após esse horário, utilizando até o último instante do prazo para a formalização do ato.

Por fim, cabe destacar que em alguns escritórios a tecnologia vem permitindo que os advogados deixem as dependências do estabelecimento após o término da jornada e se dirijam às suas residências para, a partir de lá, concluírem os seus afazeres, acessando de forma remota os arquivos do banco de dados do escritório.

O exemplo dos advogados foi citado por ser seguramente o mais próximo dos leitores de textos jurídicos e não por se tratar de situação exclusiva dessa categoria profissional. Incontáveis outras profissões poderiam ser citadas aqui. Razão assiste, portanto, à Antonio Escosteguy Castro, segundo quem o impacto da revolução microeletrônica em nosso mundo e nossas vidas deveria ser a lição final para que nos conscientizássemos de que o desenvolvimento e a adoção de novas tecnologias não são um assunto privado, a ser deixado para pesquisadores, produtores e ao velho mercado. Razão também lhe assiste ao asseverar, em remate, que particular atenção haverá de ser dada a organismos e instrumentos de regulação do desenvolvimento de novas tecnologias, cabendo à sociedade influir na adoção desta ou daquela solução tecnológica, em face das consequências que desta adoção advirão para o emprego, o meio ambiente, a saúde e a economia.[9] Poderíamos, em acréscimo a essas considerações, ressaltar o importante papel dos operadores do direito ao interpretar as normas vigentes de forma a impedir ou pelo menos minorar os fatores negativos propiciados pelas inovações tecnológicas.

O legislador não poderia, portanto, se furtar ao seu dever legal de atualizar as normas brasileiras às mudanças decorrentes do avanço tecnológico. Essa tarefa, infelizmente, ou não vem sendo feita ou vem sendo feita de forma demasiadamente morosa. Basta dizer que a nossa legislação ainda faz referência a serviços permanentes de mecanografia (datilografia, escrituração ou cálculo) que há décadas foram substituídas pelas atividades de digitação, sequer mencionadas no texto legal.

Essa inércia do legislador em adaptar o repertório normativo brasileiro às novas tecnologias, tem levado o judiciário a, muitas vezes, avocar para si a difícil tarefa de disciplinar a questão pela via interpretativa. Para evitar eventuais alegações de violação ao princípio

---

[9] CASTRO, Antonio Escosteguy. *Trabalho, tecnologia e globalização*. São Paulo: LTr, 2006. p. 60.

da separação dos poderes, os magistrados muitas vezes procuram interpretar a nova realidade sob a perspectiva da obsoleta legislação, apresentando soluções que não se afiguram as mais adequadas. Um bom exemplo é o tratamento dado às operadoras de telemarketing, a quem, até pouco tempo atrás, não se reconhecia a jornada reduzida estipulada no artigo 227 da Consolidação das Leis do Trabalho, em razão de não operarem mesa de transmissão, utilizando apenas telefones comuns para atender e fazer ligações exigidas no exercício da função.[10] O paradoxo é flagrante. Primeiramente, porque a justificativa apresentada, se levada a ferro e fogo, não permitiria a aplicação da jornada reduzida sequer aos telefonistas que já não usam mesa de transmissão há muito tempo. A duas, porque se a justificativa para a norma era a penosidade do trabalho dos telefonistas na primeira metade do século passado, em razão justamente da utilização do instrumento referido, há que se reconhecer que o trabalho das operadoras de telemarketing é hoje muito mais penoso do que o dos integrantes da categoria antes referida, que já não contempla tanto esforço nos membros superiores.

2 Proteção em face da automação

Se há, efetivamente, um temor inconsciente coletivo, esse é o de um dia sermos substituído pelas máquinas. Esse temor que está na raiz do movimento ludista e do sucesso de filmes como Matrix; Eu robô; O Exterminador do Futuro; 2001, uma odisseia no espaço, parece se acentuar com o passar dos anos.

Na Assembleia Nacional Constituinte, a despeito da proposta do Deputado Bernardo Cabral de instituir um princípio da participação do trabalhador nas vantagens advindas da modernização tecnológica e automação, acabou prevalecendo no texto final a regra da "proteção diante da automação".[11]

Tentar regulamentar por lei alguma forma de proteção dos trabalhadores contra a automação, como parece ter sido a ideia do legislador constituinte de 1988, não nos parece a solução mais adequada.

---

[10] OJ-SDI1-273 "TELEMARKETING". OPERADORES. ART. 227 DA CLT. INAPLICÁVEL (cancelada) – Res. nº 175/2011, DEJT divulgado em 27, 30 e 31.05.2011. A jornada reduzida de que trata o art. 227 da CLT não é aplicável, por analogia, ao operador de televendas, que não exerce suas atividades exclusivamente como telefonista, pois, naquela função, não opera mesa de transmissão, fazendo uso apenas dos telefones comuns para atender e fazer as ligações exigidas no exercício da função.

[11] NASCIMENTO, Amauri Mascaro. *Direito do Trabalho na Constituição de 1988*. 2. ed. São Paulo: Saraiva, 1991. p. 141.

Do ponto de vista econômico, ela coloca o país que veda o avanço tecnológico numa situação desfavorável na competição internacional, o que poderá, a longo prazo, reduzir postos de trabalho, ocasionando desemprego estrutural.

Demais disso, a automação em muitos casos protege a integridade física do trabalhador, substituindo trabalhos que jamais se enquadrariam no conceito de trabalho decente, pela tarefa, bem mais segura, de controlar grandes e pesadas máquinas e robôs.

Um bom exemplo dessa situação pode ser identificado na indústria sucroalcooleira. O trabalho dos boias-frias que passavam o dia cortando cana e recebiam pelo peso que eram capazes de cortar era penoso, insalubre e muito mais inadequado do que o dos condutores das colheitadeiras que, ademais, apresentavam capacidade muito superior de produção.

O grande problema é que ao comprar uma colheitadeira o empregador não aproveitaria todos os boias-frias na sua condução, no máximo um ou dois. A colheitadeira geraria, por conseguinte, inevitável perda de postos de trabalho.

A melhor forma de enfrentar as ameaças que o avanço tecnológico pode gerar não é impedindo a automação, mas buscando maneiras de preparar os trabalhadores que se veem ameaçados por ela para enfrentar novas funções. Não convém proibir a colheitadeira. É muito mais adequado preparar os antigos boias-frias para que desempenhem outras atividades.

Essa possivelmente é a razão para o artigo 7°, XXVII, da Constituição Federal Brasileira, que assegura aos trabalhadores urbanos e rurais proteção contra a automação na forma da lei, nunca haver sido efetivamente regulamentado.

Não o foi, contudo, por falta de tentativas. Numa das mais recentes, no Projeto de Estatuto de Trabalhador apresentado ao Congresso Nacional pelo Deputado Federal Paulo Paim, o foco não era proibir as máquinas, mas condicionar as chamadas dispensas tecnológicas a tentativas prévias de negociação coletiva e esforços para reduzir os impactos negativos dos programas de automação.[12]

O projeto evidencia que as medidas em questão devem incluir o reaproveitamento e a realocação de trabalhadores, por meio de processos

[12] Com efeito, dispõe o artigo 34 do Projeto que: "Todas as pessoas naturais ou jurídicas e entes despersonalizados, que adotem programa de automação de sua produção só podem dispensar trabalhadores mediante prévia negociação coletiva e adoção de medidas para reduzir os impactos negativos da implantação do programa".

de readaptação, capacitação para novas funções, treinamento e redução da jornada de trabalho. E mais que isso, que o direito de precedência no processo de reaproveitamento e realocação é conferido aos trabalhadores com maior idade e maior número de filhos ou dependentes, respeitados os percentuais dos segmentos especialmente protegidos, sendo anulável a ruptura contratual decorrente de processo de automação que não observe essas regras.

Demais disso, a implantação de programa de automação estaria, caso aprovado fosse o projeto, condicionada à comunicação à entidade representativa dos trabalhadores, com antecedência mínima de seis meses do início da implantação, sobre os objetivos, a extensão e o cronograma do programa pretendido, para abertura de negociação coletiva que inclua medidas de redução dos efeitos da automação. Também seria necessário o estabelecimento de prioridades setoriais no processo de automação, para início por aqueles de maior penosidade, periculosidade e insalubridade. A automação não poderia acarretar aumento de jornada ou ritmo de trabalho, ou gerar efeitos negativos em relação à saúde e segurança no trabalho. Seria, por fim, necessário que a empresa oferecesse aos trabalhadores Plano de Desligamento Voluntário, com explicitação de seus critérios, e indenizasse o trabalhador dispensado no valor mínimo de três vezes a sua maior remuneração mensal, nos últimos doze meses de trabalho, sem prejuízo de outras verbas a que tenha direito por força da ruptura contratual.

O capítulo do Projeto de Estatuto dos Trabalhadores dedicado à proteção contra a automação é bastante interessante justamente porque não busca combater o avanço tecnológico, mas minorar os seus efeitos.

3 Inteligência artificial e direito do trabalho

É possível identificar que a evolução tecnológica impacta o trabalho reduzindo a quantidade de homens necessários para realizar uma tarefa, desde o advento das tecnologias mais rudimentares. A roldana de Arquimedes, que data da antiguidade clássica, possibilitou que um único homem erguesse sozinho pesos que requeriam até então a convergência de força de dezenas de pessoas. A automação no setor canavieiro provocou uma redução bastante significativa na necessidade de mão de obra na indústria sucroalcooleira. A informatização das agências bancárias reduziu o número de bancários necessários por agência e transformou enormemente a sua atividade, tornando-os cada vez mais vendedores de produtos financeiros e menos executores de procedimentos burocráticos. Além das finanças, a Inteligência artificial avançou significativamente nas áreas de transporte, defesa e gestão de energia.

Em estudo publicado no ano de 2014, Jeremy Bowles defendeu que 54% dos empregos existentes na União Europeia estariam ameaçados pelo risco de desaparecerem, substituídos por computadores capazes de realizar tarefas idênticas.[13]

Carl Benedict Frey e Michael Osborne, por sua vez, estudaram 702 agrupamentos ocupacionais e identificaram que 47% dos trabalhadores dos EUA têm uma alta probabilidade de ver seus empregos automatizados nos próximos 20 anos.[14]

A crescente utilização da inteligência artificial nas profissões liberais vem ameaçando postos de trabalho de cidadãos que investiram recursos e tempo em estudo e, por essa razão, esperavam estar protegidos do desemprego tecnológico. A utilização do Watson, na medicina, ao mesmo tempo que aumenta a precisão nos diagnósticos, ameaça o posto de trabalho de médicos, categoria que até bem pouco tempo parecia protegida contra os avanços da tecnologia. A utilização do Ross, em escritórios de advocacia, ocasiona algo similar entre os graduados em direito.

A empresa Law Geex realizou, recentemente, estudo para analisar as habilidades de 20 advogados experientes, diretores jurídicos, advogados autônomos e associados de grandes empresas globais, como Goldman Sachs, Cisco e Alston & Bird, e compará-las com a Inteligência Artificial. A pesquisa consistia em analisar cinco contratos de confidencialidade e apontar os seus riscos. Os resultados foram impressionantes. Enquanto a Inteligência Artificial concluiu a tarefa em 26 segundos e obteve 94% de precisão, os advogados demoraram 92 minutos e obtiveram a média de 85% de precisão.[15]

---

13 BOWLES, Jeremy. Chart of the week: 54% of EU Jobs at Risk of Computerisation. *Blog post*, Bruegel.org, 24 jul. 2014 *apud* WEST, Darrel M. Will robots and AI take your job? The economic and political consequences of automation. *Brookings*, 2018. Disponível em: https://www.brookings.edu/blog/techtank/2018/04/18/will-robots-and-ai-take-your-job-the-economic-and-political-consequences-of-automation/. Acesso em 10 jun. 2019.

14 FREY, Carl Benedict; OSBORNE, Michael. The future of employment: how susceptible are jobs to computerisation? *Oxford University paper*, 17 sep. 2013 *apud* WEST, Darrel M. Will robots and AI take your job? The economic and political consequences of automation. *Brookings*, 2018. Disponível em: https://www.brookings.edu/blog/techtank/2018/04/18/will-robots-and-ai-take-your-job-the-economic-and-political-consequences-of-automation/. Acesso em 10 jun. 2019.

15 MONACO, Juliana. Inovação, inteligência artificial. *Semantix Aijus*, 26 nov. 2018. Disponível em: https://www.semantix.com.br/blog/o-impacto-da-inteligencia-artificial-na-area-

Estima-se que hoje quase 1/4 do trabalho de um advogado possa ser automatizado com o uso da IA e que a adoção da tecnologia legal (entre elas a Inteligência Artificial) reduziria as horas de trabalho dos advogados em 13%.[16]

No exemplo citado, a utilização da Inteligência Artificial em escritórios de advocacia poderia consistir na programação de um assistente virtual que coleta dados e analisa diferentes tipos de documentos, a fim de alavancar os negócios e diminuir custos, permitindo que os advogados se dediquem às seções mais relevantes dos contratos.[17]

Imagina-se hoje que a evolução da Inteligência Artificial no campo jurídico eliminará cargos como o de assistente de pesquisa, uma vez que a máquina exercerá essa atividade, possibilitando que os advogados se concentrem em outras tarefas, criará cargos que entendam de tecnologia e direito, como engenheiros legais, cuja função será desenvolver os softwares legais e conferir se os resultados estão corretos e diminuirá a quantidade de processos por meio da automatização.[18]

Como se pode ver, se a inteligência artificial repete evoluções tecnológicas anteriores no tocante à substituição do trabalho humano, ela inova ao ameaçar profissões que até então pareciam intocáveis, como as carreiras jurídicas.

4 Plataformas digitais e Direito do trabalho

Como muito bem observaram Miguel C. Rodríguez-Piñero Royo e Macarena Hernández Bejarano, ao apresentar importante obra coletiva por eles organizada, "la economía colaborativa no es el resultado de unos cambios tecnológicos; pero sí es una manifestación pionera de

juridica?gclid=EAIaIQobChMItaue897e4gIVSwWRCh3szQJ9EAAYAiAAEgIHbvD_BwE. Acesso em 10 jun. 2019.

16 MONACO, Juliana. Inovação, inteligência artificial. *Semantix Aijus*, 26 nov. 2018. Disponível em: https://www.semantix.com.br/blog/o-impacto-da-inteligencia-artificial-na-area-juridica?gclid=EAIaIQobChMItaue897e4gIVSwWRCh3szQJ9EAAYAiAAEgIHbvD_BwE. Acesso em 10 jun. 2019.

17 MONACO, Juliana. Inovação, inteligência artificial. *Semantix Aijus*, 26 nov. 2018. Disponível em: https://www.semantix.com.br/blog/o-impacto-da-inteligencia-artificial-na-area-juridica?gclid=EAIaIQobChMItaue897e4gIVSwWRCh3szQJ9EAAYAiAAEgIHbvD_BwE. Acesso em 10 jun. 2019.

18 MONACO, Juliana. Inovação, inteligência artificial. *Semantix Aijus*, 26 nov. 2018. Disponível em: https://www.semantix.com.br/blog/o-impacto-da-inteligencia-artificial-na-area-juridica?gclid=EAIaIQobChMItaue897e4gIVSwWRCh3szQJ9EAAYAiAAEgIHbvD_BwE. Acesso em 10 jun. 2019.

las grandes transformaciones que van a producirse en el trabajo como consecuencia de estos".[19]

O trabalho nas plataformas digitais se diferencia sensivelmente das formas tradicionais de prestação de serviços que inspiraram o desenvolvimento do Direito do Trabalho que conhecemos. O trabalho tradicional estava alicerçado em três grandes pilares. A resposta às perguntas: onde, quando e como o trabalho é desenvolvido, normalmente definiam o vínculo empregatício e atraiam a proteção peculiar do direito do trabalho. A prestação de serviços que caracterizava o vínculo empregatício tradicional era realizada no estabelecimento do empregador, usualmente uma fábrica ou escritório, no horário regular de trabalho, por exemplo das nove as dezoito horas, com uma hora de intervalo, e com os instrumentos do empregador.

A evolução da chamada economia compartilhada fez emergir um novo fenômeno: o trabalho precário que não obedece a esses parâmetros. Para o prestador de serviços intermediado por uma plataforma digital, a realização do trabalho físico no espaço do tomador de serviços, chamemo-nos ou não de empregador, é irrelevante. Até porque, dada a natureza de sua atividade econômica, ele pode funcionar sem dispor de espaço físico algum. O horário de trabalho também não é um fator determinante, sendo a flexibilidade na definição do momento da prestação de serviços uma de suas tônicas. Os instrumentos de trabalho usualmente não pertencem ao tomador de serviços, mas ao seu prestador.

Diante de tantas mudanças, é muito fácil descaracterizar o vínculo empregatício. Por isso, o Uber vem sendo alvo de tantas disputas, a nível global, em que se discute a existência ou inexistência de relação de emprego entre o condutor e o aplicativo. A grande questão, contudo, não deveria ser se o condutor de Uber é autônomo ou empregado, mas se ele precisa ou não de proteção e qual tipo de proteção é possível conferir a ele.

Dentro da perspectiva abordada neste trabalho, a da possível eliminação de postos de trabalho em razão dos avanços tecnológicos, plataformas digitais como o Uber criam novas formas de trabalho precário, na mesma medida em que ameaçam uma categoria de trabalhadores usualmente autônomos, os taxistas, que em geral também prestam serviços de forma precária. Ora, raríssimos condutores de táxi eram efetivamente empregados no momento em que o Uber passou a

---

19 RODRÍGUEZ-PIÑERO ROYO, Miguel C.; HERNÁNDEZ BEJARANO, Macarena (Directores). *Economía colaborativa y trabajo en plataforma*: realidades y desafíos. Albacete: Editorial Bomarzo, 2017. p. 14.

disputar com eles o serviço de transporte de pessoas. A esmagadora maioria dos taxistas prestava serviços de forma autônoma, muitos alugavam, ao proprietário da frota, o carro que conduziam, numa típica relação de locação que gera evidente e desmesurada exploração do trabalho pelo capital. Outros, que conseguiam adquirir veículos próprios, criavam ou ingressavam em cooperativas para aperfeiçoar ou mesmo viabilizar a prestação de serviços.

Em alguns aspectos, o surgimento da plataforma digital Uber e de outras plataformas que colocam em contato condutores de veículo e potenciais clientes foi benéfico para o mercado dos condutores de táxi. Ele provocou, após decorrido algum tempo, uma considerável redução no preço dos pontos de táxi, que vem perdendo o seu valor vertiginosamente e, muito possivelmente, deixarão simplesmente de existir num espaço muito curto de tempo.

Sob outra perspectiva, os beneficiados foram os consumidores. Para permanecerem vivos na concorrência com os condutores vinculados ao Uber, muitos taxistas passaram a aceitar pagamentos em cartão de crédito e alguns até a oferecer doces e água como melhorias no serviço. E, em muitas partes, os preços reduziram.

Nada disso, contudo, impediu uma grande revolta por parte dos condutores de táxi. Sentindo-se ameaçados de perder o 'ganha-pão' para os condutores vinculados à plataforma, muitos chegaram, nos primórdios da utilização da plataforma, a atacar os condutores de Uber, numa espécie de novo movimento ludista. Mas, diferentemente do movimento original, neste, os trabalhadores não investiram contra as máquinas de um empregador, mas contra a de outros trabalhadores, o que adiciona ares de ainda mais dramaticidade ao fenômeno.

Mais relevante do que discutir se o condutor do Uber é ou não empregado, verificando se estão ou não presentes os elementos clássicos da relação de emprego, como vêm fazendo cortes de todo o mundo, é analisar, do ponto de vista das políticas públicas, se ele precisa ou não de algum tipo de proteção e qual proteção é possível lhe conferir.

É possível que a outorga de algum tipo de proteção acabe por inviabilizar o modelo de negócio inovador da plataforma. Mas a aceitação ou não desse modelo de negócio é uma escolha política e não um imperativo natural sobre o qual é impossível se contrapor. Se é verdade que as ciências trabalham com descobertas, o direito trabalha com escolhas políticas.

5 Novas tecnologias e manifestações de trabalhadores

Outro ponto bastante relevante a discutir a respeito desses avanços tecnológicos é como a tecnologia impacta as manifestações de trabalhadores.

Em interessante artigo publicado na Revista Época, o jornalista Bruno Ferrari destacou que em meados dos anos 2000, quando as redes sociais começaram a se popularizar, havia quem acreditasse que os protestos migrariam do mundo físico para o mundo virtual. Falava-se, à época, no manifestante de sofá, pessoa que se engajava em diversas campanhas online, defendendo seus ideais, sem sair de sua casa. Segundo o mesmo articulista, os manifestantes de sofá perceberam, com o passar do tempo, que eram irrelevantes. A pressão gerada pelos grupos de discussão em redes sociais ou abaixo-assinados virtuais era muito pouco efetiva. Essa constatação mudou o papel das redes sociais na política. Elas se mostraram muito mais eficazes como ferramentas de mobilização no mundo físico.[20]

Em texto bem mais recente, José Pastore chamou a atenção para a forma com a rede social WhatsApp auxiliou os motoristas do Uber a fazerem uma greve no início de maio, em diversas cidades. A partir desse evento, buscou demonstrar que o uso de plataformas digitais, por meio das quais os trabalhadores trocam ideias, informam-se sobre diferenças de condições de trabalho, formulam pleitos e fazem pressão nas empresas e no Governo, deixando de lado as negociações coletivas conduzidas pelos sindicatos convencionais. Segundo Pastore, a tecnologia permite que eles tratem tudo de forma direta, individual e customizada, eliminando intermediários.[21]

O mesmo autor cita, ainda, a existência do *YouTubers Union*, um mecanismo de ação sindical que tem organizado os trabalhadores para expressar suas propostas e negociar condições de trabalho, sem participar de reuniões presenciais ou assembleias demoradas que consomem o precioso tempo das pessoas; e da plataforma *Coworker.org*, que ajuda os trabalhadores a condensarem os seus pleitos em petições atraentes que são encaminhadas às empresas. Após mencionar também as plataformas

---

20 FERRARI, Bruno. A era dos protestos conectados: o "manifestante de sofá" sai de cena. Com o tempo, os cidadãos descobriram a verdadeira utilidade das redes sociais: levar mais gente para a rua. Ideias. *Revista* Época, 29 mai. 2015. Disponível em: https://epoca.globo.com/ideias/noticia/2015/03/era-dos-protestos-conectados.html. Acesso em 4 jun. 2019.

21 PASTORE, José. Piquetes on line. *O Estado de São Paulo*, 30 mai. 2019. Disponível em: https://economia.estadao.com.br/noticias/geral,piquetes-online,70002849058. Acesso em 4 jun. 2019.

WorkIT, organizada para servir exclusivamente os funcionários da rede de supermercados Walmart; a *Workership*, dedicada basicamente a promover discussões online e em tempo real; e a *Turkopticon*, que tem congregado microempreendedores isolados que buscam ter voz junto aos seus clientes e, com isso, pleitear melhorias de suas condições de trabalho, Pastore respondeu ao questionamento sobre o possível fim dos sindicatos convencionais, asseverando "que tudo indica que sobreviverão os que se capacitarem para negociar condições de trabalho de modo direto e com apoio dos meios digitais" e que "os magistrados não terão como exigir quóruns em assembleias e decisões majoritárias".[22]

6 Avanços tecnológicos e o fim de postos de trabalho

Todos os prognósticos indicam que a tecnologia continuará, e em velocidade cada vez mais rápida, a avançar e a transformar o mercado de trabalho. Além de impactar as formas de manifestação de trabalhadores.

Como já visto, tentar regulamentar por lei alguma forma de proteção dos trabalhadores contra a automação, como parece ter sido a ideia do legislador constituinte de 1988, não é a solução mais adequada. Do ponto de vista econômico ela coloca o país que veda o avanço tecnológico numa situação desfavorável na competição internacional, o que poderá, a longo prazo, reduzir postos de trabalho, ocasionando desemprego estrutural. O que pode ser feito, então, para evitar o chamado desemprego tecnológico?

A melhor solução neste caso não é simplesmente proibir a tecnologia, mas direcionar a educação para as formações profissionais que terão a sua demanda aumentada em razão da tecnologia, esvaziando um pouco o número de vagas naquelas profissões que terão demanda reduzida pelo avanço tecnológico.

Exemplificando, se está evidente que a inteligência artificial reduzirá as vagas de advogados em início de carreira em escritórios de advocacia e aumentará a de programadores, é preciso que as universidades ofereçam mais vagas de programador do que de advogados. Se a tendência é os computadores passarem a dar diagnósticos com maior precisão e mais rapidamente do que os médicos são capazes de dar, talvez seja chegado o momento de aumentar as vagas nos cursos

---

22 PASTORE, José. Piquetes online. *O Estado de São Paulo*, 30 mai. 2019. Disponível em: https://economia.estadao.com.br/noticias/geral,piquetes-online,70002849058. Acesso em 4 jun. 2019.

que desenvolvem esses softwares e os computadores necessários para tanto e menos vagas nos cursos de medicina.

Em países onde o ensino superior é predominantemente público e, por essa razão, o estado ainda controla a oferta de vagas das universidades, essa é uma tarefa mais fácil. Em países que reduziram investimento nas universidades públicas, incentivaram a criação de universidades privadas e lhes conferiram autonomia para decidir que cursos criar e quantas vagas oferecer em cada um deles, realidade na qual se encontra o Brasil, trata-se de tarefa bastante árdua.

Essa talvez seja a explicação para o fato de países com alto índice de robotização apresentem reduzido índice de desemprego. Com efeito, os três países com maior uso de robôs em relação à força de trabalho apresentam baixo índice de desemprego. A Coreia do Sul dispõe de 531 robôs para cada 10 mil trabalhadores, Cingapura de 398 por 10 mil e Japão tem 305 por 10 mil. Os três países, curiosamente, vivem situação de pleno emprego. Segundo dados da Organização Internacional do Trabalho (OIT), para 2016, o desemprego na Coreia do Sul era de 3,5%, no Japão de 3,1% e em Cingapura de 2,1%. Como se pode ver, o nível de robotização não está correlacionado à perda de emprego nestes três países.[23]

A solução, portanto, para evitar o impacto negativo que os avanços tecnológicos podem ter no mercado de trabalho não é proibir a automação, mas criar políticas públicas que identifiquem as oportunidades de trabalho que a tecnologia gera e preparem os trabalhadores, sobretudo os mais jovens, para ocupá-las, ao mesmo tempo que desestimulem a formação profissional em atividades ameaçadas de desaparecer em razão dos avanços tecnológicos. Ao fim e ao cabo, precisamos efetivamente de políticas que assegurem a participação do trabalhador nas vantagens advindas da modernização tecnológica e automação.

Enquanto permanecermos incapazes de desenvolver essas políticas, a tecnologia continuará sendo uma grande ameaça e não representará a nossa libertação.

---

[23] Cf. Os países mais avançados no uso de robôs são os com menor desemprego. *Instituto Humanitas Unisinos*, Disponível em: http://www.ihu.unisinos.br/78-noticias/571794-os-paises-mais-avancados-no-uso-de-robos-sao-os-com-menor-desemprego. Acesso em 10 jun. 2019.

Referências

BOUCINHAS FILHO, Jorge Cavalcanti. Teletrabalho: interpretação da Lei nº 12.551 de forma a impedir a superexploração do trabalhador. *Revista Magister de Direito do Trabalho*, v. 51, p. 5-24, 2012.

BOWLES, Jeremy. Chart of the week: 54% of EU Jobs at Risk of Computerisation. *Blog post*, Bruegel.org, 24 jul. 2014 *apud* WEST, Darrel M. Will robots and AI take your job? The economic and political consequences of automation. *Brookings*, 2018. Disponível em: https://www.brookings.edu/blog/techtank/2018/04/18/will-robots-and-ai-take-your-job-the-economic-and-political-consequences-of-automation/. Acesso em 10 jun. 2019.

CALVET, Otávio. *Direito ao lazer nas relações de trabalho.* São Paulo: LTr, 2006.

CASTRO, Antonio Escosteguy. *Trabalho, tecnologia e globalização.* São Paulo: LTr, 2006.

FERRARI, Bruno. A era dos protestos conectados: o "manifestante de sofá" sai de cena. Com o tempo, os cidadãos descobriram a verdadeira utilidade das redes sociais: levar mais gente para a rua. Ideias. *Revista Época*, 29 mai. 2015. Disponível em: https://epoca.globo.com/ideias/noticia/2015/03/era-dos-protestos-conectados.html. Acesso em 4 jun. 2019.

FRAGA, Érica. E-mail e celular estendem jornada de trabalho para casa e até as férias: expansão da economia e promoções ajudam a explicar o aumento da carga horária, aponta pesquisa. *Folha de São Paulo*, 28 nov. 2011.

FREY, Carl Benedict; OSBORNE, Michael. The future of employment: how susceptible are jobs to computerisation? *Oxford University paper*, 17 sep. 2013 *apud* WEST, Darrel M. Will robots and AI take your job? The economic and political consequences of automation. *Brookings*, 2018. Disponível em: https://www.brookings.edu/blog/techtank/2018/04/18/will-robots-and-ai-take-your-job-the-economic-and-political-consequences-of-automation/. Acesso em 10 jun. 2019.

GARCIA, Balmes Vega. *Direito e tecnologia*: regime jurídico da ciência, tecnologia e inovação. São Paulo: LTr, 2008.

INSTITUTO HUMANITAS UNISINOS. *Os países mais avançados no uso de robôs são os com menor desemprego*. Disponível em: http://www.ihu.unisinos.br/78-noticias/571794-os-paises-mais-avancados-no-uso-de-robos-sao-os-com-menor-desemprego. Acesso em 10 jun. 2019.

MAIOR, Jorge Luiz Souto. *Curso de direito do trabalho*: teoria geral do direito do trabalho. São Paulo: LTr, 2011. v. I.

MAIOR, Jorge Luiz Souto. Do direito à desconexão do trabalho. *Revista do Departamento de Direito do Trabalho e da Seguridade Social*, v. 1, p. 91-115, 2006.

MONACO, Juliana. Inovação, inteligência artificial. *Semantix Aijus*, 26 nov. 2018. Disponível em: https://www.semantix.com.br/blog/o-impacto-da-inteligencia-artificial-na-area-juridica?gclid=EAIaIQobChMItaue897e4gIVSwWRCh3szQJ9EAAYAiAAEgIHbvD_BwE. Acesso em 10 jun. 2019.

MORAES FILHO, Evaristo. *Trabalho a domicílio e contrato de trabalho.* São Paulo: LTr, 1994.

NASCIMENTO, Amauri Mascaro. *Direito do Trabalho na Constituição de 1988.* 2. ed. São Paulo: Saraiva, 1991.

PASTORE, José. Piquetes online. *O Estado de São Paulo*, 30 mai. 2019. Disponível em: https://economia.estadao.com.br/noticias/geral,piquetes-online,70002849058. Acesso em 4 jun. 2019.

RODRÍGUEZ-PIÑERO ROYO, Miguel C.; HERNÁNDEZ BEJARANO, Macarena (Directores). *Economía colaborativa y trabajo en plataforma*: realidades y desafíos. Albacete: Editorial Bomarzo, 2017.

WINTER, Vera Regina Loureiro. *Teletrabalho*: uma forma alternativa de emprego. São Paulo: LTr, 2005.

Informação bibliográfica deste texto, conforme a NBR 6023:2018 da Associação Brasileira de Normas Técnicas (ABNT):

BOUCINHAS FILHO, Jorge Cavalcanti. Avanços tecnológicos e o fim dos postos de trabalho: liberdade ou aprisionamento? *In*: TUPINAMBÁ, Carolina (Coord.). *As novas relações trabalhistas e o futuro do Direito do Trabalho*: as novidades provenientes dos avanços tecnológicos. Belo Horizonte: Fórum, 2021. (Coleção Fórum as novas relações trabalhistas e o futuro do Direito do Trabalho. Tomo III.). p. 427-443. ISBN 978-65-5518-131-9.

LAS NUEVAS TECNOLOGÍAS FINANCIERAS O "FINTECH" Y SU IMPACTO EN EL TRABAJO

GUSTAVO GAUTHIER

SOFÍA MISLEV

1 Introducción

Desde hace ya varios años nos encontramos inmersos en una vorágine de innovación llamada Cuarta Revolución Industrial o revolución digital.

El camino a esta revolución se fue desarrollando en base a múltiples factores, entre ellos el desarrollo de una internet accesible a un gran número de personas mediante la simplificación de los motores de búsqueda, recordemos que antes de la aparición de Google tal como hoy lo conocemos era relativamente difícil realizar busquedas en la red y realmente no se percibía como una herramienta de gran utilidad para la gente común, se trataba de un espacio reservado para personas vinculadas a la tecnología. La mejora continua de la tecnología aplicada a las redes de telecomunicaciones, permiten cada vez mayor velocidad para la navegación y el acceso a internet desde sitios remotos en casi cualquier parte de la tierra. Ha propiciado también esta revolución la optimización de las computadoras y de los teléfonos inteligentes permitiendo bajos costos de elaboración y por lo tanto la cuasi universalización del acceso al uso de esa tecnología.

"El rápido desarrollo de las tecnologías de la información y las comunicaciones y la innovación de los sistemas digitales representan una revolución, que ha cambiado fundamentalmente la manera en la que la gente piensa, actúa, comunica, trabaja y gana su sustento". (Cumbre Mundial sobre la Sociedad de la Información).

Las caracterísitcas más sobresalientes de este cambio son la gran velocidad con la que se desarrollan los avances y la afectación por parte de la tecnología en prácticamente todos los aspectos de la vida.

Actualmente, a nadie le son ajenos los conceptos de gig-economy, economía digital, apps, economía de plataformas, fintech, legaltech, economía colaborativa, economía compartida,[1] entre otros. Tampoco le son ajenos estos conceptos a los gobiernos, los cuales se han visto forzados a diseñar e implementar medidas para el acompañamiento en el desarrollo tecnológico y económico de sus pueblos sin descuidar las bases sociales que permitan un crecimiento acompasado para todos.

Las medidas tendientes a lograr un desarrollo sostenible son tema de agenda a los más altos niveles. En esta línea la Organización de Naciones Unidas ha definido los Objetivos de Desarrollo Sostenible. Se trata de lineamientos generales que fijan un horizonte, una meta a lograr como sociedad global durante el transcurso de esta revolución. Están compuestos por ideas rectoras en los diferentes sectores como el laboral, medioambiental, económico, social, educativo entre otros.

Uno de los tantos sectores que se ve influenciado por la innovación que viene de la mano de las nuevas tecnologías, es el sector financiero. Si bien lo primero que podemos pensar es que la tecnología ha permeado los procesos mediante los cuales las empresas financieras realizan sus actividades, lo cierto es que la innovación ha ido mucho más allá, internándose en las estructuras de los modelos de negocios financieros tradicionales para dar lugar a nuevas figuras prácticamente impensadas hace algunos años.

---

1 Sobre el alcance del concepto de economía compartida puede verse: GAUTHIER, Gustavo, "El Derecho laboral ante el reto de la economía compartida: apps, smartphones y trabajo humano", en Revista Derecho del Trabajo, Año III, N° 9, octubre-diciembre 2015, Ed. La Ley, Montevideo 2015, pág. 7 y ss.

2 Economía colaborativa

En este contexto se menciona cada vez más la disrupción que provocan las nuevas tecnologías y negocios, se trata del quiebre de conceptos tradicionales y profundamente arraigados para dar paso a nuevas formas de concebir los modelos tradicionales sobre todo de negocios.[2]

La economía colaborativa se basa fundamentalmente en una idea básica disruptiva, la de la ocupación de elementos o bienes ociosos. Básicamente se trata de optimizar el uso de bienes o de capacidades, utilizando para su canalización entre las partes, medios digitales.

Según Montero Pascual, se puede definir a la economía colaborativa como el "Modelo de Organización industrial en el que una plataforma electrónica facilita la contratación de servicios, incluyendo el servicio de arrendamiento de bienes, ofertados por un grupo de usuarios (prestadores) y demandados por otro grupo de usuarios (consumidores)".[3]

Las ventajas de este tipo de economía son numerosas, entre ellas la gestión de los recursos, como en el caso de las personas que comparten el auto durante el trayecto a su trabajo; el beneficio medioambiental dado por la reducción de la producción y del consumo de recursos escasos; el ahorro económico ya que en general los productos y servicios ofrecidos son de menor costo; favorecimiento de la competencia a que se traduce en mayor oferta para el consumidor y fomento de las relaciones sociales basadas en la confianza.[4] En este sentido es que surgieron empresas como Uber, Airbnb, Blablacar entre otras.

Hasta hace unos años el modelo para la prestación de servicios o comercialización de bienes se dirigía a la concentración de los profesionales o de los bienes en grandes estructuras centralizadas o de red que requieren grandes acumulaciones de capital y gestión centralizada.

En general estos nuevos modelos de economía colaborativa se despliegan en plataformas digitales. Las nuevas tecnologías permiten una importante reducción de costos de transacción, permiten la identificación

---

2 Sobre el concepto de "disrupción", puede verse: GAUTHIER, Gustavo, "Introducción", en Disrupción, economía compartida y Derecho, Fundación de Cultura Universitaria, Montevideo, 2016, pág. 11.

3 MONTERO PASCUAL, Juan José, La regulación de la economía colaborativa, Tirant lo Blanch, Valencia 2017.

4 https://www.iebschool.com/blog/economia-colaborativa-consumo-lean-startup/ consultado 09/07/2019.

de la demanda en tiempo real en cualquier parte del mundo y todo ello mediante sistemas automatizados que llevan a costos marginales tendientes a cero.[5] De esta forma son accesibles a cualquier persona que pueda acceder a internet y al menos a un teléfono inteligente. En las plataformas se ofrecen los servicios y en general se utilizan medios de pago electrónico lo cual facilita la compra, asegura el cobro a quienes ofrecen los servicios, aporta fluidez a las transacciones y promueve la inclusión financiera. Todo ello favorece el ingreso al mercado de pequeños prestadores que en general quedaban excluidos del mercado.

Dentro de la economía colaborativa no solamente se pueden reutilizar o intercambiar bienes como por ejemplo herramientas, espacios vacíos – en el auto o en nuestras casas –, *sino también dinero.*

3 Fintech

En este sentido suele hablarse genéricamente de la industria Fintech, que no es otra cosa que las nuevas tecnologías aplicadas a las finanzas o al sector financiero. De la conjunción de la idea de economía colaborativa como forma de reutilización de recursos ociosos, del uso de las plataformas digitales como medio de acceso masivo a estas soluciones y de la idea de quitar intermediarios es que nacen las plataformas P2P (peer to peer).

Este tipo de soluciones tienden a reunir a dos partes, la que cuenta con los recursos financieros o directamente dinero ocioso y la que los demanda sin necesidad de recurrir a un intermediario profesional tradicional como son los bancos u otras entidades financieras cuyo giro principal es la intermediación financiera. Las dos puntas del negocio se encuentran en la plataforma y allí realizan los acuerdos que les interesa, en muchos casos se trata de préstamos de dinero, de financiamiento de proyectos, de donaciones etc.

El fenómeno fintech se desarrolla en el marco de la desintermediación financiera, no obstante, para entender la desintermediación financiera primero hay que entender a qué nos referimos cuando hablamos de intermediación financiera, esto es, la actividad a la que históricamente se han dedicado los bancos. Éstos intermedian en el crédito captando recursos del ahorro público y pagando por ello un precio, llamada tasa de interés pasiva. Luego el Banco colocan los recursos captados

---

[5] MONTERO PASCUAL, Juan José, La regulación de la economía colaborativa, Tirant lo Blanch, Valencia 2017.

prestandolos a sujetos que requieren financiamiento, cobrando por ello un precio, llamada tasa de interés activa. La diferencia entre la tasa de interés pasiva y la tasa de interés activa es lo que se conoce como "spread" bancario, o sea su ganancia bruta.[6]

En determinado momento los inversores financieros notaron que contaban con la oportunidad de invertir sus recursos en inversiones más rentables ofrecidas por empresas y personas que requerían financiamiento sin necesidad de la intermediación de una institución bancaria. Esta circunstancia también fue captada por los bancos los que comenzaron a variar su perfil hacia el de mediador financiero, prestando servicios de asesoramiento entre otros.

En este contexto se introduce una nueva variable que es la tecnología digital. Este tipo de desarrollo tecnológico aplicado al mercado financiero dio lugar al alcance masivo entre personas que requerían financiamiento y aquellos sujetos interesados en prestar dinero.

A efectos de delimitar el concepto de Fintech y desligarlo del concepto de ofrecimiento de servicios financieros en el que naturalmente cabría la figura del banco que ofrece estos servicios desde una plataforma digital, Nicola Albanell propone una definición que abarca todos los elementos característicos de las Fintech: "... entidades que mediante el uso de tecnologías de la información innovan en el mercado de los servicios financieros, ya sea reinventando un producto o servicio existente o creando nuevos, ofreciendo dichos productos o servicios directamente al consumidor final o dando soporte en procesos de negocio a otras empresas financieras".[7] Como características adicionales, pero que también ayudan a delinear correctamente el concepto, el mencionado autor agrega que se trata de empresas nuevas en el mercado, con baja experiencia en el mercado bancario y de valores, en la mayoría de los casos se trata de Startups formadas por emprendedores las que captan una iversión de capital para potenciarse.

A nivel mundial existen muchas plataformas de este tipo y a pesar de que su desarrollo y expansión tienen como punto de quiebre la incertidumbre en relación a las posibles regulaciones a adoptar por los Estados.

En la Unión Europea se vienen realizados esfuerzos para establecer una regulación que sea válida para toda la comunidad, sin embargo,

---

6 NICOLA ALBANELL, José María. "Digitalización de la Banca: Las Fintech", en Estudios sobre desafíos jurídicos ante la digitalización, Universidad de Montevideo, Mastergraf, Montevideo 2019.

7 Ídem nota anterior.

han prosperado regulaciones de tipo nacional en países tales como Reino Unido, Italia y recientemente España.

Desde el año 2014 y con el surgimiento y desarrollo de Zopa, Reino Unido ha establecido una regulación específica aplicable a manifestaciones del fenómeno Fintech, como es el crowdlending o el crowdfunding, donde uno los primeros y principales requisitos es obtener una licencia o autorización por parte de la autoridad,[8] sin perjuicio de exigirse también capitales mínimos que debe manejar la plataforma para operar y normas claras de protección del inversor.

Por su parte la regulación italiana resulta más estricta y limitada. Mediante la Ley n° 221/222 se establece la posibilidad de realizar operaciones de crowdfunding solamente a determinados tipos de proyectos, esto es, aquellos proyectos innovadores que se están iniciando. Adicionalmente la plataforma debe de estar inscripta y autorizada por Consob o el Banco de Italia; y se prevé que el 5% del capital invertido debe provenir de un inversor financiero profesional, como forma de que éste pueda evaluar profesionalmente el negocio y la inversión, protegiendo indirectamente a los restantes inversores.

España aprobó una regulación específicamente para los préstamos peer to peer, no regulando otras manifestaciones de crowdfunding. La finalidad de la norma aprobada, es evitar el fraude derivado de este tipo de operaciones así como incentivar una forma de financiamiento más accesible para las pequeñas empresas.

La norma española obliga a las plataformas a ser inscriptas como intermediarios financieros siendo reguladas por la Comisión Nacional del Mercado de Valores y por el Banco Central de España. Adicionalmente, se establecen limitaciones en cuanto a la cantidad de aportaciones limitándolas cuantitativamente y se clasifica a los inversores en acreditados y no acreditados; los primeros no estarán sujetos a las limitaciones cuantitativas mencionadas mientras que los segundos sí.

En el caso de Estados Unidos, la Comisión de Valores (Securities and Exchange Commision – SEC) adoptó reglas que permiten, regulan y fomentan el crowdfunding.[9]

Las normas que regulan la actividad en dicho Estado permiten la realización de inversiones a través de plataformas de crowdfunding, pero

---

[8] La autoridad competente para el otorgamiento de las licencias y autorizaciones es la *"Financial Conducto Authority"* (FCA). Esta obligación fue dispuesta por la norma denominada como *"The Financial Services and Markets Act 2000"*.

[9] Ello a través de la denominada JOBs Act, que fue aprobada en el año 2012, pero debido a diversos cambios en los organismos reguladores, comenzó a regir en Mayo de 2016.

sujeto a determinados límites como por ejemplo la cantidad de dinero que las empresas solicitantes pueden obtener mediante este método. Adicionalmente y como forma de proteger a los inversores, se obliga a trasparentar el negocio obligando a comunicar cierta información relativa a las ofertas.

Adicionalmente, se crea una nueva categoría de intermediarios financieros donde se incluyen las plataformas de crowdfunding (funding portals) quienes deben registrarse y son supervisados por la SEC, debiendo cumplir con obligaciones mensuales y anuales.

De esta forma se creó un marco normativo que regula la operativa, las plataformas, a los inversores y las empresas que reciben fondos; la regulación americana ha sabido compatibilizar y armonizar los intereses de todas las partes involucradas, brindando seguridad a los participantes, así como supervisando las operaciones, en un marco de respeto y desarrollo de este nuevo modelo de negocios.

A pesar de la tendencia mundial a la regulación – y no a la prohibición – la inmensa mayoría de países latinoamericanos no parecen encontrar el camino ni la forma de proponer regulaciones acordes a los cambios y métodos impuestos por la economía colaborativa.

En Uruguay, se ha optado por deslindarlas de la figura de la intermediación financiera y ubicarlas en la mediación de servicios financieros dada la falta de asunción de riesgos, mediante la incorporación de la figura de las empresas administradoras de plataformas para préstamos entre personas dentro de la Recopilación de Normas de Regulación y Control del Sistema Financiero por Circular del Banco Central del Uruguay nº 2307, de 23 de noviembre de 2018.

Resulta evidente que gran parte de este tipo de plataformas y negocios, tienen como forma de acceso a los mercados la modalidad de disrupción, lo que resalta las carencias regulatorias que la mayoría de los países tienen al momento de abordar situaciones complejas y cambiantes como la mencionada.

De todas formas, el ingreso de las Fintech en América Latina ha sido lento y no tiene hasta la fecha gran desarrollo. Sin embargo, es un fenómeno que puede ser muy beneficioso en tanto supone una forma más flexible para la obtención de dinero, en países que por sus desigualdades sociales, culturales o tecnológicas esto se encuentra limitado (muchos lo denominan como "la democratización del capitalismo").

4 Blockchain

Entre las tecnologías que están impactando disruptivamente en la industria financiera, no es posible omitir la existencia de un jugador que se ha convertido en esencial para el desarrollo de variadas ramas de negocios y el surgimiento de varias monedas digitales, como es la tecnología Blockchain o cadena de bloques.

Blockchain se hizo famosa por ser la base tecnológica en la que se desarrolla Bitcoin, la primera moneda virtual. Consiste en una cadena de bloques de información que se crean cada cierta cantidad de tiempo, en el caso de Bitcoin se crea un bloque cada 10 minutos. En cada nuevo bloque se almacena la información que durante ese período de tiempo se produjo, cada bloque se sella con un algoritmo o *hash* que a su vez da pie al bloque siguiente, se trata de un sello criptográfico que no puede ser modificado. Una de las características principales es que la información guardada no se puede modificar, unicamente se puede adicionar información a la ya existente. Por otra parte, se trata de una red distribuida y descentralizada en numerosos nodos lo que le otorga gran seguridad y confiabilidad, en cada nodo se almacena la misma información no dependiendo de un nodo central, lo cual permite que la red continue funcionando a pesar de que alguno de sus nodos deje de funcionar. Se caracteriza además por la utilización de algoritmos de consenso por medio del cual cada nodo debe aceptar la información para que sea validada y pase a formar parte de la red.[10]

La cadena de bloques es aplicable a casi todas las industrias ya que otorga confiabilidad, seguridad y es una herramienta sumamente útil para la trazabilidad de determinados productos. Permite comerciar entre personas desconocidas ya que la confianza no es depositada en la contraparte, sino que es suficiente con el respaldo que la red otorga a los negocios.

Una de las aplicaciones de Blockchain que más ha llamado la atención de los juristas son los Smart Contracts. En el año 1996 Nick Szabo esboza la figura del contrato inteligente, básicamente se trata de acuerdos cuyas prestaciones se ejecutan automáticamente mediante la utilización de un programa previamente definido entre las partes.

De acuerdo a su creador, un Smart Contract se define como "... un protocolo de transacción computarizado que ejecuta los términos

---

[10] GARIN, Sandra, "Blockchain: ¿Qué temas nos pone en la agenda a los operadores jurídicos?" en Revista del Colegio de Abogados del Uruguay N° 211, abril-mayo 2019, Montevideo, pág. 1° y ss.

de un contrato. Los objetivos generales son satisfacer las condiciones contractuales comunes (como condiciones de pago, gravámenes, confidencialidad e incluso cumplimiento), minimizar las excepciones maliciosas y accidentales, y minimizar la necesidad de intermediarios de confianza. Los objetivos económicos relacionados incluyen la reducción de la pérdida por fraude, los costos de arbitraje y cumplimiento, y otros costos de transacción".

En los Smart Contracts una o más partes proporcionan un activo o activos para ser gestionados por el contrato inteligente de acuerdo a las instrucciones que se le programan. Cumplida la, o las condiciones, los activos de redistribuyen entre las partes de acuerdo con el plan presentado en el contrato. En un contrato inteligente basado en tecnología Blockchain, los términos del contrato se formulan en lenguaje de programación, después de lo cual el contrato inteligente se transfiere a una Blockchain en la que se ejecuta automáticamente sin la intervención de las partes.[11]

Estos contratos inteligentes pueden ser potencialmente utilizables en muchos ámbitos y actividades y particularmente en el ámbito de las Fintech dado que una de las principales virtudes de la tecnología que le sirve de base – blockchain – es precisamente evitar los intermediarios para validar o hacer posible las más diversas transacciones entre particulares.

5 El impacto en el trabajo

La revolución digital, el uso masivo de la tecnología en diferentes modelos de negocios como hemos visto, de los medios de comunicación y de las redes sociales han cambiado la manera en como las personas se relacionan, como evolucionan las economías y por supuesto en la manera en como se desarrollan las relaciones de trabajo.

La Organización Internacional del Trabajo desde 2015 ha advertido que el modelo de empleo estándar en referencias a una relación de trabajo dependiente, estable y de tiempo completo es cada vez menos representativo del mundo del trabajo actual, ya que menos de cada uno de cuatro trabajadores está empleado hoy en condiciones que corresponden a ese modelo, atribuyendo dicha circunstancia a las

---

[11] MILSEV ALVAREZ, Sofía "Smart Contracts, su vinculación con los contratos", Estudios sobre los desafíos jurídicos ante la digitalización, Universidad de Montevideo, Mastergraf 2019.

nuevas tecnologías y a los cambios en la forma en que las empresas organizan la producción.[12]

Se denota la nueva definición de la figura de los trabajadores positivamente valorados en la medida que sean cada vez más proactivos, emprendedores, trabajadores autónomos que asumen por si mismos los riesgos de los nuevos negocios. Se trata prácticamente de mecanismos de marketing laboral que promueven la idea del trabajo independiente como la panacea del trabajador.

De esta manera, en cierto modo se desanda el largo camino recorrido por el derecho laboral en la busqueda de la protección de los derechos de los trabajadores y se ven erosionadas grandes protecciones logradas para los trabajadores dependientes.

Las nuevas modalidades de trabajo en empresas digitales como es el caso de los freelancers derivan en una gran competencia por la obtención de los trabajos llegando a ofrecer los servicios por un precio sustancialmente bajo. Uno de los grandes problemas que deben enfrentar este tipo de trabajadores es que la oferta contra la que compiten muchas veces es internacional, compuesta por trabajadores de variados países y por lo tanto con regulaciones desiguales, con trabajadores que ofrecen su trabajo por un precio/hora notoriamente inferior etc.

Se genera una mayor demanda de prestación de servicios especializados, pero no se crean mayores puestos de trabajo dependiente. Se reducen las plantillas de trabajadores externalizando las tareas en trabajadores independientes.

La nueva realidad tecnológica ha desbordado en una nueva realidad socio económica que presenta grandes desafíos para el Derecho Laboral, entre ellos la necesidad de redefinir las relaciones de trabajo creando nuevas herramientas de protección del trabajador.

La Comisión Europea ha puesto el tema en debate en su informe "A European agenda for the collaborative economy": "Las leyes laborales son competencia casi exclusiva de cada país, complementándose con unos estándares mínimos legales de la UE. Los Estados miembros puede que quieran considerar criterios como la relación de suboradinación con la plataforma, la naturaleza del trabajo y la remuneración cuando decidan si alguien puede ser considerado un empleado de uan plataforma".

Francia ha dado un paso importante en la regulación de esta realidad con la Ley nº 2016-1088. En ella se establece un régimen

---

12 TORINO BRACCO, María Victoria, "Las nuevas tecnologías y la organización del trabajo", Estudios sobre desafíos jurídicos ante la digitalización, Universidad de Montevideo, Mastergraf 2019.

jurídico especial para los trabajadores independientes que, localizadas en cualquier parte del mundo conectan por medios electrónicos a personas para la venta o el intercambio de productos o servicios. Para los casos en que esas plataformas definan las características de dichos bienes o servicios y su precio, deberá asumir el costo de la cobertura por accidentes de trabajo para los trabajadores independientes que se unan a su actividad, así como responder por el derecho a la formación continua.

Los avances tecnológicos aplicados a la organización del trabajo dan lugar a dos grandes figuras, las denominadas tecnologías de automatización y las de intermediación. Las primeras son las que automatizan tareas realizadas por seres humanos y las segundas son las que aumentan la capacidad de conectar la oferta con la demanda. Respecto de este último concepto, Cedrola sostiene que estas nuevas formas de trabajo expanden el concepto de trabajo subordinado, llevándolo a extremos que si bien es difícil verificar elementos distintivos de dependencia, la persona que lo realiza no deja de ser un trabajador, por lo que sostiene, parece razonable la protección garantista del derecho del trabajo; lo que nos conduce a un corrimiento de los márgenes del derecho del trabajo, ampliando sus horizontes hacia un derecho de actividad, que tenga como objetivo la protección del trabajo "latu sensu".

La nueva organización del trabajo tiene como uno de sus ejes principales la división del trabajo en pequeñas fracciones de actividad independientes y de corta duración llamadas *microtasks*, rasgo que se complementa perfectamente con la contratación de trabajadores independientes. La contracara de esta modalidad es la necesidad de los trabajadores de acaparar grandes cantidades de pequeños trabajos para obtener una base mínima de ingresos, la que en el ámbito del trabajo dependiente se encuentra desde ya asegurada por el salario mínimo.

Dentro del contexto de las plataformas de economía colaborativa se instaló la figura del "prosumidor", significa que el consumidor a su vez es productor de bienes y servicios. Naturalmente los prosumidores son trabajadores independientes que deben asumir por sí mismos los costos de la Seguridad Social y las cargas tributarias.

Se reconoce inmediatamente la dificultad de aplicar los conceptos tradicionales de derecho laboral a los prestadores de servicios en las plataformas de economía colaborativa. Esta nueva figura enfrenta riesgos diferentes a los de los trabajadores dependientes y es por ello que requiere soluciones a medida.

Sin embargo, según Montero Pascual, la tendencia por parte de la Unión Europea es la del encasillamiento de la prestación de servicios a través de las plataformas colaborativas como trabajador independiente desaconsejando expresamente la creación de un estatuto legal específico. Esta posición puede deberse a la necesidad de la realización de un marco normativo homogéneo para la comunidad europea que permita la creación y expansión de este tipo de economías, y no tomar decisiones para solucionar asuntos puntuales.

Por su parte la OIT a través de su Comisión Mundial sobre el futuro del Trabajo, ha recomendado que todos los países establezcan estrategias nacionales sobre el futuro del trabajo, así como el desarrollo de un sistema de gobernanza internacional de las plataformas digitales de trabajo que establezca y exija que las plataformas (y sus clientes) respeten ciertos derechos y protecciones mínimos, determinándose así por ejemplo límites máximos de las horas de trabajo y estableciendo el derecho a la desconexión digital.[13]

Pero específicamente el Informe de la Comisión Mundial sobre el futuro del trabajo de la OIT presentado el 22 de enero de 2019, establece que "A medida que cambie la organización del trabajo, tendremos que encontrar nuevas maneras de ofrecer protección adecuada a todos los trabajadores, independientemente de que tengan un empleo a tiempo completo o de que su trabajo consista en realizar micro tareas en línea, en la producción a domicilio para cadenas mundiales de suministro o con un contrato temporal", y sigue: "Al mismo tiempo, todos los trabajadores, independientemente de su modalidad contractual o de su situación laboral, también deben gozar de una protección adecuada que les garantice condiciones de trabajo humanas para todos".

Otro de los aspectos que enfrenta la realidad laboral es la de los desafíos del sindicalismo, en tanto su funcionamiento seguramente deba procesar una deconstrucción a efectos de continuar manteniendo su vigencia como herramienta fundamental de protección de los derechos de los trabajadores.

Pensemos que los intereses de los trabajadores a quienes el sindicato representa y protege se están viendo diversificados. Hasta ahora podíamos decir que los trabajadores compartían intereses básicos que determinaban las necesidades a proteger, actualmente esos intereses no solamente han variado, sino que incluso los trabajadores pueden tener intereses contrapuestos en tanto muchas veces son parte de una bolsa

[13] TORINO BRACCO, María Victoria. "Las nuevas tecnologías y la organización del trabajo" en Estudios sobre desafíos jurídicos ante la Digitalización, Universidad de Montevideo, Mastergraf, 2019.

de oferta de trabajo a nivel global que además los someten a sistemas de reputacion on line.

Todo lo anterior sumado a la necesidad de evolución permanente de las empresas para poder sobrevivir a las constantes exigencias del mercado digital hacen que la labor de los sindicatos se enfrente a un desafío de reorganización total pero además constante.

Es interesante ver como los problemas subyacentes a resolver en base al Derecho del Trabajo se repiten en la nueva realidad laboral. Uno de los grandes retos del Derecho Laboral consiste en proteger al trabajador en su desigual poder de negociación sobre las condiciones de trabajo. Exactamente el mismo problema se reproduce hoy con las plataformas digitales, frente a las cuales el trabajador no cuenta con poder de negociación y con una autonomía de la voluntad resentida y circunscripta a la decisión de tomarlo o dejarlo. Vemos como también se repiten los desequilibrios que se traducen en bajos salarios y transmisión de los riesgos inherentes a los negocios al trabajador.

Entre muchos de los grandes desafíos del Derecho Laboral ante esta nueva realidad se destaca la necesidad de determinación de su ámbito de aplicación, desde el punto de vista subjetivo deberá repensarse si el sujeto a proteger es el trabajador dependiente o si es la persona que en general vive de su trabajo. Asimismo, deberá redefinir su ámbito espacial en la medida en que el trabajador realiza tareas para empresas localizadas en diferentes partes del mundo incluso dando servicios que serán aprovechados en diferentes jurisdicciones.

Este cúmulo de inconvenientes a resolver se traduce en la necesidad de establecer ciertos parámetros mínimos en la contratación de trabajadores de acuerdo a las nuevas condiciones que plantean las innovaciones tecnológicas. Parámetros contractuales que deberán ser lo suficientementes flexibles para poder evolucionar al ritmo que lo hace la digitalización.

Informação bibliográfica deste texto, conforme a NBR 6023:2018 da Associação Brasileira de Normas Técnicas (ABNT):

GAUTHIER, Gustavo; MISLEV, Sofía. Las nuevas tecnologías financieras o "fintech" y su impacto en el trabajo. *In*: TUPINAMBÁ, Carolina (Coord.). *As novas relações trabalhistas e o futuro do Direito do Trabalho*: as novidades provenientes dos avanços tecnológicos. Belo Horizonte: Fórum, 2021. (Coleção Fórum as novas relações trabalhistas e o futuro do Direito do Trabalho. Tomo III.). p. 445-457. ISBN 978-65-5518-131-9.

TRABALHO PORTUÁRIO 4.0: AUTOMAÇÃO E DESAFIOS GERAIS DA RELAÇÃO CAPITAL-TRABALHO NOS PORTOS DO TERCEIRO MILÊNIO

AUGUSTO GRIECO SANT'ANNA MEIRINHO

LUCAS RÊNIO DA SILVA

1 Introdução

O trabalho, como elemento essencial das sociedades ao longo dos séculos, encontra-se em constante mutação. As revoluções industriais, por sua vez, promoveram, cada uma ao seu tempo, as rupturas que impulsionaram a evolução da humanidade, sobretudo em termos tecnológicos, com impactos diretos nas relações de trabalho.

A atividade portuária, junto com a indústria da navegação, contribuiu decisivamente para a configuração do mundo globalizado da atualidade, tendo sido impactada por uma verdadeira revolução tecnológica no que tange aos métodos de movimentação de cargas nos portos.

A denominada quarta revolução industrial já se configura como uma realidade nas atividades portuárias em alguns portos no mundo, o que impõe a necessidade de analisar os seus possíveis impactos nos portos brasileiros.

George K. Vaggelas destaca que o "Trabalhador Portuário 4.0" deverá ser especialista em TI, pois,

> A tecnologia está evoluindo na indústria portuária e cria desafios para os trabalhadores portuários. A automação de processos portuários focada nos serviços de cais (ou seja, no carregamento e descarregamento) e nas áreas de armazenamento, exige habilidades adicionais para os trabalhadores portuários. O conhecimento do uso do PC junto com o uso de programas de software especializados e a compreensão dos serviços em nuvem estão entre as habilidades que serão valiosas no futuro. Isso não significa que o trabalho no setor portuário será totalmente eliminado. As tecnologias podem reduzir os empregos de baixa qualificação nos portos, mas, por outro lado, novos empregos altamente qualificados serão criados, como arquitetos de sistemas, engenheiros de TI, analistas de negócios etc. Concluindo, estamos indo de um pessoal qualificado para um multi-capacitado nos portos e, nessa transição, o conhecimento de novas tecnologias é uma vantagem.[1]

No porto de Auckland, Nova Zelândia, o avanço dos projetos de automação tem sido impactado pela dificuldade em recrutar pessoas com esse perfil de "Portuário 4.0". O departamento de recursos humanos do referido porto tem buscado "pessoas que não estejam apenas interessadas em conduzir transportadores e guindastes, mas que se adaptem a outras áreas de trabalho e possibilidades, com mudanças de funções à medida que o porto se desenvolve".[2] Por sua vez, o cenário portuário brasileiro demanda essa análise com o olhar para o futuro, sem deixar de reconhecer que as constâncias de práticas arraigadas na dialética capital e trabalho apresentam potencial foco de conflito, sobretudo diante das mudanças advindas da modernidade.

O movimento operário dos trabalhadores portuários é certamente o mais aguerrido dentre todas as atividades profissionais. Há

---

1 Cf. Interview: Docker 4.0 to be international and IT skilled. *Port Economics*, fev. 2019. Disponível em: https://www.porteconomics.eu/2019/02/07/interview-docker-4-0-to-be-international-and-it-skilled/. Acesso em 26 jul. 2019. (Tradução livre dos autores).

2 Cf. Escassez de mano de obra capacitada y automatización desafían la empleabilidad en los puertos del mundo. *Mundo Marítimo*, 11 jun. 2019. Disponível em: https://www.mundomaritimo.cl/noticias/escasez-de-mano-de-obra-capacitada-y-automatizacion-desafian-la-empleabilidad-en-los-puertos-del-mundo. Acesso em 26 jul. 2019.

uma tradição secular de greves e manifestações, com prática de atos anarcossindicalistas que continuam ocorrendo até os dias atuais por meio de invasões a terminais e ocupações de navios. Trata-se da única categoria que pratica, em pleno século XXI, um "anarcossindicalismo pós-moderno" em plano internacional. Recentemente, neste ano de 2019, entidades sindicais como a ILWU, nos Estados Unidos, e a MUA, na Austrália, iniciaram protestos e greves contra o avanço da automação nos portos de Los Angeles, Brisbane, DP World Fremantle, DP World Melbourne and DP World Sydney.

As alterações fáticas, normativas e jurídicas ocorridas nas últimas décadas contribuíram para que o setor portuário no Brasil se apresente confuso, do ponto de vista regulatório, sobretudo diante da assimetria da exploração portuária, na dualidade portos públicos e terminais privados.

Importante fator de insegurança jurídica advém das controvérsias nas relações de trabalho nos portos brasileiros, ainda não sedimentadas na jurisprudência da Justiça do Trabalho, agravando ainda mais o cenário futuro.

O presente estudo tem como objetivo principal analisar os impactos dos modernos processos de movimentação de carga nos portos brasileiros, com destaque para a perspectiva trazida pela Convenção nº 137, da Organização Internacional do Trabalho, para atenuação dos impactos que um ambiente em constante mudança tecnológica acarreta aos trabalhadores portuários avulsos.

2 Perspectiva do Setor Portuário no Brasil

O porto é uma região estratégica para o intercâmbio comercial em suas dimensões nacional e internacional.

É o local onde ocorrem as trocas comerciais na medida em que se configura como o espaço de transferências de cargas e/ou pessoas derivadas do transporte aquaviário.[3]

---

3 Segundo Samir Keedi, o transporte aquaviário é a "navegação realizada por navios, barcos, barcaças, etc., em vias aquáticas, podendo ser dividido em marítimo, fluvial e lacustre, que são as navegações em mares, rios e lagos respectivamente". (KEEDI, Samir. *Transportes, unitização e seguros internacionais de carga. Prática e exercícios*. São Paulo: Lex, 2006. p. 51).

Wayne K. Talley[4] destaca que "um porto é um 'motor' para o desenvolvimento econômico regional, ao aumentar a empregabilidade, a renda do trabalho, os ganhos empresariais e os tributos na região".[5]

A atividade portuária está umbilicalmente ligada à indústria do transporte marítimo, estando esses dois setores simbioticamente interligados, o que significa dizer que a existência de um depende da existência do outro.

Tendo a civilização se desenvolvido com as trocas comerciais, o transporte aquaviário viabilizou a aproximação dos povos e permitiu o surgimento de cidades importantes a partir de seus portos: Nova Iorque, Roterdã, Antuérpia, Hamburgo, Marselha, Liverpool, Hong Kong, Santos, apenas para citar algumas, são todas cidades portuárias e polos de desenvolvimento de suas regiões.

Em um país com dimensões continentais como o Brasil, com extenso litoral e bacias hidrográficas navegáveis, seria razoável supor que o modal aquaviário ocupasse posição central nas políticas públicas de transporte, ao lado do setor portuário.

Entretanto, no Brasil, há um subaproveitamento do transporte aquaviário, sobretudo na cabotagem. Segundo o Banco Nacional de Desenvolvimento Econômico e Social (BNDES), a cabotagem representa uma participação relativa de menos de 11% do total das modalidades de transporte.

> A grande capacidade operacional de movimentação de cargas da navegação de cabotagem gera ganhos de escala que resultam em vantagens econômicas, como: menor consumo de combustível por tonelada transportada, menor custo por tonelada-quilômetro transportado, reduzido registro de acidentes. Para transportar a mesma quantidade de carga de uma embarcação de seis mil toneladas, haveria necessidade de 172 carretas de 35 toneladas ou 86 vagões de setenta toneladas. Além disso, o menor consumo de combustível por tonelada-quilômetro transportado vai ter como consequência menor emissão de poluentes, um benefício ambiental. A navegação de cabotagem é uma atividade intrínseca do país, que esteve presente desde a colonização. Ela desempenhou papel relevante no transporte de mercadorias durante séculos. Porém, nas últimas décadas, perdeu importância relativa em comparação a outros

---

4 Professor de economia e diretor do *Maritime Institute* na *Old Dominion University* em Norfolk, Virgínia, nos Estados Unidos da América.

5 "A port is an 'engine' for regional economic development by increasing employment, labor incomes, business earnings, and taxes in the region". (Tradução livre dos autores). (TALLEY, Wayne K. *Port economics*. London e New York: Routledge, 2009. p. 7).

meios de transporte de mercadorias, como o rodoviário, apesar de ser o meio de movimentação de carga mais competitivo, menos poluente e com o menor número de acidentes.[6]

Por óbvio que a subutilização do potencial do modal aquaviário impacta negativamente o setor portuário, bem como a própria infraestrutura de acesso aos portos (transporte fluvial, terrestre rodoviário e ferroviário).

Centrando no objeto principal de estudo do presente artigo, qual seja, o trabalho portuário, o panorama do transporte aquaviário brasileiro já impõe, por si só, um número de oferta de trabalho aos trabalhadores portuários aquém da demanda considerada ideal por diversos analistas (em relação ao aproveitamento desse modal).

A situação do acesso ao trabalho também é impactada pela introdução de modernos métodos de processamento de cargas nos portos, o que foi acelerado, em grande medida, pela "conteinerização".

Contudo, deve-se ressaltar que a modernização dos métodos de movimentação de carga nos portos não é algo indesejável. Embora diminua as ofertas de trabalho dos portuários, reduz, significativamente, os riscos laborais (sobretudo os acidentes de trabalho) e contribui para uma melhor condição ergonômica labor-ambiental. Na operação de guindastes como Portainers (STS) e Transtainers (RTG) esse ganho ergonômico é notório, pois, ao invés de permanecerem em cabines suspensas do próprio pórtico olhando para baixo, em direção ao navio e ao costado, os operadores movimentam tais aparelhos sentados confortavelmente num ambiente administrativo, através de computador dotado de controles e câmeras que possibilitam o controle teleguiado.

Por óbvio que gera resistência nos trabalhadores portuários, principalmente os denominados avulsos, que enxergam a modernização tecnológica como uma ameaça tangível às suas oportunidades de trabalho.

Para se compreender bem a realidade do trabalho portuário nos portos brasileiros, faz-se necessário expor a sua evolução, mesmo que resumidamente.

---

6 Adaptação do artigo *Navegação de Cabotagem Brasileira*, de Cássio Adriano Nunes Teixeira, Marco Aurélio Ramalho Rocio, André Pompeo do Amaral Mendes e Luís André Sá d'Oliveira, publicado no BNDES Setorial 47, para a página do BNDES na rede mundial de computadores: Cf. A cabotagem no Brasil. *BNDES*, 10 ago. 2018. Disponível em: https://www.bndes.gov.br/wps/portal/site/home/conhecimento/noticias/noticia/cabotagem. Acesso em 20 abr. 2019.

Maria de Fátima Ferreira Queiróz, Rosana Machin e Márcia Couto sintetizam esse processo histórico, que se desenrolou ao longo de séculos:

> Estudos históricos demonstram que a força de trabalho nos portos brasileiros tem origem com o trabalho de escravos e ex-escravos. Erica Arantes, ao estudar os negros no porto do Rio de Janeiro nos primeiros anos do século XX, aponta que estes, '[...] desde os tempos da escravidão, encontraram no porto um ambiente propício ao trabalho. O serviço, por ser dinamizado principalmente através da mão de obra avulsa, fazia do porto um local privilegiado onde escravos de ganho poderiam conseguir o jornal do senhor. Mesmo depois da abolição os negros continuaram dominando o cenário do cais, apesar das constantes levas de imigrantes que chegavam na cidade'. Essa condição histórica deu à zona portuária do Rio de Janeiro a denominação de Pequena África, e o negro se estabeleceu como carregador no sistema de ganho. Na Bahia, em 1857, a maioria dos negros de Salvador, escravos ou não, trabalhava na rua, ou entre a casa e a rua. Os senhores de escravos ofereciam seus servos para os trabalhos avulsos [...] A origem do trabalho portuário em Santos não difere daquela do restante do país. As tarefas eram realizadas por trabalhadores negros no sistema de ganho [...] A movimentação era feita por ex-escravos e trabalhadores livres que transportavam nas costas todo tipo de produto [...] Após a alforria, concedida pela Lei Áurea em 1888, a quantia paga aos donos como aluguel passou a ser paga aos próprios escravos [...] As mudanças na composição étnica no trabalho portuário ocorrem principalmente com a chegada dos imigrantes, entre o final do século XIX e início do século XX [...] o porto de Santos foi a principal porta de entrada dos imigrantes europeus e asiáticos que vieram para o Brasil, sobretudo para o estado de São Paulo. A cidade litorânea abrigou centenas de imigrantes pobres, dedicados a profissões como carroceiros, pedreiros, alfaiates, caixeiros e trabalhadores portuários. O porto de Santos atraiu um importante contingente imigrante, que concorria à tomada de trabalho.[7]

Também é importante destacar que, na origem, o Trabalho Portuário era basicamente braçal, com o emprego de grande esforço físico e a necessidade de numerosos trabalhadores para dar conta da movimentação de carga nos portos (embarque, desembarque e armazenamento das cargas). Essa realidade vigorou por séculos nos portos de

[7] FERREIRA QUEIRÓZ, Maria de Fátima; MACHIN, Rosana; COUTO, Marcia Thereza. *Porto de Santos. Saúde e trabalho em tempos de modernização*. São Paulo: Fap-Unifesp, 2015. p. 38-40.

todo o mundo. A força humana era o principal fator na movimentação de cargas nos portos.

Eric Hobsbawm nos revela essa realidade, ao analisar como se dava o trabalho nos portos ingleses, mostrando que a introdução de meios modernos de movimentação de carga foi lenta e gradual na virada do século XIX para o século XX:

> Tecnicamente falando, o trabalho da estiva era espantosamente primitivo em 1889. Naturalmente é verdade que a irregularidade essencial das chegadas e partidas dos navios impõe limites até hoje à racionalização e à mecanização da faina portuária, mas no fim da década de 1880 não havia, em absoluto, com exceção dos cais, guindastes, guinchos e ferrovias de beira de cais, virtualmente nenhum equipamento mecânico. A revolução técnica que iria mecanizar a carga e descarga de grãos e carvão, e até certo ponto da madeira, não foi iniciada seriamente senão no fim da década de 1890 e começo da de 1900, e o seu progresso foi lento. A melhor descrição do trabalho nas docas de Londres em 1908 dificilmente menciona equipamento mecânico exceto no Cais Vitória (trigo, carne congelada e carvão), e mesmo em 1914 muito içamento de carvão em Liverpool era feito em cestas manuais, enquanto a descarga de grãos por sacos estava longe de ser extinto em Bristol, mesmo após a mecanização da Primeira Guerra Mundial [...] Tecnicamente, as docas de Liverpool, tais como descritas por Sexton, no fim da década de 1880, como as docas de Gênova, no mesmo período, estavam mais próximas do ofício dos carregadores centro-africanos do que da indústria moderna.[8]

No Brasil o cenário não era muito diferente, agravado pelo atraso típico das relações jurídicas presentes em um país há pouco saído da Monarquia e dos interesses oligárquicos reinantes no seio do Estado.

O trabalho portuário no Brasil, ao longo das primeiras décadas do século passado, era rudimentar e precário, com emprego de grande contingente de trabalhadores. Trabalho lento, artesanal e perigoso, a estivagem de carga nos navios da época configurava-se como uma verdadeira arte, complexa e realizada de forma manual.

A realidade do trabalho desgastante pode ser conferida nas fotos históricas do Porto de Santos, com filas de trabalhadores portuários transportando sacarias em suas costas, sobre rampas de acesso[9] aos navios. O monumento em homenagem ao trabalhador portuário, na

---

[8] HOBSBAWM, Eric. J. *Os trabalhadores. Estudo sobre a história do operariado.* São Paulo: Paz e Terra, 2000. p. 38-40.

[9] Conhecidas como trapiches.

cidade de Santos, é um estivador sem camisa com um saco (provavelmente de café) sobre o seu dorso.

Uma figura emblemática do porto de Santos ilustra essa realidade arcaica, presente de forma geral no trabalho portuário brasileiro: "Jacinto, o Sansão do cais santista", foi um trabalhador que se tornou mito no Porto de Santos ao ser fotografado com cinco sacas de café nas costas (cerca de trezentos quilos ao todo). O trabalho braçal era indispensável para o embarque e desembarque das mercadorias nos navios que aportavam nos portos brasileiros.

A movimentação braçal de sacarias nos terminais e navios só começou a ser efetivamente eliminada na segunda metade do século XX, com a unitização de carga, cujo contêiner foi o seu ápice.

O surgimento do contêiner, portêineres, sistemas de correias transportadoras e *shiploaders* substituiu a mão de obra de milhares de trabalhadores que se avolumavam em longas filas para carregar ou descarregar navios. A evolução tecnológica do aparelhamento portuário e das embarcações reduziu sensivelmente a necessidade de participação humana nos métodos de manipulação das cargas.

Francisco Carlos de Morais Silva explica essa realidade, sob a perspectiva do impacto na mão de obra:

> Com a evolução comercial, industrial, de transportes e comunicações, as antigas gerações de navios, atendendo às necessidades tecnológicas, foram sendo substituídas, culminando por atingir a modernização dos dias atuais. Nos últimos decênios, a evolução se fez sentir de forma acentuada, com a entrada, em tráfego, de navios full-containers. A introdução do container, de maneira intensiva, em todos os principais tráfegos mundiais, modificou radicalmente a filosofia da operação portuária. Seguiram-se os navios roll-on/roll-off, agora já em terceira ou quarta geração, modernos transportadores de automóveis, graneleiros, petroleiros combinados e outros navios sofisticados, providos de aparelhagens coerentes com as necessidades do tráfego. Esses modernos navios vieram simplificar as operações, de forma que a intervenção humana passou a ser menos exigida... operações anteriores que necessitavam de 12 (doze) a 15 (quinze) trabalhadores para serem executadas – hoje podem ser realizadas com apenas 4 (quatro) ou 5 (cinco) pessoas.[10]

O modelo de exploração dos portos no Brasil, essencialmente público, dificultava os investimentos necessários para a modernização

[10] SILVA, Francisco Carlos de Morais. *Direito portuário. Considerações sobre a lei de modernização dos portos (Lei nº 8.630, de 25 de fevereiro de 1993)*. Belo Horizonte: Del Rey, 1994. p. 20.

da superestrutura portuária, sem falar da infraestrutura essencial para as operações.

Esse cenário somente começa a se modificar com a injeção de capital privado, fruto da mudança do marco normativo do setor portuário, promovida pela Lei nº 8.630, de 1993, conhecida como Lei de Modernização dos Portos.

Com a passagem da gestão da atividade finalística para a iniciativa privada, foi natural o questionamento acerca da forma como o trabalho portuário era empregado, mormente no que tange ao número de trabalhadores portuários integrantes dos denominados ternos de operação.

Por óbvio que essa transformação não ocorreu apenas no Brasil, mas veio a reboque do processo de globalização, acelerado nas últimas décadas do século XX. Pode-se dizer que é uma questão de sobrevivência, pois os países que não se adaptam ao processo evolutivo mundial ficam à margem do progresso econômico.

Consequentemente, os avanços sociais sofrem prejuízos. No Brasil, essa necessidade é ainda maior, pois seu comércio exterior depende quase que integralmente do Setor Portuário. Conforme divulgado no *site* da extinta Secretaria Especial de Portos da Presidência da República, cujas atribuições encontram-se atualmente incorporadas ao Ministério da Infraestrutura, na figura da Secretaria Nacional de Portos e Transportes Aquaviários, "o setor portuário é responsável por mais de 90% das exportações do País" e, "[d]o total de 637,6 milhões de toneladas de produtos vendidos e levados ao exterior em 2015, segundo os dados divulgados pela Secretaria de Comércio Exterior (Secex) do Ministério do Desenvolvimento, Indústria e Comércio Exterior (MDIC), 95,9% saíram por via marítima e 2,7% por via fluvial".[11]

Aliás, a proeminência do transporte marítimo no comércio exterior é uma realidade linear no mundo globalizado. Dados da *International Chamber of Shipping* (Câmara Internacional de Navegação, em tradução livre) referem que aproximadamente 90% das trocas comerciais mundiais passam pelos portos.[12] No Brasil isso não é diferente, motivo pelo qual

---

11 Disponível em: http://www.portosdobrasil.gov.br/assuntos-1/sistema-portuario-nacional. Acesso em 08 jan. 2015. Disponível em: http://www.portosdobrasil.gov.br/home-1/noticias/portos-do-brasil-movimentam-98-6-das-exportacoes-em-2015. Acesso em 26 out. 2015.

12 Disponível em: http://www.ics-shipping.org/docs/default-source/resources/annual-review-2018.pdf?sfvrsn=14. Acesso em 02 mai. 2019.

nos dez primeiros meses de 2017 o modal marítimo foi responsável pelas fatias de 83,5% do total de exportações e 73,6% das importações.[13]

A modernização das operações portuárias exige que o sistema de trabalho se apresente evoluído, preparado para atender às constantes transformações da logística internacional. Dentro dessa concepção, o Trabalho Portuário contemporâneo é marcado por uma atuação mais especializada e dinâmica. Isso significa que as vagas para o trabalho braçal (com alto esforço físico) estão se tornando cada vez mais escassas. Por outro lado, as oportunidades de natureza técnica aumentam em termos de número e grau de importância (Ex.: operação e manutenção de equipamentos, processamento de dados informatizados etc.).

Considerando-se a disrupção entre um modelo tradicional de movimentação de carga, com número elevado de trabalhadores, para um modelo automatizado, é imposta ao Estado e à sociedade, como um todo, a reflexão sobre o destino dos trabalhadores portuários que venham a ficar sem as suas tradicionais ocupações.

3 Transformação de Paradigmas no Trabalho Portuário

Como afirmado anteriormente, os métodos de movimentação de cargas no mundo e no Brasil sofreram, nos últimos cem anos, profunda mudança de paradigmas.

Embora todo o processo evolutivo seja complexo, com múltiplas condicionantes, um fator preponderante foi o desenvolvimento tecnológico, que se deu em três frentes principais: a indústria da navegação (mudanças nas concepções dos navios), as cadeias logísticas (intermodalidade) e o setor portuário (métodos de movimentação de cargas).

Centrando a análise no setor portuário, e reconhecendo o impacto da unitização das cargas e da automação nas ofertas de oportunidades de trabalho, devem ser consideradas alternativas para a absorção e o amparo social do contingente excedente de trabalhadores portuários potencialmente atingidos.

A indústria da navegação e o setor portuário, desde o término da Segunda Guerra Mundial, vêm passando por acelerado processo de mudança tecnológica. Assim se manifestaram David Pinder e Brian Slack sobre essa evolução:

---

13 Disponível em: http://www.brasil.gov.br/noticias/infraestrutura/2017/11/essencial-para-o-comercio-exterior-transporte-maritimo-avanca-no-brasil. Acesso em 02 mai. 2019.

> A Mudança tecnológica, por sua vez, coloca-se no coração de quase tudo que impulsionou o avanço sem precedente dos sistemas de navegação e portuário entre os anos de 1950s e 1980s. Navios graneleiros para óleo e commodities secas teriam sido impossíveis sem a importante percepção acerca do carregamento, stress e seu gerenciamento através do progresso em relação aos designs dos navios e técnicas de construção. Eles também teriam sido sem sentido sem os avanços tecnológicos no manuseio que permitiram as commodities a granel serem embarcadas, desembarcadas, organizadas e armazenadas nas áreas portuárias em uma escala bem maior, e com muito maior eficiência, que previamente possível. A containerização ecoou e reforçou tudo isso: novos tipos de navios baseados em concepções radicalmente diferentes de designs; uma revolução na natureza e capacidade dos guindastes de cais; e igualmente impressionantes avanços em outros equipamentos de manuseio para melhorar a velocidade, racionalidade – e, portanto, o custo – da armazenagem no cais.[14]

A introdução do container reflete bem essa realidade, como se pode ver do estudo apresentado por Sander Magalhães Lacerda:

> A introdução de contêineres para o transporte marítimo de cargas, a partir da década de 1960, modificou a operação tanto das empresas de navegação quanto das áreas portuárias. A oferta de serviços de transporte marítimo de contêineres tornou-se progressivamente concentrada, devido à necessidade de vultosos gastos de capital para a aquisição dos grandes e modernos navios porta-contêineres, e as empresas de navegação expandiram sua atuação do trecho marítimo do transporte para os trechos terrestres, oferecendo serviços logísticos porta-a-porta. Nos portos, a principal modificação foi a drástica redução da quantidade de mão-de-obra necessária para o manuseio de cargas e para as operações de embarque

---

[14] "Technological change, meanwhile, lay at heart of almost everything that had driven the unprecedented advance of shipping and port systems between the 1950s and the 1980s. Bulk carriers for oil and dry commodities would have been impossible without major new insights into loads, stresses and their management through progress with ship design and construction techniques, They would also have been pointless without technological advances in handling that enabled bulk commodities to be loaded, unloaded, organized and stored in port areas on a much greater scale, and with far greater efficiency, than had previously been possible. Containerisation echoed and reinforced all this: new types of ship based on radically different design concepts; a revolution in the nature and capacity of the quayside crane; and equally impressive advances in other handling equipment to improve the speed, rationality – and therefore the cost – of quayside storage". (Tradução livre dos autores). (PINDER, David; SLACK, Brian. Contemporary Contexts for Shipping and Ports. *In*: PINDER, David; SLACK, Brian (Ed.). *Shipping and Ports in the Twenty-first Century. Globalisation, technological change and the environment.* London e New York: Routledge, 2004. p. 3).

e desembarque. O acondicionamento das cargas nos contêineres pode ser descentralizado e realizado na origem das mercadorias, nas fábricas, ou por meio de serviços especializados, dentro ou fora das áreas dos portos. Como resultado, o tempo necessário para transportar as cargas dentro do porto e embarcá-las nos navios foi reduzido.[15]

A indústria da navegação e o setor portuário sofrem os impactos diretos da automação, influenciando sobremaneira o nível de absorção de mão de obra nos setores. Destarte, diminui-se o número de tripulantes necessários para operarem os navios e reduzem-se os ternos de trabalhadores portuários para a movimentação de cargas nos portos.

Lógico que essa explicação é bem simplista e não revela toda a complexidade do trabalho portuário, sobretudo por abranger séculos de história. Contudo, cabe observar que estamos diante do fechamento de um ciclo importante, com as grandes empresas de navegação enveredando também para as operações portuárias, passando a ser proprietárias, elas mesmas, de instalações portuárias.

Essa nova dinâmica repercute no setor portuário. Há grandes empresas de navegação, com presença nas mais diversas partes do mundo, que integram a estrutura societária de terminais portuários influenciando na frequência de navios em terminais localizados no mesmo complexo portuário. Essa nova realidade pode influenciar, inclusive, nas decisões estratégicas do setor, repercutindo na livre competição, bem como na própria capacidade do Estado como agente regulador setorial.

No início da década de 1990, em um ambiente renovado com o processo de redemocratização e com a promulgação da Constituição de 1988, passou-se a discutir o modelo portuário nacional, objetivando remodelar o setor. Após intensos debates no âmbito do Congresso Nacional, fruto de tensões naturais envolvendo os diversos atores sociais ligados à atividade portuária, foi promulgada a Lei nº 8.630, de 1993 (que ficou conhecida como Lei de Modernização dos Portos).

A adoção do novo marco regulatório do setor portuário se deu, precisamente, inserido em um processo mais amplo de atendimento aos objetivos políticos e econômicos, em uma concepção renovada de Estado, fruto de um refluxo liberal, a despeito da Constituição Federal de 1988.

---

15 LACERDA, Sander Magalhães. Navegação e Portos no Transporte de Contêineres. *Revista do BNDES*, Rio de Janeiro, v. 11, n. 22, p. 215-243, dez. 2004. p. 217.

Com a chegada ao Poder do Presidente Fernando Henrique Cardoso,[16] foram aprovadas reformas visando a uma nova concepção de Estado, tendencialmente gerencial, com redução de sua dimensão intervencionista na economia. As agências reguladoras, entre elas a Antaq (Agência Nacional de Transportes Aquaviários),[17] estão inseridas nesse contexto reformador.

Diogo de Figueiredo Moreira Neto e Rafael Véras de Freitas, em estudo sobre a Lei nº 12.815, de 2013, mas fazendo referência à Lei nº 8.630/1993, destacam que o advento deste novo marco regulatório tinha por objetivo:

> (1) atrair investimentos privados, modernizando as infraestruturas portuárias brasileiras; (2) fomentar a concorrência entre os terminais portuários, produzindo externalidades positivas para o setor e buscando atingir a eficiência por meio da competição; (3) angariar recursos para o Poder Público, por meio do arrendamento das instalações portuárias; e (4) extinguir o monopólio da gestão dos trabalhadores portuários.[18]

Como se percebe dos objetivos citados, ao lado das questões relacionadas aos benefícios potenciais advindos da melhoria da infraestrutura portuária para o Brasil, um dos pontos centrais é justamente a mudança da forma de gestão da mão de obra portuária, notadamente a retirada do monopólio de gestão do trabalho avulso pelas entidades sindicais.

Por ser questão sensível no modo de produção capitalista, e fruto de muitas controvérsias inclusive na esfera judicial, o processo de modernização dos portos passava, necessariamente, por mudanças na forma como o trabalho portuário era empregado.

A mudança não se daria apenas em aspectos operacionais de redimensionamento dos quadros de trabalhadores portuários nos portos brasileiros (redução do número de trabalhadores no sistema), mas também na forma como o trabalho humano seria desenvolvido

---

16 Embora o primeiro mandato do Presidente Fernando Henrique Cardoso tenha se iniciado em 1º de janeiro de 1995, a sua influência já era decisiva no Governo do Presidente Itamar Franco, na medida em que ocupou o cargo de Ministro das Relações Exteriores e da Fazenda, entre os anos de 1992 e 1994.

17 A Antaq, entidade da Administração Pública Federal indireta, de regime autárquico especial, tem por finalidade implementar as políticas formuladas pela União, regulando, supervisionando e fiscalizando as atividades de prestação de serviços de transporte aquaviário e de exploração da infraestrutura portuária e aquaviária.

18 MOREIRA NETO, Diogo de Figueiredo; FREITAS, Rafael Véras de. *A Nova Regulação Portuária*. Belo Horizonte: Fórum, 2015. p. 14.

em alinhamento com os interesses do empresariado que passaria a investir no setor.

Ao lado do tradicional trabalho avulso,[19] a Lei de Modernização dos Portos permitiu que os operadores portuários se valessem de empregados contratados por prazo indeterminado (relação de emprego). Assim, a partir do novo marco regulatório, passaram a coexistir duas formas de contratação do trabalho portuário: avulso e com vínculo de emprego por prazo indeterminado (art. 26 da Lei nº 8.630, de 1993, e art. 40 da Lei nº 12.815, de 2013).

O debate em torno da vinculação empregatícia de Portuários floresceu com o advento da Lei de Modernização dos Portos, nº 8.630/93. Antes dessa Lei, o Trabalho Portuário no Brasil era majoritariamente avulso, realidade secular que se tornou tradição em tal setor. Com exceção da capatazia, as demais atividades do labor portuário eram realizadas na modalidade avulsa; os Tomadores de Serviços eram as Entidades Estivadoras em sistema de *closed shop*.

Sobre a mão de obra que deveria atuar nos serviços de capatazia, o artigo 285, parágrafo único, da Consolidação das Leis do Trabalho, previa que tal incumbência era do "pessoal da administração do porto". Assim, ao inverso das demais atividades, somente a atividade de capatazia era desenvolvida por trabalhadores vinculados: servidores das Cias. Docas. Apenas nos casos em que o número de servidores das Cias. Docas fosse insuficiente é que requisitava-se TPAs para complementar os ternos; era a chamada "Força Supletiva", cuja convocação baseava-se no art. 12, §3º, da Lei nº 4.860/1965 e no art. 285, parágrafo único, inciso III, alínea "*a*" da CLT.

Nas palavras de Francisco Edivar Carvalho, a participação pontual da Força Supletiva tornava a atividade de capatazia "híbrida, ou seja, uma parte era realizada com a mão-de-obra da administração do

[19] É aquele exercido pelo trabalhador portuário avulso (TPA), que é quem presta serviços a diversos tomadores, sem a configuração da relação de emprego, na atividade de movimentação de carga nos portos, com a intermediação de um órgão gestor de mão de obra, regido por legislação específica. A Lei nº 8.630, de 1993, inspirando-se no modelo português, criou a figura do OGMO (Órgão Gestor de Mão de Obra), com a finalidade precípua de gerir o fornecimento de TPAs para os diversos tomadores de serviços (operadores portuários). O OGMO é reputado pela legislação como entidade de utilidade pública, sem fins lucrativos, sendo-lhe vedada a prestação de serviços a terceiros ou o exercício de qualquer atividade não vinculada à gestão de mão de obra (art. 25 da Lei nº 8.630, de 1993, e art. 39 da Lei nº 12.815, de 2013).

portos (Cias. Docas) [...] e a outra, quando necessário, com mão-de-obra complementar que não tinha vínculo".[20]

Seguindo uma tendência que passou a reger internacionalmente o Trabalho nos Portos, a Lei nº 8.630/1993 teve como uma das suas prioridades o incentivo à vinculação empregatícia da categoria portuária como um todo. Para tanto, previu, em seu artigo 26, que "o trabalho portuário de capatazia, estiva, conferência de carga, conserto de carga, bloco e vigilância de embarcações, nos portos organizados, será realizado por trabalhadores portuários *com vínculo empregatício a prazo indeterminado* e por trabalhadores portuários avulsos". O conceito desse dispositivo foi repetido na nova Lei dos Portos, nº 12.815/2013.

A Lei de Modernização dos Portos ainda buscou uma nova sistematização do trabalho portuário, reconhecendo as mudanças operativas nos métodos de movimentação de carga. Ao mesmo tempo em que enumerou as atividades abrangidas pelo trabalho portuário (art. 26 da Lei nº 8.630, de 1993),[21] ainda fez referência ao instituto da multifuncionalidade (art. 57 da Lei nº 8.630, de 1993).[22]

A multifuncionalidade, que deve abranger as atividades de capatazia, estiva, conferência de carga, conserto de carga, vigilância de embarcações e bloco, revela-se como um antídoto voltado a minimizar os efeitos dos modernos processos de manipulação de cargas, além de aumentar a sua produtividade.

Miriam Ramoniga, escrevendo à luz da Lei nº 8.630/93, afirmou que os trabalhadores operacionais que antes da promulgação dessa lei pertenciam a diversas categorias, com a edição da referida lei estariam "agrupados em uma única categoria, qual seja, a dos trabalhadores portuários avulsos,[23] que podem ser cadastrados e registrados no OGMO".[24]

---

20 CARVALHO, Francisco Edivar. *Trabalho portuário avulso antes e depois da lei de modernização dos portos*. São Paulo: LTr, 2005. p. 20.

21 O trabalho portuário de capatazia, estiva, conferência de carga, conserto de carga, bloco e vigilância de embarcações, nos portos organizados, será realizado por trabalhadores portuários com vínculo empregatício a prazo indeterminado e por trabalhadores portuários avulsos.

22 No prazo de cinco anos contados a partir da publicação desta lei, a prestação de serviços por trabalhadores portuários deve buscar, progressivamente, a multifuncionalidade do trabalho, visando adequá-lo aos modernos processos de manipulação de cargas e aumentar a sua produtividade.

23 Entendemos que a categoria é de trabalhador portuário, sendo que a forma de utilização do trabalho do portuário pode ser na modalidade avulsa ou com vínculo empregatício por prazo indeterminado.

24 RAMONIGA, Miriam. A relevância do Órgão Gestor de mão de obra para a atividade portuária. Uma análise do Trabalho Portuário avulso. *In*: CASTRO JUNIOR, Osvaldo

Da mesma forma, a Lei nº 12.815/2013 prevê que o trabalho nos portos pode ser exercido por trabalhadores portuários com vínculo empregatício por prazo indeterminado e por trabalhadores portuários avulsos, enumerando em seu art. 40, §1°, as atividades exercidas nos portos.

> *Art. 40 da Lei nº 12.815/2013.* O trabalho portuário de capatazia, estiva, conferência de carga, conserto de carga, bloco e vigilância de embarcações, nos portos organizados, será realizado por trabalhadores portuários com vínculo empregatício por prazo indeterminado e por trabalhadores portuários avulsos.
> §1° Para os fins desta Lei, consideram-se:
> I – *capatazia*: atividade de movimentação de mercadorias nas instalações dentro do porto, compreendendo o recebimento, conferência, transporte interno, abertura de volumes para a conferência aduaneira, manipulação, arrumação e entrega, bem como o carregamento e descarga de embarcações, quando efetuados por aparelhamento portuário;
> II – *estiva*: atividade de movimentação de mercadorias nos conveses ou nos porões das embarcações principais ou auxiliares, incluindo o transbordo, arrumação, peação e despeação, bem como o carregamento e a descarga, quando realizados com equipamentos de bordo;
> III – *conferência de carga*: contagem de volumes, anotação de suas características, procedência ou destino, verificação do estado das mercadorias, assistência à pesagem, conferência do manifesto e demais serviços correlatos, nas operações de carregamento e descarga de embarcações;
> IV – *conserto de carga*: reparo e restauração das embalagens de mercadorias, nas operações de carregamento e descarga de embarcações, reembalagem, marcação, remarcação, carimbagem, etiquetagem, abertura de volumes para vistoria e posterior recomposição;
> V – *vigilância de embarcações*: atividade de fiscalização da entrada e saída de pessoas a bordo das embarcações atracadas ou fundeadas ao largo, bem como da movimentação de mercadorias nos portalós, rampas, porões, conveses, plataformas e em outros locais da embarcação; e
> VI – *bloco*: atividade de limpeza e conservação de embarcações mercantes e de seus tanques, incluindo batimento de ferrugem, pintura, reparos de pequena monta e serviços correlatos. (Sem grifo no texto legal).

Contudo, o legislador deixou escapar uma grande oportunidade de melhor sistematizar o trabalho portuário e rumar para uma verdadeira integração dessas atividades em apenas um gênero, o que iria simplificar

---

Agripino de; PASOLD, Cesar Luiz (Coord.). *Direito Portuário, Regulação e Desenvolvimento.* Belo Horizonte: Fórum, 2010. p. 142.

sobremaneira a gestão do trabalho. Ao dispor que as atividades previstas no *caput* do art. 40 da Lei nº 12.815, de 2013, constituem categorias profissionais diferenciadas, o legislador contribuiu para a permanência das controvérsias jurídicas e as disputas intersindicais.

4 A Convenção nº 137 da Organização Internacional do Trabalho

Há décadas, a Organização Internacional do Trabalho vem se preocupando com os impactos das novas tecnologias no mercado de trabalho. Uma das primeiras normas internacionais voltadas para a proteção dos trabalhadores em face da automação foi justamente a relacionada ao trabalho portuário.

A Convenção nº 137 da OIT, aprovada em 25 de junho de 1973, na 58ª reunião da Conferência Internacional do Trabalho, realizada em Genebra, versa sobre as repercussões sociais dos novos métodos de manipulação de cargas nos portos. Nessa oportunidade, foi também aprovada a Recomendação nº 145, que versa sobre o mesmo tema da Convenção, explicitando diversos de seus dispositivos.

De importância singular, tais textos foram aprovados no Brasil apenas na década de 1990, após a promulgação da Lei de Modernização dos Portos, por intermédio do Decreto Legislativo nº 29, de 1993, e do Decreto nº 1.574, de 1995.

Os considerados elencados pela OIT são reveladores sobre a importância dessa Convenção diante do cenário de radicais mudanças nos portos:

> Considerando que os métodos de processamento de carga nos portos se modificaram e continuam a se modificar – por exemplo, a adoção de unidades de carga, a introdução de técnicas de transbordo horizontal (roll on/roll off), o aumento da mecanização e automatização – enquanto que novas tendências aparecem no fluxo das mercadorias, e que semelhantes modificações deverão ser ainda mais acentuadas no futuro;
> Considerando que essas mudanças, ao acelerarem o transporte da carga e reduzirem o tempo passado pelos navios nos portos e os custos dos transportes, podem beneficiar a economia do país interessado, em geral, e contribuir para elevar o nível de vida;
> Considerando que essas mudanças têm também repercussões consideráveis sobre o nível de emprego nos portos e sobre as condições de trabalho e vida dos portuários e que medidas deveriam ser adotadas para evitar ou reduzir os problemas que decorrem das mesmas;

> Considerando que os portuários deveriam beneficiar-se das vantagens que representam os novos métodos de processamento de carga e que, por conseguinte, o estudo e a introdução desses métodos deveriam ser acompanhados da elaboração e da adoção de disposições, tendo por finalidade a melhoria duradoura de sua situação, por meios como a regularização do emprego, a estabilização da renda e por outras medidas relativas a condições de vida e de trabalho dos interessados e à segurança e higiene do trabalho portuário.

Ronaldo Fleury e Cristiano Paixão destacam com precisão o objetivo primordial dessa Convenção:

> [...] proteção do trabalhador portuário diante de todo o processo de automação, flexibilização e redução de quadros que marcou, a partir da década de 1970, toda a Europa Ocidental, bem como as Américas, e acabou afetando o trabalho portuário no mundo inteiro [...] a Convenção 137 da OIT visa a regulamentar esse processo de redução de quadros, preservando o mínimo de direitos para os trabalhadores portuários remanescentes [...] salvo algumas exceções no contexto internacional, pertence ao passado a mítica imagem do carregamento de navios com trabalhadores sujeitos à escalação de pranchas, ostentando sobre as costas sacarias pesadíssimas. Cargas que demoravam semanas para serem operadas, atualmente são dispostas em contêineres ou *pallets*, e o seu embarque ou desembarque não ultrapassa um dia sequer, exigindo menor número de trabalhadores e esforço físico também menor.[25]

A Convenção nº 137 da OIT também dispõe que o Estado deve estimular que seja assegurado aos portuários, na medida do possível, um emprego permanente ou regular (art. 2º) e que os portuários matriculados terão prioridade para a obtenção de trabalho nos portos (art. 3º).

Ao se analisar o disposto no artigo 2 da Convenção nº 137 da OIT, sempre se pensou que o emprego ou o trabalho a ser assegurado aos trabalhadores portuários avulsos seria, necessariamente, na atividade de movimentação de carga.

Os esforços hermenêuticos, nos últimos vinte anos, giraram em torno da exclusividade ou da prioridade conferida aos trabalhadores registrados ou cadastrados para contratação com vínculo empregatício

---

[25] PAIXÃO, Cristiano; FLEURY, Ronaldo Curado. *Trabalho portuário*: a modernização dos portos e as relações de trabalho no Brasil. São Paulo: Método, 2008. p. 20-22.

por prazo indeterminado pelos operadores portuários ou titulares de instalações portuárias privativas.[26]

Essa questão não será enfrentada no presente estudo, considerando que se busca conferir uma visão mais ampla do trabalho que possa ser destinado aos trabalhadores portuários, ou seja, focando nas inúmeras atividades que existem no complexo portuário, que gravitam em torno da atividade final de embarque e desembarque de carga.

Voltando ao artigo 2 da Convenção nº 137 da OIT, o dispositivo prescreve incumbir à política nacional estimular todos os setores interessados para que assegurem aos portuários, na medida do possível, um emprego permanente ou regular.

Em nenhum momento o texto da norma convencional restringiu a espécie de trabalho que deve ser assegurado ao trabalhador portuário, ou seja, que o emprego destinado a esses trabalhadores fosse exclusivamente na movimentação de carga nos navios (carregamento e descarregamento).

Como se sabe, a interpretação literal é a mais pobre, mas dela não pode se afastar o jurista, mormente no sistema a que se filia o direito brasileiro. O texto escrito é a base que permite ao intérprete construir a norma jurídica. Essa afirmação pode parecer óbvia até mesmo para o acadêmico neófito, mas recentemente parece importante reafirmar que a norma jurídica não se confunde com o texto legal e que existem normas com diferentes conteúdos axiológicos.

O que se busca com essa norma, conjugando-a com o artigo 3 da Convenção nº 137 da OIT (que dispõe que os portuários matriculados terão prioridade para a obtenção de trabalho nos portos) é assegurar que os avulsos possam ter acesso a um emprego permanente, afastando a incerteza da existência de trabalho no porto.

Aqui é preciso destacar um ponto importante: o trabalho avulso não se confunde com o trabalho eventual. A confusão na doutrina é grande, conforme aponta Alice Monteiro de Barros, e advém, segundo a autora, da confusão introduzida pela legislação.[27] Os autores que escrevem cursos de direito do trabalho, normalmente abordam o trabalho avulso e o trabalho eventual em sequência.

O legislador trata do trabalho avulso, basicamente, misturando conceitos da legislação portuária, previdenciária e da Lei nº 12.023, de 27 de agosto de 2009.

---

[26] Terminais de uso privativo, na antiga definição da Lei nº 8.630/1993, e Terminais de Uso Privado, na atual redação da Lei nº 12.815/2013.

[27] BARROS, Alice Monteiro de. *Curso de Direito do Trabalho*. São Paulo: LTr, 2009. p. 222-224.

Para Luciano Martinez, trabalhador avulso é aquele cuja prestação do serviço é episódica,

> não sabendo seu tomador (e nem mesmo o próprio trabalhador eventual) quando a atividade se repetirá. No trabalho eventual, os contratantes não estabelecem qualquer projeto para o futuro. Eles não sabem e não discutem quanto à continuidade da prestação, que, em regra, é pontual e instantânea.[28]

Obviamente isso não ocorre na atividade portuária. O trabalho do avulso portuário é essencial para o tomador de serviços e se repetirá sempre que houver carga a ser movimentada no porto. Mesmo que o operador portuário, ou o titular da instalação portuária privada, não saiba qual trabalhador avulso se engajará na faina requisitada, é certo que haverá algum TPA escalado para a realização da operação, podendo, inclusive, haver repetição do trabalhador, respeitando o rodízio.[29]

Ronaldo Fleury e Cristiano Paixão compreendem o espírito do trabalho avulso portuário, ao enfrentarem a questão da alegada discricionariedade do engajamento no trabalho:

> Se ao trabalhador avulso são assegurados os mesmos direitos previstos aos empregados,[30] não seria lógico tratá-lo, para efeito de obrigações, como um trabalhador eventual, ou seja, não é admissível o raciocínio de que o avulso "trabalha quando quer", mas sim, de que "ele trabalha quando tem serviço".[31]

Esse entendimento parte da premissa de que as oportunidades de trabalho, dependendo da frequência de navios demandando o porto, podem ser insuficientes para permitir que todos os trabalhadores matriculados no Ogmo tenham assegurado efetivo acesso ao trabalho.

Se inexiste sazonalidade na movimentação de carga conteinerizada, isso não ocorre com as *commodities*, sobretudo aquelas provenientes do agronegócio.

Mesmo em portos não submetidos à sazonalidade, um inchamento dos quadros de trabalhadores avulsos pode inviabilizar o acesso ao

---

28 MARTINEZ, Luciano. *Curso de Direito do Trabalho*. São Paulo: Saraiva, 2015. p. 151.

29 O rodízio está previsto, expressamente, no art. 5º da Lei nº 9.719, de 1998.

30 Conforme prescrito expressamente no art. 7º, inciso XXXIV, da CRFB/88: igualdade de direitos entre o trabalhador com vínculo empregatício permanente e o trabalhador avulso.

31 PAIXÃO, Cristiano; FLEURY, Ronaldo Curado. *Trabalho portuário*: a modernização dos portos e as relações de trabalho no Brasil. São Paulo: Método, 2008. p. 82.

trabalho em nível de garantia de ingressos asseguradores do mínimo existencial.

Nesse sentido, deve-se estimular, como política setorial, o acesso dos TPAs ao emprego por prazo indeterminado, cumprindo as diretrizes da OIT previstas em sua Convenção nº 137, bem como convergindo ao pleno emprego, como princípio da ordem econômica (art. 170 da Constituição da República de 1988).

5 Trabalho Portuário no Terceiro Milênio: a 4ª Revolução Industrial

O mundo do trabalho vem passando por uma profunda e rápida mutação. Se a automação era temida pelos trabalhadores que se viam substituídos por máquinas, sobretudo nas atividades repetitivas da grande indústria, a nova revolução agrava o cenário, pois alia a robótica com a inteligência artificial.

Profissões tidas como seguras, por serem essencialmente intelectuais, deparam-se com novos algoritmos capazes de desenvolveram trabalhos que antes só poderiam ser feitos por seres humanos. Um exemplo dessa nova realidade são os algoritmos jurídicos, que já começam a ser introduzidos na realidade brasileira. Em alguns países, os chamados advogados robôs já vêm desempenhando diversas funções típicas dos advogados, sem, necessariamente, pensar em substituição integral do ser humano.

> Os robôs advogados, empregados em escritórios de advocacia anglo-saxônicos, permitem facilitar a otimização do tempo dos advogados e a confiabilidade das buscas ou automatizar o processamento de pequenas ações. Os advogados podem, portanto, se concentrar em tarefas de maior valor agregado. Pois é, como já dissemos, um dos fatores que perpetuam o trabalho humano quando é provável que seja competido por máquinas inteligentes: a existência de uma mais-valia ligada à atividade, às vantagens da robótica e à inteligência artificial em termos de custo, produtividade e confiabilidade.[32]

---

[32] "Des robots *lawyers*, utilisés dans des cabinets anglo-saxons, permettent de faciliter la tâche des avocats en optimisant notamment le temps et la fiabilité des recherches ou en automatisant le traitement des petits contentieux. Les avocats peuvent du coup se concentrer sur les tâches à plus haute valeur ajoutée. Car c´est là, on l´a dit, l´un des facteurs de pérennisation du travail humain losqu´il est susceptible d´être concurrencé par des machines intelligentes: l´existence d´une plus-value liée à l´activité humaine par rapport aux avantages de la robotique et de l´intelligence artificielle en termes de coût, de productivité

Nesse sentido, o Supremo Tribunal Federal tem se utilizado de uma ferramenta de inteligência artificial denominada "Victor",

> que está sendo utilizada na Corte para separação e classificação das peças do processo judicial e identificação dos principais temas de repercussão geral [...] O sistema identifica o tema de repercussão geral veiculado em cada processo e o indica ao presidente do STF, para o fim de devolução do recurso à origem ou rejeição do processo. A ideia é que o Victor seja aproveitado por outros órgãos, como os tribunais de segunda instância, e que seja ampliado para executar outras tarefas de auxílio ao trabalho dos ministros do STF, como a identificação de jurisprudência, por exemplo. Atualmente, a ferramenta executa quatro atividades: conversão de imagens em textos no processo digital, separação do começo e do fim de um documento (peça processual, decisão, etc.) em todo o acervo do Tribunal, separação e classificação das peças processuais mais utilizadas nas atividades do STF e a identificação dos temas de repercussão geral de maior incidência.[33]

Num determinado trecho da reportagem resumida anteriormente, há um destaque para o fato de que "mecanismos de inteligência artificial não irão substituir servidores do Poder Judiciário, apenas permitirão que eles atuem em funções mais complexas".

Há, inclusive, quem diga que a inteligência artificial possa tornar o cérebro humano, responsável pela singularidade de nossa espécie no planeta, obsoleto.

Klaus Schwab destaca que a palavra "revolução" revela uma mudança abrupta e radical, "quando novas tecnologias e novas formas de perceber o mundo desencadeiam uma alteração profunda nas estruturas sociais e nos sistemas econômicos".[34] É exatamente nesse cenário que o mundo se encontra, a despeito da informática, redes, *softwares* já fazerem parte da realidade do mundo há algumas décadas.

> A quarta revolução industrial, no entanto, não diz respeito apenas a sistemas e máquinas inteligentes e conectadas. Seu escopo é muito mais amplo. Ondas de novas descobertas ocorrem simultaneamente em

---

et de fiabilité". (Tradução dos autores). (BENSAMOUN, Alexandra; LOISEAU, Grégoire. L´intégration de l´intelligence artificielle dans certains droits spéciaux. *In*: PRÉVOST, Stéphane; ROYER, Erwan (Coord.). *Intelligence Artificielle*. Paris: Dalloz, 2019. p. 212).

33 Cf. Projeto Victor do STF é apresentado em congresso internacional sobre tecnologia. Supremo Tribunal Federal, 26 set. 2018. Disponível em: http://www.stf.jus.br/portal/cms/verNoticiaDetalhe.asp?idConteudo=390818. Acesso em 26 jul. 2019.

34 SCHWAB, Klaus. *A Quarta Revolução Industrial*. São Paulo: Edipro, 2016. p. 15.

áreas que vão desde o sequenciamento genético até a nanotecnologia, das energias renováveis à computação quântica. O que torna a quarta revolução industrial fundamentalmente diferente das anteriores é a fusão dessas tecnologias e a interação entre os domínios físicos, digitais e biológicos.[35]

Ao lado de todos os benefícios que a 4ª Revolução Industrial tem proporcionado para a sociedade, também há impactos negativos, sobretudo no âmbito das relações laborais.

Ainda nas palavras de Klaus Schwab, a inovação e a ruptura afetarão nossos padrões de vida e bem-estar tanto de forma positiva quanto negativa, concentrando-se os desafios aparentemente no mundo do trabalho e da produção.[36]

Na área portuária, a revolução 4.0 já é uma realidade em alguns portos no mundo, impactando a área logística como um todo, inclusive a movimentação de carga, e já rumando a passos largos para a navegação totalmente autônoma.

Nas últimas cinco décadas, a logística portuária tem experimentado profundas revoluções tecnológicas, e a "4ª Revolução Industrial" caminha velozmente no campo dos sistemas operacionais dos portos.

Num contexto de "Logística 4.0", que já se apresenta como realidade no plano internacional, terminais portuários totalmente automatizados dispensam quase que integralmente a participação humana em suas operações: *terminal tractors* transitam no costado dos navios e no pátio sem motoristas, Portainers (STS) são teleguiados etc.

Esse tipo de Instalação, existente em portos da Europa e da Ásia, ficou conhecido como Terminal Fantasma (*Ghost Terminal*) em virtude da ausência de seres humanos no cais. No plano intermodal já existem testes bem-sucedidos de locomotivas autônomas que fazem o transporte ferroviário entre o local de produção e o terminal portuário, além de projetos que conectam navios não tripulados a terminais automatizados, de caminhões autônomos que transportam contêineres entre os terminais portuários e seus destinos (ultrapassando os limites da instalação portuária, realizando transporte externo rodoviário) e de sistemas autônomos para parqueamento de veículos, que no futuro podem ser implantados em navios roll on/roll off, para embarque e desembarque de veículos (tarefa que atualmente é executada por um

35 SCHWAB, Klaus. *A Quarta Revolução Industrial*. São Paulo: Edipro, 2016. p. 16.

36 SCHWAB, Klaus. *A Quarta Revolução Industrial*. São Paulo: Edipro, 2016. p. 20.

grande grupo de trabalhadores que dirigem os veículos para dentro e fora dos navios).

Esse panorama é mais impactante do que a invenção do contêiner e gera disrupção nos paradigmas que dominaram, por séculos, a atividade marítimo-portuária, refletindo diretamente nas relações entre Trabalho e Capital.

É público e notório, no Brasil e no mundo, que há cada vez **menos** espaço para a participação humana nas operações portuárias.

Pesquisas indicam que no Porto de Santos, por exemplo, o terno de estivadores para a movimentação de contêineres com pórticos mecanizados/automatizados era composto, em média, por 10 (dez) trabalhadores no ano de 1997. Essa quantidade foi passando por reduções graduais até que, em 2012, o terno de estiva chegou ao número de 5 (cinco) trabalhadores nas operações com Guindaste MHC, e 4 (quatro) trabalhadores nas operações com portêineres. A propósito, existem operações cujo nível de automação dispensa totalmente a intervenção de trabalho braçal (por exemplo, no embarque de granéis).

No plano internacional, essa redução da dependência de esforço humano nas operações é ainda mais drástica. Pesquisas apontam que no Porto de Roterdã, na década de 1960, a introdução dos contêineres na logística marítimo-portuária significou uma diminuição de aproximadamente 80% (oitenta por cento) no contingente de estivadores que era necessário para movimentar as cargas. No século XXI, esse mesmo Porto de Roterdã já se notabiliza pela automação na movimentação de contêineres, sendo pioneiro dentre os terminais fantasmas existentes no mundo.

Estudos revelam que os *Ghost Terminals* geram os seguintes índices (aproximadamente): redução de 50% no contingente de trabalhadores, economia de 70% nos custos trabalhistas e aumento de 30% na eficiência operacional. Um exemplo sintomático desse cenário está na mão de obra necessária para dirigir carretas/*terminal tractors*. Enquanto no Brasil os motoristas/operadores ainda são indispensáveis e representam significativa parcela dos quadros de colaboradores, nos terminais fantasmas esses veículos transitam de forma autônoma, com rotas definidas por programas de computador. São "plataformas com rodas", sequer possuem cabines. A operação é programada e gerenciada por um pequeno grupo de Trabalhadores especializados que ficam numa torre de controle.

Ao mesmo tempo que a denominada indústria 4.0 ameaça os postos de trabalho nos mais diversos setores, há que se fazer uma ponderação em relação ao trabalho portuário. A automação robotizada evolutiva pode ser favorável numa atividade reconhecidamente desgastante (trabalho em altura, em espaços com atmosfera de baixo percentual de oxigênio, com movimentação de grandes massas etc.).

Quem conhece o trabalho portuário, e acompanhou a evolução dos métodos de movimentação de carga, deve se lembrar do antigo quadro posicionador de contêineres manual (que ainda é empregado em alguns portos). Nesse equipamento há a necessidade de um trabalhador em cima do contêiner para prendê-lo em suas extremidades.

O "spreader", por sua vez, é um equipamento composto de mecanismo de travamento nas extremidades que se prende aos quatro cantos do contêiner, indicando ao operador no equipamento de içamento que a carga está pronta para ser erguida. Esse equipamento, que já é uma evolução em relação ao quadro posicionador, afasta a necessidade do trabalhador sobre o contêiner, mas ainda exige a operação do portêiner[37] por um trabalhador, trazendo o risco do elemento humano na movimentação de grandes pesos.

A questão que se põe, neste momento, é a seguinte: a substituição do trabalhador humano pela máquina (automação/robótica) reduz significativamente a probabilidade de ocorrência de acidentes de trabalho, mas a um custo social elevado, pois atinge a pessoa em um de seus direitos basilares, qual seja: o direito ao trabalho.

Dito de outra forma: as escolhas empresariais, com a introdução de métodos automatizados de movimentação de carga nos portos, geram vantagens competitivas em benefício de toda a sociedade, na medida em que se aumenta a produtividade setorial com a redução dos custos nos processos portuários. Contudo, há impacto negativo local, com o aumento da inatividade forçada dos trabalhadores substituídos pelas máquinas.

Sendo inevitável a introdução dessas tecnologias disruptivas, e desejável a substituição do trabalho humano com elevado desgaste, deve-se buscar alternativas para minimizar os seus impactos no âmbito do trabalho portuário, sobretudo para os trabalhadores atuais.

Na década de 1970, quando formatou a Convenção n° 137 e a Recomendação n° 145, a OIT já previa, de modo bem realista, que os *"Novos Métodos de Processamento de Carga nos Portos"* acarretariam drástica redução dos contingentes de portuários. Nesse cenário, as referidas normas da OIT estabeleceram que as medidas mais adequadas

---

[37] Esse equipamento, denominado também de STS ("Ship to Shore Crane"), configura-se como uma espécie de guindaste, montado sobre uma estrutura, normalmente móvel, utilizado para a movimentação de contêineres.

para atenuar os efeitos da automação passariam principalmente por *(1) antecipação de aposentadorias, (2) planos de desligamento e (3) readaptação funcional.*

No tocante à "antecipação de aposentadorias", a Lei nº 12.815/2013 foi um retrocesso em comparação com a Lei nº 8.630/93. O artigo 4 da Convenção nº 137 da OIT preceitua que "os efetivos dos registros serão periodicamente revistos, a fim de fixá-los em um nível que corresponda às necessidades do porto. Quando uma redução dos efetivos de um registro se tornar necessária, todas as medidas úteis serão tomadas, com a finalidade de prevenir ou atenuar os efeitos prejudiciais aos portuários".

A Recomendação nº 145 da OIT, por sua vez, propõe "a redução da idade para a aposentadoria ou a ajuda com vistas à aposentadoria voluntária, mediante a concessão de pensões, complementações aos valores das aposentadorias pagas pelo Estado ou indenizações" (artigo 19, item "d").

A Lei nº 8.630/1993 dispunha que a inscrição do Trabalhador Avulso se extinguia automaticamente pela aposentadoria (artigo 27, §3º). Entretanto, a Lei nº 12.815/2013 quebrou essa sistemática e passou a prever apenas duas causas para a extinção da matrícula: morte e cancelamento (basicamente por infração disciplinar). Essa modificação gera desequilíbrio, diminuindo as oportunidades de ganho para os trabalhadores ativos que, ao contrário dos aposentados, não têm outra fonte de renda.

Quanto aos "planos de desligamento", a Lei nº 8.630/1993 previu uma série de medidas nesse sentido, tendo criado até mesmo incentivos financeiros para o cancelamento de matrícula. Na Lei nº 12.815/2013 continua constando como atribuições dos Órgãos de Gestão de Mão de Obra (OGMOs) a "*criação de programas de realocação e de cancelamento do registro*" e o repasse de "*contribuições destinadas a incentivar o cancelamento do registro e a aposentadoria voluntária*". Em linhas gerais, porém, poucas iniciativas nesse sentido foram adotadas e, quando ocorreram, não tiveram a abrangência e a eficácia necessárias para solucionar a questão.

João Bebiano Prates, ao falar sobre a "reestruturação portuária de 1993, em Portugal", destacou que o "Pacto de Concertação Social no Sector Portuário" assinado pelo Governo, Empresários e Sindicatos de Trabalhadores previu como essenciais as seguintes medidas:

> Licenciamento dos trabalhadores portuários excedentários, o que foi concretizado com a saída de 1.201 trabalhadores, representando mais de 60% do total do efectivo dos portos. As indemnizações atribuídas

pela desvinculação, tiveram por base, essencialmente, a remuneração mensal auferida e a antiguidade dos trabalhadores no sector, em conformidade com a legislação aplicável aos despedimentos colectivos; Controlo das novas admissões de trabalhadores portuários, por forma a evitar a repetição de novos excedentes no futuro, e, ao mesmo tempo, estabelecer, nos termos da lei, requisitos de certificação profissional dos novos trabalhadores, condicionada, designadamente, à frequência de cursos de formação profissional aprovados pelo Instituto do Trabalho Portuário (ITP).[38]

O contingente de portuários que existia até a segunda metade do século XX no Brasil já não tem mais razão de ser nos dias atuais. Perdeu a lógica há bastante tempo, gerando situações anacrônicas com ternos excessivos, funções não cumpridas etc. Reduções já aconteceram de 1993 até aqui, mas a quantidade de Trabalhadores Portuários Avulsos no sistema OGMO ainda é excessiva e precisa diminuir através das medidas propostas pela OIT e pela Lei dos Portos.

6 Conclusão

O artigo 8°, §1°, inciso I, da Lei n° 8.630/1993 previa ser "dispensável a intervenção de operadores portuários nas operações portuárias [...] que, por seus métodos de manipulação, suas características de automação ou mecanização, não requeiram a utilização de mão-de-obra".

Esse preceito foi repetido no artigo 28, da Lei n° 12.815/2013. A expressão "métodos de manipulação" é abrangente e leva em consideração o fato de que nas últimas décadas as técnicas de acondicionamento, transporte e movimentação das cargas passaram por evoluções disruptivas. De modo mais específico, na sequência, a Lei destaca que essa dispensa (ou desnecessidade) ocorre precipuamente em virtude da mecanização ou da automação das etapas operacionais.

A exportação de açúcar nos portos brasileiros, por exemplo, foi realizada por muito tempo através de sacarias que eram levadas ao navio através do esforço humano de estivadores (com os "sacos nas costas"). No decorrer do século XX, as sacarias passaram a ser embarcadas por guindastes, em lingadas. Posteriormente, com vistas à elevação da

---

38 BEBIANO, João Prates. *A reestruturação portuária de 1993 em Portugal*. 1993. Disponível em: http://retedigital.com/wp-content/themes/rete/pdfs/portus/Portus_6/A_reestrutura%C3%A7%C3%A3o_portu%C3%A1ria_de_1993_em_Portugal.pdf. Acesso em 20 jun. 2018.

produtividade, entraram em cena os *shiploaders* (ou carregadores de navios). Esses equipamentos passaram a despejar as sacarias soltas nos navios, em escala e velocidade bem maiores do que os guindastes atingiam no carregamento das lingadas (sacarias presas, em blocos). Até então ainda era necessária a atuação de estivadores na arrumação/distribuição das sacarias pelo porão do navio. Rapidamente, o sistema dos *shiploaders* foi aprimorado e o açúcar passou a ser embarcado solto, não mais em sacas, despejado e distribuído em altíssima velocidade no porão do navio (preenchido pelos movimentos da própria lança do aparelho). Esse processo evolutivo resultou na total desnecessidade de estivadores para embarcar a carga e arrumá-la no porão do navio.

Além disso, a atividade dos conferentes também se tornou obsoleta pela ausência de sacarias para contagem, anotação de características etc. Repetindo previsão que já existia na Lei dos Portos de 1993, a Lei nº 12.815/2013 reconhece de modo expresso que uma das hipóteses de dispensa de mão de obra no trabalho portuário se dá "no transporte de mercadorias sólidas a granel, quando a carga ou descarga for feita por aparelhos mecânicos automáticos".

A automação dos terminais portuários brasileiros crescerá nas próximas décadas, pois, do contrário, o país ficará marginalizado nas trocas comerciais globalizadas e tal atraso acarretará sérios danos ao desenvolvimento social, político, econômico e tecnológico da nação. Nesse sentido, futuramente, o Brasil terá *Ghost Terminals* e o trabalho portuário que hoje conhecemos será profundamente modificado. Algumas décadas ainda se passarão até que a automação dos portos brasileiros alcance os níveis dos *Ghost Terminals* europeus e asiáticos. O impacto social será menor se as medidas previstas pelas normas da OIT começarem a ser discutidas e implementadas desde já; algo que foi feito de modo muito insipiente nesses últimos 26 anos de modernização portuária brasileira.

A "readaptação funcional" é tema relevante nessa reflexão sobre o futuro. Merecem destaque as seguintes disposições da Recomendação OIT nº 145:

> 18.1) Quando diminuir a demanda de determinadas categorias de portuários deveria ser feito todo o possível para manter esses trabalhadores nos empregos da indústria portuária, dando-lhes a necessária oportunidade de readaptação profissional para trabalhar em outras categorias; essa readaptação deveria ser facilitada com suficiente antecedência, em qualquer mudança prevista nos métodos de trabalho.

2) Se fosse inevitável reduzir o volume total de inscritos deveriam ser feitos todos os esforços necessários para ajudar os portuários a conseguir outro emprego, colocando à sua disposição os serviços de readaptação profissional e a assistência dos serviços públicos do emprego.

E não estamos falando aqui de treinamento e qualificação voltados aos métodos operacionais já existentes no Brasil. Esse quesito, que também carece de melhorias e tem sido objeto de propostas para reformulação do atual sistema "PREPOM – Marinha do Brasil", é uma necessidade do presente.

Para o futuro do qual estamos falando, porém, o treinamento e a qualificação sobre os quais se fala hoje não terão serventia.

As atividades operacionais hoje existentes serão totalmente modificadas, e grande parte delas deixará de existir (caso dos motoristas de carreta/operadores de *terminal tractor*, por exemplo). Atualmente, os terminais brasileiros apresentam uma proporção muito maior de empregados operacionais do que de empregados administrativos. Daqui a algumas décadas, esse cenário ficará invertido, até o ponto em que até mesmo as etapas operacionais serão realizadas por trabalhadores que ficarão em ambiente administrativo (torres de controle, como acontece em Roterdã).

O porto é muito mais do que a sua ponta final, do que a atividade finalística de carga e descarga de embarcações no cais... Entre o *gate* de entrada e o navio existem diversas atividades que geram e continuarão gerando postos de trabalho (manutenção de equipamentos, limpeza, segurança, informática, faturamento, relacionamento com clientes etc.). Nos portos brasileiros já existem casos de operadores de equipamentos que se tornaram gestores administrativos, de estivadores que passaram a trabalhar como técnicos em torre de controle de navegação etc. Além disso, o porto é um satélite em torno do qual há uma variada indústria logística e produtiva: fábricas, produtores de *commodities*, transportadoras etc.

Embora não haja obrigatoriedade legal, uma interpretação conceitual ampliativa poderia ser adotada quanto ao espírito do artigo 3 da Convenção OIT nº 137: "Os portuários matriculados terão prioridade para a obtenção de trabalho nos portos".

No planejamento do futuro poderiam ser discutidos meios para que, esgotadas a "antecipação de aposentadorias" e os "planos de desligamento", o grupo ainda restante de trabalhadores do sistema OGMO fosse gradativamente ocupando o "trabalho nos portos";

"trabalho" em sentido lato, e não apenas na acepção estrita do labor operacional.

Isso passaria por uma necessária conscientização dos próprios trabalhadores portuários e seus sindicatos, no sentido de compreenderem que, num futuro inevitável, o seu "trabalho nos portos" não será mais no navio, no cais, no pátio e talvez nem mesmo na operação (!).

Esse planejamento requereria um amplo debate pela via da conciliação, a exemplo do que ocorreu em Portugal, através do "Pacto de Concertação Social no Sector Portuário" de 1993.

A atuação promocional do Ministério Público do Trabalho, em especial da Coordenadoria Nacional do Trabalho Portuário e Aquaviário, poderia contribuir em grande escala no diálogo social entre Capital, Trabalho e Poder Executivo.

Referências

BARROS, Alice Monteiro de. *Curso de Direito do Trabalho.* São Paulo: LTr, 2009.

BEBIANO, João Prates. *A reestruturação portuária de 1993 em Portugal.* 1993. Disponível em: http://retedigital.com/wp-content/themes/rete/pdfs/portus/Portus_6/A_reestrutura%C3%A7%C3%A3o_portu%C3%A1ria_de_1993_em_Portugal.pdf. Acesso em 20 jun. 2018.

BENSAMOUN, Alexandra; LOISEAU, Grégoire. L´intégration de l´intelligence artificielle dans certains droits spéciaux. *In*: PRÉVOST, Stéphane; ROYER, Erwan (Coord.). *Intelligence Artificielle.* Paris: Dalloz, 2019.

BNDES. *A cabotagem no Brasil.* 10 ago. 2018. Disponível em: https://www.bndes.gov.br/wps/portal/site/home/conhecimento/noticias/noticia/cabotagem. Acesso em 20 abr. 2019.

CARVALHO, Francisco Edivar. *Trabalho portuário avulso antes e depois da lei de modernização dos portos.* São Paulo: LTr, 2005.

CARVALHO, Francisco Edivar; COSTA, Silvia Pires Bastos. *Abordagem prática do trabalho portuário e avulso.* São Paulo: LTr, 2015.

FERREIRA QUEIRÓZ, Maria de Fátima; MACHIN, Rosana; COUTO, Marcia Thereza. *Porto de Santos. Saúde e trabalho em tempos de modernização.* São Paulo: Fap-Unifesp, 2015.

HOBSBAWM, Eric. J. *Os trabalhadores. Estudo sobre a história do operariado.* São Paulo: Paz e Terra, 2000.

KEEDI, Samir. *Transportes, unitização e seguros internacionais de carga. Prática e exercícios.* São Paulo: Lex, 2006.

LACERDA, Sander Magalhães. Navegação e Portos no Transporte de Contêineres. *Revista do BNDES*, Rio de Janeiro, v. 11, n. 22, p. 215-243, dez. 2004.

LANARI, Flávia de Vasconcellos. *Direito Marítimo. Contratos e responsabilidade.* Belo Horizonte: Del Rey, 1999.

MARTINEZ, Luciano. *Curso de Direito do Trabalho*. São Paulo: Saraiva, 2015.

MOREIRA NETO, Diogo de Figueiredo; FREITAS, Rafael Véras de. *A Nova Regulação Portuária*. Belo Horizonte: Fórum, 2015.

MUNDO MARÍTIMO. *Escassez de mano de obra capacitada y automatización desafían la empleabilidad en los puertos del mundo*. 11 jun. 2019. Disponível em: https://www.mundomaritimo.cl/noticias/escasez-de-mano-de-obra-capacitada-y-automatizacion-desafian-la-empleabilidad-en-los-puertos-del-mundo. Acesso em 26 jul. 2019.

PAIXÃO, Cristiano; FLEURY, Ronaldo Curado. *Trabalho portuário*: a modernização dos portos e as relações de trabalho no Brasil. São Paulo: Método, 2008.

PINDER, David; SLACK, Brian. Contemporary Contexts for Shipping and Ports. *In*: PINDER, David; SLACK, Brian (Ed.). *Shipping and Ports in the Twenty-first Century. Globalisation, technological change and the environment*. London e New York: Routledge, 2004.

PORT ECONOMICS. *Interview*: Docker 4.0 to be international and IT skilled. Fev. 2019. Disponível em: https://www.porteconomics.eu/2019/02/07/interview-docker-4-0-to-be-international-and-it-skilled/. Acesso em 26 jul. 2019. (Tradução livre dos autores).

PORTO, Lorena Vasconcelos; MEIRINHO, Augusto Grieco Sant'Anna. O Trabalho Portuário no Brasil e no Direito Comparado. *In*: MIESSA, Élisson; CORREIA, Henrique (Org.). *Estudos aprofundados do Ministério Público do Trabalho*. Salvador: Editora JusPodium, 2015. v. 1.

RAMONIGA, Miriam. A relevância do Órgão Gestor de mão de obra para a atividade portuária. Uma análise do Trabalho Portuário avulso. *In*: CASTRO JUNIOR, Osvaldo Agripino de; PASOLD, Cesar Luiz (Coord.). *Direito Portuário, Regulação e Desenvolvimento*. Belo Horizonte: Fórum, 2010.

SCHWAB, Klaus. *A Quarta Revolução Industrial*. São Paulo: Edipro, 2016.

SILVA, Francisco Carlos de Morais. *Direito portuário. Considerações sobre a lei de modernização dos portos (Lei nº 8.630, de 25 de fevereiro de 1993)*. Belo Horizonte: Del Rey, 1994.

SUPREMO TRIBUNAL FEDERAL. *Projeto Victor do STF é apresentado em congresso internacional sobre tecnologia*. 26 set. 2018. Disponível em: http://www.stf.jus.br/portal/cms/verNoticiaDetalhe.asp?idConteudo=390818. Acesso em 26 jul. 2019.

SÜSSEKIND, Arnaldo. *Direito Internacional do Trabalho*. São Paulo: LTr, 2000.

TALLEY, Wayne K. *Port economics*. London e New York: Routledge, 2009.

Informação bibliográfica deste texto, conforme a NBR 6023:2018 da Associação Brasileira de Normas Técnicas (ABNT):

MEIRINHO, Augusto Grieco Sant'Anna; SILVA, Lucas Rênio da. Trabalho portuário 4.0: automação e desafios gerais da relação capital-trabalho nos portos do terceiro milênio. *In*: TUPINAMBÁ, Carolina (Coord.). *As novas relações trabalhistas e o futuro do Direito do Trabalho*: as novidades provenientes dos avanços tecnológicos. Belo Horizonte: Fórum, 2021. (Coleção Fórum as novas relações trabalhistas e o futuro do Direito do Trabalho. Tomo III.). p. 459-489. ISBN 978-65-5518-131-9.

NO NOVO TEMPO, APESAR DOS PERIGOS

ISABELA REIMÃO GENTILE

NAYARA MARIA MELÊRO FALCÃO

1 Introdução

Se pudéssemos voltar cinquenta anos no tempo e tivéssemos a oportunidade de contar para nossos avós, ainda bem jovens, que em menos de meio século as cartas seriam muito mais usadas para declarações de amor – quando ainda assim utilizadas – do que para comunicação efetivamente, provavelmente não acreditariam.

Contudo, se pudéssemos, atualmente, nos comunicar com um homem vindo do futuro, poderíamos até nos assustar com o que ele nos tivesse a dizer, mas ouviríamos bem atentos, pois a experiência é clara; como já diz a música de final de ano da famosa emissora: "o futuro já começou".

Na realidade, a tecnologia avança sobremaneira desde a primeira Revolução Industrial, ocorrida entre 1760 e 1860. Nada se compara à modificação de todo um processo produtivo – se antes o produto era feito de forma praticamente artesanal, um por um, pelas próprias mãos dos produtores – com a revolução, o processo tornou-se industrial, ou seja, iniciou-se o processo de mecanização da produção.

Em uma digressão, o camponês artesão, acostumado a viver no campo e que foi praticamente expulso do mesmo para trabalhar uma carga horária desumana nas indústrias, obviamente olhou, à época, de maneira ruim para o avanço tecnológico. Porém, imagine o leitor como o mundo estaria se estivéssemos ainda vivendo no campo, produzindo artesanalmente o que consumimos... Quantas mortes foram evitadas com o desenvolvimento das vacinas, com os tratamentos médicos...

Este artigo visa, fundamentalmente, analisar a influência da tecnologia nas relações de trabalho e a inevitável modificação que promoverá, porém, com um olhar não tão pessimista como o assunto vem sendo apresentado.

2 A tecnologia e o novo empregado da geração Y e Z

O novo tempo apresenta-se de maneira conexa com a nova geração. Não se trata de um tempo paralelo em que a tecnologia digladia com a humanidade. Pelo contrário, a evolução da espécie tem se direcionado ao entrosamento e, sobretudo, ao impulso e à criação tecnológica.

O critério das gerações separa os indivíduos de acordo com o nascimento, o que definirá a época e o contexto histórico no qual foi educado. De forma geral, observa-se que a cada 20 anos uma geração dá lugar a outra geração. Diante deste cenário é possível afirmar que, atualmente, o mercado de trabalho, com eventuais exceções, é formado por quatro gerações:

> 1) Baby boomers: nascidos no período pós-guerra entre 1940 e 1960; 2) Geração X: a dos nascidos entre 1961 e 1977, é conhecida como a geração sem identidade; 3) Geração Y: a dos nascidos entre 1978 a 1992 é considerada ambiciosa e familiar à tecnologia; 4) Geração Z: é aquela constituída dos nativos digitais, nascidos a partir de 1993. Indivíduos com latente familiaridade à tecnologia. É caracterizada pela facilidade de realização de várias tarefas ao mesmo tempo, o imediatismo e a dificuldade de lidar com autoridade e hierarquia.[1]

[1] NOVAES, Tiago *et al.* Geração Z: uma análise sobre o relacionamento com o trabalho. Disponível em: http://www.ucs.br/etc/conferencias/index.php/mostraucsppga/xvimostrappga/paper/viewFile/4869/1569. Acesso em: 20 jan. 2021.

Enquanto a geração Y demonstrou anseio pelo avanço tecnológico, a geração Z já se encontrou alicerçada na era digital; era marcada pela tecnologia. Já nascera na era da Internet e das novas perspectivas de mundo. As pessoas da geração Z desconhecem o mundo sem as influências da tecnologia, sendo também conhecidas como Nativos Digitais, *iGeneration, Net Generation e Centennials.*

Dentre os estudiosos interessados no tema, encontra-se a professora Priscilla Bassitt Ferreira Toledo, que define como integrantes da geração Y os nascidos entre os anos 1980 e 1990. Já em relação aos integrantes da geração Z, não há data definida, mas estima-se que sejam nascidas entre o ano de 1990 e 2010.

O jovem de agora, com no máximo 30 anos, quase não se lembra de ter feito uma pesquisa para o colégio sem o auxílio da ferramenta *Google*. Nascidos após a difusão da *internet*, a nova geração chega ao mercado procurando por um mundo totalmente conectado, aberto à interações, de desenvolvimento veloz e global.

A humanidade pediu o avanço tecnológico, investiu nele e assim continua fazendo. O avançar da tecnologia é fruto da necessidade da humanidade que se acostumou a cada vez mais depender dela.

Em resumo, não haveria sequer geladeira se não tivesse a necessidade humana da tecnologia e se o homem não tivesse querido investir em pesquisa no desenvolvimento dela.

Não se pode acreditar que o avanço tecnológico é somente um aperfeiçoamento de produtos já lançados no mercado, a fim de que as mercadorias se tornem defasadas e que haja a necessidade forçada de novas compras.

É evidente que esse fenômeno ocorre e não é o objetivo das autoras negar a sua existência; o que se quer é transparecer a real necessidade da sociedade no avanço tecnológico.

A tecnologia não pode ser vista como um monstro que rouba postos de trabalho; ela é, na realidade, fruto da própria necessidade humana de maior produtividade em menor tempo.

A geração Z parece estar preparada para receber e dar continuidade aos impulsos tecnológicos. É inegável a modificação no desenvolvimento humano nas últimas décadas: se antigamente o recém-nascido demorava semanas para abrir os olhos depois de seu nascimento, atualmente, é muito comum os bebês já abrirem os olhos logo na sala de parto.

A interação com os familiares mais próximos também ocorre de forma muito mais rápida do que há trinta anos e isso se deve, sim, ao estímulo da tecnologia. Não é sequer necessário destacar os vídeos de músicas infantis que são encontrados aos montes na Internet; os próprios brinquedos físicos já são altamente incrementados de tecnologia: emitem sons, muitos até projetam imagens em paredes!

Os pais dessas crianças, tais quais por vezes já integrantes da geração Y, ou, que nascidos antes dela, mas que presenciaram a evolução, já não conseguem mais receber os seus filhos sem o avanço tecnológico, pois se tornam cada vez mais acostumados – e até dependentes – desde as babás eletrônicas até os *ipads*, como forma de entretenimento e educação.

Se a geração Z já nasceu "preparada "para a tecnologia e as modificações que a mesma trará no mercado de trabalho, dentre outros aspectos, a geração X vivenciou períodos de transformações.

A tecnologia começou a fazer parte na vida dessas pessoas que não nasceram na era tecnológica, pelo contrário, tiveram que se adaptar às mudanças. Foi necessário maior investimento na qualidade de carreira e nas conquistas pessoais.

Já a geração Y é caracterizada por ser otimista, disposta a aprender, inovar, valorizar a diversidade e é integrada tecnologicamente, assim tem facilidade em usar a tecnologia a seu favor, se comparada às gerações anteriores.

O pesquisador Meyer Maximiliano explica que as gerações Y e Z estão intimamente familiarizadas não só com as redes sociais, mas com os programas de *Word,* bem como com o compartilhamento de arquivos junto a *smartphones* e *tablets*.

As gerações mais novas enxergam o mundo desapegado das fronteiras geográficas, trocam informações de imediato. Contudo, muitos não conseguem construir uma relação com proximidade pessoal, mais íntima.

As gerações Y e Z, muito por conta das diferentes formas de se relacionarem com a tecnologia e com as modificações que a mesma promove na vida das pessoas, apresentam visões e valores diferenciados no que diz respeito às relações de trabalho, pois buscam no seu labor muito mais que dinheiro; procuram significado e paixão pela vida.

Cada dia mais busca-se a interligação entre a vida pessoal e a profissional, estando conectadas em seu ambiente de trabalho ou em sua casa, com um senso de imediatismo, inovação e integração tecnológica.

A geração Z dá muito valor à qualidade de vida, aproximando a vida profissional da vida pessoal, diferentemente de antigamente, que havia grande distanciamento entre esses dois aspectos da vida.

Destaca-se que essas gerações, Y e Z, estão passando por impactantes mudanças e a inovação faz parte da rotina neste novo e ousado formato de respostas imediatas, satisfação instantânea e novidades *full time*, apreciando novidades e desafiando novos objetivos.

Os pesquisadores Moraes; Morais e Rassi conceituam a geração Z como a geração da inquietude, tendo em vista a rotatividade entre as tarefas que executam, intermediadas pela tecnologia.

Inclusive, é muito comum a inconstância de emprego dessas gerações, com ênfase nos jovens adultos de até 35 anos. O costume com um mundo de novidades, de lançamentos de novos produtos, cada vez mais marcados pela tecnologia, influencia muito o jovem nas suas relações de trabalho.

É normal que o jovem troque de emprego com muita facilidade, ao contrário de seus avós, que tinham o costume de passar a vida toda laborando para o mesmo empregador. A geração Z, além do que apenas o salário, sente a necessidade de mais motivação; o emprego monótono, que não desafia, é facilmente substituído por outro – ou até mesmo por um empreendimento próprio.

A proximidade estabelecida com a tecnologia é tão intensa, que o estudo voltado sobre o tema recorre ao neologismo para destacá-la como geração *online*, tais quais redefinem a sua existência pela presença virtual: se você não está *online*, você não existe.[2]

Destaca-se que essa relação mais estreita com a tecnologia traz implicações sobre a aprendizagem dos jovens desta nova geração, tornando-se facilitadora das novas maneiras de aprender e desenvolver trabalhos inovadores que lhe tragam lucros, otimizem o tempo e, principalmente, lhes deem qualidade de vida.

3 A geração Z vai mudar a forma de trabalhar

A realidade é que a revolução tecnológica surge a partir do fortalecimento do ser humano como essência, robotizando os trabalhos repetitivos, otimizando o tempo de produção, abrindo espaço para a criação.

Dentre as gerações, 74% das pessoas integrantes da geração Z defendem que o trabalho deveria ter finalidade maior que somente a de receber um salário e essa é uma característica marcante da atual geração. Segundo aponta a gerente da Randstad Professionals, Martina Zago, em artigo publicado na *Gazetaonline*, de autoria de Luísa Torre, esta

---

2 BEZERRA, Mariana Maia *et al*. Geração Z: relações de uma geração hipertecnológica e o mundo do trabalho. *Revista Gestão em Análise*. Fortaleza, v. 8, n.1, jan./abr. 2019, p. 142.

> é uma geração de profissionais a que o mercado vai ter que se adaptar. Eles têm que gostar do trabalho, ou não vai fluir. São imediatistas, com ideias muitas vezes inovadoras, e buscam emprego onde querem estar. Estão dispostos a trabalhar cada vez mais, mas querem em um horário diferente, para conciliar o tempo deles com os projetos pessoais.[3]

A atual geração vê a tecnologia como parte essencial no caminho para o estabelecimento do equilíbrio entre a vida pessoal e profissional. Diego Puerta, vice-Presidente da Dell Brasil, afirma que:

> Esse contexto demanda que as empresas preparem sua estrutura de tecnologia para que combine com os atributos e os benefícios que a geração Z procura, com a segurança e a confiabilidade que o negócio precisa.[4]

4 A tecnologia como modificadora da contraprestação: o tempo ganha relevo

O dinheiro sempre foi o principal motor de uma relação de trabalho. O direito trabalhista estabelece que a relação empregador-empregado é justamente aquela em que este fornece sua força de trabalho, sua mão de obra, em troca de uma contraprestação, sendo essa sempre considerada financeira.

Por óbvio, não se tem a pretensão de negar que o dinheiro continuará sendo necessário, posto que essencial à vida de todos. Porém, no mundo atual, em que a tecnologia nos mostrou que há muito o que se fazer e, principalmente, o que se querer para fora dos vidros de uma relação de trabalho clássica, a principal motivação para o trabalho será o tempo.

O tempo será o bem mais valioso em um futuro próximo, se assim já não é considerado. Muito mais do que o dinheiro, que serve para comprar objetos, o tempo é aquele que nos permite viver a vida da forma como quisermos.

---

3 TORRE, Luísa. A geração Z vai mudar a forma de trabalhar. *Gazetaonline*, 16 out. 2016. Disponível em: https://www.gazetaonline.com.br/noticias/economia/2016/10/a-geracao-z-vai-mudar-a-forma-de-trabalhar-1013986626.html. Acesso em 18 set. 2019.

4 CONVERGÊNCIA DIGITAL. *Para geração Z brasileira, tecnologia vai tornar ambiente de trabalho mais justo*. 13 nov. 2018. Disponível em: http://www.convergenciadigital.com.br/cgi/cgilua.exe/sys/start.htm?UserActiveTemplate=site&infoid=49477&sid=46#.XTjsbehKiUk. Acesso em 29 jul. 2019.

Um trabalho cuja a única recompensa seja a financeira já não será mais suficiente para os profissionais qualificados. Não se investirá aquilo que é mais precioso na vida de uma pessoa – o seu tempo – em algo que não traz realização profissional e pessoal.

Além disso, vislumbra-se uma grande mudança na estrutura do Direito do Trabalho, mais até do que a já inaugurada com a Reforma Trabalhista. O empregado qualificado busca mais tempo do que dinheiro. Exemplo disso é a já muito adotada política de banco de horas.

A única solução jurídica encontrada pela Consolidação das Leis do Trabalho, no passado, para compensar aquele que trabalhou além de seu horário de trabalho e realizou a famosa "hora extra" era a de remunerá-lo com adicional de cinquenta por cento.

Ora, em um mundo que tanto se critica a monetização de todas as relações (não se pode esquecer a dificuldade do mundo jurídico de, no início, aceitar a reparação pelos danos morais de maneira financeira), por que a legislação trabalhista entendeu por bem devolver o tempo do funcionário em dinheiro? O valor da troca jamais será justo, nem mesmo se o adicional remuneratório fosse de 100%.

O dinheiro é usado para comprar, mas nada consegue comprar o tempo. Com isso, se é possível que se recompense o tempo trabalhado com tempo livre, que assim seja feito.

Desse pensamento nasceu a compensação de jornada, o famoso "banco de horas", sistema no qual o trabalhador que tenha prestado hora extra pode compensá-la com nada mais nada menos que o seu próprio tempo. A lógica é tão simples, mas levou tanto tempo para ser positivada e ainda encontra muita resistência.

5 Jornada de trabalho: o avanço tecnológico que flexibiliza os horários

O mundo caminha para uma revolução nas relações sociais jamais presenciada anteriormente. O famoso filme de Charles Chaplin, "Tempos Modernos", mostrou a realidade laboral sendo modificada pela utilização das máquinas nas indústrias.

Se no referido filme, os homens tinham horário para iniciar sua jornada e horário para terminá-la, tudo com cartão de ponto que marcava criteriosamente as pausas e recomeços, não se vislumbra mais nos próximos anos tal formatação trabalhista.

Se antes o empregador precisava do funcionário oito horas por dia, de segunda a sexta, em profissões mais clássicas, o mundo contemporâneo já não se satisfaz com essa configuração. Em um dia com muito trabalho pode ser que as oito horas diárias não sejam suficientes, ao mesmo tempo em que a depender de um dia de pouco movimento seja inútil e improdutiva a permanência do empregado à disposição do empregador durante todo este tempo.

Por óbvio, este novo modelo de relação trabalhista ainda tem um longo caminho a ser percorrido. De início, fase em que atualmente nos encontramos, os empregadores, pós- Reforma Trabalhista, vêm acreditando que absolutamente tudo pode ser pactuado entre as partes. Essa crença associada a um mercado de trabalho em crise dá margem a situações um pouco absurdas, mas que se perpetuam por necessidade de manutenção do emprego.

Contudo, nenhum empregado aguenta trabalhar exaustivamente por muito tempo: é humanamente impossível alguém manter a saúde trabalhando mais de dez horas diárias durante vários meses.

Com isso, a tendência é que a situação se equilibre: o empregador não vai querer um empregado cansado que não produza tão bem. E engana-se aqueles que pensam que este "não querer "corresponderá à demissão do funcionário antigo e a contratação de um outro que iniciará novo ciclo de trabalho exaustivo".

A realidade empresarial é que é muito caro demitir um funcionário e contratar outro que assumirá a sua função. Não só pelas verbas rescisórias já altamente conhecidas, mas muito pela necessidade de se treinar o novo empregado na nova função. A depender da atividade laborativa levam-se meses para que o desempenho do funcionário seja efetivamente satisfatório, principalmente em cargos que necessitam de preparação mais específica.

Por mais que a nova aquisição seja altamente experiente, não saberá da gestão interna da empresa e isto levará um tempo. Em suma, a alta rotatividade, ao contrário do que muitos pensam, não é só ruim para o empregado, mas também para o empregador.

Feitas essas explicações, destaca-se que a jornada de trabalho será altamente modificada por influência da tecnologia. Explica-se: é praticamente impossível, nos dias de hoje, que o funcionário fique oito horas trabalhando, sem responder uma mensagem pelo *WhatsApp* ou dar uma olhada nas redes sociais.

Inclusive já é costume de muitos ler as notícias diárias nos sites dos jornais antes de iniciar o expediente propriamente dito. A realidade é que a tecnologia influencia tanto que as novas gerações de profissionais já apresentam dificuldades de concentração durante muito tempo em uma única tarefa.

Acreditar que se contratará um funcionário e ele se entregará integralmente ao trabalho durante a jornada contratada é uma falácia. Ao mesmo tempo em que a medida que o emprego carrega maior nível de complexidade, são raros os casos em que o empregador não necessite dos serviços do empregado fora da jornada de trabalho padrão.

Mesmo que não se exija dedicação intensa fora do horário de trabalho contratualmente estipulado, é normal e permitido que o empregador tire alguma dúvida ou reforce alguma orientação. Essas práticas têm sido cada vez mais frequentes e bem aceitas pelo mercado de trabalho, em geral.

A própria tecnologia das comunicações facilita esse tipo de relação de trabalho. Nada impede que o empregador envie uma mensagem pelo celular ao empregado fora de seu horário, por exemplo. Portanto, a facilidade atual de comunicação abre portas para a flexibilização da jornada de trabalho tradicional.

6 A tecnologia utilizada como benefício

É interessante destacarmos exemplos do que já tem ocorrido na rotina de grandes empresas como o *Google* e o *Facebook*. Que a expectativa de vida da população mundial está cada vez maior e que as mulheres têm optado por engravidar cada vez mais tarde por almejarem maior estabilidade e sucesso na vida profissional não é novidade para ninguém. Contudo, o interessante é a prática de tais empresas que atentas a essas mudanças sociais adequaram suas políticas de benefícios oferecidos a seus funcionários.

O *Google* e o *Facebook*, em vez de fornecerem "apenas" vale alimentação e plano de saúde, como algumas empresas brasileiras fazem, oferecem a possibilidade de a funcionária congelar os seus óvulos.

Evidentemente que o avanço na Medicina, altamente influenciado pelo investimento tecnológico, é o que permite que benefícios como tal, fora do padrão brasileiro, é claro, comecem a ser implementados em grandes empresas.

Talvez longe de nossa realidade, em um país que muitas empresas nem fornecem vale alimentação, por exemplo, mas algo a ser identificado e atentado como possível tendência de multinacionais em espaço de tempo não tão longo.

7 Poder diretivo

Outra grande mudança que está por vir é a relação de poder entre o empregado e seu empregador. A relação entre as empresas e seus funcionários será muito mais pautada em interesses, em projetos do que na hierarquia propriamente dita. O empregado qualificado opta por algo, por investir o seu tempo em uma empreitada que te dê realização pessoal.

O chefe não vai ser mais aquele que apenas manda. Aliás, os novos chefes vão precisar, cada vez mais, de profissionais que agreguem a eles, tragam ideias, discutam projetos. Funcionários que apenas obedecem não terão lugar no mercado de trabalho intelectual.

Da mesma forma, o gerente não vai ser só o de comando ou de controle, mas sim, o de inspiração. Se o funcionário terá que efetivamente "vestir a camisa", que vista para alguém que ele admire e que acrescente à sua vida profissional.

8 Tecnologia e robotização: ameaça a algumas profissões

Em 2016, dois pesquisadores da Universidade de Oxford, no Reino Unido, se debruçaram na pesquisa sobre as carreiras mais ameaçadas pela robotização. Para isso, analisaram 702 ocupações e estimaram suas chances de automatização nos próximos 20 anos.

A conclusão a que se chegou é que as profissões com menos chances de serem extintas são as que exigem soluções criativas, interações sociais e negociações – os pontos fracos (por enquanto) das máquinas.

Por conta disso, a profissão menos ameaçada é a de assistente social, na área de drogas e saúde mental, em que o nível de interação social e necessidade de entendimento da natureza sentimental humana praticamente impediria a sua substituição por uma máquina.

O percentual de chance da robotização dessa profissão era de apenas 0,3%, enquanto o operador de telemarketing revelou ser o profissional mais ameaçado, com 99% de chances de perder o seu posto.

A área de vendas, segundo a pesquisa, seria a mais atingida: o caixa teria 97,1% de chance de ser substituído por um robô. Na realidade, essa prática já vem sendo adotada em muitos países, inclusive no Brasil.

Se o trocador de ônibus foi se tornando cada vez mais desnecessário por conta da criação de cartões magnéticos que são utilizados nos transportes públicos, em vez de se pagar em dinheiro pelo serviço, o frentista já é profissão extinta na maioria dos países.

Nos Estados Unidos, por exemplo, o próprio consumidor abastece o seu carro. Não há a figura do frentista e essa extinção já se deu há décadas. No Brasil, a profissão é mantida por muita pressão da classe. Inclusive, em 2014, o então senador Blairo Maggi (PL/MT) apresentou o Projeto de Lei nº 407, que buscava modernizar a atividade, com a instalação de bombas de autosserviço nos postos de abastecimento de combustíveis.

Se a lei fosse aprovada, cerca de 500 mil frentistas acabariam sendo demitidos. A pressão foi tanta que o projeto foi arquivado. À época foi argumentado que as bombas não substituíam todas as atividades dos frentistas e, na realidade, colocariam o consumidor para trabalhar no lugar desses profissionais.

O fato é que modificações tecnológicas podem vir a causar grande impacto social que muitas vezes não pode ser impedido por pressão dos que serão afetados. Impediu-se a instalação das bombas nos postos de gasolina; porém, em algumas décadas, é muito provável que sequer nos utilizemos de carros movidos à gasolina ou a álcool: os carros elétricos já são realidade em muitos países e esses não necessitam de visitas constantes a um posto para recarga de bateria, por exemplo.

Se os frentistas ainda resistem, apesar de não se saber até quando, os caixas de postos de pagamento de estacionamento em *shopping centers* já estão em extinção há anos. É praticamente impossível conseguir pagar o estacionamento a um ser humano. A profissão foi amplamente substituída por máquinas de autoatendimento.

A realidade é que o avanço tecnológico é inevitável e não devemos olhar para o mesmo de forma pessimista. Há dez anos não existiam inúmeros aplicativos desenvolvidos pela tecnologia, como o *WhatsApp*, o *iFood*, o *Uber etc.*, que se incorporaram à nossa vivência de tal forma que fica até difícil imaginar as relações atuais sem eles.

Se há poucos anos o Uber foi criado e ofertou trabalho – não emprego – a inúmeros desempregados em nosso país, pode ser que essa realidade não seja a que encontraremos daqui a alguns anos. Já há vastas pesquisas pelo mundo afora sobre os carros autônomos. Não haveria – ou melhor, não haverá – a necessidade de um motorista para que o carro se locomova.

O que pode parecer muito estranho de início é extremamente incentivado. Os carros autônomos são programados para seguir todas as leis de trânsito e jamais infringir uma regra – o que reduziria enormemente os acidentes de trânsito.

Pensar que o carro autônomo pode ser algo ruim pois "tiraria" o trabalho dos motoristas de aplicativo é ter uma visão muito micro da nova realidade.

O avanço tecnológico estaria acabando com uma profissão? Pode ser considerada uma profissão a de motorista de aplicativo de corrida, basicamente composto por pessoas ou sem qualquer qualificação profissional específica ou as que têm e se encontram desempregadas? Frisa-se: cabe tamanho desespero pela extinção de postos de trabalho que sequer existiam há menos de uma década?

Contudo, pode o leitor estar se indagando se de fato esse setor de vendas seria de profissões propriamente ditas ou de mais empregos circunstanciais. Explica-se: atendentes em setores de comércio, como os frentistas e os que trabalhavam em postos de pagamento, efetivamente faziam parte de uma profissão?

Como são postos de trabalho que não demandam expertise e podem facilmente ser substituídos até por seres humanos sem experiência, considera-se muito dramático afirmar que se trata de profissões a serem extintas; poderiam, ao contrário, ser vistas apenas como postos de trabalho em extinção.

Porém, não é só o setor de vendas que modificará e muito as suas relações de trabalho com o avanço tecnológico. O próprio Direito e seus profissionais – incluindo as autoras que aqui escrevem – sofrem certa ameaça. A pesquisa supracitada chegou ao alarmante percentual de 40,1% de chance de os juízes serem substituídos por máquinas em 20 anos!

Muitos escritórios norte-americanos já estão se utilizando programas que produzem petições mais perfeitas do que as elaboradas por mãos humanas. Watson é o nome da tecnologia de computação cognitiva da IBM, utilizada pelo "Ross", um robô desenvolvido pela Universidade de Toronto, que já cumpre funções em grandes escritórios de advocacia norte-americanos.

Quando conectado ao banco de dados de processos judiciais, o supercomputador consegue consultar milhões de arquivos e responder, em linguagem natural, quais documentos são relevantes para o caso. Essa tarefa exigiria horas de pesquisa se realizada por um humano. Com o Ross, é necessário apenas alguns segundos.

Segundo um relatório publicado pela consultoria americana Deloitte, a tecnologia já contribuiu com a extinção de 31 mil postos de trabalho na área do direito. A previsão é de que mais de 40% das atividades do setor possam se tornar obsoletas em 20 anos.

Evidente que a profecia preocupa a todos os profissionais de Direito. Contudo, mais uma vez, buscamos um olhar otimista: os juristas do passado devem – e muito – ter estranhado a Internet e, provavelmente, os mais antigos olharam com maus olhos para a facilidade que a rede mundial de computadores traz: qualquer advogado recém-formado, sem muita experiência, pode buscar modelos de peças na Internet e iniciar uma ação.

Contudo, a Internet não foi capaz de anular a criatividade humana, muito pelo contrário: se antes os advogados eram obrigados a se debruçarem em livros e a pesquisarem a fundo e na fonte sobre temas que lhes fossem questionados, atualmente tornou-se raro encontrar um estudante de Direito que já tenha visitado ao menos uma vez a biblioteca do Tribunal de Justiça de sua cidade.

Esse é o ponto: a tecnologia veio para facilitar, e não para anular as diferentes capacidades, a maneira de escrever, de convencer de cada advogado. Espera-se que seja assim com o avançar dos sistemas que estão sendo desenvolvidos – que sejam usados como facilitadores de trabalho, para que o ser humano foque naquilo que verdadeiramente não se pode substituir.

Destaca-se que na área do Direito de Família, por exemplo, é quase impossível um robô conseguir substituir um advogado ou um juiz. Não se decide a guarda de uma criança por logaritmos ou se divide um patrimônio cheio de bens imóveis pela lógica matemática.

No campo das relações patrimoniais influenciadas pelas pessoais – ou ainda mais na área das relações pessoais propriamente ditas – cada caso deve ser visto como um caso e duvida-se muito que alguma tecnologia consiga desenvolver características puramente humanas: sensibilidade e empatia.

9 A tecnologia e a mediação: a facilitação da empatia

Inevitavelmente, para o bem ou para o mal, a tecnologia é a nossa realidade e veio para ficar. Se mudou as nossas relações sociais e familiares, não fez menos com as relações de trabalho. A possibilidade de se trabalhar *home office*, por exemplo, hoje já até regulada pela Consolidação das Leis do Trabalho, sob a modalidade do teletrabalho, só é possível pelo grande acesso das pessoas a computadores e à *Internet*.

A robotização que parecia assustar trabalhadores com atividades mais mecânicas passou a entrar na rotina de escritórios de advocacia de contencioso de massa, por exemplo. Poderia um robô substituir em todo um advogado? O medo é infundado. Todo trabalho feito por uma máquina é um trabalho desumano, portanto, a máquina jamais substituirá o homem naquilo que lhe caracteriza como tal.

Se o leitor espera que a inteligência seja a característica destacada, está equivocado. O que diferencia o ser humano de toda e qualquer espécie que habita neste planeta é a capacidade de se relacionar com empatia, de se colocar no lugar do outro e entender – ou pelo menos tentar – seus anseios, angústias e motivações.

Nesse cenário, as novas tecnologias facilitam – e muito – a mediação de conflitos. Se o *WhatsApp* reduziu em mil vezes os custos de comunicação, imagine o que poderá fazer a realidade virtual. O simples ato de colocar um óculos holográfico, aqueles que prometem dar a mesma sensação de se estar em uma montanha-russa, ainda muito distante de aquisição pela maioria dos brasileiros, faz o usuário perder a noção da sua realidade e, assim, é muito mais fácil que compreenda a do outro.

Temos ainda muita dificuldade em conceber tal realidade por sermos muito apegados às nossas visões de mundo, aos nossos problemas e interesses.

Psicólogos já têm se utilizado da realidade virtual para curar fobias, por exemplo. Muito mais fácil colocar um óculos em uma pessoa que tenha medo de altura e levá-la ao topo do Empire States, em Nova York, e ir, aos poucos, fazendo com que ela se acostume com aquela situação, do que efetivamente fazê-la subir todos os andares e olhar para baixo.

Da mesma forma, os advogados podem ajudar, e muito, os seus clientes, oferecendo tais óculos para que enxerguem a realidade da pessoa que tem algum conflito de interesses. O dono de uma grande companhia não consegue ter noção da realidade de seu funcionário "de chão".

Se as câmeras já muito utilizadas em empresas permitem apenas a fiscalização do empregado, os óculos permitem a verdadeira imersão naquele cenário, o que facilita o entendimento da parte contrária e o alcance de um acordo.

A *startup* brasiliense *Sem Processo* consegue intermediar disputas judiciais entre empresas e consumidores usando *chatbots*. Com o auxílio de um advogado, o *software* avalia os interesses dos envolvidos na disputa e sugere um acordo sem a necessidade de passar por um juiz ou tribunal. Uma negociação que poderia levar meses pode ser terminada em 24 horas.

As tecnologias já possibilitaram que saibamos o que está acontecendo na vida do outro, suas ambições, posições políticas etc., pois já conseguimos ver na linha do tempo do Facebook, tudo o que a pessoa posta ou curte. Porém, este foi apenas o primeiro passo: esta própria rede social já criou o Facebook Space, em que a pessoa permite que o outro entre verdadeiramente no seu espaço e não apenas no de sua linha do tempo. A foto que hoje curtimos e sabemos em que lugar do mundo a pessoa se encontra será apenas uma das possibilidades: poderemos efetivamente entrar naquele lugar.

O mundo passará por inúmeras mudanças e, sem dúvidas, a realidade das relações de trabalho, assim como todas as searas de nossas vidas, vão sofrer forte transformação.

O novo tempo é inevitável: nenhuma preocupação social fará parar a caminhada tecnológica. Apesar dos perigos que nos cercam, é necessário que identifiquemos nossas motivações, anseios, incentivos e, principalmente, o das outras pessoas, a fim de que não percamos a nossa principal característica humana: a empatia e a consequente possibilidade de resolver os nossos conflitos de forma pessoal e inteligente.

10 Conclusão

Apesar dos perigos, o novo tempo é marcadamente representado pela nova geração Z, que já nasceu em um mundo digital, descendentes de seus pais que já presenciaram e até mesmo impulsionaram a revolução que estamos vivenciando.

O que está havendo é muito mais que a revolução do mercado de trabalho, estamos vivenciando a evolução da nossa própria espécie. A genética, a inteligência e a percepção da nova realidade, já explorada poucos dias após a saída do ventre materno, pede uma nova percepção do mundo e da forma de vivenciá-lo.

Os perigos tornam-se mínimos perto da expectativa do novo. O ser humano almeja muito mais que número de horas de trabalho e acúmulo de bens. Ele quer viver, usufruir de tudo aquilo que o mercado de trabalho lhe propõe e, para absorver o melhor, terá que se adaptar ao que esse cenário de inovação propõe, do mesmo modo que se quer ser o melhor, tem que se lançar para ir além e construir um cenário mais novo.

Não comporta para esta geração, o passado e o perigo do futuro apresentam-se como um desafio, combustível que lhe move. Quanto mais adepto, maior a proximidade daquilo que se julga sucesso.

Sair da zona de conforto dói e entender que é preciso virar a chave para o novo é extremamente desafiador. Por isso, Caros Leitores, nos despedimos cientes da realidade, porém, mais otimistas com a prosperidade. Da noite que assusta, nasce a força mais bruta, como na música de autoria de Ivan Lins.

Referências

BEZERRA, Mariana Maia *et al*. Geração Z: relações de uma geração hipertecnológica e o mundo do trabalho. *Revista Gestão em Análise*. Fortaleza, v. 8, n.1, jan./abr. 2019.

CONVERGÊNCIA DIGITAL. *Para geração Z brasileira, tecnologia vai tornar ambiente de trabalho mais justo*. 13 nov. 2018. Disponível em: http://www.convergenciadigital.com.br/cgi/cgilua.exe/sys/start.htm?UserActiveTemplate=site&infoid=49477&sid=46#.XTjsbehKiUk. Acesso em 29 jul. 2019.

FAGUNDES, M. M. *Competência informacional e geração Z*: um estudo de caso de duas 15 escolas de Porto Alegre. 105f. Trabalho de Conclusão de curso biblioteconomia, da Faculdade de Biblioteconomia e Comunicação da Universidade Federal do Rio Grande do Sul. Porto Alegre, 2011.

G1. *Conselho Federal de medicina permite que médicos façam consultas e cirurgias remotas no Brasil*. Disponível em: https://g1.globo.com/ciencia-e-saude/noticia/2019/02/04/conselho-federal-de-medicina-permite-que-medicos-facam-consultas-e-cirurgias-remotas-no-brasil.ghtml. Acesso em 05 jul. 2019.

GUBEROVIC, Silvia Regina *et al*. Geração Y e o emprego ideal: percepção dos estudantes de um centro universitário. *Revista Eniac Pesquisa*, ISSN-e 2316-2341, vol. 7, nº. 2, 2018, págs. 144-160.

HIGA, Paulo. Uber começa a fazer corridas de graça com carros que dirigem sozinhos. *Tecnoblog*, 18 ago. 2016. Disponível em: https://tecnoblog.net/199867/uber-volvo-carros-autonomos/. Acesso em 05 jul. 2019.

KLEINA, Nilton. 4 coisas que o IBM Watson já está fazendo no Brasil. *Tecmundo*, 04 set. 2017. Disponível em: https://www.tecmundo.com.br/software/121669-4-coisas-ibm-watson-fazendo-brasil.htm. Acesso em 05 jul. 2019.

LOPES, André. Advogados são o próximo alvo da Inteligência artificial. *Veja*, 28 out. 2017. Disponível em: https://veja.abril.com.br/tecnologia/advogados-sao-o-proximo-alvo-da-inteligencia-artificial/. Acesso em 05 jul. 2019.

NOVAES, Tiago *et al*. Geração Z: uma análise sobre o relacionamento com o trabalho. Disponível em: http://www.ucs.br/etc/conferencias/index.php/mostraucsppga/xvimostrappga/paper/viewFile/4869/1569. Acesso em: 20 jan. 2021.

REUTERS. Promotores dizem que Uber não tem responsabilidade criminal por acidente fatal com carro anônimo. *G1*, 07 mar. 2019. Disponível em: https://g1.globo.com/carros/noticia/2019/03/07/promotores-dizem-que-uber-nao-tem-responsabilidade-criminal-por-acidente-fatal-com-carro-autonomo.ghtml. Acesso em 05 jul. 2019.

SANTOS, Iane Marília Aquino *et al.* Características e conflitos entre as gerações no ambiente de trabalho: um estudo exploratório. *Revista Opara* – Ciências Contemporâneas Aplicadas, ISSN 2237-9991, FACAPE, Petrolina, v. 7, n. 1, p. 10-25, jan./dez., 2017.

SFN NOTÍCIAS. *Frentista pode ser substituído por bombas de autosserviço no Brasil.* 07 dez. 2015. Disponível em: http://www.sfnoticias.com.br/frentista-pode-ser-substituido-por-bombas-de-autosservico-no-brasil. Acesso em 05 jul. 2019.

TORRE, Luísa. A geração Z vai mudar a forma de trabalhar. *Gazetaonline*, 16 out. 2016. Disponível em: https://www.gazetaonline.com.br/noticias/economia/2016/10/a-geracao-z-vai-mudar-a-forma-de-trabalhar-1013986626.html. Acesso em 18 set. 2019.

Informação bibliográfica deste texto, conforme a NBR 6023:2018 da Associação Brasileira de Normas Técnicas (ABNT):

GENTILE, Isabela Reimão; FALCÃO, Nayara Maria Melêro. No novo tempo, apesar dos perigos. *In*: TUPINAMBÁ, Carolina (Coord.). *As novas relações trabalhistas e o futuro do Direito do Trabalho*: as novidades provenientes dos avanços tecnológicos. Belo Horizonte: Fórum, 2021. (Coleção Fórum as novas relações trabalhistas e o futuro do Direito do Trabalho. Tomo III.). p. 491-507. ISBN 978-65-5518-131-9.

Ana Paula Mello dos Santos
Pós-graduanda em Direito do Trabalho e Processo do Trabalho pela Universidade Cândido Mendes (UCAM). Bacharel pela Universidade do Estado do Rio de Janeiro (UERJ). Advogada e Revisora Jurídica.

Anita Duarte de Andrade
Especialista em Direito do Trabalho e Processo do Trabalho pela ESMATRA VI. Advogada. Professora. Coautora em obras jurídicas e Colunista em sites jurídicos.

Anna Marcella Mendes Garcia
Mestranda do Programa de Pós-Graduação em Direito da Universidade Federal do Pará (UFPA).

Antônio Gomes de Vasconcelos
Doutor em Direito pela Universidade Federal de Minas Gerais (UFMG). Professor adjunto da Universidade Federal de Minas Gerais (UFMG) e magistrado do TRT da 3ª Região.

Augusto Grieco Sant'Anna Meirinho
Procurador do Trabalho. Coordenador da Coordenadoria Nacional do Trabalho Portuário e Aquaviário do Ministério Público do Trabalho. Doutor em Direito das Relações Sociais pela Pontifícia Universidade Católica de São Paulo (PUC-SP). Mestre em Direito Previdenciário pela Pontifícia Universidade Católica de São Paulo (PUC-SP). Especialista em Direito e Processo do Trabalho pela Universidade de São Paulo (USP). Especialista em Relações Internacionais pela Universidade Cândido Mendes Rio de Janeiro (UCAM-RJ). Bacharel em Ciências Náuticas pela Escola de Formação de Oficiais da Marinha Mercante do Rio de Janeiro (EFOMM).

Carlos Artur Giannini Domingues
Labor law specialist lawyer, undergraduate of Estácio de Sá University, graduate degree in Labor and Social Security law, master degree in Labor law of Lisbon University.

Carolina Tupinambá
Pós-Doutora no Programa de Pós-Doutoramento em Democracia e Direitos Humanos – Direito, Política, História e Comunicação da Faculdade de Direito da Universidade de Coimbra (UC). Doutora em Direito Processual pela Universidade do Estado do Rio de Janeiro (UERJ). Doutora em Direito do Trabalho e Seguridade Social pela Universidade de São Paulo (USP). Mestre em Direito Processual pela Universidade do Estado do Rio de Janeiro (UERJ). Professora Adjunta de Processo do Trabalho e Prática Trabalhista da Universidade do Estado do Rio de Janeiro (UERJ). Professora Assistente de Direito do Trabalho da Universidade Federal do Estado do Rio de Janeiro (UNIRIO). Membro da Academia Brasileira de Direito do Trabalho, ocupante da Cadeira nº 47. Membro do Instituto Brasileiro de Direito Processual. Membro do Instituto Iberoamericano de Derecho Procesal. Membro do Instituto dos Advogados Brasileiros. Membro do Centro de Estudos Avançados de Processo. Membro da American Bar Association. Membro da Comunidad para la Investigación y el Estudio Laboral y Ocupacional (CIELO). Mediadora certificada. Autora de livros e artigos na área trabalhista. E-mail: carolina@tupinambaadvogados.com.br.

Elton Duarte Batalha
Advogado. Professor de direito nas Faculdades de Administração, Economia, Ciências Contábeis e Comércio Exterior da Universidade Presbiteriana Mackenzie. Doutor e Mestre pela Faculdade de Direito da Universidade de São Paulo (USP). Especialista em direito e processo do trabalho pela Faculdade de Direito da Universidade Presbiteriana Mackenzie. Especialista em direito tributário pela Faculdade de Direito da Pontifícia Universidade Católica de São Paulo (PUC-SP). Membro da seção brasileira de Jovens Juristas da América Latina. Pesquisador do Grupo de Estudos de Direito Contemporâneo do Trabalho e Seguridade Social da Universidade de São Paulo (GETRAB-USP).

Gustavo Gauthier
Doctor en Derecho y Ciencias Sociales, Magíster en Derecho, orientación Derecho del Trabajo y de la Seguridad Social, Profesor Adjunto de Derecho del Trabajo de la Facultad de Derecho de la Universidad de la República, Profesor del Postgrado de Derecho del Trabajo Aplicado de la Universidad de Montevideo (UM).

Isabela Pimentel de Barros
Mestranda em Direito do Trabalho e Direito Previdenciário pela Universidade do Estado do Rio de Janeiro (UERJ). Especialista em

Direito do Trabalho e Direito Processual do Trabalho pela Instituição A Vez do Mestre Faculdade Integrada. Advogada.

Isabela Reimão Gentile
Graduada em Direito pela Universidade do Estado do Rio de Janeiro (UERJ). Advogada.

Jorge Cavalcanti Boucinhas Filho
Professor de Direito Trabalhista na Fundação Getulio Vargas (FGV). Diretor Geral da Escola Superior de Advocacia da OAB-SP para a gestão 2019-2022. Membro da Academia Brasileira de Direito do Trabalho. Vice-Presidente da Comissão de Direito do Trabalho do Instituto dos Advogados de São Paulo (IASP). Mestre e doutor em Direito do Trabalho pela Universidade de São Paulo (USP). Pós-doutor em Direito pela Université de Nantes, França. Advogado.

José Affonso Dallegrave Neto
Advogado. Mestre e Doutor pela Universidade Federal do Paraná (UFPR). Pós-Doutor pela Universidade de Lisboa (FDUNL). Professor da Pontifícia Universidade Católica do Paraná (PUCPR) e da Escola da Magistratura do Paraná (EMAP); Membro da ABDT – Academia Brasileira de Direito do Trabalho e da JUTRA – Associação Luso-brasileira de Juristas do Trabalho.

José Claudio Monteiro de Brito Filho
Doutor em Direito das Relações Sociais pela Pontifícia Universidade Católica de São Paulo (PUC-SP). Professor do Programa de Pós-Graduação em Direito e do Curso de Graduação em Direito do CESUPA. Titular da Cadeira nº 26 da ABDT.

Juan Raso Delgue
Profesor Titular de Derecho del Trabajo y de la Seguridad Social, Facultad de Derecho – Universidad de la República.

Karla Fernandes Lafayette
Especialista em Direito do Trabalho e Processo do Trabalho pela ESA/PE. Especialista em Direito Judiciário e Magistratura do Trabalho pela ESMATRA VI. Especialista em Direito Sindical e Coletivo do Trabalho pela ESMATRA VI. Advogada. Coautora em obras jurídicas.

Leonardo Stocker Pereira da Cunha
Mestre em Direito pela Universidade Federal do Rio Grande do Sul (UFRGS). Doutorando em Direito pela Universidade do Estado do Rio de Janeiro (UERJ), em período de pesquisa na Universidade Westfälische Wilhelms-Universität (Münster, Alemanha).

Letícia Gouvêa Cyro de Castro
Pós-graduanda em Direito do Trabalho e Processo do Trabalho pelo Centro Brasileiro de Estudos e Pesquisas Jurídicas chancelado pela Universidade Cândido Mendes (UCAM). Bacharel em Direito pela Universidade do Estado do Rio de Janeiro (UERJ). Advogada Trabalhista.

Lucas Pasquali Vieira
Bacharel em Direito pela Universidade Estadual de Mato Grosso do Sul (UEMS). Especialista em Direito Constitucional. Aluno especial do PPGD-UEA (Mestrado de Direito Ambiental do Trabalho). Professor e autor de artigos jurídicos. Juiz do Trabalho Substituto da 11ª Região.

Lucas Rênio da Silva
Advogado. Sócio da Advocacia Ruy de Mello Miller, com atuação especializada na área Trabalhista Sindical, Coletiva e Portuária. Pós-graduado em Direito e Processo do Trabalho pela Universidade de São Paulo (USP) – (Faculdade de Direito da Universidade de São Paulo – Largo São Francisco). Especialista em Direito e Processo do Trabalho pela Pontifícia Universidade Católica de São Paulo (PUC-SP). Coautor do Livro "Direito Portuário – Regulação e Trabalho na Lei nº 12.815/13".

Luciane Cardoso Barzotto
Juíza do Trabalho do TRT 4. Professora do PPGD, instituição de ensino superior em Porto Alegre, Rio Grande do Sul (UFRGS). Doutora em Direito pela Universidade Federal do Paraná (UFPR) e Pós-doutora para Universidade de Edimburgo.

Marcel Zernikow
PhD candidate, Paris I Panthéon-Sorbonne (2019?), Master 2, Toulouse I Capitole (2013). I sincerely thank Prof. Luciana Cardoso Barzotto and Leonardo Stocker Pereira da Cunha for our conversations and Prof. Carolina Tupinambá for accepting my proposal. I would hereby like to express my sincere interest in a post-doctoral position in International & Comparative Labour Law or Private International Law in Brazil.

Marco Antônio César Villatore
Advogado. Membro da Academia Brasileira de Direito do Trabalho. Pós-Doutor em Direito pela *Universitá degli Studi di Roma II, Tor Vergata* (2014). Doutor em *Diritto del Lavoro, Sindacale e della Previdenza Sociale – Università degli Studi di Roma, La Sapienza* (2001), revalidado pela Universidade Federal de Santa Catarina (UFSC). Mestre em Direito pela Pontifícia Universidade Católica de São Paulo (PUC-SP) (1998). Professor Titular do Programa de Pós-Graduação em Direito na Pontifícia Universidade Católica do Paraná (Mestrado e Doutorado – PPGD/PUCPR). Coordenador do Curso de Especialização em Direito do Trabalho da Pontifícia Universidade Católica do Paraná (PUCPR). Professor do Centro Universitário Internacional de Curitiba (UNINTER). Professor Adjunto III da Universidade Federal de Santa Catarina (UFSC). Presidente do Instituto brasileiro de Ciências Jurídicas e Sociais (IBCJS). Ex-Presidente da Associação dos Advogados Trabalhistas do Paraná. Membro do Centro de Letras do Paraná. Diretor Cultural e Ex-Diretor Administrativo do Instituto dos Advogados do Paraná.

Marina Paraboni
Graduanda em Ciências Jurídicas e Sociais na Universidade Federal do Rio Grande do Sul (UFRGS).

Miriam Olivia Knopik Ferraz
Doutoranda em Direito pela Pontifícia Universidade Católica do Paraná (PUCPR). Mestre e Graduada em Direito pela Pontifícia Universidade Católica do Paraná (PUCPR). Especialista em Direito Constitucional pela Academia Brasileira de Direito Constitucional. Editora Adjunta da Constituição, Economia e Desenvolvimento: Revista da Academia Brasileira de Direito Constitucional. Coordenadora Adjunta de Pesquisa da Academia Brasileira de Direito Constitucional. Membro do Núcleo de Estudos de Pesquisas em Tributação, Complexidade e Desenvolvimento, do Núcleo de Estudos Avançados em Direito do Trabalho e Socioeconômico da PUCPR. Diretora de pesquisa do Instituto Nexus Law & Society. Advogada.

Nayara Maria Melêro Falcão
Graduada em Direito pela Universidade de Sorocaba (UNISO). Pós-graduanda em Direito e Processo do Trabalho pela Universidade Cândido Mendes (UCAM). Advogada e Mediadora.

Paula Teixeira Martins Schettini
Mestranda em Direito do Trabalho e Direito Previdenciário pela Universidade do Estado do Rio de Janeiro (UERJ). Especialista em Direito do Trabalho e Direito Processual do Trabalho pela Instituição Damásio Educacional. Advogada.

Raphaela Magnino Rosa Portilho
Advogada. Bacharel em Direito pela Universidade do Estado do Rio de Janeiro (UERJ). Mestra e Doutoranda em Direito de Empresa e Atividades Econômicas pelo Programa de Pós-Graduação em Direito da Universidade do Estado do Rio de Janeiro (UERJ). Bolsista de Doutorado CAPES.

Ricardo José Leite de Sousa
Advogado. Bacharel em Direito pela Universidade Federal do Rio de Janeiro (UFRJ). Mestre em Direito de Empresa e Atividades Econômicas pelo Programa de Pós-Graduação em Direito da Universidade do Estado do Rio de Janeiro (UERJ). Doutorando em Direito do Trabalho e Previdenciário do Programa de Pós-Graduação em Direito da Universidade do Estado do Rio de Janeiro (UERJ).

Ricardo Miguel
Juiz do Trabalho. Doutorando em Ciências Jurídicas pela Universidade Autônoma de Lisboa (UAL). Mestrando em Direito pela Universidade Estácio de Sá (UNESA). Professor de Direito Desportivo e Processo do Trabalho da Universidade Cândido Mendes (UCAM). Membro da Academia Nacional de Direito Desportivo e da Sociedade Brasileira de Direito Desportivo.

Rômulo Soares Valentini
Doutor em Direito pela Universidade Federal de Minas Gerais (UFMG) e professor de Direito do Trabalho na Fundação Pedro Leopoldo (FPL).

Sofía Mislev
Doctora en Derecho y Ciencias Sociales de la Facultad de Derecho de la Universidad de la República (Montevideo), especialista en asesoramiento corporativo y cumplimiento.

Talita Camila Gonçalves Nunes
Doutoranda em Direito pela Universidade Federal de Minas Gerais (UFMG) e coordenadora discente do PRUNART-UFMG (Programa de Apoio às Relações de Trabalho e à Administração da Justiça).